国家社科基金
后期资助项目
GUOJIA SHEKE JIJIN HOUQI ZIZHU XIANGMU

鄂西南三省(市)过渡地带方言文化研究

A Study on the Dialects and Cultures in the
Transitional Area in the Southwest of Hubei Province

王树瑛 著

中国社会科学出版社

图书在版编目（CIP）数据

鄂西南三省（市）过渡地带方言文化研究 / 王树瑛著. —北京：中国社会科学出版社，2021.5
ISBN 978-7-5203-8388-2

Ⅰ.①鄂… Ⅱ.①王… Ⅲ.①西南官话-方言研究-湖北 Ⅳ.①H172.3

中国版本图书馆 CIP 数据核字（2021）第 082814 号

出 版 人	赵剑英
责任编辑	任　明
责任校对	韩天炜
责任印制	王　超

出　　版	中国社会科学出版社
社　　址	北京鼓楼西大街甲 158 号
邮　　编	100720
网　　址	http://www.csspw.cn
发 行 部	010-84083685
门 市 部	010-84029450
经　　销	新华书店及其他书店
印　　刷	北京君升印刷有限公司
装　　订	廊坊市广阳区广增装订厂
版　　次	2021 年 5 月第 1 版
印　　次	2021 年 5 月第 1 次印刷
开　　本	710×1000　1/16
印　　张	25.75
字　　数	461 千字
定　　价	158.00 元

凡购买中国社会科学出版社图书，如有质量问题请与本社营销中心联系调换
电话：010-84083683
版权所有　侵权必究

国家社科基金后期资助项目
出版说明

　　后期资助项目是国家社科基金设立的一类重要项目，旨在鼓励广大社科研究者潜心治学，支持基础研究多出优秀成果。它是经过严格评审，从接近完成的科研成果中遴选立项的。为扩大后期资助项目的影响，更好地推动学术发展，促进成果转化，全国哲学社会科学工作办公室按照"统一设计、统一标识、统一版式、形成系列"的总体要求，组织出版国家社科基金后期资助项目成果。

全国哲学社会科学工作办公室

序

树瑛的新书《鄂西南三省（市）过渡地带方言文化研究》即将出版，作为她的老师我感到很欣慰。

近些年来，随着教育部和国家语委领导的"语言资源保护工程"的实施，方言调查和研究也得到了很大的发展，很多以前没有得到关注的地区也开始进入研究的视野，树瑛这部著作就是首次对鄂西南地区的方言进行详细的调查研究，完整地呈现了该地区方言的整体面貌。

全书内容全面，阐述精当。除"导言"外，"语音"一章先呈现该地区八个方言点的语音系统，再将它们进行比较，凸显其共性，明确其差异；然后以恩施点为代表将其与中古音和北京音进行比较，探求其演变规律。"词汇"一章以"分类词语表"的形式进行描写，收集了大量地方特色词，包含了丰富的社会文化信息；"语法"一章对词法、句法现象作了细致的分析，既显示了其语法的基本格局，又突出其中的主要特点。这三部分的描写分析充分反映了过渡地带方言的一些共性，鄂西南方言兼具湘语、西南官话方言的特点，同时还存在一些特殊的语音词汇语法现象，体现了过渡方言发展演变的复杂性和多向性；对于一些较为特殊的语言现象，还从"语言底层"来挖掘土家语留下的痕迹。最后的"方言文化"一章则选取最能体现当地少数民族文化特色的现象，探讨了鄂西南地区方言中所反映的岁时礼仪民俗、地名系统所体现的地域文化、当地方言所记录的熟语、民间歌谣中所折射出的民俗文化内涵，不仅展示出该地区丰富而灿烂的地域民族文化，更透过大量鲜活的方言语汇和口语表达形式，生动地印证方言与地域文化间的紧密关系。应该说，这部著作是很有意义和价值的，为湖北方言研究和西南官话的深入研究提供了可靠、有价值的新材料与新成果。

树瑛硕士读的是现代汉语语法，博士阶段开始跟着我做近代汉语语法，博士论文以《朱子语类》作为研究对象，后来陆续发表了几篇相关的文章，最后把论文扩展为专著出版并获得了省社科三等奖。逢年过节她都会来看我，跟我说一些关于工作生活方面的事，当然更多的还是有关学术的话题，讲她遇到的困惑或者难题。我告诉她做研究不能把自己局限在一个小范围之内，要有比较开阔的视野，可以将近现代汉语和方言结合起来，因为这两者的关系是很密切的，这也符合她硕士就读的学校——华中师范大学邢福义先生的"普—方—古"大三角语法研究理论。她从中受到了启发，立足于自己专业的同时也开始关注方言的调查研究。她广泛阅读方言学著作，和研究生一起上陈泽平老师的方言课，利用寒暑假参加社科院语言研究所等单位开办的方言调查研修班，这都激发起了她对方言的浓厚兴趣，并开始参与一些方言研究项目。

树瑛很聪慧，又很踏实勤奋，这些年取得了不少成绩，除了文章，还主持并完成了国家社科基金后期资助项目、教育部人文社科重点研究基地重大项目之子项目、国家语委项目、省社科重点项目等多项课题，即将出版的这部书是她的第三部专著，前两部都分别获得了省社会科学优秀成果三等奖。2019年底她随军调往华南农业大学工作，希望她能尽快适应新的工作和生活环境，在科研方面再接再厉，争取更大的成绩。

林玉山
2020年10月于福州

目　　录

第一章　导言 ··· (1)
　　一　鄂西南地区概况 ··· (1)
　　二　关于鄂西南地区方言文化的研究 ································ (5)
　　三　音标和符号 ··· (6)
　　四　发音合作人 ··· (7)

第二章　鄂西南地区方言语音研究 ·· (9)
　　一　鄂西南地区方言音系 ··· (10)
　　二　鄂西南地区各方言点的语音比较 ································ (17)
　　三　恩施方言点的同音字汇 ·· (32)
　　四　恩施音系与北京音系比较 ··· (50)
　　五　恩施方言音系与中古音比较 ······································ (55)

第三章　鄂西南地区方言分类词表 ·· (79)
　　一　天文 ·· (80)
　　二　地理 ·· (82)
　　三　时令　时间 ··· (84)
　　四　农业 ·· (88)
　　五　植物 ·· (91)
　　六　动物 ·· (97)
　　七　房舍 ·· (101)
　　八　器具、用品 ··· (103)
　　九　称谓 ·· (109)
　　十　亲属 ·· (113)
　　十一　身体 ·· (116)

十二　疾病、医疗 …………………………………………（119）
十三　衣服、穿戴 …………………………………………（122）
十四　饮食 …………………………………………………（125）
十五　红白大事 ……………………………………………（131）
十六　日常生活 ……………………………………………（138）
十七　讼事 …………………………………………………（140）
十八　交际 …………………………………………………（142）
十九　商业、交通 …………………………………………（143）
二十　文化教育 ……………………………………………（147）
二十一　文体活动 …………………………………………（150）
二十二　动作 ………………………………………………（153）
二十三　位置 ………………………………………………（161）
二十四　代词 ………………………………………………（162）
二十五　形容词 ……………………………………………（162）
二十六　副词、介词等 ……………………………………（168）
二十七　量词 ………………………………………………（170）
二十八　数字等 ……………………………………………（173）
二十九　固定格式 …………………………………………（175）

第四章　鄂西南地区方言语法 …………………………（180）
一　重叠 ……………………………………………………（180）
二　语缀 ……………………………………………………（194）
三　小称 ……………………………………………………（199）
四　方所 ……………………………………………………（201）
五　趋向 ……………………………………………………（204）
六　数量 ……………………………………………………（205）
七　代词 ……………………………………………………（208）
八　程度 ……………………………………………………（212）
九　介引 ……………………………………………………（216）
十　关联 ……………………………………………………（222）
十一　体貌 …………………………………………………（228）
十二　语气 …………………………………………………（238）
十三　"把"字句 ……………………………………………（244）
十四　被动句 ………………………………………………（246）

十五　比较句……………………………………………（253）
　　十六　疑问句……………………………………………（259）
　　十七　否定句……………………………………………（263）
　　十八　可能句……………………………………………（266）
　　十九　存现句……………………………………………（268）
　　二十　祈使句……………………………………………（270）
　　二十一　感叹句…………………………………………（272）
　　二十二　双宾句…………………………………………（273）
　　二十三　述补结构………………………………………（277）
　　二十四　语法例句………………………………………（283）

第五章　鄂西南地区方言文化……………………………（307）
　　一　鄂西南地区方言词汇与岁时礼仪民俗……………（307）
　　二　鄂西南地区方言地名与地域文化…………………（330）
　　三　鄂西南地区方言熟语与民间文化…………………（344）
　　四　鄂西南地区方言与民间歌谣………………………（362）

主要参考文献………………………………………………（397）

后　记………………………………………………………（400）

第一章 导言

一 鄂西南地区概况[①]

（一）地理人口

鄂西南即湖北省西南部，是恩施土家族苗族自治州（简称恩施州）所在地，地处云贵高原东延武陵山余脉与大巴山之间，东经108°23′12″—110°38′08″，北纬29°07′10″—31°24′13″，属湘鄂渝交界的武陵山区。它的南部与湖南省的湘西土家族苗族自治州、张家界市接壤，西部、北部与重庆市的黔江、万州等地相连，东部、东北部与本省的宜昌市、神农架林区毗邻。该地区国土面积2.4万平方千米，辖恩施、利川两市和建始、巴东、宣恩、来凤、咸丰、鹤峰六县。恩施州总人口403万，于1983年8月19日建州，是共和国最年轻的自治州，也是湖北省唯一的少数民族自治州。

鄂西南属亚热带季风性山地湿润气候。冬少严寒，夏无酷暑，雨量充沛，四季分明；海拔落差大，小气候特征明显，垂直差异突出，"一山有四季，十里不同天"，形成了具有地区特点的多样化、多层次的立体气候，州内气候资源具有以下五类：冬暖湿润的平谷气候，温暖湿润的低山气候，温和湿润的中山气候，温凉潮湿的高山气候，高寒过湿的高山脊岭气候。境内年均气温16.2℃，年平均降水量1600毫米。地处武汉和重庆两大"火炉"之间，是最适宜人类居住的地区之一。

被称为"动植物黄金分割线"的北纬30度穿越鄂西南腹地，同时受秦岭和大巴山阻隔，使这一区域免遭第四纪冰川的洗劫，成为动植物的"避

[①] 本书所说的"鄂西南三省（市）过渡地带"是指鄂西南地区，因为该地区处于湖北、湖南和重庆三省（市）的交界地带，是恩施土家族苗族自治州（简称恩施州）所在地，后文中所指地区范围主要用"鄂西南"这一名称，指行政区划则主要用恩施州这一名称。下文鄂西南地区概况的地理人口、历史沿革、行政区划的相关资料来源于恩施州政府门户网站http://www.enshi.gov.cn/，本节有删减。

难所"。这里动植物种类繁多，有215科、900余属、3000余种植物和500多种陆生脊柱动物，其中有40余种植物和77种动物属于国家级珍稀保护动植物，是华中地区重要的"动植物基因库"。

鄂西南境内绝大部分是山地，惯称"八山半水一分半田"。地貌以碳酸盐岩组成的高原型山地为主体，兼有碳酸盐岩组成的低山峡谷与溶蚀盆地，砂岩组成的低中山宽谷及山间红色盆地。境内地形复杂，具有多种特殊类型的地貌，大河、小溪成树枝状展布，有"见山不走山"的丘原，有"两山咫尺行半天"的深谷，伏流、溶洞、冲、槽、漏斗、石林等随处可见。境内地势呈西北、东北部高，中部相对低的状态，地貌基本特征是阶梯状地貌发育。

少数民族与汉族在这里和睦相处，共同进步，构成了鄂西南地区恩施州民族的多样性。恩施州是多民族居住地，有汉族、土家族、苗族、侗族、回族、蒙古族、彝族、纳西族、壮族等29个民族，少数民族人口占总人口的54%。各民族习俗相互影响，文化相互交融，发展互相促进，共同组成了一个团结和睦的大家庭。

至2014年末全州总人口406.29万人，其中男性人口211.76万人，占总人口的52.1%；女性人口194.53万人，占总人口的47.9%。全州常住人口331.77万人，其中城镇人口127.33万人，城镇化率38.38%。全州人口密度（常住人口计算）为138人/平方千米。

（二）历史沿革

鄂西南地区的恩施州州域曾多次变动，固定形成于1932年。春秋为巴子国地；战国为楚地；秦属黔中郡；汉属南郡、武陵郡；三国先属蜀，后属吴建平郡、武陵郡；两晋与南北朝宋、齐、梁、北周属建平郡、天门郡、武陵郡、信陵郡、秭归郡、业州军屯郡、清江郡；隋属巴东郡巴东县，清江郡清江县、开夷县、建始县；唐属归州巴东县，施州清江县、建始县；五代先后为前、后蜀所据；宋属归州巴东县，施州清江县、建始县及辰州、富州、高州、定州等许多小羁縻州；元属归州巴东县、施州建始县，南部少数民族地区实行土司制度，先后置散毛、唐崖、金峒、龙潭、忠建、毛岭、施南等土司；元末明玉珍据蜀时本区为其所控制；明属夔州建始县、归州巴东县、施州卫军民指挥使司，南部地区仍实行土司制度，设有容美宣慰司，施南、散毛、忠建3个宣抚司，9个安抚司，13个长官司，5个蛮夷长官司；清初沿用明制，雍正六年（1728年）裁施州卫，设恩施县，辖区未变，雍正十三年改土归流，置施南府，辖恩施县、宣恩县、来凤县、咸丰县、利川县，乾隆元年（1736年），夔州建始县划归施州，巴东县、鹤峰州属宜昌府；中华民国元年（1912年）废府设道存县，民国四年设荆南道，治所恩施县，辖恩施、建始、宣恩、来凤、咸丰、利川6县，民国十五年改荆南道为施鹤道，鹤峰州改县划入施鹤道，民国十七年改设鄂西行政区，民国二十一年改为第十行政督察区，巴东县划入，州域始为8县之治。民国二十五年改为第七行政督察区，辖区未变。

中华人民共和国成立后，1949年11月6日恩施县城解放，建立湖北省恩施行政区，置专员公署，仍辖原8县，1955年5月12日改称湖北省恩施专员公署。1968年成立湖北省恩施地区革命委员会，1978年废除革命委员会成立恩施地区行政公署。1983年8月19日，国务院批准撤销恩施地区行政公署，成立鄂西土家族苗族自治州（12月1日正式成立）。全州辖恩施市和巴东、建始、利川、来凤、咸丰、宣恩、鹤峰7县，共8个县市。1986年11月14日，利川撤县建市。1993年，经国务院批准，鄂西土家族苗族自治州更名为恩施土家族苗族自治州。从2005年开始，州庆日定为8月19日。

（三）行政区划和民族分布

恩施州辖恩施（3972平方千米）、利川（4603平方千米）2市和建始（2666平方千米）、巴东（3354平方千米）、宣恩（2730平方千米）、咸丰（2520平方千米）、来凤（1344平方千米）、鹤峰（2872平方千米）6县。州府所在地为恩施市。

恩施土家族苗族自治州是一个以土家族、苗族聚居，侗族、白族、蒙古族、回族等少数民族散杂居为主要特征的少数民族地区。全州除汉族外，还居住着土家族、苗族、侗族、白族、蒙古族、回族、藏族、维吾尔族、彝族、壮族、布依族、朝鲜族、满族、瑶族、哈尼族、哈萨克族、傣族、黎族、畲族、高山族、水族、东乡族、纳西族、土族、羌族、撒拉族、独龙族、珞巴族等28个少数民族。

汉族、土家族遍布全州各县市。其中土家族主要分布在清江以南，历史上属湖广土司域内，即来凤、鹤峰、咸丰、宣恩和利川5县市，巴东、建始和恩施3县市的土家族占其总人口的25%至30%不等。恩施州苗族人口分布呈现出大杂居小聚居的典型特点。苗族主要分布在利川、来凤、宣恩、咸丰，在其他各县市均有分布。以上四县市苗族占全州苗族人口总数的90.8%，且都有较大的聚居村落，较为典型的有宣恩县的小茅坡营、苗寨，咸丰的官坝、小村、梅坪、龙坪，利川的文斗等。其他则散居于恩施、建始、鹤峰、巴东4县市。这4县市苗族占全州苗族总数的9.2%，聚居的村落很少，只有鹤峰原麻寮所的苗族居住得比较集中。

侗族主要分布在宣恩、恩施、咸丰等县市交界的山区里。其中恩施侗族分布在该市的干溪、芭蕉、大集、白果、双河等地；咸丰县侗族分布在该县的黄金洞、清坪、活龙、马河等地；宣恩侗族分布在长潭的会口、洗马坪、龙马、兴隆、中间河、晓关的桐子营、覃家坪、八台、西坪、张官、猫山、大岩坝、晓关镇、李家河的板栗园、上洞坪，沙道的桂花园和椿木营等地。此外，利川的毛坝、黄泥塘、老屋基、忠路、小河等地也有侗族。

其他少数民族的分布各不相同，其中蒙古族主要分布在鹤峰的三家台等地和利川；白族主要分布在鹤峰的铁炉等地；回族在全州各县市均有分布；另外一些少数民族零星地分布于全州各地。民族分布不均，导致州内各县市的民族成分构成具有明显的差异。

（四）语言使用状况

鄂西南地区所使用的汉语方言属于西南官话，包括境内的少数民族在内的人都讲西南官话，由于处于三省（市）交界处，各个县（市）内部在口音上有一些差异，如利川市和咸丰县与重庆市接壤，口音与重庆比较接近，而鹤峰县、来凤县则与湖南北部接壤，口音受湖南北部方言的影响比较多，巴东县和建始县与湖北长阳地区交界，口音与长阳地区有些近似，恩施市则地处恩施州的中部，且历史上一直是鄂西南地区的政治文化中心，语言方面受周边地区的影响较小。根据《中国语言地图集》（第2版），该地区都属于西南官话湖广片，其中恩施、利川、建始、巴东、来凤、咸丰、宣恩都属于鄂中小片；而将鹤峰则归属于湘北小片[①]。尽管各县市语音上有些差异，但相互间交际沟通都没有问题。鄂西南地区的方言是人们在长期的社会生活、文化交流中形成的，还有一些些古代汉语的遗留成分，另外由于这一地区是汉族和少数民族杂居的地区，历史上土家语和苗语是这两大少数民族的交际语言，虽然现在它们已经基本消亡，但是还以底层的方式残存在口语中，因此，它除了具有西南官话的一般特征外，还有以变音、变异而形成独特表达形式，具有自己独特的风格。目前，该地区除了学校教学、官方行政及对外交通的服务行业（如机场、火车站）使用普通话外，绝大多数情况下都说方言。但是随着文化教育的发展，会说普通话的人越来越多，鄂西南方言也受到影响，在悄然发生着变化。

---

① 参见李蓝《西南官话的分区（稿）》，《方言》2009年第1期。

二 关于鄂西南地区方言文化的研究

赵元任等诸位先生于 1936 年调查了湖北方言,并根据这次调查编纂了《湖北方言调查报告》,1948 年由商务印书馆出版。该报告对鄂西南地区的巴东(百万乡)、恩施(城内)、宣恩(长潭河)、来凤(城内)、利川(忠路)五个地方的语音进行了调查,这是关于鄂西南地区方言的最早记录。其主要成绩是:首次整理出了鄂西南地区四个地方的语音系统,并且对其中的声母、韵母和声调做了非常细致的描写和分析;制作了同音字表,并在此基础上进行了方言的古今对比,探讨了五个地方的音韵特点。这次调查记录为鄂西南方言后来的调查研究工作奠定了良好的基础,为考察后来鄂西南地区方言的变化提供了参照。不过由于受当时的条件限制,没能到鄂西南地区进行实地调查,只是每个地方选取了两名当时在武汉读大学或工作的中青年作为发音人,且发音人有的来自城里,有的来自农村[①],在代表性上有些不足;再加上时间比较仓促[②],同音字表空格较多,稍有遗憾。

20 世纪 90 年代开始,湖北的方言研究开始呈现良好的发展态势,相继出版了《天门方言研究》《武汉方言研究》《荆楚方言研究》《宜昌方言研究》《湖北荆沙方言》《普通话与湖北方言辨证》《武汉方言词典》等一大批成果,对武汉、天门等湖北一些主要地区的语音、词汇、语法都有详细地记载,都收录了一定数量的同音字汇和词汇,但基本没有见到鄂西南地区的语言调查研究成果。

关于鄂西南地区的方言文化研究相对滞后,进入 21 世纪初才有年轻学者发表关于鄂西南地区方言文化的文章。关于方言研究主要是对某一种特定的语音、词汇或语法现象的描写分析,主要有:《湖北恩施话中的一个土家语成分》(庞庄伟 1988)、《建始(官店)方言中所见元明白话词语》(雷昌蛟 2000)、《恩施方言否定式差比句考察》(杨洁 2005)、《恩施方言与普通话声母 j、q、x 的对比研究》(张良斌 2006)、《恩施方言的声母系统》(张良斌 2007)、《恩施方言中特殊的形容词重叠式》(罗姝芳 2007)、《恩施方言的重叠式初探》(向嵘 2007)、《建始方言中名词的叠音现象》(蒋静 2007)、《恩施方言部分词语本字考》(喻莲 李芳 2008)、《湖北恩施方言中表程度的两种特殊结构》(金小栋 赵修 2010)、《湖北恩施话中的动态助词"哒"》(胡

---

① 见《湖北方言调查报告·分地报告》中十七(巴东)、十八(恩施)、十九(宣恩)、二十(来凤)、二十一(利川)各点中 A "发音人履历"部分。
② 参见李崇兴《宜都方言研究》第 4 页:当时的调查在武汉的一所中专进行(学生来自湖北各地),每个点找一两个学生作为发音人。

靖偲 2013)《湖北恩施方言的亲属称谓》(刘春华 2014)等。关于地方文化研究则主要是对当地土家族文化的研究,比较有代表性的著作如《土家族民间文化散论》(曹毅 2002)和《土家族文化资源保护与利用》(彭振坤、黄柏权 2007);论文如《土家族哭嫁歌的悲剧性内涵》(曹毅 1995)、《土家族传统文化的特质》(黄柏权、吴茜 2002)、《土家族传统文化的内涵及特征》(彭继宽 1995)等。其他比较多的是未发表的硕博士论文,相对集中地讨论了某一点的方言现象或某种地方文化现象。

2006 年修订出版的《恩施州志》反映鄂恩施州的历史、地理、经济、文化、社会等各个方面。其中"社会"篇有"方言"一节,记载了一些有特色的方言词汇、谚语及歇后语等。目前还没有关于恩施州方言的《方言志》,也没有见到关于恩施州内方言语音、词汇、语法进行全面系统研究的著作出版。从严格意义上对鄂西南方言地区做方言文化研究的暂时也还没有看到,已有的成果也主要是从民俗学的角度展开的。其他的则主要是硕博士论文。

三 音标和符号

本书以国际音标标音。以下分项列举所用到的国际音标。

（一）辅音

本书所用辅音符号如下表。

方法	部位	双唇	唇齿	舌尖前	舌尖中	舌尖后	舌面前	舌面后（舌根）
塞	不送气	p			t			k
	送 气	pʻ			tʻ			kʻ
塞擦	不送气			ts		tʂ	tɕ	
	送 气			tsʻ		tʂʻ	tɕʻ	
鼻		m			n			ŋ
边					l			
擦	清		f	s		ʂ	ɕ	x
	浊		v	z		ʐ		

零声母用[ø]表示。

（二）元音

本书所用元音符号如下图：

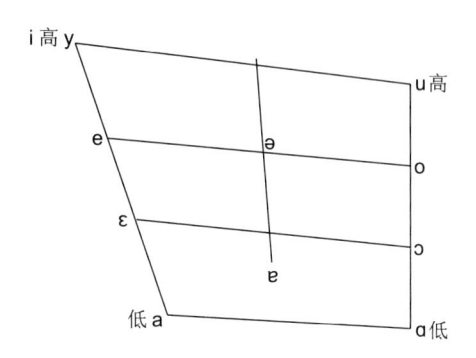

除图中标示的舌面元音外，还有卷舌元音 ər，舌尖前元音[ɿ]和舌尖后元音[ʅ]。

（三）声调

本书采用通行的五度制声调符号。例如恩施点的声调：

调类代号	调类	调值
1	阴平	55
2	阳平	22
3	上声	51
4	去声	35

四 发音合作人

吴传美：女，1946年生，高中毕业，后进修获大专毕业证书。在恩施城关出生长大，小学到高中在城内就读，高中毕业后到离城20公里外的芭蕉插队锻炼七年，返城后在恩施市区中学教语文，直至退休。没有外出经历。

郑世权：男，1942年生，高中毕业。在恩施城关出生长大，高中毕业后接班到小学任教，后转正，直至退休。没有外出经历。

向世家：男，1943年生，初中毕业。在建始县城关长大，县防疫站司机。没有外出经历。

周永安：男，1948年生，高中毕业，在巴东县城长大，站广播站工作人员。无外出经历。

黄彩仙：女，1952年生，初中毕业，在利川市城关长大，原供销社工作人员。无外出经历。

杨代瑞：男，1946年生，初中毕业，在咸丰县城关长大，原化肥厂工作人员。无外出经历。
李建德：男，1948年生，高中毕业，在来凤县城关长大，原信用社工作人员。无外出经历。
曹克宏：男，1950年生，小学毕业，在鹤峰县太平镇长大，个体户。无外出经历。

第二章 鄂西南地区方言语音研究

《湖北方言调查报告》（1948）（以下简称《报告》），将湖北省境内的方言划为四个区：第一区是西南官话区，鄂西南地区的巴东、恩施、宣恩、利川、来凤都属于这一区（该报告未调查建始、咸丰两地），第二区是楚语区，第三区是赣语区，第四区包括监利、松滋、公安、石首、鹤峰，介于楚语和湖南方言之间。李荣、熊正辉、张振兴主编的《中国语言地图集》（1987），将湖北省的方言分为三个片：西南官话、江淮官话、赣语，将鄂西南地区的巴东、建始、恩施、宣恩、利川、来凤、咸丰划入西南官话成渝片，将鹤峰、松滋、公安、石首划入西南官话常鹤片。李蓝（2009）以古入声的归属和四声框架为基本条件对西南官话进行了再分片。按照李蓝先生对西南官话的分片，鄂西南地区的其中七个县市则划入湖广片下的鄂中小片，该片的主要特点是古入声今读阳平且四声调值与武汉接近；鹤峰方言则属湖广片下的湘北小片，此小片的主要特点是去声分阴阳，古入声多归阴阳去。

方言片区的划分都是以语音为标准，上述三种分类虽有不同，但对鄂西南地区八个县市的划分基本是一致的，即都将巴东、建始、恩施、宣恩、利川、来凤、咸丰归入同一小片，而把鹤峰都单列出来归入另外的小片。需要说明的是后两者的分类也主要是参照《湖北方言调查报告》中的相关材料。我们的研究立足于对鄂西南八个方言点的实地田野调查，同时还参照了"国家语言保护工程——湖北省"对恩施、建始、利川、巴东、宣恩、咸丰、来凤、鹤峰八个点的调查结果，另外，湖南大学硕士学位论文《湖北鹤峰方言语音研究》（2011）的作者杨学梅是鹤峰本地人，该论文对鹤峰方言的语音做了详细、全面的描写、分析和比较研究，展示出了鹤峰方言的整体语音面貌，其结论比较可信，也给我们提供了重要的参考。

本章将先列出该地区八个方言点的音系，其次从声韵调三个方面进行比较，反映出其共性和差异。该地区各方言点虽有不同，但相互交际基本没有问题。恩施市从历史上到现在一直是该地区的政治经济文化中心，而且在地里位置上正处于该地区的中部，因此我们选取恩施点为代表，先列出其同音字汇，再将其与北京音系和中古音系进行比较，以反映总体上的共时状态和历时演变。

一 鄂西南地区方言音系

（一）恩施话音系

1. 声母：共22个，包括零声母在内。

p 波把布别	p' 田品配僻	m 民猫猛庙	f 福妇湖虎
t 低对陡达	t' 舔套谈铁	l（n）溜娘乃略	
ts 坐阻增杂	ts' 才脆此参		s 扫宋索桑
tʂ 桌煮寨知	tʂ' 吹扯床唱		ʂ 沙甩邵刷
			ʐ 弱扔润软
tɕ 迥决进家	tɕ' 劝且求悄		ɕ 香许训学
k 乖国棍管	k' 枯口控渴	ŋ 安熬矮怄	x 很黑肺方
ø 温 银 韵 余 望 有 夜 渊 扼 儿 二			

2. 韵母：共有37个，不包括儿化韵。

ɿ 司瓷此自	i 皮李既义	u 姑暑住木	y 居女虑育
ʅ 知耻是日			
ɚ 儿尔耳二			
a 巴洒诈达	ia 驾峡哑掐	ua 挂华耍挖	
o 波莫破跛	io 掠学脚虐	uo 可索多坐	
e 给赦窄白	ie 憋铁借也	ue 国或获惑	ye 月茄雪倔
ai 筛来楷卖		uai 㧟怀揣蟀	
ei 杯雷岁腿		uei 闺回税伟	
au 刀曹炒冒	iau 标聊小跳		
əu 偷狗咒速	iəu 丢九牛秀		
an 丹含产算	iɛn 篇田检店	uan 欢船软万	yɛn 喧全犬倦
ən 跟村本胜	in 宾停景信	uən 昏唇滚问	yn 均群允训
aŋ 棒塘掌脏	iaŋ 枪良酿向	uaŋ 光床谎状	
oŋ 崩弘总痛	ioŋ 兄琼迥荣		

3. 声调：共4个声调（轻声和变调除外）

调类代号	调类	调值	例字
1	阴平	55	妈初梯资高将偏汪

2	阳平	22	题神黑曲六毒灭药
3	上声	51	体展草粉女有网引
4	去声	35	汉到是近父帽让用

（二）建始话音系

1. 声母：共22个，包括零声母在内。

p 杯办不边	p' 婆怕派跑	m 摸马梦帽	f 方粉服讽
t 刀打顿动	t' 汤土同替	l（n）拉陆奶尿	
ts 字脏最早	ts' 催才次寸		s 丝俗扫梭
tʂ 之祝炸诊	tʂ' 车锤长厂		ʂ 砂熟帅少
			ʐ 人如闰染
tɕ 加尽绝窘	tɕ' 全切秋巧	ɕ 须乡讯雪	
k 高怪谷梗	k' 开扣哭课	ŋ 岸傲挨硬	x 号杭花狠
ø 温余望夜渊扼二			

2. 韵母：共有37个，不包括儿化韵。

ɿ 辞字此	i 疲里泥既	u 书故竹土	y 具吕虚屈
ʅ 时耻是日			
ɚ 儿尔耳二			
a 扒开撒炸答	ia 嫁瞎哑恰	ua 瓜话刷瓦	
o 波泼末佛	io 雀掠学角	uo 歌戳琐罗	
e 给摘白格	iɛ 憋贴借也	ue 国或获惑	ye 决血月倔
ai 晒来改栽		uai 拐槐帅揣	
ei 泪虽腿妹		uei 柜辉睡委	
au 包朝早号	iau 表尿消条		
əu 都口受缩	iəu 就留修久		
an 单汗禅算	iɛn 偏填简电	uan 环穿款栓	yɛn 宣泉远元
ən 根笋笨成	in 冰婷仅沁	uən 婚纯稳棍	yn 君裙运讯
aŋ 帮常藏巷	iaŋ 江强两相	uaŋ 框黄爽壮	
oŋ 风哄粽虫	ioŋ 兄穷囧荣		

3. 声调：共4个声调（轻声和变调除外）。

调类代号	调类	调值	例字
1	阴平	34	多山天弯书朱初妈
2	阳平	22	茶旁石恒留竹出磨
3	上声	53	请管把准鼠煮楚狠
4	去声	214	附进用寸树更剩病

（三）巴东话音系

1. 声母：共18个，包括零声母在内。

p 坡八笨比	pʻ 添聘跑胖	m 蜜毛梦妙	f 夫胡户虎
t 堆敌斗打	tʻ 天讨坛替	n 拉晾奶南	
ts 坐阻桌寨	tsʻ 才脆扯床		s 扫宋沙上
			z 弱扔润软
tɕ 假今句菌	tɕʻ 劝恰秋琼		ɕ 细寻小宣
k 古各改姑	kʻ 楷刊控壳		x 和好哈混
ø 银 韵 余 望 有 渊 扼 二			

2. 韵母：共有37个，不包括儿化韵。

ɿ 司瓷耻是	i 皮李既义	u 姑暑住木	y 居女虑育
ɚ 儿尔耳二			
ɣ 热白北蛇			
a 他洒大扎	ia 家瞎夹哑	ua 卦划唰瓦	
o 簸坡莫佛	io 掠学脚雀	uo 玻可琐落	
e 麦伯窄车	ie 写接列憋	ue 国或获惑	ye 血缺偏月
ai 该摆耐筛		uai 块怪摔怀	
ei 杯类随腿		uei 归回税委	
au 刀草告毛	iau 挑桥晓叫		
əu 收后狗仇	iəu 修救九由		
an 盘惨但钻	iɛn 编甜现简	uan 专还管万	yɛn 宣泉犬卷
ən 真诚胜省	in 宾林停静	uən 婚唇棍稳	yn 军群讯允
aŋ 汤旁赏丈	iaŋ 乡娘讲亮	uaŋ 广双黄庄	
oŋ 崩哄总同	ioŋ 兄穷囧荣		

3. 声调：共4个声调（轻声和变调除外）。

调类代号	调类	调值	例字
1	阴平	45	家乌真孙杯高衣清
2	阳平	22	塔夺夕直莫百和蛇
3	上声	51	伞古很抢款煮耍你
4	去声	24	饭变寸棍正闷厚救

（四）宣恩话音系

1. 声母：共23个，包括零声母在内。

p 钵巴本报	pʻ 扑篇碰判	m 摸忙慢米	f 夫福虎护
			v 五屋乌误

t 当痘短敌	t'涛填烫敊	n 溜娘奶略	
ts 字杂走尊	ts'搓擦寸此		s 嫂松四皸
tʂ 之桌赵准	tʂ'迟昌臭蠢		ʂ 书苕甩顺
			ʐ 日如软闰
tɕ 节菌久居	tɕ'其劝秋取		ɕ 靴徐癣训
k 滚刚国过	k'刊扣款哭	ŋ 安袄硬挨	x 婚号河喊
ø 稳 云余忘友 页远扼 二			

2. 韵母：共有 37 个，不包括儿化韵。

ɿ 资辞死次	i 米提洗记	u 铺骨主树	y 句吕鱼娶
ʅ 指之是日			
ɚ 儿尔耳二			
a 她扎那把	ia 家恰夏垭	ua 华瓜袜垮	
o 菠泼磨破	io 雀学脚虐	uo 歌戳多火	
e 车色拆得	ie 爹切借野	ue 国或获惑	ye 靴月缺倔
ai 该来崽蔡		uai 怀揣蟀快	
ei 被梅催腿		uei 龟回睡委	
au 包老曹赵	iau 挑荞笑笤		
əu 周口缩漏	iəu 刘扭秋秀		
an 三咸闪蒜	iɛn 先钱面点	uan 观环串完	yɛn 娟悬远劝
ən 灯陈省恨	in 斌临静挺	uən 春绳捆问	yn 君裙讯尹
aŋ 旁汤上港	iaŋ 香娘讲晾	uaŋ 床慌爽逛	
oŋ 烘朋弄总	ioŋ 囧穷凶容		

3. 声调：共 4 个声调（轻声和变调除外）。

调类代号	调类	调值	例字
1	阴平	45	他关需梭青村康哼
2	阳平	11	茶南桔力百胡月切
3	上声	51	枕笋苦两请哑鬼走
4	去声	24	认顺放站扣救算燕

（五）来凤话音系

1. 声母：共 19 个，包括零声母在内。

p 笔奔饱棒	p'刨喷配痞	m 门猫麦米	f 肤扶虎胡
t 第堆斗党	t'涛田桶烫	n 牛奶赖拉	
ts 姿祖灶则	ts'菜此厂窗		s 扫索伤顺
			z 授闰软肉

tɕ 金巨决缴　　　tɕ'千球取呛　　　　　　　　　　　ɕ 西想寻雪
k 古革杠高　　　 k'康肯哭靠　　　 ŋ 安呕挨昂　　　 x 辉号花烘
ø 温　云 雨 汪 由 爷 用 耳 二

2. 韵母：共有 39 个，不包括儿化韵。

ɿ 字词诗耻　　　 i 蜜你寄西　　　 u 姑暑住木　　　 y 徐取居吕
ɚ 儿尔耳二
a 爬渣那撒　　　 ia 家匣恰垭　　　 ua 抓刮垮化　　　 ya 刷
o 波末火饿　　　 io 掠学确虐
e 热麦黑色　　　 ie 些贴篾野　　　 ue 国或获惑　　　 ye 曰茄雪决
ai 埋摆带街　　　　　　　　　　　 uai 枴怀揣外　　 yai 帅揣
ei 杯陪累梅　　　　　　　　　　　 uei 对为水回　　 yei 追罪随
au 包炒牢照　　　iau 表笑妖嚼
əu 杜周侯狗　　　iəu 牛九秀优
an 胆干缠鼾　　　ien 千年检电　　　uan 官传短换　　 yen 喧全犬倦
ən 跟村本胜　　　in 宾停景信　　　uən 昏唇滚问　　 yn 均永寻春
aŋ 刚常黄放　　　iaŋ 江详相痒　　　uaŋ 光黄王汪　　 yaŋ 闯壮
oŋ 朋中丛绒　　　ioŋ 兄用穷

3. 声调：共 4 个声调（轻声和变调除外）。

调类代号	调类	调值	例字
1	阴平	44	歌呼专波都鸡滋天
2	阳平	21	平坨接辣莫胡人色
3	上声	52	左举有雨煮老请咬
4	去声	24	怕唱害尽晒饿胜误

（六）咸丰话音系

1. 声母：共 19 个，包括零声母在内。

p 波榜报八　　　 p'胎体谈套　　　 m 木猫慢米　　　 f 敷福户虎
t 答短荡都　　　 t'图梯统讨　　　　n 泥糯拉赖
ts 私辞抓事　　　ts'菜粗床扯　　　　　　　　　　　　s 扫桑晒刷
　　　　　　　　　　　　　　　　　　　　　　　　　 z 挼闰软如
tɕ 及假娟救　　　tɕ'其取劝千　　　　　　　　　　　 ɕ 洗校先想
k 棍姑革港　　　 k'开口课啃　　　 ŋ 安熬藕哀　　　 x 海恨豪婚
ø 无 温 韵 衣 望 有 渊 儿 耳

2. 韵母：共有 36 个，不包括儿化韵。

ɿ 司瓷耻是　　　 i 基习米例　　　 u 普树姑竹　　　 y 居女律

ɚ 儿尔耳二

a 哈查打那	ia 加恰夏牙	ua 夸划耍挖	
o 波破末	io 确学脚虐	uo 波可卓锁	
e 这色革摘	ie 写灭帖列	ue 国或	ye 雪倔越缺
ai 蔡改来派		uai 蟀坏乖崴	
ei 陪最美推		uei 为辉鬼愧	
au 刨少涛闹	iau 料鸟悄聊		
əu 后走搜谋	iəu 流九修柚		
an 班谈伞干	iɛn 偏填脸现	uan 专环涮软	yɛn 冤宣捐泉
ən 喷痕振胜	in 心民定景	uən 春滚横问	yn 均裙允迅
aŋ 棒扛汤脏	iaŋ 枪亮降奖	uaŋ 光床晃状	
oŋ 松红重统	ioŋ 兄琼迥用		

3. 声调：共 4 个声调（轻声和变调除外）。

调类代号	调类	调值	例字
1	阴平	44	沙开期动歌灰支山
2	阳平	21	黄兰白蜡合贴元文
3	上声	42	毯找五宰马巧有讲
4	去声	24	看去住万队未问送

（七）利川话音系

1. 声母：共 20 个，包括零声母在内。

p 巴白补伴	p' 坡盘品配	m 妈秘敏妹	f 夫胡虎富
			v 乌五吴雾
t 町敌顶荡	t' 他谈挺烫	n 拉蓝你酿	
ts 张折子暂	ts' 痴茶惨醋		s 沙石伞素
			z 扔肉染让
tɕ 尖急假剧	tɕ' 欺勤浅哈		ɕ 西悬晓信
k 哥谷感杠	k' 科哭卡看	ŋ 哀熬袄硬	x 惑滑很害
ø 秧容有望			

2. 韵母：共 36 个，不包括儿化韵。

ɿ 知日齿四	i 妻题你地	u 铺除煮布	y 须桔取剧
a 巴麻打炸	ia 虾霞哑架	ua 花娃垮挂	
o 哥博锁座	io 学药确略		
e 奢塞扯这	ie 憋捏且夜	ue 国蝈或惑	ye 决缺月雪

ai 呆排宰带　　　　　　　　　uai 歪怀拐快
ei 批培美背　　　　　　　　　uei 追雷轨脆
au 包劳咬赵　　iau 邀桥表叫
ou 都楼走怄　　iou 优球九秀
an 安谈胆站　　ian 烟前舔练　uan 弯传管乱　yan 渊悬卷劝
ən 恩尘审认　　in 音情锦命　　un 昆浑滚问　　yn 晕寻永俊
aŋ 苍糖涨昂　　iaŋ 秧强想酱　uaŋ 汪黄闯逛　yŋ 兄荣窘用
ɚ 儿而耳二　　uŋ 翁同朋洞　　yu 育畜曲局

3. 声调：共 4 个声调（轻声和变调除外）。

调类代号	调类	调值	例字
1	阴平	34	班拖花初汪刚周翻
2	阳平	22	梅熟从横栏儿晴各
3	上声	53	米敢暖忍走肯滚肿
4	去声	213	判斗细料硬貌面暗

（八）鹤峰话音系

1. 声母：共 23 个，包括零声母在内。

p 巴包笔表　　p'破牌朋皮　　m 买毛眉秘　　f 福湖虎户　　v 屋五物务
t 带短丁洞　　t'桃抖通天　　n 来老奶那
ts 窄走争坐　　ts'菜粗初愁　　　　　　　　s 三孙生瘦
tʂ 主丈招竹　　tʂ'茶抽除闯　　　　　　　　ʂ 山刷少蛇　　ʐ 然惹肉闰
tɕ 绩姐见局　　tɕ'起区球全　　　　　　　　ɕ 笑序兄学
k 歌街共狗　　k'哭考昆葵　　ŋ 爱安握鸭　　x 海很分肥
ø 雨挖央二

2. 韵母：共 37 个，不包括儿化韵。

ɿ 字词师四　　i 第李七宜　　u 扶朱虎出　　y 玉取雨律
ʅ 志始池石
ɚ 二耳儿馆日
ə 胳去
a 辣杀爬沙　　ia 下家夏甲　　ua 法刷画抓
e 蛇麦北折　　ie 切别姐帖　　ue 国获或惑　　ye 决缺月雪
o 昨木模课　　io 脚确学略
ai 牌街鞋灾　　　　　　　　　uai 快帅怀外
ei 批累妹对　　　　　　　　　uei 最未虽位

au 保脑牡敲　　　iau 条尿校要
əu 读绿斗助　　　iəu 修秋幼牛
an 蛋短团间₍白₎　ian 面钱脸炎　　uan 晚饭算软　　yan 宣原劝捐
ən 村灯更吞　　　in 新命定因　　uən 分横春婚　　yn 营句君云
aŋ 胖项₍白₎巷₍白₎常　iaŋ 江刚详像　　uaŋ 窗忘房状
oŋ 蜂捧同空　　　ioŋ 穷胸容兄

3. 声调：共4个声调（轻声和变调除外）。

调类代号	调类	调值	例字
1	阴平	45	巴安沙开期灰先冬
2	阳平	11	茶财兰杀徐人娘白辣
3	上声	51	伞苦手奶马小午雨
4	去声	214	负近怕唱害共线幼

二　鄂西南地区各方言点的语音比较

（一）声母比较

1. 声母的总比较

表2.1　　　　　　　　鄂西南各点声母比较总表

	双唇	唇齿	舌尖前	舌尖中	舌尖后	舌面前	舌根	零声母	声母个数
恩施	p pʻ m	f	ts tsʻ s	t tʻ l (n)	tʂ tʂʻ ʂ z	tɕ tɕʻ ɕ	k kʻ x ŋ	ø	22
建始	p pʻ m	f	ts tsʻ s	t tʻ l (n)	tʂ tʂʻ ʂ z	tɕ tɕʻ ɕ	k kʻ x ŋ	ø	22
巴东	p pʻ m	f	ts tsʻ s z	t tʻ n (l)		tɕ tɕʻ ɕ	k kʻ x	ø	18
宣恩	p pʻ m	f v	ts tsʻ s	t tʻ n	tʂ tʂʻ ʂ z	tɕ tɕʻ ɕ	k kʻ x ŋ	ø	23
利川	p pʻ m	f v	ts tsʻ s z	t tʻ n		tɕ tɕʻ ɕ	k kʻ x ŋ	ø	20
咸丰	p pʻ m	f	ts tsʻ s z	t tʻ n		tɕ tɕʻ ɕ	k kʻ x ŋ	ø	19
来凤	p pʻ m	f	ts tsʻ s z	t tʻ n		tɕ tɕʻ ɕ	k kʻ x ŋ	ø	19
鹤峰	p pʻ m	f v	ts tsʻ s	t tʻ n	tʂ tʂʻ ʂ z	tɕ tɕʻ ɕ	k kʻ x ŋ	ø	23

从以上的比较结果看，我们可以将这八个方言点的声母情形大致分为两类：恩施、建始、宣恩、鹤峰为一类，声母的今音值为 p pʻ m f (v) t tʻ n /l ts tsʻ s tʂ tʂʻ ʂ z tɕ tɕʻ ɕ k kʻ x ŋ，一共22个；巴东、来凤、咸丰和

利川为一类，其声母的今音值为 p p' m f t t' n /l ts ts' s z tɕ tɕ' ɕ k k' x ŋ ø，一共 19 个（巴东点没有 ŋ 声母）。我们可以看出这两类声母方面最主要的区别就在于平舌 ts 组和翘舌 tʂ 组的分混。另外还有些细微的差异：n/l 两个声母在这些地方都出现相混的情况，有的地方偏向于发 l，如恩施、建始，而巴东、宣恩、来凤、鹤峰等地则倾向于发 n；利川、鹤峰、宣恩的 v 声母是其他方言点所没有的，在这三个方言点中只限于出现在单韵母 u 前，其他方言点则相应的读作 ø。此外，鹤峰方言点的 k、k' 与单韵母 u 相拼时有强烈的唇齿摩擦，为了声母系统的整体性，统一记为 k、k'。

2. 细则比较：

（1）f、x 的分混

表 2.2　　　　　　　　各点 f、x 分混的比较

	恩施	建始	巴东	宣恩	来凤	咸丰	利川	鹤峰
夫 遇合三虞非	fu55	fu34	fu45	fu45	fu44	fu44	fu44	fu45
虎 遇合一模晓	fu51	xu53	fu52	fu51	fu52	fu42	fu42	fu51
浮 流开三尤奉	fu22	fu22	fu22	fu11	fu21	fu21	fu21	fu11
肺 蟹合三废敷	xuei35	fei214	xuei24	xuei24	fei24	xuei24	xuei24	xuei214
方 宕合三阳非	xuaŋ55	faŋ34	xuaŋ45	xuaŋ45	faŋ44	xuaŋ44	xuaŋ44	xuaŋ45
范 咸合三凡奉	xuan35	fan214	xuan24	xuan24	fan24	xuan24	xuan24	xuan214
粉 臻合三文帮	xuən51	fən53	xuən51	xuən51	fən52	xuən42	xuən42	xuən51
昏 臻合一魂晓	xuən55	xən34	xuən45	xuən45	fən44	xuən44	xuən44	xuən45
慌 宕合一唐晓	xuaŋ55	xuaŋ34	xuaŋ45	xuaŋ45	faŋ44	xuaŋ44	xuaŋ44	xuaŋ45
毁 止合三支晓	xuei51	xuei53	xuei51	xuei51	fuei52	xuei42	xuei42	xuei51

由上表看，古非组和晓组声母，恩施、巴东、利川、宣恩、咸丰、鹤峰在单元音韵 u 母前相混，全部读为 f（即古晓匣母遇摄合口一等字都读成 f），其余全部读为 x，在其它韵母前都相混，即部分古非组读 x，而又有部分古晓组读 f，没有明显的规律性，总的来说整体上读 x 的字占比较大。来凤点则只是今 o 韵读 x，如祸 xo，风 xoŋ，红 xoŋ，其余全部读 f；建始点则 f、x 全分。

（2）ts、tʂ 组的分混

表 2.3　　　　　　　　　各点 ts、tʂ 组分混的比较

	恩施	建始	巴东	宣恩	来凤	咸丰	利川	鹤峰
除 遇合三鱼澄	tʂʻu²²	tʂʻu²²	tsʻu²²	tsʻu¹¹	tɕʻu²¹	tsʻu²¹	tsʻu²¹	tʂʻu¹¹
沙 假开二麻审	ʂa⁵⁵	ʂa³⁴	sa⁴⁵	ʂa⁴⁵	sa⁴⁴	sa⁴⁴	sa⁴⁴	ʂa⁴⁵
撑 梗开二庚彻	tsʻən⁵⁵	tsʻən³⁴	tsʻən⁴⁵	tsʻən⁴⁵	tsʻən⁴⁴	tsʻən⁴⁴	tsʻən⁴⁴	tsʻən⁴⁵
遮 假开三麻章	tʂe⁵⁵	tʂe³⁴	tse⁴⁵	tʂe⁴⁵	tse⁴⁴	tse⁴⁴	tse⁴⁴	tʂe⁴⁵
厂 宕开三阳昌	tʂʻaŋ⁵¹	tʂʻaŋ⁵³	tsʻaŋ⁵¹	tʂʻaŋ⁵¹	tsʻaŋ⁵²	tsʻaŋ⁴²	tsʻaŋ⁴²	tʂʻaŋ⁵¹
搜 流开三尤生	səu⁵⁵	səu³⁴	səu⁴⁵	səu⁴⁵	səu⁴⁴	səu⁴⁴	səu⁴⁴	səu⁴⁵
床 宕开三阳崇	tʂʻuaŋ²²	tʂʻuaŋ²²	tsʻuaŋ²²	tʂʻuaŋ¹¹	tɕʻyaŋ²¹	tsʻuaŋ²¹	tsʻuaŋ²¹	tʂʻuaŋ¹¹
抓 效开二肴庄	tʂua⁵⁵	tʂua³⁴	tsua⁴⁵	tʂua⁴⁵	tɕua⁴⁴	tsua⁴⁴	tsua⁴⁴	tʂua⁴⁵
甥 梗开二庚生	sən⁵⁵	sən³⁴	sən⁴⁵	sən⁴⁵	sən⁴⁴	sən⁴⁴	sən⁴⁴	sən⁴⁵

从上表看，恩施、建始、宣恩、鹤峰分 ts 组和 tʂ 组，而巴东、来凤、咸丰和利川不分 ts 组和 tʂ 组，全都读 ts 组，只有来凤的知庄章三组的今合口读成 tɕ 组。古知庄章三组声母的今读，在恩施、建始、宣恩三个点中古知组、章组字除知组在梗摄开口二等韵读 ts 组声母外，全都读 tʂ tʂʻ ʂ，庄组字有 ts 组与 tʂ 组的分别，三个点庄组内转字除止摄合口、宕摄开口读 tʂ tʂʻ ʂ 声母，其他都读 ts tsʻ s 声母，外转字除梗摄开口读 ts 组声母外，其他全读 tʂ 组声母；鹤峰点中古知组、章组字除知组梗摄开口二等韵的少数几个字读 ts 组外今全部读 tʂ tʂʻ ʂ，庄组字按今韵母主元音舌位的高低来分，若今韵母主元音是中高元音的字则读 ts tsʻ s，若今韵母主元音是低元音组的字则读 tʂ tʂʻ ʂ。

（3）l、n 的分混情况

表 2.4　　　　　　　　　各点 l、n 分混的比较

	恩施	建始	巴东	宣恩	来凤	咸丰	利川	鹤峰
老 效开一豪来	lau⁵¹	lau⁵³	nau⁵¹	nau⁵¹	nau⁵²	nau⁴²	nau⁴²	nau⁵¹
闹 效开二肴泥	lau³⁵	nau²¹⁴	nau²⁴	nau²⁴	nau²⁴	nau²⁴	nau²⁴	nau²¹⁴
年 山开四先泥	lian²²	lian²²	nian²²	nian¹¹	nian²¹	nian²¹	nian²¹	nian¹¹
联 山开三仙来	lian²²	lian²²	nian²²	nian¹¹	nian²¹	nian²¹	nian²¹	nian¹¹

续表

	恩施	建始	巴东	宣恩	来凤	咸丰	利川	鹤峰
泥 蟹开四齐泥	li²²	ni²²	ni²²	ni¹¹	ni²¹	ni²¹	ni²¹	ni¹¹
里 止开三止来	li⁵¹	li⁵³	ni⁵¹	ni⁵¹	ni⁵²	ni⁴²	ni⁴²	ni⁵¹
努 遇合一模泥	nu⁵¹	lu⁵³	nu⁵¹	nu⁵¹	nu⁵²	nu⁴²	nu⁴²	nu⁵¹
鲁 遇合一模来	lu⁵¹	lu⁵³	nu⁵¹	nu⁵¹	nu⁵²	nu⁴²	nu⁴²	nu⁵¹
女 遇合三鱼泥	ly⁵¹	ly⁵³	ny⁵¹	ny⁵¹	ny⁵²	ny⁴²	ny⁴²	ny⁵¹
吕 遇合三鱼来	ly⁵²	ly⁵³	ny⁵¹	ny⁵¹	ny⁵²	ny⁴²	ny⁴²	ny⁵¹

从上表可以看出，古泥（娘）来两母在普通话中读 n、l，今读在八个点中分两种情况：一是统一读为其中的一个音，如巴东、宣恩、来凤、鹤峰、咸丰点除了少量字带有 l 的音色外，古泥（娘）来两母无论洪细一律读 n，且只有鼻音 n 一值；一是两者相混，以其中某一个音为主，其中 n、l 为自由变体。恩施、建始方言点中来母都读 l，泥母部分混入来母，没有明显的规律，因此总的情况是一般情况下都读 l，包括 n、l 两个自由变体。利川方言点古泥（娘）来母遇洪音时，今读 n、l 相混，相比而言，读为 n 的情形居多，遇细音时，则均读为 n。

（4）古日母字的读音

表2.5　　　　　　　各点古日母字今读的比较

	恩施	建始	巴东	宣恩	来凤	咸丰	利川	鹤峰
惹 假开三麻日	zɛ̣⁵¹	zɛ̣⁵³	zɛ̣⁵¹	zɛ̣⁵¹	zɛ⁵²	zɛ⁴²	zɛ⁴²	zɛ̣⁵¹
耳 止开三之日	ɚ⁵²	ɚ⁵³	ɚ⁵¹	ɚ⁵¹	ɚ⁵²	ɚ⁴²	ɚ⁴²	ɚ⁵¹
儿 止开三支日	ɚ²²	ɚ²²	ɚ²²	ɚ¹¹	ɚ²¹	ɚ²¹	ɚ²¹	ɚ¹¹
日 臻开三质日	zʅ²²	zʅ²²/ɚ²²	zʅ²²	zʅ¹¹	zʅ²¹	zʅ²¹	zʅ²¹/ɚ²¹	ɚ¹¹/zʅ¹¹
如 遇合三鱼日	zu²²	zu²²	zu²²	zu¹¹	zu²¹	zu²¹	zu²¹	zu¹¹
绕 效开三宵日	zau⁵¹	zau⁵³	zau⁵¹	zau⁵¹	zau⁵²	zau⁴²	zau⁴²	zau⁵¹
染 咸开三琰日	zan⁵¹	zan⁵³	zan⁵¹	zan⁵¹	zan⁵²	zan⁴²	zan⁴²	zan⁵¹
肉 通合三入日	zu²²	zu²²	zu²²	zu¹¹	zu²¹	zu²¹	zu²¹	zu¹¹
软 山合三仙日	zuan⁵¹	zuan⁵³	zuan⁵¹	zuan⁵¹	zuan⁵²	zuan⁴²	zuan⁴²	zuan⁵¹

由上表看，总体上各点读音从类型上看基本一样，即止摄开口三等字全部读零声母，此外臻摄入声开口三等字"日"在恩施等点读 ʐ，在建始、利川鹤峰等点有读 ʐ（或 z）和零声母两种（表中斜杠前的表示在当地说的人更多），其他各摄日母字在利川和咸丰两地读 z，其余各地都读 ʐ。

（5）古微母的今读

表 2.6　　　　　　　各方言点古微母字今读的比较

	恩施	建始	巴东	宣恩	来凤	咸丰	利川	鹤峰
舞 遇合三虞微	u^{51}	u^{53}	u^{51}	vu^{51}	u^{52}	u^{42}	vu^{42}	vu^{51}
物 臻合三物入微	u^{22}	u^{22}	u^{22}	vu^{11}	u^{21}	u^{21}	vu^{21}	vu^{11}
尾 止合三微微	uei^{51}	uei^{53}	uei^{51}	uei^{51}	uei^{52}	uei^{42}	uei^{42}	uei^{51}
万 山合三愿微	uan^{35}	uan^{214}	uan^{24}	uan^{24}	uan^{24}	uan^{24}	uan^{24}	uan^{214}
问 臻合三问微	uən^{35}	uən^{214}	uən^{24}	uən^{24}	uən^{24}	uən^{24}	uən^{24}	uən^{214}
亡 宕合三阳微	uaŋ^{22}	uaŋ^{22}	uaŋ	uaŋ^{11}	uaŋ^{21}	uaŋ^{21}	uaŋ^{21}	uaŋ^{11}

古微母字的今读，主要是在单韵母 u 前的分化，一类是在单韵母 u 前都有一个很明显的浊擦音声母 v，其他均读ø，如宣恩、利川、鹤峰点；另一类是古微母字的今读几乎全部为ø，如恩施、建始等其他各点。

（6）古疑影母的今读

表 2.7　　　　　　　古疑影母字各点的今读比较

	恩施	建始	巴东	宣恩	来凤	咸丰	利川	鹤峰
五 遇合一模疑	u^{51}	u^{53}	u^{51}	vu^{51}	u^{52}	u^{42}	vu^{42}	vu^{51}
翁 通合一东影	oŋ^{55}	oŋ^{34}	oŋ^{45}	oŋ^{45}	oŋ^{44}	oŋ^{44}	uŋ^{45}	oŋ^{45}
恶 宕开一铎入影	uo^{22}	uo^{22}	uo^{22}	uo^{11}	o^{21}	uo^{21}	o^{21}	uo^{11}
案 山开一翰影	ŋan^{35}	ŋan^{214}	an^{24}	ŋan^{24}	ŋan^{24}	ŋan^{24}	ŋan^{24}	ŋan^{214}
熬 效开一豪疑	ŋau^{22}	ŋan^{35}	au^{22}	ŋan^{11}	ŋan^{21}	ŋan^{21}	ŋan^{21}	ŋau^{11}
月 山合三月入疑	ye^{22}	ye^{22}	ye^{22}	ye^{11}	ye^{21}	ye^{21}	ye^{21}	ye^{11}
毅 止开三微疑	i^{35}	i^{214}	i^{24}	i^{24}	i^{24}	i^{24}	i^{24}	i^{24}
研 山开四先疑	lien^{55}	lien^{55}	nien^{45}	nien^{45}	nien^{44}	nien^{44}	nien^{44}	nien^{45}
淹 咸开三盐影	ŋan^{55}	ŋan^{34}	an^{45}	ŋan^{45}	ŋan^{44}	ŋan^{44}	ŋan^{44}	ŋan^{45}
酽 咸开三酽疑	lien^{35}	lien^{214}	nien^{24}	nien^{24}	nien^{24}	nien^{24}	nien^{24}	nien^{214}

古疑影母的今读，宣恩、利川、鹤峰点古疑影两母在单韵母 u 前读唇齿独擦音声母 v，其余都读为零声母；除今韵 uo/o 外，疑影母开口一二等字在恩施、建始、鹤峰等七个点都读舌根浊鼻音 ŋ，只有巴东读零声母；疑母细音的部分字都有读 l/n 的情况，其余基本上都读零声母。

3. 小结

表2.8　　　　　　　　各方言点声母比较情况总结简表

比较项	恩施	建始	巴东	宣恩	来凤	咸丰	利川	鹤峰
f、x 的分混	混	混	混	混	混	混	混	混
ts、tʂ 的分混	分	分	分	分	分	混	混	分
l、n 的分混	只有l,包含l、n两个自由变体	只有l,包含l、n两个自由变体	只有 n	只有 n	只有 n	只有 n	只有 n	只有 n
古日母字的读音	ø ʐ̩	ø ʐ̩	ø ʐ̩	ø ʐ̩	ø ʐ̩	ø z	ø ʐ̩	ø ʐ̩
古微母字的读音	ø	ø	ø	ø	ø	ø	v ø	v ø
古疑影母的读音	ŋ l ø	ŋ l ø	n ø	n ø	n ø	n ø	v ŋ ø	v ŋ ø

以上我们以 f、x 的分混，ts、tʂ 的分混，l、n 的分混情况，古日母字的读音，古微母的今读和古疑影母的今读为比较项，将恩施、建始、利川、鹤峰等八个点的声母进行了共时的横向比较。从上表总的比较结果来看，八个点的共性是比较明显的，只是在具体表现上出现一些小的差异。即：①f、x 的分混，宣恩、鹤峰、利川等点在单元音韵 u 母前相混，全部读为 f，其余全部读为 x；来凤点则只是今 o 韵读 x，如祸 xo，风 xoŋ，红 xoŋ，其余全部读 f;；建始点方言则 f、x 全分。恩施、巴东等方言点则是古非组和晓组声母都相混，即部分古非组读 x，而又有部分古晓组读 f，没有明显的规律性，总的来说整体上读 x 的字占比较大。②ts、tʂ 的分混，只有巴东、来凤、咸丰和利川不分 ts 组和 tʂ 组，基本都读 ts 组，只有来凤的知庄章三组的今合口读成 tɕ 组。恩施、建始、宣恩、鹤峰分 ts 组和 tʂ 组的。古知庄章三组声母的今读，在恩施、建始、宣恩三个点中古知组、章组字除知组在梗摄开口二等韵读 ts 组声母外，全都读 tʂ tʂ'ʂ，庄组字有 ts 组与 tʂ 组的分别，三个点庄组内转字除止摄合口、宕摄开口读 tʂ tʂ'ʂ 声母，其他都读 ts ts'ṣ 声母，外转字除梗摄开口读 ts 组声母外，其他全读 tʂ 组声

母；鹤峰点中古知组、章组字除知组梗摄开口二等韵的少数几个字读 ts 组外今全部读 tʂ tʂʻ ʂ，庄组字按今韵母主元音舌位的高低来分，若今韵母主元音是中高元音的字则读 ts tsʻ s，若今韵母主元音是低元音组的字则读 tʂ tʂʻ ʂ。③l、n 分混的情况，古泥（娘）来母的今读有两类表现，一是统一读为其中的一个音，巴东、宣恩、来凤、利川、鹤峰、咸丰方言点除个别外，一律读 n；一类是以其中某一个音为主，其中 n、l 为自由变体，恩施、建始方言点中来母都读 l，泥母部分混入来母，没有明显的规律，因此总的情况是一般情况下都读 l，包括 n、l 两个自由变体。④古日母字的读音，止摄开口三等字全部读零声母，此外臻摄入声开口三等字"日"在恩施等点读 z̩，在建始、利川鹤峰等点有读 z̩（或 z）和零声母两种（表中斜杠前的表示在当地说的人更多），其他各摄日母字在利川和咸丰两地读 z，其余各地都读 z̩。⑤古微母的今读，主要是在单韵母 u 前的分化，一类是在单韵母 u 前都有一个很明显的浊擦音声母 v，其他均读ø，如利川、鹤峰点；另一类是古微母字的今读几乎全部为ø，如恩施、建始等其他各点。⑥古疑影母的今读，利川、鹤峰点古疑影两母在单韵母 u 前读唇齿浊擦音声母 v，其余都都读为零声母；除今韵 uo/o 外，疑影母开口一二等字在恩施、建始、鹤峰等七个点都读舌根浊鼻音 ŋ，只有巴东读零声母；疑母细音的部分字都有读 l / n 的情况，其余基本上都读零声母。

（二）韵母比较

1. 韵母的总比较

表 2.9　　　　　　　　各方言点韵母比较总表

方言点\四呼	开口呼	齐齿呼	合口呼	撮口呼	韵母个数
恩施	ɿ ʅ ɚ ae o ai ei au əu an ən aŋ oŋ	i ia ie io iau iəu iɛn in iaŋ ioŋ	u ua uo ue uai uei uan uən uaŋ	y ye yɛn yn	37
建始	ɿ ʅ ɚ ae o ai ei au əu an ən aŋ oŋ	i ia ie io iau iəu iɛn in iaŋ ioŋ	u ua uo ue uai uei uan uən uaŋ	y ye yɛn yn	37
巴东	ɿ ʅ ɚ ae o ai ei au əu an ən aŋ oŋ	i ia ie io iau iəu iɛn in iaŋ ioŋ	u ua uo ue uai uei uan uən uaŋ	y ye yɛn yn	37
宣恩	ɿ ʅ ɚ ae o ai ei au əu an ən aŋ oŋ	i ia ie io iau iəu iɛn in iaŋ ioŋ	u ua uo ue uai uei uan uən uaŋ	y ye yɛn yn	37

续表

方言点 \ 四呼	开口呼	齐齿呼	合口呼	撮口呼	韵母个数
利川	ɿ ɚ a e o ai ei au əu an ən aŋ	i ia ie io iau iəu ian in iaŋ	u ua ue uai uei uan uən uaŋ uŋ	y ye yu yan yn yŋ	36
来凤	ɿ ɚ a e o ai ei au əu an ən aŋ	i ia ie io iau iəu ian in iaŋ ioŋ	u ua ue uai uei uan uən uaŋ uŋ	y ya ye yai yei yan yn yaŋ	39
咸丰	ɿ ɚ a e o ai ei au əu an ən aŋ	i ia ie io iau iəu ian in iaŋ	u ua uo ue uai uei uan uən uaŋ uŋ	y ye yu yan yn yŋ	36
鹤峰	ɿ ʅ ɚ a e ə o ai ei au əu an ən aŋ oŋ	i ia ie io iau iəu ian in iaŋ ioŋ	u ua ue uai uei uan uən uaŋ	y ye yan yn	37

由上表看，各方言点的韵母总数大体是一致的，我们再来看各点韵母开、齐、合、撮四呼的情况。（1）开口呼：恩施、建始、宣恩、鹤峰的韵母 ɿ ʅ，在巴东、来凤、咸丰、利川相应的只有一值，即 ɿ，这是由各方言点 ts、tʂ 声母分混的情况不同而带来的相应的韵母的不同；（2）齐齿呼：八个点中见系开口二等字有很大一部分字读开口呼，还有部分字有文白异读现象，其中白读音在也都读开口呼；此外，各点都有 io 这个韵；（3）合口呼：八个点都有 ue 这个韵母，此外还有因记音的处理不同而呈现出一些细微的差异，如部分方言点有 o 和 uo 两韵，但宣恩、来凤、鹤峰等地只有开口呼 o 而没有合口的 uo 韵；再如恩施、建始等地有开口 oŋ 韵，而利川等地则是 uŋ 韵；（4）撮口呼：八个点都有 y ye yɛn yn 四个韵，但同样在处理上有些差异，有些地方有 yŋ，如利川等点，相应的恩施等点则为齐齿呼 ioŋ。

此外，深、臻、曾、梗四摄舒声韵的今读，各方言点曾梗摄舒声（除去少数唇音声母字）跟深臻摄舒声开口字韵母已经合流，读 ən、in，还有部分读成 oŋ 或 uŋ，这些少部分字主要是受声母的读音影响有关。

2. 韵母比较细则

（1）部分韵摄见系开口二等字各点保留开口的情况

见系开口二等字主要是古假、蟹、效、咸、山、江、梗七摄见系开口二等字，它们在不同方言区中保留开口的情形都不太相同。

表 2.10　　部分韵摄见系开口二等字各点保留开口的情况

	恩施	建始	巴东	宣恩	来凤	咸丰	利川	鹤峰
架 假开二麻见	ka³⁵/ tɕia³⁵	ka²¹⁴/ tɕia²¹⁴	ka²⁴/ tɕia²⁴	ka²⁴/ tɕia²⁴	ka²⁴/ tɕia²⁴	ka²⁴/ tɕia²⁴	ka²⁴/ tɕia²⁴	ka²¹⁴/ tɕia²¹⁴
街 蟹开二佳见	kai⁵⁵	kai³⁴	kai⁴⁵	kai⁴⁵	kai⁴⁴	kai⁴⁴	kai⁴⁴	kai
械 蟹开二皆匣	kai³⁵	kai²¹⁴	kai²⁴	kai²⁴	kai²⁴	kai²⁴	kai²⁴	kai²¹⁴
敲 效开二肴溪	kau⁵⁵/ tɕʻiau⁵⁵	kau⁵⁵/ tɕʻiau⁵⁵	kau⁵⁵/ tɕʻiau⁵⁵	kau⁴⁵/ tɕʻiau⁴⁵	kau⁴⁴/ tɕʻiau⁴⁴	kau⁴⁴/ tɕʻiau⁴⁴	kau⁴⁴/ tɕʻiau⁴⁴	kau⁵⁵/ tɕʻiau⁵⁵
陷 咸开二陷匣	xan³⁵/ ɕiɛn³⁵	xan²¹⁴/ ɕiɛn²¹⁴	xan²⁴/ ɕiɛn²⁴	xan²⁴/ ɕiɛn²⁴	xan²⁴/ ɕiɛn²⁴	xan²⁴/ ɕiɛn²⁴	xan²⁴/ ɕiɛn²⁴	xan²¹⁴/ ɕiɛn²¹⁴
巷 江开二绛匣	xaŋ³⁵	xaŋ²¹⁴	xaŋ²⁴	xaŋ²⁴	xaŋ²⁴	xaŋ²⁴	xaŋ²⁴	xaŋ²¹⁴
硬 梗开二映疑	ŋən³⁵	ŋən²¹⁴	ən²⁴	ŋən²⁴	ŋən²⁴	ŋən²⁴	ŋən²⁴	ŋən²¹⁴
嵌 咸开二衔溪	kʻan⁵⁵/ tɕʻiɛn³⁵	kʻan³⁴/ tɕʻiɛn²¹⁴	kʻan²⁴/ tɕʻiɛn²⁴	kʻan⁴⁵/ tɕʻiɛn²⁴	kʻan⁴⁴/ tɕʻiɛn²⁴	kʻan⁴⁴/ tɕʻiɛn²⁴	kʻan⁴⁴/ tɕʻiɛn²⁴	kʻan⁵⁵/ tɕʻiɛn²¹⁴
鸭 咸开二狎入影	ia²²	ia²²	ia²²	ia¹¹	ia²¹	ia²¹	ia²¹	ia¹¹
角 江开二觉入见	kuo²²/ tɕio²²	kuo²²/ tɕio²²	kuo²²/ tɕio²²	kuo¹¹/ tɕio¹¹	kuo²¹/ tɕio²¹	kuo²¹/ tɕio²¹	kuo²¹/ tɕio²¹	kuo¹¹/ tɕio¹¹

以上的这些字在这八个方言点中不同程度地保留着开口。（斜线前为白读，后为文读）

（2）古蟹、止、山、臻合口端系字的今读

表 2.11　　各方言点古蟹止山臻合口端系字的今读情况

	恩施	建始	巴东	宣恩	来凤	咸丰	利川	鹤峰
推 蟹合一灰端	tʻei⁵⁵	tʻei⁵⁵	tʻei⁵⁵	tʻei⁴⁵	tʻei⁴⁴	tʻei⁴⁴	tʻuei⁵⁵	tʻei⁵⁵
碎 蟹合一队心	sei³⁵	sei³⁵	suei³⁵	sei²⁴	ɕyei²⁴	sei²⁴	suei³⁵	suei³⁵
脆 蟹合三祭清	tsʻei³⁵	tsʻei³⁵	tsʻuei³⁵	tsʻei²⁴	tɕʻyei²⁴	tsʻei²⁴	tsʻuei³⁵	tsʻuei³⁵
随 止合三支邪	sei²²	sei²²	suei²²	sei¹¹	ɕyei²¹	sei²¹	suei²¹	suei¹¹
翠 止合三至清	tsʻei³⁵	tsʻei³⁵	tsʻuei³⁵	tsʻei²⁴	tɕʻyei²⁴	tsʻei²⁴	tsʻuei³⁵	tsʻei³⁵
团 山合一桓定	tʻan²²	tʻan²²	tʻan²²	tʻan²²	tʻan²¹	tʻan²¹	tʻuan²²	tʻan¹¹
算 山合一换心	san³⁵	san³⁵	suan³⁵	san²⁴	ɕyan²⁴	san²⁴	suan³⁵	suan³⁵
盾 臻合一混定	tən³⁵	tən³⁵	tən³⁵	tən²⁴	tən²⁴	tən²⁴	tən³⁵	tən³⁵
尊 臻合一魂精	tsən⁵⁵	tsən⁵⁵	tsən⁵⁵	tsən⁴⁵	tɕyn⁴⁴	tsən⁴⁴	tsən⁵⁵	tsən⁵⁵
伦 臻合三谆来	lən²²	lən²²	nən²²	nən¹¹	nən²¹	lən²¹	lən²¹	nən²²
皴 臻合三谆清	tsʻən⁵⁵	tsʻən⁵⁵	tsʻən⁵⁵	tsʻən⁴⁵	tɕʻyn⁴⁴	tsʻən⁴⁴	tsʻən⁵⁵	tsʻən⁵⁵

恩施、建始、宣恩、咸丰等蟹、止、山、臻合口端系字则全部都读成开口。巴东、鹤峰古蟹、止、山合口的端组、泥组字和臻摄的端系字读音失落介音，都读成开口，蟹、止、山合口的精组字则仍然保留合口；利川蟹、止、山端系字全部都读成合口，而臻摄合口端系字则都读成开口；比较特殊的是来凤点，由于受声母的影响，蟹、止、山、臻摄合口的精组字则读成撮口，其余的都读成开口。

（3）古遇摄模韵端系字和古通摄入声韵端系、知系字的今读

表2.12　　　　各方言点古遇摄模韵端系字的今读情况

	恩施	建始	巴东	宣恩	来凤	咸丰	利川	鹤峰
堵遇合一姥端	təu⁵¹	tu⁵³	tu⁵¹	təu⁵¹	təu⁵²	tu⁴²	tu⁴²	təu²¹⁴
土遇合一姥透	tʻəu⁵¹	tʻu⁵³	tʻu⁵¹	tʻəu⁵¹	tʻəu⁵²	tʻu⁴²	tʻu⁴²	tʻəu²¹⁴
徒遇合一模定	tʻəu²²	tʻu²²	tʻu²²	tʻəu¹¹	tʻəu²¹	tʻəu²¹	tʻu²¹	tʻəu¹¹
奴遇合一模泥	ləu²²	lu²²	nu²²	nəu¹¹	nəu²¹	nu²¹	nu²¹	nəu¹¹
路遇合一暮来	ləu³⁵	lu²¹⁴	nu²²	nəu²⁴	nəu²¹	nu²⁴	nu²⁴	nəu³⁵
做遇合一暮精	tsəu³⁵	tsuo²¹⁴	tsuo²⁴	tsəu²⁴	tsəu²⁴	tsuo²⁴	tsuo²⁴	tsəu³⁵
粗遇合一模清	tsʻəu⁵⁵	tsʻu³⁴	tsʻu⁴⁵	tsʻəu⁴⁵	tsʻəu⁴⁴	tsʻu⁴⁴	tsʻu⁴⁴	tsʻəu
苏遇合一模心	səu⁵⁵	su³⁴	su⁴⁵	səu⁴⁵	səu⁴⁴	su⁴⁴	su⁴⁴	səu
素遇合一暮心	təu³⁵	su²¹⁴	su²⁴	səu²⁴	səu²⁴	su²⁴	su²⁴	səu³⁵
塑遇合一暮心	so²²	su²²	su²⁴	so¹¹	so¹¹	su¹¹	su²¹	so¹¹

表2.13　　　　各方言点古通摄入声韵端系字的今读情况

	恩施	建始	巴东	宣恩	来凤	咸丰	利川	鹤峰
秃通合一屋透入	tʻəu²²	tʻu²²	tʻu²²	tʻəu¹¹	tʻəu²¹	tʻu²¹	tʻu²¹	tʻəu¹¹
鹿通合一屋来入	ləu²²	lu²²	nu²²	nəu¹¹	nəu²¹	nu²¹	nu²¹	nəu¹¹
族通合一屋从入	tsʻəu²²	tsʻu²²	tsʻu²²	tsʻəu¹¹	tsʻəu²¹	tsʻu²¹	tsʻu²¹	tsʻəu¹¹
速通合一屋心入	səu²²	su²²	su²²	səu¹¹	səu²¹	su²¹	su²¹	səu¹¹
督通合一沃端入	təu²²	tu²²	tu²²	təu¹¹	təu²¹	tu²¹	tu²¹	təu¹¹

续表

	恩施	建始	巴东	宣恩	来凤	咸丰	利川	鹤峰
毒 通合一沃定入	təu²²	tu²²	tu²²	təu¹¹	təu²¹	tu²¹	tu²¹	təu¹¹
六 通合三屋来入	ləu²²	lu²²	nu²²	nəu¹¹	nəu²¹	nu²¹	nu²¹	nəu¹¹
宿 通合三屋心入	səu²²	su²²	su²²	səu¹¹	səu²¹	su²¹	su²¹	səu¹¹
绿 通合三烛来入	ləu²²	lu²²	nu²²	nəu¹¹	nəu²¹	nu²¹	nu²¹	nəu¹¹
足 通合三烛精入	tsəu²²	tsu²²	tsu²²	tsəu¹¹	tsəu²¹	tsu²¹	tsu²¹	tsəu¹¹
促 通合三烛清入	ts'əu²²	ts'u²²	ts'u²²	ts'əu¹¹	ts'əu²¹	ts'u²¹	ts'u²¹	ts'əu¹¹
粟 通合三烛心入	səu²²	su²²	su²²	səu¹¹	səu²¹	su²¹	su²¹	səu¹¹
俗 通合三烛邪入	səu²²	su²²	su²²	səu¹¹	səu²¹	su²¹	su²¹	səu¹¹

表 2.14 各方言点古通摄入声韵知系字的今读情况

	恩施	建始	巴东	宣恩	来凤	咸丰	利川	鹤峰
竹 通合三屋知入	tʂu²²	tʂu²²	tʂu²²	tʂu¹¹	tsəu²¹	tsu²¹	tsu²¹	tʂəu¹¹
畜 通合三屋彻入	tʂ'u²²	tʂ'u²²	tʂ'u²²	tʂ'u¹¹	ts'əu²¹	ts'u²¹	ts'u²¹	tʂəu¹¹
逐 通合三屋澄入	tʂu²²	tʂu²²	tʂu²²	tʂu¹¹	tsəu²¹	tsu²¹	tsu²¹	tʂəu¹¹
缩 通合三屋生入	səu²²	su²²	su²²	səu¹¹	səu²¹	su²¹	su²¹	səu¹¹
祝 通合三屋章入	tʂu²²	tʂu²²	tʂu²²	tʂu¹¹	tsəu²¹	tsu²¹	tsu²¹	tʂəu¹¹
叔 通合三屋书入	ʂu²²	ʂu²²	ʂu²²	ʂu¹¹	səu²¹	su²¹	su²¹	ʂəu¹¹
熟 通合三屋禅入	ʂu²²	ʂu²²	ʂu²²	ʂu¹¹	səu²¹	su²¹	su²¹	ʂəu¹¹
肉 通合三屋日入	zu̩²²	zu̩²²	zu̩²²	zu̩¹¹	zəu²¹	zu²¹	zu²¹	zəu¹¹
烛 通合三烛章入	tʂu²²	tʂu²²	tʂu²²	tʂu¹¹	tsəu²¹	tsu²¹	tsu²¹	tʂəu¹¹
触 通合三烛昌入	tʂ'u²²	tʂ'u²²	tʂ'u²²	tʂ'u¹¹	ts'əu²¹	ts'u²¹	ts'u²¹	tʂəu¹¹
束 通合三烛书入	səu²²	su²²	su²²	su¹¹	səu²¹	su²¹	su²¹	səu¹¹
属 通合三烛禅入	ʂu̩	ʂu²²	ʂu̩²²	ʂu¹¹	səu²¹	su²¹	su²¹	ʂəu¹¹

从上面三个表可以看出各点有很强的规律性：除了个别例外，古遇摄

模韵端系字和古通摄入声韵端系字在恩施、宣恩、来凤、鹤峰四个点都全部读开口 əu，在建始、巴东、咸丰、利川四个点全部读合口 u；而古通摄入声韵知系字只有来凤、鹤峰两个点读开口 əu，其他六个点都读合口 u。张光宇（2006）在分析汉语方言合口介音开口化的基础上，指出端组字后的介音最易失落或者发生变化，u→əu 的变化是现代汉语方言中非常常见的音变现象。因此，我们可以说古遇摄模韵端系字和古通摄入声韵端系、知系字在恩施、宣恩、来凤、鹤峰四个点都全部读开口 əu，符合这种具有普遍性的演变规律，只是其他的四个点还没有开始；而古通摄入声韵知系字的变化更慢一些，目前只有来凤、鹤峰两个点读开口 əu。

（4）古曾开一和梗开二舒声韵帮组字的今读

古曾开一和梗开二舒声韵帮组字有：崩朋、烹彭膨盲虻猛孟棚萌蚌迸曾梗摄舒声大部分跟深臻摄舒声开口字韵母已经合流，读 ən、in，帮组字中主要读成 oŋ 或 uŋ（两者不对立），还有少量读成 ən、aŋ，上表中八个点的表现都是一致的。

表 2.15　各方言点古曾开一、梗开二舒声韵帮组字的今读情况

	恩施	建始	巴东	宣恩	来凤	咸丰	利川	鹤峰
崩 曾开一登帮	poŋ⁵⁵	poŋ³⁴	poŋ⁴⁵	poŋ⁴⁵	puŋ⁴⁴	puŋ⁴⁴	puŋ⁴⁴	poŋ⁴⁵
朋 曾开一登並	pʻoŋ²²	pʻoŋ²²	pʻoŋ²²	pʻoŋ¹¹	pʻuŋ²¹	pʻuŋ²¹	pʻuŋ²¹	pʻoŋ¹¹
烹 梗开二庚滂	pʻən⁵⁵	pʻən³⁴	pʻən⁴⁵	pʻən⁴⁵	pʻən⁴⁴	pʻən⁴⁴	pʻən⁴⁴	pʻən⁴⁵
彭 梗开二庚並	pʻən²²	pʻən²²	pʻən²²	pʻən¹¹	pʻən²¹	pʻən²¹	pʻən²¹	pʻən¹¹
膨 梗开二庚並	pʻən⁵⁵	pʻən³⁴	pʻən⁴⁵	pʻən⁴⁵	pʻən⁴⁴	pʻən⁴⁴	pʻən⁴⁴	pʻən⁴⁵
盲 梗开二庚明	maŋ²²	maŋ²²	maŋ²²	maŋ¹¹	maŋ²¹	maŋ²¹	maŋ²¹	maŋ¹¹
虻 梗开二庚明	maŋ²²	maŋ²²	maŋ²²	maŋ¹¹	maŋ²¹	maŋ²¹	maŋ²¹	maŋ¹¹
猛 梗开二梗明	moŋ⁵¹	moŋ⁵³	moŋ⁴²	moŋ⁵¹	moŋ⁵²	muŋ⁴²	muŋ⁴²	moŋ⁵¹
孟 梗开二映明	moŋ³⁵	moŋ²¹⁴	moŋ²⁴	moŋ²⁴	moŋ²⁴	muŋ²⁴	muŋ²⁴	moŋ²¹⁴
棚 梗开二耕並	pʻoŋ²²	pʻoŋ²²	pʻoŋ²²	pʻoŋ¹¹	pʻoŋ²¹	pʻoŋ²¹	pʻoŋ²¹	pʻoŋ¹¹
萌 梗开二耕明	moŋ²²	moŋ²²	moŋ²²	moŋ¹¹	moŋ²¹	moŋ²¹	moŋ²¹	maŋ¹¹
蚌 梗开二耿明	paŋ³⁵	paŋ²¹⁴	paŋ²⁴	paŋ²⁴	paŋ²⁴	paŋ²⁴	paŋ²⁴	paŋ²¹⁴
迸 梗开二诤帮	poŋ³⁵	poŋ²¹⁴	poŋ²⁴	poŋ²⁴	puŋ²⁴	puŋ²⁴	puŋ²⁴	poŋ²¹⁴

（5）部分韵摄合口三等非组字的今读

我们这里所说的部分韵摄非组字主要是指：蟹合三废韵、止合三微韵、咸合三凡韵、咸入合三乏韵、山合三元韵、山入合三月韵、臻合三文韵、宕合三阳韵、通合三东、钟韵的非、敷、奉母字。前面在讨论声母 f、x 分混的时候已经涉及到了相关例子，由于受声母的影响，部分开口字读成了合口，或者部分合口读成了开口。

表 2.16　　各方言点部分韵摄合口三等非组字的今读比较

	恩施	建始	巴东	宣恩	来凤	咸丰	利川	鹤峰
废 蟹合三废非	xuei^{35}	fei^{214}	xuei^{24}	xuei^{24}	fei^{24}	xuei^{24}	xuei^{24}	xuei^{214}
肺 蟹合三废敷	xuei^{35}	fei^{214}	xuei^{24}	xuei^{24}	fei^{24}	xuei^{24}	xuei^{24}	xuei^{214}
肥 止合三微奉	xuei^{22}	fei^{22}	xuei^{22}	xuei^{11}	fei^{21}	xuei^{21}	xuei^{21}	xuei^{11}
费 止合三未敷	xuei^{35}	fei^{214}	xuei^{24}	xuei^{24}	fei^{24}	xuei^{24}	xuei^{24}	xuei^{214}
凡 咸合三凡奉	xuan^{22}	fan^{22}	xuan^{22}	xuan^{11}	fan^{21}	xuan^{21}	xuan^{21}	xuan^{11}
法 咸合三乏非入	xua^{22}	fa^{22}	xua^{22}	xua^{11}	fa^{21}	xua^{21}	xua^{21}	xua^{11}
烦 山合三元奉	xuan^{22}	fan^{22}	xuan^{22}	xuan^{11}	fan^{21}	xuan^{21}	xuan^{21}	xuan^{11}
发 山合三月非入	xua^{22}	fa^{22}	xua^{22}	xua^{11}	fa^{21}	xua^{21}	xua^{21}	xua^{11}
芬 臻合三文敷	xuən^{55}	fən^{34}	xuən^{45}	xuən^{45}	fən^{44}	xuən^{44}	xuən^{44}	xuən^{45}
奋 臻合三问非	xuən^{35}	fən^{214}	xuən^{24}	xuən^{24}	fən^{24}	xuən^{24}	xuən^{24}	xuən^{214}
芳 宕合三阳敷	xuaŋ^{55}	faŋ^{34}	xuaŋ^{45}	xuaŋ^{45}	faŋ^{44}	xuaŋ^{44}	xuaŋ^{44}	xuaŋ^{45}
风 通合三东非	xoŋ^{55}	foŋ^{34}	xoŋ^{45}	xoŋ^{45}	xoŋ^{44}	xoŋ^{44}	xoŋ^{44}	xoŋ^{45}
缝 通合三钟奉	xoŋ^{22}	foŋ^{22}	xoŋ^{22}	xoŋ^{11}	xoŋ^{21}	xoŋ^{21}	xoŋ^{21}	xoŋ^{11}

从上表看，古蟹合三废韵、止合三微韵、咸合三凡韵、咸入合三乏韵、山合三元韵、山入合三月韵、臻合三文韵、宕合三阳韵、通合三东、钟韵的非、敷、奉母字今读可以分为两类：恩施、巴东、宣恩、咸丰、利川、鹤峰六个点今韵母的音值是一样的，除通摄合口三等东、钟韵的非、敷、奉母字读开口韵外，其他全部都读合口韵；建始、来凤两个点则全部读开口韵，这两类韵母的主要区别是与声母相对应的区别。古非组和晓组的今读，恩施、鹤峰等六个点在纯韵 u 前全部读 f，其他韵前全部读 x；来凤点

则只是今 o 韵读 x，如祸 xo，风 xoŋ，红 xoŋ，其余全部读 f；建始点则 f、x 全分的，只是通摄合口三等东、钟韵的非、敷、奉母字读开口韵 oŋ。

（6）部分韵摄入声字的今读

我们这里所说的部分韵摄入声韵的今读主要是指宕摄开口三等药韵来母、精组、见系字，江摄开口二等觉韵见系字，曾摄合口三等职韵云母字，梗摄合口三等昔韵以母字和通摄合口三等屋、烛韵见系字的今读。

表 2.17　　　　各方言点部分韵摄入声字的今读情况

	恩施	建始	巴东	宣恩	来凤	咸丰	利川	鹤峰
掠 宕开三药来	lio²²	lio²²	nio²²	nio¹¹	nio²¹	nio²¹	nio²¹	nio¹¹
雀 宕开三药精	tɕ'io²²	tɕ'io²²	tɕ'io²²	tɕ'io¹¹	tɕ'io²¹	tɕ'io²¹	tɕ'io²¹	tɕ'io¹¹
脚 宕开三药见	tɕio²²	tɕio²²	tɕio²²	tɕio¹¹	tɕio²¹	tɕio²¹	tɕio²¹	tɕio¹¹
学 江开二觉匣	ɕio²²	tɕio²²	tɕio²²	tɕio¹¹	tɕio²¹	tɕio²¹	tɕio²¹	tɕio¹¹
域 曾合三职云	y²²	y²²	y²²	y¹¹	y²¹	y²¹	y²¹	y²¹⁴
疫 梗合三昔以	y²²	y²²	y²²	y¹¹	y²¹	y²¹	y²¹	y²¹⁴
役 梗合三昔以	y²²	y²²	y²²	y¹¹	y²¹	y²¹	y²¹	y²¹⁴
蓄 通合三屋晓	ɕiəu²²	ɕiəu²²	ɕiəu²²	ɕiəu¹¹	ɕiəu²¹	ɕiəu²¹	ɕiəu²¹	ɕiəu¹¹
玉 通合三烛疑	y³⁵	y	y	y¹¹	y²¹	y²¹	y	y²¹⁴

由上表看，这些字在恩施、建始、鹤峰等八个点今韵母的音值是完全一致的，一般都读齐齿 io（只有"蓄"读为 iəu）或撮口 y。

3. 小结

上面我们选择了八个方言点六个韵母方面的今读情况，这六个方面与普通话的差异相对比较大，但是方言点内部总的来说一致性很高（除个别现象外）。表现在：①部分韵摄见系开口二等字保留开口的情况，八个点几乎均保留开口；②古蟹、止、山、臻合口端系字的今读稍微复杂一点：恩施、建始、宣恩、咸丰等蟹、止、山、臻合口端系字则全部都读成开口；巴东、鹤峰古蟹、止、山合口的端组、泥组字和臻摄的端系字读音失落介音，都读成开口，蟹、止、山合口的精组字则仍然保留合口；利川蟹、止、山端系字全部都读成合口，而臻摄合口端系字则都读成开口；比较特殊的是来凤点，由于受声母的影响，蟹、止、山、臻摄合口的精组字则读成撮口，其余的都读成开口。③古遇摄模韵端系字和古通摄入声韵端系、知系字的今读：古遇摄模韵端系字和古通摄入声韵端系字在恩施、宣恩、来凤、鹤峰四个点都全部读开口 əu，在建始、巴东、咸丰、利川四个点全部读合口 u；而古通摄入声韵知系字只有来凤、鹤峰两个点读开口 əu，其他六个点都读合口 u。④古曾开一和梗开二舒声韵帮组字的今读，oŋ 或 uŋ（两者不对立），八个点的表现都是一致的，即绝大多数读与通摄舒声东、钟韵合流，读成 oŋ 或 uŋ（两者不对立），另有少量读成 ən、aŋ。⑤部分韵摄合口三等非组字的今读可以分为两类：恩施、巴东、宣恩、咸丰、利川、鹤峰六个点今韵母的音值是一样的，除通摄合口三等东、钟韵的非、敷、奉母字读开口韵外，其他全部都读合口韵；建始、来凤两个点则全部读开口韵，这两类韵母的主要区别是与声母相对应的区别。⑥部分韵摄入声韵的今读，八个点今韵母的音值大体上都读齐齿 io 或撮口 y。

当然，我们这里呈现的结果的是就总体情形而言的，不可排除各方言点之间韵母方面的异同存有交叉的现象。

（三）声调比较

表 2.18　　　　　　各方言点声调比较

	平		上			去			入			声调个数
	清	浊	清	浊		清	浊		清	浊		
				次浊	全浊		次浊	全浊		次浊	全浊	
恩施	阴平 55	阳平 22	上声 51			去声 35				阳平 22		4
建始	阴平 34	阳平 22	上声 53			去声 214				阳平 22		4
巴东	阴平 45	阳平 22	上声 51			去声 24				阳平 22		4
宣恩	阴平 45	阳平 11	上声 51			去声 24				阳平 11		4
来凤	阴平 45	阳平 22	上声 52			去声 24				阳平 22		4
咸丰	阴平 44	阳平 21	上声 42			去声 24				阳平 21		4
利川	阴平 44	阳平 21	上声 42			去声 24				阳平 21		4
鹤峰	阴平 45	阳平 11	上声 51			去声 214				阳平 11		4

从上表可以看出，八个方言点的声调体现了西南官话声调的总特点，具有很强的一致性。即：（1）古平声一分为二：古清声母平声都归入阴平，古浊声母（包括全浊和次浊）平声都归入阳平；（2）古上声一分为二：古清声母上声、古次浊声母上声都归入上声，古全浊声母上声全归入去声；（3）古去声没有分化，全部归入去声；（4）古入声全部归入阳平。

三 恩施方言点的同音字汇

说明：

1. 本字汇收录了《方言调查字表（修订本）》中该地区代表点恩施方言发音人会说的字，同时还补充了一些恩施方言口语常用但《字表》未收之字。

2. 字汇的排列先依韵母列部，同韵的字依声母排列，同声韵字再按声调排列。韵母的次序是：ɿ ʅ ər i u y a ia ua e ie ue ye io uo ai uai ei uei au iau əu iəu an iɛn uan yɛn ən in uən yn aŋ iaŋ uaŋ oŋ ioŋ；声母的次序是：p pʻ m t tʻ l ts tsʻ s tʂ tʂʻ ʂ z tɕ tɕʻ ɕ k kʻ x ŋ ø；声调的次序是：阴平[55]　阳平[22]　上声[51]　去声[35]。

3. "□"表示写不出来的字，本字待考。右下角注明字义或词例。如果字义或词义也需要解释的，之间用"："隔开。字义在前，词例在后，词例为单纯举例；词例在前解释在后，解释仅针对词例。

4. "~"用来代替本字。

5. 有文白异读的字，右下角用"文""白"小字标注。文白后又有词例或解释的，用"。"隔开。

6. 字义、用法有别的同音同形字，在字的右下角以小字形式注出字义或词例。

7. 有"又音"的字，其右下角用小字注明，若还注明字义或词例的，中间用"。"隔开。

ɿ

ts ［55］资姿咨兹滋辎
　［51］紫姊子梓滓籽仔
　［35］自字巳

tsʻ ［55］疵差_参_
　［22］雌瓷糍慈磁辞词祠饲_~料_
　［51］此
　［35］刺赐次伺_~候_

s ［55］斯厮撕私师狮司丝思厕_白_,

茅~：茅坑
　［51］死
　［35］四肆似祀寺嗣士侍柿俟事恃侍

ʅ

tʂ ［55］知蜘之芝隻_雉_支枝肢栀
　［22］执汁侄质直值织职殖植掷
　［51］脂旨指止趾址纸只_~有_祉
　［35］滞制智致稚至置痔治志痣

tʂʻ	[55]痴嗤哧□~手: 伸手		[22]泥犁黎倪离篱璃尼梨厘狸
	[22]池驰迟持秩赤尺炽匙钥~, 又音 ʂʅ²²		立笠粒栗逆历力犁历
			[51]礼你李里理鲤拟
	[51]耻齿侈斥		[35]例厉励丽荔腻利痢吏匿溺
	[35]翅	tɕ	[55]鸡稽饥肌基屐机讥姬
ʂ	[55]尸诗施		[22]缉集辑急级给供~及疾吉即
	[22]匙钥~豉豆~时湿十拾实失室		鲫极戟绩迹脊籍藉击激积
	食蚀适释石识		寂
	[51]豕矢屎使史驶始		[51]挤己纪~律几麂
	[35]世势誓逝是氏示视嗜试市		[35]祭际济~南荠剂针~计继系~鞋
	式饰适		带髻寄技妓冀纪世~记忌既
ʐ	[22]日		季际
	i	tɕʻ	[55]妻欺期凄溪栖
p	[22]鼻笔毕必逼碧壁壁		[22]齐脐奇骑岐祁鳍其棋祈七
	[51]比彼髀		漆迄乞戚吃旗荠荸~
	[35]篦弼		[51]启起杞岂
pʻ	[55]屄		[35]砌契企器弃气汽泣
	[22]皮疲脾痹麻~琵枇匹僻辟劈	ɕ	[55]西犀兮牺熙希稀硒曦嘻
	[51]鄙庇		[22]系关~习袭吸悉膝息熄媳惜
	[35]屁		昔席夕锡析
m	[55]眯咪		[51]洗嬉喜
	[22]迷谜糜弥靡泌密蜜觅秘猕		[35]细戏
	幂醚	ø	[55]倚伊医衣依
	[51]米		[22]宜仪蚁谊移夷姨疑饴揖乙
	[35]□钻~子: 潜到水里。		一逸抑益亦译液~体
t	[55]低□~个儿, 很少或很小。		[51]椅矣以已
	[22]的目~滴嫡笛敌狄迪嘀		[35]艺义议易肆意异毅忆亿翼
	[51]底抵		u
	[35]帝弟第递隶地缔谛蒂	p	[22]不
tʻ	[55]梯剔~骨头		[51]补捕卜
	[22]堤涕题提蹄啼踢		[35]布怖部步
	[51]体	pʻ	[55]铺~开潽液体沸腾溢出
	[35]替剃屉		[22]蒲菩葡朴扑仆瀑荸~
l	[55]□将东西踩在脚底来回碾压使其破碎		[51]谱普浦脯果~埔

	[35]铺_店~		蝠服复扶芙符浮伏腹覆拂
m	[22]谋木目穆牧沐睦		[51]虎琥府腐腑斧抚辅甫釜
	[51]某亩母拇姆		[35]户沪护互扈副付负父赴妇赋
f	[55]呼乎夫肤傅_师~敷俘_{~房}麸_{麦~}孵	ø	[55]乌污巫诬呜
	[22]胡湖狐壶乎葫符扶芙		[22]吴蜈梧无物勿屋
	[51]虎浒_{水~}府腑俯甫斧抚辅釜讣		[51]五伍午武舞侮鹉
	[35]户互护瓠付赋赴父附		[35]误悟恶_{可~}务雾戊
			y
tʂ	[55]猪诸诛蛛株朱珠洙茱'	l	[22]律_{纪~}率_{效~}
	[22]帚_{扫~}术_{白~}竹筑逐祝烛嘱妯_{~娌}触		[51]女吕旅履
	[51]煮主		[35]虑滤律_{法~}
	[35]著苎_{~麻}驻注柱住蛀	tɕ	[55]居车_{~马炮}拘掬
tʂ'	[55]囗~囗tʂ55抢白		[22]橘菊锔局桔
	[22]褚_姓除储厨出畜_{~生}		[51]举矩
	[51]处_{相~}杵拄_{~拐杖}褚		[35]据锯巨拒距俱句具惧剧炬聚
	[35]处到~	tɕ'	[55]蛆趋区驱焌_{~水；烹调方法，用大火将菜炒半熟后加少量的水}駿_{~黑}躯蛐
ʂ	[55]书舒_{~筋活血}枢输殊抒		
	[22]叔熟淑术_技赎蜀属黍		[22]瞿屈曲渠
	[51]暑鼠署薯曙		[51]取娶
	[35]恕戍竖树述		[35]去~年子趣
ʐ	[22]如儒孺~进去入肉	ɕ	[55]虚嘘须需吁荽_{芫~；香菜}
	[51]汝乳辱褥		[22]徐戌~恤蓄_{文，储~}
k	[55]姑孤咕辜		[51]许诩
	[22]骨谷穀		[35]序叙绪婿旭
	[51]古估牯股鼓	ø	[55]淤迂瘀
	[35]故固雇顾		[22]鱼渔于余愚虞娱盂裕域疫役狱浴谀舆
k'	[55]箍枯骷		
	[22]窟哭		[51]语与雨宇羽予圄
	[51]苦酷		[35]御誉预豫遇寓芋榆愉喻玉欲
	[35]库裤绔		
x	[55]呼乎夫肤傅_{师~}敷孵俘_{~房}		
	[22]胡湖狐壶忽弧蝴葫湖福幅		

第二章 鄂西南地区方言语音研究

a

p [55]巴芭疤扒芭粑
[22]爸八拔跋
[51]把~握靶屁~~：儿语，粪便，可泛指脏东西。
[35]霸欐柄壩坝罢把刀~

p' [55]葩炕食物软烂，身体疲软。
[22]爬琶杷钯耙弄
[51]趴~倒起：趴着□量词，一~尿。
[35]怕帕

m [55]妈
[22]麻蟆客~儿抹~桌子蔴
[51]马码蚂
[35]骂

t [22]答搭沓达哒嗒跶
[51]打
[35]大

t' [55]他她它
[22]踏塔榻獭塌蹋

l [55]拉啦
[22]拿纳腊蜡捺辣
[51]哪喇
[35]那娜

ts [55]咂匝
[22]杂砸
[51]眨

ts' [55]嚓拟声词
[22]搽擦

s [22]靸□水洒落或小东西掉落
[51]洒撒萨

tʂ [55]楂渣蔗甘~喳
[22]闸炸~油条札扎铡咤~咐：嘱咐
[51]鲊~广椒，用辣椒和玉米面制成的一种咸菜
拃一~，手掌伸开，从大拇指到中指的距离
[35]诈榨炸~弹栅

tʂ' [55]叉杈差
[22]茶查插察
[51]□敞开□没有限制，尽情地；~起用
[35]岔诧姹

ʂ [55]沙纱杉~树莎砂
[22]杀
[51]傻
[35]厦大~□闲逛

k [55]家~~，外祖母
[22]夹~肢窝□~li²²：污垢甲指~儿：手指
[51]尬□~~，做熟的肉。
[35]架放，放置，~倒起：放下。

k' [55]掐两手虎口将东西合围紧紧捏住□~~儿：窄缝。
[22]跨白掐白，折断
[51]卡~车卡白，卡起
[35]胯两股之间

x [55]哈笑声□肉、油等放置太久变味，涩口□翻动
[51]□全部，都□傻
[35]下等一~

ø [55]阿
[22]啊表确认允诺
[51]啊表叮嘱，感叹
[35]啊表惊疑

ia

p' [51]□~子：指个子矮小或无能的人，含贬义

t [55]爹~~：称呼爷爷或奶奶
[22]□液体往下滴
[51]嗲

t' [22]□把鞋后帮踩在脚后跟下
[51]□东西往下垂着

l [55]□撒娇，娇气

	[22]□~白：闲聊 □~皮：脱皮。		[35]挎
	[51]□放在肩上的东西往下滑落 ~□kua⁵¹，不讲卫生，脏	x	[55]花
			[22]华铧划~船桦法乏滑猾发伐筏罚阀
tɕ	[55]家加嘉傢佳枷袈痂		
	[22]夹甲~乙胛挟颊		[51]哗拟声词
	[51]假真~贾姓		[35]化画话划计~
	[51]架文，~子驾嫁稼价	Ø	[55]蛙洼挖哇
tɕ'	[55]掐文		[22]袜娃
	[22]恰洽跨文，~过来		[51]瓦亮~佤
	[51]卡文，~起		[35]凹~头~脑：头型不好看，前额比较突出
	[35]□一条腿抬起来放在高的地方		e
ɕ	[55]虾	p	[22]北百柏伯白
	[22]霞瑕遐狭峡匣瞎辖侠峡暇	p'	[22]迫拍魄
	[35]下~雨夏厦~门	m	[22]墨默麦脉陌
Ø	[55]鸦丫桠	t	[22]得~到德
	[22]牙芽衙涯崖文，悬~鸭押压~迫		[51]得骄傲，得意，显摆，又音t'e⁵⁵
	[51]雅哑讶垭地名用字	t'	[55]得骄傲，得意，显摆。
	[35]砑~平亚轧压用石头~起		[22]特
	ua	l	[55]勒~紧，又音lei⁵⁵
tʂ	[55]抓		[22]劣肋~巴骨：肋骨
	[22]啄□用脚踢		[35]那
	[51]爪~子	ts	[22]则窄摘责
tʂ'	[22]□淋雨	ts'	[22]侧测拆泽择策册厕文，~所恻
	[51]□~子：手掌残缺	s	[55]□小声哭
ʂ	[55]□捋：把袖子~起来		[22]涩瑟虱~子塞色啬
	[22]刷	tʂ	[55]遮
	[51]耍		[22]折褶蛰哲蜇辙浙□~蛛：蜘蛛宅
z̩	[22]挼		[51]者□找借口应付、推脱
k	[55]瓜呱		[35]这又音lie³⁵
	[22]括白，~号刮	tʂ'	[55]车
	[51]寡剐		[22]彻撤澈
	[35]挂卦褂		[51]扯□单用，表示对他人的话进行否定
k'	[55]夸		[35]□炫耀、显摆
	[51]侉大声~气垮胯~子：大腿		

ʂ	[55]奢赊		啜
	[22]蛇佘摄涉舌设折~本		[35]这
	[51]舍~得	tɕ	[22]接捷劫杰揭节截结洁竭诘
	[35]射麝赦舍宿~社		[51]姐
ʐ	[22]热		[35]借
	[51]惹	tɕ'	[22]妾怯切窃惬
k	[55]给□钻		[51]且
	[22]格革隔膈胳疙虼~蚤		[35]去来~
	[51]嗝	ɕ	[55]些蝎
	[35]□用刀划、锯		[22]邪斜谐协胁歇屑楔携
k'	[55]掐卡得很紧		[51]写
	[22]咳刻克客		[35]泄卸谢懈
	[51]□用刀割断	ø	[55]耶噎椰爷亲~；丈人
	[35]□条状凹陷的印痕		[22]爷叶页腋晔
x	[55]嘿		[51]也野冶
	[22]黑赫吓核		[35]夜
	[51]□~使；使劲、用劲儿		**ue**
ŋ	[22]额扼轭厄呃	k	[22]国帼蝈
	ie	x	[22]或惑获
p	[55]鳖憋别~针	ø	[51]喂电话开头的招呼语
	[22]别分~		**ye**
	[51]瘪	tɕ	[55]撅噘
	[35]别~扭		[22]绝厥掘橛决诀镢崛蕨抉
p'	[55]□质量低劣		[35]倔
	[22]撇一~	tɕ'	[55]□~湿；湿透了
	[51]撇掰断、掐断		[22]茄瘸缺阙阕
m	[55]咩□用手掰、剥，又音 mie⁵¹		[51]□用手折断
	□~~；乳房、乳汁	ɕ	[55]靴
	[22]灭篾蔑		[22]薛雪血穴削剥~
	[51]□用手掰、剥		[51]□衣服不扣，敞开穿着
t	[55]爹	ø	[55]曰□弯曲着
	[22]跌叠碟牒蝶谍迭喋		[22]悦阅月越粤
t'	[22]帖贴铁		[51]拐折断
l	[22]聂镊蹑猎业列烈裂孽捏涅		

o

p	[55]波菠玻播波
	[22]薄钵拨博泊_{梁山}剥驳勃搏
	[51]跛簸
p'	[55]坡
	[22]婆泼鄱
	[51]剖叵
	[35]破
m	[55]抹~嘴 摸末~~儿,剩下的粉末状小东西
	[22]磨~粉 魔摩模描摹末~尾 沫莫膜寞茉陌
	[51]么~子:什么
	[35]磨~石 慕墓募幕

io

l	[22]略掠虐
tɕ	[22]爵脚觉~得 角~~钱 珏
tɕ'	[22]雀鹊却确
ɕ	[22]学
∅	[22]约钥跃药岳乐音~

uo

t	[55]多哆
	[22]掇夺铎踱
	[51]躲朵
	[35]剁舵惰垛堕跥
t'	[55]拖
	[22]驼驮脱讬托陀鸵坨砣
	[51]妥椭
l	[55]啰
	[22]罗箩锣挪骡螺腡落烙骆~驼 洛络乐~快 萝珞逻
	[51]裸
	[35]糯摞诺骆~姓 懦
ts	[22]撮__作昨佐~料
	[51]左佐_{辅佐}
	[35]坐座
ts'	[55]搓磋蹉
	[22]矬撮~米
	[35]锉措错挫
s	[55]蓑梭唆嗦
	[22]塑~料 索朔
	[51]锁琐所唢
tʂ	[22]拙着~穿 酌桌卓琢啄涿浊捉镯灼
tʂ'	[22]绰戳龊
ʂ	[22]说烁硕
ʐ	[22]若弱
k	[55]哥歌锅戈
	[22]鸽割葛各阁搁郭廓角边~~
	[51]裹果
	[35]个过
k'	[55]科柯苛柯
	[22]磕渴阔括_{文,包}~扩壳
	[51]可棵颗
	[35]课
x	[55]喝豁呵
	[22]河何荷和禾合盒活佛~像 藿~人:毛状物使皮肤上瘙痒 鹤
	[51]火伙和_{搅拌混合在一起}
	[35]贺祸货霍藿~香
∅	[55]倭窝涡莴屙
	[22]俄鹅蛾涴~火粪 鄂恶_善~ 握沃
	[51]我
	[35]饿卧

ai

p	[55]掰跰_{腿瘸}
	[51]摆
	[35]拜粺败
p'	[22]排牌

第二章　鄂西南地区方言语音研究　39

	[51]□_{两手两侧平伸开的长度为一~}		[35]盖丐介界芥疥届戒械钙
	[35]派湃	k'	[55]开揩
m	[22]埋霾		[51]凯楷恺铠锴
	[51]买		[35]概溉慨忾
	[35]卖迈	x	[55]□_{磨蹭，磨叽}
t	[55]呆		[22]孩鞋蟹_{螃~}还_{~是}
	[51]逮歹傣		[51]海嗨
	[35]戴带贷待怠代袋大_{~夫}		[35]亥害解_姓
t'	[55]胎台_{~州}	ŋ	[55]哀埃挨哎唉
	[22]台_{站~}苔抬		[22]磑_{磨，研}癌挨捱崖_白岩
	[35]态太泰汰		[51]蔼矮
l	[55]□_{~□tai⁵⁵: 肮脏}		[35]碍艾爱隘暧
	[22]来莱		uai
	[51]乃奶	tʂ	[55]□_{下蹲，蹲着}
	[35]耐奈赖癞奈		[51]□_{得意}
ts	[55]灾栽哉		[35]拽
	[51]宰仔崽载_{下~}	tʂ'	[55]揣_{~东西}
	[35]再在载_{~重}		[51]踹
ts'	[55]猜		[35]□_{留在某处不肯离开}
	[22]才材财裁	ʂ	[55]衰摔_{~坏}
	[51]彩採睬采踩_文		[51]摔_{~出去甩}
	[35]菜蔡		[35]率_{~领}蟀帅
s	[55]腮鳃塞_文	k	[55]乖
	[22]塞_白		[51]枴拐
	[35]赛		[35]怪
tʂ	[55]斋	k'	[51]块
	[35]债寨		[35]会_{~计}快筷
tʂ'	[55]钗差_{出~}	x	[22]怀槐淮踝
	[22]豺柴		[35]坏
	[51]踩_白	∅	[55]歪
ʂ	[55]筛		[51]崴
	[35]晒		[35]外
k	[55]该阶_{~段}街皆		
	[51]改解_{~放}		

	ei	ø	[35]□_{表感叹的语气词}
p	[55]苝~麻杯碑卑悲背~包		uei
	[35]贝蔽闭敝弊毙辈背~部倍焙	tʂ	[35]缀赘坠惴
	臂被避备蓓悖惫币	tʂ'	[55]吹
p'	[55]批胚坯披		[22]垂槌锤捶陲
	[22]培陪赔裴	ʂ	[51]水
	[51]丕呸		[22]谁
	[35]沛配佩辔		[35]税睡
m	[55]没~得；无	ʐ	[51]蕊
	[22]梅枚媒煤眉楣玫莓霉酶湄		[35]芮_姓锐瑞睿
	嵋	k	[55]圭闺规龟归硅瑰
	[51]每美镁		[51]诡轨癸鬼
	[35]妹味媚寐袂魅		[35]桂跪柜贵
t	[55]堆	k'	[55]盔亏窥岿
	[51]□_{用东西抵着}		[22]魁奎逵葵暌馗夔
	[35]对碓队兑		[51]傀
t'	[55]推		[35]溃愧馈
	[22]颓	x	[55]恢灰麾非飞妃挥辉徽
	[51]腿		[22]回茴肥蛔
	[35]退蜕褪		[51]悔晦毁翡匪诲绯诽
l	[55]勒~紧，又音 le⁵⁵		[35]贿汇会_{开~}绘废肺惠慧秽痱
	[22]雷擂镭蕾		费讳
	[51]屡儡累_{积~}垒磊	ø	[55]煨威
	[35]内累~人类泪		[22]危为_{作~}维惟唯微违围
ts	[55]追锥~子		[51]伪萎委伟苇纬尾
	[51]嘴		[35]位未味魏畏慰胃谓喂卫
	[35]最醉罪□_{用塞子塞住}		au
ts'	[55]催崔炊推	p	[55]褒包胞苞
	[51]璀		[51]保堡宝饱
	[35]脆粹翠萃悴		[35]报抱暴菢豹爆鲍雹曝鲍
s	[55]虽	p'	[55]泡_{松软}抛
	[22]髓随绥隋		[22]袍刨
	[35]絮_棉碎岁遂邃穗繐		[51]跑
			[35]炮泡_{浸~}

第二章 鄂西南地区方言语音研究 41

m [55]猫
　　[22]茅锚矛毛
　　[51]卯牡峁
　　[35]冒帽貌茂贸
t [55]刀叨
　　[51]祷岛倒~塌 导领~
　　[35]到倒~水道稻盗导~电
t' [55]滔掏涛
　　[22]桃逃淘陶萄
　　[51]讨
　　[35]套
l [55]捞唠孬
　　[22]劳牢涝铙挠痨醪
　　[51]脑恼老佬
　　[35]闹
ts [55]遭糟
　　[22]凿~开
　　[51]早枣蚤澡藻
　　[35]躁皂灶燥噪
ts' [55]操抄~写
　　[22]曹槽巢嘈漕螬
　　[51]草
　　[35]糙造
s [55]骚臊~臭 搔
　　[51]扫嫂
　　[35]臊~皮 潲~水
tʂ [55]朝~阳 召昭招钊
　　[22]着~火
　　[51]沼~气 找
　　[35]罩爪~牙 赵兆照诏肇
tʂ' [55]超焯抄~家
　　[22]朝~向 潮嘲
　　[51]炒吵
　　[35]抄翻动

ʂ [55]梢捎稍烧
　　[22]勺芍苕
　　[51]少多~
　　[35]少~年 韶绍邵哨
ʐ [22]饶桡
　　[51]扰绕
k [55]高膏篙羔糕
　　[22]搅白,搅动、搅拌
　　[51]稿觉白,睡一~ 搞
　　[35]告窖
k' [55]敲白
　　[51]考烤
　　[35]靠犒铐
x [55]蒿薅
　　[22]豪壕毫号~叫 嚎
　　[51]好~坏 郝姓
　　[35]好喜欢 耗浩号~码
ŋ [55]凹熬在锅里把油炸出来
　　[22]熬敖嗷獒遨翱
　　[51]袄咬
　　[35]傲奥懊坳

iau
p [55]膘标彪飚镖飙
　　[51]表婊裱俵
p' [55]飘漂~流
　　[22]嫖瓢
　　[51]瞟漂~白 熛在火苗上快速加热
　　[35]票漂~亮
m [55]喵
　　[22]苗描瞄
　　[51]藐渺秒淼邈缈
　　[35]庙妙谬
t [55]刁貂雕叼
　　[51]屌

	[35]钓吊调_{文，掉头}调_{~查}掉	t'	[55]偷
t'	[55]挑		[22]徒屠途涂图头投秃突
	[22]条调_{~理}迢笤		[51]土吐_{~痰}抖敨
	[51]挑_{~明}调_{白，~换}		[35]透吐_呕兔
	[35]跳粜眺	l	[55]搂_{~柴火}
l	[55]撩_{~起来}		[22]奴庐炉芦颅楼鹿禄六陆绿录卢
	[22]燎疗聊辽撩_{~逗}瞭僚潦嘹缭镣		[51]努鲁虏搂_{~抱}篓卤
	[51]鸟了袅		[35]怒路赂露鹭漏陋露
	[35]尿廖料尥撂	ts	[55]租邹
tɕ	[55]交郊胶教_{~书}焦蕉椒骄娇浇娇姣		[22]足卒
	[22]嚼		[51]祖组阻走
	[51]绞狡铰搅_文较剿矫缴侥皎饺		[35]做皱绉揍
	[35]教_{~育}校_{~对}酵觉_{文，睡~}轿叫	ts'	[55]粗初
tɕ'	[55]敲_文锹缲_{~边}悄跷		[22]锄族促愁
	[22]樵瞧乔侨桥荞		[51]楚
	[51]巧		[35]醋助奏凑
	[35]俏鞘翘撬峭窍	s	[55]苏酥梳蔬舒_{~服}搜飕馊艘
ɕ	[55]消宵霄硝销嚣萧箫削_{文，~皮}肖潇		[22]速肃宿_{~舍}缩束粟俗
	[22]淆_{混~}		[51]数_{~一下}
	[51]小晓		[35]素诉嗽_{~包续手~}数_{~学}嗽瘦
	[35]孝效校_学~笑啸哮	tʂ	[55]周舟州洲粥
ø	[55]妖邀腰要_{~求}吆夭么		[22]轴_{又音 tʂ'əu22}
	[22]摇谣窑姚瑶尧遥徭爻肴		[51]肘宙口_{往上举、托}
	[51]舀杳		[35]昼纣咒
	[35]要_{重~}耀鹞	tʂ'	[55]抽
	əu		[22]绸稠筹仇酬轴
t	[55]都兜逗蔸		[51]丑
	[22]独读牍犊督毒		[35]臭
	[51]堵赌肚陡蚪睹	ʂ	[55]收
	[35]妒杜度渡镀斗豆痘		[51]手首守
			[35]兽受寿售授绶
		ʐ	[22]柔揉

第二章　鄂西南地区方言语音研究

k	[55]勾钩沟		[51]有友酉
	[51]狗苟		[35]又右佑莠诱柚鼬釉幼铀
	[35]够构购		**an**
k'	[55]抠呕	p	[55]班斑颁扳般搬
	[51]口		[51]板版坂阪
	[35]叩扣寇蔻		[35]扮瓣办伴拌半
x	[55]猴~子 鲖	p'	[55]攀潘
	[22]侯喉猴候时~		[22]爿盘磐蟠蹒
	[51]吼		[51]拌
	[35]后厚候等~		[35]盼襻绊判叛畔泮
ŋ	[55]欧瓯殴鸥区姓	m	[22]蛮瞒馒鳗
	[51]藕偶呕		[51]满螨
	[35]沤怄		[35]慢漫幔曼嫚
	iəu	t	[55]耽担~当 丹单端
t	[55]丢		[22]□拦着
l	[55]溜遛妞		[51]胆掸短锻缎煅
	[22]流刘留榴硫琉馏牛		[35]担~子 诞旦但弹~子 蛋断锻段
	[51]纽扭~动 柳绺钮		缎椴
	[35]扭~动	t'	[55]贪坍滩摊瘫
tɕ	[55]揪鬏鸠阄究纠起		[22]潭谭谈痰檀坛弹~琴 团
	[22]□拧：~干		[51]毯坦
	[51]酒九久韭灸玖		[35]探炭叹
	[35]就救臼舅咎旧柩	l	[22]南男蓝篮难兰拦栏鸾
tɕ'	[55]秋丘鳅邱蚯□眼睛故意闭一下表示		[51]览揽榄缆懒暖卵
	不喜欢、厌恶		[35]滥难患~ 烂乱
	[22]囚泅求球仇姓 酋虬俅	ts	[55]簪钻
	[51]□抓住、攀附		[51]攒咱崭~新
ɕ	[55]修羞休削白，~皮		[35]暂錾蘸纂钻~赞攒瓒溅
	[22]畜~牧局 蓄白，~倒起：留着	ts'	[55]参~加 餐氽掺白 蹿
	[51]朽		[22]蚕惭残
	[35]秀绣锈袖嗅		[51]惨
ø	[55]忧优悠幽		[35]灿窜篡璨粲
	[22]尤邮由油游犹育	s	[55]酸三叁
			[51]散~开 伞

tʂ	[35]算蒜散~步		[51]谝
	[55]沾粘瞻毡		[35]骗片
	[51]斩盏展	m	[22]绵棉眠
	[35]站占绽栈战		[51]免勉娩缅渑
tʂ'	[55]搀掺_文		[35]面
	[22]谗馋缠蝉禅婵阐潺蟾	t	[55]掂颠癫巅
	[51]铲产		[51]点典碘
	[35]颤忏		[35]店电殿奠佃垫惦踮
ʂ	[55]衫珊山删膻扇~风姗珊	t'	[55]添天
	[22]□_{因重物致使弯曲}		[22]甜田填恬
	[51]陕闪		[51]舔腆
	[35]疝善扇~子膳单煽骟	l	[55]拈搛~菜蔫研~究
ʐ	[22]然燃		[22]严黏廉镰簾鲢连联年怜莲
	[51]染冉		[51]敛殓脸碾辇撵捻
k	[55]甘柑尴干~净肝竿杆间_{白,中~}		[35]验_实醶念练炼楝恋链
	[51]感敢橄秆擀赶	tɕ	[55]尖歼兼艰间_{文,时~}奸煎笺肩监
	[35]干~部间_{白,~开}		[51]减碱检俭简柬拣谏涧铜剪践坚茧捡
k'	[55]堪刊嵌_白		[35]鉴舰渐剑间_{白,~隔}件箭溅贱饯建键健腱荐见
	[51]坎砍槛		
	[35]看	tɕ'	[55]签谦千牵迁铅
x	[55]憨酣鼾		[22]钳钱乾虔前黔
	[22]含函咸寒韩涵晗邯颔衔		[51]潜浅遣
	[51]喊罕		[35]欠歉倩嵌_文茜
	[35]撼憾陷_{白,~进去}旱汗焊翰苋~_菜汉悍捍	ɕ	[55]仙先纤
			[22]衔_头嫌闲贤娴痫
ŋ	[55]庵淹安鞍胺氨铵谙		[51]险显冼
	[22]□_{估算、默想}		[35]陷_{文,~阱}馅限线羡宪献现县陷腺
	[35]揞暗岸按案晏_{迟,晚}黯		
	ien	ø	[55]阉腌焉烟燕~_京
p	[55]鞭编边		[22]炎盐阎檐颜延言
	[51]贬蝙扁匾		[51]掩魇眼演兖
	[35]辨辩变汴便_方遍辫卞		[35]厌艳焰雁筵谚堰砚燕咽宴
p'	[55]篇偏翩		
	[22]便~宜		

第二章 鄂西南地区方言语音研究 45

	晏姓		[22]涎弦旋~转玄悬炫璇漩
	uan		[51]癣选
tʂ	[55]专砖		[35]旋~风楦绚
	[51]转~身	ø	[55]冤渊鸳
	[35]赚撰转~动篆传~记		[22]圆员缘沿元原源袁辕园援媛
tʂ'	[55]川穿		[51]远
	[22]传~达椽船		[35]院愿怨
	[51]喘		ən
	[35]串	p	[55]奔~跑锛
ʂ	[55]闩拴栓		[51]本
	[51]涮		[35]奔往前~笨
z̩	[51]软阮	p'	[55]喷烹
k	[55]官棺观~察冠~衣关		[22]盆彭膨
	[51]管馆	m	[55]闷~热扪焖
	[35]贯灌罐观~道冠~军惯		[22]门们
k'	[55]宽		[35]闷烦~
	[51]款	t	[55]敦墩蹲登灯
x	[55]欢翻番		[51]等
	[22]凡帆桓还归~环烦		[35]顿扽盾钝遁凳邓澄瞪炖
	[51]缓反返	t'	[55]吞
	[35]范犯泛唤焕换患宦幻饭		[22]屯豚臀囤腾誊藤疼
ø	[55]豌剜弯湾		[51]□（车）颠簸
	[22]完丸玩		[35]□做事不主动,总是指望别人
	[51]皖碗腕晚挽宛	l	[22]仑伦沦轮能棱纶
	[35]万		[51]冷
	yɛn		[35]论嫩
tɕ	[55]绢捐娟鹃涓□肢体蜷缩着	ts	[55]尊撙遵曾增争筝睁
	[51]捲卷锩		[51]怎□有小的裂纹
	[35]眷卷~子圈猪~倦		[35]憎赠挣
tɕ'	[55]圈__	ts'	[55]参~差村皱撑
	[22]全泉拳权颧		[22]岑存曾~经层
	[51]犬		[51]忖□用手往下按、压
	[35]劝券		[35]衬寸蹭
ɕ	[55]鲜轩掀宣喧		

s	[55]森参~人~孙僧生牲笙甥		[51]禀丙秉柄饼炳
	[51]损笋榫省		[35]鬓病并並
tʂ	[55]针斟珍榛臻真征蒸贞侦正~月	p'	[55]拼姘乒
	[51]枕震振诊疹拯整		[22]贫频平坪评凭瓶屏萍苹
	[35]镇阵振郑正政证症		[51]品
tʂ'	[55]称抻		[35]聘
	[22]沉陈尘辰臣澄橙乘承丞逞呈程成城诚	m	[22]民鸣明名铭冥
			[51]闽悯敏抿皿
	[51]惩		[35]命
	[35]趁称~对~秤	t	[55]丁钉~子靪疔叮盯~眼中~
ʂ	[55]深身申伸娠升声		[22]盯~着看,不移动视线
	[22]神晨绳		[51]顶鼎
	[51]沈审婶		[35]钉~住订锭定腚啶碇
	[35]甚渗肾慎剩胜圣盛	t'	[55]听~见厅汀
ʐ	[55]扔		[22]亭停廷庭蜓婷莛
	[22]壬任~姓人仁		[51]艇挺霆铤艇
	[51]忍刃		[35]听~牌
	[35]认任紝韧仍	l	[55]拎
k	[55]跟根更~三~庚羹耕		[22]林淋临邻鳞磷陵凌菱凝~望宁灵零铃伶翎琳铃玲龄磷聆
	[51]哽埂梗耿粳亘~整个的		[51]檁领岭
	[35]更~加		[35]赁吝凝~结~令佞另
k'	[55]坑吭	tɕ	[55]今金禁~不住襟津巾斤筋茎京荆惊鲸精晶睛经
	[51]恳垦肯啃		
	[35]䯱~接骨；胳膊与腋窝的结合部位的骨头		[51]锦紧仅谨境景警井颈
x	[55]亨哼		[35]浸禁~止尽~头进晋劲近敬竟镜竞静靖净径
	[22]痕恒衡		
	[51]很横~蛮~狠	tɕ'	[55]侵钦亲~戚卿清青蜻轻
	[35]恨杏~白，杏子		[22]琴禽擒秦勤芹擎情晴
ŋ	[55]恩樱~白，~桃儿；樱桃鹦~白，~哥儿；鹦鹉		[51]寝请
	[22]嗯		[35]亲~家庆
	[35]硬摁	ɕ	[55]心辛新薪欣兴~旺星腥馨惺猩
	in		
p	[55]彬宾槟殡冰兵斌滨乒又音p'in⁵⁵		[22]行~为形型刑邢

第二章 鄂西南地区方言语音研究 47

	[51]省_{反~}醒		[22]群裙琼
	[35]信衅兴_{高~}杏_文,~_花幸性姓囟	ɕ	[55]熏勋薰
ø	[55]音阴荫因姻洇殷蝇莺鹦_文樱_文英婴缨鹰		[22]寻荀旬循巡询
			[35]讯迅殉训_{~练}汛
	[22]吟淫龈银寅迎盈赢萤莹	ø	[55]晕
	[51]饮引隐影颖瘾		[22]匀云营芸耘
	[35]印应映		[51]允尹永咏
	uən		[35]熨_文韵运孕泳
tʂ	[55]谆		**aŋ**
	[51]准	p	[55]帮邦浜梆乒_{又音 p'aŋ55}
tʂ'	[55]椿春		[51]榜谤绑膀_{~子}
	[22]唇莼醇鹑		[35]傍棒蚌
	[51]蠢	p'	[55]乒□_{~臭;很臭}
ʂ	[22]纯		[22]滂旁螃庞膀_{~光}
	[35]顺舜		[51]髈_{蹄~}
ʐ	[35]润闰熨_白		[35]胖
k	[51]滚	m	[55]□_{~~;饭（儿语）}
	[35]棍		[22]忙芒茫盲氓_{流~}
k'	[55]昆坤琨		[51]莽蟒
	[51]捆	t	[55]当_{~然}裆
	[35]困		[22]□_{用东西拦着，阻挡}
x	[55]昏婚浑_{水不清澈}分芬纷荤		[51]挡档党
	[22]魂馄浑_{~身}焚坟横焚		[35]当_{~铺}荡宕
	[51]混_{~浊}粉	t'	[55]汤
	[35]粪奋愤忿份混_{~日子}		[22]堂棠螳唐糖塘
ø	[55]温瘟		[51]倘躺
	[22]文纹蚊闻		[35]烫趟
	[51]稳吻刎	l	[55]囊啷
	[35]问		[22]郎廊狼琅螂
	yn		[51]朗
tɕ	[55]均钧菌_{细~}君军		[35]浪
	[22]□_{不~；不允许，只用在否定句中。}	ts	[55]脏赃
	[35]俊菌_{香~}郡骏竣		[22]□_{扔，砸}
tɕ'	[55]倾顷		[35]葬藏_{~族}

tsʻ	[55]仓苍舱	tʻ	[51]□~~:傻瓜
	[22]藏_躲~	l	[55]娘_姑~孃~~:婶婶,阿姨
s	[55]桑丧~事		[22]娘_爹~良凉粮梁樑
	[51]磉嗓搡		[51]两辆
	[51]丧~失		[35]酿亮谅量_数~靓
tʂ	[55]张章樟獐漳	tɕ	[55]将浆疆僵姜缰姜江
	[51]长_生~涨掌		[51]蒋奖桨讲
	[35]丈仗杖帐账胀障瘴		[35]酱将_大~匠降_{~落}犟
tʂʻ	[55]昌菖猖娼	tɕʻ	[55]枪羌腔
	[22]长_{~短}肠常尝 又音 ʂaŋ22 偿		[22]墙详强_{~大}蔷樯
	[51]场厂敞		[51]抢强_勉~
	[35]畅唱倡		[35]像_白:相~呛
ʂ	[55]商伤	ɕ	[55]相_互~箱厢湘襄镶香乡
	[22]裳尝		[22]祥降_投~
	[51]赏晌		[51]想享响相~饷
	[35]上尚		[35]象像_{文,相像}橡向项_文
ʐ	[55]□_{单薄,不结实}	ø	[55]央秧殃
	[22]瓤穰		[22]羊洋烊杨扬疡佯阳
	[51]壤攘嚷		[51]仰养痒氧
	[35]让		[35]样
k	[55]冈刚纲钢缸豇		uaŋ
	[51]岗港	tʂ	[55]庄装妆桩
	[35]杠虹_白		[35]壮状撞
kʻ	[55]康糠慷	tʂʻ	[55]疮窗
	[22]扛□_颈~:脖子		[22]床
	[51]囥_{用盖子盖着,又音 kʻuaŋ51}		[51]闯
	[35]抗炕亢伉		[35]创~造
x	[55]夯	ʂ	[55]霜孀双
	[22]行~列航杭		[51]爽
	[51]项_{白,~目}巷_{~子}	k	[55]光_灯~咣
ŋ	[55]肮□_{拟声词,~~叫}		[51]广
	[22]昂		[35]逛光_{滑,光滑}
	iaŋ	kʻ	[55]匡筐眶哐框
t	[55]□_{提,拎}		[22]狂诳

第二章 鄂西南地区方言语音研究 49

	[51]□_{用盖子盖着}	ts	[55]棕鬃宗综踪
	[35]旷况矿		[51]总
x	[55]荒慌方芳		[35]纵粽
	[22]黄簧皇蝗肪妨房防	ts'	[55]聪匆葱骢
	[51]谎晃仿纺彷访		[22]丛崇从重_{~来}淙
	[35]放		[51]□_{~祸：向他人告状，造谣生事}
ø	[55]汪	s	[35]松嵩淞
	[22]王亡		[22]□_{软弱无能}
	[51]网辋枉往		[51]怂耸
	[35]忘妄望旺		[35]送宋诵颂讼
	oŋ	tʂ	[55]中_当~忠终盅钟
p	[55]崩绷_{~带}		[51]种_{~子}肿
	[51]绷_{~着脸}		[35]中_{~标}仲众重_轻~种_{~植}
	[35]迸蹦	tʂ'	[55]充冲_{~突}舂囱_{烟~}
p'	[55]砰怦抨		[22]虫
	[22]朋棚篷蓬鹏		[51]宠
	[51]捧		[35]铳冲_{脾气~}□_借
	[35]碰樥_{~柑}	ʐ	[22]戎绒融茸冗
m	[55]蒙_{~骗}	k	[55]公蚣工功攻弓躬宫恭龚
	[22]萌盟蒙_{~古}檬朦		[51]汞拱_{~桥}巩
	[51]猛懵		[35]贡供共拱_{身体弯曲着挪动：~去~来}
	[35]孟蠓_{~虫虫儿：还不太懂事的孩子}梦	k'	[55]空_{~虚}
t	[55]东冬咚		[51]孔恐□_{~饭：盖上盖子将饭焖熟}
	[22]□_{在水或泥里面踩}		[35]控空_{~缺}
	[51]董懂胴_{~~儿：没穿上衣，光着身子。}	x	[55]轰烘风枫疯丰封峰蜂锋
	[35]冻栋动洞恫侗		[22]弘宏红洪鸿虹_文冯逢缝_{~衣服}
t'	[55]通		[51]哄讽
	[22]同铜桐筒童瞳彤		[35]凤缝_{~条~}奉俸
	[51]桶捅统	ø	[55]翁嗡罋_{用土或泥沙掩埋}
	[35]痛		[51]蓊
l	[55]聋隆窿_{轰~}窿_{窟~}		[35]瓮罋
	[22]龓笼_{~子}农脓侬隆_{~重}浓龙珑		ioŋ
	[51]拢陇垄笼_{~罩}	tɕ	[51]窘迥炯
	[35]弄	tɕ'	[22]穷芎

ɕ	[55]兄胸凶匈汹		[35]用佣
	[22]熊雄	ər	
	[51]训用言辞教训	∅	[22]儿而
∅	[55]雍拥庸		[51]尔耳饵
	[22]荣容蓉镕溶		[35]二贰
	[51]甬勇涌		

四　恩施音系与北京音系比较

（一）声母比较

恩施话声母共 21 个（包括零声母），北京话有 22 个声母（包括零声母）。二者相同的声母有：p pʻ m t tʻ l ts tsʻ s tʂ tʂʻ ʂ ʐ tɕ tɕʻ ɕ k kʻ x ∅。不同的是：恩施话没有唇齿音声母[f]和鼻音声母[n]，但又有北京所没有的舌根鼻音声母[ŋ]。

恩施话声母和北京话声母的对应情况如下表。

表 4.1　　　　　　　　恩施话与北京话声母比较表

恩施话	北京话	条　件	恩施话	北京话	条　件
p pʻ m	p pʻ m		tʂ tʂʻ ʂ ʐ	tʂ tʂʻ ʂ ʐ	
f x	f x		tɕ tɕʻ ɕ	tɕ tɕʻ ɕ	
t tʻ	t tʻ		k kʻ x	tɕ tɕʻ ɕ	部分见系开口二等字
l	l n			k kʻ x	
ts tsʻ s	tʂ tʂʻ ʂ		ŋ	∅	来自影母和疑母的开口一二等字
	ts tsʻ s	部分来自庄组的字	∅	∅	

上表是从总体上反映恩施话和北京话的对应关系，下面做具体说明：

1. 恩施话中的 p pʻ m t tʻ 在北京话中都读 p pʻ m t tʻ，反之亦然。例外：

譬 pi⁵¹　痹 pʻi²²　鄙 pʻi⁵¹　庀 pʻi⁵¹　拌 pʻan⁵¹　绊 pʻan³⁵

2. 恩施话中单韵母 u 前的 f、x 都读成 f，其余所有的 f 声母的字，都合并入 x 声母。恩施话中的 f 声母字要比北京话的少很多，绝大部分字在都读 x。例外：脯 pʻu⁵¹ 果~

3. 恩施话中 n、l 不分，属于自由变体，但大多数情况下都读 l，可以说北京话声母是 n、l 的字在恩施话中都读 l。 例外：隶 ti³⁵ ~奴~

4. 恩施话声母读 k k' x 的字比北京话多。凡北京话声母读 k k' x[①]的字，恩施话也都读 k k' x，如"挂、垮、华"，但是部分来自中古见系开口二等的字在北京话中读 tɕ tɕ' ɕ，在恩施话中还是读 k k' x[②]。例如：

街 kai⁵⁵　解 kai⁵¹　介 kai³⁵　界 kai³⁵　鞋 xai²²　蟹 xai²²　咸 xan²²

还有少部分在北京话中读 tɕ tɕ' ɕ，在恩施话中文读是 tɕ tɕ' ɕ，白读是 k k' x。例如：

搅：tɕiau⁵¹ ~拌机　kau²² ~一下　　觉：tɕiau³⁵ 睡~　kau³⁵ 睡中~　　间：tɕien⁵⁵ 时~　kan⁵⁵ 中~

虹：xoŋ²² 彩~　kaŋ³⁵　　敲：tɕ'iau⁵⁵ ~门　k'au⁵⁵　　掐：tɕ'ia⁵⁵ ~头去尾　k'a²² ~断

嵌：tɕ'ian³⁵ ~进去　k'an⁵⁵　　项：ɕiaŋ³⁵ ~目　xaŋ³⁵

5. 部分来自中古庄组的字在北京话中读 tʂ tʂ' ʂ，在恩施话中读 ts ts' s。即：

庄母：皱绉醮眨窄争睁筝

初母：初楚衬

崇母：锄助雏巢愁崇重~新 士仕柿事潲

生母：梳疏蔬数动词数名词师狮瘦虱朔生牲笙甥省

除上述情况，还有些没有规律的例外：

造 ts'au³⁵ ~句　　族 ts'ou²² 民~　　饲 ts'ɿ²² ~料　　锥 tsei⁵⁵ ~子　　追 tsei⁵⁵ ~赶

摘 tse²² ~菜　　撑 ts'ən⁵⁵ ~面子　　拆 ts'e²² ~开　　搽 ts'a⁵⁵ ~药　　抄 ts'au⁵⁵ ~写

炊 ts'ei⁵⁵ ~事员　　舒 sou⁵⁵ ~服　　束 sou²² 结~　　侍 sɿ³⁵ ~服~　　恃 sɿ³⁵ 有~无恐

翅 tʂʅ³⁵ ~膀　　泽 ts'e²² 毛~东　　择 ts'e²² ~选　　纯 ʂuan²² ~粹　　晨 ʂən²² 早~

触 tʂu²² 接~

6. 北京话的部分零声母字和恩施话的零声母字大体上对应。即恩施话是零声母的字，北京话也基本上是零声母，但存在少量交叉现象。表现在：

（1）北京话的部分零声母字在恩施话中读舌根鼻音 ŋ 声母。它们主要是来自中古影母和疑母的开口一二等字，今音都是开口呼，而且以低、后元音开头。

影母：挨 ~近 霭隘奥懊坳殴怄暗庵安案晏肮恶鹦 ~哥儿 鹦鹉 樱 ~桃儿 扼

疑母：呆 ~板 皑碍艾熬傲咬偶藕岸昂硬额

（2）北京话的几个零声母字在恩施话中读 l 声母，它们都来自中古疑母今读细音的字。例如：严 lian²²　　验 酽 lian³⁵　　业 lie²²　　研 ~究 lian⁵⁵

[①] 个别字送气不送气与北京话有差异。如：括 kua²²，概 k'ai³⁵。

[②] 具体分析详见本章"五"相关内容。

（3）北京话的几个 ʐ 声母字在恩施话中读零声母，它们都来自中古梗摄、通摄喻母合口三等：荣融容蓉熔 ioŋ²²

（二）韵母比较

北京话有 39 个韵母（不包括儿化韵），其中 ê 只能自成音节，念ê的字只有一个"欸"。恩施话有 36 个韵母（不包括儿化韵），其中 ue 只有几个字。北京话除了 ê 以外的 38 个韵母同恩施话除 ue 以外的 35 个韵母的对应关系见下表。

表 4.2　　　　　　　　　恩施话与北京话韵母比较表

恩施话	北京话	例字	例外字（北京音）
ɿ	ɿ	咨雌死四	师狮 ʂʅ⁵⁵ 事侍士柿恃 ʂʅ⁵¹ 厕 tsʻe⁵¹
ʅ	ʅ	支池耻是日	
i	i	笔屁眯底替离饥气习医	液 ie⁵¹
u	u	不普夫骨苦户猪厨鼠入务	肉 zəu⁵¹ 谋眸 məu³⁵ 某 məu²¹⁴ 帚 tʂəu²¹⁴ 妯 tʂəu³⁵
y	y	吕女居趣需于	
o	o	波婆莫磨	
a	a	疤爬马奤踏那尬咖哈闸诧傻匝擦洒啊	蔗 tʂe⁵¹ ₍甘₎~ 跨胯 kʻua⁵¹
ia	ia	加恰瞎压	
ua	ua	瓜垮画爪 tʂʻua²² □₍淋₎~ 耍抓注	括 kʻuo⁵¹
e	e	德特嘚克赫哲车社惹则册色额	劣 lie⁵¹ 虱₍~子₎ ʂʅ⁵⁵
e	ai	百麦摘拆塞₍~子₎	
e	o	伯迫默	
e	ei	北勒₍~紧₎黑	
ie	ie	憋撇灭爹贴捏借且些夜	去₍来₎~ tɕʻy⁵¹
ue	uo	国获	
ye	ye	噘缺靴㧟	
uo	e	哥壳喝俄	
uo	u	慕暮墓募	
uo	uo	过扩豁髁说弱左错唆我	角₍边边₎~~ tɕiau²¹⁴

续表

恩施话	北京话	例字	例外字（北京音）
io	iau	脚药	
	ye	掠确觉~得学约	
ai	ai	掰排买代胎奶该改开还债柴宰猜赛矮	岩 ian³⁵
	ie	街解~放鞋	
uai	uai	乖块坏拽揣甩外	
ei	i	币批丕	絮~柳 ɕy⁵¹ 屡~次 ly²¹⁴
	ei	悲胚煤内□表感叹的语气词	
	uei	堆腿最崔虽	
uei	ei	飞诽	
	uei	归葵悔坠吹水瑞为	
au	au	包袍卯到滔牢闹搞考豪招炒绍扰遭草	牡 mu²¹⁴
	iau	窖敲~咬	
iau	iau	标瓢秒掉挑疗饺悄小要	
əu	əu	兜头篓购抠侯周仇首柔邹愁欧	
	u	读突鲁怒租素楚	
iəu	iəu	丢柳牛九球朽由	育~教 y²² 畜~牧 蓄~储 ɕy⁵¹
an	an	班盘满丹谈烂敢刊含詹产善然簪灿三	
	uan	短团乱钻~篡酸	
	ian	间~中嵌咸晏迟，晚	
iɛn	iɛn	编片棉点天年脸简前线言	
uan	uan	关款环赚穿涮软玩	
	an	翻饭	
yɛn	yɛn	捐全选院	鲜 ɕiɛn⁵⁵ 癣 ɕiɛn²¹⁴ 沿 iɛn³⁵
ən	ən	本喷门嫩根肯痕贞陈沈人怎岑恩	杏 ɕiŋ⁵¹ 硬 iŋ⁵¹
	əŋ	烹等疼冷能耕衡征呈圣扔赠层省	
	uən	盾吞伦尊存损	

续表

恩施话	北京话	例字	例外字（北京音）
in	in	宾贫敏临进秦心银	营 yn³⁵　尹 yn²¹⁴
	iŋ	冰评命丁亭另井情星迎	
uən	ən	分奋	横 xəŋ³⁵　熨 yn⁵¹
	uən	滚坤魂准唇顺润温	
yn	yn	军群讯允	永咏泳 yuŋ²¹⁴
aŋ	aŋ	帮庞莽党汤狼港康杭丈常赏瓢脏藏_(躲~)_	豇_(~豆)_ tɕiaŋ⁵⁵
iaŋ	iaŋ	梁匠腔翔养	
uaŋ	uaŋ	光狂谎状窗爽王	
	aŋ	方放	
oŋ	əŋ	崩朋猛	
	oŋ	东同拢共空红众虫融宗从耸	
	uəŋ	翁瓮	
ioŋ	yuŋ	炯穷兄用	
ɚ	ɚ	儿耳二	

从上表可以看出：

1. 恩施话的 ɿ ʅ u y o a ia ua ie ye uai iəu iɛn iɛn yɛn yn aŋ iaŋ ioŋ ɚ 韵母分别与北京话的 ɿ ʅ u y o a ia ua ie ye uai iəu iɛn yɛn yn aŋ iaŋ yuŋ ɚ 对应。

2. 恩施话的 i 韵母在北京话中也是 i 韵母，但是北京话中有些 i 韵母在恩施话中读作 ei 韵母。例如："币批丕"。

3. 恩施话有 ue io 两个韵母，北京话中没有。

4. 恩施话没有后鼻韵母 əŋ iŋ uəŋ，北京话这三个韵母在恩施话分别读作 ən in oŋ。

5. 北京话的合口韵 uei uan uən u 韵母与声母 t t' l ts ts' s 相拼时在恩施话中都变成相应的开口韵 ei an ən əu。

6. 在北京话中与声母 f 相拼的韵母如 ei an ən aŋ 在恩施话中都变成相应的合口 uei uan uən uaŋ 与声母 x 相拼。

7. 还有少数字的读音比较特殊，没有明显的规律性。

（三）声调比较

1. 恩施话和北京话都是四个声调：阴平、阳平、上声、去声，对应相当整齐。但是恩施话的四个声调的调值分别是 55、22、51、35，与北京话的 55、35、214、51 不太相同。

2. 恩施话中的阳平字比北京话多，因为古入声字在恩施话中全部都归入阳平，而在北京话中分派到阴平、阳平、上声、去声中去。下面三组字北京话分别读阴平、上声、去声，在恩施话中都读阳平：

织湿失逼滴嘀堤涕踢积击七漆吃膝吸悉息熄昔惜锡析扑仆哭忽出淑屋曲屈八抹哒嗒掐扎札插杀擦瞎鸭押压刮发刷拍胳黑拆虱跌贴接揭歇缺薛拨钵剥泼鸽割磕托脱桌捉微危督突凸秃（北京话读阴平）

尺豉_{豆~}笔匹乞蚁朴脯骨谷毂嘱黍塔獭剐法罚撒铁帖血雪脚角索髓闸（北京话读上声）

饲质秩赤炽室适释必毕璧壁碧癖痹_{麻~}辟密蜜泌秘觅立笠粒栗力历逆绩迹寂戚系抑益亦译液不瀑木目牧沐睦复腹筑祝畜触术入肉物律率蓄育域爸踏塌榻蹋辣蜡腊纳捺恰洽括发袜迫魄特忒肋客刻克赫吓浙撤彻澈摄涉设热册测策厕恻色瑟涩啬塞厄呃扼轭灭蔑篾列劣烈裂猎捏聂涅啜蹑孽切窃怯妾页叶晔腋或获惑阙阅月越悦阅粤末沫寞漠各鹤恶鄂鳄噩却确雀鹊药约岳跃乐钥洛落骆_{~驼}络珞烙阔扩廓塑朔握沃龌蟹涝陆六录鹿禄麓绿候促簇猝速肃宿_{~舍}粟续畜蓄盎塞（北京话读去声）

五　恩施方言音系与中古音比较

（一）声母比较

表 5.1　　　　　　恩施话声母与中古音声母的对应情况表

		清	全浊		次浊	清	全浊	
			平	仄			平	仄
帮组		帮 p	滂 p'	並 p'	並 p	明 m			
非组					微 ∅	非 x 敷 x	奉 x	
端泥组		端 t	透 t'	定 t'	定 t	泥 l	来 l		
精组	今洪	精 ts	清 ts'	从 ts'	从 ts		心 s	邪 s ts'	邪 s
	今细	精 tɕ	清 tɕ'	从 tɕ'	从 tɕ		心 ɕ	邪 ɕ	邪 ɕ

续表

		清	全浊		次浊	清	全浊	
			平	仄			平	仄
庄组	庄 tʂ ts	初 tʂʻ tsʻ	崇 tʂʻ tsʻ	崇 tʂ s		生 ʂ s		
知组	知 tʂ	彻 tʂʻ	澄 tʂʻ	澄 tʂ				
章组	章 tʂ	昌 tʂʻ		船 ʂ		书 ʂ	禅 tʂʻ	禅 ʂ
日母					日 ʐ ø			
见晓组	今洪	见 k	溪 kʻ	群 kʻ	k	疑 ø ŋ l ø	晓 x ɕ	匣 x ɕ
	今细	kʻ tɕʻ	tɕʻ	tɕ				
影组	影 ø ŋ				云 ø 以 ø			

从上表大体可以看出中古各母在恩施话中的读音。

帮母：p 波坝补贝拜闭彼报标贬禀板别拨宾不榜北冰逼迸柄

　　　例外[①]：谱 pʻu⁵¹ 鄙 pʻi⁵¹ 镚 pʻei³⁵ 庇 pʻi⁵¹ 痹 pʻi²² 迫 pʻe²²
　　　绊 pʻan³⁵

滂母：pʻ 坡怕普沛派批配炮飘剖品盼篇撇潘喷滂凭拍聘僻拼劈

　　　例外：玻 puo⁵⁵ 怖 pu³⁵ 扳 pan⁵⁵ 譬 pi⁵¹

并母：pʻ（古平声）婆爬菩排牌敝陪皮琵袍跑瓢便~宜盘贫盆旁平萍蓬
　　　p（古仄声）部罢倍抱鳔办拔辨别弼笨勃傍棒白病并

　　　例外：耙 pʻa²² 佩 pʻei³⁵ 叛 pʻan³⁵ 瀑 pʻu²²

明母：m 魔马埋迷妹猫苗亩谬蛮面灭末民蜜门莽摸默猛麦明觅蒙木梦牧

非母：f（虞、尤韵）夫肤府俯腑斧付赋傅富
　　　x 废飞法贩分放讽封　　例外：脯果~pʻu⁵¹

敷母：f（虞、尤韵）敷俘赴讣副
　　　x 肺妃副泛乏芬访丰覆锋　　例外：捧 pʻoŋ⁵¹

奉母：f（虞、尤韵）符扶父釜腐辅附妇负复
　　　x 吠肥凡筏愤房冯伏俸

微母：ø 诬尾晚袜吻物忘　　例外：芒 maŋ²²

端母：t 多肚带底对到刁丢耽答点跌丹短顿当灯打鼎冬督

[①] 例外字只注恩施话的读音。

例外：鸟 liao^{51}

透母：tʻ 他妥兔胎体退滔跳偷探踏添贴坦獭天吞褪烫听桶统

例外：贷 tai^{35}

定母：tʻ（古平声）托徒台题桃条投潭甜檀团臀突唐腾停同

t（古仄声）舵渡待弟队导掉沓淡簟碟达段夺盾宕定笛洞读毒

例外：突 tʻəu^{22}　特 tʻe^{22}　艇铤 tʻiŋ^{51}

泥母：l 挪糯拿怒女奶内尼你恼尿扭男黏聂难年捏暖嫩囊诺娘能匿宁农

来母：l 罗路吕癞例雷捞燎柳拉览敛猎林立恋劣鳞伦狼两略冷笼

例外：隶 ti^{22}

精母：ʦ（今洪音）左祖灾最紫资子嘴醉遭走簪赞纂尊卒葬作$_{\sim\text{坊}}$增则总宗纵足

例外：俊 ʨyn^{35}

ʨ（今细音）姐祭剿酒尖浸煎晋俊将爵即精脊绩

例外：雀$_{\text{麻}\sim}$ʨʻio^{22}

清母：ʦʻ（今洪音）搓睬催雌翠糙凑惨擦寸猝仓错蹭囱从促

例外：黢$_{\sim\text{黑}}$焌$_{\sim\text{水}}$ʨʻy^{55}

ʨʻ（今细音）且切蛆取妻悄秋签寝浅千切亲七抢鹊清戚

例外：缉 ʨi^{22}

从母：ʦ（古仄声今洪音）坐在罪自字皂杂暂昨赠

例外：造 ʦʻau^{35}　族 ʦʻou^{22}

ʦʻ（古平声今洪音）矬才疵瓷慈曹蚕残存藏层从

ʨ（古仄声今细音）借聚剂就渐捷集践绝尽匠嚼净寂

ʨʻ（古平声今细音）齐樵前全墙情

心母：s（今洪音）蓑素腮碎岁斯死司髓虽臊嫂叟三散撒算孙桑索僧速宋

例外：玺徙 ɕi^{22}　赐伺 ʦʻi^{35}　粹 ʦʻei^{35}　珊 ʂan^{55}

ɕ（今细音）　写徐须西笑修心线薛泄先屑宣雪辛悉迅恤想削性昔醒

例外：絮 sei^{35}　鞘 ʨʻiau^{35}　榫 sən^{51}

邪母：s（今洪音）　似随松俗续　　例外：饲 ʦʻi^{22}

ʦʻ（之韵平声）辞词祠

ɕ（今细音）邪序袖寻习羡旋巡像$_{\sim\text{片}}$熄　　例外：详 ʨʻiaŋ^{22}　像$_{\text{相}\sim}$ʨʻiaŋ^{35}

ʨʻ（尤韵平声）囚泅

知母：ʈʂ 著拄缀知致置罩肘站展哲转$_{\sim\text{眼}}$珍账着$_{\sim\text{衣}}$桌征贞中竹冢

例外：爹 tie^{55}　追 tsei^{22}　摘 tse^{22}

彻母：ʈʂʻ 褚耻抽撤趁椿畅戳逞畜$_{\sim\text{生}}$宠　例外：撑皴 ʦʻən^{55}　拆 ʦʻe^{22}

澄母：ʈʂʻ（古平声）茶除厨池迟持槌超绸沉缠椽陈场橙呈虫

例外：搽 tsʻa²²
tʂ（古仄声）箸滞稚坠宙赚蛰绽辙仗撞浊直郑重~量宅
例外：秩 tʂʻi²² 瞪 tən⁵⁵ 泽择 tsʻe²²

庄母：tʂ 渣榨炸斋债抓爪笊盏札榛装状捉
ts 阻辎滓邹皱绉蘸眨簪窄争睁责　例外：侧 tsʻe²²

初母：tʂ 叉钗差出~钞吵插搀铲察闯疮创窗揣~测　例外：抄 tsʻau⁵⁵
tsʻ 初楚参~差衬测策册差参~厕茅~篡　例外：栅 tʂa³⁵

崇母：tʂ（古仄声）乍寨拽闸栈铡撰状镯
tʂʻ（古平声）茌查豺柴谗馋床
ʂ（古仄声）傻耍晒稍　例外：潲 sau³⁵
tsʻ（古平声）锄助雏巢愁岑崇
s（古仄声）士仕柿事

生母：ʂ 沙捎使摔帅衫杀疝涮蟀霜双　例外：产 tʂʻan⁵¹
s 洒朔色梳所数师瘦森涩虱生笙省缩

章母：tʂ 遮煮制赘址招咒占褶枕汁专拙震准章酌蒸职政众祝钟
例外：锥 tsei⁵⁵ 颤 tʂan³⁵

昌母：tʂ 车处相~侈嗤吹臭川蠢厂绰称斥充触　例外：枢 ʂu⁵⁵ 炊 tsʻei⁵⁵

船母：ʂ 蛇书世舐示葚舌船神实顺述绳食射赎
例外：舒 sou⁵⁵ 唇 tʂʻuən²² 盾 tən³⁵

书母：ʂ 奢暑誓税豕试水烧兽陕深湿设说伸舜晌胜饰适叔
例外：翅 tʂi³⁵ 香 ɕiaŋ⁵⁵ 饷 ɕiaŋ⁵¹ 春 tʂʻoŋ⁵⁵ 束 sou²²

禅母：（古平声）tʂʻ 垂酬蟾蝉臣醇尝丞城
例外：纯 ʂuən³⁵ 裳 ʂaŋ²² 赏 ʂaŋ⁵¹
（古仄声）ʂ 社署殊是时睡谁绍受涉甚拾善肾芍石淑属
例外：恃侍 si³⁵ 瑞 zuei³⁵

日母：ʐ 惹如儒蕊扰柔冉任入然热软仁日润壤若仍绒肉辱
（止开三）儿二贰而耳

见母：k（今洪音）歌果剐固该剑枴挂闺稿狗感鸽罐括根杠滚广革谷
例外：蜗 uo⁵⁵ 溉溉 kʻai³⁵ 佳 tɕia³⁵ 会~计 kʻuai³⁵ 癸 kʻuei²²
愧 kʻuei³⁵ 季 tɕi³⁵ 昆 kʻuən⁵⁵ 矿 kʻuaŋ³⁵ 菊锔 tɕy²²
tɕ（今细音）家举计己狡骄侥鸠减甲劫锦急揭绢决钧橘疆脚饺镜颈激
例外：酵 ɕiau³⁵ 搅白 kau²² 搞 kau⁵¹ 觉睡~kau²² 尴 kan⁵⁵ 脸 lian⁵¹
间中~kan⁵⁵ 间~开 kan³⁵ 扛 kʻaŋ²² 豇~豆 kaŋ⁵⁵ 港 kaŋ⁵¹ 虹白 kaŋ³⁵

溪母：kʻ（今洪音）可课搕垮库开楷魁快奎亏考口坎刊渴阔垦坤窟抗旷克空

哭恐　　　例外：恢 xuei⁵⁵

tɕ'（今细音）去驱启企弃欺岂巧丘恰欠怯钦泣遣牵犬缺乞屈羌庆吃倾曲　　例外：墟 tɕy⁵⁵　敲₀k'au⁵⁵　嵌₀k'an⁵⁵　壳 k'uo²²

群母：k（古仄声今洪音）跪柜共

k'（古平声今洪音）逵葵狂

tɕ（古仄声今细音）巨具技忌轿舅俭妗及件杰健圈猪~掘仅窘掘郡极惊局　　例外：强勉~tɕ'iaŋ⁵¹

tɕ'（古平声今细音）茄瘸渠瞿奇祁期祈桥球钳禽虔拳芹群琼穷
例外：鲸 tɕin⁵⁵（蟹开二平声）　　涯崖

疑母：ø　蛾卧雅瓦误语愚艺桅咬毅危尧吟眼言玩月鄂岳迎狱玉
例外：阮 zuan⁵¹

ŋ（古部分开口一二等今开口呼）　呆~板皑碍艾熬傲咬偶藕岩岸昂硬额

l（古部分开口三四等今齐齿呼）　倪牛验严俨蘖业孽研逆虐①凝

晓母：x（今洪音）荷~薄货花海贿麾蒿吼喝喊汉换豁婚郝谎霍夯黑哼轰
例外：靴 ɕye⁵⁵　歪 uai⁵⁵　况 k'uaŋ³⁵

ɕ（今细音）虾下许吁系牺戏喜孝休险协吸瞎轩宪歇血欣训享馨兄畜~牧
例外：哈~腰 xa⁵⁵　荤 xuən⁵⁵

f（模韵）呼虎浒

匣母：x（今洪音）河乎解姓骇回坏画豪厚函合缓活滑魂杭鹤黄恒弘或杏横红斛
例外：谐 ɕie²²　械 kai³⁵　解 kai⁵¹　溃 k'uei³⁵　完丸 uan²²　皖 uan⁵¹　行~为 ɕin²²　茎 tɕin⁵⁵　幸 ɕin³⁵　汞 koŋ⁵¹

ɕ（今细音）霞兮携效陷狭限辖眩穴降投~兴~旺形
例外：肴 iau²²　咸 xan²²　洽 tɕ'ia²²　苋 xan³⁵　项巷 xaŋ³⁵　萤 in²²　迥 tɕioŋ⁵¹　f（模韵）胡湖狐壶乎户互护瓠

影母：ø　倭哑蛙于缢煨衣要幽押厌音豌弯怨恩一温秧约枉翁屋沃拥
例外：秽 xuei³⁵　熨 zuən³⁵

ŋ（古开口一二等今开口呼）隘奥殴暗安晏肮鹦~哥儿：鹦鹉樱~桃儿扼

云母：ø　于矣为位伟尤炎焉员粤云旺域荣泳　　例外：熊雄 ɕioŋ²²

以母：ø　耶预夷维耀诱阎淫演阅允羊蝇孕盈营疫融育甬欲
例外：锐 zuei³⁵　拽 tʂuai³⁵　铅 tɕ'ien⁵⁵　捐 tɕyen⁵⁵

---

① 恩施话中"虐"读音为 lio²²：~待。

下面再看恩施方言中声母的来源。

p：帮母；並母（古仄声）
p'：滂母；並母（古平声）
m：明母
f：非敷奉（虞、尤韵）、晓匣（模韵）
t：端母；定母（古仄声）
t'：透母；定母（古平声）
l：泥母；来母；疑母
k：见母（今洪音）；群母（古仄声今洪音）
k'：溪母（今洪音）；群母（古平声今洪音）
x：非母；敷母；奉母；晓母（今洪音）；匣母（今洪音）
ŋ：疑母；影母
tɕ：精母（今细音）；从母（古仄声今细音）；见母（今细音）；群母（古仄声今细音）
tɕ'：清母（今细音）；从母（古平声今细音）；邪母（尤韵平声）；溪母（今细音）；群母（古平声今细音）
ɕ：心母（今细音）；邪母（今细音）；晓母（今细音）；匣母（今细音）
tʂ：知母；澄母（古仄声）；庄母；崇母（古仄声）；章母
tʂ'：彻母；澄母（古平声）；初母；崇母（古平声）；昌母；禅母（古平声）
ʂ：崇母（古仄声）；生母；船母；书母；禅母（古仄声）
ʐ：日母；
ts：精母（今洪音）；从母（古仄声今洪音）；庄母；
ts'：清母（今洪音）；从母（古平声今洪音）；邪母（之韵平声）；初母；崇母（古平声）
s：心母（今洪音）；邪母（今洪音）；崇母（之韵仄声）；生母
ø：微母；群母（佳韵平声）；疑母；影母；云母；以母；日母（止开三）

说明：

恩施话的声母只有 m、ʐ 来源单一，m 与明母对应，ʐ 与日母对应。m 全部来自明母；ʐ 除了个别字外（"阮"来自疑母，"熨"来自影母，"瑞"来自禅母，"锐"来自以母），其余全部来自日母。但是日母字不完全读 ʐ，止摄开口三等字读 ɚ。除了 m、ʐ 以外，其余都不止一个来源。其中部分声母与中古音对应关系简单明了，如 p、p'、t、t'、l、k、k'、x、ŋ。下面对来源相对较为复杂的几组声母进行说明。

1. tɕ、tɕ'来源于精组和见组。见组的见母和溪母一分为二：一部分读 tɕ、

tɕ‘，一部分读 k、k‘。北京话见母、溪母也是一分为二，但是这两母的二等开口字多读 tɕ、tɕ‘，恩施话则多读 k、k‘，所以恩施话读 k、k‘的字多于北京话。群母字一分为五：古仄声今洪音读 k，古平声今洪音读 k‘，古仄声今细音读 tɕ，古平声今洪音读 tɕ‘，另外蟹摄开口二等字"涯崖捱"读 ŋ。

2. 影母字和疑母字在恩施话中大部分都读 ø，一小部分读 ŋ，它们来自古开口一二等今开口呼。

影母字：挨~近 蔼隘（蟹开一二） 奥懊坳（效开一二） 殴怄（流开一） 暗庵（咸开一） 安案晏（山开一二） 肮恶（宕开一） 鹦白，~哥儿：鹦鹉 樱白，~桃儿 扼（梗开二）

疑母字：呆~板 皑碍艾（蟹开一）、熬傲咬（效开一二）、偶藕（流开一）、岸（山开一）、昂（宕开一）、硬额（梗开二）。

另外疑母还有少量字在恩施话中读 l，它们来自古开口三四等今齐齿呼：倪（蟹开四）牛（流开三） 验严酽业（咸开三） 研（山开四） 孽（山开三） 虐（宕开三） 凝（曾开三） 逆（梗开三）。

3. ts ts‘ s 来自精组和庄组的 9 母。ts 来自精母（今洪音）、从母（古仄声今洪音）和庄母；ts‘来自清母（今洪音）；从母（古平声今洪音）；邪母（之韵平声）；初母和崇母（古平声）；s 来自心母（今洪音）；邪母（今洪音）；崇母（之韵仄声）和生母。

4. tʂ tʂ‘ ʂ 来源最广泛，涉及知组、庄组合章组的 12 母。tʂ 来自知母、澄母（古仄声）、庄母、崇母（古仄声）和章母；tʂ‘来自彻母、澄母（古平声）、初母、崇母（古平声）、昌母和禅母；ʂ 来自崇母（古仄声）、生母、船母、书母、禅母。

5. 见系开口二等字在恩施话中的读音比较复杂，这里做专门讨论。这些字涉及"假、蟹、效、咸、山、江、梗"六摄，其读音情况可以分为三类。

（1）只有洪音一读。包括除"佳、涯"以外的全部蟹摄字，绝大多数梗摄字以及效摄、咸摄、江摄的部分字，山摄、假摄的个别字。例如：
皆阶街 kai55 解 kai51 介芥疥届械 kai35 揩 k‘ai55 楷 k‘ai51 鞋蟹 xai22 解姓xai35 崖捱挨 ŋai22 矮 ŋai51 隘 ŋai35 （以上蟹摄）
搞 kau51 窖 kau35 咬 ŋau51 坳 ŋau35 （以上效摄）
尴 kan55 嵌 k‘an55 咸 xan22 岩 ŋai22 （以上咸摄）
扛 k‘aŋ22 豇 kaŋ55 港 kaŋ51 夯 xaŋ55 巷项 xaŋ35 （以上江摄）
庚耕 kən55 耿 kən51 更 kən35 革格隔 ke22 客 k‘e22 坑 k‘ən55 哼 xən55

赫核 xe²² 杏 xən³⁵
硬 ŋən³⁵ 额扼 ŋe²² （以上梗摄）
晏 ŋan³⁵（山摄）
嚇 xe²²（假摄）

（2）只有细音一读。包括绝大多数假摄字和效摄、咸摄、山摄、江摄的部分字，蟹摄、梗摄的个别字。例如：
加嘉 tɕia⁵⁵ 假贾姓 tɕia⁵¹ 驾嫁价 tɕia³⁵ 虾 ɕia⁵⁵ 霞暇 ɕia²² 夏 ɕia³⁵ 牙衙 ia²²
鸦丫 ia⁵⁵ 雅哑 ia⁵¹ （以上假摄）
交郊胶教 tɕiau⁵⁵ 狡绞较 tɕiau⁵¹ 教～育 酵 tɕiau³⁵ 孝淆效 ɕiau³⁵ 巧 tɕ'iau⁵¹ （以上效摄）
监 tɕiɛn⁵⁵ 减碱 tɕiɛn⁵¹ 鉴 tɕiɛn³⁵ 陷馅 ɕiɛn³⁵ 恰洽 tɕ'ia²² 狭峡匣 ɕia²²
胛 tɕia²² 衔 ɕiɛn²²（以上咸摄）
艰限奸 tɕiɛn⁵⁵ 简谏 tɕiɛn⁵¹ 锏 tɕiɛn³⁵ 闲 ɕiɛn²² 颜 iɛn²² 眼 iɛn⁵¹ 雁 iɛn³⁵
瞎辖 ɕia²² 轧 ia³⁵（以上山摄）
江 tɕiaŋ⁵⁵ 讲 tɕiaŋ⁵¹ 降～落 tɕiaŋ³⁵ 饺 tɕiau⁵¹ 腔 tɕ'iaŋ⁵⁵ 降投～ɕiaŋ²² 确 tɕ'io²² 岳乐音～io²² 学 ɕio²² 狱 y²²（以上江摄）
佳 tɕia⁵⁵、涯 ia²²（以上蟹摄）
粳茎 tɕin⁵⁵ 幸 ɕin³⁵（以上梗摄）

（3）有洪、细两读。一种情况是文白异读，白读为洪音，文读为细音；另一种情况是条件变读，在一些场合读洪音，在另一些场合读细音。这里尽量多列举。

a. 文白异读（第一个音为白读，第二个音为文读）

敲：k'au⁵⁵～门	tɕ'iau⁵⁵推～	搅：kau²²～一下	tɕiau⁵¹～拌机
觉①：kau³⁵睡一～	tɕiau³⁵午～	跤：kau⁵⁵跌一～：摔跟头	tɕiau⁵⁵摔～比赛
掐：k'a²²～断	tɕ'ia⁵⁵能～会算	陷：xan³⁵～下去	ɕiɛn³⁵～阱
跨：k'a²²～过去	tɕ'ia²²～过去	卡：k'a⁵¹～起：卡着	tɕ'ia⁵¹～关
间：kan⁵⁵中～	tɕiɛn⁵⁵时～	间：kan³⁵～开	tɕiɛn³⁵～隔
嵌：k'an⁵⁵～起：嵌着	tɕ'iɛn³⁵镶～	项：xan³⁵～链	ɕiaŋ³⁵～目
苋：xan³⁵～菜	ɕiɛn³⁵～菜	甲②：ka²²手～儿	tɕia²²美～店

---

① 恩施话中"觉"只有在表示睡觉的意义上才有文白异读，如"睡中觉（即睡午觉）"中读"kau³⁵"。

② 恩施话中"甲"只在"指甲壳儿"（即指甲）中有文白异读，"指甲儿 kər²²"是指"手指或脚趾"。

夹①：ka^{22}~肘窝儿　　tɕia^{22}~肘窝儿　　虹：xoŋ^{22}彩~　　　　kaŋ^{35}只能单说，指彩虹

樱：in^{55}~花　　　　ŋən^{55}~桃儿：樱桃　　鹦：in^{55}~鹉　　　　ŋən^{55}~哥儿：鹦鹉

b. 条件变读

家：有 ka^{55}、tɕia^{55} 两读。只有在"家家外祖母、家公外祖父"中读 ka^{55}，其余都读 tɕia^{55}。

校：有 tɕiau^{35}、ɕiau^{35} 两读。"校对"读 tɕiau^{35}，"学校"读 ɕiau^{35}；

觉：有 kau^{35} / tɕiau^{35}、tɕio^{22} 三读。表示"睡觉"意义时有 kau^{35} / tɕiau^{35} 文白两读；在"觉得"中读 ɕio^{22}。

下：有 xa^{51}/xa^{35}、ɕia^{35}、•xa 四读。①做动量词时有 xa^{51}/xa^{35} 两读（自由变读），如"等一~、看一~、等~、看~"等；也可以读成儿化音，同时变成轻声•xər；②做动词用读 ɕia^{35}，如"~河、~田、~山"等；③做方位词放在其他音节后面读轻声•xa，如"地~、脚底~"；前置时读 ɕia^{35}，如"~头、~半身"。

甲：有 ka^{22}、tɕia^{22} 两读。"~甲儿（指手指或脚趾）"读 ka^{22}，"~乙丙丁"读 tɕia^{22}。

夹：有 ka^{22}、tɕia^{22} 两读。"~肘窝儿（腋窝）"有 ka^{22}/tɕia^{22} 读文白两读，"~子"读 tɕia^{22}。

架：有 ka^{35}、tɕia^{35} 两读。做动词"放置"义读 ka^{35}，如"~柴、把盆子~倒起"；做量词读 tɕia^{35}，如"一~车子、一~床"。

角：有 kuo^{22}、tɕio^{22} 两读。"边边~~儿"读 kuo^{22}，"~色、一~钱"读 tɕio^{22}。

行：有 xaŋ^{22}、ɕin^{22} 两读。"~业、在~"读 xaŋ^{22}，"~为、~不~"读 ɕin^{22}。

晏：有 ŋan^{35}、iɛn^{35} 两读。表示"迟、晚"读 ŋan^{35}，作姓时读 iɛn^{35}。

降：有 ɕiaŋ^{22}、tɕiaŋ^{35} 两读。"投~"读 ɕiaŋ^{22}，"~落"读落 tɕiaŋ^{35}。

项：有 xaŋ^{35}/ ɕiaŋ^{35}、k'aŋ^{22} 三读。在"~目、~链"中有 xaŋ^{35}/ ɕiaŋ^{35} 文白两读，在"颈~"（脖子）中读 k'aŋ^{22}。

（二）韵母比较

下面用两张表来反映中古音的韵类同恩施话韵母的对应关系②。表 5.2 列有开口的摄，共十四摄：果、假、蟹、止、效、流、咸、深、山、臻、宕、江、曾、梗（遇、通两摄只有合口没有开口）；表 5.3 列有合口的摄，

---

① 恩施话中只在表示"夹肘窝儿"（腋窝）这个意义时有文白异读。

② 这两个表格参照《湖北方言调查报告》（原报告中有一些错误）。

共十二摄：果、假、遇、蟹、止、咸、山、臻、宕、曾、梗、通（效、流、深、江四摄只有开口没有合口）；咸、深、山、臻、宕、江、曾、梗、通9摄有入声，入声另列一行。

表5.2　　　　　　　　　韵母比较表（1）

	开											
	一			二				三				四	
	帮系	端系	见系	帮系	泥组	知庄组	见系	帮系	端系	庄组	知章组	日母	见系
果		uo	uo										ye
假				a	a	a	a ia		ie		e ie	e	ie
蟹	ei	ai	ai	ai	ai	ai	ai ia	i ei			ʅ		
止								i ei	i ʅ	ʅ	ʅ	ər	i
效	au	au	au	au	au	au	au iau	iau	iau		au	au	iau
流	u au	əu	əu					u iau	iəu	əu	əu	əu	iəu
咸		an	an		an	an iɛn	iɛn	iɛn		an	an		an iɛn
深								in	in	ən	ən		in
山		an	an	an		an	an iɛn	iɛn	iɛn		an	an	iɛn yɛn
臻		ən	ən					in	in	ən	ən		in
宕	aŋ	aŋ	aŋ						iaŋ	uaŋ	aŋ	aŋ	iaŋ
江				aŋ		uaŋ	aŋ iaŋ						
曾	oŋ	ən	ən					in	in	ən	ən		in
梗				ən oŋ	ne	ən	ən in	in	in		ən		in

	开											
	一			二				三				四	
	帮系	端系	见系	帮系	泥组	知庄组	见系	帮系	端系	庄组	知章组	日母	见系
咸入			a	uo		a	ia	ie			e		ie
深入								i	e	e ʅ	ʅ	u	i
山入			a	uo		a	ia	ie	ie		e		ie
臻入								i	i	e ʅ	ʅ	ʅ	i
宕入	uo	uo	uo					io		uo	uo		io
江入				uo		uo	io						
曾入	e	e	e					i	i	e	ʅ		i
梗入				e	e	e	i	i	i		ʅ		i

表 5.3　　　　　　　　韵母比较表（2）

	合 一			合 二		合 三 四					
	帮系	端系	见系	庄组	见系	帮系	泥组	精组	庄组	知章组	日母	见系
果	o	uo	uo									ye
假				a ua	ua							
遇	u	uo	əu	u		y ei	y	əu	u		u	y
蟹	ei	ei	uei uai		uai ua	uei		ei		uei		uei
止						ei	ei	ei	uai	uei		uei
咸						uan						
山	an	an	uan	uan	uan	iɛn	yɛn		uan	uan		yɛn
臻	ən	ən	uən			ən		yn		uən		yn
宕			uaŋ			uaŋ						uaŋ
曾			oŋ									
梗			uən oŋ		ue uən							in ioŋ
通	oŋ	oŋ	oŋ			oŋ	oŋ	oŋ	oŋ	oŋ	oŋ	ioŋ y

	合 一			合 二		合 三 四					
	帮系	端系	见系	庄组	见系	帮系	泥组	精组	庄组	知章组	日母	见系
咸入						ua						
山入		uo	uo	uo	ua	ua	ua	ie	ye		uo	ye
臻入	u	uo	əu	u				y	y	y	u	y
宕入			uo									
曾入			ue									y
梗入												y
通入	u	əu				u	əu	əu	əu	u		iəu uei

以下列举说明恩施话韵母的中古音来源。中古音列摄、开合、等，并注《广韵》韵目（舒声除蟹摄外举平声以赅上去）。例字按上表划分出的声母的组排列，加竖线把不同组的字隔开。韵母与上表显示的对应规律不同的字用黑体显示，并标注恩施话的读音。

恩施话	中古音	例字
(1) ɿ	止开三（支）	紫资此赐斯撕｜**差**叁~
	止开三（脂）	资姊瓷次私死四｜**师狮** sʅ55
	止开三（之）	滋子慈司字祠寺｜**辎滓士柿事**
(2) ʅ	蟹开三（祭）	滞制造世誓
	止开三（支）	知智池｜支侈翅施是
	止开三（脂）	迟致稚｜旨至示嗜
	止开三（之）	耻治持｜之志齿试时侍 **sɿ**35
	深开三（缉）	执湿十拾
	臻开三（质）	秩｜质实失室｜日
	曾开三（职）	植直｜职食式殖
	梗开三（昔）	只尺释石射 **ʂe**35
(3) i	蟹开三（祭）	例厉祭际｜艺
	蟹开三（废）	刈
	蟹开四（祭）	米谜｜低体弟题挤妻齐细｜鸡启倪系兮
	止开三（支）	彼皮脾糜｜离荔｜寄企奇谊牺椅移
	止开三（脂）	比屁｜尼利履 **ly**51｜肌冀器祁伊姨
	止开三（之）	狸你吏｜基起棋疑意已
	止开三（微）	机岂毅希衣
	深开三（缉）	立集习｜级泣及吸揖
	臻开三（质）	笔匹密｜栗七疾悉｜吉乙逸
	臻开三（迄）	乞
	曾开三（职）	逼｜匿力即熄｜忆抑翼
	梗开三（陌）	碧｜逆屐剧剧 **tɕy**35
	梗开三（昔）	璧僻｜脊藉昔夕｜益易液腋 **ie**22
	梗开四（锡）	壁劈觅｜溺历绩戚寂析｜激吃
(4) u	遇合一（模）	补布铺部捕｜孤固苦梧虎壶乌恶可~
	遇合三（鱼）	猪著褚除煮处书暑署｜如汝
	遇合三（虞）	夫付俘父扶附｜诛驻柱主枢输树

	流开一（侯）	母拇牡 mau⁵¹
	流开三（尤）	富副浮复谋矛~盾mau²²
	深开三（缉）	入
	臻合一（没）	不没沉~me²²，~得mei⁵⁵｜骨窟忽
	臻合三（术）	术白~出述术
	臻合四（物）	佛佛物勿
	通合一（屋）	卜扑仆曝~光pau³⁵木｜谷哭斛屋
	通合一（沃）	酷沃 uo²²
	通合三（屋）	福覆服目｜竹畜祝粥 tʂou⁵⁵叔淑｜肉
（5）y	遇合三（鱼）	女旅庐~山ləu²²蛆徐序｜举去~年渠鱼许淤余预
	遇合三（虞）	缕屡 lei⁵¹ 趣需续~手~səu³⁵｜拘驱娱吁迂雨愉
	臻合三（术）	律率黢戍｜橘
	臻合三（物）	屈
	曾合三（职）	域
	梗合三（昔）	疫役
	通合三（屋）	菊曲酒~郁畜~牧ɕiəu²²蓄储~ɕiəu²²
	通合三（烛）	曲歌~局玉欲浴
（6）a	假开二（麻）	巴怕爬马｜拿｜茶渣岔查洒
	咸开一（合）	答踏沓纳拉杂
	咸开一（盍）	塔腊
	咸开二（洽）	眨插闸炸油~｜掐
	咸开二（狎）	甲指~儿
	山开一（曷）	达捺辣擦撒萨
	山开二（黠）	八拔抹札｜察杀
	山开二（辖）	铡
（7）ia	假开二（麻）	家假驾牙雅虾霞暇桠亚
	咸开二（洽）	夹恰狭洽
	咸开二（狎）	胛匣鸭押
	山开二（黠）	轧
	山开二（辖）	瞎辖
（8）ua	假合二（麻）	耍傻 ʂa⁵¹｜寡垮跨瓦化桦蛙
	蟹合二（佳）	卦画蛙

	蟹合二（夬）	话
	咸合三（乏）	法乏
	山合二（黠）	滑猾挖
	山合二（辖）	刷｜刮
	山合三（月）	发罚袜
(9) e	假开三（麻）	遮蔗甘~tʂa⁵⁵扯蛇麝赊社｜惹
	咸开三（葉）	折~叠褶摄涉
	深开三（缉）	蛰涩
	山开三（薛）	哲撤辙｜浙舌设折~本
	臻开三（质）	瑟虱
	曾开一（德）	北默｜德特勒则塞｜刻克黑
	曾开三（职）	侧测啬
	梗开二（陌）	伯拍白｜拆择窄｜格客额赫
	梗开二（麦）	麦脉｜摘责册｜隔核扼
(10) ie	假开三（麻）	姐且借些谢｜爹｜爷夜
	咸开三（葉）	接妾捷｜叶页
	咸开三（业）	劫怯业协腌 iɛn⁵⁵
	咸开四（帖）	跌贴碟｜协
	山开三（薛）	别灭｜烈泄薛 ɕye⁵⁵｜杰孽
	山开三（月）	揭歇
	山开四（屑）	憋撇篾｜铁捏节切截｜洁噎
(11) ue	曾合一（德）	国或惑
	梗合二（麦）	获
(12) ye	果开三（戈）	茄
	果合三（戈）	瘸靴
	山合三（薛）	绝雪｜阅悦
	山合三（月）	厥掘月曰
	山合四（屑）	决诀缺血穴
(13) o	果合一（戈）	波菠跛簸薄｜颇坡破婆｜磨
(14) uo	果开一（歌）	多拖他 tʻa⁵⁵挪罗左搓大 ta³⁵哪 la⁵¹那 la³⁵｜个可我贺
	果合一（戈）	躲唾惰啰糯坐锁｜戈课卧火禾窝
	遇合一（模）	模墓募
	咸开一（合）	合喝盒

第二章 鄂西南地区方言语音研究　69

		咸开一（曷）	磕
		山开一（曷）	割渴喝~彩
		山合一（末）	拨泼末｜脱夺撮｜括阔活豁
		山合三（薛）	拙说
		宕开一（铎）	博薄莫｜铎诺落作错索｜各鄂鹤恶
		宕开三（药）	着~睡酌｜若弱
		宕合一（铎）	郭廓扩霍锅
		江开二（觉）	剥｜桌戳镯朔｜角~边边~落壳握
（15）	io	宕开三（药）	略雀鹊嚼 tɕiau²² ｜脚却疟约跃
		江开二（觉）	觉~得角~~钱确岳学
（16）	ai	蟹开一（咍）	戴胎代乃来再彩才腮｜改开艾海孩蔼
		蟹开一（皆）	拜排埋｜斋豺｜阶介楷械挨
		蟹开二（佳）	摆派卖｜奶债钗晒筛｜街捱蟹矮佳
		蟹开二（夬）	败迈｜寨
（17）	uai	蟹合一（灰）	傀
		蟹合一（泰）	会~计外
		蟹合二（皆）	乖怪怀坏
		蟹合二（佳）	拐歪
		蟹合二（夬）	快筷
		止合三（脂）	帅衰摔
（18）	ei	遇三（虞）	屡
		蟹开一（泰）	贝沛
		蟹开三（祭）	蔽弊毙
		蟹开四（齐）	蓖批闭
		蟹合一（灰）	杯坯佩梅｜对腿队雷内罪碎
		蟹合一（泰）	蜕兑最
		止开三（支）	碑披被
		止开三（脂）	悲丕备美
		止合三（支）	累｜嘴随
		止合三（脂）	垒类醉翠虽穗｜追锥
（19）	uei	蟹合一（灰）	魁桅灰汇煨
		蟹合一（泰）	会~议绘
		蟹合三（祭）	缀赘税｜鳜卫锐
		蟹合三（废）	废肺吠｜秽

	蟹合三（齐）	闺桂奎慧携 ¢ie²²
	止合三（支）	吹炊 ts'ei⁵⁵ 睡蕊｜诡窥跪伪毁为 作~
	止合三（脂）	水｜轨季 t¢i³⁵ 葵位唯
	止合三（微）	非费肥尾｜贵魏徽伟畏
（20）au	效开一（豪）	保暴毛｜刀讨盗脑劳遭草皂扫｜稿靠傲耗豪奥
	效开二（肴）	饱抛跑貌｜闹｜罩爪吵捎｜咬坳
	效开三（宵）	朝~阳超赵招烧绍｜饶扰
	流开一（候）	贸茂
（21）iau	效开二（肴）	郊巧孝效
	效开三（宵）	标票嫖庙｜燎焦悄瞧笑｜娇荞嚣舀
	效开四（萧）	貂鸟跳条聊尿萧｜侥尧晓吆
	流开三（幽）	彪
（22）əu	流开一（侯）	斗透投漏走凑嗽｜沟口偶侯欧
	流开三（尤）	昼抽宙周丑收售｜邹愁瘦｜揉柔
	遇合一（模）	赌兔努路租醋措错 ts'uo³⁵
	遇合三（鱼）	庐｜阻初助梳
	臻合一（没）	突卒猝 仓~
	通合一（屋）	秃独鹿族速
	通合一（沃）	督毒
	通合三（屋）	六陆宿缩
（23）iou	流开三（尤）	纽流酒秋秀泅｜九丘旧牛休优有柚
	流开三（幽）	丢纠幽幼
	通合三（屋）	畜~牧 蓄储
（24）an	咸开一（覃）	耽探潭男簪惨蚕｜感坎含暗
	咸开一（谈）	胆毯谈览惭三｜敢憨酣
	咸开二（咸）	站蘸谗赚 t§uan³⁵ 杉 ʂa⁵⁵
	咸开二（衔）	搀衫｜嵌衔
	咸开三（盐）	沾瞻闪蟾冉｜淹
	山开一（寒）	单坦檀难兰餐残伞｜杆刊罕寒安
	山开二（翰）	旦炭但难烂赞灿散｜干看岸翰案
	山开二（山）	扮盼办｜绽盏铲山｜苋
	山开二（删）	版攀片慢｜栈删｜晏
	山开三（仙）	展战缠善扇蝉｜然

第二章　鄂西南地区方言语音研究

		山合一（桓）	搬判盘满｜短团暖乱攒窜酸
（25）iɛn		咸开二（咸）	减馅
		咸开二（衔）	监
		咸开三（盐）	贬｜黏敛尖签渐潜｜检钳验险厌
		咸开三（严）	剑欠严腌
		咸开三（添）	店添甜念｜兼歉嫌
		山开二（山）	简眼闲
		山开二（删）	奸谏颜
		山开三（仙）	鞭篇辩面｜联碾剪迁贱仙涎｜遣乾件谚蔫演
		山开三（元）	建健言宪堰
		山开四（先）	扁片辫眠｜颠腆电年练荐前先｜见显烟牵砚
		山合三（仙）	恋
（26）uan		咸合三（凡）	凡犯泛
		山合一（桓）	官款唤玩豌腕
		山合二（山）	鳏惯顽幻环弯
		山合二（仙）	转传专船｜软
		山合三（元）	反翻烦万
（27）yɛn		山开三（元）	轩掀
		山合三（仙）	全选旋｜绢圈倦圆缘
		山合三（元）	劝元愿楦冤远
		山合四（先）	犬悬玄渊
（28）ən		深开三（侵）	沉枕深甚｜参~差岑森｜任
		臻开一（痕）	吞｜跟恳垦痕恩
		臻开三（真）	镇趁陈真神伸肾｜臻衬｜人认
		臻合一（魂）	本喷笨门｜墩顿屯嫩论尊寸存损
		臻合三（谆）	轮遵皴榫
		曾开一（登）	登疼邓能棱增蹭僧｜肯恒
		曾开三（蒸）	征瞪橙蒸称剩绳 ʂuən²² 承｜扔仍
		梗开二（庚）	烹彭｜冷｜撑生省｜更梗硬亨杏
		梗开二（耕）	橙｜争睁｜耕耿樱~桃儿
		梗开三（清）	贞逞郑整声诚
（29）in		深开三（侵）	禀品｜林寝心｜金钦擒吟饮淫

	臻开三（真）	宾贫抿｜吝尽亲信讯 ɕyn³⁵｜紧仅银衅因引
	臻开三（殷）	斤近勤欣殷
	曾开三（蒸）	冰凭｜陵菱｜凝兴应蝇
	梗开二（庚）	行 ~为
	梗开二（耕）	茎幸
	梗开三（庚）	兵病平命｜景庆鲸迎英映
	梗开三（清）	饼聘名｜令领精请净姓｜劲轻婴盈
	梗开四（青）	拼并铭｜顶听亭宁另青星｜经馨形
	梗合三（清）	颖
	梗合四（青）	萤
（30）uən	臻合一（魂）	昆仑棍捆婚魂温稳
	臻合三（谆）	椿准春顺盾 tən³⁵ 纯｜润闰
	臻合三（文）	粉纷份文
	梗合二（庚）	横 ~直 矿 kʻuaŋ³⁵
（31）yn	深开三（侵）	寻
	臻合三（谆）	迅巡｜均菌匀允
	臻合三（文）	军裙训荤 xuən⁵⁵ 韵
	梗合三（庚）	永泳咏
	梗合三（清）	倾顷琼营
（32）aŋ	宕开一（唐）	榜滂傍忙｜党汤宕囊浪脏仓藏桑｜刚抗昂航肮
	宕开三（阳）	张肠掌唱赏常｜穰壤让
	江开二（江）	绑胖棒｜扛港夯项 ~目 巷 ~子
（33）iaŋ	宕开三（阳）	娘两将抢墙想象｜疆羌强仰香秧养
	江开二（江）	江讲降 投~
（34）uaŋ	宕开三（阳）	装闯床爽
	宕合一（唐）	光旷谎黄汪
	宕合三（阳）	方访房忘｜逛筐狂况往
	江开二（江）	撞窗双
（35）oŋ	曾开一（登）	崩朋
	梗开二（庚）	猛孟盲 maŋ²²
	梗开二（耕）	迸棚萌
	曾合一（登）	弘

	梗合一（耕）	轰宏
	通合一（东）	蓬蒙｜懵痛同脓笼聪丛送｜功孔烘翁
	通合一（冬）	冬统农宗宋
	通合三（东）	讽丰梦｜隆｜嵩｜忠虫充｜崇｜绒戎｜宫躬
(36) ioŋ	梗合三（庚）	兄荣
	通合三（东）	穷熊雄
(37) ɚ	止开三（支）	儿尔
	止开三（脂）	二贰
	止开三（之）	而耳饵

从以上对应情况可以看出：

1. 有古入声字的韵母共有 15 个：ɿ a e i u y ia ua uo io ie ue ye əu iəu。其中 io ue 全部是古入声字，余下的韵母里面，凡是来自咸、深、山、臻、宕、江、曾、梗、通 9 摄的都是古入声字。

2. 曾、梗两摄舒声，除了少数字混入通摄（如：朋，孟，迸，轰，蒙），其余皆与深摄、臻摄混同，收 n 尾，所以恩施话中没有 əŋ iŋ 两个韵母。

3. ɿ ɚ 全部来自止摄开口三等；ʅ 全部来自开口三等。

4. ai 全部来自蟹摄。

5. 除了流摄开口一等的"贸、茂"和三等的"彪"三个字混入效摄外，其余 au iau 全部来自效摄。

6. 除通合三屋韵"畜~牧、蓄储~"二字混入流摄外，其余 iəu 全部来自流摄。

7. an iɛn uan 不是来自咸摄就是来自山摄；yɛn 全部来自山摄。

8. aŋ iaŋ uaŋ 不是来自宕摄就是来自江摄。

9. oŋ 除了部分来自曾、梗两摄舒声一二等字外，其余都来自曾、梗、通三摄的合口字；ioŋ 都来自梗、通两摄的合口三等字。

（三）声调比较

表 5.4　　　　　　　　与中古音的声调比较

		阴平	阳平	上声	去声
平	清	波瓢妈兜胎姑堪非佳蛆休遮穿施尊仓狮肮秧			
	次浊		模聊内轮饶无违余		

续表

		阴平	阳平	上声	去声
平	全浊		爬图才钳沉船床时旬怀全亭谐棚		
上	清			跛谱岛土寡坎毁姐起许拄址吵水紫惨洒饮	
	次浊			马努礼武乳雨也晚	
	全浊				罢舵社仗皂后舅定户序犯
去	清				贝破故快副化借俏细带透赞刺丧智串胜幼晏
	浊				骂丽嫩未二润步寨麝忌睡到效豆袖暂撞
入			不八朴拍法服默答莫踢鹿捺诺国哭盒积接缺吃学夺笛铁立哲察说日杂撮涩袜室恶掠域鸭页揖屋		

上表显示：

1. 古平声一分为二：古清声母平声归入恩施话的阴平，古浊声母（包括全浊和次浊）平声归入恩施话的阳平。

2. 古上声一分为二：古清声母上声、古次浊声母上声归入恩施话的上声，古全浊声母上声归入恩施话的去声。

3. 古去声没有分化，全部归入恩施话的去声。因此恩施话的去声包括包含古去声的全部字和古全浊上声字。

4. 古入声全部归入恩施话的阳平，所以恩施话的阳平字有两个来源，一是古浊声母平声字，二是古入声字。

以上四条都有少数例外。以下是例外字（注音均为恩施话的读音）。

（1）古清声母平声字不读阴平之例：

萎（影母平声），今读上声 uei[51]

蝙（帮母平声），今读上声 pien[51]

脂（章母平声），今读上声 ʂʅ[51]

（2）古浊声母（包括全浊和次浊）平声字不读阳平之例：

啰（来母平声），今读阴平 luo⁵⁵
捞（来母平声），今读阴平 lau⁵⁵
搂（来母平声），今读阴平 ləu⁵⁵
拈~起来（泥母平声），今读阴平 lian⁵⁵
研（疑母平声），今读阴平 lian⁵⁵
聋（来母平声），今读阴平 loŋ⁵⁵
拎（来母平声），今读阴平 lin⁵⁵
闽（明母平声），今读去声 min⁵¹
寥（来母平声），今读去声 liau³⁵
愉榆逾（以母平声），今读去声 y³⁵
凌（来母平声），今读去声 lin³⁵
仍（日母平声），今读去声 zən³⁵
量~长短（来母平声），今读去声 liaŋ³⁵
（以上次浊）
苔舌~（定母平声），今读阴平 t'ai⁵⁵
鲸（群母平声），今读阴平 tɕin⁵⁵
期（群母平声），今读阴平 tɕ'i⁵⁵
浑~浊（群母平声），今读阴平 xuən⁵⁵
猴~子（匣母平声），今读阴平 xəu⁵⁵
殊（禅母平声），今读阴平 ʂu⁵⁵
潜（从母平声），今读上声 tɕ'iɛn⁵¹
惩（澄母平声），今读上声 tʂ'ən⁵¹
（以上全浊）
（3）古清声母上声字不读上声之例：
漂~流（滂母上声），今读阴平 p'iau⁵⁵
悄（清母上声），今读阴平 tɕ'iau⁵⁵
纠（见母上声），今读阴平 tɕiəu⁵⁵
慷（溪母上声），今读阴平 k'aŋ⁵⁵
癸（见母上声），今读阳平 k'uei²²
帚扫~（章母上声），今读阳平 tʂu²²
黍（书母上声），今读阳平 ʂu²²
逞~能（彻母上声），今读阳平 tʂ'ən²²
父（奉母上声），今读去声 xu³⁵
懊（影母上声），今读去声 ŋau³⁵

（4）古次浊上声字不读上声之例：
燎（来母上声），今读阳平 liau^{22}
（5）古全浊上声字不读去声之例：
蟹（匣母上声），今读阳平 xai^{22}
汞（匣母上声），今读上声 koŋ^{51}
腐釜辅（奉母上声），今读上声 xu^{51}
俭（群母上声），今读上声 tɕien^{51}
皖（匣母上声），今读上声 uan^{51}
缓（匣母上声），今读上声 xuan^{51}
（6）古去声字不读去声之例：
思（心母去声），今读阴平 sɿ^{55}
厕~茅（邪母去声），今读阴平 sɿ^{55}
钓（端母去声），今读阴平 tiau^{55}
勾~当（见母去声），今读阴平 kəu^{55}
堪（溪母去声），今读阴平 k'an^{55}
荫（影母去声），今读阴平 in^{55}
殡~仪馆（帮母去声），今读阴平 pin^{55}
双（生母去声），今读阴平 ʂuaŋ^{55}
经~纬（见母去声），今读阴平 tɕin^{55}
爸（帮母去声），今读阳平 pa^{22}
吓~一跳（晓母去声），今读阳平 xe^{22}
暇（晓母去声），今读阳平 ɕia^{22}
华~山（匣母去声），今读阳平 xua^{22}
塑（心母去声），今读阳平 suo^{22}
佐（精母去声），今读上声 tsuo^{51}
簸（帮母去声），今读上声 puo^{51}
舍~得（书母去声），今读上声 ʂe^{51}
蔼（影母去声），今读上声 ŋai^{51}
尬（见母去声），今读上声 ka^{51}
枕~动词（章母去声），今读上声 tʂən^{51}
腕（影母去声），今读上声 uan^{51}
振震（章母去声），今读上声 tʂən^{51}
谤（帮母去声），今读上声 paŋ^{51}
访（敷母去声），今读上声 xuaŋ^{51}

柄（帮母去声），今读上声 pin⁵¹
讽（非母去声），今读上声 xoŋ⁵¹
（以上清声母字）
输（书母去声），今读阴平 ʂu⁵⁵
召（澄母去声），今读阴平 tʂau⁵⁵
溜（来母去声），今读阴平 liəu⁵⁵
磨~面（明母去声），今读阳平 muo²²
耙（并母去声），今读阳平 pʻa²²
离（来母去声），今读阳平 li²²
涝（来母去声），今读阳平 lau²²
豉（禅母去声），今读阳平 ʂʅ²²
鼻（并母去声），今读阳平 pi²²
疗（来母去声），今读阳平 liau²²
复（奉母去声），今读阳平 xu²²
行（匣母去声），今读阳平 ɕin²²
横蛮~（匣母去声），今读阳平 xuən²²
疫役（以母去声），今读阳平 y²²
齈（泥母去声），今读阳平 loŋ²²
薯薯（禅母去声），今读上声 ʂu⁵¹
垒（来母去声），今读上声 lei⁵¹
饵（日母去声），今读上声 ər⁵¹
累连~（来母去声），今读上声 lei⁵¹
伪（疑母去声），今读上声 uei⁵¹
翡（奉母去声），今读上声 xuei⁵¹
纬（云母去声），今读上声 uei⁵¹
绕（日母去声），今读上声 ʐau⁵¹
偶（疑母去声），今读上声 əu⁵¹
宙（澄母去声），今读上声 tʂəu⁵¹
缆（来母去声），今读上声 lan⁵¹
敛殓（来母去声），今读上声 lian⁵¹
刃（日母去声），今读 ʐən⁵¹
仅（群母去声），今读上声 tɕin⁵¹
两辆（来母去声），今读上声 liaŋ⁵¹

以上浊声（包括全浊和次浊）母字

(7) 古入声字不读阳平之例：

拉（合韵），今读阴平 la55

喝（合韵），今读阴平 xuo55

腌（业韵），今读阴平 iɛn55

鳖（薛韵），今读阴平 pie55

憋（屑韵），今读阴平 pie55

没~得（没韵），今读阴平 mei55

豁（末韵），今读阴平 xuo55

挖（黠韵），今读阴平 ua55

曰（月韵），今读阴平 ye55

窟（没韵），今读阴平 k'u55

焌䠓（術韵），今读阴平 tɕ'y55

隻__（昔韵），今读阴平 tʂʅ55

摸（铎韵），今读阴平 muo55

掐（洽韵）今读阴平 tɕ'ia55

扊（陌韵），今阴平 tɕi55

眨（洽韵），今读上声 tsa51

撒、萨（曷韵），今读 sa51

瘪（薛韵），今读 pie51

的目~（锡韵），今读上声 ti51

轧（黠韵），今读去声 ia35

泄（薛韵），今读去声 ɕie35

率蟀（術韵），今读去声 ʂuai35

述（術韵），今读去声 ʂu35

错（铎），今读去声 ts'uo35

雹（觉韵），今读去声 pau35

匿（职韵），今读去声 li35

式饰（职韵），今读去声 ʂʅ35

忆亿翼（职韵），今读去声 i35

剧（陌韵），今读去声 tɕy35

射（昔韵），今读去声 ʂe35

易（昔韵），今读去声 i35

玉（烛韵），今读去声 y35

第三章 鄂西南地区方言分类词表

凡例与说明

1. 本表据中国社会科学院语言研究所方言研究室资料室编《汉语方言词语调查条目表》(《方言》2003 年第 1 期)调查整理而成。为反映方言特色，在某些地方有所增删。

2. 每条词语先出鄂西南方言的说法，然后用国际音标注音。如果有两种不同的读音，两种读音按使用频率高低顺序注出，中间用斜线隔开，如：芫荽 yɛn^{22}ɕy^{55}/iɛn^{22}ɕy^{55}。一般读轻声，间或读本调的字，音节后标出调值，音节前加圆点如：调羹儿 tʻiau^{22}·kər^{55}。鄂西南方言中儿化音的词特别多，很多词以儿化为常见，有些词甚至只有儿化的说法，因此在记录时都带上"儿"尾，读音按儿化音标注。本字不明的主要采用两种方式处理：①用同音字，下加横线。如："狗尾巴花"称作 pa^{55}mau^{22}xuər^{55}记作"巴毛花儿"。②没有合适同音字的用"□"表示。

3. 几个意义相同的词集中排列，第一条顶格排，其他各条后退一格另行排列。如：

毛毛儿雨 mau^{22}mər^{22} y^{51}

麻麻儿雨 ma^{22}mər^{22} y^{51}

如果鄂西南方言的说法与普通话没有不同，一般不作解释。有些名物词一时还难以解释清楚的，只好阙如。

4. 多义词的不同义项用圆圈数码①②③分开。与北京话差异较大的词在音标后面加以简单的注释，少数条目举出用例。注文中的代替号"～"代替所注的字，需举例的在注释后加冒号。

分类词语表目录

一	天文	二	地理	三	时令、时间	四	农业
五	植物	六	动物	七	房舍	八	器具 用品
九	称谓	十	亲属	十一	身体	十二	疾病 医疗
十七	讼事	十八	交际	十九	商业 交通	二十	文化教育
二十一	文体活动	二十二	动作	二十三	位置	二十四	代词
二十五	形容词	二十六	副词 介词	二十七	量词	二十八	数词等
二十九	固定格式						

一 天文

1. 日、月、星

太阳 t'ai^{35}·iaŋ^{22}

太阳底下 t'ai^{35}·iaŋ^{22} ti^{51}·xa

太阳坝儿 t'ai^{35}·iaŋ^{22} pər^{35}

大太阳 ta^{35}t'ai^{35}·iaŋ^{22} 阳光灿烂

没得太阳 mei^{55}te^{22}tai^{35}·iaŋ 指阴天

阴凉坝儿 in^{55}liaŋ^{22}pər^{35} 阴凉的地方

背阴 pei^{35}in^{55} ①太阳不容易照射到的地方；②光线不足

月亮 ye^{22}·liaŋ^{35}

月亮坝儿 ye^{22}·liaŋ^{35}pər^{35} 月亮照到的地方

半天云里 pan^{35}t'iɛn^{55}yn^{22}·li 高空

星星儿 ɕin^{55}ɕiər^{55}

瓢儿星 piau^{22}ər^{22}ɕin^{55} 北斗星

天河 t'iɛn^{55}xuo^{22} 银河

扫把星 sau^{35}pa^{51}ɕin^{55} 彗星

天狗吃月亮 t'iɛn^{55}kəu^{51}tɕ'i^{22}ye^{22}·liaŋ^{35} 月食

月亮长毛 ye^{22}liaŋ^{35}tʂaŋ^{51}mau^{22} 月晕

扫把星 sau^{35}pa^{51}ɕin^{55} ①彗星；②比喻给人带来不幸或灾难的人，又称为"灾星"

2. 风、云、雷、雨

风 xoŋ^{55}

顺风 ʂuən^{35}xoŋ^{55}

大风 ta^{35}xoŋ^{55}

小风 ɕiau^{51}xoŋ^{55}

旋风 ɕyɛn^{35}xoŋ^{55}

起风 tɕ'i^{51}xoŋ^{55} 刮风

扫风 sau^{35}xoŋ^{55} 冬天刮起的大风

风嚎嚎的 xoŋ^{55}xau^{22} xau^{22}·ti 形容风很大

云 yn^{22}

乌云 u^{55}yn^{22}

黑云 xe^{22}yn^{22}

烧霞 ʂau^{55}ɕia^{22}

火烧云 xuo^{51}ʂau^{55}yn^{22}

雷 lei^{22}

打雷 ta^{51}lei^{22}

炸雷 tʂa^{35}lei^{22} 特别响的雷

闷雷 mən^{35}lei^{22}

雷打哒 lei^{22}ta^{51}·ta 遭雷击了

扯闪 tʂ'e^{51}ʂan^{51} 闪电（动词）

雨 y⁵¹
下雨 ɕia³⁵y⁵¹
大雨 ta³⁵y⁵¹
小雨 ɕiau⁵¹y⁵¹
毛毛儿雨 mau²²mər²²y⁵¹
　　麻麻儿雨 ma²²mər²²y⁵¹
暴雨 pau³⁵y⁵¹
跑暴 p'au⁵¹pau³⁵　夏天短时雷阵雨
　　（动宾）
雨住哒 y⁵¹tʂu³⁵·ta
　　雨停哒 y⁵¹t'in²²·ta
连阴雨 lian²²in⁵⁵y⁵¹
漂风雨 p'iau³⁵xoŋ⁵⁵y⁵¹　又刮风又下雨
瓢泼雨 p'iau²²p'o²²y⁵¹　倾盆大雨
欻雨 tʂ'ua²²y⁵¹　淋雨（动宾）
欻湿哒 tʂ'ua²²ʂʅ²²·ta　淋湿了
虹 kaŋ³⁵　彩虹
起虹 tɕ'i⁵¹kaŋ³⁵　出现彩虹

3. 冰、雪、霜、露

凌 lin³⁵　冰。也说 "冰"。
凌根儿 lin³⁵kər⁵⁵　屋檐或树枝上结
　　的冰锥
凌凌片儿 lin³⁵p'iər⁵¹　地上或水面结
　　的薄冰
结凌 tɕie²²lin³⁵　结冰
　　结冰 tɕie²²pin⁵⁵
化凌 xua³⁵lin³⁵　冰雪融化
绞凌 tɕiau⁵¹lin³⁵　冬天刮起的刺骨寒风
凌芽子 lin³⁵ia²²·tsʅ　松软的雪上再结
　　的一层像豆芽一样的冰
冷子 lən⁵¹·tsʅ　冰雹
打冷子 ta⁵¹lən⁵¹·tsʅ　下冰雹
雪 ɕye²²
雪籽 ɕye²²·tsʅ　霰

雪珠子 ɕye²²tʂu⁵⁵·tsʅ
下雪 ɕia³⁵ɕye²²
鹅毛大雪 uo²²mau²²ta³⁵ɕye²²
雨加雪 y⁵¹tɕia⁵⁵ɕye²²
化雪 xua³⁵ɕye²²
露水 ləu³⁵ʂuei⁵¹
霜 ʂuaŋ⁵⁵
起露 tɕ'i⁵¹ləu³⁵
打霜 ta⁵¹ʂuaŋ⁵⁵
　　起霜 tɕ'i⁵¹ʂuaŋ⁵⁵
明霜 min²²ʂuaŋ⁵⁵　比较厚、比较明显
　　的霜
罩子 tʂau³⁵·tsʅ　雾
雾罩子 u³⁵tʂau³⁵·tsʅ
下罩子 ɕia³⁵tʂau³⁵·tsʅ　起雾
　　起雾 tɕ'i⁵¹u³⁵

4. 气候、节令

天势 t'iɛn⁵⁵·ʂʅ³⁵　天气。也说 "天气"，
　　是比较新的说法
天道 t'iɛn⁵⁵tau³⁵
天势好 t'iɛn⁵⁵·ʂʅ³⁵xau⁵¹　天气好，晴天
阴天 in⁵⁵t'iɛn⁵⁵
（天气）热 ze²²
（天气）冷 lən⁵¹
（天气）凉沁 liaŋ²² tɕ'in³⁵　天气逐渐
　　转凉
晒人 ʂai³⁵zən²²　阳光直射，没有遮挡
三伏天 san⁵⁵xu²²t'iɛn⁵⁵
入伏 zu²²xu²²
头伏 t'əu²²xu²²
二伏 ər³⁵xu²²
三伏 san⁵⁵xu²²
出伏 tʂ'u²²xu²²
伏带秋 xu²²tai³⁵tɕ'iəu⁵⁵　立秋日在三

伏的第一天，预示着天气将逐渐转凉

秋老虎 tɕ'iəu⁵⁵lau⁵¹·xu

三九天 san⁵⁵ tɕiəu⁵¹t'iɛn⁵⁵

倒春寒 tau³⁵tʂ'un⁵⁵xan²²

热天 zɛ²² t'iɛn⁵⁵ 夏天

冷天 lən⁵¹t'iɛn⁵⁵ 冬天

天干 t'iɛn⁵⁵kan⁵⁵ 天旱

春旱 tʂ'un⁵⁵xan³⁵ 立春后的干旱

伏旱 xu²²xan³⁵ 进伏后的干旱

秋旱 tɕ'iəu⁵⁵xan³⁵ 入秋后的干旱

二 地理

1. 地

田 t'iɛn²² 统称耕种的土地

水田 ʂuei⁵¹t'iɛn²² 种水稻的土地

土 t'əu⁵¹ 种土豆、玉米、高粱等的旱地

山地 ʂan⁵⁵ti³⁵ 山坡上的农业用地

菜田 ts'ai³⁵t'iɛn²² 种蔬菜的土地

菜园子 ts'ai³⁵yɛn²²·tsʅ

园子 yɛn²² ·tsʅ

梯田 t'i⁵⁵t'iɛn²²

沙土 ʂa⁵⁵t'əu⁵¹ 土质为沙子的地

沙地 ʂa⁵⁵ti³⁵

荒土 xuaŋ⁵⁵t'əu⁵¹ 荒山、荒地

荒地 xuaŋ⁵⁵ti³⁵

烂泥地 lan³⁵li²²ti³⁵ 沼泽

坝 pa³⁵ ①小块的平地：场~；②地势较平的一片区域，一般用来命名：向家~、龙凤~；③拦水的建筑

2. 山

山 ʂan⁵⁵

半山腰 pan³⁵ʂan⁵⁵iau⁵⁵

山脚底下 ʂan⁵⁵tɕio²²ti⁵¹·ɕia 山脚

山坳坳儿 ʂan⁵⁵ŋau³⁵·ŋər 小山坳

山谷 ʂan⁵⁵ku²²

山垭口儿 ʂan⁵⁵ia⁵¹k'ər⁵¹ 一座山的顶部凹陷下去的地方

山沟沟儿 ʂan⁵⁵kəu⁵⁵kər⁵⁵

山坡 ʂan⁵⁵p'uo⁵⁵

山顶上 ʂan⁵⁵tin⁵¹·ʂaŋ³⁵ 山的顶部

山峁子上 ʂan⁵⁵mau⁵¹·tsʅ·ʂaŋ³⁵

天坑 t'iɛn⁵⁵k'ən⁵⁵ 自然形成的凹陷很深的坑

悬岩 ɕyɛn²²ai²² 山崖、悬崖

梁子 liaŋ²²·tsʅ 山脊

阴坡 in⁵⁵p'o⁵⁵ 太阳照不到的山坡

阳坡 iaŋ²² p'o⁵⁵ 太阳能照到的山坡

槽 ts'au²² 两山之间的部分，比较宽，常用来给地方命名：李家槽、干洞槽

坪 p'in²² 山间平地或河流冲积的平地，可作地名

倘 t'aŋ⁵¹ 四面环山的小盆地，可作地名

3. 江、河、湖、海、水

河 xuo²² 江河的总称

河里 xuo²²·li

河边上 xuo²²piɛn⁵⁵·ʂaŋ

沟 kəu⁵⁵

沟沟儿 kəu⁵⁵kər⁵⁵ 小水沟

河沟 xuo²²kəu⁵⁵ 溪

沟渠 kəu⁵⁵tɕ'y²² 水渠

堰塘 iɛn³⁵t'aŋ²² 池塘

水坑 ʂuei⁵¹k'ən⁵⁵

水塘 ʂuei⁵¹t'aŋ²²

水塘塘儿 ʂuei⁵¹t'aŋ²²·t'ər²² 小水坑

水氹氹儿 ʂuei⁵¹taŋ³⁵·tər
发大水 xua²²ta³⁵ʂuei⁵¹ 涨大水
淹水哒 ŋan⁵⁵ʂuei⁵¹·ta 遭水灾
河对门 xuo²²tei³⁵mən²² 河对面
河那边 xuo²²la³⁵piɛn⁵⁵
河坝子 xuo²²pa³⁵·tʂʅ 河滩
岸上 ŋan³⁵·ʂaŋ
河坎 xuo²²k'an⁵¹ 河岸
堤 t'i²² 沿河防水的建筑物坝
水 ʂuei⁵¹
清亮水 tɕ'in⁵⁵liaŋ⁵⁵ʂuei⁵¹ 清水
　清水 tɕ'in⁵⁵ʂuei⁵¹
浑水 xuən⁵⁵ʂuei⁵¹
浑笃笃的 xuən⁵⁵təu²²təu²²·ti 水很浑浊
雨水 y⁵¹ʂuei⁵¹
涉 ʂe²² 涨起来的水退下去
发大水 xua²²ta³⁵ʂui⁵¹ 涨大水
发洪 xua²²xoŋ²² 发大洪灾
沁水 tɕ'in³⁵ʂuei⁵¹ 水从土层中渗透出来
冷水 lən⁵¹ʂuei⁵¹
凉水 liaŋ²²ʂuei⁵¹
热水 zɛ²²ʂuei⁵¹
温水 uən⁵⁵ʂuei⁵¹
　温热水 ʂuei⁵¹zɛ²²ʂuei⁵¹
开水 k'ai⁵⁵ʂuei⁵¹
冷开水 lən⁵¹k'ai⁵⁵ʂuei⁵¹
井水 tɕin⁵¹ʂuei⁵¹

4. 石沙、土块、矿物

岩头 ŋai²²·t'əu 石头、石块
石板 ʂʅ²²pan⁵¹ 板状的石块
岩板 ŋai²²pan⁵¹ 大石板
鹅卵石 uo²²lan⁵¹ʂʅ²²
顽光石 uan²²kuaŋ³⁵ʂʅ²² 质地非常坚硬、表面很光滑的石头

石头子子儿 ʂʅ²²t'əu²²tsʅ⁵¹tsər 小石子儿
溜石皮 liəu⁵⁵ʂʅ²²p'i²² 山上斜着的很光滑的石块
岩趵趵 ŋai²²pau⁵¹·pau 平地中凸起的较大的石块或山
沙子 ʂa⁵⁵·tsʅ
粗砂 ts'əu⁵⁵ʂa⁵⁵
细沙 ɕi³⁵ʂa⁵⁵
红砂 xoŋ²²ʂa⁵⁵
清砂 tɕ'in⁵⁵ʂa⁵⁵ 用石灰岩打碎的砂子或砂粉
沙土 ʂa⁵⁵t'əu⁵¹ 含沙很多的土
坯子 p'ei⁵⁵·tsʅ 用黏土做成形还未烧制的瓦、砖等
砖 tʂuan⁵⁵
砖坯子 tʂuan⁵⁵p'ei⁵⁵·tsʅ 砖坯
红砖 xoŋ²²tʂuan⁵⁵ 用红壤土烧制的砖
青砖 tɕ'in⁵⁵tʂuan⁵⁵ 用陶土烧制的砖
水泥砖 ʂuei⁵¹li²²tʂuan⁵⁵
空心砖 k'oŋ⁵⁵ɕin⁵⁵tʂuan⁵⁵ 水泥做的正方体的砖，中间是空的
水泥 ʂuei⁵¹li²²
瓦 ua⁵¹
底瓦 ti⁵¹ua⁵¹ 仰铺的瓦，又叫"沟瓦"，约一尺长，故又叫"尺瓦"
盖瓦 kai³⁵ua⁵¹ 与底瓦相对，比底瓦短一点儿
□瓦 k'aŋ⁵¹ua⁵¹
亮瓦 liaŋ³⁵ua⁵¹
瓦片子 ua⁵¹p'iɛn³⁵·tsʅ 碎瓦
瓷瓦子 ts'ʅ²²ua⁵¹·tsʅ 陶瓷的碎片
灰 xuei⁵⁵ 灰尘
扬尘 天花板上或墙壁上长期积下的灰尘

泥巴 li^{22}·pa
稀泥巴 ɕi^{55}li^{22}·pa 烂泥
金子 tɕin^{55}·tsʅ
银子 in^{22}·tsʅ
铜 t'oŋ^{22}
铁 t'ie^{22}
锡 ɕi^{22}
煤 mei^{22}
煤油 mei^{22}iəu^{22}
　　洋油 iaŋ^{22}iəu^{22}
汽油 tɕ'i^{35}iəu^{22}
石灰 ʂʅ^{22}xuei^{55}
吸铁石 ɕi^{22} t'ie^{22} ʂʅ^{22} 磁铁
玉 y^{35}
黑碳 xe^{22}t'an^{35}　木炭
白碳 pe^{22}t'an^{35} 用青枫树烧制后的无烟碳，外面有一层白霜，耐烧，一般用来烤火
桴碳 xu^{55}t'an^{35} 用一般木材烧制的碳
桴实 xu^{55}ʂʅ^{22} 柴火烧完后剩下的炭火，密闭在坛子里，用来生火，很容易燃烧

5. 城乡处所

地方 ti^{35}xuaŋ^{55}
点部儿 tiɛn^{51}pər^{35}　小地方
巷子 xaŋ^{35}·tsʅ
巷巷儿 xaŋ^{35}xər^{55} 小胡同
城里 tʂ'ən^{22}·li(对乡村而言)
乡里 ɕiaŋ^{55}·li 乡下，与"城里"相对
城里头　tʂ'ən^{22} li^{51}·t'əu 专指城墙以内的范围
城外头　tʂ'ən^{22}uai^{35}·t'əu 专指城墙以外的区域
城门　tʂ'ən^{22}mən^{22}

山沟沟 ʂan^{55}kəu^{55}kəu^{55} 偏僻的山村
高山 kau^{55}ʂan^{55}　大山里
老高山 lau^{51}kau^{55}ʂan^{55} 很远很高的大山区
二高山 ər^{35}kau^{55}ʂan^{55} 地势比大山略低的山区
老家 lau^{51}tɕia^{55} 家乡
上街 ʂaŋ^{35}kai^{55}
赶场　kan^{51}tʂ'aŋ^{22} 赶集
逛街 kuaŋ^{35}kai^{55}
街上 kai^{55}·ʂaŋ
路 ləu^{35}
大路 ta^{35}ləu^{35}
小路 ɕiau^{51}ləu^{35}
马路 ma^{51}ləu^{35}
毛路　mau^{22}ləu^{35} 不平坦、粗糙的路
土路 t'əu^{51}ləu^{35}
场子 tʂ'aŋ^{51}·tsʅ 场所（可大可小）
方道 xuaŋ^{55}tau^{35} 方向

三　时令　时间

1. 季节

开春 k'ai^{55}tʂ'uən^{55}
春天 tʂ'uən^{55}t'iɛn^{55}
热天里 zɤ^{22}t'iɛn^{55}·li 夏天
入秋 zu^{22}tɕ'iəu^{55}
秋天里 tɕ'iəu^{55}t'iɛn^{55}·li
冷天里 toŋ^{55}t'iɛn^{55}·li
冬天 toŋ^{55}t'iɛn^{55}
立春 li^{22}tʂ'uən^{55}
二四八月 ər^{35}sʅ^{35}pa^{22}yɛ^{22}　初春或初秋
雨水 y^{51}ʂuei^{51}
惊蛰 tɕin^{55}tʂɤ^{22}

春分 tʂʻuən⁵⁵xuən⁵⁵
清明 tɕʻin⁵⁵min²²
谷雨 ku²²y⁵¹
立夏 li²²ɕia³⁵
小满 ɕiau⁵¹man⁵¹
芒种 maŋ²²tʂoŋ⁵¹
夏至 ɕia³⁵tʂʅ³⁵
小暑 ɕiau⁵¹ʂu⁵¹
大暑 ta³⁵ʂu⁵¹
立秋 li²²tɕʻiəu⁵⁵
处暑 tʂʻu⁵¹ʂu⁵¹
白露 pe²²ləu³⁵
秋分 tɕʻiəu⁵⁵xuən⁵⁵
寒露 xan²²ləu³⁵
霜降 ʂuaŋ⁵⁵tɕʻiaŋ³⁵
立冬 li²²toŋ⁵⁵
小雪 ɕiau⁵¹ɕye²²
大雪 ta³⁵ɕye²²
冬至 toŋ⁵⁵tʂʅ³⁵
小寒 ɕiau⁵¹xan²²
大寒 ta³⁵xan²²
黄历 xuaŋ²²li²²
农历 loŋ²²li²²
阴历 in⁵⁵li²²
阳历 iaŋ²²li²²

2. 节日

年三十 lian²²san⁵⁵ʂʅ²²
守岁 ʂəu⁵¹sei³⁵
正月初一 tʂən⁵⁵ye²²tsʻəu⁵⁵i²²
拜年 pai³⁵ lian²²
正月十五 tʂən⁵⁵ ye²² ʂʅ²²u⁵¹
端阳 tan⁵⁵iaŋ²² 端午节
小端阳 ɕiau⁵¹tan⁵⁵iaŋ²² 农历五月初五
　头端阳 tʻəu²²tan⁵⁵iaŋ²²
大端阳 ta³⁵tan⁵⁵iaŋ²² 农历五月十五
　中端阳 tʂoŋ⁵⁵tan⁵⁵iaŋ²²
末端阳 muo²²tan⁵⁵iaŋ²² 农历五月二十五
八月十五 pa²²ye²²ʂʅ²²u⁵¹ 中秋节
女儿节 ly⁵¹ər²²tɕie²² 农历七月十二
　七巧会 tɕʻi²²tɕʻiau⁵¹xuei³⁵
月半 ye²²pan³⁵ 农历七月十二
亡人节 uaŋ²²zən²²tɕie²²
清明节 tɕʻin⁵⁵min²²tɕie²²
社日 ʂe³⁵zʅ²² 清明期间祭神、故人的时间
拦社 lan²²ʂe³⁵ 在社日之前，人去世后的第三年到墓地祭拜
插青 tʂa²²tɕʻin⁵⁵ 清明节上坟
清明奠儿 tɕʻin⁵⁵min²²tiər³⁵ 清明扫墓时用纸和竹条编扎的各种祭奠品，插在坟墓上
宝盖 pau⁵¹kai³⁵ 清明扫墓时插在坟墓上的祭祀品，形似华盖
老年节 lau⁵¹lian²²tɕie²² 重阳节

3. 年

今年子 tɕin⁵⁵liɛn²²·tsʅ 今年
去年子 tɕʻy³⁵liɛn²²·tsʅ 去年
明年子 mən²²liɛn²²·tsʅ 明年
前年子 tɕʻiɛn²²liɛn²²·tsʅ 前年
上前年子 ʂaŋ³⁵tɕʻiɛn²²liɛn²²·tsʅ 大前年
往年子 uaŋ⁵¹liɛn²²·tsʅ 往年
后年子 xəu³⁵liɛn²²·tsʅ
外后年 uai³⁵xəu³⁵liɛn²² 后年的下一年
年年 liɛn²²liɛn²² 每年
开年 kʻai⁵⁵liɛn²²
年初 liɛn²²tsʻəu⁵⁵
年头 liɛn²²tʻəu²²

年中 liɛn²²tʂoŋ⁵⁵
年底 liɛn²²ti⁵¹
上半年 ʂaŋ³⁵pan³⁵liɛn²²
下半年 ɕia³⁵pan³⁵liɛn²²
亘年 kən⁵¹liɛn²² 整年（前面要加上数字，如两亘年）
一年到头 i²² liɛn²²tau³⁵t'əu²²

4. 月

正月间 tʂən⁵⁵ye²²tɕiɛn⁵⁵
   正月里 tʂən⁵⁵ye²²·li
冬月间 toŋ⁵⁵ye²²tɕiɛn⁵⁵ 农历十一月
腊月间 la²²ye²²tɕiɛn⁵⁵ 农历十二月
闰月 zuən³⁵ye²²（名词或动宾）
月初 ye²²ts'əu⁵⁵
   月头 ye²²t'əu²²
月中 ye²²tʂoŋ⁵⁵
月底 ye²²ti⁵¹
一个月 i²² kuo³⁵/ ·kə ye²²
上个月 ʂaŋ³⁵kuo³⁵/ ·kə ye²²
这个月 lie³⁵kuo³⁵/ ·kə ye²²
下个月 ɕia³⁵kuo³⁵/ ·kə ye²²
每个月 mei⁵¹kuo³⁵/ ·kəye²²
上旬 ʂaŋ³⁵ɕyn²²
中旬 tʂoŋ⁵⁵ɕyn²²
下旬 ɕia³⁵ɕyn²²
月大 ye²²ta³⁵ 农历三十天的月份
月小 ye²²ɕiau⁵¹ 农历二十九天的月份

5. 日、时

今天 tɕin⁵⁵t'iɛn⁵⁵
   今儿个儿 tɕiər⁵⁵·kər
   今儿朝 tɕiər⁵⁵tʂau⁵⁵
昨天 tsuo²²t'iɛn⁵⁵
明天 mən²²t'iɛn⁵⁵
   明儿个儿 mər²²·kər

后天 xəu³⁵t'iɛn⁵⁵
外后天 uai³⁵xəu³⁵t'iɛn⁵⁵ 大后天
第二天 ti³⁵ər³⁵t'iɛn⁵⁵ 某日的下一天
二天 ər³⁵t'iɛn⁵⁵ 泛指以后的某一天
二回 ər³⁵xui²² 以后、下次、下回
前天 tɕ'iɛn²²t'iɛn⁵⁵
上前天 ʂaŋ³⁵tɕ'iɛn²²t'iɛn⁵⁵ 大前天
   大前天 ta³⁵tɕ'iɛn²²t'iɛn⁵⁵
前两天 tɕ'iɛn²²liaŋ⁵¹t'iɛn⁵⁵ 前几天
星期天 ɕin⁵⁵tɕ'i⁵⁵t'iɛn⁵⁵
一个星期 i²²kuo³⁵ /kə³⁵ɕin⁵⁵tɕ'i⁵⁵
   一星期 i²²ɕin⁵⁵tɕ'i⁵⁵
亘天 kən⁵¹t'iɛn⁵⁵ 整天（前面必须加数字，如：两亘天）
一天到黑 i²²t'iɛn⁵⁵tau³⁵xe²² 从早到晚
   一天到晚 i²²t'iɛn⁵⁵tau³⁵uan⁵¹
天天 t'iɛn⁵⁵t'iɛn⁵⁵
上十天 ʂaŋ³⁵ʂʅ²²t'iɛn⁵⁵ 十天左右
十几天 ʂʅ²²tɕi⁵¹t'iɛn⁵⁵
上半天 ʂaŋ³⁵pan³⁵t'iɛn⁵⁵
   上午 ʂaŋ³⁵u⁵¹
下半天 ɕia³⁵pan³⁵t'iɛn⁵⁵
   下午 ɕia³⁵u⁵¹
半天 pan³⁵t'iɛn⁵⁵①实指，白天的一半；②比较长的一段时间（主观性较强）
大半天 ta³⁵pan³⁵t'iɛn⁵⁵
麻麻儿亮 ma²²mər²²liaŋ³⁵ 黎明
   蒙蒙儿亮 moŋ⁵⁵mər⁵⁵liaŋ³⁵
开亮口儿 k'ai⁵⁵liaŋ³⁵k'ər⁵¹ 佛晓
   擦亮口儿 ts'a²²liaŋ³⁵k'ər⁵¹
大清早 da³⁵tɕ'in⁵⁵tsau⁵¹ 日出前后的一段时间
一清早 i²²tɕ'in⁵⁵tsau⁵¹ 一大早

清早八时 tɕ'in⁵⁵tsau⁵¹pa²²ʂʅ²²
早上 tsau⁵¹·ʂaŋ
　早晨 tsau⁵¹ʂən²²
中间时候儿 tʂoŋ⁵⁵kan⁵⁵ʂʅ²²·xər
　中午 tʂoŋ⁵⁵u⁵¹
白天里 pe²²t'iɛn⁵⁵·li 白天
擦黑 ts'a²²xe²² 黄昏、傍晚
黑哒 xe²²ta²² 晚上
晚上 uan⁵¹·ʂaŋ
半夜里 pan³⁵ie³⁵·li
　半夜时候儿 pan³⁵ie³⁵ʂʅ²²xər²² 三更半夜
半晚上 pan³⁵uan⁵¹·ʂaŋ
上半夜 ʂaŋ³⁵pan³⁵ie³⁵
　头半夜 t'əu²² pan³⁵ie³⁵
下半夜 ɕia³⁵pan³⁵ie³⁵
　后半夜 xəu³⁵pan³⁵ie³⁵
亘夜 kən⁵¹ie³⁵ 整夜（前面要加数字，如：两亘夜）
一通夜 i²²t'oŋ⁵⁵ie³⁵ 一整夜
　一晚歇 i²²uan⁵¹ɕie²²
一夜 i²²ie³⁵
三更半夜 san⁵⁵kən⁵⁵pan³⁵ie³⁵
天天晚上 t'iɛn⁵⁵t'iɛn⁵⁵uan⁵¹·ʂaŋ

6. 其他时间概念

日子 zʅ²²·tsʅ ①日子；②指某个确定的日子：看个～，准备打发姑娘嫁女儿
几时 tɕi⁵¹ʂʅ²² 什么时候，比较宽泛的时间
么子时候儿 muo⁵¹·tsʅ ʂʅ²²·xər 什么时候，询问较为具体的时间
前些日子 tɕ'iɛn²²ɕie⁵⁵zʅ²²·tsʅ
　前些天 tɕ'iɛn²²ɕie⁵⁵ t'iɛn⁵⁵

先前 ɕiɛn⁵⁵ tɕ'iɛn²²
往常 uaŋ⁵¹tʂ'aŋ²² 以前的一段时期：他屋里家里～好穷
原来 yɛn²²lai²²
后头 xəu³⁵·t'əu 后来
　后来 xəu³⁵ lai²²
往后 uaŋ⁵¹xəu³⁵
以后 i⁵¹xəu³⁵
现在 ɕiɛn³⁵·tsai³⁵
小来 ɕiau⁵¹·lai 小的时候
这个时候儿 lie³⁵·kə ʂʅ²²·xər
那个时候儿 la³⁵·kə ʂʅ²²·xər
这下 tʂe³⁵xa⁵¹ 现在这会儿
那时候儿 la³⁵ʂər²² 过去那会儿
当时 taŋ⁵⁵ʂʅ²²
一向 i²²ɕiaŋ³⁵
向来 ɕiaŋ³⁵lai²²
转身 tʂuan⁵¹ʂən⁵⁵ 时间短，立刻，马上：听到这个事，～就跑哒
一下儿 i²²xər⁵⁵ 一会儿
一港港儿 i²²kaŋ⁵¹·kər 一小段时间
等下儿 tən⁵¹xər⁵⁵ 等会儿；待会儿
过下儿 kuo³⁵xər⁵⁵
一下下儿 i²²xa⁵⁵xə⁵⁵ 很短的时间
屁大下儿 p'i³⁵ta³⁵xə⁵⁵ 很短的时间（较粗俗）
捱下儿 ŋai²²xər⁵⁵
将才 tɕiaŋ⁵⁵ts'ai²² 刚才
　才将 ts'ai²²tɕiaŋ⁵⁵
才 ts'ai²²
先刚儿 ɕiɛn⁵⁵kər⁵⁵ 先前一会儿
早 tsau⁵¹
晏 ŋan³⁵ 迟，晚了
迟 tʂ'ʅ²²

三不知儿 san⁵⁵pu²²tʂər⁵⁵ 偶尔
扯常 tʂ'e⁵¹tʂ'aŋ²² 经常
取总 tɕ'y⁵¹tsoŋ⁵¹ 总是（常用于否定）
尽倒 tɕin⁵¹tau⁵¹ 一直、不停地
跟倒 kən⁵⁵tau⁵¹ 紧接着
赶忙 kan⁵¹maŋ²² 赶紧
接倒 tɕie²²tau⁵¹ 接着
一时时地 i²²ʂʅ²²ʂʅ²²·ti 一阵一阵地

四 农业

1. 农事

春耕 tʂ'uən⁵⁵kən⁵⁵
夏收 ɕia³⁵ʂəu⁵⁵
秋收 tɕ'iəu⁵⁵ʂəu⁵⁵
早秋 tsau⁵¹tɕ'iəu⁵⁵
晚秋 uan⁵¹tɕ'iəu⁵⁵
收成 ʂəu⁵⁵tʂ'ən²²
　年成 liεn²²tʂ'ən²²
整地 tʂən⁵¹ti³⁵
下种 ɕia³⁵tʂoŋ⁵¹
撒种 sa⁵¹tʂoŋ⁵¹
薅草 xau⁵⁵ts'au⁵¹
挖峁 ua⁵⁵mau⁵¹ 边角处牛耕不到的地方，需要人工挖掘
起沟 tɕ'i⁵¹kəu⁵⁵ 在田地四周及中间挖沟，使厢沟、中沟和围冲相通，保证明水能排、暗水能滤、雨停田干
打耙 ta⁵¹p'a²² 用耙平整土地
劗田坎 p'iεn⁵¹t'iεn²²k'an⁵¹ 给山田的田坎除草
劗草 p'iεn⁵¹ts'au⁵¹ 用劗锄去除田地外的杂草
下田 ɕia³⁵t'iεn²² 去田地里干活

上工 ʂaŋ³⁵koŋ⁵⁵ 开始干活
放工 xuaŋ³⁵koŋ⁵⁵ 收工
刁刁儿 tiau⁵⁵ tiər⁵⁵ 指高粱、水稻、小麦等的穗子
苞谷坨 pau⁵⁵ku²²t'uo²² 玉米棒子
割谷子 kuo²²ku²²·tsʅ 割稻子
割麦子 kuo²² me²² ·tsʅ
打麦子 ta⁵¹me²² ·tsʅ
栽秧子 tsai⁵⁵iaŋ⁵⁵ ·tsʅ 插秧
撒秧子 sa⁵¹iaŋ⁵⁵ ·tsʅ 撒秧
缓秧 xuan⁵¹iaŋ⁵⁵ 把分撒到田里的秧苗栽种到田里
稗子 pai³⁵·tsʅ
打谷子 ta⁵¹ku²² ·tsʅ
收苞谷 ʂəu⁵⁵pau⁵⁵ku²² 收割玉米
场坝 tʂ'aŋ⁵¹pa³⁵ 房屋前面整平的小块场地，平时作为活动场所，可晾晒东西，收获季节用于打场
种 tʂoŋ³⁵ 种植
捡 tɕiεn⁵¹ 捡拾收割完后掉在地里的粮食，如：～黄豆；～麦穗儿
挖苕 ua⁵⁵ʂau²²
挖洋芋 ua⁵⁵iaŋ²²y³⁵
挑粪 t'iau⁵⁵xuən⁵⁵
粪坑 xuən³⁵k'ən⁵⁵
巴巴 pa⁵¹·pa 儿语，粪便，可泛指脏东西
捡粪 tɕiεn⁵¹xuən⁵⁵ 拾粪，用做肥料
上粪 ʂaŋ³⁵xuən³⁵ 施农家肥
浇粪 tɕiau⁵⁵xuən³⁵
浇肥 tɕiau⁵⁵xuei²²
上肥 ʂaŋ³⁵xuei²² 施化肥
上化肥 ʂaŋ³⁵ xua³⁵xuei²²
撒化肥 sa⁵¹ xua³⁵xuei²²

撒农药 sa⁵¹loŋ²²io²²
薅土 xau⁵⁵t'əu⁵¹　松土
积肥 tɕi²²xuei²²
渥火粪 uo²²xuo⁵¹ xuən³⁵ 将杂草或树叶烧后用作肥料
草木灰 ts'au⁵¹mu²²xuei⁵⁵ 渥火粪制成的肥料
尿镐灰 liau³⁵kau³⁵xuei⁵⁵ 柴火灰与尿拌合而成的肥料
火土灰 xuo⁵¹t'əu⁵¹xuei⁵⁵ 将柴草用土盖住后烧制而成的肥料
农家肥 loŋ²²tɕia⁵⁵xuei⁵⁵
水粪 ʂuei⁵¹xuən³⁵
大粪 ta³⁵xuən³⁵
羊粪 iaŋ²²xuən³⁵
牛粪 liəu²²xuən³⁵
鸡粪 tɕi⁵⁵xuən³⁵
猪粪 tʂu⁵⁵xuən³⁵
人尿粪 zən²²liau³⁵xuən³⁵
化肥 xua³⁵xuei²²
氮肥 tan³⁵xuei²²
磷肥 lin²²xuei²²
钾肥 tɕia²²xuei²²
尿素 liau³⁵səu³⁵
绿肥 ləu²²xuei²²
碳酸铵 t'an³⁵san⁵⁵ŋan⁵⁵
硫酸铵 liəu²²san⁵⁵ŋan⁵⁵
复合肥 xu²²xuo²² xuei²²
骨粉 ku²²xuən⁵¹ 将各种动物的骨头磨成粉制成的肥料
引水 in⁵¹ʂuei⁵¹ 浇水
灌水 kuan³⁵ʂuei⁵¹ 使水入地
放水 xuaŋ³⁵ʂuei⁵¹ 排水
月口 ye²²k'əu⁵¹ 水田边挖的注水、放水的口，呈月牙形
打水 ta⁵¹ʂuei⁵¹ 从井里取水
水井 ʂuei⁵¹tɕin⁵¹ 指生活饮用的井

（2）农具

水桶 ʂuei⁵t'oŋ⁵¹
粪桶 xuən³⁵t'oŋ⁵¹
粪舀子 xuən³⁵iau⁵¹ tsʅ 舀粪用的器具，带有长柄
井绳 tɕin⁵¹ʂuən²²
板板车 pan⁵¹pan⁵¹tʂ'e⁵⁵ 两轮的手推车
独轮车 təu²²lən²²tʂ'e⁵⁵
车滚子 tʂ'e⁵⁵kuən⁵¹·tsʅ 车轮
轭斗 ŋe²²təu⁵¹ 牛轭
牛鼻箭儿 liəu²²pi²²tɕiər³⁵ 穿在牛鼻子里的木棍儿
犁 li²²
家当 tɕia⁵⁵taŋ⁵⁵ 套在牛脖子上的弯曲的柄
犁弓子 li²²koŋ⁵⁵·tsʅ 犁身
犁尾巴 li²²uei⁵¹pa 犁上扶手的把儿
铧口 xua²²k'əu²² 犁铧
铧弓子 xua²²koŋ⁵⁵·tsʅ 装铧口的部位
耙子 p'a²² ·tsʅ 碎土、平地的农具。用处是把耕过的地里的大土块弄碎弄平，长方形，带有四排齿
围席 uei²²ɕi²² 用竹篾编的粗而长的席，可以围起来囤粮食，不用的时候可以卷起来
板斗 pan⁵¹təu⁵¹ 打谷子用的斗，上宽下窄
睡柜 ʂuei³⁵kuei³⁵ 用来装粮食或杂物，盖子从上面打开，还可以在上面睡觉

扁缸 pien⁵¹kaŋ⁵⁵ 装粮食用的木制扁圆形的缸，无盖
风车 xoŋ⁵⁵tʂ'e⁵⁵
石碾子 ʂʅ²²liɛn⁵¹·tsʅ 圆柱形，用来轧谷物，平场地
连械 liɛn²²kai³⁵ 由一个长柄和一组平排的竹条或木条构成，用来拍打谷物，使其籽粒脱落
磨子 muo³⁵·tsʅ 石磨，统称
手磨 ʂəu⁵¹muo³⁵ 小石磨，柄垂直朝上，一只手握着磨柄推，另一只手往里放东西。
石磨 ʂʅ²² muo³⁵
磨搭钩儿 muo³⁵ ta²² kər⁵⁵ 推磨用的一种工具。木质的长圆柄，一端弯曲，弯曲部分的最下端装有短铁棍，插入磨心中，另一端横向安装一段较短的细圆木，两手握着圆木转动来带动磨盘。
磨盘 muo³⁵p'an²²
推磨 t'ei⁵⁵muo³⁵
磨把把儿 muo³⁵pa³⁵·pər 磨柄
磨心 muo³⁵ɕin⁵⁵
磨齿 muo³⁵tʂ'ʅ⁵¹
响雷 ɕiaŋ⁵¹lei²² 给谷子去壳的木制器具
筛子 ʂai⁵⁵·tsʅ 统称
米筛 mi⁵¹ʂai⁵⁵ 漏孔比较大的，筛出的颗粒物比较大，如用来筛黄豆或玉米粒
面筛 miɛn³⁵ʂai⁵⁵ 漏孔比较细密，筛出的是粉末状的细物，如玉米粉
箩筛 luo²²ʂai⁵⁵ 漏孔最细密的一种筛子
耙 p'a²²
碓 tei³⁵
碓□□儿 tei³⁵ tʂua²² ·tʂuər 碓杵
碓窝子 tei³⁵uo⁵⁵·tsʅ 碓臼
碾子 liɛn⁵¹·tsʅ
钉耙 tin⁵⁵p'a²²
锄头 ts'əu²²·t'əu 统称
挖锄 ua⁵⁵ts'əu²² 用来深挖的锄头，比较窄比较厚
劀锄 p'iɛn⁵¹ts'əu²² 用来薅土、锄草的锄头，面较宽较薄
薅锄 xau⁵⁵ts'əu²² 形似扁锄，只是面比其要窄，稍厚
羊角锄 iaŋ²²kuo²²ts'əu²² 形状像羊角的锄头，前端比较尖
月锄 ye²² ts'əu²² 形状像月亮，主要用来起水沟
窖锄儿 kau³⁵ts'ər²² 类似小型锄头，打猪草等用，短小弯钩状
铡刀 tʂa²²tau⁵⁵
镰刀 liɛn²²tau⁵⁵
划镰儿 xua²²liər²² 刀口有锯齿，弧形，轻巧，割谷子、麦子用
扁镰 p'iɛn⁵¹liɛn²² 割草的刀，弧形，略宽
砍刀 k'an⁵¹tau⁵⁵ 用来劈开或剁断木柴的刀
砍柴刀 k'an⁵¹tʂ'ai²²tau⁵⁵
开口子 k'ai⁵⁵ʂaŋ⁵⁵·tsʅ 斧头
月板 ye²²pan⁵¹ 把打下来的粮食归拢的农具
簸箕 puo⁵¹tɕi⁵⁵
撮箕 ts'uo²²tɕi⁵⁵ 有多种用途和不同

的形状，小的放在家里装垃圾，大的用于做农活时装蔬菜、粮食（如红薯、土豆、玉米棒子等）或小农具等

箩筐 luo²²k'uaŋ⁵⁵ 用篾扎成的装粮食用的筐子，圆口，较深，两侧有绳子，可以挑或者抬

皮篓 p'i²²ləu⁵¹ 用去黄的篾编织而成，密且细，上面有盖子，呈立方体形状，装粮食用

扁担 piɛn⁵¹tan³⁵

钩子扁担 kəu⁵⁵·tsɿ piɛn⁵¹tan³⁵ 一种两头固定着带绳的钩子的扁担，挑东西的时候用钩子钩住桶或筐等的提梁

挑担子 t'iau⁵⁵tan³⁵·tsɿ

挑子 t'iau⁵⁵·tsɿ 以前送礼的东西往往放在担子里挑着，这种装着礼物的担子称为"挑子"

扦担 tɕiɛn⁵⁵tan⁵⁵ 两端是尖头的扁担，可以直接插进捆好的麦梗、高粱梗或柴草等后挑在肩上

扫把 sau³⁵pa⁵¹

竹扫把 tʂu²²sau³⁵pa⁵¹ 用竹条扎成，比笤帚大，扫场院用

地扫把 ti³⁵sau³⁵pa⁵¹ 用高粱穗、黍子穗等绑成，家里扫地用

铁扫帚 t'ie²²sau³⁵tʂu²² ①一种植物名称；②用它做成的扫把。

棕扫帚 tsong⁵⁵sau³⁵tʂu²² 用棕扎的扫帚。

刷刷儿 ʂua²²·ʂuər 用高粱秆及穗扎成，用来打扫门窗和房梁上的灰尘

桩 tʂuaŋ⁵⁵

绳子 ʂuən²²·tsɿ

麻绳子 ma²²ʂuən²²·tsɿ 用麻线搓成，纳鞋底用

草绳子 ts'au⁵¹ʂuən²²·tsɿ 用麦草等编成的绳子，用来捆玉米梗、柴火等

索子 suo²²·tsɿ

打杵子 ta⁵¹tʂ'u⁵¹·tsɿ 用木棒制成，有两种：一种是"T"字形，背东西休息时供支撑背篓等用；一种是"丫"字形，抬东西休息时用来支撑扁担等，是山区的人们常用之物。

五 植物

1. 农作物

粮食 liaŋ²²·ʂɿ²²

水稻 ʂuei⁵¹tau³⁵

早稻 tsau⁵¹tau³⁵

二季稻 ər³⁵tɕi³⁵tau³⁵ 晚稻

谷子 ku²²·tsɿ

黏谷 tsan⁵⁵ku²² 未去壳的粳米

糯谷 luo³⁵ku²² 未去壳的糯米

麦子 me²²·tsɿ 统称

小麦 ɕiau⁵¹me²²

大麦 ta³⁵me²²

燕麦 iɛn³⁵me²²

荞麦 tɕ'iau²²me²²

荞子 tɕ'iau²²·tsɿ

花荞 xua⁵⁵tɕ'iau²² 表皮带有小花纹的荞麦

苦荞 k'u⁵¹tɕ'iau²² 略带苦涩味的荞麦

高粱 kau⁵⁵·liaŋ²²

糯高粱 luo³⁵kau⁵⁵·liaŋ²² 黏性比较好的高粱
瘪壳壳 pie⁵¹k'uo²²k'uo²² 空的或不饱满的子粒
二粮壳 ər³⁵liaŋ²²k'uo²²
稀米癞 ɕi⁵⁵mi⁵¹lai³⁵ 颗粒不饱满或稀疏的玉米棒子
米 mi⁵¹
糯米 luo³⁵mi⁵¹
粘米 tʂan⁵⁵mi⁵¹ 相对糯米而言
亘稻米 kən⁵¹tau³⁵mi³⁵ 介于粘米和糯米之间，带有一定的黏性，不涨饭
花红米 xua⁵⁵xoŋ³⁵mi³⁵ 米粒略呈淡红色，涨饭
碎米儿 sei³⁵miər⁵¹ 加工之后剩下的颗粒不完整的米粒
小米 ɕiau⁵¹mi⁵¹ 黍子
糯小米 luo³⁵ɕiau⁵¹mi⁵¹
杂粮 tsa²²liaŋ²²
麻秆儿 ma²²kər²²
苎麻 tʂu³⁵ma²²
打麻 ta⁵¹ma²² 收割麻
芝麻 tʂʅ⁵⁵·ma²²
白薯 pe²²ʂu⁵¹ 地瓜
洋芋 iaŋ²²y³⁵ 马铃薯
红苕 xoŋ²²ʂau²² 红薯
芋头 y³⁵t'əu²²
山芋头 ʂan⁵⁵y³⁵t'əu²² 个头比较大，肉质比较脆
水芋头 ʂui⁵¹y³⁵t'əu²² 个头比较小，含粉量高
山药 ʂan⁵⁵io²²
藕 ŋəu⁵¹

莲子 liɛn²²·tsʅ
荸荠儿 p'u²²·tɕ'iər
油菜 iəu²²ts'ai³⁵
茶树 tʂ'a²²ʂu³⁵
茶园 tʂ'a²²yɛn²²
摘茶 tse²²tʂ'a²² 采茶
炒茶 tʂ'au⁵¹tʂ'a²²
杀青 ʂa²²tɕ'in⁵⁵

2. 豆类、菜蔬

黄豆儿 xuaŋ²²tər³⁵
绿豆儿 ləu²²tər³⁵
豌豆儿 uan⁵⁵tər³⁵
  小豌豆儿 ɕiau⁵¹uan⁵⁵tər³⁵
  大豌豆儿 ta³⁵uan⁵⁵tər³⁵ 蚕豆
大豆 ta³⁵təu³⁵ 形如猪腰，表皮有花纹，颗粒大而饱满
芸豆 yn²²təu³⁵
麦豌儿 me²²uər⁵⁵ 颗粒小且圆，可做凉粉、米粉等
菜豌儿 ts'ai³⁵uər⁵⁵ 呈月牙形，蔬菜
豇豆儿 kaŋ⁵⁵tər³⁵
打米豇 ta⁵¹mi⁵¹kaŋ⁵⁵ 形似豇豆，外壳不能吃，只吃果肉，颗粒大而饱满
茎豆儿 tɕin⁵⁵tər³⁵ 四季豆
刀豆儿 tau⁵⁵tər³⁵ 蔓生，圆梗，形如小刀
眉豆儿 mei²²tər³⁵ 豆类蔬菜，紫红色，较扁而短
茄子 tɕ'ye²²·tsʅ
黄瓜 xuaŋ²²·kua⁵⁵
地黄瓜 ti³⁵xuaŋ²²·kua⁵⁵ 瓜类，结在地表蔓生的茎上，略呈纺锤形，黄色，表面有隆起的条痕，可

以生吃
瓠子 xu³⁵·tsʅ　瓠瓜
丝瓜 sʅ⁵⁵kua⁵⁵
苦瓜 kʻu⁵¹kua⁵⁵
南瓜 lan²²kua⁵⁵
冬瓜 toŋ⁵⁵kua⁵⁵
金瓜 tɕin⁵⁵kua⁵⁵
八月瓜 pa²²ye²² kua⁵⁵ 七八月生长，九月成熟的瓜，长条形，贴地面生长
葫芦瓜 xu²²·ləu kua⁵⁵
笋瓜 sən⁵¹kua⁵⁵ 形似黄瓜，但较粗较短，味如嫩南瓜
番茄 xuan⁵⁵tɕʻye²²
杨合儿 iaŋ²² xuər²² 常年生植物，喜阴湿处，夏天结果，果实形如郁金香，紫红色，可做炒菜或做泡菜
藠头儿 tɕiau³⁵·tʻər²² 薤。多年生草本植物，地下有鳞茎，叶子细长，花紫色，鳞茎可食用，做炒菜或泡菜
葱 tsʻoŋ⁵⁵
分葱 xuən⁵⁵tsʻoŋ⁵⁵ 葱管小且细，比较香
火葱 xuo⁵¹tsʻoŋ⁵⁵ 葱管比较粗大
野葱 ie⁵¹tsʻoŋ⁵⁵ 野生的小葱
葱头 tsʻoŋ⁵⁵tʻəu²² 葱白
洋葱 iaŋ²²tsʻoŋ⁵⁵
大蒜 ta³⁵san³⁵
蒜苗儿 san³⁵miər²²
蒜苔儿 san³⁵ tʻər²² 嫩的蒜梗
蒜泥 san³⁵ li²²
野蒜儿 ie⁵¹sər³⁵ 野生的蒜苗

韭菜 tɕiəu⁵¹tsʻai³⁵
韭黄 tɕiəu⁵¹xuaŋ²²
苋菜 xan³⁵tsʻai³⁵
椿芽儿 tʂuən⁵⁵iər²² 椿树长出的嫩芽，可食用
姜 tɕiaŋ⁵⁵
广椒 kuaŋ⁵¹tɕiau⁵⁵ 辣椒
广椒面儿 kuaŋ⁵¹tɕiau⁵⁵miər³⁵ 辣椒粉
七姊妹儿 tɕʻi²² tsʅ⁵¹ mər³⁵ 一种小的很辣的红辣椒
尖广椒 tɕien⁵⁵ kuaŋ⁵¹tɕiau⁵⁵ 一种细长而尖的辣椒，比较辣
菜广椒 tsʻai³⁵kuaŋ⁵¹tɕiau⁵⁵ 一种比较粗的青辣椒，不太辣
胡椒 xu²²tɕiau⁵⁵
胡椒粉 xu²²tɕiau⁵⁵xuən⁵¹
山胡椒 ʂan⁵⁵ xu²²tɕiau⁵⁵ 类似胡椒，春天结果，颗粒小呈绿色，容易氧化成黑色，可以腌制做凉菜，有药用功效
菜 tsʻai³⁵
芥菜 kai³⁵tsʻai³⁵
扯根菜 tʂʻe⁵¹kən⁵⁵tsʻai³⁵ 菠菜
包包菜 pau⁵⁵pau⁵⁵tsʻai³⁵ 包菜
小白菜 ɕiau⁵¹pe²²tsʻai³⁵
白菜 pe²² tsʻai³⁵ 大白菜
莴笋 uo⁵⁵sən⁵¹ 莴苣
莴马菜 uo⁵⁵ma⁵¹tsʻai³⁵ 与莴笋同类，比较低矮，秆小，只吃叶子
芹菜 tɕʻin²²tsʻai³⁵
芫荽 yɛn²²ɕy⁵⁵/ iɛn²²ɕy⁵⁵
香菜 ɕiaŋ⁵⁵tsʻai³⁵
择耳根 tse²² ər⁵¹ kən⁵⁵ 鱼腥草
萝卜 luo²²·pu

萝卜缨子 luo²² ·puin⁵⁵tsʅ 萝卜缨儿
萝卜菜 luo²² ·pu ts'ai³⁵ 萝卜叶子做的菜
萝卜干儿 luo²² ·pu kər⁵⁵
胡萝卜 xu²²luo²² ·pu
樮笋 kau⁵⁵sən⁵¹ 茭白
青菜苔儿 tɕ'in⁵⁵ts'ai³⁵t'ər²² 白菜长出来的开花的长茎，嫩的可吃
红菜苔儿 xoŋ²²ts'ai³⁵t'ər²² 带紫红色的白菜长出来的开花的长茎，嫩的可吃
菜籽 ts'ai³⁵ tsʅ⁵¹ 油菜子（榨油用）
蕹菜 oŋ³⁵ts'ai³⁵ 竹叶菜
冲菜 tʂ'oŋ³⁵ts'ai³⁵ 将芥蓝菜用开水焯过水分沥干，再腌制而成
社蒿 ʂe³⁵xau⁵⁵ 野蒿，开春时节长在地表的野菜，红梗，有比较特殊的气味儿，清明时节采摘后用来做社饭
白蒿 pe²²xau⁵⁵ 梗白色，长得高，不能食用
艾蒿 ŋai³⁵xau⁵⁵
茼蒿 t'oŋ²² xau⁵⁵

3. 树木、药材

树 ʂu³⁵
树林子 ʂu³⁵lin²² ·tsʅ
林子 lin²² ·tsʅ 一般指树林，也可以指成片的高秆的植物：竹～；苞谷～
树秧秧儿 ʂu³⁵iaŋ⁵⁵iər⁵⁵ 树苗
树杆子 ʂu³⁵kan⁵¹ ·tsʅ 树杆
树颠颠儿 ʂu³⁵tien⁵⁵tiər⁵⁵ 树梢
树根根儿 ʂu³⁵kən⁵⁵kər⁵⁵ 小的树根
树蔸子 ʂu³⁵təu⁵⁵ ·tsʅ 大的树根

树叶子 ʂu³⁵ie²² ·tsʅ
桠枝 ia⁵⁵tsʅ⁵⁵
栽树 tsai⁵⁵ ʂu³⁵
松树 soŋ⁵⁵ʂu³⁵
松树叶子 soŋ⁵⁵ʂu³⁵ie²² ·tsʅ 松针
松树果果儿 soŋ⁵⁵ʂu³⁵kuo⁵¹ ·kuər⁵¹ 松球
松香 soŋ⁵⁵ɕiaŋ⁵⁵
水杉树 ʂuei⁵¹ʂa⁵⁵ʂu³⁵
杉树 ʂa⁵⁵ʂu³⁵
桑树 saŋ⁵⁵ ʂu³⁵
桑叶 saŋ⁵⁵ie²²
桑泡儿 saŋ⁵⁵p'ər³⁵ 桑葚儿
杨树 iaŋ²²ʂu³⁵
枞树 ts'oŋ²²ʂu³⁵
白杨树 pe²²iaŋ²²ʂu³⁵
桐梓树 t'oŋ²²tsʅ⁵¹ʂu³⁵ 桐油树
桐梓果果儿 t'oŋ²² tsʅ⁵¹ kuo⁵¹ ·kuər⁵¹ 桐子
桐油 t'oŋ²²iəu²²
木梓树 mu²² tsʅ⁵¹ ʂu³⁵ 乌桕
木梓 mu²²tsʅ⁵¹ 乌桕的果实，呈白色圆形颗粒状，用来榨油或制造蜡烛
木梓油 mu²² tsʅ⁵¹iəu²² 木梓榨出的油
椿树 tʂ'uən⁵⁵ʂu³⁵
枫香树 xoŋ⁵⁵ɕiaŋ⁵⁵ʂu³⁵
白果树 pe²²kuo⁵¹ʂu³⁵
青枫树 tɕ'in⁵⁵kaŋ⁵⁵ʂu³⁵
樟树 tsaŋ⁵⁵ʂu³⁵
柏枝树 pe²² tsʅ⁵⁵ʂu³⁵ 松柏
苦楝树 k'u⁵¹lien⁵¹ʂu³⁵
柳树 liəu⁵¹ʂu³⁵
马桑树 ma⁵¹saŋ⁵⁵ʂu³⁵
桑树 saŋ⁵⁵ʂu³⁵

麻栎树 ma²²li⁵¹ʂu³⁵
花栎树 xua⁵⁵li⁵¹ʂu³⁵
五倍子树 u⁵¹pei³⁵·tsʅ ʂu³⁵
花椒树 xua⁵⁵tɕiau⁵⁵ʂu³⁵
圪蔸 ke²² təu⁵⁵ 挖起来当柴烧的大树根部
棕树 tsoŋ⁵⁵ʂu³⁵
棕壳子 tsoŋ⁵⁵k'uo²²·tsʅ 棕树根部的壳
竹子 tʂu²²·tsʅ
楠竹 lan²²tʂu²²
慈竹 ts'ʅ²²tʂu²²
水竹 ʂuei⁵¹tʂu²²
金竹 tɕin⁵⁵tʂu²²
白竹 pe²²tʂu²²
桂竹 kuei³⁵tʂu²²
罗汉竹 luo²²xan³⁵tʂu²² 形状像叠在一起的罗汉样子的竹子
紫竹 tsʅ⁵¹tʂu²² 紫色的，用来做笛子、箫等乐器
寮竹 liau²²tʂu²² 竹竿细小而叶子宽大，竹叶常用来包粽子、做斗笠
香妃竹 ɕiaŋ⁵⁵xuei⁵⁵tʂu²²
笋子 sən⁵¹·tsʅ 竹笋
笋壳儿 sən⁵¹k'uər²² 竹笋外面的壳
冬笋 toŋ⁵⁵sən⁵¹
春笋 tʂ'uən⁵⁵sən⁵¹
竹竿儿 tʂu²²kər⁵⁵
竹叶儿 tʂu²²iər²²
篾 mie²²
篾黄 mie²²xuaŋ²²
篾青 mie²²tɕ'in⁵⁵
绞股蓝 tɕiau⁵¹ku²²lan²²
党生 taŋ⁵¹sən⁵⁵

天麻 tiɛn⁵⁵ ma²²
杜仲 təu³⁵tʂoŋ⁵¹
厚朴 xəu³⁵puo²²
黄连 xuaŋ²²liɛn²²

4. 瓜果
水果 ʂuei⁵¹kuo⁵¹
桃子 t'au²²·tsʅ
油桃 iəu²² t'au²²
毛桃 mau²²t'au²²
白花桃 pe²²xua⁵⁵t'au²²
水蜜桃 ʂuei⁵¹mi²²t'au²²
杨桃 iaŋ²²t'au²²
猕猴桃 mi²²xəu²²t'au²²
杏子 xən³⁵·tsʅ
李子 li⁵¹·tsʅ
刺泡儿 ts'ʅ³⁵p'ər³⁵ 覆盆子
桑泡儿 saŋ⁵⁵p'ər³⁵ 桑葚儿
唛李儿 me²²liər⁵¹ 一种小的青色李子
苹果 p'in²²kuo⁵¹
枣子 tsau⁵¹·tsʅ
梨子 li²²·tsʅ
青皮梨 tɕ'in⁵⁵p'i²²li²²
黄皮梨 xuaŋ²²p'i²²li²²
枇杷 p'i²²p'a²²
柿子 sʅ³⁵·tsʅ
柿饼 sʅ³⁵pin⁵¹
石榴 ʂʅ²²liəu²²
柚子 iəu³⁵·tsʅ
沙田柚 ʂa⁵⁵t'iɛn²²iəu³⁵
芦柑儿 lu²² kər⁵⁵
椪柑儿 p'oŋ³⁵kər⁵⁵
广柑儿 kuaŋ⁵¹ kər⁵⁵
橘子 tɕy²²·tsʅ
橘筋 tɕy²² tɕin⁵⁵ 橘瓣上的丝儿

金橘 tɕin⁵⁵tɕy²²
川橘 tʂ'uan⁵⁵tɕy²²
砂糖橘 ʂa⁵⁵t'aŋ²²tɕy²²
橙子 tʂ'ən²² ·tsʅ
脐橙 tɕ'i²²tʂ'ən²²
白果 pe²² kuo⁵¹ 银杏果
板栗儿 pan⁵¹liər²² 板栗
锥栗儿 tsei⁵⁵liər²² 锥栗
核桃 xe²²t'au²²
榛子 tʂən⁵⁵ ·tsʅ
林檎 lin²²tɕ'in²²
花红 xua⁵⁵xoŋ²²
葡萄儿 p'u²²t'ər²²
甜瓜 t'iɛn²² kua⁵⁵
香瓜 ɕiaŋ⁵⁵kua⁵⁵
西瓜 ɕi⁵⁵kua⁵⁵
西瓜籽 ɕi⁵⁵kua⁵⁵tsʅ⁵¹
葵花 k'uei²² xua⁵⁵ 葵花籽
向儿葵 ɕiər³⁵ k'uei²² 向日葵
南瓜籽 lan²² kua⁵⁵ tsʅ⁵¹
甘蔗 kan⁵⁵ tʂa⁵⁵
花生 xua⁵⁵ sən⁵⁵
花生米 xua⁵⁵ sən⁵⁵ mi⁵¹
花生皮 xua⁵⁵ sən⁵⁵ p'i²²
骨骨儿 ku²² ·kuər²² 果核

5. 花草、菌类

桂花 kuei³⁵xua⁵⁵
菊花 tɕy²²xua⁵⁵
梅花 mei²²xua⁵⁵
栀子花 tsʅ⁵⁵ tsʅ⁵¹xua⁵⁵
水仙花 ʂuei⁵¹ɕiɛn⁵⁵xua⁵⁵
荷花 xuo²²xua⁵⁵
藕叶子 ŋəu⁵¹ie²² ·tsʅ 荷叶
莲蓬 liɛn²²p'oŋ²²

浮子 xu²² ·tsʅ 浮萍
鸡冠花 tɕi⁵⁵kuan⁵⁵xua⁵⁵
指甲儿花 tsʅ²² kər²² xua⁵⁵ 凤仙花
含羞草 xan²²ɕiəu⁵⁵ts'au⁵¹
月月红 ye²²ye²² xoŋ²² 月季花
玫瑰 mei²² kuei⁵⁵ 玫瑰花
喇叭花 la⁵¹pa⁵⁵xua⁵⁵ 牵牛花
杜鹃花 təu³⁵tɕyɛn⁵⁵ xua⁵⁵
　　映山红 in³⁵ʂan⁵⁵xoŋ²²
芙蓉花 xu²²ioŋ²²xua⁵⁵ 指木芙蓉
万年青 uan³⁵liɛn²²tɕ'in⁵⁵
仙人掌 ɕiɛn⁵⁵zən²²tʂaŋ⁵¹
仙人球 ɕiɛn⁵⁵zən²²tɕ'iəu²²
花苞苞儿 xua⁵⁵pau⁵⁵pər⁵⁵ 花骨朵
花瓣瓣儿 xua⁵⁵pan³⁵pər⁵⁵ 花瓣
花芯 xua⁵⁵ɕin⁵⁵
巴毛花儿 pa⁵⁵mau²²xuər⁵⁵ 狗尾巴花
青苔蔓儿 tɕ'in⁵⁵t'ai²²mər⁵⁵ 青苔
地煎皮儿 ti³⁵tɕiɛn⁵⁵p'iə²² 地衣
菌儿 tɕyər³⁵ 菇的总称
香菌儿 ɕiaŋ⁵⁵tɕyər³⁵ 香菇
菌菌儿 tɕyn³⁵tɕyər⁵⁵ 新鲜的蘑菇
枞树菌儿 ts'oŋ²²ʂu³⁵tɕyər³⁵ 枞树上
　　面长的菌
竹菌儿 tʂu²²tɕyər³⁵ 竹子的根部长出
　　的菌
刷竹菌儿 ʂua²²tʂu²²tɕyər³⁵
茶树菌儿 tʂ'a²²ʂu³⁵tɕyər³⁵
冬菌儿 toŋ⁵⁵tɕyər³⁵
金针菇 tɕin⁵⁵tʂən⁵⁵ku⁵⁵
银针菇 in²²tʂən⁵⁵ku⁵⁵
鸡腿菇 tɕi⁵⁵t'ei⁵¹ku⁵⁵
紫苏 tsʅ⁵¹səu⁵⁵ 紫色的菌
竹荪 tʂu²²sən⁵⁵ 一种竹子下长的菌

类，成白色网状，营养价值高
耳子 ər⁵¹·tsʅ 木耳
　　木耳子 mu²²ər⁵¹·tsʅ
白耳子 pe²²ər⁵¹·tsʅ 银耳

六　动物

1. 牲畜

牲口 sən⁵⁵kʻəu⁵¹
马 ma⁵¹
公马 koŋ⁵⁵ma⁵¹
母马 mu⁵¹ma⁵¹
骒马 kʻuo⁵¹ma⁵¹
牛 liəu²²
牯牛 ku⁵¹liəu²² 公牛
沙牛 ʂa⁵⁵liəu²² 母牛
黄牛 xuaŋ²²liəu²²
水牛 ʂuei⁵¹liəu²²
奶牛 lai⁵¹liəu²²
弯 uan⁵⁵ 牛用角攻击
牛娃儿 liəu²²·uər²² 牛犊
骡子 luo²²·tsʅ
羊子 iaŋ²²·tsʅ 山羊
羊娃儿 iaŋ²²·uər²² 羊羔
母羊子 mu⁵¹iaŋ²²·tsʅ
公羊子 koŋ⁵⁵iaŋ²²·tsʅ
山羊 ʂan⁵⁵ iaŋ²²
狗头羊 kəu⁵¹tʻəu²²iaŋ²² 无角的山羊
黄羊 xuaŋ²²iaŋ²²
狗子 kəu⁵¹·tsʅ
公狗（子）koŋ⁵⁵kəu⁵¹（·tsʅ）
母狗（子）mu⁵¹kəu⁵¹（·tsʅ）
草狗儿 tsau⁵¹kər⁵¹ 幼小的母狗
伢狗儿 ia²²kər⁵¹ 幼小的公狗
哈叭狗儿 xa⁵¹pʻa⁵⁵kər⁵¹

猫娃儿 mau⁵⁵·uər 猫
公猫娃儿 koŋ⁵⁵mau⁵⁵·uər 公猫
　　男猫娃儿 lan²²mau⁵⁵·uər
母猫娃儿 mu⁵¹mau⁵⁵·uər 母猫
　　女猫娃儿 ly⁵¹mau⁵⁵·uər
小猫娃儿 ɕiau⁵¹mau⁵⁵·uər 小猫
猪子 tʂu⁵⁵·tsʅ 猪
猪娃儿 tʂu⁵⁵·uər 小猪
小猪娃儿 ɕiau⁵¹tʂu⁵⁵·uər 猪崽
脚猪 tɕio²²tʂu⁵⁵ 配种的公猪
母猪（子）mu⁵¹tʂu⁵⁵（·tsʅ）
伢猪 ia²²tʂu⁵⁵ 小公猪
草猪 tsʻau⁵¹tʂu⁵⁵ 小母猪
奶脐儿 lai⁵¹tɕiər⁵⁵ 更小的雌猪
胚子猪 pʻei⁵⁵tsʅ⁵¹ tʂu⁵⁵ 小猪
架子猪 tɕia³⁵tsʅ⁵¹tʂu⁵⁵ 半大的猪
土猪子 tʻəu⁵¹tʂu⁵⁵·tsʅ
豪猪子 xau²²tʂu⁵⁵·tsʅ
野猪子 ie⁵¹tʂu⁵⁵·tsʅ
劁猪 tɕʻiau⁵⁵tʂu⁵⁵ 阉猪（动宾）
骟牛 ʂan³⁵liəu²² 阉牛（动宾）
兔子 tʻəu³⁵·tsʅ
兔娃儿 tʻəu³⁵·uər
鸡子 tɕi⁵⁵·tsʅ 鸡
公鸡 koŋ⁵⁵tɕi⁵⁵
母鸡 mu⁵¹tɕi⁵⁵
菢母鸡 pau³⁵mu⁵¹ tɕi⁵⁵ 正在孵蛋的母鸡
菢蛋 pau³⁵tan³⁵ 母鸡孵蛋
　　菢儿 pau³⁵ər²²
小鸡子 ɕiau⁵¹tɕi⁵⁵·tsʅ
　　小鸡娃儿 ɕiau⁵¹tɕi⁵⁵·uər⁵⁵
鸡蛋 tɕi⁵⁵tan³⁵
生蛋 sən⁵⁵tan³⁵　下蛋

鸡冠子 tɕi⁵⁵kuan⁵⁵·tsʅ
鸡爪子 tɕi⁵⁵tʂua⁵¹·tsʅ
鸭子 ia²²·tsʅ
鸭娃儿 ia²²·uər
公鸭子 koŋ⁵⁵ia²²·tsʅ
　公鸭娃儿 ia²²·uər
母鸭子 mu⁵¹ia²²·tsʅ
　母鸭娃儿 mu⁵¹ia²²·uər
小鸭娃儿 ɕiau⁵¹ia²²·uər 小鸭子
鸭蛋 ia²²tan³⁵
鹅 uo²²
鹅蛋 uo²²tan³⁵

2. 鸟、兽

野物 ie⁵¹u²² 野兽
　野牲口 ie⁵¹sən⁵⁵kʻəu⁵¹
狮子 sʅ⁵⁵·tsʅ
老虎 lau⁵¹xu⁵¹
　扁担花 piɛn⁵¹tan³⁵xua⁵⁵
　老巴子 lau⁵¹pa⁵⁵·tsʅ
母老虎 mu⁵¹lau⁵¹xu⁵¹　①雌虎；②比喻凶悍的女性
猴子 xəu²²·tsʅ
　猴娃儿 xəu²²·uər
小猴娃儿 ɕiau⁵¹xəu²²·uər 小猴子
熊 ɕioŋ²²
豹虎子 pau³⁵xu⁵¹·tsʅ　豹子
　铜钱花儿 tʻoŋ²²tɕʻiər²²xua⁵⁵
豺狗子 tʂʻai²²kəu⁵¹·tsʅ　①狼；②豺狗
猪獾子 tʂu⁵⁵xuan⁵⁵·tsʅ 獾
　狗獾子 kəu⁵¹xuan⁵⁵·tsʅ
毛狗子 mau²²kəu⁵¹·tsʅ 狐狸
白眉子 pe²²mei²²·tsʅ 果子狸
黄鼠狼儿 xuaŋ²²ʂu⁵¹lər⁵⁵ 黄鼠狼
叼老鼠儿 tiau⁵⁵lau⁵¹ʂuər⁵¹ 松鼠

麂子 tɕi⁵¹·tsʅ
獐子 tʂaŋ⁵⁵·tsʅ
香獐 ɕiaŋ⁵⁵tʂaŋ⁵⁵ 雄獐
草獐 tsʻau⁵¹tʂaŋ⁵⁵ 雌獐
穿山甲 tʂʻuan⁵⁵ʂan⁵⁵tɕia²²
秧鸡子 iaŋ⁵⁵tɕi⁵⁵·tsʅ 一种鸟，生活在水田里
老鼠子 lau⁵¹ʂu⁵¹·tsʅ 老鼠
　老鼠儿 lau⁵¹ʂuər⁵¹
田老鼠子 tʻiɛn²²lau⁵¹ʂu⁵¹·tsʅ 田鼠
　田老鼠儿 tʻiɛn²²lau⁵¹ʂuər⁵¹
蛇 ʂe²²
　皮条子 pʻi²²tʻiau²²·tsʅ
　皮娃子 pʻi²²ua²²·tsʅ
水蛇 ʂuei⁵¹ʂe²²
松花蛇 soŋ⁵⁵xua⁵⁵ʂe²²
菜花蛇 tsʻai³⁵xua⁵⁵ʂe²²
乌梢蛇 u⁵⁵ʂau⁵⁵ʂe²² 一种黑色的蛇
四脚蛇 sʅ³⁵tɕio²²ʂe²² 蜥蜴
蟒蛇 maŋ⁵¹ʂe²²
眼镜蛇 iɛn⁵¹tɕin³⁵ʂe²²
青蛇 tɕʻin⁵⁵ʂe²²
青竹飙 tɕʻin⁵⁵tʂu²²piau⁵⁵ 一种青蛇
棒棒蛇 paŋ³⁵paŋʂe²² 很粗的一种蛇
鸡冠蛇 tɕi⁵⁵kuan⁵⁵ʂe²² 蛇头像鸡冠一样
毒蛇 təu²²ʂe²²
棋盘花 tɕʻi²²pʻan²²xua²² 一种毒蛇，皮红黑色，有像棋盘一样的花纹
五步蛇 u⁵¹pu³⁵ʂe²² 一种毒蛇，据说被咬中毒后五步之内身亡
蛇皮 ʂe²²pʻi²²
蛇胆 ʂe²²tan⁵¹
蛇油 ʂe²²iəu³⁵

雀雀儿 tɕ'io²² ·tɕ'iər 鸟儿的统称
老哇子 lau⁵¹ua²² ·tsʅ 乌鸦
鸦雀子 ia⁵⁵ tɕ'io²² ·tsʅ 喜鹊
麻雀子 ma²² tɕ'io²² ·tsʅ 麻雀
燕子 iɛn³⁵ ·tsʅ
白鹤 pe²² xo²² 雁
青桩 tɕ'in⁵⁵tʂuaŋ⁵⁵ 一种大雁,常像木
　　头一样半天不动一下
斑鸠 pan⁵⁵tɕiəu⁵⁵
鸽子 kuo²² ·tsʅ
鹌鹑 ŋan⁵⁵tʂ'uən²²
阳雀儿 iaŋ²²tɕ'yər²² 布谷鸟
啄木哥儿 tʂua²² mu²² kuər⁵⁵ 啄木鸟
猫头鹰 mau⁵⁵t'əu²²in⁵⁵
　夜视鹰 ie³⁵ʂʅ³⁵in⁵⁵
老鹰 lau⁵¹in⁵⁵
夜老哇子 ie³⁵lau⁵¹ua²² ·tsʅ 夜莺
鹞子 iau³⁵ ·tsʅ 鹞
鹦哥儿 ŋən⁵⁵kuər⁵⁵ 鹦鹉
八哥儿 pa²²kuər⁵⁵ 八哥
野鸡子 ie⁵¹tɕi⁵⁵ ·tsʅ
锦鸡 tɕin⁵¹tɕi⁵⁵
花丽鸡 xua⁵⁵li³⁵tɕi⁵⁵ 当地一种羽毛很
　　漂亮的野鸡
竹鸡 tʂu²²tɕi⁵⁵ 当地的一种野鸡
野鸭子 ie⁵¹ia²² ·tsʅ
鹭鸶 ləu³⁵sʅ⁵⁵ 白鹭
檐老鼠儿 iɛn²² lau⁵¹ʂuər⁵¹ 蝙蝠
翅膀 tsʅ³⁵ paŋ⁵¹/ tʂ'ʅ³⁵ paŋ⁵¹
嘴壳子 tsei⁵¹k'uo²² ·tsʅ 鸟的嘴巴
嘴筒子 tsei⁵¹t'oŋ²² ·tsʅ 兽类的嘴巴
雀儿窝 tɕ'io²²ər²²uo⁵⁵ 鸟窝

3. 虫类

蚕子 ts'an²² ·tsʅ 蚕

茧子 tɕiɛn⁵¹ ·tsʅ 蚕茧
蚕沙 ts'an²²ʂa⁵⁵ 家蚕的屎
蜘蛛 tʂe²²tʂu⁵⁵ 蜘蛛
蚂蚁子 ma⁵¹iɛn²² ·tsʅ 蚂蚁
　蚂蚁儿 ma⁵¹iər²²
土鳖 t'əu⁵¹pie⁵⁵ 可入药,又叫地鳖
癞客包 lai³⁵ k'e²²pau⁵⁵ 癞蛤蟆
客蟆儿 k'e²² mər⁵⁵ 青蛙
客蟆骨豆儿 k'e²² ma⁵⁵ ku²² tər³⁵ 蝌蚪
蛐蛐儿 tɕ'y²² tɕ'yər²² 蚯蚓
　蛐鳝儿 tɕ'y²²ʂan³⁵ ·tsʅ
照鸡子 tʂau³⁵ tɕi⁵⁵ ·tsʅ 蟋蟀
叫鸡子 tɕiau³⁵ tɕi⁵⁵ ·tsʅ
曜曜儿 tɕ'y⁵⁵ tɕ'yər⁵⁵ 蟋蟀
旱螺蛳 xan³⁵luo²² sʅ⁵⁵ 蜗牛
　螺蛳 luo²² sʅ⁵⁵
打屁虫 ta⁵¹p'i³⁵tʂ'oŋ²² 形似萤火虫,
　　稍大,外壳呈红色,能飞,会
　　释放臭气
绵虫 miɛn²²tʂ'oŋ²² 米、面等粮食里长
　　的虫
蜈蚣 u²²koŋ⁵⁵
蚂蝗 ma⁵¹xuaŋ²²
铁丝虫 t'ie²² sʅ⁵⁵tʂ'oŋ²² 生活在水中,
　　软体细长,黑色
草鞋帮儿 tʂ'au⁵¹xai²²pər⁵⁵ 体短小,
　　两侧有很多的小触须
梳子虫 səu⁵⁵ ·tsʅ tʂ'oŋ²² 细长形,花纹
　　呈梳子齿样,两侧有很多的小
　　触角
猪娃儿虫 tʂu⁵⁵ ·ua tʂ'oŋ²² 绿色软体蠕
　　虫,较肥大,长在菜叶中
涎麻虫 ɕiɛn²² ma²² tʂ'oŋ²² 软体,头部
　　有两个角,个小,灰褐色,爬

行后会留下黏稠的印迹
推屎耙耙 t'ei⁵⁵ʂɿ⁵¹p'a²²p'a²² 屎壳郎
毛虫 mau²²tʂ'oŋ²²
霍辣子 xuo²²la²²·tsɿ 长在树杆上的一
　　种毛虫，常常大片大片地出现，
　　碰到后皮肤瘙痒难耐
八角丁 pa²²kuo²²tin⁵⁵ 绿色，扁形，体
　　小，背部有八哥小丁，毒性强
米虫 mi⁵¹tʂ'oŋ²² 米里的肉虫
蛆 tɕ'y⁵⁵
蚊子 uən²²·tsɿ 蚊子苍蝇的统称
饭蚊子 xuan³⁵uən²²·tsɿ 在饭桌上或厨
　　房等地飞的黑色蚊子
屎蚊子 ʂɿ⁵¹uən²²·tsɿ 个头比较大，喜
　　欢在肮脏的地方（如粪便）
夜蚊子 ie³⁵uən²²·tsɿ 晚上出现的咬人
　　的蚊子
墨蚊子 me²²uən²²·tsɿ 夏天白天出现
　　咬人的蚊子，形体很小，黑色
虱子 se²²·tsɿ
虮子 tɕi⁵¹·tsɿ 虱子产的卵，米白色
疙蚤 ke²²tsau⁵¹ 跳蚤
蝈蝈儿 kue²²·kuər⁵⁵
偷油婆 t'əu⁵⁵iəu²²p'uo²² 蟑螂
蚂抓儿 ma⁵⁵tʂuər⁵⁵ 蚂蚱
螳螂儿 t'aŋ²²lər⁵⁵
催咪子虫 ts'ei⁵⁵mi⁵⁵·tsɿtʂ'oŋ²² 知了，蝉
　　嘶嘶伢 sɿ⁵⁵sɿ⁵⁵ia²²
　　咪啊子 mi⁵⁵a²²·tsɿ
懒虫 lan⁵¹tʂ'oŋ²² 形似知了，体型较
　　大，声音洪亮，容易催人入睡
蜂子 xoŋ²²·tsɿ 蜂类的昆虫统称
蜜蜂 mi²²xoŋ⁵⁵ 人工喂养酿蜜的蜂
蜂糖 xoŋ⁵⁵t'aŋ²² 蜂蜜

土蜂子 t'əu⁵¹xoŋ⁵⁵·tsɿ 野蜂
黄蜂子 xuaŋ²²xoŋ⁵⁵·tsɿ 马蜂
七里蜂 tɕi²²li⁵¹xoŋ⁵⁵
葫芦包蜂 xu²²ləu²²pau⁵⁵xoŋ⁵⁵ 一种蜇
　　人的蜜蜂
射人 ʂe³⁵zən²² （蜂）蜇人
蜂窝 xoŋ⁵⁵uo⁵⁵
亮火虫 liaŋ³⁵xuo⁵¹tʂ'oŋ²² 萤火虫
蛾子 uo²²·tsɿ 灯蛾
飞蛾儿 xuei⁵⁵uər²² 蝴蝶
蠓子 moŋ⁵¹·tsɿ 蛾子
洋虹虹儿 iaŋ²²tin⁵⁵tiər⁵⁵ 蜻蜓
瓢儿虫 piau²²ər²²tʂ'oŋ²² 瓢虫
打屁虫 ta⁵¹p'i³⁵tʂ'oŋ²² 臭大姐
纺线婆 xuaŋ⁵¹ɕiɛn³⁵p'uo²² 纺织娘娘
蚕拇子 tʂe²²mu⁵¹·tsɿ 蝗虫

4. 鱼虾类

鱼 y²²
鲤鱼 li⁵¹y²²
鲫鱼 tɕi²²y²²
草鱼 ts'au⁵¹y²²
鲇鱼 liɛn²²y²²
胡子鱼 xu²²·tsɿ y²² 头部有两根长胡
　　须，刺少，味鲜
江鲢（鱼）
娃娃鱼 ua²²ua²²y²² 生活在深山溪水
　　中，叫声像小孩儿的声音
黄骨头儿 xuaŋ²²ku²²t'ər²² 生活在
　　山间溪流里，一种小鱼儿，外
　　表光滑，呈淡黄色，营养价值
　　高
金鳜鱼 tɕin⁵⁵kuei³⁵y²² 鱼鳞是金色的
　　鳜鱼
花鳜鱼 xua⁵⁵kuei³⁵ y²² 鱼鳞有花纹

的鳜鱼
青鳜鱼 tɕ'in⁵⁵kuei³⁵y²² 鱼鳞是青色的鳜鱼
大头鱼 ta³⁵t'əu²²y²² 胖头鱼
团鱼 t'an²²y²² 鳖
甲鱼 tɕia²²y²²
王八 uaŋ²²·pa 龟
金鱼 tɕin⁵⁵y²²
泥鳅 li²² tɕiəu⁵⁵
黄鳝 xuaŋ²²ʂan³⁵ 鳝鱼
腊鱼 la²²y²² 腌制后晾干的鱼
鳞甲 lin²²tɕia²² 鱼鳞
鱼刺 y²² ts'ɿ³⁵
鱼泡 y²²p'au³⁵ 鱼鳔儿
鱼腮 y²²sai⁵⁵
鱼仔 y²²tsɿ⁵¹
鱼秧子 y²²iaŋ⁵⁵·tsɿ 鱼苗儿
钓鱼 tiau⁵⁵y²²
钓鱼竿儿 tiau⁵⁵y²² kər⁵⁵
鱼钩钩儿 y²² kəu⁵⁵ kər⁵⁵ 钓鱼钩儿
鱼饵子 y²²ər⁵¹·tsɿ 鱼饵
鱼篓篓儿 y²² ləu⁵¹·lər 挂在腰间的装鱼饵的小篓子
鱼网子 y²²uaŋ⁵¹·tsɿ 渔网
簗子 xau²²·tsɿ 打鱼用的竹制篓子，放在流水的出口处，用于网鱼
板罾 pan⁵¹tsən⁵⁵ 打鱼用的一种网
网 uaŋ⁵¹ ①名词，渔网；②动词，撒网
虾子 ɕia⁵⁵·tsɿ 虾
乌龟 u⁵⁵kuei⁵⁵
螃蟹 p'aŋ²²xai²²
蚌壳儿 paŋ³⁵k'uər²²

七 房舍

1. 房子

屋 u²² ①整座房子：～跨哒（房子倒塌了）②指单间的屋子：灶～（厨房）
屋场 u²²tʂ'aŋ²² 较多房子连成的一片
大屋场 ta³⁵ u²²tʂ'aŋ²² 多户人家居住在一块儿，房子相连，有一定的规模
房子 xuaŋ²²·tsɿ
起屋 tɕ'i⁵¹u²² 盖房子
　修屋 tɕiəu⁵⁵u²²
　起房子 tɕ'i⁵¹xuaŋ²²·tsɿ
　修房子 tɕiəu⁵⁵xuaŋ²²·tsɿ
整屋 tʂən⁵¹u²² 修缮或装修房子
四合天井屋 sɿ³⁵xo²²t'iɛn⁵⁵tɕin⁵¹u²² 四合院
外头屋里 uai³⁵·t'əuu²²·li 外间
里头屋里 li⁵¹·t'əuu²²·li 里间
堂屋 t'aŋ²²u²² 正屋居中的一间
房屋 xuaŋ²²u²²
厢房 ɕiaŋ⁵⁵xuaŋ²²
耳房 ər⁵¹xuaŋ²²
偏水儿 p'iɛn⁵⁵ʂuər⁵¹ 在厢房的前面再搭建一间房子，用来饲养牲畜
磨角儿 mo³⁵kuər²² 转角的房间
灶屋 tsau³⁵u²² 厨房
拖延 t'uo⁵⁵iɛn²² 房子边上搭建的小屋，主要放置柴草、农具等杂物
院墙 yɛn³⁵ tɕ'iaŋ²²
院坝 yɛn³⁵pa³⁵ 院子
洋房子 iaŋ²²xuaŋ²²·tsɿ 旧指新式的楼房

楼梯 ləu²² t'i⁵⁵
梯子 t'i⁵⁵·tsʅ ①可移动的木制梯子 ②台阶
楼上 ləu²²ʂaŋ³⁵
楼下 ləu²²ɕia³⁵
阳台 iaŋ²²t'ai²²
平房 pin²² xuaŋ²²
晒台 ʂai³⁵t'ai²² 楼顶可以晒东西的平台
茅草屋 mau²²ts'au⁵¹u²²
草屋 ts'au⁵¹u²²
瓦屋 ua⁵¹u²²
吊脚楼 tiau³⁵tɕio²² ləu²² 一种木板房或竹房子，下面用木桩做支柱，上面住人，下面养家禽或家畜，冬暖夏凉
炕楼 k'aŋ³⁵ləu²² 位于火坑上方的楼层，用于烘干粮食或放置防潮防冻的物品

2. 房屋结构

屋脊 u²² tɕi²²
屋顶 u²² tin⁵¹
屋梁 u²²liaŋ²²
檐口 iɛn²²k'əu⁵¹ 房檐儿
阶檐 kai⁵⁵iɛn²² 门口屋檐下的台阶
檩子 lin⁵¹·tsʅ 檩
橡角 tʂ'uaŋ²²kuo²² 橡子
跳 t'iau³⁵ 连接屋檐的檩子
柱头 tʂu³⁵·t'əu
柱子 tʂu³⁵·tsʅ
磉墩儿 saŋ⁵¹tər⁵⁵ 柱下石
基脚 tɕi⁵⁵tio²²
天花板 t'iɛn⁵⁵xua⁵⁵pan⁵¹
女瓦儿墙 ly⁵¹uər⁵¹tɕ'iaŋ²² 平房楼顶

四周砌成的矮小的墙
大门 ta³⁵mən²²
房门 xuaŋ²²mən²²
后门 xəu³⁵mən²²
侧门 ts'e²²mən²²
腰门 iau⁵⁵mən²² 装在大门外侧，类似于栅栏，齐腰高，可以挡牲畜进屋
门坎 mən²²k'an⁵¹
门旯旯儿 mən²²ke²²·lər 门后的角落
门栓子 mən²²ʂuan⁵⁵·tsʅ
门栓栓儿 mən²²ʂuan⁵⁵ʂuər⁵⁵
锁 suo⁵¹
钥匙 io²²·tʂʅ /io²²·tsʅ
窗子 tʂ'uaŋ⁵⁵·tsʅ 窗户
窗眼儿 tʂ'uaŋ⁵⁵iər⁵¹
窗台 tʂ'uaŋ⁵⁵t'ai²²
过道 kuo³⁵tau³⁵
楼板 ləu²²pan⁵¹

3. 其他设施

灶 tsau³⁵
茅司 mau²²sʅ⁵⁵ 厕所
　茅司屋 mau²²sʅ⁵⁵u²²
粪坑 xuən³⁵k'ən⁵⁵
磨房 mo³⁵xuaŋ²²
猪圈 tʂu⁵⁵tɕyɛn³⁵
牛圈 liəu²²tɕyɛn³⁵
羊圈 iaŋ²²tɕyɛn³⁵
狗窝 kəu⁵¹uo⁵⁵
鸡窝 tɕi⁵⁵uo⁵⁵
猪槽 tʂu⁵⁵ts'au²²
潲桶 sau³⁵t'oŋ⁵¹ 装泔水的桶
鸡笼 tɕi⁵⁵loŋ²²
柴屋 tʂ'ai²²u²²

杂屋 tsa²²u²²
苕窖 ʂau²²kau³⁵ 在房子附近挖的窖，用来储存土豆、红薯、萝卜等

八　器具、用品

1. 一般家具

家具 tɕia⁵⁵tɕy³⁵
柜子 kuei³⁵·tsʅ
板柜 pan⁵¹ kuei³⁵ 用来储存粮食的大型木柜
　五斗柜 u⁵¹təu⁵¹kuei³⁵
衣柜 i⁵⁵kuei³⁵
书柜 ʂu⁵⁵ kuei³⁵
碗柜 uan⁵¹kuei³⁵
高低柜 kau⁵⁵ti⁵⁵kuei³⁵ 柜子一边高一边低，低的一侧顶部可以放置装饰品或者电视机等
五屉柜 u⁵¹tʻi³⁵kuei³⁵ 有五个抽屉的柜子
穿衣柜 tʂʻuan⁵⁵i⁵⁵kuei³⁵ 放置衣服等，外面有一面穿衣镜
床头柜 tʂʻuaŋ²²tʻəu²²kuei³⁵
梳妆柜 səu⁵⁵tʂuaŋ⁵⁵kuei³⁵
桌子 tʂuo²²·tsʅ
圆桌（子）yɛn²²tʂuo²²（·tsʅ）
方桌（子）xuaŋ⁵⁵tʂuo²²（·tsʅ）
条桌 tʻiau²²tʂuo²² 一种长条形的桌
办公桌（子）pan³⁵koŋ⁵⁵ tʂuo²²（·tsʅ）
饭桌子 xuan³⁵tʂuo²²·tsʅ
八仙桌 pa²²ɕiɛn⁵⁵tʂuo²²
半圆桌 pan³⁵yɛn²²tʂuo²² 呈半圆形，用于摆设小物件或装饰品，有各种形状
桌布 tʂuo²²pu³⁵

围桌 uei²² tʂuo²² 挂在桌子前面的布
屉子 tʻi³⁵·tsʅ
　抽屉 tʂʻəu⁵⁵tʻi⁵¹
椅子 i⁵¹·tsʅ
靠椅 kʻau³⁵i⁵¹ 躺椅
竹椅子 tʂu²²i⁵¹·tsʅ
枷椅儿 tɕia⁵⁵iər⁵¹ 婴幼儿坐的椅子，有围栏，一般用竹子做成
摇摇椅　iau²²iau²²i⁵¹ 婴幼儿坐的椅子，坐在上面可以摇动
藤椅　tʻən²²i⁵¹ 用竹子或藤条制成的椅子
圈椅 tɕʻyɛn⁵⁵i⁵¹ 太师椅
椅子背 i⁵¹·tsʅ pei³⁵
板凳 pan⁵¹təŋ³⁵ 长条形的
高板凳 kau⁵⁵pan⁵¹təŋ³⁵
小板凳儿 ɕiau⁵¹pan⁵¹ tər³⁵
矮板凳儿 ai⁵¹pan⁵¹ tər³⁵
凳子 təŋ³⁵·tsʅ 方凳
凳凳儿 təŋ³⁵·tər　小方凳
狗冲碓儿　kəu⁵¹tʂʻoŋ⁵⁵tər³⁵ 一种手工制作的简易学步车

2. 卧室用具

床 tʂʻuaŋ²²
床当头 tʂʻuaŋ²²taŋ³⁵tʻəu²² 床头
榻板儿 tʻa²²pər⁵¹ 床前踏脚、放鞋用的矮凳，大致与床一样长
铺板儿 pʻu⁵⁵pər⁵¹ 床板
绷子 poŋ⁵⁵·tsʅ 用棕绳编织成的床垫，四周固定在木板上，可以代替床板，透气，柔软
绷子床 poŋ⁵⁵·tsʅ tʂʻuaŋ²² 下面垫着绷子的床
架子床　老式的木架子床，可以安

罩蚊帐
凉床 liaŋ²²tṣ'uaŋ²² 夏天用的竹床
帐子 tṣaŋ³⁵·tsʅ 蚊帐
帐钩子 tṣaŋ³⁵kəu⁵⁵·tsʅ
帐檐子 tṣaŋ³⁵iɛn²²·tsʅ
毯子 t'an⁵¹·tsʅ
铺盖 p'u⁵⁵·kai³⁵ 被子
包单 pau⁵⁵tan⁵⁵ 被里
铺盖面子 p'u⁵⁵·kai³⁵miɛn³⁵·tsʅ 被面
　被面儿 pei³⁵miər³⁵
棉絮 miɛn²²sei³⁵
欛 pa³⁵ 将床单铺在床上
卧单 uo³⁵tan⁵⁵ 床单
　欛单 pa³⁵tan⁵⁵
盖棉 kai³⁵miɛn²² 用做被子的棉絮
欛棉 pa³⁵miɛn²² 垫在床上做褥子的棉絮
草席（子）ts'au⁵¹ɕi²²（·tsʅ）草编的
席子 ɕi²²·tsʅ
篾席 mie²²ɕi²² 竹席
晒席 ṣai³⁵ɕi²² 晒粮食用的席子
枕头 tṣən⁵¹·t'əu
枕套 tṣən⁵¹t'au³⁵
枕芯 tṣən⁵¹ɕin⁵⁵
枕巾 tṣən⁵¹tɕin⁵⁵
镜子 tɕin³⁵·tsʅ
穿衣镜 tṣ'uan⁵⁵i⁵⁵tɕin³⁵
晾衣架 liaŋ³⁵i⁵⁵tɕia³⁵
马桶 ma⁵¹t'oŋ⁵¹
痰盂 t'an²²y²²
尿罐子 liau³⁵kuan³⁵·tsʅ

3. 炊事用具

风箱 xoŋ⁵⁵ɕiaŋ⁵⁵
吹火筒 tṣ'uei⁵⁵xuo⁵¹t'oŋ²²

火钩 xuo⁵¹kəu⁵⁵ 疏通炉子用的铁钩子
火钳 xuo⁵¹tɕ'iɛn²²
火铲铲儿 xuo⁵¹tṣ'an⁵¹·tṣ'ər 铲灶灰、炉灰用的小铲子
三角 san⁵⁵tɕio²² 铁制品，上面圆圈，下面有三个脚，可以放置在炉子上
撮瓢 ts'uo²² p'iau²² 木头/铝制品，形状类似撮箕，各种功能，撮米、苞谷等粮食、灰尘
柴火 tṣ'ai²²·xuo⁵¹
硬柴 ŋən³⁵ tṣ'ai²² 从树上砍下来当柴烧的，如树枝、树根、劈开的木块等
穰柴 zaŋ⁵⁵tṣ'ai²² 茅草、玉米秆儿等柴火
稻草 tau³⁵ts'au⁵¹ 稻秆
麦草 me²²ts'au⁵¹ 麦秸
高粱梗子 kau⁵⁵liaŋ²² kən⁵¹·tsʅ 高粱秆儿
苞谷梗子 pau⁵⁵ ku²² kən⁵¹·tsʅ 玉米秆儿
黄豆夳子 xuaŋ²²təu³⁵u⁵⁵·tsʅ 黄豆秸
锯末子 tɕy³⁵muo²²·tsʅ 锯末
刨叶子 p'au²²ie²²·tsʅ 刨花
火实 xuo⁵¹ ʂʅ²² 硬柴还没有烧透时变成的通红的小块儿
烳实 xu⁵⁵ʂʅ²² 将火实密闭在罐子里，烧火（特别是烧煤火）前用来引火
煤炭 mei²²t'an³⁵
地炉子 ti³⁵ləu²²·tsʅ 砌子室内地面下的炉子
火坑 xuo⁵¹k'ən⁵⁵
火柴 xuo⁵¹ tṣ'ai²²

洋火 oiaŋ²²xuo⁵¹ 旧称
瓮坛子 oŋ³⁵t'an²²·tsʅ 嵌在灶台里面的铁罐，里面加水，做饭烧火时能将水加热
烟通 iɛn⁵⁵t'oŋ⁵⁵ 烟囱
锅 kuo⁵⁵
锅巴烟子 kuo⁵⁵pa⁵⁵iɛn⁵⁵·tsʅ 锅的反面因烧火积下的烟垢
铁锅 t'ie²²kuo⁵⁵
生锅 sən⁵⁵kuo⁵⁵
金刚锅 kaŋ⁵⁵tɕin⁵⁵kuo⁵⁵
砂锅 ʂa⁵⁵kuo⁵⁵
锅盖 kuo⁵⁵kai³⁵
锅铲儿 kuo⁵⁵tʂ'ər⁵¹
鼎罐 tin⁵¹kuan³⁵ 陶制品，广口深腹，炖汤用
　吊子 tiau³⁵·tsʅ
钵 puo²² 圆柱形的石窝，用来捣碎东西
钵钵儿 puo²²·puər 陶、铁或铝制品，像盆而形体较小
瓢子 piau²²·tsʅ 水瓢
瓢瓜 piau²²·kua 葫芦或木头做的，用于舀水或粮食
瓢瓢儿 piau²²·piər 舀汤、盛饭的勺子
炊壶 tsʻei⁵⁵xu²² 烧水壶
茶壶 tʂ'a²² xu²²
水壶 ʂuei⁵¹xu²²
开水瓶（子）k'ai⁵⁵ʂuei⁵¹p'in²²（·tsʅ）
保暖壶 pau⁵¹lan⁵¹xu²² 保暖用的旧式茶壶
碗 uan⁵¹
土碗 t'əu⁵¹uan⁵¹ 比较大而粗糙的陶碗

洋瓷碗 iaŋ²² tsʻʅ²²uan⁵¹ 搪瓷碗
木碗 mu²²uan⁵¹
扣碗 k'əu³⁵uan⁵¹
瓷碗 tsʻʅ²²uan⁵¹
汤碗 t'aŋ⁵⁵uan⁵¹
盘子 p'an²²·tsʅ
托盘 t'uo²²p'an²²
调羹儿 t'iau²²·kər⁵⁵
筷子 k'uai³⁵·tsʅ
筷篓儿 k'uai³⁵·lər⁵¹
杯子 pei⁵⁵·tsʅ
玻璃杯子 puo⁵⁵li²²pei⁵⁵·tsʅ 玻璃杯
搪瓷缸子 taŋ²² tsʻʅ²²kaŋ⁵⁵·tsʅ 搪瓷的带把儿的，比较大
酒杯杯儿 tɕiəu⁵¹pei⁵⁵·pər
酒壶壶儿 tɕiəu⁵¹xu²²·xuər
坛子 t'an²²·tsʅ
坛坛儿 t'an²²·t'ər 比较小的坛子
酒葫芦 tɕiəu⁵¹xu²²·ləu 葫芦做的酒壶
罐子 kuan³⁵·tsʅ
罐罐儿 kuan³⁵·kuər 比较小的罐子
盐罐罐儿 iɛn²² kuan³⁵·kuər
油罐罐儿 iəu²²kuan³⁵·kuər
油桶 iəu²²t'oŋ⁵¹
油瓶子 iəu²²p'in²²·tsʅ
铛铛儿 taŋ⁵⁵tər⁵⁵ 铝制的带柄的水瓢
斗 təu⁵¹ 木制的量粮食的器具
升子 ʂən⁵⁵·tsʅ 木制的量粮食的器具，比斗小
筲箕 ʂau⁵⁵tɕi⁵⁵ 淘米、洗菜用的月牙形竹器
瓶子 p'in²²·tsʅ
盖盖儿 kai³⁵·kər 瓶盖儿
刀子 tau⁵⁵·tsʅ

菜刀 ts'ai³⁵ tau⁵⁵
薄刀 puo²² tau⁵⁵ 大的菜刀
砧板儿 tsən⁵⁵pər⁵¹ 切菜用的木板
案板儿 ŋan³⁵ pər⁵¹ 放在两条板凳上的长方形木板，上面可以放碗、盘子，还可以切菜
水桶 ʂuei⁵¹t'oŋ⁵¹
甑子 tʂən³⁵·tsɿ 蒸饭用的木制品或竹制品，桶形，没有底
甑盖子 tʂən³⁵kai³⁵·tsɿ
甑底子 tʂən³⁵kai³⁵·tsɿ 甑子下部的位置有竹制垫子，食物就放在上面
蒸笼 tʂən⁵⁵ loŋ²²
蒸槅 tʂən⁵⁵ke²² 蒸笼的一层
鑑子 ku⁵¹·tsɿ 铝制或不锈钢的炊具，圆柱形，比较大，可以烧水、蒸饭等，里面有可以拆卸的格
擂椒钵 lei²²tɕiau⁵⁵po²² 用来碾碎花椒、胡椒等调料的木制圆形钵，口小腹大
擂椒棒 lei²²tɕiau⁵⁵paŋ³⁵ 与擂椒钵配套的木棒，插在钵口处，用来碾、捣碎花椒等
水缸 ʂuei⁵¹kaŋ⁵⁵
潲水缸 sau³⁵ʂuei⁵¹kaŋ⁵⁵
潲桶 sau³⁵toŋ⁵¹
抹布 ma²²pu³⁵
拖把 t'uo⁵⁵pa⁵¹
刷竹 ʂua²²tʂu²² 细竹苗制成的洗刷锅碗的器具

4. 工匠用具

刨子 p'au²²·tsɿ
长刨 tʂ'aŋ²²p'au²²
短刨 tan⁵¹p'au²²
跟头刨 kən⁵⁵t'əu²²p'au²²
槽刨 ts'au²²p'au²²
内圆刨 lei³⁵yen²²p'au²²
推刨儿 t'ei⁵⁵p'ər²² 刨子
锛子 pən⁵⁵·tsɿ
锯子 tɕy³⁵·tsɿ
锯皮子 tɕy³⁵p'i²²·tsɿ 锯条
锯弓 tɕy³⁵koŋ⁵⁵ 锯架子
撩锯 liau²²tɕy³⁵
解锯 kai⁵¹tɕy³⁵
油刷子 iəu²²ʂua²²·tsɿ
凿子 tsau²²·tsɿ
尺 tʂ'ɿ²²
角尺 kuo²²tʂ'ɿ²²
卷尺 tɕyen⁵¹tʂ'ɿ²²
皮尺 p'i²²tʂ'ɿ²²
六角尺 ləu²²kuo²²tʂ'ɿ²²
墨斗 me²²təu⁵¹
墨线 me²²ɕien³⁵
钉子 tin⁵⁵·tsɿ
钳子 tɕ'ien²²·tsɿ
老虎钳 lau⁵¹xu⁵¹tɕ'ien²²
断线钳 tan³⁵ɕien³⁵tɕ'ien²²
开线钳 k'ai⁵⁵ɕien³⁵tɕ'ien²²
剥皮钳 po²²p'i²²tɕ'ien²²
钉锤儿 tin⁵⁵tʂ'uər²²
扯钻 tʂ'e⁵¹tsan³⁵
錾子 tsan³⁵·tsɿ
灰斗 xuei⁵⁵təu⁵¹
夹夹儿 tɕia²²·tɕiər 镊子
背靠 k'au³⁵pei³⁵ 合叶
碾墩儿 lien⁵¹tər⁵⁵ 做鞭炮筒的工具
打纸墩儿 ta⁵¹tʂɿ⁵¹tər⁵⁵ 打草纸的木墩

砧墩儿 tʂən⁵⁵ tər⁵⁵ 打铁时垫铁块用的木墩
瓦刀 ua³⁵tau⁵⁵
抿子 min⁵¹·tʂɿ 瓦工用来往墙上抹泥的工具，长方形或心形，有柄
荡子 taŋ³⁵·tsɿ 瓦工用来抹墙的工具，长方形，上面有弓形的柄
泥板 li²²pan⁵¹ 瓦工用来盛抹墙物的木板
灰兜子 xuei⁵⁵ təu⁵⁵·tsɿ
錾子 tsan³⁵·tsɿ 凿石头或金属的小凿子
钢钎儿 kaŋ⁵⁵tɕʻiər⁵⁵ 钎子
杀猪凳 ʂa²²tʂu⁵⁵tən³⁵ 杀猪用的条凳，低矮、长方形，将猪捆绑在上面宰杀
杀猪篮 ʂa²²tʂu⁵⁵lan²² 屠夫装刀具的篮子
剃刀 tʻi³⁵tau⁵⁵
推子 tʻei⁵⁵·tsɿ
剪子 tɕiɛn⁵¹·tsɿ
条剪 tʻiau²²tɕiɛn⁵¹
梳子 səu⁵⁵·tsɿ
荡刀片 taŋ³⁵tau⁵⁵pʻiɛn³⁵ 鐾刀布
剃头椅子 tʻi³⁵ tʻəu⁵¹i⁵¹·tsɿ 理发店里专用的椅子
缝纫机 xoŋ²²zən⁵¹tɕi⁵⁵
烙铁 luo²²tʻie²² 早期的熨斗
棉花弓子 miɛn²² xua⁵⁵ koŋ⁵⁵·tsɿ 弹棉花的弓子
纺车 xuaŋ⁵¹tʂʻe⁵⁵
织布机 tʂɿ²²pu³⁵tɕi⁵⁵
梭子 suo⁵⁵·tsɿ 织布用的梭
线架子 ɕiɛn³⁵tɕia³⁵·tsɿ 织布机上用来放线的架子

土油榨 tʻəu⁵¹iəu²²tʂa³⁵ 家庭用的木制榨油机
油槽 iəu²² tsʻau²² 接油的槽子
槌榨 tʂʻuei²²tʂa³⁵ 榨油的大木槌
碓窝 tei³⁵uo⁵⁵

5. 其他生活用品

东西 toŋ⁵⁵·ɕi⁵⁵
脸盆 liɛn⁵¹pʻən²²
  洗脸盆子 ɕi⁵¹liɛn⁵¹pʻən²²·tsɿ
脸盆架子 liɛn⁵¹pʻən²² tɕia³⁵·tsɿ 脸盆架
帕子 ɕi⁵¹liɛn⁵¹pʻa³⁵·tsɿ 毛巾
袱子 xu²²·tsɿ
脚盆 tɕio²²pʻən²²
  洗脚盆子 ɕi⁵¹tɕio²²pʻən²²·tsɿ
大脚盆 ta³⁵tɕio²²pʻən²² 用来洗衣服或洗澡的盆子
香皂 ɕiaŋ⁵⁵tsau³⁵
肥皂 xuei²²tsau³⁵
洗衣粉 ɕi⁵¹i⁵⁵xuən⁵¹
蜡烛 la²²tʂu²²
煤油灯 mei²²iəu²²tən⁵⁵ 没有灯罩
灯罩子 tən⁵⁵tʂau³⁵·tsɿ
罩子灯 tʂau³⁵·tsɿtən⁵⁵ 有玻璃罩的灯
灯捻子 tən⁵⁵liɛn⁵¹·tsɿ 灯芯
灯盒盒儿 tən⁵⁵xuo²²·xuər 灯盏
  灯碗碗儿 tən⁵⁵uan⁵¹·uər
灯草 tən⁵⁵ tsʻau⁵¹
灯芯 tən⁵⁵ɕin⁵⁵
马灯 ma⁵¹tən⁵⁵
灯油 tən⁵⁵iəu²²
灯笼 tən⁵⁵loŋ²²
□□儿 tsei³⁵·tsər 瓶塞（橡皮或木头的）
须须儿 ɕy⁵⁵·ɕyər 泛指流苏之类的

东西。
包包儿 pau⁵⁵pər⁵⁵
钱包包儿 tɕ'iɛn²² pau⁵⁵ pər⁵⁵
章子 tʂaŋ⁵⁵·tsʅ 图章
公章 koŋ⁵⁵tʂaŋ⁵⁵
私章 sʅ⁵⁵ tʂaŋ⁵⁵
浆子 tɕiaŋ³⁵·tsʅ 浆糊
顶针儿 tin⁵¹ tʂər⁵⁵
　顶顶儿 tin⁵¹·tiər
线坨坨儿 ɕiɛn³⁵t'uo²²·t'uər 线团
针鼻子 tʂən⁵⁵pi²²·tsʅ
针尖尖儿 tʂən⁵⁵tɕiɛn⁵⁵tɕiər⁵⁵
针脚 tʂən⁵⁵tɕio²²
穿针 tʂ'uan⁵⁵tʂən⁵⁵
锥子 tsei⁵⁵·tsʅ
挖耳子 ua⁵⁵ər⁵¹·tsʅ 掏耳朵的小勺儿
搓衣板儿 tsuo⁵⁵i⁵⁵pər⁵¹
　洗衣板儿 ɕi⁵¹i⁵⁵pər⁵¹
槌棒 tʂ'uei²²paŋ³⁵ 棒槌
鸡毛刷刷儿 tɕi⁵⁵mau²² ʂua²²·ʂuər 鸡毛掸子
扇子 ʂan³⁵·tsʅ
蒲扇 p'u²²ʂan³⁵
拐棍 kuai⁵¹kuən³⁵ 拐杖
竹篙子 tʂu²²kau⁵⁵·tsʅ 晾衣服用的竹竿
解手纸 kai⁵¹ ʂəu⁵¹ tʂʅ⁵¹
烘笼儿 xoŋ⁵⁵lər⁵¹ 冬天取暖的竹制篮子，形似灯笼，上面有弧形提梁，便于携带，里面放置可以烧碳的小盆儿
火盆 xuo⁵¹p'ən²² 冬天烤火的盆，正方形木架，中间有与之平齐的放炭火的圆形铁盆，高约十公分

火盆锅 xuo⁵¹p'ən²² kuo⁵⁵ 架在火盆中间的烧炭火的铁锅，边沿平而宽，用于架在正方形的木架上
炕篓儿 k'aŋ³⁵lər⁵¹ 冬天架在火盆上烤小孩儿衣服或尿布的篾器，圆筒形，直径与火盆大体相当
背篓 pei³⁵ləu⁵¹
背架 pei³⁵tɕia³⁵ 背东西的架子，物品放在架子上可以背走
挑篓 t'iau⁵⁵ləu⁵¹ 挑东西篾的制竹篓
筛篮 ʂai⁵⁵lan²² 大筛子
鸡罩子 tɕi⁵⁵tʂau³⁵·tsʅ 关鸡的竹编器具
牛笼子 liəu²²loŋ²²·tsʅ 套在牛嘴上的竹笼，以免牛吃庄稼
马鞍 ma⁵¹ŋan⁵⁵
马梳 ma⁵¹səu⁵⁵ 给马梳理毛的梳子
牛铃铃儿 liəu²²lin²²·liər 牛脖子上的铃铛
脚脚儿 tɕio²²·tɕior 液体中剩余的残留物
□脚子 pa³⁵ tɕio²²·tsʅ 剩下的残留物
煤 mei²² 煤炭
煤炭 mei²²t'an³⁵
蜂窝煤 xoŋ⁵⁵uo⁵⁵ mei²²
煤粑粑 mei²²pa⁵⁵pa⁵⁵ 将团好的煤球压扁成圆形
散煤 san⁵¹mei²² 粉状的煤
块子煤 k'uai⁵¹·tsʅmei²² 块状的煤
灰煤 xuei⁵⁵mei²²
岩煤 ŋai²²mei²²
油煤 iəu²²mei²²
焦煤 tɕiau⁵⁵mei²²

无烟煤 u²²iɛn⁵⁵mei²²

九 称谓

1. 一般称谓

男的 lan²²·ti ①男人；②丈夫
男客 lan²²k'e²² 称成年男性，只有表示不满时才用
　男客家 lan²²k'e²²·tɕia
女的 ly⁵¹·ti ①女人；②妻子
女客 ly⁵¹k'e²² 称成年女性，只有表示不满时才用
　女客家 ly⁵¹k'e²²·tɕia
　女人家 ly⁵¹zən²²·tɕia
姑娘婆婆儿 ku⁵⁵liaŋ⁵⁵p'o²²·p'ər 中年妇女
婆娘 p'o²²·liaŋ 对妇女的詈称
大婆子 ta³⁵p'o²²·tsʅ 大老婆
小婆子 ɕiau⁵¹p'o²²·tsʅ 小老婆
月娃娃儿 ye²²a²²·uər 未满月的婴儿
奶娃儿 lai⁵¹uər² 还未断奶的幼儿
崽崽儿 tsai⁵¹·tsər 称呼顽皮的孩子
小崽崽儿 ɕiau⁵¹tsai⁵¹·tsər 有詈称的意味
小娃儿 ɕiau⁵¹uər² 小孩儿
　细娃儿 ɕi³⁵uər²²
细娃儿家家 ɕi³⁵uər²²tɕia⁵⁵·tɕia 表示不满、警告等时才用
男娃儿 lan²²uər²² 指称年轻男子或男孩子
　儿娃子 ər²²ua²²·tsʅ
女娃儿 ly⁵¹uər²² 指称年轻女子或女孩儿
　姑娘娃儿 ku⁵⁵liaŋ⁵⁵·uər²²
女娃儿家家 ly⁵¹uər²²tɕia⁵⁵·tɕia 表示不满、警告等才用
　姑娘家家 ku⁵⁵liaŋ⁵⁵tɕia⁵⁵·tɕia
年轻娃儿 liɛn²²tɕ'in⁵⁵·uər²² 小伙子
老年人 lau⁵¹liɛn²² zən²²
老头子 lau⁵¹t'əu²²·tsʅ 老头儿
老家伙 lau⁵¹tɕia⁵⁵·xuo 含贬义
　老东西 lau⁵¹toŋ⁵⁵·ɕi
老汉儿 lau⁵¹·xar ①老头儿；②父亲
老婆婆儿 lau⁵¹p'o²²·p'ər 老太婆
老口子 lau⁵¹p'a·tsʅ 老年妇女
街上的 kai⁵⁵·ʂaŋ³⁵·ti 指乡镇上的人
城里的 tʂ'ən²²li⁵¹·ti 指城市里的人
　城里来的 tʂ'ən²²li⁵¹lai²²·ti
乡里的 ɕiaŋ⁵⁵li⁵¹·ti 乡下人
　乡里来的 ɕiaŋ⁵⁵li⁵¹lai²²·ti
乡巴佬儿 ɕiaŋ⁵⁵pa⁵⁵lər⁵¹ 乡下人（带贬意或戏谑意）
高山老几 kau⁵⁵ʂan⁵⁵lau⁵¹tɕi⁵¹ 称生活在大山里的人（含贬义）
家门儿 tɕia⁵⁵mər²² 同姓的人
　本家 pən⁵¹tɕia⁵⁵
各人屋里的人 kuo²²zən²²u²²li²²·ti 自己家里的人
各人的人 kuo²²zən²²·tizən²² 自己人
老乡 lau⁵¹ɕiaŋ⁵⁵
外乡人 uai³⁵ɕiaŋ⁵⁵zən²²
　外地人 uai³⁵ti³⁵zən²²
本地人 pən⁵¹ti³⁵zən²²
洋人 iaŋ²²zən²² 外国人（指欧美国家的人）
东洋人 toŋ⁵⁵iaŋ²²zən²² 日本人
外人 uai³⁵zən²²
十二外人 ʂʅ²²ər³⁵uai³⁵zən²² 指不相干的外人

客 k'e²²
稀客 ɕi⁵⁵k'e²²
一命的 i²²min³⁵·ti　同庚
内行 lei³⁵xaŋ²²
　门里师 mən²²li⁵¹sʅ⁵⁵
外行 uai³⁵xaŋ²²
半罐子 pan³⁵kuan³⁵·tsʅ（比喻性说法）
　不是真的内行
　半吊子 pan³⁵tiau³⁵·tsʅ
二杆子 ər³⁵kan⁵¹·tsʅ ①说话做事没有分寸，不计后果；②没有真本事却喜欢吹嘘的人
中间人 tʂoŋ⁵⁵ kan⁵⁵zən²²
做中 tsəu³⁵tʂoŋ⁵⁵ 从中说合
个子人 kuo³⁵·tsʅzən²² ①单身汉；②离异或丧偶的男性
孤老 ku⁵⁵lau⁵¹ 没有后代的人
小媳妇儿 ɕiau⁵¹ɕi²²·xur 童养媳
寡母子 kua⁵¹mu⁵¹·tsʅ 寡妇
鳏夫子 kuan⁵⁵xu⁵⁵·tsʅ 鳏夫
闺儿子 kuei⁵⁵ər²²·tsʅ①未婚的男子；②骂人的话
闺姑娘 kuei⁵⁵ku⁵⁵liaŋ⁵⁵　未出嫁的女子
老姑娘 lau⁵¹ku⁵⁵liaŋ⁵⁵　未出嫁的大龄女子
二婚 ər³⁵xuən⁵⁵
　二道婚 ər³⁵ tau³⁵xuən⁵⁵
婊子 piau⁵¹·tsʅ
皮绊 p'i²²p'an³⁵ 姘头
打皮绊 ta⁵¹p'i²²p'an³⁵ 男女之间有不正当的关系
私娃儿 sʅ⁵⁵uər²² 私生子
　私娃子 sʅ⁵⁵ua²²·tsʅ

劳改犯 lau²²kai⁵¹xuan³⁵
狗腿子 kəu⁵¹tei⁵¹·tsʅ
暴发户 pau³⁵xua²²xu³⁵
啬巴儿 se²²pər⁵⁵ 吝啬鬼
吼道巴儿 xəu⁵¹tau³⁵·pər 因脾气不好儿说话声粗大气的人
败家子 pai³⁵ tɕia⁵⁵·tsʅ
酒麻木 tɕiəu⁵¹ma²²mu²² 嗜酒的人
叫花子 kau³⁵xua⁵⁵·tsʅ 乞丐
　要饭的 iau³⁵xuan³⁵·ti
　讨米的 t'au⁵¹mi⁵¹·ti
吃百家饭的 tɕ'i²²pe²²tɕia⁵⁵xuan³⁵·ti 指走江湖的人
骗子 p'iɛn³⁵·tsʅ
流氓 liəu²²maŋ²²
拐子 kuai⁵¹·tsʅ 专门拐骗小孩的人
痞子 p'i⁵¹·tsʅ 打牌、下棋等娱乐活动中不守规则、喜欢耍赖的人
二流子 ər³⁵liəu²²·tsʅ 流氓
二痞子 ər³⁵p'i⁵¹·tsʅ
土游子 t'əu⁵¹iəu²²·tsʅ 不务正业的人
游子娃儿 iəu²²·tsʅ·uər 不务正业，到处游荡的年轻人
棒老二 paŋ³⁵lau⁵¹ər³⁵ 土匪
抢犯 tɕ'iaŋ⁵¹xuan³⁵ 抢劫财物的人
强盗 tɕ'iaŋ²²tau³⁵ 贼
　强盗儿子 tɕ'iaŋ²²tau³⁵ər²²·tsʅ
扒老二 p'a²²lau⁵¹ər³⁵ 扒手
　三只手 san⁵⁵tsʅ⁵⁵ʂəu⁵¹
人贩子 zən²²xuan³⁵·tsʅ

2. 职业称谓

活路 xuo²²ləu³⁵ ①活儿。"干活儿"叫"做活路"或"搞活路"，多指体力劳动；②工作或劳动的

计量单位
工作 koŋ⁵⁵tsuo²²
工人 koŋ⁵⁵zən²²
请人 tɕ'in⁵¹zən²² 雇人
长工 tʂ'aŋ²²koŋ⁵⁵
短工 tan⁵¹koŋ⁵⁵
小工 ɕiau⁵¹koŋ⁵⁵
大工 ta³⁵koŋ⁵⁵
零工 lin²²koŋ⁵⁵
种田的 tʂoŋ³⁵tʂ'iɛn²²·ti 农民
搞事 kau⁵¹sɿ³⁵ 工作
　做事 tsəu³⁵sɿ³⁵
做生意的 tsəu³⁵sən⁵⁵i⁵⁵·ti 做买卖的
老板儿 lau⁵¹pər⁵¹ ①泛指称做生意的人；②雇主、房东等
老板娘 lau⁵¹pan⁵¹liaŋ²²
伙计 xuo⁵¹·tɕi ①店员或长工；②合作的人
伙姐 xuo⁵¹·tɕie 关系较好或熟络的男性之间的称谓
徒弟 t'əu²² ti³⁵
　徒弟娃儿 t'əu²² ti³⁵·uər
买东西的 mai⁵¹toŋ⁵⁵ɕi⁵⁵·ti 商店里的顾客
吃东西的 tɕ'i²²toŋ⁵⁵ɕi⁵⁵·ti 饭馆里的顾客
做小生意的 tsəu³⁵ɕiau⁵¹sən⁵⁵i⁵⁵·ti 小贩
摆摊子 pai⁵¹t'an⁵⁵·tsɿ 摆摊儿
摆摊子的 pai⁵¹t'an⁵⁵·tsɿ·ti 摊贩
　摆摊摊儿的 pai⁵¹t'an⁵⁵t'ər⁵⁵·ti
二道贩子 ər³⁵tau³⁵xuan³⁵·tsɿ
教书先生 tɕiau⁵⁵ʂu⁵⁵ɕiɛn⁵⁵sən⁵⁵ 教师（旧）

私塾先生 sɿ⁵⁵ʂu⁵⁵ɕiɛn⁵⁵sən⁵⁵
老师（新）lau⁵¹sɿ⁵⁵
学生 ɕio²²sən²²
　学生娃儿 ɕio²²sən²²·uər
同学 t'oŋ²²ɕio²²
玩伴儿 uan²²pər³⁵ 朋友，主要指青少年时期的朋友
当兵的 taŋ⁵⁵pin⁵⁵·ti 兵或军人
公安局的 koŋ⁵⁵ŋan⁵⁵tɕy²²·ti 警察
医生 i⁵⁵sən⁵⁵
师傅 sɿ⁵⁵xu⁵⁵ 一般指称有手艺的人
大师傅 ta³⁵sɿ⁵⁵xu⁵⁵ 专指厨师（比较尊敬、客气）
厨子 tʂ'u²²·tsɿ 厨师的一般性称呼
开车的 k'ai⁵⁵tʂ'e⁵⁵·ti
　司机 sɿ⁵⁵tɕi⁵⁵
九佬十八匠 tɕiəu⁵¹lau⁵¹sɿ²²pa²²tɕiaŋ³⁵ 对各种手艺人的总称。"九佬"分别是：杀猪劁猪佬，剃头修脚佬，赶仗补锅佬，渡船吹鼓佬，还有背脚佬。"十八匠"分别是：金银铜铁锡，石木雕画漆，巧弹伞染，外加梳篦皮。"九佬十八匠"体现了传统的手工业类型，随着经济的发展，许多传统手工业已经失传，相关的从业人员也不复存在，但名称还保留着
匠人 tɕiaŋ³⁵zən²²
金匠 tɕin⁵⁵tɕiaŋ³⁵
银匠 in²²tɕiaŋ³⁵
铜匠 t'oŋ²²tɕiaŋ³⁵
铁匠 t'ie²²tɕiaŋ³⁵
锡匠 ɕi²²tɕiaŋ³⁵

石匠 ʂʅ²²tɕiaŋ³⁵
木匠 mu²²tɕiaŋ³⁵
雕匠 tiau⁵⁵tɕiaŋ³⁵
画匠 xua³⁵tɕiaŋ³⁵
漆匠 tɕʻi²²tɕiaŋ³⁵
弹匠 tʻan²²tɕiaŋ³⁵ 弹棉花的匠人
染匠 zan⁵¹tɕiaŋ³⁵ 染布料的人
篾匠 mie²²tɕiaŋ³⁵
皮匠 pʻi²²tɕiaŋ³⁵
瓦匠 ua⁵¹tɕiaŋ³⁵
箍匠 kʻu⁵⁵tɕiaŋ³⁵
窑匠 iau²²tɕiaŋ³⁵
鞋匠 xai²²tɕiaŋ³⁵
杀猪佬儿 ʂa²²tʂu⁵⁵lər⁵¹ 屠夫
劁猪佬儿 tɕʻiau⁵⁵tʂu⁵⁵lər⁵¹ 阉割牲畜的人
剃头佬儿 tʻi³⁵tʻəu²² 走街串巷的理发人
修脚佬儿 ɕiəu⁵⁵tɕio²²lər⁵¹ 专门为澡堂里泡澡的客人修脚的人
赶仗佬儿 kan⁵¹tʂaŋ³⁵lər⁵¹ 以打猎为生的人
补锅佬儿 pu⁵¹kuo⁵⁵lər⁵¹ 补锅、碗、焊洋铁壶等的手艺人
渡船佬儿 təu³⁵tʂʻuan²²lər⁵¹ 艄公
梢夫子 ʐau²²xu⁵⁵·tsʅ
吹鼓佬儿 tʂʻuei⁵⁵ku⁵¹lər⁵¹ 吹鼓手
背脚佬儿 pei⁵⁵tɕio²²lər⁵¹ 用背篓、专为别人运输物资的人
裁缝 tsʻai²²xoŋ³⁵
搬运工 pan⁵⁵yn³⁵koŋ⁵⁵
挑脚佬儿 tʻiau⁵⁵tɕio²²lər⁵¹ 挑夫
抬轿子的 tʻai²²tɕiau³⁵·tsʅ·ti
　轿夫 tɕiau³⁵xu⁵⁵
算命子 san³min³⁵·tsʅ 算命先生

算命的 san³⁵min³⁵·ti
看相的 kʻan³⁵ɕiaŋ³⁵·ti
喂猪的 uei³⁵tʂu⁵⁵·ti 猪场养猪的工人
放牛娃儿 xuaŋ³⁵liəu²²uər²²
揹佬二 pei⁵⁵lau⁵¹ər³⁵ 专门替人背送货物的人
丫头 ia⁵⁵·tʻəu 对闺女的称呼（一般认为贱称好养活）
佣人 ioŋ³⁵zən²²
丫环 ia⁵⁵xuan²²
捡生婆 tɕiɛn⁵¹sən⁵⁵pʻuo²²
　接生婆 tɕiɛ²²sən⁵⁵pʻuo²²
和尚 xuo²²ʂaŋ³⁵
尼姑 li²²ku⁵⁵
道士 tau³⁵sʅ³⁵
端公 tan⁵⁵koŋ⁵⁵ 男巫
阴阳先生 in⁵⁵iaŋ²²ɕiɛn⁵⁵sən⁵⁵ 看风水的人
犟楞楞 tɕiaŋ³⁵kuai⁵¹·kuai 倔强的人
混混儿 xuən³⁵·xuər 游手好闲的人
矮打杵 ŋai⁵¹tʻa⁵¹tʂʻu²² 身材矮小的人（蔑称）
二黄腔 ər³⁵xuaŋ²²tɕʻiaŋ⁵⁵ 不讲道理的女人
懵虫虫儿 moŋ³⁵tʂʻoŋ²²·tʂʻuər 懵懂、不太懂事的孩子
痞子客 pʻi⁵¹·tsʅkʻe²² 打牌等娱乐时输了不认账、耍赖的人
好吃巴儿 xau³⁵tɕʻi²²·pər 嘴馋、贪嘴的孩子，含戏谑意味
五香嘴儿 u⁵¹ɕiaŋ⁵⁵zər⁵¹ 好吃且会吃的人
睁眼瞎 tsən⁵⁵iɛn⁵¹ɕia²² 指目不识丁的人

砍脑壳的 k'an⁵¹lau⁵¹k'uo²²·ti 该死的，骂人的话
背时的 pei³⁵ʂʅ²²·ti 骂对方不走运
背万年时的 pei³⁵uan³⁵liɛn²²ʂʅ²²·ti 咒骂对方不走运，程度更深，语气更重

十 亲属

1. 长辈

老辈子 lau⁵¹pei³⁵·tsʅ 长辈
晚辈子 uan⁵¹pei³⁵·tsʅ 晚辈
 小辈子 ɕiau⁵¹pei³⁵·tsʅ
祖公佬儿 tsəu⁵¹koŋ⁵⁵lər⁵¹ 先辈，祖宗
先人 ɕiɛn⁵⁵zən²²
大人 ta³⁵zən²² 家庭中的长辈，一般指父母
后人 xəu³⁵zən²² 后代，一般只子女
祖祖 tsəu⁵¹·tsəu⁵¹ 曾祖父母，外曾祖父母（不分男女）
祖家公 tsəu⁵¹ka⁵⁵koŋ⁵⁵ 外曾祖父
祖家家 tsəu⁵¹ka⁵⁵ka⁵⁵ 外曾祖母
爷爷 ie²²·ie
奶奶 lai⁵¹·lai
 婆婆 p'o²²·p'o
爹爹 tia⁵⁵tia⁵⁵ 有的地方称爷爷或外公
家公 ka⁵⁵koŋ⁵⁵ 外祖父
家家 ka⁵⁵ka⁵⁵ 外祖母
老汉儿 lau⁵¹·xər 父亲；"爹"（旧）；
 老头儿 lau⁵¹·t'ər
 爷爷 ia²²ia²² 有的地方称父亲
爸爸 pa²²·pa（新）
妈 ma⁵⁵
 恩娘 ŋən⁵⁵liaŋ²²
 恩姐 ŋən⁵⁵tɕie⁵¹

娭毑 ŋai⁵⁵tɕie⁵¹
亲爷 tɕ'in⁵⁵ ie⁵⁵ 岳父（背称），面称随妻
丈人佬儿 tʂaŋ³⁵zən²²lər⁵¹
老丈人 lau⁵¹ tʂaŋ³⁵zən²²
亲爷老汉儿 tɕ'in⁵⁵ie⁵⁵ lau⁵¹·xər
亲妈 tɕ'in⁵⁵ma⁵⁵ 岳母（背称），面称随妻
亲娘 tɕ'in⁵⁵liaŋ²²
丈母娘 tʂaŋ³⁵mu⁵¹liaŋ²²
老丈母 lau⁵¹ tʂaŋ³⁵ mu⁵¹
公公老汉儿 koŋ⁵⁵koŋ⁵⁵lau⁵¹·xər 夫之父（背称），面称随夫
公公 koŋ⁵⁵koŋ⁵⁵
婆子妈 p'o²²·tsʅma⁵⁵ 夫之母（背称），面称随夫
婆婆 p'o²²·p'o
后老汉儿 xəu³⁵ lau⁵¹·xər 继父
后老头儿 xəu³⁵lau⁵¹·t'ər
后妈 xəu³⁵ma⁵⁵ 继母
伯伯 pe²²·pe ①伯父；②称呼别人家里与自己父亲年纪相仿的同辈男性，前面常冠以姓氏
叔叔 ʂu²²·ʂu ①叔父，也可以按排行称"二叔、三叔"等；②称呼别人家里比自己父亲年纪小的同辈男性，前面常冠以姓氏
幺叔 iau⁵⁵ ʂu²² 专称最小的叔叔
 幺爸儿 iau⁵⁵ pər⁵¹
伯孃 pe²²·liaŋ 伯父的妻子，前面可以加排行
 □□ma³⁵ ma³⁵
婶娘 ʂən⁵¹·liaŋ 叔父的妻子，前面可以加排行

舅舅 tɕiəu³⁵·tɕiəu
幺舅儿 iau⁵⁵·tɕiər 最小的舅舅
舅母 tɕiəu³⁵mu⁵¹
　舅妈（新）tɕiəu³⁵ ma⁵⁵
舅爷爷　tɕiəu³⁵ie²²·ie 父之舅舅
舅奶奶　tɕiəu³⁵lai⁵¹·lai 父之舅母
姑奶奶　ku⁵⁵ lai⁵¹·lai 父之姑母
　姑婆婆 ku⁵⁵pʻo²²·pʻo
姑爷爷 ku⁵⁵ ie²²·ie 父之姑父
姨奶奶　i²²lai⁵¹·lai 父之姨母
　姨婆婆 i²²pʻo²²·pʻo
姨姑爷　i²² ku⁵⁵ ie²² 父之姨父
爹爹 tie⁵⁵·tie 称父亲的姐妹，"姑姑、姑妈"是较新的称法
姑爹 ku⁵⁵ tie⁵⁵　姑父
姨（儿）i²²/iər²² 称母亲的姐妹
　姨妈 i²²ma⁵⁵（新）
姨爹 i²²tie⁵⁵　姨父
两/几娘母　liaŋ⁵¹/tɕi⁵¹liaŋ²²mu⁵¹ 母子两人/几人
娘儿母子 liaŋ²²ər²²mu⁵¹tsʅ⁵¹　①母亲和子女；②舅舅或舅母与外甥
几爷子 tɕi⁵¹ie²²tsʅ⁵¹ 父亲和子女，可以直接用数字表示总人数，如"两爷子、三爷子"，"几"表示概数
两/几祖孙　liaŋ⁵¹tsəu⁵¹sən⁵⁵ 爷孙俩/几个

2. 平辈

一辈的 i²²pei³⁵·ti 平辈，同辈分
爱人 ŋai³⁵zən²² 称呼夫妻中的一方，背称或面称均可
两口子 liaŋ⁵¹kʻəu⁵¹·tsʅ
屋里 u²²·li 指妻子或丈夫
媳妇子 tɕi²² xu²²·tsʅ　妻子
　女的 ly⁵¹·ti
　女人 ly⁵¹zən²²
　女客 ly⁵¹kʻe²² 农村用得比较多
媳妇儿 tɕi²²·xuər ①儿媳妇；②妻子（主要是指中青年以下，也可以指未婚妻）
男人 lan²²zən²²　丈夫
　男的 lan²²·ti
　男客 lan²²kʻe²² 农村用得比较多
大伯子 ta³⁵pe²²·tsʅ
小叔子 ɕiau⁵¹ʂu²²·tsʅ
姑子 ku⁵⁵·tsʅ　夫之姐妹
舅佬倌儿 tɕiəu³⁵lau⁵¹kuər⁵⁵ 妻之兄弟
舅母子 tɕiəu³⁵mu⁵¹·tsʅ 妻之兄弟之妻
大舅子 ta³⁵ tɕiəu³⁵·tsʅ 妻之兄
小舅子 ɕiau⁵¹ tɕiəu³⁵·tsʅ 妻之弟
姨姐子 i²²tɕie⁵¹·tsʅ 丈夫称妻子的姐姐，背称，面称从妻
大姨子 ta³⁵ i²²·tsʅ
姨妹子 i²²mər³⁵·tsʅ 丈夫称妻子的妹妹，背称，面称从妻
小姨子 ɕiau⁵¹ i²²·tsʅ
佬姨 lau⁵¹i²²　连襟
弟兄 ti³⁵ɕioŋ⁵⁵
姊妹 tsʅ⁵¹mei³⁵ 兄弟姐妹的统称，也可以专指姐妹
哥哥 kuo⁵⁵·kuo
嫂嫂 sau⁵¹·sau
　嫂子 sau⁵¹·tsʅ
兄弟　ɕioŋ⁵⁵·ti³⁵ 弟弟
兄弟媳妇儿 ɕioŋ⁵⁵·ti³⁵ ɕi²²·xuər 弟媳
姐姐 tɕie⁵¹·tɕie
姐夫哥 tɕie⁵¹·xu kuo⁵⁵ 姐夫

妹妹 mei³⁵·mei
妹夫子 mei³⁵xu⁵⁵·tsʅ
叔伯弟兄 ʂu²²pe²² ti³⁵ɕioŋ⁵⁵ 堂兄弟
叔伯哥哥 ʂu²²pe²² kuo⁵⁵·kuo 堂兄
叔伯兄弟 ʂu²² pe²² ɕioŋ⁵⁵·ti³⁵ 堂弟
叔伯姊妹 ʂu²²pe²²tsʅ⁵¹mei³⁵ 堂姊妹
老表 lau⁵¹piau⁵¹ 姑与舅的孩子或姨与姨的孩子之间统称为"老表"，只有在特别强调的时候才称表哥、表弟、表姐、表妹
血老表 lau⁵¹piau⁵¹ 姑舅老表
姨老表 i²²lau⁵¹piau⁵¹ 姨亲老表
兄弟伙里 ɕioŋ⁵⁵ ti³⁵ xuo⁵¹·li 兄弟之间；能称兄道弟、关系好的男性之间
姊儿妹妹 tsʅ⁵¹ər²²mei³⁵tsʅ⁵¹ 姐妹之间
两姊妹 liaŋ⁵¹ tsʅ⁵¹ mei³⁵ ①姐妹、兄妹、姐弟俩；②长辈面称刚结婚的小夫妻俩，背称用"两口子"
妯娌 tʂu²²·li⁵¹

3. 晚辈

娃儿 uər²² 子女(儿子和女儿的总称)
后人 xəu³⁵zən²² 子女，比较正式
儿子 ər²²·tsʅ
幺 iau⁵⁵ 排行最小的
姑娘 ku⁵⁵ liaŋ⁵⁵ ①女儿；②女孩子
女婿 ly⁵¹·ɕy
女婿娃儿 ly⁵¹ɕy³⁵·uər²² 称比较年轻的
媳妇儿 ɕi²²·xuər
　儿媳妇儿 ər²²ɕi²²·xuər
侄娃儿 tsʅ²²uər²² ①侄子和侄女的统称；②侄子
侄儿子 tsʅ²² ər²²·tsʅ 侄子
侄姑娘 tsʅ²² ku⁵⁵liaŋ⁵⁵ 侄女

妻侄娃儿 tɕ'i⁵⁵tsʅ²²uər²² 妻之侄子和侄女的统称
妻侄儿子 tɕ'i⁵⁵tsʅ²²ər²²·tsʅ 妻之侄子
妻侄姑娘 tɕ'i⁵⁵tsʅ²² ku⁵⁵liaŋ⁵⁵ 妻之侄女
外外 uai³⁵·uai 外甥，姐妹之子女的统称
内侄 lei³⁵tsʅ²² 女方娘家兄弟的子女
外侄 uai³⁵tsʅ²² 女方娘家姐妹的子女
抱疙瘩 pau³⁵ke²² ta 称抱养的孩子（略带轻蔑之意）
抱的娃儿 pau³⁵·ti uər²² 养子
孙娃儿 sən⁵⁵uər²² ①孙子和孙女的统称；②孙子
孙姑娘 sən⁵⁵ku⁵⁵liaŋ⁵⁵ 孙女
孙媳妇儿 sən⁵⁵tɕi²²·xuər
孙女婿 sən⁵⁵ly⁵¹·ɕy
外孙儿 uai³⁵sər⁵⁵ ①女之子女的统称；②女之子
外孙儿姑娘 uai³⁵sər⁵⁵ ku⁵⁵ liaŋ⁵⁵ 外孙女
外孙儿女婿 uai³⁵sər⁵⁵ly⁵¹·ɕy
重孙儿 tsʻoŋ²²sər⁵⁵ 重孙的统称，一般不分男女，只有在要强调是女孩的时候才说"重孙姑娘"

4. 其他

亲家 tɕ'in³⁵tɕia⁵⁵
打亲家 ta⁵¹tɕ'in³⁵tɕia⁵⁵ 结为亲家
亲家母 tɕ'in³⁵tɕia⁵⁵mu⁵¹
亲家佬儿 tɕ'in³⁵tɕia⁵⁵lər⁵¹
　亲家公 tɕ'in³⁵tɕia⁵⁵koŋ⁵⁵
亲戚 tɕ'in⁵⁵tɕ'i²²
妈屋里 ma⁵⁵u²²·li 娘家
婆子妈屋里 pʻo²²·tsʅma⁵⁵u²²·li 婆家
男方 lan²²xuaŋ⁵⁵ 婚姻关系中的男方

（从外人角度说）
女方 ly⁵¹xuaŋ⁵⁵ 婚姻关系中的女方（从外人角度说）
家家屋里 ka⁵⁵ka⁵⁵u²²·li 外婆家
丈人佬儿屋里 tʂaŋ³⁵zən²²lər⁵¹u²²·li 丈人家（指未有孩子时的称呼，有孩子后从孩子称呼）
　亲妈屋里 tɕ'in⁵⁵ma⁵⁵u²²·li
干亲家 kan⁵⁵tɕ'in³⁵tɕia⁵⁵ 没有姻亲关系而拜接的双方父母之间的称谓
干爹 kan⁵⁵tie⁵⁵
干妈 kan⁵⁵ma⁵⁵

十一 身体

1. 五官

身体 ʂən⁵⁵t'i⁵¹
身上 ʂən⁵⁵·ʂaŋ
身个子 ʂən⁵⁵kuo³⁵·tsʅ 身量、个头
脑壳 lau⁵¹k'uo²²
　头 t'əu²²
光头儿 kuaŋ³⁵·t'ər 光头
　光脑壳 kuaŋ³⁵lau⁵¹k'uo²²
开顶 k'ai⁵⁵tin⁵¹ 谢顶
额脑壳 ŋe²²lau⁵¹k'uo²² 额头
方脑壳 xuaŋ⁵⁵lau⁵¹k'uo²² 额头往前突出
顶门心 tin⁵¹min²²ɕin⁵⁵ 头顶
后脑壳 xəu³⁵lau⁵¹k'uo²² 后脑勺
囟门儿 tɕin³⁵mər²²
太阳窝 t'ai³⁵iaŋ²²uo⁵⁵ 太阳穴
　太阳心 t'ai³⁵iaŋ²²ɕin³⁵
颈项 tɕin⁵¹k'aŋ²² 脖子
争嘴窝 tsən⁵⁵tsei⁵¹uo³⁵ 颈后凹陷处

后颈窝 xəu³⁵tɕin⁵¹uo⁵⁵
头发 t'əu²²·xua
几根毛毛儿 tɕi⁵¹kən⁵⁵mau²²·mər 形容头发少
白眯儿 pe²²miər⁵⁵ 生来头发、眉毛、皮肤都是白的人（俗指有白化病的人）
辫头儿 pien³⁵t'ər 辫子
鬏鬏儿 tɕiəu⁵⁵·tɕiər⁵⁵ 马尾
披披儿 p'ei⁵⁵·p'ər⁵⁵ 刘海
巴巴嘴儿 pa⁵⁵pa⁵⁵tsər⁵¹ 盘的发髻
脸 lien⁵¹
脸巴儿 lien⁵¹pər⁵⁵ 脸蛋儿
　脸巴子 lien⁵¹pa⁵⁵·tsʅ
酒窝窝儿 tɕiəu⁵¹uo⁵⁵uər⁵⁵ 酒窝
颧骨 tɕ'yen²²ku²²
人中 zən²²tsoŋ⁵⁵
腮帮子 sai⁵¹paŋ⁵⁵·tsʅ
眼睛 iɛn⁵¹tɕin⁵⁵
眼睛眶子 iɛn⁵¹tɕin⁵⁵k'uaŋ⁵⁵·tsʅ 眼眶
眼珠子 iɛn⁵¹tʂu⁵⁵·tsʅ
眼角角儿 iɛn⁵¹kuo²²·kuər
眼流水儿 iɛn⁵¹liəu²²ʂuər⁵¹ 眼泪
猫尿 mau⁵⁵liau³⁵ 眼泪，含贬义
眼屎 iɛn⁵¹ʂʅ⁵¹
　眼屎屄屄 iɛn⁵¹ʂʅ⁵¹pa⁵¹·pa
眼皮子 iɛn⁵¹p'i²²·tsʅ
　眼睛皮儿 iɛn⁵¹tɕin⁵⁵p'iər²²
单眼皮子 tan⁵⁵iɛn⁵¹p'i²²·tsʅ
　单眼皮儿 tan⁵⁵ iɛn⁵¹p'iər²²
双眼皮子 ʂuaŋ⁵⁵iɛn⁵¹p'i²²·tsʅ
　双眼皮儿 ʂuaŋ⁵⁵iɛn⁵¹p'iər²²
眼眨毛 iɛn⁵¹tʂa⁵¹mau²² 睫毛
眉毛 mei²²mau²²

鼻子 pi²²·tsʅ
鼻涕 pi²²·tʻi²²
鼻屎 pi²²ʂʅ⁵¹
　鼻屎壳壳 pi²²ʂʅ⁵¹kʻuo²²·kʻuo
鼻孔 pi²²kʻoŋ⁵¹
鼻毛 pi²²mau²²
鼻子尖尖儿 pi²²·tsʅ tɕien⁵⁵·tɕiər 鼻尖儿
鼻子尖 pi²²·tsʅtɕien⁵⁵　嗅觉灵敏
鼻梁杆儿 pi²²liaŋ²²kər⁵¹
　鼻梁 pi²²liaŋ²²
酒糟鼻子 tɕiəu⁵¹tsau⁵⁵pi²²·tsʅ
蒜头儿鼻 san³⁵tʻər²²pi²²·tsʅ 鼻头很大的鼻子
嘴巴 tsei⁵¹·pa
嘴嘴儿 tsei⁵¹·tsər 器物上像嘴一样的口部
嘴巴皮子 tsei⁵¹pa pʻi²²·tsʅ 嘴皮子
口水（儿）kʻəu⁵¹ʂuei⁵¹（ʂuər⁵¹）唾沫
涎口水（儿）ɕien²²kʻəu⁵¹ʂuei⁵¹（ʂuər⁵¹）嘴角流下的唾液
清口水儿 tɕʻin⁵⁵kʻəu⁵¹ʂuər⁵¹ 唾液
鼾口水儿 xan⁵⁵kʻəu⁵¹ʂuər⁵¹ 睡觉时不自觉流出的口水
舌条儿 ʂe²²tʻiər²² 舌头
舌苔 ʂe²²tʻai⁵⁵
夹舌子 tɕia²²ʂe²²·tsʅ 大舌头（口齿不清）
牙齿 ia²²tʂʻʅ²²
门牙 mən²²ia²²
牙根 ia²²kən⁵⁵ 牙龈
板牙 pan⁵¹ia²² 大牙
槽牙 tsʻau²²ia²²
虎牙 xu⁵¹ia²²
牙垢 ia²²kəu³⁵

牙包骨 ia²²pau⁵⁵ku²² 牙床
　牙板骨 ia²²pan⁵¹ku²²
龅牙齿 pau³⁵ia²²tʂʻʅ²² 龅牙
兔牙齿 tʻəu³⁵ia²²tʂʻʅ²² 兔牙
虫牙 tʂʻoŋ²²ia²²
耳东 ər⁵¹toŋ⁵⁵/·tuo⁵⁵　耳朵
耳东垂垂儿 ər⁵¹toŋ⁵⁵/·tuo⁵⁵tʂʻuei²²·tʂʻuər 耳垂儿
耳屎 ər⁵¹ʂʅ⁵¹
聋 loŋ⁵⁵
下巴儿 ɕia³⁵pər⁵⁵ 下颌
喉咙 xəu²²loŋ²²
喉结 xəu²²tɕie²²
胡子 xu²²·tsʅ
挂耳胡 kua³⁵ər⁵¹xu²² 络腮胡子
八字胡 pa²²tsʅ³⁵xu²² 嘴唇两边长的胡子
三须胡 san⁵⁵ɕy⁵⁵xu²² 嘴唇两边和下巴长的胡子

2. 手、脚、胸、背

肩膀 tɕien⁵⁵paŋ⁵¹
　肩堡 tɕien⁵⁵pau⁵¹
延缠骨 ien²²tʂʻan²²ku²² 肩胛骨
　肩胛骨 tɕien⁵⁵tɕia²²ku²²
延骨罐 ien²²ku²²kuan³⁵ 锁骨
溜肩膀 liəu⁵⁵tɕien⁵⁵paŋ⁵¹ 削肩
膀子 paŋ⁵¹·tsʅ 胳膊
背膀子 tɕien⁵⁵paŋ⁵¹·tsʅ 上背
手杆（子）ʂəu⁵¹kan⁵¹（·tsʅ）手臂
手膀子 ʂəu⁵¹paŋ⁵¹·tsʅ 上臂
倒拐子 tau³⁵kuai⁵¹·tsʅ 胳膊肘儿
夹肢窝儿 ka²²tʂu²²uər⁵⁵ 胳肢窝
手腕子 ʂəu⁵¹uan⁵¹·tsʅ
反手 xuan⁵¹ʂəu⁵¹ 左手

正手 tʂən³⁵ʂəu⁵¹ 右手
手指甲儿 ʂəu⁵¹tʂʅ²²kər²² 手指
大指甲儿 ta³⁵tʂʅ²²kər²² 大拇指
二指甲儿 ər³⁵tʂʅ²²kər²² 食指
中指甲儿 tʂoŋ⁵⁵tʂʅ²²kər²² 中指
无名指 u²²min²²tʂʅ⁵¹
小指甲儿 ɕiau⁵¹tʂʅ²²kər²² 小拇指
指甲壳儿 tʂʅ²²ka²²kʻuər²² 指甲
指甲心儿 tʂʅ²²ka²² ɕiər⁵⁵ 指甲盖和指
　尖肌肉连接处
指甲儿颠颠儿 tʂʅ²²kər²²tiɛn⁵⁵ ·tiər 指
　尖
手丫丫儿 ʂəu⁵¹ia⁵⁵ ·iər⁵⁵ 手指之间的
　连接部位
跰子 tɕiɛn⁵¹ ·tsʅ
手板儿 ʂəu⁵¹pər⁵¹ 手掌
手板儿心 ʂəu⁵¹pər⁵¹ɕin⁵⁵ 手心
定垂 tin³⁵tʂʻuei²² 拳头
巴掌 pa⁵⁵tʂaŋ⁵¹
耳巴子 ər⁵¹pa⁵⁵·tsʅ 耳光：打一～
　耳矢 ər⁵¹ʂʅ⁵¹
手背 ʂəu⁵¹pei³⁵
关节 kuan⁵⁵tɕie²²
胯子 kʻua⁵¹·tsʅ 整条腿
　腿杆子 tʻei⁵¹kan⁵¹·tsʅ
　腿子 tʻei⁵¹·tsʅ
大胯子 ta³⁵kʻua⁵¹·tsʅ 大腿
　大腿子 ta³⁵tʻei⁵¹·tsʅ
　胯胯 kʻua⁵¹·kʻua
小胯子 ɕiau⁵¹kʻua⁵¹·tsʅ 小腿
　小腿子 ɕiau⁵¹tʻei⁵¹·tsʅ
胯巴儿 kʻua⁵¹pər⁵⁵/kʻa³⁵pər⁵⁵ 大腿根儿
臁巴肚子 liɛn²²pa⁵⁵təu⁵¹·tsʅ 小腿肚子
穷骨头 tɕʻioŋ²²ku²² ·tʻəu 小腿前面的
　长骨
臁儿杆骨 liər²²kan⁵¹ku²² 小腿内侧的
　长骨
髁膝脑壳儿 kʻe²²ɕi²²lau⁵¹ ·kʻuər 膝盖
　髁膝包儿 kʻe²²ɕi²²pər⁵⁵
胯子骨头 kʻua⁵¹·tsʅku²²·tʻəu 腿的大骨
胯裆 kʻa³⁵taŋ⁵⁵ 两条腿的中间
　裆 taŋ⁵⁵
屁眼儿 pʻi³⁵iər⁵¹ 肛门
屁股 pʻi³⁵ku⁵¹
屁股墩子 pʻi³⁵ku⁵¹tən⁵⁵·tsʅ 臀部
鸡巴（男阴）tɕi⁵⁵pa⁵⁵
鸡鸡儿 tɕi⁵⁵ ·tɕiər⁵⁵ 赤子阴
　雀雀儿 tɕʻio²²·tɕʻiər
卵子 lan⁵¹ ·tsʅ 睾丸
屄 pʻi⁵⁵ 女阴
脚 tɕio²²
脚腕子 tɕio²²uan⁵¹ ·tsʅ 脚踝
螺蛳骨 luo²² sʅ⁵⁵ku²² 脚踝骨
光脚板儿 kuaŋ⁵⁵tɕio²²pər⁵¹ 赤脚
　赤脚蹁儿 tʂʻʅ²²tɕio²²pʻiər⁵¹
脚背 tɕio²²pei³⁵
脚板儿 tɕio²² pər⁵¹ 脚掌
脚板儿心 tɕio²²pər⁵¹ɕin⁵⁵ 脚掌心
脚尖 tɕio²²tɕiɛn⁵⁵
脚指甲儿 tɕio²²tʂʅ²²kər²² 脚趾头
脚指甲壳儿 tɕio²²tʂʅ²²ka²² kʻuər²² 脚
　趾甲
脚丫丫儿 tɕio²²ia⁵⁵iər⁵⁵
脚后跟儿 tɕio²²xəu³⁵kər⁵⁵
前脚掌 tɕʻiɛn²²tɕio²²tʂaŋ⁵¹
后脚掌 xəu³⁵tɕio²²tʂaŋ⁵¹
脚印子 tɕio²²in³⁵ ·tsʅ
　脚板儿印 tɕio²²pər⁵¹in³⁵

脚迹 tɕio²²tɕi²² 去世的人生前留下的脚印
鸡眼儿 tɕi⁵⁵iər⁵¹
心口 ɕin⁵⁵kʻəu⁵¹
　心口窝儿 ɕin⁵⁵kʻəu⁵¹uər⁵⁵
胸面前 ɕioŋ⁵⁵miɛn³⁵tɕʻiɛn²² 胸前
肋巴骨 le²²pa⁵⁵ku²² 肋骨
肚子 təu⁵¹·tsɿ
小肚子 ɕiau⁵¹təu⁵¹·tsɿ 小腹
肚脐儿 təu³⁵tɕʻiər²²
腰杆 iau⁵⁵kan⁵¹
背节 pei³⁵tɕie²² 背
劲颡骨 tɕin⁵¹saŋ⁵¹ku²²
背节骨 pei³⁵tɕie²²ku²² 脊梁骨
尾节骨 uei⁵¹tɕie²²ku²² 尾骨
屎叉骨 sɿ⁵¹tʂʻa⁵⁵ku²²

3. 其他

旋儿 ɕyər³⁵
朒 luo²² 手指肚上的椭圆形指纹
筲箕 ʂau⁵⁵tɕi⁵⁵ 手指肚上的筲箕形的指纹
寒毛 xan²²mau²²
痣 tʂɿ³⁵
骨头 ku²²·tʻəu
筋 tɕin⁵⁵
青筋 tɕʻin⁵tɕin⁵⁵ 指皮肤表面看得见的血管
血 ɕye²²
血管 ɕye²²kuan⁵¹
脉 me²²
动脉 toŋ³⁵me²²
静脉 tɕin²³⁵me²²
心脏 ɕin⁵⁵tsaŋ³⁵
肝 kan⁵⁵

肺 xuei³⁵
胆 tan⁵¹
脾 pʻi²²
胃 uei³⁵
肾 ʂən³⁵
肠子 tʂʻaŋ²²·tsɿ
大肠 ta³⁵tʂʻaŋ²²
小肠 ɕiau⁵¹tʂʻaŋ²²
盲肠 maŋ²²tʂʻaŋ²²
尿脬 liau³⁵pʻau⁵⁵ 膀胱
麻布衣子 ma²²pu³⁵i⁵⁵·tsɿ　腹网膜
身材 ʂən⁵⁵tsʻai²²
条子 tʻiau²²·tsɿ 好的身材
蓄条子 ɕiəu²²tʻiau²²·tsɿ 保持好身材
矮打杵 ŋai⁵¹taʻ⁵¹tʂʻu⁵¹ 身材短小的人

十二　疾病、医疗

1. 一般用语

（搞）病哒 （kau⁵¹) pin³⁵·ta 病了
害病 xai³⁵pin³⁵ 得病、生病
小病 ɕiau⁵¹pin³⁵
殃 iaŋ⁵⁵ 生病或不舒服而没力气、没精神
大病 ta³⁵pin³⁵ 重病
倒床哒 tau⁵¹tʂʻuaŋ²²·ta 重病卧床
耐不活 lai³⁵pu²²xuo²² ①生病；②身体不舒服；③没有能力做某事，做不了
病人子 pin³⁵zən²²·tsɿ 病人
过人 kuo³⁵zən²² 指（疾病等）具有传染性
闹人 lau³⁵zən²² 指东西有毒性或不适宜吃
闹药 lau³⁵io²² 毒药

松活哒 soŋ⁵⁵xuo²²·ta （病）轻了
好些哒 xau⁵¹ɕie⁵⁵·ta
病好哒 pin³⁵xau⁵¹·ta 病好了
装歪 tʂuaŋ⁵⁵uai⁵⁵ 装病
　装狗娃儿 tʂuaŋ⁵⁵kəu⁵¹·uər
接医生 tɕie²²i⁵⁵sən⁵⁵ 请医生上门来
　治病
诊病 tʂən⁵¹pin³⁵
看病 kʻan³⁵pin³⁵
拿脉 la²²me²² 号脉
　诊脉 tʂən⁵¹me²²
开单子 kʻai⁵⁵tan⁵⁵·tsɿ 开药方
土方子 tʻəu⁵¹xuaŋ⁵⁵·tsɿ 偏方
抓药（中药）tʂua⁵⁵io²²
拿药（西药）la²²io²²
药铺 io²²pʻu³⁵ 主要指中药铺
药引子 io²²in⁵¹·tsɿ
药罐罐儿 io²²kuan³⁵·kuər 药罐子
药罐子 io²²kuan³⁵·tsɿ①熬药的罐子；
　②指常年生病吃药的人
熬药 au²²io²² 煎药（动宾）
水药 ʂuei⁵¹io²²
丸药 uan²²io²²
酒药 tɕiəu⁵¹io²²
膏子药 kau⁵⁵·tsɿ io²² 药膏，外用中药
膏药 kau⁵⁵io²² 外用西药
药面面儿 io²²mien³⁵·miər 药面儿
搽药 tsʻa²²io²² 涂抹外用药
上药 ʂaŋ³⁵io²²（动宾）
发汗 xua²²xan³⁵
祛风 tɕʻy³⁵xoŋ⁵⁵
败火 pai³⁵xuo⁵¹ 降火，祛火
除湿 tʂʻu²²ʂɿ²² 祛湿
败毒 pai³⁵təu²² 祛毒

解毒 kai⁵¹təu²²
消食 ɕiau⁵⁵ʂɿ²²
扎银针 tʂa²²in²²tʂən⁵⁵ 扎针灸
拔罐子 pa²²kuan³⁵·tsɿ 拔火罐
烧艾灸 ʂau⁵⁵ŋai³⁵tɕiəu⁵¹
烧麝香捻子 ʂau⁵⁵ʂe³⁵ɕiaŋ⁵⁵liɛn⁵¹·tsɿ
烧灯火 ʂau⁵⁵təŋ⁵⁵xuo⁵¹
刮痧 kua²²ʂa⁵⁵
打吊针 ta⁵¹tiau³⁵tʂən⁵⁵ 挂瓶，输液
上石膏
打夹板
失枕　落枕
燎浆疱　因烫伤而起的大水泡

2. 内科

屙稀 uo⁵⁵ɕi⁵⁵ 拉肚子，泻肚
屙痢 uo⁵⁵li³⁵（pa⁵⁵·tsɿ）（巴子）拉肚
　子，骂人的话
发烧 xua²²ʂau⁵⁵
作寒冷 tsuo²²xan²²lən⁵¹
发冷 xua²²lən⁵¹
搞凉哒 kau⁵¹liaŋ²²·ta 泛指头疼脑热
起鸡痱子 tɕʻitɕi⁵⁵xuei³⁵·tsɿ 起鸡皮疙瘩
破伤风 pʻuo³⁵ʂaŋ⁵⁵xoŋ⁵⁵
打摆子 ta⁵¹pai⁵¹·tsɿ
咳 kʻe²²
齁 xəu⁵⁵ 气喘
齁包儿 xəu⁵⁵pər⁵⁵ 有哮喘的人
支气管儿炎 tʂɿ⁵⁵tɕʻi³⁵kuər⁵¹iɛn²²
热狠哒 ze²²xən⁵¹·ta 中暑
上火 ʂaŋ³⁵xuo⁵¹
　火气重 xuo⁵¹tɕʻi³⁵tʂoŋ³⁵
嗝食 ke²²ʂɿ²² 食物积滞
胀气 tʂaŋ³⁵tɕʻi³⁵
肚子疼 təu⁵¹·tsɿtʻən²²

脑壳发晕 lau⁵¹k'uo²²xua²²yn⁵⁵ 头晕
晕车 yn⁵⁵tʂ'e⁵⁵
晕船 yn⁵⁵tʂ'uan²²
脑壳疼 lau⁵¹k'uo²²t'ən²² 头疼
心里作呕 ɕin⁵⁵li⁵¹tsuo²²ŋəu⁵¹ 恶心，想呕吐
呕 ŋəu⁵¹ 呕吐
打干哇 ta⁵¹kan⁵⁵ua⁵¹ 干呕
疝气 ʂan³⁵tɕ'i³⁵
脱肛 t'uo⁵⁵kaŋ⁵⁵
出痘儿 tʂ'u²²tər³⁵（出）水痘
出麸子 tʂ'u²²xu⁵⁵·tsɿ 出麻疹
出天花 tʂ'u²²t'iɛn⁵⁵xua⁵⁵
种痘儿 tʂoŋ³⁵tər³⁵
害寒气 xai³⁵xan²²tɕ'i³⁵ 伤寒
黄疸 xuaŋ²²tan⁵¹
肝炎 kan⁵⁵iɛn²²
肺炎 xuei³⁵iɛn²²
胃病 uei³⁵pin³⁵
盲肠炎 maŋ²²tʂ'aŋ²²iɛn²²
蛔虫 ts'au²²tʂ'oŋ²² 蛔虫
痨病 lau²²pin³⁵ 旧指肺结核
惊倒哒 tɕin⁵⁵tau⁵¹·ta 小孩儿受到惊吓、刺激（小儿病）
吓倒哒 xe²²tau⁵¹·ta
搞好事 kau⁵¹xau⁵¹sɿ³⁵ 来月经
身上不干净 ʂən⁵⁵·ʂaŋ pu²²kan⁵⁵tɕin³⁵

3. 外科

发痨 xua²²lau²² 因天气变化身体酸痛
跶跟头 ta²²kən⁵⁵·t'əu 摔跤
擦破皮 ts'a²²p'uo³⁵p'i²²
撞伤 tʂ'uaŋ⁵¹/tʂuaŋ³⁵ʂaŋ³⁵
流血 liəu²²ɕye²²
淤血 y⁵⁵ɕye²²

包 pau⁵⁵ 身体上鼓起的疙瘩
起包 tɕ'i⁵¹pau⁵⁵ 身上长出疙瘩
蚵疡子 ɕin³⁵iaŋ²²·tsɿ 淋巴结
肿 tʂoŋ⁵¹
灌脓 kuan³⁵loŋ²² 化脓
流脓 liəu²²loŋ²²
脓穿哒 loŋ²²tʂ'uan⁵⁵·ta 脓包溃烂
结壳壳儿 tɕie²²k'uo²²·k'uər 结痂
疤子 pa⁵⁵·tsɿ 疤
冻包儿 toŋ³⁵pər⁵⁵ 冻疮
抱耳风 pau³⁵ər⁵¹xoŋ⁵⁵ 腮腺炎
火疤眼儿 xuo⁵¹pa⁵⁵iər⁵¹ 细菌感染后眼睛发红发痒
长疮 tʂaŋ⁵¹tʂ'uaŋ⁵⁵
挑针儿 t'iau⁵⁵tʂər⁵⁵ 眼皮上长的小疖子
痔疮 tʂɿ³⁵tʂ'uaŋ⁵⁵
疥疮 kai³⁵tʂ'uaŋ⁵⁵
痒疮子 iaŋ⁵¹tʂ'uaŋ⁵⁵·tsɿ
坐板疮 tsuo³⁵pan⁵¹tʂ'uaŋ⁵⁵ 臀部长的疮
癣 ɕyɛn⁵¹
痱子 xuei³⁵·tsɿ
风皮 xoŋ⁵⁵p'i²² 头皮屑
雀儿斑 tɕ'io²²ər²²pan⁵⁵
痘痘儿 təu³⁵·tər 青春痘、粉刺
火疖子 xuo⁵¹tɕie²²·tsɿ 火气重脸部长出的痘，结痂
冷汗疤 lən⁵¹xan³⁵pa⁵⁵ 汗斑
狐骚臭 xu²²sau⁵⁵tʂ'əu³⁵ 狐臭
痞臭 p'i⁵¹tʂ'əu³⁵
瘊子 ɕiəu⁵⁵·tsɿ 瘊子
挑挑儿 t'iau⁵⁵t'iər⁵⁵ 麦粒肿
酒刺 tɕiəu⁵¹ts'ɿ³⁵ 粉刺
口臭 k'əu⁵¹tʂ'əu³⁵

气颈项 tɕ'i³⁵tɕin⁵¹k'aŋ²² 大脖子病，甲状腺肿大
齆鼻子 oŋ³⁵pi²² ·tsʅ 因感冒等原因鼻子不通
杨柳腰 iaŋ²²liəu⁵¹iau⁵⁵ 水蛇腰
沙喉咙 ʂa⁵⁵xəu²²loŋ²² 公鸭嗓儿（嗓音沙哑）
近视眼儿 tɕin³⁵ʂʅ³⁵iər⁵¹
远视眼儿 yɛn⁵¹ʂʅ³⁵iər⁵¹
老花眼儿 lau⁵¹xua⁵⁵iər⁵¹
鼓巴眼儿 ku⁵¹pa⁵⁵iər⁵¹ 鼓眼泡儿
抽筋 tʂ'əu⁵⁵tɕin⁵⁵
中风 tʂoŋ³⁵xoŋ⁵⁵
瘫哒 t'an⁵⁵·ta 瘫痪了

4. 残疾等

瘫子 t'an⁵⁵ ·tsʅ 瘫痪的人
跰子 pai⁵⁵·tsʅ 腿脚不灵便的人
　跰跰儿 pai⁵⁵ pər⁵⁵
跛子 puo⁵¹ ·tsʅ 瘸子，瘸腿的人
盘腿儿 p'an²²t'ər⁵¹ 走路外八字的人
罗锅儿 luo²²kuər⁵⁵ 罗圈腿的人
　内八字 lei³⁵pa²²tsʅ³⁵
□子 tʂ'ua⁵¹ ·tsʅ 手瘸的人
　□□儿 tʂ'ua⁵¹ ·tʂ'uər
聋子 loŋ⁵⁵ ·tsʅ
　聋巴儿 loŋ⁵⁵ pər⁵⁵
哑巴 ia⁵¹ ·pa
结巴 tɕie²² ·pa
瞎子 ɕia²² ·tsʅ
对眼儿 tei³⁵iər⁵¹
眨巴眼儿 tsa⁵¹pa⁵⁵iər⁵¹ 喜欢频繁眨眼的人
瞟眼儿 p'iau⁵¹iər⁵¹ 斜眼儿
独眼儿龙 təu²²iər⁵¹loŋ²²

一只花儿 i²²tʂʅ⁵⁵xuər⁵⁵
青光眼 tɕ'in⁵⁵kuaŋ⁵⁵iɛn⁵¹ 白内障
缺嘴巴儿 tɕ'ye²²tsei⁵¹·pər 兔唇
　豁豁嘴儿 xuo⁵⁵xuo⁵⁵tsuər⁵¹
　三瓣儿嘴 san⁵⁵pər³⁵tsei⁵¹
翻鼻子 xuan⁵⁵ pi²²·tsʅ 鼻孔朝外翻的人
塌鼻子 t'a²²pi²²·tsʅ
筲箕背 ʂau⁵⁵tɕi⁵⁵pei³⁵ 背部稍微有些弯，不挺拔
□□ xa⁵¹ ·xa 傻子，智力有缺陷
醒醒 ɕin⁵¹·ɕin 傻瓜，说话办事不知轻重
□佬二 xa⁵¹lau⁵¹ər³⁵ 傻瓜（戏谑之言）
□巴儿 xa⁵¹pər⁵⁵ 小傻瓜（戏谑之言）
□脓包 xa⁵¹loŋ²²pau⁵⁵ 傻瓜，含贬义
麻子 ma²² ·tsʅ
驼子 t'uo²² ·tsʅ
扛背节 k'aŋ²²pei³⁵tɕie²² 背有点儿驼
左撇子 tsuo⁵¹p'ie⁵¹ ·tsʅ
六指甲儿 ləu²²tʂʅ²² kər²² 六指儿
母猪疯 mu⁵¹tʂu⁵⁵xoŋ⁵⁵ 癫痫
　羊角疯 iaŋ²²kuo²²xoŋ⁵⁵
神经病 ʂən²²tɕin⁵⁵pin³⁵ 精神病

十三　衣服、穿戴

1. 服装

穿 tʂ'uan⁵⁵
收拾 ʂəu⁵⁵ ʂʅ²²
　打扮 ta⁵¹pan³⁵
衣服 i⁵⁵ ·xu 总称
衣裳 i⁵⁵ ·ʂaŋ 上衣
制服 tʂʅ³⁵ ·xu
西装 ɕi⁵⁵ tsuaŋ⁵⁵
长衫衫儿 tʂ'aŋ²²ʂan⁵⁵·ʂər 长衫

长布衫子 tṣʻaŋ²²puʳ³⁵ṣan⁵⁵·tsɿ
褂褂儿 kua³⁵·kuər 低领或无领的套头短袖
旗袍 tɕʻi³⁵pʻau²²
袄子 ŋau⁵¹·tsɿ
领褂儿 lin⁵¹kuər³⁵ 无领无袖的短衣，夹或棉的
棉裤 miɛn²²kʻu³⁵
皮袄 pʻi²²ŋau⁵¹
大衣 ta³⁵i⁵⁵
衬衣 tsʻən³⁵i⁵⁵
罩衣 tṣau³⁵i⁵⁵ 罩在外面的单衣，无领，主要是小孩子穿，从后面扣扣子或系带儿
外头穿的 uai³⁵·tʻəu tṣʻuan⁵⁵·ti 外衣
里头穿的 li⁵¹·tʻəu tṣʻuan⁵⁵·ti 贴身穿的衣裤的统称
胎衣服 tʻai⁵⁵i⁵⁵·xu 贴身穿的长袖内衣
胎裤子 tʻai⁵⁵kʻu³⁵·tsɿ 贴身穿的长裤
单衣服 tan⁵⁵i⁵⁵·xu
夹衣 tɕia²²i⁵⁵
巴褂儿 pa⁵⁵kuər³⁵ 无领无袖的夹衣
马褂儿 ma⁵¹kuər³⁵ 马甲
秋衣 tɕʻiəu⁵⁵i⁵⁵
秋裤 tɕʻiəu⁵⁵kʻu³⁵
坎肩儿 kʻan⁵¹tɕiər⁵⁵
毛线衣 mau²²ɕiɛn³⁵i⁵⁵
毛衣 mau²²i⁵⁵
毛线裤子 mau²²ɕiɛn³⁵kʻu³⁵·tsɿ
毛裤 mau²²kʻu³⁵
汗衫儿 xan³⁵ṣər⁵⁵
背心儿 pei³⁵ɕiər⁵⁵
　架架儿 tɕia³⁵·tɕiər
　汗架架儿 xan³⁵tɕia³⁵·tɕiər

衣襟儿 i⁵⁵tɕiər⁵⁵
对襟儿 tei³⁵tɕiər⁵⁵
大襟儿 ta³⁵tɕiər⁵⁵
小襟儿 ɕiau⁵¹tɕiər⁵⁵
下扁 ɕia³⁵piɛn⁵¹ 衣服的下摆
领子 lin⁵¹·tsɿ
袖子 ɕiəu³⁵·tsɿ
长袖子 tṣʻaŋ²²ɕiəu³⁵·tsɿ 长袖的衣服
短袖子 tan⁵¹ɕiəu³⁵·tsɿ 短袖的衣服
裙子 tɕʻyn²²·tsɿ
衬裙 tsʻən³⁵tɕʻyn²²
裤子 kʻu³⁵·tsɿ
单裤子 tan⁵⁵kʻu³⁵·tsɿ
夹裤子 tɕia²²kʻu³⁵·tsɿ 绒裤
短裤 tan⁵¹kʻu³⁵ ①贴身穿的裤衩儿；②夏天穿在外面的
窈裤 iau²²kʻu³⁵ 裤衩儿
踩脚裤 tsʻai⁵¹tɕio²²kʻu³⁵
叉叉裤 tṣʻa⁵⁵tṣʻa⁵⁵kʻu³⁵
开裆裤 kʻai⁵⁵taŋ⁵⁵kʻu³⁵
□裆裤 kuo²²taŋ⁵⁵kʻu³⁵ 相对开裆裤而言
裤裆 kʻu³⁵taŋ⁵⁵
裤腰 kʻu³⁵iau⁵⁵
裤腰带儿 kʻu³⁵iau⁵⁵tər³⁵
裤脚 kʻu³⁵tɕio²²
荷包儿 xuo²²pər⁵⁵ 衣服裤子上的口袋
盘扣子 pʻan²²kʻəu³⁵·tsɿ 中式的
布扣子 pu³⁵kʻəu³⁵·tsɿ
扣襻 kʻəu³⁵pʻan³⁵ 中式的
扣子 kʻəu³⁵·tsɿ
扣眼儿 kʻəu³⁵iər⁵¹
拉丝 la⁵⁵sɿ⁵⁵ 拉链
　拉锁 la⁵⁵suo⁵¹

2. 鞋帽

鞋子 xai²² ·tsʅ
拖巴儿鞋 tʻuo⁵⁵pər⁵⁵xai²²
　　拖鞋 tʻuo⁵⁵xai²²
□鞋 oŋ³⁵xai²² 雨天穿的棉鞋鞋底有一层胶可以防水
棉鞋 miɛn²²xai²²
皮鞋 pʻi²xai²²
毛皮鞋 mau²²pʻi²²xai²² 里面带毛的皮鞋
单皮鞋 tan⁵⁵pʻi²²xai²²
草鞋 tsʻau⁵¹xai²²
满耳草鞋 man⁵¹ər⁵¹tsʻau⁵¹xai²² 冬天套在鞋外面穿的草鞋
单耳草鞋 tan⁵⁵ər⁵¹tsʻau⁵¹xai²² 光脚穿的草鞋
油鞋 ieu²²xai²² 布鞋外面敷上桐油，下雨天穿可防水
丁鞋 tin⁵⁵xai²² 雨天穿的呈丁字形的鞋子，用牛皮制成，可以防滑
布鞋（子）pu³⁵xai²²（·tsʅ）
鞋底子 xai²²ti⁵¹·tsʅ
鞋帮子 xai²²paŋ⁵⁵·tsʅ
笃笃儿 təu²²·tər　鞋跟
鞋垫子 xai²²tiɛn³⁵·tsʅ
　　鞋垫垫儿 xai²²tiɛn³⁵·tiər
　　袜垫子 ua²²tiɛn³⁵·tsʅ
胶鞋 tɕiau⁵⁵xai²²
桶桶儿鞋 tʻoŋ⁵¹tʻuər⁵¹xai²² 雨靴
鞋（子）带带儿 xai²²（·tsʅ）tai³⁵·tər
凉鞋 liaŋ²²xai²²
高跟儿鞋 kau⁵⁵kər³⁵xai²²
鞋样子 xai²²iaŋ³⁵·tsʅ 用纸剪的鞋样，做鞋子时可以参考

尖尖儿鞋 tɕiɛn⁵⁵tɕiər⁵⁵xai²² 旧时裹脚妇女穿的鞋
猫猫儿鞋 mau⁵⁵·mər xai²² 小孩穿的虎头鞋
袜子 ua²² ·tsʅ
线袜子 ɕiɛn³⁵ua²² ·tsʅ 用棉线或毛线织的袜子
丝光袜子 sʅ⁵⁵kuaŋ⁵⁵ua²² ·tsʅ
裹脚布 kuo⁵¹tɕio²²pu³⁵
缠裹脚 tʂʻan²²kuo⁵¹tɕio²² 旧时妇女缠足
绑腿 paŋ⁵¹tʻei⁵¹ 裹腿
帽子 mau³⁵ ·tsʅ
　　帽壳儿 mau³⁵kʻuər²²
皮帽子 pʻi²²mau³⁵ ·tsʅ
棉帽子 miɛn²²mau³⁵ ·tsʅ
线帽子 ɕiɛn³⁵mau³⁵ ·tsʅ 毛线或棉线织的帽子
礼帽 li⁵¹mau³⁵
瓜皮帽儿 kua⁵⁵pʻi²²mər³⁵
草帽儿 tsʻau⁵¹mər³⁵
太阳帽儿 tʻai³⁵·iaŋmər³⁵
斗笠帽儿 təu⁵¹li²²mər³⁵
帽檐檐儿 mau³⁵iɛn²²·iər 帽檐

3. 装饰品

首饰 ʂəu⁵¹sʅ³⁵
手圈子 ʂəu⁵¹tɕʻyɛn⁵⁵ ·tsʅ 镯子
　　镯子 tʂuo²² ·tsʅ
戒指 kai³⁵tsʅ⁵¹
项链 xaŋ³⁵liɛn³⁵
项圈 xaŋ³⁵tɕʻyɛn⁵⁵
长命锁 tʂʻaŋ²²min³⁵suo⁵¹
别针儿 piɛ⁵⁵tsər⁵⁵
夹子 tɕia²² ·tsʅ

发卡 xua^{22}tɕ'ia^{51}
卡子 tɕ'ia^{51}·tsʅ
皮筋儿 p'i^{22}tɕiər^{55}
簪子 tsan^{55}·tsʅ
耳环 ər^{51}xuan^{22}
手表 ʂəu^{51}piau^{51}
胭脂 iɛn^{55}tʂʅ^{55}
口红 k'əu^{51}xoŋ^{22}
粉 xuən^{51}
雪花膏 ɕye^{22}xua^{55}kau^{55}
蚌壳儿油 paŋ^{35}k'uər^{22}iəu^{22} 一种简单的润肤品，因装在像蚌壳的盒子而得名

4. 其他穿戴

围衣儿 uei^{22}iər^{55} 围裙
袖套（儿）ɕiəu^{35}t'au^{35}（t'ər^{35}）
兜兜儿 təu^{55}tər^{55} 围嘴儿
尿片（子）liau^{35}piɛn^{35}（·tsʅ）尿布
手袱儿 ʂəu^{51}·xuər 手绢儿
　手巾儿 ʂəu^{51}tɕiər^{55}
围巾 uei^{22}tɕin^{55}
纱巾 ʂa^{55}tɕin^{55}
丝巾 sʅ^{55}tɕin^{55}
手套（子）ʂəu^{51}t'au^{35}（·tsʅ）
眼镜 iɛn^{51}tɕin^{35}
墨镜儿 me^{22}tɕiər^{35}
伞 san^{51}
油纸伞 iəu^{22}tsʅ^{51}san^{51}
雨衣 y^{51}i^{55}
蓑衣 suo^{55}i^{55}
斗篷 təu^{51}p'oŋ^{22} 遮雨的工具，披在肩上

十四 饮食

1. 伙食

伙食 xuo^{51}ʂʅ^{22}
吃活儿 tɕ'i^{22}xuər^{22} 泛指吃的东西
□□儿 tʂa^{51}pər^{55} 走亲戚后带回来的零食

2. 米食

饭 xuan^{35} ①各种饭的统称；②专指米饭
年饭 liɛn^{22}xuan^{35} ①大年三十吃的饭菜；②专指大年三十吃的饭，用泡好的糯米和腊肉、腊肠等蒸熟而成
剩饭 ʂəŋ^{35}xuan^{35} 统指上一顿吃剩下的饭菜
现饭 ɕiɛn^{35}xuan^{35} 与"剩饭"相对
新鲜饭 ɕin^{55}ɕiɛn^{55}xuan^{35}
面粉子 miɛn^{35}xuən^{51}·tsʅ 用玉米磨成的粉
苞谷面饭 pau^{55}ku^{22}miɛn^{35}xuan^{35} 用玉米面做的饭
蓑衣饭 suo^{55}i^{55}xuan^{35} 用大米和玉米粉拌合在一起蒸熟
　灰渣儿饭 xuei^{55}tʂər^{55}xuan^{35}
雀米子饭 tɕ'io^{22}mi^{51}·tsʅxuan^{35} 玉米粒蒸熟后炒干，当做干粮
糯米饭 luo^{35}mi^{51} xuan^{35}
社饭 ʂe^{35}xuan^{35} 清明时节吃的一种传统饭菜。制作方法：采摘新鲜的野蒿，将其洗净、去汁、焙干，将泡好的糯米、切成丁的腊肉和豆腐干等加上盐和作料，与焙干的野蒿拌均匀，然

后用甑子蒸熟

夹生饭 tɕia²²sən⁵⁵xuan³⁵

（饭）煳哒（xuan³⁵）xu²²·ta （饭）焦了

含浆饭 xan²²tɕiaŋ⁵⁵xuan³⁵ 饭熟了但水还没干

蒸菜饭 tsən⁵⁵tsʻai³⁵xuan³⁵ 将南瓜、玉米粉、豇豆等混合在一起蒸熟

炒面饭 tʂʻau⁵¹miɛn³⁵xuan³⁵ 将玉米面在锅里放水炒熟

锅巴 kuo⁵⁵pa⁵⁵

干饭 kan⁵⁵xuan³⁵

稀饭 ɕi⁵⁵xuan³⁵ 粥

干稀饭 kan⁵⁵ɕi⁵⁵xuan³⁵ 比较稠的粥

米汤 mi⁵¹tʻaŋ⁵⁵ 煮饭滗出来的汁

糊糊儿 mi⁵¹xu²²·xuər 糊状的食物

糊瘩儿 xu²²·tər 疙瘩汤 将粉状食物加水调成团后放进汤中煮熟

米粉子 mi⁵¹xuən⁵¹·tsʅ

洋芋粉 iaŋ²²y³⁵xuən⁵¹

苕粉 ʂau²²xuən⁵¹

荞麦粉 tɕʻiau²²me²²xuən⁵¹

黄豆粉 xuaŋ²²təu³⁵xuən⁵¹

炒面 tʂʻau⁵¹miɛn³⁵ 将黄豆、荞麦、芝麻等炒熟后磨成面，用开水冲泡后食用

烫汤饭 tʻaŋ³⁵tʻaŋ⁵⁵xuan³⁵ 剩饭加水或者菜汤煮成的带汁的饭

□饭 kʻoŋ⁵¹xuan³⁵ 将米、玉米面、红薯等主食放在锅里加上水和油直接闷熟

阴米儿 in⁵⁵miər⁵¹ 将糯米蒸熟后晒干而成

阴米子 in⁵⁵mi⁵¹·tsʅ 用沙炒或用油炸了的阴米儿，可以用开水泡了吃

□哒 sʅ⁵⁵·ta（饭菜）馊了

□臭 sʅ⁵⁵tʂʻəu³⁵（饭菜）馊了发出的气味

□□臭 pʻaŋ⁵⁵sʅ⁵⁵tʂʻəu³⁵ 饭菜馊了发出的很重的难闻气味

甑甑儿糕 tsən³⁵·tsər kau⁵⁵ 一种小吃，将米粉蒸熟后拌上糖和香料，在一种特制的蒸具上蒸一分钟左右，形同小蛋糕

粽子 tsoŋ³⁵·tsʅ

醪糟儿 lau²²tsər⁵⁵ 将糯米蒸熟后用酒曲酿制而成，加水和汤圆一起煮了吃

糍粑 tsʻʅ²²pa⁵⁵

粑粑 pa⁵⁵pa⁵⁵ 用米、面等食材做成的圆形或方形的食物，一般是蒸熟或油炸而成。如：米粑粑、苞谷粑粑、苕粑粑、高粱粑粑、荞麦粑粑、麦粑粑等

油香儿 iəu²²ɕiər⁵⁵ 把大米磨成浆，舀在圆形或月牙形的铁勺中，放上拌好的萝卜丝、土豆丝等，外面再浇上一层浆，放在油锅里炸熟

磉墩儿 saŋ⁵¹tər⁵⁵ 油炸食品，材料同油香儿，放在小圆筒形的铁盒里炸熟而成

麻圆儿 ma²²yər²² 糯米泡好后磨成浆，做成汤圆形状炸熟，捞起后滚上炒熟的芝麻

炒汤圆儿 tʂʻau⁵¹tʻaŋ⁵⁵yər²² 把糯米

泡好后磨成浆，做成丸子用油加糖炒熟
马打滚儿 ma⁵¹ta⁵¹kuər⁵¹ 将糯米汤圆煮熟后捞起滚上熟的黄豆粉
鸡蛋糕 tɕi⁵⁵tan⁵¹kau⁵⁵ 蛋糕
元宵 yɛn²²ɕiau⁵⁵
汤圆儿 t'aŋ⁵⁵yər²²
豆皮儿 təu³⁵p'iər²² 将大米磨成浆，在热锅里一圈一圈旋转，熟后捞起晾干，可以储存，用高汤煮或炒均可
合渣 xuo²²tʂa⁵⁵ 泡好的黄豆磨成浆，烧开，快熟时加上切碎的南瓜叶、萝卜叶等

3. 面食
灰面 xuei⁵⁵miɛn³⁵ 面粉
展面 tʂan⁵¹miɛn³⁵ 做面食时案板上撒的干面粉
面 miɛn³⁵ 面条
　面条 miɛn³⁵t'iau²²
细面 ɕi³⁵miɛn³⁵
宽面 k'uan⁵⁵miɛn³⁵
臊子 ʂau³⁵·tsʅ 加在面条上面的炒好的肉丝或肉末
馒头 man²²·t'uo / ·t'əu
发糕 xua²²kau⁵⁵
猪槽糕 tʂu⁵⁵ts'au²²kau⁵⁵ 一种米糕，形似猪槽
千层糕 tɕ'iɛn⁵⁵ts'ən²²kau⁵⁵
包子 pau⁵⁵·tsʅ
心子 ɕin⁵⁵·tsʅ 馅儿的统称
水沁包子 ʂuei⁵¹tɕ'in³⁵pau⁵⁵·tsʅ 用平锅先将包子加油煎一下，再围上高汤，用汤汁将包子焖熟

生煎包 sən⁵⁵tɕiɛn⁵⁵pau⁵⁵
汤包 t'aŋ⁵⁵pau⁵⁵
油条 iəu²²t'iau²²
面窝 miɛn³⁵uo⁵⁵
烧饼 ʂau⁵⁵pin⁵¹
花卷儿 xua⁵⁵tɕyər⁵¹
饺子 tɕiau⁵¹·tsʅ
包面 pau⁵⁵miɛn³⁵ 馄饨
饺饺儿 tɕiau⁵¹·tɕiər 麻花儿
灰面疙瘩儿 xuei⁵⁵miɛn³⁵kɛ²²·tər 将面粉调成糊状，用调羹舀到烧开的汤里煮成的团状食物
老面 lau⁵¹miɛn³⁵ 发酵用的面团
筋丝 tɕin⁵⁵sʅ⁵⁵ 指食物耐煮，有劲道

4. 肉、蛋
肉 zu²² ①各种肉类的统称；②猪肉
尕尕 ka⁵¹·ka 肉，儿语
酥肉 səu⁵⁵zu²² 将肉加作料入味，裹上调成糊状的面粉，放在油锅里炸熟
肉皮子 zu²²p'i²²·tsʅ
扣肉 k'əu³⁵zu²²
　扣碗儿 k'əu³⁵uər⁵¹
粉蒸肉 xuən⁵¹tʂən⁵⁵zu²²
肉圆子 zu²²yɛn²²·tsʅ
肉沫沫儿 zu²²mo²²·mər 肉沫
年肉 liɛn²²zu²² 这是当地人过年必备的一道菜。将猪腊圆尾肉烧好洗净后切成半寸厚的大块，拌以懦米，调味混合后装入扣碗，直接蒸熟即食，体现土家人"大块吃肉、大口喝酒"的豪爽性格
腊肉 la²²zu²²

新鲜肉 ɕin⁵⁵ɕien⁵⁵ʐu²² 与"腊肉"相对

肥肉 xuei²²ʐu²²

瘦肉 səu³⁵ʐu²²

里脊肉 li⁵¹tɕi²²ʐu²²

槽头肉 tsʻau²²tʻəu²²ʐu²² 猪的脖子部位的肉

猪拱嘴儿 tʂu⁵⁵koŋ⁵¹ tsər⁵⁵ 猪鼻子

项圈 xaŋ³⁵tɕʻyen⁵⁵ 猪的颈部

蹄髈 tʻi²²pʻaŋ⁵¹

肘子 tʂəu⁵¹·tsʅ 整个猪腿

坐墩儿 tsuo³⁵tər⁵⁵ 猪臀部的肉

圆尾 yɛn²²uei⁵¹ 带尾巴的猪臀部的肉

中方肉 tʂoŋ⁵⁵xuaŋ⁵⁵ʐu²² 猪腰部的肉

子肋 tsʅ⁵¹le²² 中方后面的肋骨

软臁 ʐuan⁵¹tɕʻiɛn²² 猪的腹部

蹄子 tʻi²²·tsʅ 从猪大腿到猪蹄的一大块肉

猪脚 tʂu⁵⁵tɕio²² 猪蹄儿

前蹄 tɕʻiɛn²²tʻi²² 猪的前腿

后蹄 xəu³⁵tʻi²² 猪的后腿

蹄筋 tʻi²²tɕin⁵⁵

猪脑壳肉 tʂu⁵⁵lau⁵¹kʻuo²²ʐu²² 猪头肉

猪耳朵 tʂu⁵⁵ər⁵¹toŋ⁵⁵ / ·tuo

猪舌条儿 tʂu⁵⁵ʂe²²tʻiər²² 猪舌头

下水 ɕia³⁵ʂuei⁵¹ 动物的内脏

猪心子 tʂu⁵⁵ɕin⁵⁵·tsʅ

猪肝儿 tʂu⁵⁵kər⁵⁵

心肺 ɕin⁵⁵xuei⁵⁵ 猪肺

腰子 iau⁵⁵·tsʅ 动物的肾

肚子 təu⁵¹·tsʅ

肠子 tʂʻaŋ²²·tsʅ 大肠

小肠儿 ɕiau⁵¹tʂʻər²²

排骨 pʻai²²ku²²

中排 tʂoŋ⁵⁵pʻai²² 猪的肋排，剔除腰椎、软骨的排骨

统排 toŋ⁵¹pʻai²² 从颈椎到尾椎的排骨

直排 tʂʅ²²pʻai²² 猪腰周围的排骨

大骨 ta³⁵ku²²

猪尾巴儿 tʂu⁵⁵uei⁵¹·pər

猪血 tʂu⁵⁵ɕye²²

牛肚子 liəu²²təu⁵¹·tsʅ

牛筋 liəu²²tɕin⁵⁵

牛肉 liəu²²ʐu²²

羊肉 iaŋ²²ʐu²²

鸡肉 ɕi⁵⁵ʐu²²

卤水 ləu⁵¹ʂuei⁵¹

卤肉 ləu⁵¹ʐu²²

卤味 ləu⁵¹uei³⁵

鸡杂 tɕi⁵⁵tsa²²

嗉包 səu³⁵pau⁵⁵ 鸡的胃

鸡阖子 tɕi⁵⁵xuo²²·tsʅ 鸡的肚子

鸡胗 tɕi⁵⁵tʂən⁵⁵

鸡心子 tɕi⁵⁵ɕin⁵⁵·tsʅ

鸡血 tɕi⁵⁵ɕye²²

鸡蛋 tɕi⁵⁵tan³⁵

鸭蛋 ia²²tan³⁵

鹌鹑蛋 ŋan⁵⁵tʂʻuən²²tan³⁵

鸽子蛋 kuo²²·tsʅtan³⁵

炮蛋 pʻau³⁵tan³⁵ 炒蛋

荷包蛋 xuo²²pau⁵⁵tan³⁵

鸡蛋花儿 tɕi⁵⁵tan³⁵xuər⁵⁵ 蛋羹

卤蛋 ləu⁵¹tan³⁵

茶叶蛋 tʂʻa²²ie²²tan³⁵

皮蛋 pʻi²²tan³⁵

盐蛋 iɛn²²tan³⁵ 咸蛋

灌肠儿 kuan³⁵tʂʻər²² 腊肠

香肠 ɕiaŋ⁵⁵tʂʻaŋ²²

5. 菜

菜 ts'ai³⁵ ①荤菜、素菜的统称，与饭相对；②蔬菜

小菜 ɕiau⁵¹ts'ai³⁵

荤菜 xuən⁵⁵ts'ai³⁵

素菜 səu³⁵ts'ai³⁵

咸菜 xan²²ts'ai³⁵ 统称腌制的各种小菜

柞广椒 tʂa⁵¹kuaŋ⁵¹tɕiau⁵⁵ 一种咸菜，将红辣椒剁碎，玉米粉拌均匀，加上盐，放在坛子里密封，吃的时候用腊肉炒熟即可

酸萝卜 san⁵⁵luo²²·pu 一种咸菜，将新鲜的萝卜放在泡菜坛子里长时间浸泡而成

糟广椒 tsau⁵⁵kuaŋ⁵¹tɕiau⁵⁵ 将鲜辣椒剁碎加盐、花椒、姜等放在坛子里腌制

糟姜 tsau⁵⁵tɕiaŋ⁵⁵ 将新鲜的嫩姜用糖、盐、剁碎的新鲜辣椒等放在坛子里腌制而成

豆豉 təu³⁵ʂʅ²²

霉豆腐 mei²²təu³⁵xu⁵¹ 豆腐乳

豆瓣儿酱 təu³⁵pər⁵⁵tɕiaŋ³⁵

豆腐 təu³⁵xu⁵¹

豆筋 təu³⁵tɕin⁵⁵ 腐竹

豆腐皮 təu³⁵xu⁵¹p'i²² 用来做腐竹的，不太干

豆油皮 təu³⁵iəu²²p'i²²

千张 tɕ'iɛn⁵⁵tʂaŋ⁵⁵ 薄的豆腐干片

豆腐干儿 təu³⁵xu⁵¹kər⁵⁵

豆腐果子 təu³⁵xu⁵¹kuo⁵¹·tsʅ 豆腐泡儿

豆腐花儿 təu³⁵xu⁵¹xuər⁵⁵ 豆腐脑儿

豆浆 təu³⁵tɕiaŋ⁵⁵

粉条 xuən⁵¹t'iau²²

面筋 miɛn³⁵tɕin⁵⁵

苕粉 ʂau²²xuən⁵¹ 白薯做的粉条，比较粗

河粉 xuo²²xuən⁵¹ 绿豆做的粉皮

魔芋豆腐 mo²²y³⁵təu³⁵xu⁵¹ 将魔芋的根茎加水磨成粉状做成豆腐状的食物

魔芋粉 mo²²y³⁵xuən⁵¹ 将魔芋的根茎磨成粉晒干而成

神豆腐 ʂən²² təu³⁵xu⁵¹ 用可食用的树叶熬制，冷却后成凝冻状，可消暑解凉

葛粉 kuo²²xuən⁵¹ 用葛根磨成的粉

凉粉儿 liaŋ²²xuər⁵¹ 用豌豆磨成的粉制成，凉拌着吃

藕粉 əu⁵¹xuən⁵¹

芡粉 tɕ'iɛn³⁵xuən⁵¹ 水淀粉

青带 tɕ'in⁵⁵tai³⁵ 海带

烘锅儿 xoŋ⁵⁵kuər⁵⁵ 锅仔

锅锅儿 kuo⁵⁵kuər⁵⁵

6. 油盐作料

味道 uei³⁵·tau 食物的滋味

气味 tɕ'i³⁵uei³⁵

气色 tɕ'i³⁵sɛ²² 人的面部以及食物的颜色，也可以指不好的气味

猪油 tʂu⁵⁵iəu²²

板油 pan⁵¹iəu²² 猪的体腔内壁上呈板状的脂肪

水油 ʂuei⁵¹iəu²² 猪靠近肠子部分的脂肪

腊油 la²²iəu²² 用腊肥肉熬制出的油

花生油 xua⁵⁵sən⁵⁵iəu²²

茶油 tʂʻa²²iəu²²
菜油 tsai³⁵iəu²² 菜籽油
漆油 tɕʻi²²iəu²²
豆油 təu³⁵iəu²²
香油 ɕiaŋ⁵⁵iəu²² 芝麻油
盐 iɛn²²
黄盐 xuaŋ²²iɛn²² 粗盐
细盐 ɕi³⁵iɛn²² 精盐
碘盐 tiɛn⁵¹iɛn²²
酱油 tɕiaŋ³⁵iəu²²
醋 tsʻəu³⁵
黄酒 xuaŋ²²tɕiə⁵¹
芝麻酱 tʂʅ⁵⁵ma²²tɕiaŋ³⁵
花生酱 xua⁵⁵sən⁵⁵tɕiaŋ³⁵
灰面酱 xuei⁵⁵miɛn³⁵tɕiaŋ³⁵ 甜面酱
稀广椒 ɕi⁵⁵kuaŋ⁵¹tɕiau⁵⁵ 将新鲜的辣椒剁碎，加入大蒜、盐等制成
广椒面 kuaŋ⁵¹tɕiau⁵⁵miɛn³⁵ 辣椒粉
广椒油 kuaŋ⁵¹tɕiau⁵⁵iəu²² 辣椒油
红糖 xoŋ²²tʻaŋ²²
白糖 pe²²tʻaŋ²²
冰糖 pin⁵⁵tʻaŋ²²
作料 tsuo²²liau³⁵
八角 pa²²kuo²²
桂皮 kuei³⁵pʻi²²
花椒 xua⁵⁵tɕiau⁵⁵
花椒面 xua⁵⁵tɕiau⁵⁵miɛn³⁵ 花椒粉
胡椒 xu²²tɕiau⁵⁵
胡椒面 xu²²tɕiau⁵⁵miɛn³⁵ 胡椒粉
山胡椒 ʂan⁵⁵xu²²tɕiau⁵⁵ 胡椒的一种，新鲜的采摘下来做凉拌小菜
码味 ma⁵¹uei³⁵ 烹饪前将食材（主要是鱼肉等）加上各种调味料拌和均匀，放置一会儿，使其充分入味

搭汽 ta²²tɕʻi³⁵ 让食物在蒸汽中稍微蒸一下
汨水 tan⁵¹ʂuei⁵¹ 将食物放入开水中焯一下
过油 kuo³⁵iəu²²
勾芡 kəu⁵⁵tɕiɛn³⁵
进味 tɕin³⁵uei³⁵ 入味
溇 lan⁵¹①用盐腌渍蔬菜、鱼肉等；②盐碱酸等刺激皮肤
豁风 xuo⁵⁵xoŋ⁵⁵ 密封的食物因空气入内而变质

7. 零食

苞谷花儿 pau⁵⁵ku²²xuər⁵⁵ 爆米花
米花儿 mi⁵¹xuər⁵⁵ 将糯米炒熟爆开的零食
米花儿糖 mi⁵¹xuər⁵⁵taŋ²² 用苕糖或苞谷糖和米花糅合一起，干了以后切成块状或搓成球状
花生糖 xua⁵⁵sən⁵⁵tʻaŋ²²
麦芽糖 me²²ia²²tʻaŋ²²
螺丝糖 luo²²sʅ⁵⁵tʻaŋ²² 将苞谷糖融化后盘成螺丝形状
米子糖 mi⁵¹·tsʅtʻaŋ²² 将糯米炒熟后与化开的糖拌好，趁热用板压平，冷却后切成小块
苞谷糖 pau⁵⁵ku²²tʻaŋ²² 玉米熬制的糖
苕糖 ʂau²²tʻaŋ²² 红薯熬制的糖
麻糖 ma²²tʻaŋ²²
月饼 ye²²pin⁵¹
饼干 pin⁵¹kan⁵⁵
糕点 kau⁵⁵tiɛn⁵¹
桃片糕 tau²²piɛn³⁵kau⁵⁵
花生儿 xua⁵⁵sər⁵⁵

葵花 k'uei²²xua⁵⁵ 瓜子
西瓜籽 ɕi⁵⁵kua⁵⁵·tsɿ
白瓜籽 pe²²kua⁵⁵·tsɿ 南瓜籽

8. 烟、茶、酒

烟 iɛn⁵⁵
烟叶子 iɛn⁵⁵ie²²·tsɿ
烟丝 iɛn⁵⁵sɿ⁵⁵
晒烟 ʂai³⁵iɛn⁵⁵
烤烟 k'au⁵¹iɛn⁵⁵
纸烟 tsɿ⁵¹iɛn⁵⁵ 香烟
叶子烟 ie²²·tsɿiɛn⁵⁵ 旱烟
烟袋 iɛn⁵⁵tai³⁵
黄烟 xuaŋ²²iɛn⁵⁵ 晾晒干的烟叶
水烟袋儿 ʂuei⁵¹iɛn⁵⁵tər³⁵
烟盒盒儿 iɛn⁵⁵xuo²²·xuər
烟油子 iɛn⁵⁵iəu²²·tsɿ 烟锅子中烧烟时渗出的烟油污
白勒烟 pe²²le²²iɛn⁵⁵ 当地产的一种烟叶
水烟袋儿 ʂuei⁵¹iɛn⁵⁵tər³⁵
旱烟袋儿 xan³⁵iɛn⁵⁵tər³⁵
烟屎 iɛn⁵⁵sɿ⁵¹ 烟油子，烟袋中积下的烟垢
烟灰 iɛn⁵⁵xuei⁵⁵
烟嘴嘴儿 iɛn⁵⁵tsei⁵¹·tsər 烟嘴儿
火镰 xuo⁵¹lian²² 旧时取火用具
打火石 ta⁵¹xuo⁵¹sɿ²²
纸捻子 tsɿ⁵¹liɛn⁵¹·tsɿ 纸煤儿
装烟 tʂuaŋ⁵⁵iɛn⁵⁵ 给人敬烟
茶 tʂ'a²²
茶叶子 tʂ'a²²ie²²·tsɿ
春茶 tʂ'uən⁵⁵tʂ'a²²
秋茶 tɕ'iəu⁵⁵tʂ'a²²
绿茶 ləu²²tʂ'a²²

红茶 xoŋ²²tʂ'a²²
头茶 t'əu²²tʂ'a²² 春茶中第一轮采摘的茶
明前茶 min²²tɕ'iɛn²²tʂ'a²²
谷花茶 ku²²xua⁵⁵tʂ'a²² 第一轮秋茶
泡茶 p'au³⁵tʂ'a²²
涩茶 se²²tʂ'a²² 泡得比较浓的茶，有些苦涩
倒茶 tau³⁵tʂ'a²²
白酒 pe²²tɕiəu⁵¹
苞谷酒 pau⁵⁵ku²²tɕiəu⁵¹ 玉米酿的酒
  苞谷老烧 pau⁵⁵ku²²lau⁵¹ʂau⁵⁵
高粱酒 kau⁵⁵liaŋ²²tɕiəu⁵¹
苕酒 ʂau²²tɕiəu⁵¹ 用红薯酿造的酒
葡萄酒 p'u²²t'au²²tɕiəu⁵¹
酒糟子 tɕiəu⁵¹tsau⁵⁵·tsɿ 酒糟

十五　红白大事

1. 婚姻、生育

亲事 tɕ'in⁵⁵sɿ³⁵
做媒 tsəu³⁵mei²²
  说媒 ʂuo²²mei²²
媒人 mei²²zən²²
  介绍人 kai³⁵ʂau³⁵zən²²
媒婆婆儿 mei²²p'o²²·p'ər 媒婆
红爷先生 xoŋ²²ie²²ɕiɛn⁵⁵sən⁵⁵ 男性媒人
说人家 ʂuo²²zən²²tɕia⁵⁵ 给女孩子找婆家
  找人家 tʂau⁵¹zən²²tɕia⁵⁵
看人家 kan³⁵zən²²tɕia⁵⁵ 相亲
  看人户 kan³⁵zən²²xu³⁵
长相 tʂaŋ⁵¹ɕiaŋ³⁵ 相貌
样样儿 iaŋ³⁵iər⁵⁵ 女孩子的相貌

样方儿 iɑŋ³⁵xuər⁵⁵
年纪 liɛn²²tɕi²²
搞头儿 kau⁵¹tʻər²² 举止行为
派头儿 pai³⁵tʻər²²
提亲 tʻi²²tɕʻin⁵⁵ 男方家请媒人到女方家说亲
拿八字 la²²pa²²tsʅ³⁵ 男方请媒人向女方父母托问对方女儿的生辰八字
讨八字 tʻau⁵¹pa²²tsʅ³⁵
讨红庚
过门 kuo³⁵mən²² 女方第一次到男方家去
插香 tʂʻa²²ɕiaŋ⁵⁵ 订亲
打发 ta⁵¹·xua 相亲时男方家长给相亲对象的红包
开亲 kʻai⁵⁵tɕʻin⁵⁵ 结为亲家
订婚 tin³⁵xuən⁵⁵
打端午 ta⁵¹tan⁵⁵u⁵¹ 未成婚之前逢端午节男方到女方家拜节
看日子 kʻan³⁵zʅ²²·tsʅ 请算命先生选定结婚的黄道吉日
喜期 ɕi⁵¹tɕʻi⁵⁵ 结婚的日子
婚期 xuən⁵⁵ tɕʻi⁵⁵
过礼 kuo³⁵li⁵¹ 结婚前几天男方给女方家长辈送礼并商议迎亲事宜
认亲 zən³⁵tɕʻin⁵⁵ 过礼时男子拜见所有女方家的长辈及已经成婚的兄弟姊妹并给每个人送一份礼物
彩礼 tsʻai⁵¹li⁵¹
接客 tɕie²²kʻe²² 请亲朋好友参加婚礼
整酒 tʂən⁵¹tɕiəu⁵¹ 家有喜事做酒席
摆酒 pai⁵¹tɕiəu⁵¹
喜酒 ɕi⁵¹tɕiəu⁵¹ 结婚的酒宴
吃喜酒 tɕʻi²² ɕi⁵¹tɕiəu⁵¹ 参加婚宴

人情 zən²²tɕʻin²² 礼金送人情送礼金上人情 ʂaŋ³⁵ zən²²tɕʻin²²
支客先生 tʂʅ⁵⁵kʻe²²ɕiɛn⁵⁵sən⁵⁵ 婚庆活动中由主人家接来负责操办整个活动流程的总负责人，一般是由能干、有责任心、有较强的管理协调能力，同时又知晓当地民情风俗、能说会道的人来承担
都管 təu⁵⁵kuan⁵¹
帮忙的 paŋ⁵⁵maŋ²² ·ti 整酒时主人家请来帮忙的人
记账的 tɕi³⁵tʂaŋ³⁵ ·ti 帮着收礼金并一一登记的人
调席打盘 tʻiau³⁵ɕi²²ta⁵¹pʻan²² 酒席中负责上菜传菜的人
团客 tʻan²²kʻe²² 结婚第一天将所有客人接来吃酒
正酒 tʂən³⁵ tɕiəu⁵¹ 结婚第二天的正式酒宴
十大碗儿 ʂʅ²²ta³⁵uər⁵¹ 传统正酒的一种席面规格
四盘八碗儿 sʅ³⁵pʻan²²pa²²uər⁵¹ 传统正酒的一种席面规格
流水席 liən²²suei⁵¹ɕi²² 主人家置办的酒席一天到晚不停息，客人随时来随时入席
陪十姊妹儿 pʻei²²ʂʅ²²tsʅ⁵¹mər³⁵ 新娘出嫁的头天晚上亲戚朋友家未出嫁的女孩陪伴新娘饮酒唱歌、做各种游戏活动，祝福新娘婚姻幸福，陪伴新娘度过婚前的最后一夜。一般是九个女孩子，加上新娘就是十个，故

名，后来多不限人数

陪十弟兄 p'ei²²ʂ²²ti³⁵ɕioŋ⁵⁵ 新郎接亲的头天晚上邀请九个亲朋好友家未婚的男孩陪伴新郎，饮酒唱歌、做各种游戏活动，祝福新郎婚姻幸福，陪伴新郎度过婚前的最后一夜。一般是九个男孩子，加上新郎就是十个，故名，后来多不限人数

出门 tʂu²²mən²² 出嫁

嫁姑娘 tɕia³⁵ku⁵⁵liaŋ⁵⁵ 嫁闺女

放人家 xuaŋ³⁵zən²²·tɕia ①给闺女找到婆家；②嫁闺女

接媳妇儿 tɕie²²ɕi²²·xua 娶媳妇

陪嫁 p'ei²² tɕia³⁵ 嫁妆

迎亲 in²²tɕ'in⁵⁵ 男方到女方家迎娶新娘

发亲 xua²²tɕ'in⁵⁵ 女方家宣布男方来的迎亲队伍可以将新娘接走，新郎新娘祭拜先祖、告别双亲及亲朋好友

高亲客 kau⁵⁵tɕ'in⁵⁵k'e²² 女方家送新娘到新郎家成亲的代表性人物，一般是兄嫂、弟弟及弟媳等

送亲客 soŋ³⁵tɕ'in⁵⁵k'e²² 由女方家指定的陪伴新娘到新郎家的直系亲属

迎亲娘子 in²²tɕ'in⁵⁵liaŋ²²·tsʐ 由男方家指定的负责迎娶新娘的女性，一般是未结婚的年轻女性

花轿 xua⁵⁵tɕiau³⁵

轿夫子 tɕiau³⁵xu⁵⁵·tsʐ ①女方陪伴新娘到新郎家的年轻女孩；②男方派过来迎接新娘的年轻女孩

拜堂 pai³⁵t'aŋ²²

接蜡 tɕie²²la²² 新娘进入新郎家时点上蜡烛（取"接纳"的谐音）

新郎官儿 ɕin²²laŋ²²kuər⁵⁵ 新郎

新姑娘儿 ɕin⁵⁵ku⁵⁵liər⁵⁵ 新娘

新娘子 ɕin⁵⁵liaŋ²²·tsʐ

娶亲 tɕ'y⁵¹tɕ'in⁵⁵（男子）将新娘接到家

成亲 tʂ'ən²²tɕ'in⁵⁵ 结婚

洞房 toŋ³⁵xua

新房 ɕin²²xuaŋ²²

交杯酒 tɕiau⁵⁵pei⁵⁵tɕiəu⁵¹

铺床娘子 p'u⁵⁵tʂ'uaŋ²²liaŋ²²·tsʐ 男方家安排的专门为新人铺床的女性，一般要家庭和睦、儿女双全的，她将床铺好后会撒上花生、瓜子、枣子之类的吉祥物，预示"早生贵子"

圆亲娘子 yen⁵⁵tɕ'in⁵⁵liaŋ²²·tsʐ 负责圆亲的女性

金童玉女 tɕin⁵⁵t'oŋ²²y³⁵ly⁵¹ 结婚当天陪伴新婚夫妇的一对小男孩儿和小女孩儿

滚床 kuən⁵¹tʂ'uaŋ²² 金童玉女要在铺好的新婚床上先滚一遍，预示儿孙满堂，早生贵子

回门 xuei²²mən²² 新娘婚礼后的第三天在新郎的陪伴下回娘家拜见父母，当天须返回婆家

改嫁 kai⁵¹tɕia³⁵ 寡妇再嫁

二婚 ər³⁵xuən⁵⁵ 再婚

二道婚 ər³⁵tau³⁵xuən⁵⁵

做填房 tsuo³⁵t'iɛn²²xuaŋ²² （从女方说）女子给死了妻子的男子做妻（从女方说）

找后老头儿 tʂau⁵¹xəu³⁵lau⁵¹·t'ər（从

女方孩子说）
找后妈 tṣau⁵¹xəu³⁵ma⁵⁵（从男方孩子说）续弦
上门 ṣaŋ³⁵mən²²　入赘
　倒插门 tau³⁵tṣ'a²²mən²²
上门女婿 ṣaŋ³⁵mən²²ly⁵¹·ɕy
抵门 ti⁵¹mən²² 到死了赘婿的家里做赘婿
抵门杠 ti⁵¹mən²²kaŋ³⁵ 到死了赘婿的家里做赘婿的男人
圆房 yen²²xuaŋ²²　弟媳在弟弟去世后嫁给未婚的哥哥或嫂子在哥哥去世后嫁给未婚的弟弟，当地土家人过去的一种婚姻形式，即"兄死娶嫂，弟亡收媳"
　填房婚 t'ien²²xuaŋ²²xuən⁵⁵
坐堂招夫 tsuo³⁵t'aŋ²²tṣau⁵⁵xu⁵⁵ 寡妇在原住房再婚
老少配 lau⁵¹ṣau³⁵p'ei³⁵ 老夫少妻
有哒 iəu⁵¹·ta 怀孕了
　有喜哒 iəu⁵¹ɕi⁵¹·ta
　怀娃儿哒 xuai²²uər²²·ta
　娃娃儿上身哒 ua²²uərṣaŋ³⁵ṣən⁵⁵ta
害喜 xai³⁵ɕi⁵¹　妊娠反应
出怀 tṣu²²xuai²² 孕妇肚子慢慢变大凸显
六甲人 ləu²²tɕia²²zən²² 身怀六甲的孕妇
四眼儿人 sɹ³⁵iər⁵¹zən²² 孕妇（指孕妇和孩子共四只眼）
坐小月 tsuo³⁵ɕiau⁵¹ye²² 小产
　小产 ɕiau⁵¹tṣ'an⁵¹
　娃娃儿掉哒 ua²²·uərtiau³⁵·ta
　流产 liəu²²tṣ'an⁵¹

引产 in⁵¹tṣ'an⁵¹ 人工流产
生娃儿 sən⁵⁵uər²² 生孩子
捡生 tɕien⁵¹sən⁵⁵ 接生
衣子 i⁵⁵·tsɹ 胎盘
踩生 ts'ai⁵¹sən⁵⁵ 婴儿出生后，除父母外第一个见到婴儿的人
　逢生 xoŋ²²sən⁵⁵
报喜 pau³⁵ɕi⁵¹ 婴儿出生后的当天或第二天就应由婴儿父亲向岳母家报告喜讯，报喜时要抱一只"报喜鸡"，生男孩抱一只公鸡，生女孩抱一只母鸡
洗三朝儿 ɕi⁵¹san⁵⁵tṣər⁵⁵ 孩子出生后第三天外婆或接生婆用熬制的药材给婴儿洗澡
　洗三 ɕi⁵¹san⁵⁵
送祝米酒 soŋ³⁵tṣu²²mi⁵¹tɕiəu⁵¹ 孩子出生后外婆家通知家里亲戚备好糯米、鸡蛋、面条、醪糟儿、红糖、婴儿衣物等礼物，在选定吉日一同去女儿家"整祝酒"，庆祝孩子的出生
打喜 ta⁵¹ɕi⁵¹ 城里一般庆祝孩子出生的方式是在孩子满月期内，选择吉日为孩子庆生，到时办置酒席宴请亲朋好友
坐月子 tsuo³⁵ye²²·tsɹ
月母子 ye²²mu⁵¹·tsɹ 坐月子的妇女
□□ mie⁵⁵mie⁵⁵ ①母乳。给孩子哺乳叫"喂～"，孩子吃奶叫"吃～"；②乳房
　妈儿 mər⁵⁵
隔□□ ke²²mie⁵⁵mie⁵⁵ 给孩子断奶
　隔妈儿 ke²²mər⁵⁵

奶嘴嘴儿 lai⁵¹tsei⁵¹·tsər
　奶嘴儿 lai⁵¹tsər⁵¹
满月牌匾 man⁵¹ye²²pʻai²²piɛn⁵¹ 婴儿满月时亲朋所赠的纪念匾额
满月 man⁵¹ye²²
出窝窝儿 tṣʻu²²uo⁵⁵uər⁵⁵ 孩子满月后由父母带着第一次去外婆家
抓周 tṣua⁵⁵tṣəu⁵⁵
头胎 tʻəu²²tʻai⁵⁵
双生儿 ṣuaŋ⁵⁵sər⁵⁵ 双胞胎
流尿 liəu²²liau³⁵ 小孩子尿床或者尿裤子
刮娃儿 kua²²uər²² 打胎
遗腹子 i²²xu²²·tsʅ 父亲死后出生的孩子
引（娃）娃儿 in⁵¹（ua²²）uər²² 带孩子

2. 寿辰、丧葬

抬盒 tʻai²²xuo²² 红白喜事用来抬礼品的盒子
生儿 sər⁵⁵ 生日
过生儿 kuo³⁵sər⁵⁵ 过生日
做生儿 tsəu³⁵sər⁵⁵ 给别人庆祝生日
拜寿 pai³⁵ṣəu³⁵ 祝寿
寿星佬儿 ṣəu³⁵ɕin⁵⁵lər⁵¹
整生儿 tṣən⁵¹sər⁵⁵ 满"十"的生日，相对应"散生儿"而言
散生儿 san⁵¹sər⁵⁵ 不满"十"的生日
长尾巴儿 tṣaŋ⁵¹uei⁵¹·pər 专指小孩儿过生日
过节巴儿 kuo³⁵tɕie⁵⁵·pər 专指特殊年龄的生日，人们一般认为这些年龄是道坎，冲过去就好了。如36岁、60岁、73岁等

白事 pe²²sʅ³⁵ 丧事
死哒 sʅ⁵¹·ta
　走哒 tsəu⁵¹·ta
　不在哒 pu²²tsai³⁵·ta
　去哒 tɕʻie³⁵·ta
　过身哒 kuo³⁵ṣən⁵⁵·ta（指老人）
　过世哒 kuo³⁵sʅ⁵⁵·ta
　百年归世 pe²²liɛn²²kuei⁵⁵sʅ³⁵（比较尊敬、礼貌）
　作古 tsuo²²ku⁵¹（比较文雅的说法）
　丢哒 tiəu⁵⁵·ta 小孩儿夭折
　损哒 sən⁵¹·ta 胎儿夭折
　掉哒 tiau³⁵·ta
掉气 tiau³⁵tɕʻi³⁵ 人最后咽气
化生子 xua³⁵sən⁵⁵·tsʅ 先于父母死亡的孩子
报丧 pau³⁵saŋ⁵⁵
　报信 pau³⁵ɕin³⁵
　放信 xuaŋ³⁵ɕin³⁵
奔丧 pən⁵⁵saŋ⁵⁵
灵床 lin²²tṣʻuaŋ²²
方子 xuaŋ⁵⁵·tsʅ 棺材
　老屋 lau⁵¹u²²
　寿木 ṣəu³⁵mu²² 生前预制的棺材
　匣匣儿 ɕia²²·ɕiər 小孩死后临时赶制的棺材，一般用木板钉成，比较简陋
老衣 lau⁵¹i⁵⁵ 老人去世后穿的衣服
烧落气纸 sau⁵⁵luo²²tɕʻi³⁵tsʅ⁵¹ 孝子跪在死者床前给死者烧的纸钱
辞灵 tsʻʅ²²lin²² 与死者遗体做最后告别
入材 zu²²tsʻai²²
　入殓 zu²²liɛn⁵¹

闭殓 pei³⁵liɛn⁵¹ 入殓后用纸、漆、泥等混合将棺材盖四周密封

灵堂 lin²²t'aŋ²²

守孝 ʂəu⁵¹ɕiau³⁵ 守灵

坐夜 tsuo³⁵ie³⁵ 通宵守灵

    守夜 ʂəu⁵¹ie³⁵

正夜 tʂən³⁵ie³⁵ 下葬的前一天晚上守灵

    大夜 ta³⁵ie³⁵

做斋 tsəu³⁵tʂai⁵⁵ 正夜当晚道士作法事

打丧鼓 ta⁵¹saŋ⁵⁵ku⁵¹ 守夜期间，请一帮专业的人在灵柩边一边打鼓，一边唱歌，通宵达旦

吹撒呐儿 tʂ'uei⁵⁵sa⁵¹lər⁵⁵ 吹唢呐，和打丧鼓的相配合

跳丧 t'iau³⁵saŋ⁵⁵ 土家族的一种丧葬活动，在正夜当晚几个人装扮后在灵堂跳传统丧葬舞蹈，有锣鼓、唢呐等配合，通宵达旦

打绕棺 ta⁵¹ʐau⁵¹kuan⁵⁵ 孝子在道师的指引下围绕棺材穿行，又叫"孝子破五方"

做道场 tsəu³⁵tau³⁵tʂ'uaŋ⁵¹ 道士念经、作法事

打夜莺鼓 ta⁵¹ie³⁵in⁵⁵ku⁵¹ 守夜时唱的歌，锣鼓伴奏，主要唱逝者生前的一些事情

哭丧 k'u²²saŋ⁵⁵ 死者的亲属朋友为其烧纸哭泣

孝衣 ɕiau³⁵i⁵⁵ 孝服

孝袱子 ɕiau³⁵xu²²·tsɿ 披在身上的孝布

戴孝 tai³⁵ɕiau³⁵

披麻戴孝 p'ei⁵⁵ma²²tai³⁵ɕiau³⁵

出孝 tʂ'u²²ɕiau³⁵

孝子 ɕiau³⁵tsɿ⁵¹ 做丧事时对死者后辈的统称

孝孙 ɕiau³⁵sən⁵⁵ 逝者的孙辈

出柩 tʂ'u²²tɕiəu³⁵ 出殡

抬方子 t'ai²²xuaŋ²²·tsɿ 将棺材抬到坟地去安葬

    抬丧 t'ai²²saŋ⁵⁵

开路 k'ai⁵⁵ləu³⁵ 出殡之前道士念经，使死者一路上不受鬼魅的阻拦

送葬 soŋ³⁵tsaŋ³⁵

大灵 ta³⁵lin²² 灵牌

哭丧棒 k'u²²saŋ³⁵paŋ³⁵

嚎丧棒 xau²²saŋ⁵⁵paŋ³⁵

买路钱 mai⁵¹luə³⁵tɕ'iɛn²² 在送葬的路途中不断撒纸钱，为亡者前往阴间买路

纸扎 tʂɿ⁵¹tʂa²² 用纸扎的人、马、房子等，插到坟墓上

纸钱 tʂɿ⁵¹tɕ'iɛn²²

坟地 xuən²²ti³⁵

    老屋场 lau⁵¹u²²tʂ'aŋ²²

刻井 k'e²²tɕin⁵¹ 挖墓地

    打井 ta⁵¹tɕin⁵¹

坟 xuən²²

    坟园 xuən²²yɛn²² 坟墓

碑 pei⁵⁵

衣禄饭 i⁵⁵ləu⁵¹xuan³⁵ 死者入殓后将各种大米装在一个陶罐里放在棺材下面，下葬时带到墓地。道师在墓穴中作法事，一边说吉利话，一边向孝子孝孙撒大米，孝子在井外跪接，叫做"接

禄米",这种大米被认为承接了祖辈的福禄

送亮 soŋ³⁵liaŋ³⁵ 亡者下葬后的第二天,孝子要去送灯,烧纸钱,给坟添土

复山 xu²²ṣan⁵⁵

做头七 tsəu³⁵tʻəu²²tɕʻi²²

上坟 ṣaŋ³⁵xuən²²

回煞 xuei²²ṣa²² 风水先生根据死者的生辰和祭日按照甲子推算出来的时间,说是死者去地府报道后要回家来看一看,将由某日某时从某方回来,然后在某时从某方去。意在亡人念着在世之事,到时,丧家要准备茶果于亡者屋内,让其回家享用。

润七 ʐuən³⁵tɕʻi²² 由道士推算以后每逢七必祭,到新的坟地去为死者点灯,烧纸钱,放鞭炮,"润七"一共有四十九天,也就是要润七个七。

寻短见 ɕyn²²tan⁵¹tɕien³⁵

蹦水 poŋ³⁵ṣuei⁵¹ 投水(自尽)

吊颈 tiau³⁵tɕin⁵¹ 上吊

尸首 ʂɻ⁵⁵ṣəu⁵¹

骨灰盒 ku²²xuei⁵⁵xuo²²

3. 迷信

老天爷 lau⁵¹tʻien⁵⁵ie²²

灶王爷 tsau³⁵uaŋ²²ie²²

菩萨 pʻu²²sa²²

观音菩萨 kuan⁵⁵in⁵⁵pʻu²²sa²²

土地庙 tʻəu⁵¹ti³⁵miau³⁵

关帝庙 kuan⁵⁵ti³⁵miau³⁵

城隍庙 tṣʻən²²xuaŋ²²miau³⁵

阎王 iɛn²²uaŋ²²

祠堂 tsʻɻ²²tʻaŋ²²

家神 tɕia⁵⁵ṣən²² 祖宗的牌位

香案 ɕiaŋ⁵⁵an³⁵

上供 ṣaŋ³⁵koŋ³⁵

香炉碗儿 ɕiaŋ⁵⁵ləu²²uər⁵¹ 插香的东西,碗状

烛台 tṣu²²tʻai²²

蜡烛 la²²tṣu²²

香 ɕiaŋ⁵⁵

香炉 ɕiaŋ⁵⁵ləu²²

烧香 ṣau⁵⁵ɕiaŋ⁵⁵

磕头 kʻuo²²tʻəu²²

烧纸 ṣau⁵⁵tṣɻ⁵¹ 在特定的日子烧纸钱祭奠祖先和亡人,求他们保佑

烧包 ṣau⁵⁵pau⁵⁵

包袱 pau⁵⁵xu²² 用草纸制成,要先用硬币"印"一下,等同于冥币,将其用白纸包好,上面写上先祖的名讳、寄包的人、日期,这样就能保证先祖能收到

拜神 pai³⁵ṣən²²

抽彩头儿 tṣʻəu⁵⁵tsʻai⁵¹tʻər²² 求签

抽签 tṣʻəu⁵⁵tɕʻiɛn⁵⁵

签儿 tɕʻiər⁵⁵

打卦 ta⁵¹kua³⁵ 算卦

阴卦 in⁵⁵kua³⁵

阳卦 iaŋ²² kua³⁵

平卦 pʻin²²kua³⁵

测字 tsʻe²²tsɻ³⁵

算八字 san³⁵pa²²tsɻ³⁵

看风水 kʻan³⁵xoŋ⁵⁵ṣuei⁵¹

算命 san³⁵min³⁵

跳大神 tiau³⁵ta³⁵ṣən²²

许愿 ɕy⁵¹yɛn³⁵
还愿 xuan²²yɛn³⁵

十六　日常生活

1. 衣

印比子 pi⁵¹in³⁵·tsʅ 做衣服时量尺寸
　　量尺子 liaŋ³⁵tʂʻʅ²²·tsʅ
做衣服 tsəu³⁵i⁵⁵·xu 缝制新衣服
贴边　tʻie²²piɛn⁵⁵ 缝在衣服里子边上的窄条
滚边 kun⁵¹piɛn⁵⁵ 在衣服、布鞋等的边缘特别缝制的一种圆棱的边儿
锁边　suo⁵¹piɛn⁵⁵ 缲边
胎子 tʻai⁵⁵·tsʅ 将碎布或旧布一层一层糊起来成为厚片，用来做布鞋的底儿，有的方言叫"袼褙"
穿 tʂʻuan⁵⁵
脱 tʻuo²²
靸 sa²² 把鞋子后帮踩在后脚跟下
做鞋子 tsəu³⁵xai²²·tsʅ
扎鞋底子 tʂa²²xai²²ti⁵¹·tsʅ 纳鞋底儿
上帮　ʂaŋ³⁵paŋ⁵⁵·tsʅ 将鞋帮和鞋底缝合起来
钉扣子 tin⁵⁵kʻəu³⁵·tsʅ
绣花儿 ɕiəu³⁵xuɚ⁵⁵
打补巴 ta⁵¹pu⁵¹·pa 打补丁
　　补补巴 pu⁵¹pu⁵¹·pa
□铺盖 tʂai³⁵pu⁵⁵kai³⁵ 将棉絮夹在被面和被里之间，然后用粗线大针脚将四边固定
□ tʂua²² 用缝纫机缝合衣物等
洗衣裳 ɕi⁵¹i⁵⁵·ʂaŋ

洗衣服 ɕi⁵¹i⁵⁵·xu
敲水 tʻəu⁵¹ʂuei⁵¹ 用清水漂洗
清 tɕʻin⁵⁵
晒 ʂai³⁵
晾 liaŋ³⁵
浆衣服 tɕiaŋ⁵⁵i⁵⁵·xu
烫衣服 tʻaŋ³⁵i⁵⁵·xu 熨衣服、裤子

2. 食

吃饭 tɕʻi²²xuan³⁵
　　逮饭 tai⁵¹xuan³⁵
早饭 tsau⁵¹xuan³⁵
过早 kuo³⁵tsau⁵¹ 吃早餐
中饭 tʂoŋ⁵⁵xuan³⁵ 午饭
过中 kuo³⁵tʂoŋ⁵⁵ 吃午饭
夜饭 ie³⁵xuan³⁵ 晚饭
　　下午饭 ɕia³⁵u⁵¹ xuan³⁵
夜宵 ie³⁵ɕiau⁵⁵
宵夜 ɕiau⁵⁵ie³⁵
烧火 ʂau⁵⁵xuo⁵¹
架火 ka³⁵xuo⁵¹ 往灶里添柴草
弄饭 loŋ⁵⁵xuan³⁵ 做饭
　　搞饭 kau⁵¹xuan³⁵
淘米 tʻau²²mi⁵¹
发面 xua²² miɛn³⁵
调面 tʻiau²²miɛn³⁵ 和面
揉面 zua²²miɛn³⁵ 揉面
蒸馒头 tʂən⁵⁵man²²·tʻəu/ ·tʻuo
蒸发糕 tʂən⁵⁵xua²²kau⁵⁵
做包子 tsəu³⁵pau⁵⁵·tsʅ
包饺子 pau⁵⁵tɕiau⁵¹·tsʅ
煎 tɕiɛn⁵⁵
炸 tʂa²²
煮 tʂu⁵¹
蒸 tʂən⁵⁵

炒 tṣʻau⁵¹

腌 iɛn⁵⁵

闷 mən⁵⁵

<u>秒</u> tṣʻau³⁵ 用铲子在锅里偶尔翻动一下

焙 pei³⁵ 在锅里用文火翻炒

炕 kʻaŋ³⁵ ①烘烤：衣服有点儿湿，在火盆上～下｜饼子～热哒再吃；②熏制：～腊肉

□ kʻoŋ⁵¹ 将米、土豆等食材在锅里翻炒后加一定量的水，盖上盖子用文火慢慢烹煮，待水干后翻炒一下即可

氽汤 tsʻan⁵⁵tʻaŋ⁵⁵

择菜 tse²²tsʻai³⁵

弄菜 loŋ⁵⁵tsʻai³⁵ 做菜

弄汤 loŋ⁵⁵tʻaŋ⁵⁵ 做汤

炖汤 tən³⁵tʻaŋ⁵⁵

饭没过心 xuan³⁵mei⁵⁵kuo³⁵ɕin⁵⁵ 饭没熟透

吃饭 tɕʻi²²xuan³⁵

舀饭 iau⁵¹xuan³⁵

添饭 tʻiɛn⁵⁵xuan³⁵

赶饭 kan⁵¹xuan³⁵ 将碗里的饭扒拉一部分出来

拈菜 liɛn⁵⁵tsʻai³⁵ 搛菜

　挟菜 tɕia²²tsʻai³⁵

舀汤 iau⁵¹tʻaŋ⁵⁵

打牙祭 ta⁵¹ia²²tɕi³⁵

　打平伙 ta⁵¹pʻin²²xuo⁵¹ 几个人凑钱买菜做饭吃

㸆 pʻa⁵⁵ 食物熟透

融 zoŋ²² 东西碎成末或者弄散、煮烂

哽倒哒 kən⁵¹tau⁵¹·ta 吃东西噎着了

打饱嗝 ta⁵¹pau⁵¹ke²² 打嗝儿

胀着哒 tṣaŋ³⁵tṣau²²·ta 吃得太多撑着了

刁嘴 tiau⁵⁵tsei⁵¹

挑食 tʻiau⁵⁵ʂʅ²²

　偏食 pʻiɛn⁵⁵ʂʅ²²

喝茶 xuo⁵⁵tṣʻa²²

喝酒 xuo⁵⁵tɕiəu⁵¹

喝烟 xuo⁵⁵iɛn⁵⁵ 抽烟

饿 uo³⁵

饿着哒 uo³⁵tṣau²²·ta 很饿

饿怂 uo³⁵soŋ²² 贪吃或狼吞虎咽的样子

嘈倒哒 tsʻau²²tau⁵¹·ta 肚里没油水

　寡倒哒 kua⁵¹tau⁵¹·ta

吃转转儿饭 tɕʻi²²tṣuan³⁵·tṣuərxuan³⁵ 逢年过节亲戚之间挨家挨户轮流在家请客吃饭

吃独食 tɕʻi²²təu²²ʂʅ²² 一个人吃，不与他人分享

3.住

起来 tɕʻi⁵¹·lai 起床

洗手 ɕi⁵¹ʂəu⁵¹

洗脸 ɕi⁵¹liɛn⁵¹

漱口 səu³⁵kʻəu⁵¹ 刷牙

漱嘴 səu³⁵tsei⁵¹ 吃过饭后用水清洁牙齿

梳头 səu⁵⁵tʻəu²²

辫头儿 piɛn³⁵·tʻər 辫子

鬏鬏儿 tɕiəu⁵⁵tɕiər⁵⁵ 马尾

盘头发 pʻan²²tʻəu²²xua²² 盘发

粑粑嘴儿 pa⁵⁵pa⁵⁵tsər⁵¹ 发髻

指甲壳儿 tṣʅ²²ka²²kʻuər²² 指甲

挖耳屎 ua⁵⁵ər⁵¹ʂʅ²² 掏耳朵

　掏耳<u>东</u> tʻau⁵⁵ər⁵¹toŋ⁵⁵

洗澡 ɕi⁵¹tsau⁵¹

抹澡 ma²²tsau⁵¹ 用湿毛巾擦拭身体
解小手 kai⁵¹ɕiau⁵¹ʂəu⁵¹ 小便（动词）
　　厕尿 uo⁵⁵liau³⁵ 比较粗俗的说法
解大手 kai⁵¹ta³⁵ʂəu⁵¹ 大便（动词）
　　厕屎 uo⁵⁵ʂʅ⁵¹ 比较粗俗的说法
厕稀 uo⁵⁵ɕi⁵⁵ 拉肚子
歇凉 ɕie²²liaŋ²² 乘凉
歇气 ɕie²²tɕ'i³⁵ 短暂的休息
晒太阳 ʂai³⁵t'ai³⁵·iaŋ²²
烤火 k'au⁵¹xuo⁵¹
　　向火 ɕiaŋ³⁵ xuo⁵¹
亮 liaŋ³⁵ 泛指灯、烛等照明的东西
点亮 tien⁵¹liaŋ³⁵ 晚上把油灯或蜡烛
　　点上
开灯 k'ai⁵⁵təŋ⁵⁵
关灯 kuan⁵⁵təŋ⁵⁵
吹灯 tʂ'uei⁵⁵təŋ⁵⁵ 熄灭油灯
歇 ɕie²²①休息：你忙哒一天，～下
　　儿；②住宿：今天晚上就在我
　　屋里家里～
□瞌睡 ts'an⁵⁵k'uo²²ʂuei³⁵ 坐着打盹儿
眯下儿 mi⁵⁵xər⁵⁵ 闭眼打盹儿或养神
打呵先 ta⁵¹xuo⁵⁵ɕien⁵⁵ 打哈欠
瞌睡来哒 k'uo²²ʂuei³⁵lai²²·ta 困了
铺床 p'u⁵⁵tʂ'uaŋ²²
睡瞌睡 ʂuei³⁵k'uo²²ʂuei³⁵ 睡觉
睡哒 ʂuei³⁵·ta 睡了
睡着哒 ʂuei³⁵tʂuo²²·ta 睡着了
打鼾 ta⁵¹xan⁵⁵
睡死哒 ʂuei³⁵sʅ⁵¹·ta 睡得很沉
睡不着 ʂuei³⁵pu²² tʂuo²²
睡中觉 ʂuei³⁵tʂoŋ⁵⁵kau³⁵ 睡午觉
失枕 sʅ²²tʂən⁵¹ 落枕
扯□□儿 tʂ'e⁵¹xuəŋ³⁵lər³⁵ 做梦

做梦 tsəu³⁵moŋ³⁵
霉倒起哒 mei²²tau⁵¹·tɕ'i·ta 做噩梦，
　　大呼小叫，手脚乱动
发梦冲 xua²²moŋ³⁵tʂ'oŋ⁵⁵
说梦话 ʂuo²²moŋ³⁵xua³⁵
梦游 moŋ³⁵iəu²²
熬夜 ŋau²²ie³⁵
打夜工 ta⁵¹ie³⁵koŋ⁵⁵ 晚上干活儿
　　做夜活路 tsəu³⁵ie³⁵xuo²²ləu³⁵

4. 行

走路 tsəu⁵¹ləu³⁵
出去 tʂ'u²²tɕ'ie³⁵
回来 xuei²²lai²²
回去 xuei²² tɕ'ie³⁵
转去 tʂuan⁵¹tɕ'ie³⁵ 回到原来的出发
　　地
往转走 uaŋ⁵¹tʂuan⁵¹tsəu⁵¹ 往回走
归屋 kuei⁵⁵u²² 回家，只用于否定句：
　　整天不～
上街 ʂaŋ³⁵kai⁵⁵
逛街 kuaŋ³⁵kai⁵⁵
转 tʂuan³⁵ 随便走，闲逛
晃 xuaŋ⁵¹ 漫无目的地走，闲逛

十七　讼事

打官司 ta⁵¹kuan⁵⁵sʅ⁵⁵
吃官司 tɕ'i²²kuan⁵⁵sʅ⁵⁵ 被起诉
告 kau³⁵ 告状
原告 yen²²kau³⁵
被告 pei³⁵kau³⁵
状子 tʂuaŋ³⁵·tsʅ
开庭 k'ai⁵⁵t'in²²
退庭 t'ei³⁵t'in²²
坐堂 tsuo³⁵t'aŋ²²

退堂 tʻei³⁵tʻaŋ²²
审案子 ʂən⁵¹ŋan³⁵·tsʅ
过堂 kuo³⁵tʻaŋ²²
证人 tʂən³⁵zən²²
人证 zən²²tʂən³⁵
物证 u²²tʂən³⁵
对证 tei³⁵tʂən³⁵ 对质
刑事 ɕin²²sʅ³⁵
民事 min²²sʅ³⁵
家务事 tɕia⁵⁵u³⁵sʅ³⁵
律师 ly²²sʅ⁵⁵
写词 ɕie⁵¹tsʻʅ²² 写状子
讼师 soŋ³⁵sʅ⁵⁵ 替人写状子的人
认 zən³⁵ 认同案子的判决
　　服 xu²²
不认 pu²²zən³⁵ 不认同案子的判决
　　不服 pu²²xu²²
起诉 tɕʻi⁵¹səu³⁵ 上诉
　　上诉 ʂaŋ³⁵səu³⁵
宣判 ɕyɛn⁵⁵pʻan³⁵
招 zən³⁵ 招认
口供 kʻəu²²koŋ³⁵
供 koŋ³⁵
一伙的 i²²xuo⁵¹·ti 同伙
犯法 xuan³⁵xua²²
犯罪 xuan³⁵tsei³⁵
诬告 u⁵⁵kau³⁵
陷害 ɕiɛn³⁵xai³⁵
翻案 xuan⁵⁵ŋan³⁵
栽赃 tsai⁵⁵tsaŋ⁵⁵
连累 liɛn²²lei⁵¹
　　牵连 tɕʻiɛn⁵⁵liɛn³⁵
保 pau⁵¹①保释 ②取保
抓 tʂua⁵⁵ 逮捕

捉起哒 tʂuo²²tɕʻi⁵¹·ta
压送 ia²²soŋ³⁵
囚车 tɕʻiəu²²tʂʻe⁵⁵
青天老爷 tɕʻin⁵⁵tʻiɛn⁵⁵lau⁵¹ie²²
贪官 tʻan⁵⁵kuan⁵⁵
送东西 soŋ³⁵toŋ⁵⁵·ɕi 专指行贿
收东西 ʂəu⁵⁵toŋ⁵⁵·ɕi 专指受贿
罚款 xua²²kʻuan⁵¹
砍头 kʻan⁵¹tʻəu²²
　　砍脑壳 kʻan⁵¹lau⁵¹kʻuo³⁵
枪毙 tɕʻiaŋ⁵⁵pei³⁵
吃花生 tɕʻi²²xua⁵⁵sən⁵⁵ 枪毙的委婉说
　　法
打 ta⁵¹ 拷打
上拷 ʂaŋ³⁵kʻau³⁵ 上枷锁
手铐子 ʂəu⁵¹kʻau³⁵·tsʅ
脚镣子 tɕio²²liau³⁵·tsʅ
捆起来 kʻuən⁵¹tɕʻi⁵¹·lai 绑起来
关起来 kuan⁵⁵tɕʻi⁵¹·lai 囚禁起来
坐牢 tsuo³⁵lau²²
看 kʻan³⁵ 专指探监
跑 pʻau⁵¹ 专指越狱
打条子 ta⁵¹tʻiau²²·tsʅ 立字据
画押 xua³⁵ia²²
按手印 ŋan³⁵ʂəu⁵¹in³⁵
税 ʂuei³⁵
租子 tsəu⁵⁵·tsʅ 地租
地契 ti³⁵tɕʻi³⁵
税契 ʂuei³⁵tɕʻi³⁵
完税 uan²²ʂuei³⁵ 纳税
执照 tʂʅ²²tʂau³⁵
布告 pu³⁵kau³⁵
通知 tʻoŋ⁵⁵tsʅ⁵⁵
命令 min³⁵lin³⁵

公章 koŋ⁵⁵tʂaŋ⁵⁵
私访 sʅ⁵⁵xuaŋ⁵¹
交接 tɕiau⁵⁵tɕie²²
上任 ʂaŋ³⁵zən³⁵
免 miɛn⁵¹ 罢免
卷宗 tɕyɛn³⁵tsoŋ⁵⁵
传票 tʂ'uan²²p'iau³⁵

十八 交际

往来 uaŋ⁵¹lai²² 亲戚朋友间的交往
   来往 uaŋ⁵¹lai²²
看 k'an³⁵ ①看望、探望：～祖祖曾祖父母｜到医院去～个人看病人；②认为、估计：我～这个事情搞不成；③目视：～电视
走人家 tsəu⁵¹ zən²² tɕia⁵⁵ 到亲戚朋友家做客
待客 tai³⁵k'e²² 请客
请客 tɕ'in⁵¹k'e²²
招待 tʂau⁵⁵tai³⁵
招呼 tʂau⁵⁵xu⁵⁵ ①招待：你把客都要～好；②看护、伺候：我这几天在～奶奶；③当心、留神：路滑，～打跟头（摔跤）
端茶 tan⁵⁵tʂ'a²²
装烟 tʂaŋ⁵⁵iɛn⁵⁵ 给客人敬烟
人情 zən²²tɕ'in²²
送人情 soŋ³⁵zən²²tɕ'in²² 送礼
   送情 soŋ³⁵tɕ'in²²
做客 tsuo³⁵k'e²² ①在别人家里受到招待；②指讲客气：你随便些，莫～
陪客 p'ei²²k'e²²
送客 soŋ³⁵k'e²²

多谢哒 tuo⁵⁵ɕie³⁵·ta 谢谢
难慰 lan²²uei³⁵ 受到别人的帮助后说的感谢话
   劳慰 lau²²uei³⁵
麻烦 ma²²xuan²²
莫讲客气 mo²²tɕiaŋ⁵¹k'e²²tɕ'i³⁵
相偏你儿 ɕiaŋ⁵⁵p'iɛn⁵⁵liər⁵¹ 托您的福
礼行 li⁵¹ɕin²² 礼数、礼节
讲礼行 tɕiaŋ⁵¹li⁵¹ ɕin²² 讲客气
作套 tsuo²²t'au³⁵
   讲套 tɕiaŋ⁵¹t'au³⁵
耽搁 taŋ⁵⁵kuo²²
一桌席 i²²tʂuo²²ɕi²² 一桌酒席
帖子 t'ie²²·tsʅ 请帖
下帖子 ɕia³⁵t'ie²²·tsʅ 下请帖
开席 k'ai⁵⁵ɕi²² 将酒席摆好，请宾客入座
坐席 tsuo³⁵ɕi²² 入席
上菜 ʂaŋ³⁵ts'ai³⁵
酌酒 tʂuo²²tɕiəu⁵¹ 斟酒
   倒酒 tau³⁵tɕiəu⁵¹
劝酒 tɕ'yɛn³⁵tɕiəu⁵¹
划拳 xua²²tɕ'yɛn²² 猜拳
下席 ɕia³⁵ɕi²² 离席
撤席 tʂ'e²²ɕi²² 酒宴结束后撤去酒席
接 tɕie²² 请人到家里来：～客｜～老师
□ kuo²² ①把几股线或绳子合成一股；②结交：喜欢～人（喜欢结交朋友）
□孽 kuo²²lie²² 结下仇怨
合不来 xuo²²pu²²lai²² 人与人不合
   搞不拢 kau⁵¹pu²²loŋ⁵¹
扯皮 tʂ'e⁵¹p'i²² 闹矛盾、纠纷
对头 tei³⁵t'əu²² 矛盾双方
死对头 sʅ⁵¹ tei³⁵t'əu²² 冤家，结怨很

深的双方
仇人 tṣʻəu²²zən²²
冤枉 yɛn⁵⁵uaŋ²²
打抱不平 ta⁵¹pau³⁵puʻ²²pʻin²²
狗夹 kəu⁵¹tɕia²² 爱计较，喜欢打小算盘
半吊子 pan³⁵tiau³⁵·tsɿ
解交 kai⁵¹tɕiau⁵⁵（别人打架、闹矛盾的时候）劝解
好哒 xau⁵¹·ta 和好了，讲和了
做作 tsəu³⁵tsuo²²
拿架子 la²²tɕia³⁵·tsɿ 摆架子
绷壳子 poŋ⁵¹kʻuo²²·tsɿ 装门面
绷面子 poŋ⁵¹miɛn³⁵·tsɿ
玩格 uaŋ²²kɛ²² ①讲排场、摆阔气；②潇洒
晕泡子 yn⁵⁵pʻau⁵⁵·tsɿ 讲排场、摆阔气；
光面子话 kuaŋ³⁵miɛn³⁵·tsɿ xua³⁵ 说得好听而并不打算兑现的话
耳边风 ər⁵¹piɛn⁵⁵xoŋ⁵⁵
装苕 tṣuaŋ⁵⁵ṣau²² 装傻
出丑败相 tṣʻu²²tṣʻəu⁵¹pai³⁵ɕiaŋ³⁵ 出洋相、丢面子
出南瓜丑 tṣʻu²²lan²²kua⁵⁵tṣʻəu⁵¹
丑人 tṣʻəu⁵¹zən²² 丢人
丑死人 tṣʻəu⁵¹sɿ⁵¹zən²² 丢人，没面子，不光彩
掉底子 tiau³⁵ti⁵¹·tsɿ 跌份儿、没面子
巴结 pa⁵⁵tɕiɛ²²
讨好卖乖 tʻau⁵¹xau⁵¹mai³⁵kuai⁵⁵
舔沟子 tʻiɛn⁵¹kəu⁵⁵·tsɿ 巴结、讨好，含贬斥意味
喝包儿舔肥 xuo⁵⁵pər⁵⁵ tʻiɛn⁵¹xuei²² 巴结有权势的人，含贬斥意味
舔胯胯 tʻiɛn⁵¹kʻua⁵¹kʻua
舔大胯子 tʻiɛn⁵¹ta³⁵kʻua⁵¹·tsɿ
□人 kuo²²zən²² 善于结交朋友
惹 zɛ⁵¹ ①招惹；②理睬：看到我还假装不～
看得起 kʻan³⁵·te tɕʻi³⁵
看不起 kʻan³⁵·pu tɕʻi³⁵
看白哒 kʻan³⁵pɛ²²·ta 开透了，认清了
扯伙 tṣʻe⁵¹xuo⁵¹ 合伙儿
伙倒 xuo⁵¹tau⁵¹ 合伙（干坏事）
打平伙 ta⁵¹pʻin²²xuo⁵¹ 几个人凑钱买菜做饭
佐 tsuo⁵¹ ①借钱、借粮食；②交换：用几个鸡蛋～点儿盐
答应 ta²²in³⁵ / tan²²in³⁵ 同意
攆出去 liɛn⁵¹tṣʻu²²tɕʻiɛ³⁵
赶出去 kan⁵¹tṣʻu²²tɕʻiɛ³⁵
攆起走 liɛn⁵¹tɕʻi⁵¹tsəu⁵¹ 攆走
要得 iau³⁵te²² ①表示赞同、同意；②认为还可以，过得去，相当于"勉强"
要不得 iau³⁵·puteʻ²² 认为别人做的事不讲情面，不好，它不是"要得"的否定形式
裹起 kuo⁵¹tɕʻi⁵¹ 男女之间有不正当的关系

十九　商业、交通

1. 经商行业

老字号 lau⁵¹tsɿ³⁵xau³⁵
牌子 pʻai²²·tsɿ 招牌
开铺子 kʻai⁵⁵pʻu³⁵·tsɿ 较大的店铺
开铺铺儿 kʻai⁵⁵pʻu³⁵·pʻə 小的店铺

门面儿 mən²²miər³⁵ 店面
　铺面儿 pʻu³⁵miər³⁵
摆摊子 pai⁵¹tʻan⁵⁵·tsʅ 摆摊儿
　摆摊摊儿
耍单线儿 ʂua⁵¹tan⁵⁵ɕiər³⁵ 跑单帮
燕儿客 iɛn³⁵ər²²kʻe²² 跑单帮的人（像燕子一样到处飞）
做生意 tsəu³⁵sən⁵⁵i⁵⁵
跑生意 pʻau⁵¹sən⁵⁵i⁵⁵ 为生意而奔忙
旅社 ly⁵¹ʂe³⁵
宾馆 pi⁵⁵kuan⁵¹
茶馆儿 tʂʻa²²kuər⁵¹
馆子 kuan⁵¹·tsʅ
上馆子 ʂan³⁵kuan⁵¹·tsʅ
　下馆子 ɕia³⁵kuan⁵¹·tsʅ
　铲馆子 tʂʻan⁵¹kuan⁵¹·tsʅ
吃大盘子 tɕʻi⁵⁵taʂ³⁵pʻan²²·tsʅ 吃好菜
跑堂的 pʻau²²tʻaŋ²²·ti
徒弟娃儿 tʻəu³⁵ti³⁵·uər 在店铺里的伙计
绸缎铺 tʂʻəu²²tan³⁵pʻu³⁵
窑货铺 iau²²xuo³⁵pʻu³⁵ 买碗、杯等的店铺
杂货铺 tsa²²xuo³⁵pʻu³⁵
斋货铺 tʂai⁵⁵xuo³⁵pʻu³⁵ 糖食糕点铺
裁缝铺 tsʻai²²xoŋ²²pʻu³⁵
剃头铺儿 tʻi³⁵tʻəu²²pʻu³⁵·tsʅ 理发店
剃头 tʻi³⁵tʻəu²²
刮光头儿 kua²²kuaŋ³⁵tər 剃光头
刮脸 kua²²liɛn⁵¹
刮胡子 kua²²xu²²·tsʅ
供销社 koŋ³⁵ɕiau⁵⁵ʂe³⁵
百货部 pe²²xuo³⁵pu³⁵ 综合性商场
门市部 mən²²ʂʅ³⁵pu³⁵ 公家开的卖某一类产品的店铺
匹头门市 pʻi²²tʻəu²²mən²²ʂʅ³⁵ 布店
日杂门市 zʅ²²tsa²²mən²²ʂʅ³⁵ 杂货店
土产门市 tʻəu⁵¹tʂʻan⁵¹mən²²ʂʅ³⁵ 卖土特产的店铺
生资门市 sən⁵⁵tsʅ⁵⁵mən²²ʂʅ³⁵ 卖生产资料的店铺
五金门市 u⁵¹tɕin⁵⁵mən²²ʂʅ³⁵ 卖五金的店铺
副食门市 xu³⁵ʂʅ²²mən²²ʂʅ³⁵ 卖副食的店铺
粮油门市 liaŋ²²iəu²²mən²²ʂʅ³⁵ 卖粮油的店铺
粮店 liaŋ²²tiɛn³⁵
鞋子铺铺儿 xai²²tsʅpʻu³⁵·pʻə 鞋店
衣服铺铺儿 i⁵⁵xu²²pʻu³⁵·pʻə 服装店
　衣服店儿 i⁵⁵xu²²tiər³⁵
文具店 uən²²tɕy³⁵tiɛn³⁵
肉案子 zu²²ŋan³⁵·tsʅ 肉铺
杀猪 ʂa²²tʂu⁵⁵
榨坊 tʂa³⁵xuaŋ²² 油坊
当铺 taŋ³⁵pʻu³⁵
课房子 kʻuo³⁵xuaŋ²²·tsʅ 租房子
典房子 tiɛn⁵¹xuaŋ²²·tsʅ 抵押房产
煤厂 mei²²tʂaŋ⁵¹

2. 经营、交易

开张 kʻai⁵⁵tʂaŋ⁵⁵ ①开业；②一天中做的第一笔交易：今天到中午才～
开门 kʻai⁵⁵mən²² 开始（一天的）营业
关门 kuan⁵⁵mən²² ①停业；②结束当天的营销业务
营业 yn²²lie²²

柜台 kuei³⁵t'ai²²
批发 p'ei⁵⁵xua²²
散卖 san⁵¹mai³⁵ 零卖
转手 tʂuan⁵¹ʂəu⁵¹
二道贩子 ər³⁵tau³⁵xuan³⁵·tsʅ
喊价 xan⁵¹tɕia³⁵ 出价
　要价 iau³⁵tɕia³⁵
讲价 tɕiaŋ⁵¹tɕia³⁵ 买卖双方讨价还价
还价 xuan²²tɕia³⁵
喊起天，还起地 xan⁵¹tɕ'i⁵¹t'iɛn⁵⁵xuan²²
　tɕ'i⁵¹ti²⁵ 形容老板开价开得很高，顾客还价还得很低
相因 ɕiaŋ⁵⁵in⁵⁵（价钱）便宜
　便宜 p'iɛn²² i²²
贵 kuei³⁵
　老 lau⁵¹
合适 xuo²²ʂʅ³⁵ 价钱公道
划得来 xua²²·telai²² 买到物美价廉的东西
宰 tsai⁵¹ 将货物以高价卖给对方
上一鹅蛋 ʂaŋ³⁵i²²uo²²tan³⁵ 比喻买东西被坑
打亘 ta⁵¹kən⁵¹ 包圆儿（剩下的全部买了）
　包哒 pau⁵⁵·ta
工钱 koŋ⁵⁵tɕ'iɛn²²
本钱 pən⁵¹tɕ'iɛn²²
生意好 sən⁵⁵i⁵⁵xau³⁵
生意皮 sən⁵⁵i⁵⁵p'i²² 生意清淡
　生意□ sən⁵⁵i⁵⁵p'ie⁵⁵
糊得走 xu²²·tetsəu⁵¹ 日子过得去
保本儿 pau⁵¹pər⁵¹
折本儿 ʂe²²pər⁵¹
　亏本儿 k'uei⁵⁵pər⁵¹

搞亏哒 kau⁵¹k'uei⁵⁵·ta
倒贴 tau³⁵t'ie²²
找钱 tʂau⁵¹tɕ'iɛn²² ①挣钱：出门去～；②卖方找回零钱
赚钱 tʂuan³⁵tɕ'iɛn²²
路费 ləu³⁵xuei³⁵
息钱 ɕi²²tɕ'iɛn²² 利息
行时 ɕin²²ʂʅ²² 运气好
　行运 ɕin²²yn³⁵
火气好 xuo⁵¹tɕ'i³⁵xau⁵¹
火气正 xuo⁵¹tɕ'i³⁵tʂən³⁵
走狗屎运 tsəu⁵¹kəu⁵¹ʂʅ⁵¹yn³⁵ 运气好，含戏谑的意味
祖坟埋得好 tsəu⁵¹xuən²²mai²²texau⁵¹ 形容人官运好
祖坟爹口 tsəu⁵¹xuən²²tʂa⁵⁵k'əu⁵¹
祖公佬儿翻身 tsəu⁵¹koŋ⁵⁵lər⁵¹xuan⁵⁵ʂən⁵⁵ 形容时来运转
背时 pei³⁵ʂʅ²² 运气不好
背荻炉子时 pei³⁵tɕ'iəu⁵⁵ləu²²·tsʅ²² 炉子里总是冒烟，熏眼睛，比喻运气特别不好
差 tʂ'a⁵⁵ ①欠付：还～他几十块钱；②不够：十块～五角，即九元五角
冲 tʂ'oŋ³⁵ 借：找他～点儿钱
抵 ti⁵¹ 抵押
押金 ia²²tɕin⁵⁵
定金 tin³⁵tɕin⁵⁵
折耗 ʂe²²xau³⁵ 损耗、消耗掉的部分
调 t'iau⁵¹ ①交换：我们两个把位子～一下；②换：鞋子买大哒，～一双

3. 账目

账房 tʂaŋ³⁵xuaŋ²²

扎账 tṣa²²tṣaŋ³⁵ 每天清理账目
盘存 pʻan²²tsʻən²² 定期（一般是一个月一次）清理账目
　盘底 pʻan²²ti⁵¹
开销 kai⁵⁵ɕiau⁵⁵ 花费
费用 xuei³⁵ioŋ³⁵
记账　tɕi³⁵ tṣaŋ³⁵ ①记下收入支出的账；②卖方暂时没钱付账，卖方先登记下来
催账 tsʻei⁵⁵tṣaŋ³⁵
收账 ṣəu⁵⁵tṣaŋ³⁵
除账 tʂʻu²²tṣaŋ³⁵ 将以前没有交付的钱付清后消除欠账清单
该 kai⁵⁵ 欠别人的钱
赊 ṣe⁵⁵
赊账 ṣe⁵⁵
该账 kai⁵⁵tṣaŋ³⁵ 欠账
要账 iau³⁵tṣaŋ³⁵
　讨账 tʻau⁵¹tṣaŋ³⁵
死账 sʅ⁵¹tṣaŋ³⁵ 烂账（要不回来的账）
发票 xua²²pʻiau³⁵
条子 tʻiau²²·tsʅ 收据
存款 tsʻən²²kʻuan⁵¹ ①收支相抵后剩余的钱；②平时积攒下来的钱
存折 tsʻən²² tṣe²²
钱 tɕʻiɛn²²
亘钱 kən⁵¹tɕʻiɛn²² 面值较大的钱（如十元）
零钱 lin²²tɕʻiɛn²²
　散钱
票子 pʻiau³⁵·tsʅ ①纸币；②钱：手里没得～
纸票子 tʂʅ⁵¹pʻiau³⁵·tsʅ 纸币
分分儿钱 xuən⁵⁵xuər⁵⁵tɕʻiɛn²² 钢镚儿

子子儿钱
铜壳子 tʻoŋ²²kʻuo²²·tsʅ 旧时用的铜钱
洋钱 iaŋ²²tɕʻiɛn²²
大脑壳儿洋钱 ta³⁵lau⁵¹kuər²²iaŋ²² tɕʻiɛn²² 有袁世凯头像的银元
小脑壳儿洋钱 ɕiau⁵¹lau⁵¹kuər²²iaŋ²² tɕʻiɛn²² 有孙中山头像的银元
一分儿 i²²xuər⁵⁵
一角 i²²tɕio²²
一块 i²²kʻuai⁵¹
十块 ṣʅ²²kʻuai⁵¹
一百块 i²²pe²²kʻuai⁵¹
一张票子 i²²tṣaŋ⁵⁵pʻiau³⁵·tsʅ 一张面额大的钞票
眼眼儿钱 iɛn⁵¹·iər⁵¹tɕʻiɛn²² 旧时的一种铜钱，外圆内方
算盘 san³⁵pʻan²²
天平 tʻiɛn⁵⁵pʻin²²
戥子 tən⁵¹·tsʅ 称贵重物品的小秤
秤 tʂʻən³⁵
磅秤 paŋ³⁵tʂʻən³⁵
秤盘子 tʂʻən³⁵pʻan²²·tsʅ
秤星子 tʂʻən³⁵ɕin⁵⁵·tsʅ
秤杆儿 tʂʻən³⁵kər⁵¹
秤钩子 tʂʻən³⁵kəu⁵⁵·tsʅ
定盘星 tin³⁵pʻan²²ɕin⁵⁵
秤砣 tʂʻən³⁵tʻuo²²
毫系 xau²²ɕi³⁵ 秤毫
望 uaŋ³⁵（称物时）秤尾高
皮 pʻi²²（称物时）秤尾低
耍秤 ṣua⁵¹ tʂʻən³⁵ 在称东西时做手脚，使分量不足：莫～
差秤 tʂʻa⁵⁵tʂʻən³⁵ 缺斤短两

扎秤 tṣa²²tṣʻən³⁵ 东西沉，分量重
蘦子 taŋ³⁵·tsɿ 刮板（平斗斛的木片）
　平板儿 pʻin²²pər⁵¹
提子 tʻi²²·tsɿ 旧时量酒、油等液体物
　品的量具，一般是竹制品或铝制
　哦，圆筒形，有较长的提柄，有
　一两、半斤、一斤等型号
□子 liəu³⁵·tsɿ 木制或竹制的漏斗

4. 交通

赶车 kan⁵¹tṣʻe⁵⁵ 乘车
坐车 tsuo³⁵tṣʻe⁵⁵
铁路 tʻie²²ləu³⁵
铁轨 tʻie²²kuei⁵¹
火车 xuo⁵¹tṣʻe⁵⁵
火车站 xuo⁵¹tṣʻe⁵⁵tṣan³⁵
马路 ma⁵¹ləu³⁵
车子 tṣʻe⁵⁵·tsɿ
汽车 tɕʻi³⁵tṣʻe⁵⁵
客车 kʻe²²tṣʻe⁵⁵
货车 xuo³⁵tṣʻe⁵⁵
交通车 tɕiau⁵⁵tʻoŋ⁵⁵tṣʻe⁵⁵ 公共汽车
小车 ɕiau⁵¹tṣʻe⁵⁵ 小汽车
摩托车 muo⁵⁵tʻuo²²tṣʻe⁵⁵
摩的 muo⁵⁵ti⁵⁵ 载客的摩托车
　单轮儿 tan⁵⁵luər²²
三轮车 san⁵⁵lən²²tṣʻe⁵⁵
电麻木 tiɛn³⁵ma²²mu²² 载客的三轮车
土麻木 tʻəu⁵¹ma²²mu²² 人力三轮车
板板车 pan⁵¹pan⁵¹tṣʻe⁵⁵ 平板两轮车
脚踏车 tɕio²²tʻa²²tṣʻe⁵⁵
　自行车 tsɿ³⁵ɕin²²tṣʻe⁵⁵
轿子 tɕiau³⁵·tsɿ
花轿 xua⁵⁵tɕiau³⁵ 抬新娘的轿子
滑竿儿 xua²²kər⁵⁵ 在两根长竹竿中
　间，架上类似躺椅的座位，讲
　究的形似轿子而无顶，由前后
　两个人抬着走
抬轿子的 tai²²tɕiau³⁵·tsɿ·ti 轿夫
船 tṣʻuan²²
帆 xua⁵⁵
篷 pʻoŋ²² 船篷
桅杆 uei²²kan⁵⁵
舵 tuo³⁵
桡片 ẓau²²pʻiɛn⁵¹ 桨
撑杆儿 tsʻən⁵⁵kər⁵⁵ 撑船的竹篙
跳板 tʻiau³⁵pan⁵¹
老哇船 lau⁵¹ua²²tṣʻuan²² 木船
木筏子 mu²²xua²²·tsɿ 小木船
渡船 təu³⁵tṣʻuan²²
洋船 iaŋ²²tṣʻuan²² 大轮船
渔船 y²²tṣʻuan²²
轮船 lən²²tṣʻuan²²
快艇 kʻuai³⁵tʻin⁵¹
汽艇 tɕʻi³⁵tʻin⁵¹
过河 kuo³⁵xuo²²
摆渡 pai⁵¹təu³⁵
渡口 təu³⁵kʻəu⁵¹
放排 xuaŋ³⁵pʻai²² 将木材捆绑好，放
　到河里漂流到别的地方
拉位子 la⁵⁵uei³⁵·tsɿ 轮船到港或离港
　时要鸣汽笛，一般是定时的，
　工厂上下班也鸣汽笛，后来将
　这种有时间定位作用的汽笛鸣
　叫称为"拉位子"

二十　文化教育

1. 学校

学堂 ɕio²²tʻaŋ²²

学校 ɕio²²ɕiau³⁵
发蒙 xua²²moŋ²² 儿童启蒙
上学 ʂaŋ³⁵ɕio²²
放学 xuaŋ³⁵ɕio²²
下学 ɕia³⁵ɕio²² 辍学或毕业后不继续升学
读书 təu²²ʂu⁵⁵
逃学 t'au²²ɕio²²
幼儿园 iəu³⁵ər²²yɛn²²
托儿所 t'uo²²ər²²suo⁵¹
学费 ɕio²²xuei³⁵
学杂费 ɕio²²tsa²²xuei³⁵
放假 xuaŋ³⁵tɕia⁵¹
暑假 ʂu⁵¹tɕia⁵¹
寒假 xan²²tɕia⁵¹
农忙假 loŋ²²maŋ²²tɕia⁵¹ 农忙期间学校统一放假让学生帮忙做农活
请假 tɕ'in⁵¹tɕia⁵¹
私塾 sʅ⁵⁵ʂu²²

2. 教室、文具

教室 tɕiau³⁵ʂʅ²²
上课 ʂaŋ³⁵k'uo³⁵
下课 ɕia³⁵k'uo³⁵
讲桌 tɕiaŋ⁵¹tʂuo²²
讲台 tɕiaŋ⁵¹t'ai²²
黑板 xe²²pan⁵¹
粉笔 xuən⁵¹pi²²
　粉条儿 xuən⁵¹t'iər²²
黑板擦子 xe²²pan⁵¹ts'a²²·tsʅ 板擦儿
点名册 tiɛn⁵¹min²²ts'e²²
教鞭儿 tɕiau³⁵piər⁵⁵
戒尺 kai³⁵tʂ'ʅ²²
笔记本儿 pi²²tɕi³⁵pər⁵¹
书 ʂu⁵⁵

铅笔 tɕ'iɛn⁵⁵pi²²
擦子 ts'a²²·tsʅ 橡皮擦
绞笔刀儿 tɕiau⁵¹pi²²tər⁵⁵
圆规 yɛn²²kuei⁵⁵
三角板儿 san⁵⁵kuo²²pər⁵¹
压字条 ia²²tsʅ³⁵t'iau²² 镇纸
作文本 tsuo²²uən²²pən⁵¹
大字本 ta³⁵tsʅ³⁵pən⁵¹
小字本 ɕiau⁵¹tsʅ³⁵pən⁵¹
算术本子 san³⁵ʂu²²pən⁵¹·tsʅ
蒙影本儿 moŋ²²in⁵¹pər⁵¹ 习字用的一种范本，用能透字的纸蒙在上面描画
描红本儿 miau²²xoŋ²²pər⁵¹
靛笔 tiɛn³⁵pi²² 自来水笔
钢笔 kaŋ⁵⁵pi²²
靛水 tiɛn³⁵suei⁵¹ 钢笔用的墨水儿
蘸水笔 tsan³⁵ʂuei⁵¹pi²²
毛笔 mau²² pi²²
笔帽子 pi²²mau³⁵·tsʅ
笔筒 pi²²t'oŋ²²
砚台 iɛn³⁵t'ai²²
磨墨 muo²²me²²
　磴墨 ŋai²²me²²
墨盒盒儿 me²²xuo²²·xuər
墨 me²² 墨汁
蘸墨 tsan³⁵me²² 搩笔
书包 ʂu⁵⁵pau⁵⁵

3. 读书识字

读书人 təu²²ʂu⁵⁵zən²²
不识字 pu²²ʂʅ²²tsʅ³⁵
睁眼瞎 tsən⁵⁵iɛn⁵¹ɕia²²
文盲 uən²²maŋ²²
读书 təu²²ʂu⁵⁵

预习 y³⁵ɕi²²
复习 xu²²ɕi²²
背书 pei³⁵ʂu⁵⁵
做作业 tsəu³⁵tsuo²²lie²²
　　写作业 ɕie⁵¹tsuo²²lie²²
写作文 ɕie⁵¹tsuo²²uən²²
考试 kʻau⁵¹ʂʅ³⁵
考场 kʻau³⁵tʂʻaŋ⁵¹
卷子 tɕyɛn³⁵·tsʅ
一百分儿 i²²peʔ²²xuər⁵⁵
及格 tɕi²²ke²²
不及格 pu²²tɕi²²ke²²
零分儿 lin²²xuər⁵⁵
　　得鸭蛋 ye²²ia²²tan³⁵
放榜 xuaŋ³⁵paŋ⁵¹
第一名 ti³⁵i²²min²²
倒数第一名 tau³⁵səu⁵¹ti³⁵i²²min²²
　　最后一名 tsei³⁵xəu³⁵i²²min²²
毕业 pi²²lie²²
肄业 i³⁵lie²²
毕业证 pi²²lie²²tʂən³⁵
毕业本本儿 pi²²lie²²pən⁵¹·pər 文凭
留级 liəu²²tɕi²²
书呆子 ʂu⁵⁵tai⁵⁵·tsʅ
书房 ʂu⁵⁵xuaŋ²²
书桌 ʂu⁵⁵tsuo²²

4. 写字

大楷 ta³⁵kʻai⁵¹
小楷 ɕiau⁵¹kʻai⁵¹
字帖 tsʅ³⁵tʻie²²
写白字 ɕie⁵¹peʔ²²tsʅ³⁵
写别字 ɕie⁵¹pie²²tsʅ³⁵
囗笔 təu³⁵pi²² 写字笔顺不对
鸡哈字 tɕi⁵⁵xa⁵⁵tsʅ³⁵ 字写得歪歪扭扭

鬼画桃符 kuei⁵¹xua³⁵tʻau²²xu²² 比喻
　　写字、做作业不认真，乱写一气
叉哒 tʂʻa⁵⁵·ta 把错的划掉
草稿 tsʻau⁵¹kau⁵¹
打草稿 ta⁵¹tsʻau⁵¹kau⁵¹
誊 tʻən²²
一点 i²²tiɛn⁵¹
一横 i²²xuən²²
一直 i²²tsʅ²² 一竖
一竖 i²²ʂu³⁵
一撇 i²²pʻie²²
一捺 i²²la²²
一勾 i²²kəu⁵⁵
一提 i²²tʻi²² 一挑
画 xua³⁵ 笔画数：王字是四～
偏旁 pʻiɛn⁵⁵pʻaŋ²²
单人旁（亻）tan⁵⁵zən²²pʻaŋ²²
双人旁（彳）ʂuaŋ⁵⁵zən²²pʻaŋ²²
弓长张 koŋ⁵⁵tʂʻaŋ²²tʂaŋ⁵⁵
立早章 li²²tsau⁵¹tʂaŋ⁵⁵
禾程旁 xuo²²tʂʻən²²pʻaŋ²²
框子边（囗）kʻuaŋ⁵⁵·tsʅpiɛn⁵⁵
宝盖头（宀）pau⁵¹kai³⁵tʻəu²²
秃宝盖（冖）tʻəu²²pau⁵¹kai³⁵
竖心旁（忄）ʂu³⁵ɕin⁵⁵pʻaŋ²²
反犬旁（犭）xuan⁵¹tɕʻyɛn⁵¹pʻaŋ²²
抱耳旁 pau³⁵ər⁵¹pʻaŋ²²
单抱耳（卩）tan⁵⁵pau³⁵ər⁵¹
双抱耳（阝）ʂuaŋ⁵⁵pau³⁵ər⁵¹
反文旁（攵）xuan⁵¹uən²²pʻaŋ²²
王字旁 uaŋ²²tsʅ³⁵pʻaŋ²²
土字旁 tʻəu⁵¹tsʅ³⁵pʻaŋ²²
竹字头 tʂu²²tsʅ³⁵tʻəu²²
火字旁 xuo⁵¹tsʅ³⁵pʻaŋ²²

四点底(灬) sʅ³⁵tien⁵¹ti⁵¹
三点水(氵) san⁵⁵tien⁵¹ʂuei⁵¹
两点水(冫) liaŋ⁵¹tien⁵¹ʂuei⁵¹
病字头(疒) pin³⁵tsʅ³⁵t'əu²²
走之底(辶) tsəu⁵¹tsʅ⁵⁵ti⁵¹
绞丝旁(纟) tɕiau⁵¹sʅ⁵⁵p'aŋ²²
提手旁(扌) t'i²²ʂəu⁵¹p'aŋ²²
草字头(艹) ts'au⁵¹tsʅ³⁵t'əu²²
写信 ɕie⁵¹ɕin³⁵
写对子 ɕie⁵¹tei³⁵·tsʅ
信封 ɕin³⁵xoŋ⁵⁵
邮票 iəu²²p'iau³⁵

二十一　文体活动

1. 游戏、玩具

风筝儿 xoŋ⁵⁵tsər⁵⁵ 风筝
躲卯儿 tuo⁵¹mər⁵¹ 捉迷藏
打毽儿 ta⁵¹tɕiər³⁵ 踢毽子
　□毽儿 tʂua²²tɕiər³⁵
抓子 tʂua⁵⁵tsʅ⁵¹ 女孩子的游戏，将一颗抛起并接住，同时抓起另外的一个或几个。
　捡子 tɕien⁵¹tsʅ⁵¹
跳沙包儿 t'iau³⁵ʂa⁵⁵pər⁵⁵
翻叉 xuan⁵⁵tʂ'a⁵⁵ 翻绳（两人轮换翻动手指头上的细绳，变出各种花样）
跳皮筋儿 t'iau³⁵p'i²²tɕiər⁵⁵
跳绳 t'iau³⁵ʂuən²²
跳房子 t'iau³⁵xuaŋ²²·tsʅ
　跳格子 t'iau³⁵ke²²·tsʅ
跳拱 t'iau³⁵koŋ⁵¹ 一个人弯着腰，另外的人撑着他的背分开腿从他身上跳过去，类似于现在体育运动中的跳马

打抱滚儿 ta⁵¹pau³⁵kuər⁵¹ 摔跤
打得螺儿 ta⁵¹te²²lər⁵⁵ 打陀螺
滚铁环 kuən⁵¹t'ie²²xuan²²
打弹珠 ta⁵¹tan³⁵tʂu⁵⁵
打漂漂儿石 ta⁵¹p'iau⁵⁵p'iər⁵⁵ʂʅ²² 打水漂儿
跑趟子 p'au⁵¹t'aŋ³⁵·tsʅ 前面人的跑，后面的人追，直到抓住
老鹰捉鸡 lau⁵¹in⁵⁵tʂuo²²tɕi⁵⁵
挤热和 tɕi⁵¹ʐe²²·xuo 冬天大家靠墙根儿往一处挤，达到游乐兼暖身的目的
撒签子 sa⁵¹tɕ'ien⁵⁵·tsʅ 将细竹签撒在一处，一根一根取走，不能碰到其他的竹签
拍板儿 p'e²²pər⁵¹ 将折叠好的纸拍翻过来
拍糖纸 p'e²²t'aŋ²²tsʅ⁵¹ 将折叠好的糖纸拍翻过来
捉羊娃儿 tʂuo²²iaŋ²²·uər 群体性游戏活动，一个扮狼，其他人扮小羊，排成一竖行，最前面的一个挡住狼护着后面的人，类似于老鹰捉小鸡的游戏
办家家宴儿 pan³⁵tɕia⁵⁵tɕia⁵⁵iər³⁵ 小孩用石头、泥巴等模拟做饭
梭梭板儿 suo⁵⁵suo⁵⁵pər⁵¹ 类似于滑滑梯
才谜儿 ts'ai²²mər³⁵ 谜语
玩意儿 uan²²iər³⁵
牌 p'ai²² 扑克
打戳牌 ta⁵¹tʂ'uo²²p'ai²²
绍胡 ʂau³⁵xu²² 一种纸牌，类似于纸

麻将
麻将 ma²²tɕiaŋ³⁵
色子 se²²·tsɿ
□宝 k'aŋ⁵¹pau⁵¹ 押宝，一种赌博行为
赌彩 təu⁵¹ts'ai⁵¹ 打赌，获胜者得彩
炮竹儿 p'au³⁵tʂuə²²
烟火 iɛn⁵⁵xuo⁵¹ 烟花

2. 体育

象棋 ɕiaŋ³⁵tɕ'i²²
下棋 ɕia³⁵tɕ'i²²
将 tɕiaŋ³⁵
帅 ʂuai³⁵
士 sɿ³⁵
象 ɕiaŋ³⁵
相 ɕiaŋ³⁵
车 tɕy⁵⁵
马 ma⁵¹
炮 p'au³⁵
兵 pin⁵⁵
卒 tsəu²²
拱卒 koŋ⁵¹tsəu²²
上士 ʂaŋ³⁵sɿ³⁵
下士 ɕia³⁵sɿ³⁵
飞象 xuei⁵⁵ɕiaŋ³⁵
将军 tɕiaŋ⁵⁵tɕyn⁵⁵
围棋 uei²²tɕ'i²²
黑子 xe²²tsɿ⁵¹
白子 pe²²tsɿ⁵¹
跳棋 t'iau³⁵tɕ'i²²
军棋 tɕyn⁵⁵tɕ'i²²
平哒 pin²²·ta 下棋和了
拔河 pa²²xuo²²
洗澡 ɕi⁵¹tsau⁵¹ 游泳
打浮漂儿 ta⁵¹xu²²p'iər⁵⁵ 仰泳

狗刨 kəu⁵¹p'au²² 不太会游泳，在水里扑腾（含戏谑意味）
钻洣子 tsan⁵⁵mi³⁵·tsɿ 潜水
打球 ta⁵¹tɕ'iəu²²
比赛 pi⁵¹sai³⁵
乒乓球 pin⁵⁵paŋ⁵⁵tɕ'iəu²²/p'in⁵⁵p'aŋ⁵⁵tɕ'iəu²²
篮球 lan²²tɕ'iəu²²
排球 p'ai²²tɕ'iəu²²
足球 tsəu²²tɕ'iəu²²
羽毛球 y⁵¹mau²²tɕ'iəu²²
跳沙坑 t'iau³⁵ʂa⁵⁵k'ən⁵⁵
跳远 t'iau³⁵yɛn⁵¹
跳高 t'iau³⁵kau⁵⁵
铁饼 t'ie²²pin⁵¹
标枪 piau⁵⁵tɕ'iaŋ⁵⁵
铅球 tɕ'iɛn⁵⁵tɕ'iəu²²

3. 武术、舞蹈

打跟头 ta⁵¹kən⁵⁵·t'əu 翻跟头（翻一个跟头）
栽跟头 tsai⁵⁵kən⁵⁵·t'əu
打八叉 ta⁵¹pa²²tʂ'a⁵⁵ 侧翻
倒立 tau³⁵li²²
玩狮子 uan²²sɿ⁵⁵·tsɿ 舞狮子
玩灯笼 uan²²tən⁵⁵loŋ²² 舞龙灯
划彩龙船儿 xua²²ts'ai⁵¹loŋ²²tʂ'uər²²
　跑旱船 p'au⁵¹xan³⁵tʂ'uan²²
划采莲船 xua²²ts'ai⁵¹liɛn²²tʂ'uər²²
踩高脚 ts'ai⁵¹kau⁵⁵tɕio²² 踩高跷
车车灯 tʂ'e⁵⁵tʂ'e⁵⁵tən⁵⁵
连响儿 liɛn²²ɕiər⁵¹ 细竹子做成，长短如笛子，竹子镂空，中间穿着很多铁钱，舞动就能发出各种声响

打连响儿 ta⁵¹liɛn²²ɕiər⁵¹ 以连响儿为道具的一种土家族舞蹈
玩板凳龙 uan²²pan⁵¹tən³⁵loŋ²² 长板凳上扎着龙头，举着舞出各种花样
玩虾子灯 uan²² ɕia⁵⁵ ·tʂʅtən⁵⁵ 将灯笼做成大虾的形状，举着舞出各种花样
打耍耍儿 ta⁵¹ʂua⁵¹·ʂuər 类似于二人转
推鼓儿车 tʻei⁵⁵kuʻ⁵¹ər²²tʂʻe⁵⁵ 推着像鼓的小车，踩着不同的舞步
耍刀 ʂua⁵¹tau⁵⁵
　舞刀 u⁵¹tau⁵⁵
耍枪 ʂua⁵¹ tɕʻiaŋ⁵⁵
　舞枪 u⁵¹tɕʻiaŋ⁵⁵
扭秧歌儿 liəu⁵¹iaŋ⁵⁵kuər³⁵
打腰鼓 ta⁵¹iau⁵⁵kuʻ⁵¹
打流星锤 ta⁵¹liəu²²ɕin⁵⁵tʂʻuei²² 耍流星
摆手舞 pai⁵¹ʂəu⁵¹uʻ⁵¹ 土家族的民间集体舞
摆手堂 pai⁵¹ʂəu⁵¹tʻaŋ²² 节日期间专门跳摆手舞的大厅堂
打花鼓戏 ta⁵¹xua⁵⁵kuʻ⁵¹ɕi³⁵ 当地土家人做酒席时表演的狂欢舞蹈
　打花鼓子 ta⁵¹xua⁵⁵kuʻ⁵¹·tʂʅ
跳舞 tʻiau³⁵u⁵¹

4. 戏剧

木脑壳儿戏 mu²²lauʻ⁵¹kʻuər²²ɕi³⁵ 木偶戏
皮灯影儿 pʻi²²tən⁵⁵iər⁵¹ 皮影戏
南戏 lan²²ɕi³⁵ 当地地方戏曲（恩施以前叫"施南"）
灯戏 tən⁵⁵ɕi³⁵ 当地方言戏剧，不用舞台布景，不用妆扮

傩戏 luo²²ɕi³⁵ 当地戏剧，演员要戴面具、化妆
打薅草锣鼓 ta⁵¹xau⁵⁵tsʻauʻ⁵¹luo²²kuʻ⁵¹ 当地说唱类娱乐节目，四人组合，打鼓、说唱结合，即兴演唱，见啥唱啥，讲究押韵和节奏
京戏 tɕin⁵⁵ɕi³⁵ 京剧
话剧 xua³⁵tɕy³⁵
戏园子 ɕi³⁵yɛn²²·tʂʅ 戏院
戏台 ɕi³⁵tʻai²²
戏子 ɕi³⁵tʂʅ⁵¹ 旧时指戏剧演员
唱戏的 tʂʻaŋ³⁵ɕi³⁵·ti 唱歌的演员
演戏的 iɛn⁵¹ɕi³⁵·ti 跳舞的演员
唱歌儿的 tʂʻaŋ³⁵kuər⁵⁵·ti 歌唱演员
耍把戏 ʂua⁵¹paʻ⁵¹ɕi³⁵ 民间艺人舞刀耍枪、耍猴等
玩把戏 uan²²paʻ⁵¹ɕi³⁵ 变戏法
三花脸 san⁵⁵xua⁵⁵liɛn⁵¹ 花脸
老生 lauʻ⁵¹sən⁵⁵
小生 ɕiauʻ⁵¹sən⁵⁵
武生 uʻ⁵¹sən⁵⁵
刀马旦 tau⁵⁵ma⁵¹tan³⁵
花旦 xua⁵⁵ tan³⁵
青衣 tɕʻin⁵⁵i⁵⁵
老旦 lauʻ⁵¹tan³⁵
小旦 ɕiauʻ⁵¹tan³⁵
跑龙套 pʻauʻ⁵¹loŋ²²tʻau³⁵
二黄 ər³⁵xuaŋ²² 本指一种戏曲唱腔，常用来比喻人糊涂、不明事理
二黄腔 ər³⁵xuaŋ²²tɕʻiaŋ⁵⁵ 糊涂、不明事理的女人，含贬斥意味
讲书 tɕiaŋ⁵¹ʂuʻ⁵⁵ 说书
摆古 pai⁵¹kuʻ⁵¹ 讲传说、神话故事等

开腔 k'ai⁵⁵tɕ'iaŋ⁵⁵ 开口说话
开黄腔 k'ai⁵⁵xuaŋ²²tɕ'iaŋ⁵⁵ 乱说话、吹牛
板样儿 pan⁵¹iər³⁵ 办法、点子
有板样儿 iəu⁵¹pan⁵¹iər³⁵ 指人有办法、点子多、能干
过场 kuo³⁵tʂ'aŋ²² 花招、虚设的情节
走过场 tsəu⁵¹kuo³⁵tʂ'aŋ²² 做样子、做表面功夫
　过儿廊场 kuo³⁵ər²²laŋ²²tʂ'aŋ²² 走过场、装样子
不得下常 pu²²teɕia³⁵ tʂ'aŋ²² 觉得自己了不起
稳腔稳板 uən⁵¹tɕ'iaŋ⁵⁵tsəu⁵¹pan⁵¹ 比喻一个人做事稳重，胸有成竹的样子
帮腔 paŋ⁵⁵ tɕ'iaŋ⁵⁵ 帮着他人说话

二十二　动作

1. 一般动作

站 tʂan³⁵
□tʂuai⁵⁵ 蹲
□tʂua²² 低下：～起脑壳
□tʂua²² 用脚踢
□tʂua²² 啄
跶哒 ta²²·ta 跌倒了
跶一跤 ta²²i²²kau⁵⁵ 摔一跤
跶跟头 ta²²kən⁵⁵·t'əu 摔跟头
跶扑趴 ta²²p'u²²p'a²² 向前摔倒，脸朝地
仰翻叉 ia⁵¹xuan⁵⁵tʂ'a⁵⁵ 仰面摔倒
爬起来 p'a²²tɕ'i⁵¹·lai
摆脑壳 pai⁵¹lau⁵¹k'uo²² 摇头
点脑壳 tiɛn⁵¹lau⁵¹k'uo²² 点头

抬脑壳 t'ai²²lau⁵¹k'uo²² 抬头
□起脑壳 tʂua²² tɕ'i⁵¹ lau⁵¹k'uo²² 低着头
车 tʂ'e⁵⁵ 调转方向：脸～过来/去
过身 kuo³⁵ʂən⁵⁵ ①经过：从门口～的时候喊一声；②结束：把事情忙～哒休息一下；③死的婉辞，一般指老人去世
□tan²² 阻拦、拦截
睁起 tsən⁵⁵tɕ'i⁵¹ 睁着眼
闭起 pei³⁵tɕ'i⁵¹ 闭着眼
鼓起 ku⁵¹tɕ'i⁵¹ 瞪着眼
挤眼睛 tɕi⁵¹iɛn⁵¹tɕin⁵⁵
嘘眼睛 ɕy⁵⁵ iɛn⁵¹tɕin⁵⁵ 眯缝着眼
眨眉眨眼 tsa⁵¹mei²²tsa⁵¹iər⁵¹ 挤眉弄眼
眨眼睛 tsa⁵¹iɛn⁵¹tɕin⁵⁵
碰倒 p'oŋ³⁵tau⁵¹ 遇见
看 k'an³⁵
际 ʂʅ⁵⁵ 悄悄地看
瞅 tɕ'iəu⁵⁵ 不满地看一眼，翻白眼瞅眼闭眼表示很不满或不屑地看一眼
瞄 miau⁵⁵ 快速地扫视
瞟 p'iau⁵¹ 用余光去瞥
流眼流水儿 liəu²²iɛn⁵¹liəu²²ʂuər⁵¹ 流眼泪
垮 k'ua⁵¹ ①坍塌：屋房子～哒；②耷拉，下垂：～起脸，不说话；③脱，褪：恁门这么热，把衣～服下来｜把猪毛～下来
奓 tʂa⁵⁵ 张开
奓嘴 tʂa⁵⁵tsei⁵¹ 张嘴
翘嘴巴 tɕiau⁵⁵tsei⁵¹·pa 努嘴

嘟嘴 təu⁵⁵tsei⁵¹ 噘嘴
嗍 suo²² 吮吸
□se⁵⁵ 起个嘴嘴唇咧开，上下齿合拢
瘪嘴 pie⁵¹tsei⁵¹ 因不高兴而撇嘴
□tʂ'a⁵¹ 以嘴取食
闭气 pei³⁵tɕ'i³⁵ 憋气
摘 tʂ'ʅ⁵⁵ 伸出来：把手～出来
摘手 tʂ'ʅ⁵⁵ʂəu⁵¹ ①伸手；②动手做事：屋里_{家里}的事从来不～
摘摘见见 tʂ'ʅ⁵⁵tʂ'ʅ⁵⁵tɕien³⁵tɕien³⁵ 小孩子淘气，打打闹闹
举手 tɕy⁵¹ʂəu⁵¹
甩手 ʂuai⁵¹ʂəu⁵¹ 摆手
　摆手 pai⁵¹ʂəu⁵¹
松手 soŋ⁵⁵ʂəu⁵¹
放手 xuaŋ³⁵ʂəu⁵¹
动手 toŋ³⁵ʂəu⁵¹ ①开始做事；②指动手打人：只许动口，不许～
拍手 p'e²²ʂəu⁵¹
手背倒起 ʂəu⁵¹pei⁵⁵tau⁵¹·tɕ'i 背着手儿
手抱起 ʂəu⁵¹pau³⁵·tɕ'i 双手交叉抱在胸前
手笼起 ʂəu⁵¹loŋ²²·tɕ'i 双手交叉伸到袖筒里
手叉起 ʂəu⁵¹tʂ'a⁵⁵·tɕ'i 双手叉着腰
　叉起个腰杆 tʂ'a⁵⁵·tɕ'i·kəiau⁵⁵kan⁵¹
手妥起 ʂəu⁵¹t'uo⁵¹·tɕ'i 双手两侧自然下垂
手统起 ʂəu⁵¹t'oŋ⁵¹·tɕ'i 手放在衣服两侧口袋里
甩手甩脚 ʂuai⁵¹ʂəu⁵¹ʂuai⁵¹tɕio²² 形容走路潇洒、大步流星
搭 k'e⁵⁵ ①手握紧 ②卡住：手～起哒 手卡住了
箍 k'u⁵⁵ ①用手臂搂住：他把我～倒起走不脱_{走不了} ②用篾或铁丝将东西捆紧
蒙 moŋ⁵⁵ 用布或纸等遮盖
□moŋ⁵¹ 用双手捂着脸
翁 oŋ⁵⁵ 用土等掩埋着
□iɛn³⁵ 用泥土或细沙等薄薄地覆盖一层；将粉剂的药敷在伤口处
摸 mo⁵⁵
扯 tʂ'e⁵¹ 拉
扯脱 tʂ'e⁵¹t'uo²² 用手拉扯物件，使其部件脱落、损坏
搊起 tʂəu⁵⁵·tɕi 用手托着向上
□oŋ³⁵ 溺水
掌倒（起）tʂaŋ⁵¹tau⁵¹（·tɕ'i）扶着
揈 tʂan⁵¹ （用松软干燥的布、纸等）轻轻擦拭或按压，吸去湿处的液体
弹指甲儿 t'an²²tʂʅ²²kər²² 弹指头
捏定锤 lie²²tin³⁵tʂ'uei²² 攥起拳头
笃脚 təu²²tɕio²² 跺脚
踮 tiɛn³⁵
跷二郎胯子 tɕ'iau⁵⁵ər³⁵laŋ²²k'ua⁵¹·tʂ 跷二郎腿
□ʂan²² 上下抖动、颤动
弹蹶子 t'an²²tɕye⁵⁵·tʂʅ（牲口）尥蹶子
翘脚 tɕ'iau⁵⁵tɕio²² 把腿踢起来
勾腰杆 kəu⁵⁵iau⁵⁵kan⁵¹ 弯腰
伸腰杆 ʂən⁵⁵iau⁵⁵kan⁵¹ 伸腰
伸懒腰 ʂən⁵⁵lan⁵¹iau⁵⁵
撑腰 ts'ən⁵⁵iau⁵⁵ 表示对某人的支持
捶 tʂ'uei²²

擎 tɕ'in²² 背不直挺，有点儿驼背
擤鼻子 ɕin⁵¹pi²²·tsʅ
肚子腆起 təu⁵¹·tsʅt'ie⁵¹·tɕ'i tie⁵¹ 腆着肚子
打喷□ ta⁵¹p'ən³⁵tɕ'io²² 打喷嚏
闻 uən²²
厌烦 iɛn³⁵xuan²² 嫌弃
哭 k'u²²
□ se⁵⁵ 小声哭（略带贬义）
嚎 xau²² 大声哭（略带贬义）
甩 ʂuai⁵¹ ①摆动：～手；②扔，丢弃：把没用东西～哒；③比喻不落实，不安稳：找不到得力的人帮忙，事情要搞～哒
跑 p'au⁵¹
走 tsəu⁵¹
跳 t'iau³⁵
蹦 poŋ³⁵
架 ka³⁵ 放置
□ k'uo³⁵ 放在……上面，不直接接触
顿 tən³⁵ 将有底部的器物放在平处：把碗～倒桌子上｜把桶～倒底下
码 ma⁵¹ 堆叠：把货～号
梭 suo⁵⁵ ①滑动：～过来；②悄悄地来或溜走：不晓得他哪时候儿～起走哒；③爬行动物爬行
挎 k'ua⁵¹ ～背包
□ ke⁵⁵ 钻、穿过：～不进去
卡 k'a⁵¹ ①夹在中间,不能活动：手～起哒；②塞，卡住：拿块板子～起
统 t'oŋ⁵¹ 把东西装进口袋或兜里

掏 t'au⁵⁵ 把东西从口袋或衣兜里拿出来
□tsei²² 用塞子或其他东西塞住、堵住
空 k'oŋ⁵⁵ 把东西从容器里倒出来
掀 ɕyɛn⁵⁵ ①把盖子或覆盖物向上拿起：把盖子～起来；②推：把瓶子～倒哒
搡 saŋ⁵¹ 用力猛推：把他～哒个跟头
拐 ye⁵¹/ye⁵⁵ 用手把东西折断
□pie⁵⁵/mie⁵⁵ 用手把东西掰断或分开：把饼子～成三瓣。
挼 ʐua²² 反复地揉、搓：面～好哒
面 miɛn³⁵ 撒、铺沙、土等一层粉状物：路上～哒一层沙子
□p'aŋ⁵¹ 触碰，碰撞：小心点儿，这个东西一～就破哒｜脑壳～倒柱子上哒
盘 p'an²² 搬运：～粮食
攒 tsan⁵¹ ①积攒 ～钱；②移动，迁移：把东西～到边上｜铺子～到别处哒
兑 tei³⁵ ①凭票据支付或领取现款；②掺和，多指往液体里加入别的东西：酒里～水，也说"搀"
泡 p'au³⁵ 浸泡：把衣服～起 用水泡上
捡 tɕiɛn⁵¹ ①拾：～钱；②收藏、收拾、拾掇：把粮票～好｜把屋里～下 把屋子收拾一下，也说"收"
收拾 ʂəu⁵⁵sʅ²²
打整 ta⁵¹tʂən⁵¹
选 ɕyɛn⁵¹
择 tse²² 挑选
择菜 tse²²ts'ai³⁵

□tiaŋ⁵⁵ 提：～个篮子
提 t'i²²
拎 lin⁵⁵
□tʂau³⁵ 翻动，翻寻：把柜子里～得乱七八糟
□xa⁵⁵ 扒拉，翻动：把晒的麦子～一下
□tsɿ⁵⁵ 擦掉、抹去：把鞋子上的泥巴～一下
□li⁵⁵ 将东西放到脚下来回地滚动，使其碎裂
揩 k'ai⁵⁵ 擦拭：手～干净
掸 tan⁵¹
□tsʻəu⁵⁵①推、掀：帮忙把板子往上头～点儿②扶着，扶持：把门～倒起，莫倒哒｜幸得幸好有你～我一把才搞好
□□tsʻəu⁵⁵xuo²² 对某人有好处，能从中得利：这个东西～他哒
掉 tiau³⁵①从高处落下；②丢失、落下：我钥匙～哒
拖 t'uo⁵⁵ ①拽，拉；②用拖把擦：～地；③拖延，延续：事情一直～起办不下来
除脱 tʂʻu²²t'uo²² 处理掉，断送：把这些不要的～哒｜今天差点儿把老命～哒
椭 t'uo⁵¹ 下垂叶子都～下来哒
□t'iau⁵¹ 悬着，下垂：辫子～到屁股下头哒
躲 tuo⁵¹
板 pan⁵¹①把东西使劲儿往下摔打、砸：他把盆子往地上一～；②动物临死前的挣扎；③抵赖，反抗：有人证物证你是～不脱的
扭 liəu⁵¹
□lau⁵¹ ①扛：把东西～到肩膀上；②抬，举起：往上～一点儿；③把东西拿、带过来
□p'oŋ⁵⁵ 尘土扬起来
□p'iau⁵¹①火苗蹿动；②将东西在火上快速来回移动
潽 p'u⁵⁵ 液体沸腾后溢出来，喷 p'ən⁵⁵
沁 tɕ'in³⁵①渗透：汗把衣服～湿哒；②写字时墨水从落笔的地方向周围扩散使字迹不清
□toŋ²² 将东西放置液体中略动一下就取出：拖把放在桶里只～哒一下
冲 tʂ'oŋ³⁵ 火苗往上蹿
□ts'an⁵⁵ 打瞌睡时头或身子晃动
□uai⁵¹ 不稳，摇晃：椅子有点儿～
□tɕyen⁵⁵①皱，不平整：把纸压～哒；②弯曲：把手～起来
□təu³⁵①凑：我们～点儿钱送给他；②对接上：手脱臼哒，医生帮他～起哒
赶 kan⁵¹①追赶；②乘（车、船等）：～老张的车到城里去；③将东西从容器了拨拉一部分出来：把菜～到碗里
哽 kən⁵¹①噎住：慢点儿吃，莫～倒哒；②困难地吞咽：饼子太干哒，半天才～下去
过 kuo³⁵①通过、凭借：现在找事情都要～考通过考试；②透、尽：火烧～哒，加点儿柴；③疾病传

染：这种病～人

鼓倒 ku⁵¹tau⁵¹ ①强迫、逼迫：我本来不想来，是他～我来的；②执意：他不听劝，～要做

管得 kuan⁵¹te²² 表示强烈的否定 ①不论：～他做么子都莫说_{不论他做什么都不发表意见}；②不管，别管：他到底来不来？～他的_{别管他}

□ tɕiəu²² 拧把衣服～干

敹 liau²² ①用手工缝、补：衣服破哒，～一下；②专指一种缝衣法，近似于挑花的挑：～裤边

鲊 tʂa⁵¹ ①用盐、辣椒等腌制：把菜～可以放好久；②受盐、碱等刺激皮肤：手～起有点儿疼；③沤，湿的布捂在身上：湿尿布把屁股～红哒

塞 sai²²

湃 pi²²

敨 t'əu⁵¹ ①抖落（灰尘等）；②把折叠或卷起来的东西打开

胎 t'ai⁵⁵ ①用布或垫子隔开：汗湿哒，背节上～块布；②掂量～下看看有好重_{多重}

□ lia⁵¹ ①滑落，掉下来：袖子～下来哒；②推卸：这个事情他～不脱_{推卸不了责任}

猋 piau⁵⁵ ①液体喷射：一挤水就～出来哒；②快速奔跑：运动员听到号令一下就～出去哒

□ tuo²² ①戳、捅：用针一～就出来哒；②拿器物撞击：把门～开

生 sən⁵⁵ 粘住，贴在一起：饭糊哒，～到锅上哒｜要有胶才～得起_{粘得住}

巴 pa⁵⁵ ①动词，粘住，粘贴：把纸～到墙上；②形容词，有黏性：这个东西好～哦

架势 ka³⁵ʂʅ³⁵ 开始：屋_{房子}～动工哒

成器 tʂən²²tɕ'i³⁵ ①实现，成功：馒头没做～；②成为有用的人：娃儿_{孩子}不～

印 in³⁵ 量，丈量：～两升米｜做衣服要把尺子～好

砭 pian⁵¹ ①打骂：不听话他老汉儿_{爸爸}把他～哒一顿；②整治、折磨：他这个脾气要好好～一下｜下乡的时候把他～着哒_{把他折磨得够呛}

□ t'ən³⁵ ①互相观望，等别人采取行动：你～我，我～你，没得人先动手；②指望：这个事情～别个_{别人}是不行的

绷面子 poŋ⁵¹miɛn³⁵·tsʅ 充面子

扯拐 tʂ'e⁵¹kuai⁵¹ ①出故障，出现意外：车子～哒，不走哒；②闹别扭，不听话，故意跟我～

□ ts'ən⁵¹ 按压：手把肚子～倒起｜他把我～到地下

撑 ts'ən⁵⁵

掌 tʂaŋ⁵¹ 扶，握：把桌子～倒起

引娃儿 in⁵¹uər²² 照看孩子

搞不赢 kau⁵¹pu²²in²² ①比不过；②来不及

打马肩儿 ta⁵¹ma⁵¹tɕiər⁵⁵ 大人将小孩儿架在自己的脖子上

放失手哒 xuaŋ³⁵ʂʅ⁵¹ʂəu⁵¹·ta 将东西顺手放在某处忘记了找不到

□ tʂ'a⁵⁵ 踩

抠痒 k'əu⁵⁵iaŋ⁵¹ 挠痒痒

磕□儿 k'uo²² tʂuər⁵⁵ 用手指关节敲打别人的脑袋
归一 kuei⁵⁵i²² 事情完成
殃劲儿 iaŋ⁵⁵tɕiər³⁵ 没有希望
白搞 pe²²kau⁵¹ 前功尽弃
失格 ʂʅ²²ke²² 出意外
散伙 san³⁵xuo⁵¹
拢堆 loŋ⁵¹tei⁵⁵ 集中在一起
搭巴火儿 ta²²pa⁵⁵xuər⁵¹ 跟着别人得到某些好处：他们专门请你儿吃饭，我们跟倒～

2. 心理活动

伤神 ʂaŋ⁵⁵ʂən²² 伤脑筋
晓得 ɕiau⁵¹te²²
懂 toŋ⁵¹
会 xuei³⁵ 理解、懂得、能做
省事 ɕin⁵¹ʂʅ³⁵ 懂事
认得倒 zən³⁵·te tau⁵¹ 认识
认不倒 zən³⁵·pu tau⁵¹ 不认识
张 tʂaŋ⁵⁵ 理睬、理会：他故意不～我
不甩拾 pu²²ʂuai⁵¹ʂʅ²² 故意不理睬
认字 zən³⁵tsʅ³⁵
想 ɕiaŋ⁵¹
猜 tsʻai⁵⁵
估计 ku⁵¹tɕi³⁵
默 me²² ①估计，考虑：让我～一下；②默记：这些事我都～在心里头
默倒 me²²tau⁵¹ ①以为，认为 你～别个别人都像你么；②想起：一～这个事情就睡不着
谙 ŋan²² 估计，揣测：我～他不得来哒他不会来了
谙倒 ŋan²² tau⁵¹ ①估摸着：他每天～时候儿时间就来哒；②心里

有数，适可而止：你～点儿时间，莫迟到哒
打主意 ta⁵¹tʂu⁵¹i³⁵ 想主意，想办法
安心 ŋan⁵⁵ɕin⁵⁵ 存心：他是～要我出丑的
安之 ŋan⁵⁵tʂʅ⁵⁵ 准备、打算
架势 ka³⁵ʂʅ³⁵ 开始做
算死哒 san³⁵ʂʅ⁵¹·ta 料定
量 liaŋ³⁵ 估量
干 kan³⁵ 答应，同意，愿意：我劝他出去，他不～
只当 tʂi²² taŋ⁵⁵ 就当做：～他没说
信 ɕin³⁵
起疑心 tɕʻi⁵¹i²² ɕi⁵⁵ 怀疑
拿不准把子 la²²pu²²tʂuən⁵¹pa⁵¹·tsʅ 犹疑不定，不能确定
招呼 tʂau⁵⁵xu⁵⁵ 当心、小心、留神
怕 pʻa³⁵
虚 ɕy⁵⁵ 怕、担心
赫倒哒 xe²²tao⁵¹·ta 吓着了
得急 te²²tɕi²² 着急
急 tɕi²²
心焦 ɕin⁵⁵tɕiau⁵⁵ 心里着急
操心 tsʻau⁵⁵ɕin⁵⁵
恼火 lau⁵¹xuo⁵¹ 心烦
记钩 tɕi³⁵kəu⁵⁵ 惦记、记挂
放心 xuaŋ³⁵ɕin⁵⁵
欠 tɕʻiɛn³⁵ 想念、思念：～娃儿孩子
毛闷 mau²²mən³⁵ 心里烦躁、不痛快
指望 tʂʅ⁵¹uaŋ³⁵
巴不得 pa⁵⁵·pu te²² 很希望
巴望 pa⁵⁵uaŋ³⁵
恨不得 xən³⁵·pu te²²
惟愿 uei²²yen³⁵ 希望

生怕 sən⁵⁵p'a³⁵
　担怕 tan⁵⁵p'a³⁵
记倒起 tɕi³⁵ 记着
忘记 uaŋ³⁵tɕi/tɕin⁵⁵
想起来 ɕiaŋ⁵¹tɕ'i⁵¹·lai
不记觉 putɕi³⁵tɕio²² 不知不觉
爱 ŋai³⁵①喜欢：我就～这个，现在多说"喜欢"；②羡慕：～别个的娃儿别人家的孩子有出息
羡慕 ɕiɛn³⁵muo³⁵
眼红 iɛn⁵¹xoŋ²² 嫉妒
眼皮子浅 iɛn⁵¹p'i²²·tʂʅtɕ'iɛn⁵¹ 嫉妒，见不得别人比自己好
嫌 ɕiɛn²² 嫌弃
嫌人 ɕiɛn²²zən²² 讨人嫌
待不得 tai³⁵·pu·te 讨厌、不待见
看不得 k'an³⁵·pu·te 讨厌、不喜欢
瞧得起 tɕ'iau²²tetɕ'i⁵¹ 看得起
恨 xən³⁵
饱足 pau⁵¹tsəu²² 用在否定句中：不知～没有止境，不满足
偏心 p'iɛn⁵⁵ɕin⁵⁵
维护 uei²²xu³⁵ 站在某人的一边，替他说话，为他着想
埋怨 man²²yɛn³⁵ 抱怨
臊皮 sau³⁵p'i²²①丢脸，使丢脸：给点儿面子，莫臊他的皮；②碰壁：算哒，莫去～
怄 əu³⁵ 怄气；使怄气：心里～得疼｜他真的～死我哒
怄气 əu³⁵tɕ'i³⁵ 受气、憋气
使气 ʂʅ⁵¹tɕ'i³⁵①生气、赌气；②因有矛盾而不讲话：她们两个～哒
冒火 mau³⁵xuo⁵¹ 发火、生气

发脾气 xua²²p'i²²tɕ'i³⁵
爱惜 ŋai²²ɕi²²
疼 t'ən²²①疼痛；②(对人)疼爱
欢喜 xuan⁵⁵ɕi⁵¹ 高兴
喜欢 ɕixuan⁵⁵
惯施 kuan³⁵ʂʅ⁵⁵ 宠爱、迁就、纵容：把娃儿～得不得了
失悔 ʂʅ²²xuei⁵¹ 后悔
有哈数 iəu⁵¹xa⁵¹səu³⁵ 心里有底，有分寸
娇 tɕiau⁵⁵ 娇气
造孽 tsau³⁵lie²²①贫穷、可怜：他屋里家里好～；②做不好的事情，作恶（一般认为会遭报应）
警觉 tɕin⁵¹tɕio²² 保持一定的警惕性，提防着：大人不在屋里，晚上要～点儿
耽搁 taŋ⁵⁵kuo²²

3. 语言动作

讲话 tɕiaŋ⁵¹xua³⁵
讲 tɕiaŋ⁵¹ 告诉
谈白 t'an²²pe²² 聊天，说闲话
　聊白 lia²²pe²²
日白 zʅ²²pe²²①聊天，说闲话；②撒谎，说谎
扯白 tʂ'e⁵¹pe²² 撒谎
　扯谎 tʂ'e⁵¹xuaŋ⁵¹
扇经 ʂan³⁵tɕin⁵⁵①开玩笑；②骗人
摆场 pai⁵¹tʂ'aŋ²² 聚在一起闲聊
谈散白 t'an²²san⁵¹pe²² 拉家常
搭白 ta²²pe²² 搭话
搭野白 ta²²ie⁵¹pe²² 随便乱搭话
说空话 ʂuo²²k'oŋ⁵⁵xua³⁵ 说没用的话
打岔 ta⁵¹tʂ'a³⁵ 插嘴

岔嘴 tʂʻa³⁵tsei⁵¹
不做声 pu²²tsəu³⁵ʂən⁵⁵ 不说话
编排 pien⁵⁵pʻai²² 捏造，编造：没得
　　这回事，都是他在～我
逗 təu⁵⁵ ①引逗；②招引：这个小娃
　　儿好～人喜欢；③开玩笑哄骗：
　　我是～你的，没得这回事
呼 xu⁵⁵ 没什么恶意的哄骗，欺骗：
　　他是小娃儿，莫～他
烫 tʻaŋ³⁵①骗：他着别个～哒二十块
　　钱；②烫伤
诎诎儿话 tɕʻy⁵⁵tɕyər³⁵xua³⁵ 悄悄话
　　悄悄儿话 tɕʻiau⁵⁵tɕiər⁵¹xua³⁵
嘴巴□tsei⁵¹·patʂʻa⁵¹ 形容人说话没
　　分寸，没遮挡
戳漏眼儿 tʂʻuo²²ləu³⁵iər⁵¹ 故意揭别
　　人的短
抬杠 tʻai²²kaŋ³⁵
顶嘴 tin⁵¹tsei⁵¹ 反驳
犟嘴 tɕiaŋ³⁵tsei⁵¹ 狡辩
　　狡嘴 tɕiau⁵¹tsei⁵¹
顶嘴 tin⁵¹tsei⁵¹ 用言辞顶撞对方
争嘴 tsən⁵⁵tsei⁵¹①争辩，吵嘴；②在
　　吃东西方面争多论少
□□tʂʻu⁵⁵tʂʅ⁵⁵ 抢白、挖苦
□祸 tsʻoŋ⁵¹xuo³⁵ 挑拨
怂 soŋ⁵¹ 怂恿：他～别个别人去搞
嘀咄 ti²²tuo²² 絮叨，啰嗦：他讲话
　　好～
说 ʂuo²²①说话；②劝说：他不听我
　　的，你帮我～一下他；③训斥：
　　等到别个别人来～就没得意思哒
挨说 ŋai²²ʂuo²² 挨批评
和闲儿 xuo²²ɕiər²² 开玩笑

涮坛子 ʂuan³⁵tʻan²²·tsʅ 开玩笑、善意
　　的欺骗
吼 xəu⁵¹ 咆哮、骂人
□ɕioŋ⁵¹ 训斥：老师把他～哒一顿
诀 tɕye²² 骂（破口骂）
诀架 tɕye²²tɕia³⁵
　　吵架 tʂʻau⁵¹tɕia³⁵
日诀 zʅ²²tɕye²² 挖苦，嘲笑
踏谑 tʻa²²ɕye²² 贬低人
败鏨 pai³⁵tsan⁵⁵ 诋毁、贬损他人
嚼 tɕiau²² ①咀嚼；②对于那些搬弄
　　是非，信口胡说的言语行为的一
　　种贬词：她就喜欢在外头乱～
嚼腮 tɕiau²²sai⁵⁵ 詈辞，比单说"嚼"
　　的贬义更重
嚼咀 tɕiau²²tɕʻy⁵⁵
嚼舌根子 tɕiau²²ʂe²²kən⁵⁵·tsʅ
唆事拱事 suo⁵⁵sʅ³⁵koŋ²²sʅ³⁵ 挑拨是非
和 xuo³⁵ 没有自己的主见，跟着别
　　人说、做，充数
打架 ta⁵¹tɕia³⁵
挨打 ŋai²²ta⁵¹
札咐 tʂa²²xu²² 反复叮嘱、交代
交代 tɕiau⁵⁵tai³⁵①吩咐；②坦白
使 sʅ⁵¹ 指使
喊 xan⁵¹
叫 tɕiau³⁵

4. 其他

洒 sa²² 少量液体溅出来
泼 pʻo²² 大量液体喷溅出来
㵐 mən³⁵ 液体超出容器的容量而溢出
攒 tsan⁵¹ 挪动、移动
捞 lau⁵⁵ 简单修理
整 tsən⁵¹ 修理、修缮

粑 pa^{55}①粘贴：把画儿～倒墙上；②有黏性的东西粘贴在其他物体上不容易弄下来

粑家 pa^{55}tɕia^{55} 顾家

上涎 ʂaŋ^{35}ɕyɛn^{22} 食物变质后表面一层变得黏稠

憨起哒 xan^{55}tɕ'i^{51}·ta 煮熟的面条放久了坨在一起

翻撬 xuan^{55} tɕ'iau^{55} 故意找事、惹事
　　讨撬 t'au^{51}tɕ'iau^{55}

出鬼哒 tsʻu^{22}kuei^{51}·ta 发生奇怪的事
　　出稀奇哒 tʂʻu^{22}ɕi^{55}tɕ'i^{22}·ta

二十三　位置

上头 ʂaŋ^{35}·t'əu

皮头 p'i^{22}·t'əu 上面、表层

高头 kau^{55}·t'əu①上头、上面；②上游的地方：～的水比较干净

下头 ɕia^{35}·t'əu ①下面，也说"底下"；②下游的地方

底下 ti^{51}·ɕia

笃底下 təu^{22}ti^{51}·ɕia 最下面

脚底下 tɕio^{22}ti^{51}·ɕia

前头 tɕ'iɛn^{22}·t'əu

后头 xəu^{35}·t'əu

地下 ti^{35}·ɕia 东西掉～哒

地上 ti^{35}·ʂaŋ 把～扫下

里头 li^{51}·t'əu 里面

外头 uai^{35}·t'əu

边上 piɛn^{55}·ʂaŋ 旁边

边边儿上 piɛn^{55}piər^{55}·ʂaŋ 更靠边的地方

当中 taŋ^{55}tsoŋ^{55} 中间

皮面 p'i^{22}miæn^{35} 物体的表面

对面 taŋ^{55}miɛn^{35} 面对着的地方

背后 pei^{35}xəu^{35}

角角儿 kuo^{22}kuər^{22} 边角上

角角儿里 kuo^{22}kuər^{22}·li 角落处

咖咖角角儿 k'a^{55}k'a^{55}kuo^{22}kuər^{22} 所有的边边角角

旮旯儿 ke^{22}lər^{55} 角落

门旮旯儿 mən^{22}ke^{22}lər^{55} 门后的角落

边上 piɛn^{55}·ʂaŋ ①靠边处；②指就在附近

挨倒起的 ai^{55}tau^{51}·tɕi·ti 挨着的；就在附近

跟前 kən^{55}tɕ'iɛn^{22} 附近

跟前块头 kən^{55}tɕ'iɛn^{22}kuai^{51}·t'əu 在周围附近的地方

周围团转 tʂəu^{55}uei^{22}t'an^{22}tsuan^{35}

天上 t'iɛn^{55}·ʂaŋ

山上 ʂan^{55}·ʂaŋ

路上 ləu^{35}·ʂaŋ

半路上 pan^{35}ləu^{35}·ʂaŋ 中途

街上 kai^{55}·ʂaŋ

墙上 tɕ'iaŋ^{22}·ʂaŋ
　　墙高头 tɕ'iaŋ^{22}kau^{55}·t'əu

门上 mən^{22}·ʂaŋ
　　门高头 mən^{22}kau^{55}·t'əu

桌子上 tʂuo^{22}tsɿ·ʂaŋ

手里（头）ʂəu^{51}·li（·t'əu）

心里（头）ɕin^{55}·li（·t'əu）

之前 tʂɿ^{55}tɕ'iɛn^{22}

之后 tʂɿ^{55}xəu^{35}

以前 i^{51}tɕ'iɛn^{22}

以后 i^{51}xəu^{35}

左右 tsuo^{51}iəu^{35} 表示概数

后来 xəu^{35}lai^{22}

从今往后 tsʻoŋ²²tɕin⁵⁵uaŋ⁵¹xəu³⁵
东 toŋ⁵⁵
西 ɕi⁵⁵
南 lan²²
北 pe²²
东南 toŋ⁵⁵lan²²
东北 toŋ⁵⁵pe²²
西南 ɕi⁵⁵lan²²
西北 ɕi⁵⁵pe²²
路边上 ləu³⁵piɛn³⁵·ʂaŋ
笃笃儿 təu²² təu²²·tər 器物底儿（内部）
底底儿 uan⁵¹tiʻ⁵¹·tiər 器物底儿（外部）
底子 kaŋ⁵⁵tiʻ⁵¹·tsʅ 底儿（不分内外）
当头 taŋ³⁵·tʻəu 物体的两端
点部儿 tiɛn⁵¹pər³⁵ 范围比较小的地方
巴左手 pa⁵⁵tsuo⁵¹ʂəu⁵¹ 朝左边（指方位）
巴右手 pa⁵⁵iəu³⁵ʂəu⁵¹ 朝右边（指方位）
往里头 uaŋ⁵¹li⁵¹·tʻəu
　朝里头 tʂʻau²² li⁵¹·tʻəu
往前头 uaŋ⁵¹tɕʻiɛn²²·tʻəu
　朝前头 tʂʻau²²tɕʻiɛn²²·tʻəu
隔壁邻舍 ke²²pi²²lin²²ʂe³⁵ 左邻右舍
屋上坎下 u²²ʂaŋ³⁵kʻan⁵¹ɕia³⁵
对门处户 tei³⁵mən²²tʂʻuʻ⁵¹xu⁵¹

二十四　代词

我 uo⁵¹
你 li⁵¹
你儿 liər⁵¹ 您
他 tʻa⁵⁵
他你儿（家）tʻa⁵⁵liər⁵¹（tɕia）他的尊称
我们 uo⁵¹·mən
你们 li⁵¹·mən
他们 tʻa⁵⁵·mən
别个 pie²²·kə 别人，人家
各人 kuo⁵⁵zən²² 自己
我各人 uo⁵¹kuo⁵⁵zən²² 我自己
他们两个 tʻa⁵⁵·mənliaŋ⁵¹kuo³⁵ 他们俩
哪个 la⁵¹kuo³⁵/ ·kə 谁
这个①tʂe³⁵kuo³⁵/lie³⁵kuo³⁵ 表实指；
　　②lie³⁵·kə 表虚指
那个①la³⁵kuo³⁵/le³⁵kuo³⁵ 表实指；
　　②le³⁵·kə 表虚指
哪一个 la⁵¹i²²kuo³⁵
这些 tʂe³⁵ɕie⁵⁵/lie³⁵ɕie⁵⁵
那些 la³⁵ɕie⁵⁵/le³⁵ɕie⁵⁵
哪些 la⁵¹ɕie⁵⁵
这里 tʂe³⁵·li/lie³⁵·li
那里 la³⁵·li/le³⁵·li
哪里 la⁵¹·li
恁门 lən³⁵·mən 这么
哪门 la⁵¹·mən 怎么
么子 muo⁵¹·tsʅ 什么
为么子 uei³⁵ muo⁵¹·tsʅ 什么原因
好 xau⁵¹ 多（久、高、大、厚、重）
　　　　多（久、高、大、厚、重）

二十五　形容词

强 tɕʻiaŋ²² 好：这个比那个～些
好 xau⁵¹
不错 pu²²tsʻuo³⁵ 颇好
可以 kʻuo⁵¹i⁵¹ 比较好
差不多 tʂʻa⁵⁵·pu tuo⁵⁵

行 ɕin²² 好，夸赞之词：这个娃儿读
　　书好~ 孩子书读得很好
很 xən⁵¹ 好
不大很 pu²²ta³⁵xən⁵¹ 不怎么样，不太
　　好：他的成绩~（没有相应的
　　肯定形式）
　　不大行 pu²²ta³⁵ɕin²²
不很实 pu²²xən⁵¹ʂʅ²² 比较差：这个布
　　质量~（没有相应的肯定形式）
只得那门个 tʂʅ²²·tena³⁵·mənkuo³⁵ 很
　　一般，不怎么样
一般化 i²²pan⁵⁵xua³⁵
不起作用 pu²²tɕ'i⁵¹tsuo²²ioŋ³⁵ 不顶用
没得用 mei⁵⁵·teioŋ³⁵ ①不顶事，不
　　管用；②无能
□p'ie⁵⁵ ①不好：今年收成~；②能
　　力差，没本事：两个比起来他
　　要~一些
拐 kuai⁵¹①不好（多指人的性格、脾
　　气、做派等）：这个家伙~得很；
　　②常用否定形式，指东西、事
　　情等还不错：这个东西还不~
差火 tʂ'a⁵⁵xuo⁵¹ 不够意思，做事差劲
将就①tɕiaŋ⁵⁵tɕiəu³⁵ 凑合，勉强适应：
　　这个东西哪门个 怎么样？一
　　还~；②tɕiaŋ⁵⁵tɕiəu⁵⁵ 迎合别
　　人：你莫~他
标致 piau⁵⁵tʂʅ³⁵（女）漂亮
乖 kuai⁵⁵ 女孩子模样好看
周正 tʂəu⁵⁵tʂən³⁵①（男）长相端正：
　　这个年青娃儿长得~；②（男）
　　穿戴整齐：穿得~点儿
周方四正 tʂəu⁵⁵xuaŋ⁵⁵sʅ³⁵tʂən³⁵（男）
　　英俊潇洒

条子正 t'iau²²·tsʅtʂən³⁵（女）身材好
水色好 ʂuei⁵¹se²²xau⁵¹（女）皮肤好，
　　白里透红
细皮嫩肉 ɕi³⁵p'i²²lən³⁵ʐu²² 肤质细腻
　　光洁
癞疤癞壳 lai³⁵pa⁵⁵lai³⁵k'uo²² 形容人
　　皮肤差，疙疙瘩瘩的
丑 tʂ'əu⁵¹
瘪头煞脑 pie²²t'əu²²ʂa³⁵lau⁵¹ 形容人
　　长得很丑
　　丑死八怪 tʂ'əu⁵¹sʅ⁵¹pa²²kuai³⁵
　　丑死先人 tʂ'əu⁵¹sʅ⁵¹ɕien⁵⁵zən²²
不要紧 pu²²iau³⁵tɕin⁵¹①不重要的；
　　②客气话，没关系
闹热 lau³⁵ze²² 热闹
　　热闹 ze²²lau³⁵
扎实 tʂa²² ʂʅ²²①结实：把东西捆~点
　　儿；②做起来有难度：这个事
　　情比较~，一下还搞不好
经事 tɕin⁵⁵sʅ³⁵ 结实牢靠，经久耐用：
　　这种盆不~，几天就破哒
经用 tɕin⁵⁵ioŋ³⁵ 经得起花费、消耗：
　　钱真的不~
　　经搞 tɕin⁵⁵kau⁵¹
火色 xuo⁵¹se²²①形容人很威严、很
　　厉害；②形容人能干；③形
　　容事情难办、很困难
硬 ŋən³⁵
硬□ŋən³⁵tʂəu⁵¹ 老人身体硬朗：爷爷
　　身体好~
硬撬撬 ŋən³⁵tɕ'iau⁵⁵tɕ'iau⁵⁵ 很硬
　　硬邦邦 ŋən³⁵paŋ⁵⁵paŋ⁵⁵
软 ʐuan⁵¹
软和 ʐuan⁵¹·xuo

软生 ʐuan⁵¹·sən
糯滋滋 luo³⁵tsʅ⁵⁵tsʅ⁵⁵
干净 kan⁵⁵tɕin³⁵
清爽 tɕʻin⁵⁵ʂuaŋ⁵¹ 干净整洁
□□lai⁵⁵tai⁵⁵ 脏，不干净
□□lia⁵¹·kʻua 脏，不讲卫生：这个人好～
咸 xan²²
淡 tan³⁵
香 ɕiaŋ⁵⁵
臭 tʂʻəu³⁵
胖臭 pʻaŋ⁵⁵tʂʻəu³⁵ 非常臭
胖死乱臭 pʻaŋ⁵⁵sʅ⁵¹lan³⁵tʂʻəu³⁵ 臭到了极点
酸 san⁵⁵
甜 tʻien²²
苦 kʻu⁵¹
辣 la²²
火缥火辣 xuo⁵¹pʻiau⁵¹xuo⁵¹la²² 很辣，像被火烤着一样
稀 ɕi⁵⁵ ①与"稠"相对：稀饭太～哒吃不饱；②与"疏"（不密）相对：树秧儿小树苗要种～一点儿；③少：她的头发好～
酽 lien³⁵ 浓、稠
密 mi²²
轻 tɕʻin⁵⁵
轻飘飘 tɕʻin⁵⁵pʻiau⁵⁵pʻiau⁵⁵
重 tʂoŋ³⁵
扎秤 tʂa²²tʂʻən³⁵ 东西看着轻实际分量重
松 soŋ⁵⁵
紧 tɕin⁵¹
泡 pʻau⁵⁵ ① 形容东西松软、蓬松、不实在；②形容人喜欢吹牛、说大话
耍泡 ʂua⁵¹pʻau⁵⁵ 吹嘘、显摆、摆阔
泡货 pʻau⁵⁵xuo³⁵ 喜欢吹牛、说大话的人
肥 xuei²² 指动物
肥朣朣 xuei²²toŋ⁵¹toŋ⁵¹ 形容动物肥硕
胖 pʻaŋ³⁵ 指人
富态 xu³⁵tʻai³⁵
油光水滑 iəu²²kuaŋ⁵⁵ʂuei⁵¹xua²² 形容人的肤色好
瘦 səu³⁵ ①用于人；②指肉
瘦豇豆儿 səu³⁵kaŋ⁵⁵tər⁵¹ 指很瘦的人
好过 xau⁵¹kuo³⁵ 指家庭比较殷实：他屋里家里比较～
安逸 ŋan⁵⁵i²² 日子过得好，清闲
不舒服 pu²²səu⁵⁵xu²⁵ 身体不适
耐不活 lai³⁵pu²²xuo²² ①身体不舒服；②办不了，没能力做
过不得 kuo³⁵·putɛ 很难受
乖 kuai⁵⁵ 听话、乖巧
怕丑 pʻa³⁵tʂʻəu⁵¹ 害羞、羞怯
调皮 tʻiau²²pʻi²²
不听话 pu²²tʻin⁵⁵xua³⁵
神 ʂən²² ①小孩子淘气、胆子大：这个男娃儿～得很；②入神，走神：看电视看～哒，有人进来都不晓得；③特别神奇，出奇：他一下就变出来一条鱼，好～啰；④做补语，表示程度高：两姊妹像～哒长得非常像
缺德 tɕʻye²²te²²
贱 tɕien³⁵ 下贱
机溜 tɕi⁵⁵liəu⁵⁵ 机灵

灵醒 lin²²ɕin⁵¹①机灵，清醒：他脑壳～得很；②灵活，灵便：人老哒，手脚都不～哒

□刷 liəu³⁵ʂua²²①机灵；②做事情麻利；身手敏捷

巧 tɕ'iau⁵¹ 灵巧（她的手～得很）

尖 tɕien⁵⁵ 聪明；狡黠：他是～过头哒

苕 ʂau²² 形容笨、土气、粗笨等：好～哦，这个都搞不好｜穿个红袄子，好～，"苕里苕气"为生动貌

清白 tɕ'in⁵⁵pe²² ①清楚：把事情交代～；②头脑清醒：喝哒二两酒脑壳就不～哒

黄昏 xuan²²xuən⁵⁵ 糊涂。称头脑糊涂的人叫"二黄腔"

精蹦 tɕin⁵⁵poŋ³⁵ 形容老年人精力旺盛：七十多岁哒还恁门～

□古 ke³⁵ku⁵¹ 死心眼儿、固执
 一根筋 i²²kən⁵⁵tɕin⁵⁵
 死脑筋 sʅ⁵¹lau⁵¹tɕin⁵⁵

□xa⁵¹ 傻，也说"憨"

□包儿 xa⁵¹pər⁵⁵ ①傻子，指有智障的人；②傻瓜，戏谑之语
 憨包儿 xan⁵⁵pər⁵⁵

□脓包 xa⁵¹loŋ²² pau⁵⁵①无用的人；②傻，骂人的话

屎无烂用 ʂʅ⁵¹u²²lan³⁵ioŋ³⁵ 人能力差，没本事

抠 k'əu⁵⁵

啬巴 se²²·pa 小气，吝啬

啬巴佬儿 se²²·pa⁵⁵lər⁵¹ 小气鬼，吝啬鬼

恼火 lau⁵¹xuo⁵¹①使人烦恼，生气：莫～，好好商量；②表示程度比较深：今天累～哒；③比较麻烦，不容易处理：这个事情有点儿～

大方 ta³⁵xuaŋ⁵⁵①不小气；②不拘谨

舍得 ʂe⁵¹te²² 大方

大皮 ta³⁵p'i²² 粗心

过细 kuo³⁵ɕi³⁵ 细心

耿直 kən⁵¹tsʅ²²

直杠杠的 tsʅ²²kaŋ³⁵kaŋ³⁵·ti（人的性格）很直接

耐烦 lai³⁵xuan²² 很有耐心

厌台 iɛn³⁵t'ai²² 招人厌烦的人

亘 kən⁵¹ 整：鸡蛋吃～的｜没的牙齿吃东西打～吞

浑身 xuən²²ʂən⁵⁵ 全身：～身是汗

鼓 ku⁵¹①动词，凸起：脑壳上～起一个包，也说"拱"；②形容词，凸：眼睛有点儿～

□ua³⁵ 凹

窝 uo⁵⁵ 凹，陷下去：地皮地面～下去一块

凉快 liaŋ²²·kuai

凉幽幽儿 liaŋ²²iəu⁵⁵iər⁵⁵ 很凉爽

凉沁 liaŋ²²tɕ'in³⁵ 凉飕飕的

热 zɤ²²

热和 zɤ²²·xuo

燥热 tsau³⁵zɤ²²

冷 lən⁵¹

背静 pei³⁵tɕin⁵⁵ 清净
 自静 tsʅ³⁵tɕin⁵⁵

活泛 xuo²²xuan³⁵①灵活：手脚～得很；②经济上比较宽裕：最近手头不～，要去找事搞

活彻 xuo²²tʂ'e²² ①办事灵活；②态度好
消停 ɕiau⁵⁵t'in²² ①清闲，不繁忙：过几天～的日子；②事情完处理好了，得到解决：等事情～下来再说
正 tʂən³⁵
齐 tɕ'i²²
多 tuo⁵⁵
少 ʂau⁵¹
大 ta³⁵
小 ɕiau⁵¹
长 tʂ'aŋ²²
短 tan⁵¹
宽 k'uan⁵⁵
窄 tse²²
厚 xəu³⁵
薄 puo²²
深 ʂən⁵⁵
浅 tɕ'iɛn⁵¹
淡 tan³⁵
高 kau⁵⁵
低 ti⁵⁵
矮 ŋai⁵¹
歪 uai⁵⁵
偏 p'iɛn⁵⁵
扁 piɛn⁵¹
圆 yɛn²²
红 xoŋ²²
大红 ta³⁵xoŋ²²
粉红 xuən⁵¹xoŋ²²
深红 ʂən⁵⁵xoŋ²²
黄 xuaŋ²²
蓝 lan²²
天蓝 t'iɛn⁵⁵lan²²

绿 ləu²²
草绿 ts'au⁵¹ləu²²
白 pe²²
白卡卡 pe²²k'a⁵¹k'a⁵¹ 形容脸色苍白
黑 xe²²
青 tɕ'in⁵⁵
灰 xuei⁵⁵
银灰 in²²xuei⁵⁵
乌 u⁵⁵青：脸上有块～疤子
紫 tsɿ⁵¹
白净 pe²²tɕin³⁵
湿 ʂɿ²²
干 kan⁵⁵干旱：今年天～，收成不好；②净，白白地：除哒本钱，～赚五千块；③枯瘦：这个人好～，一身骨头
干巴巴 kan⁵⁵pa⁵⁵pa⁵⁵ 很干
炪 p'a⁵⁵①软，没力气：病哒几天，身上～得很；②食物煮熟透了：肉没～，吃不动
炪和 p'a⁵⁵·xuo①软和：这床棉絮是刚弹的，～得很；②软弱，懦弱：不要以为我们～，好欺负
嫩生 lən³⁵·sən 嫩
酥 səu⁵⁵ 食物松脆
皮 p'i²² 酥脆的食物因受潮变得疲软：瓜子～哒
棉 miɛn²²①软而有韧性：牛皮糖～得很；②拖沓，疲沓：八点上学，他总是～到七点半才起来
面 miɛn³⁵ 指食物含的淀粉多，或者纤维少而柔软：苕～的才好吃
清亮 tɕ'in⁵⁵liaŋ³⁵ 清澈
光溜 kuaŋ³⁵liəu⁵⁵ 光滑

光生 kuaŋ³⁵·sən 光滑，光洁：墙壁上的水泥抹得好～

抻敨 tʂ'ən⁵⁵t'əu⁵¹ ①舒展、平整：把床铺～；②打扮得干净利落：出门前要收拾～；③清楚、明白：话都说不～

撒脱 p'ie²² t'uo²² ①简单省事：吃面_面条_～些；②直爽，不拘礼：他是个～人，做事干脆；③轻松，容易：这回没得那门_那么_～

松活 soŋ⁵⁵xuo²² ①轻松，不感到有负担：找点儿～的事情做；②病情好转

仔笨 tsʅ⁵¹pən³⁵ 老实：～点儿还可靠些

闷 mən⁵⁵ 老实，寡言少语：他～得很，半天都不放个屁

闷人 mən⁵⁵zən²² ①使人感到透不过气：门窗关恁门紧，好～；②食物中油脂过多，使人感到油腻：这肉太肥哒，～得很

伤人 ʂaŋ⁵⁵zən²² 食物过甜或过于油腻让人感觉腻味

斯文 sʅ⁵⁵uən²²

殃疲 iaŋ⁵⁵p'i²² 人没有精神

央酸 iaŋ⁵⁵san⁵⁵ 故作讲究

大央 ta³⁵iaŋ⁵⁵ 架子大，傲慢

□mau⁵⁵ ①厉害，有能力：他～得很；②性格泼辣；③脾气不好

冲 tʂ'oŋ³⁵ 脾气急躁，鲁莽：年轻娃儿_年轻人_都有点儿～

□zaŋ⁵⁵ ①东西稀薄，质量不好：棉絮～得很；②身体单薄：她体子_身体_～

融 zoŋ²² 形容东西烂，软如绒状或糊状

小意 ɕiau⁵¹i³⁵ 谨小慎微，思虑周全

谦和 tɕ'ien⁵⁵·xuo 和气，态度好

下作 ɕia³⁵tsuo²² 下贱

过细 kuo³⁵ɕi³⁵ ①做事仔细；②指讲究礼数

好神 xau⁵¹ʂən²² 小心在意：～端倒起_着_

恍 xuaŋ⁵¹ 粗心大意：做事莫～

二恍恍 ər³⁵xuaŋ⁵¹·xuaŋ 做事粗枝大叶、不认真的人：他做事情像个～

差火 tʂ'a⁵⁵xuo⁵¹ 为人差劲

□xai⁵⁵ 磨蹭，磨叽

摸 mo⁵⁵

□皮 xai⁵⁵p'i²² 做事拖沓的人。摸皮 mo⁵⁵p'i²²

活甩甩 xuo²²ʂuai⁵¹·ʂuai ①东西放置得不牢靠，不稳定：棚子搭得～里的，风一吹就要跨，也说"摇活佬儿"；②没准头，不可靠：说个～里的话，信不得

二甩甩 ər³⁵ʂuai⁵¹·ʂuai 说话、做事不牢靠的人：他像个～，莫做指望

恶燥 uo²²tsau³⁵ 厉害，凶狠：他好～哟

恶 uo²² 凶狠

落教 luo²²tɕiau³⁵ 不听从大人的教育，不成器：娃儿_孩子_不～，管不住

饿怂 uo³⁵soŋ²² ①馋，贪嘴，又叫"饿相"；②吃东西快、猛；③迫不及待

筋筋绊绊 tɕin⁵⁵tɕin⁵⁵p'an³⁵p'an³⁵ 形容东西胡乱缠在一起或杂乱堆放，使行动不便，也形容难以展开行动：路上～的，不好走｜事情～的，一直得不到解决

满囗囗 man⁵¹taŋ²²taŋ²² 满满的：桶里装得～

囗连 luo⁵¹ lien²² ①啰嗦，絮烦：一天～得很，没得人张理睬他；②不顺当，麻烦：娃儿不照顾好，容易逗～

霉囗囗 mei²² toŋ⁵¹toŋ⁵¹ 发霉得厉害：下哒好久的雨，屋里～里的

水囗囗 ʂui⁵¹k'ua⁵¹k'ua⁵¹ 水淋淋的样子：衣服～里的就晾起来，也不揪一下 拧一下

洋囗囗 iaŋ²²uai⁵¹uai⁵¹ 洋洋得意的样子，含贬义：穿件新衣服就～

囗t'e⁵⁵/ te⁵¹ 显摆，炫耀：儿子考上大学哒，～得不得了

喳喳哇哇 tʂa⁵⁵tʂa⁵⁵ua⁵⁵ua⁵⁵ 喜欢到处闲言碎语的：这个女的喜欢到处～的

二十六 副词、介词等

1.副词

才 ts'ai²² ①以前不久：我～来，没看倒 看见；②事情或状态发生、出现得晚：明天结果～出来；③表示某种条件下发生：上大学～有出息；④表示少、程度低、时间早等：手里～一百块钱｜～五点钟，再等下

将将儿 tɕiaŋ⁵⁵tɕiər⁵⁵ 刚好：～十斤

刚好 kaŋ⁵⁵xau⁵¹ 五个人～坐一车

谙将 an²²tɕiaŋ⁵⁵ 正好

   谙好 an²²xau⁵¹

正好 tʂən³⁵xau⁵¹ 正是时候：你来得～，帮我搭把手

恰好 tɕ'ia²² xau⁵¹ 正好：鞋子不大不小，～合适

恰巧 tɕ'ia²²tɕ'iau⁵¹

   正巧 tʂən³⁵tɕ'iau⁵¹ 正当时

在 tsai³⁵ 正在：～看电视

   正在 tʂən³⁵tsai³⁵

净 tɕin³⁵ ①只：～挑好的吃；②表示多：屋里～是人，闹得不得了；③表示全部或单一，没有别的：～是些没得用的｜～是白色的，没得 没有 花的

光 kuaŋ⁵⁵ 只，单：～他一个人肯定不行

囗 xa⁵¹ 全部，都：东西～卖完哒

高 kau⁵⁵ 遍、尽，只能做补语：到处都找～哒都没找到｜么子事他都搞～哒，没得一样搞起来哒的 没有一件做成功的

差点儿 tʂa⁵⁵tiər⁵¹

   消乎 ɕiau⁵⁵xu⁵⁵

有点儿 iəu⁵¹tiər⁵¹ ～饿哒｜外头～下雨

有点点儿 iəu⁵¹tien⁵¹ tiər⁵⁵ 有一点儿，表示程度很轻：～疼，不要紧

怕是 p'a³⁵ʂʅ³⁵ 可能，也许：～要下雨哒

只怕是 tʂʅ²²p'a³⁵ʂʅ³⁵ 很有可能：～他都忘记这个事哒

说不倒 ʂuo²² ·putau⁵¹ 说不准，也许

格外 ke²²uai³⁵ ①表示程度深，很：他做事～卖力；②另外的，其他：我～没得么子说的哒；③动词，见外，讲客套，长用在否定句中：你们各人玩，在我这里莫～

稍微 ʂau⁵⁵uei²²

一下 i²²xa⁵¹ ①即刻、马上：～就好哒；②全部：～都拿走哒，也说"下"

赶忙 kan⁵¹maŋ²² 赶紧

只 tʂʅ²² ～来哒一个人

太 t'ai³⁵ ～累哒

最 tsei³⁵ ～好

其实 tɕ'i²¹ʂʅ²² ～还可以

起码 tɕ'i⁵¹ma⁵¹ ～有四十斤

全部 tɕ'yɛn²²pu³⁵ ～坏哒

确实 tɕ'io²²ʂʅ²² ～好吃

果然 kuo⁵¹zan²² ～在这里

省得 sən⁵¹te²² ～麻烦

免得 miɛn⁵¹te²² ～迟到

趁早 tʂ'ən³⁵tsau⁵¹ ～想办法

迟早 tʂ'ʅ²²tsau⁵¹ ～他会晓得

眼看 iɛn⁵¹kan³⁵ ～就到期了

随时 sei²²ʂʅ²² 你可以～过来

索性 suo²²ɕin³⁵ ～再等下

总算 tsoŋ⁵¹san³⁵ ～来哒

特别 t'e²²pie⁵¹ ～是小娃儿要注意

专门 tʂuan⁵⁵mən²² ～来看你

统统 t'oŋ⁵¹t'oŋ⁵¹ ～都烧哒

硬 ŋən³⁵ 偏，故意跟与要求的相反：我叫他不要去，他～要去

硬是 ŋən³⁵ʂʅ³⁵ ①偏要：你如果～要恁门做我也没得办法；②真是：屋里～穷得穷 家里真的是很穷

通通 t'oŋ⁵⁵t'oŋ⁵⁵ ～站到外头去

总共 tsoŋ⁵¹koŋ³⁵ ～才三两

杵起天 tʂ'u⁵¹tɕ'i⁵¹t'iɛn⁵⁵ 最多不过

难怪 lan²²kuai³⁵ ～要发脾气

大概 ta³⁵k'ai³⁵ 大约：～三点钟

总体上 tsoŋ⁵¹t'i⁵¹ʂaŋ³⁵ ～看还不错

到处 tau³⁵tʂ'u³⁵～都是的

幸亏 ɕin³⁵k'uei⁵⁵～你来了，要不然我们就走错了

幸得 ɕin³⁵te²² 幸好

幸好 ɕin³⁵xau⁵¹

白 pe²² 徒劳地：～跑一趟

一起 i²²tɕ'i⁵¹ 一块儿（咱们～去）

一定 i²²tin³⁵ 到时候儿～要来

一共 i²²koŋ³⁵ ～二十个

一律 i²²ly²² ～开除

一向 i²²ɕiaŋ³⁵ ～都是这个样子

向来 ɕiaŋ³⁵lai²²

一再 i²²tsai³⁵ 再三：～强调

再三 tsai³⁵san⁵⁵

一直 i²²tʂʅ²² ～都很忙

顺便 ʂən³⁵piɛn³⁵ 叫他～给我买本儿书

刁诸 tiau⁵⁵tʂu⁵⁵ 故意：他～恁门讲的

故意 ku³⁵i³⁵ ～捣乱

到底 dau³⁵ti⁵¹ ～行不行

根本 kən⁵⁵pən⁵¹ 他～不知道

实在 ʂʅ²²tsai³⁵ ～是不行

莫 mo²² 不要：慢慢儿走，～跑

偏 p'iɛn⁵⁵ 你不叫我去，我～要去

乱 lan³⁵ 胡乱：～说

先 ɕiɛn⁵⁵ ①发生在前：他～走哒；②先……后，你～走，我随后就来

另外 lin³⁵uai³⁵ ～还有一个人
横直 xuən²²tʂʅ²² 横竖：莫急，～都有车
反正 xuan⁵¹tʂən³⁵ ～来不及哒
好歹 xua⁵¹tai⁵¹ ～听人劝
万一 uan³⁵i²² ～有事就跟我讲
只好 tʂʅ²²xau⁵¹ ～恁门搞
只得 tʂʅ²²·te ①仅仅，只有；②只能
扯直 tʂ'e⁵¹tʂʅ²² 一直（往前）
尽 tɕin⁵¹ 老是、不停地
尽倒 tɕin⁵¹tau⁵¹
兴 ɕin⁵⁵ 兴许、也许

2. 介词

着 tʂuo²² 表被动～狗咬哒一口
把 pa⁵¹～门关上
比 pi⁵¹ 你～他高
对 tei³⁵ 你～他好，他就～你好
对倒 tei³⁵tau⁵¹ 朝，对着
到 tau³⁵ ～哪里去？｜～明天为止｜丢～水里
朝 tʂ'au²² ～后头看
在 tsai³⁵ ～屋里休息｜在～哪里住
从 ts'oŋ²² ～现在开始
自从 tsʅ³⁵ts'oŋ²² ～他走后我一直不放心
照 tʂau³⁵ ～葫芦画瓢照｜～他说的去做
比倒 pi⁵¹tau⁵¹ 照着
用 ioŋ³⁵～毛笔写字
经过 tɕin⁵⁵kuo³⁵ ～商量后同意做
顺倒 ʂuən³⁵tau⁵¹ 沿着：～这条大路一直走｜～河边边上走
巴倒 pa⁵⁵tau⁵¹
沿倒 yuen²²tau⁵¹

替 t'i³⁵ 你～我写封信
帮 paŋ⁵⁵
靠 k'au³⁵～你帮忙
凭 p'in²² ～手续办事
跟 kən⁵⁵ ①给：～别个办事；②与：这个事～你没得关系；③向：～他打听一下
跟我 kən⁵⁵uo⁵¹ 虚用，加重语气：你～讲清楚
和 xuo²² 这个～那个一样
同 t'oŋ²² 我～你商量一下
往 uaŋ⁵¹ ～前头看
把……说成…… pa⁵¹……ʂuo²²tʂ'ən²² 管……叫：有些地方把白薯说成山药
把……当…… pa⁵¹……taŋ⁵⁵ 拿……当：把麦秸当柴烧
从小 ts'oŋ²²ɕiau⁵¹ 打小

二十七　量词

1. 个体量词

把 pa⁵¹ 一～椅子｜一～刀子｜一～米
包 pau⁵⁵ 一～烟
本 pən⁵¹ 一～书｜一～作业
笔 pi²² 一～帐｜一～钱
场 tʂ'aŋ⁵¹ 一～球｜一～戏｜一～雨
袋 tai³⁵ 一～米｜一～烟（用于抽的烟）
道 tau³⁵ 一～题
蔸 təu⁵⁵ 一～树一棵树｜一～草一棵草
朵 tuo⁵¹ 一～花
顶 tin⁵¹ 一～帽子
顿 tən³⁵ 一～饭
封 xoŋ⁵⁵ 一～信

副 xu³⁵ 一～对子｜一～牌｜一～药
家 tɕia⁵⁵ 一～人｜一～铺子
架 tɕia³⁵ 一～床｜一～车子
件 tɕiɛn³⁵ 一～衣裳｜一～事情
间 kan⁵⁵ 一～屋
杆 kan⁵¹ 一～枪｜一～笔
个 kuo³⁵ 一～人｜一～鸡子_鸡｜一～虫｜一～事情｜一～包｜一～杯子
根 kən⁵⁵ 一～线｜一～绳子｜一～树｜一～头发｜一～竹子
股 ku⁵¹ 一～水｜一～绳子｜一～气味
口 kʻəu⁵¹ 一～水｜一～缸｜一～人
颗 kʻuo⁵¹ 一～米｜一～扣子｜一～珠珠儿
块 kʻuai⁵¹ 一～钱｜一～田｜一～布｜一～砖
辆 liaŋ⁵¹ 一～车子
门 mən²² 一～事｜一～亲
匹 pʻi²² 一～骡子｜一～瓦｜一～叶子
条 tʻiau²² ①形容细长的东西：一～河｜一～船｜一～绳子｜一～帕子_{毛巾}；②用于下身穿的裤子等：一～裤子｜一～裙子；③用于一些动物：一～狗｜一～鱼｜一～蛇
筒 tʻoŋ²² ①用于人，含贬义：这两～人；②用于比较大的东西或动物：｜一～狗子_狗｜一～架子｜一～车子
扇 ʂan³⁵ 一～门｜一～窗户
样 iaŋ³⁵ 件：一～事情｜一～东西

一～衣服
张 tʂaŋ⁵⁵ 一～纸｜一～画｜一～椅子｜一～膏药
炷 tʂu³⁵ 一～香｜
盏 tʂan⁵¹ 一～灯
桌 tʂuo²² 一～饭｜一～席_{酒席}
篇 pʻiɛn⁵⁵ 一～文章｜一～小说
挂 kua³⁵ 一～炮竹

2. 集合量词

把 pa⁵¹ 一～菜｜一～柴
包 pau⁵⁵ 一～糖｜一～瓜子
饼 pin⁵¹ 一～炮竹（一长串炮竹卷起来像个饼的形状）
□ pʻa⁵¹ 一～屎｜一～尿
排 pʻai²² 一～椅子｜两～位子
批 pʻei⁵⁵ 一～人｜一～货
刀 tau⁵⁵ 一～纸（一百张为一刀）
堆 tei⁵⁵ 一～事｜一～泥巴
对 tei³⁵ 一～镯子｜一～人_{夫妻两人}
叠 tie²² 一～盘子｜一～衣服
坨 tʻuo²² 一～粪｜一～泥巴
滩 tʻan⁵⁵ 一～水｜一～血
套 tʻau³⁵ 一～衣服｜一～家具
筒 tʻoŋ²² 一～碗（十个）
曹 tsʻau²² 一～人_{一伙人，含贬义}
伙 xuo⁵¹ 一～人
双 ʂuaŋ⁵⁵ 一～袜子｜一～脚
群 tɕʻyn²² 一～人
口 kʻəu⁵¹ 一～牙齿
捆 kʻuən⁵¹ 一～柴｜一～麦秆
窝 uo⁵⁵ 一～猪娃儿｜一～狗娃儿

3. 部分量词

瓣 pan³⁵ 一～橘子｜一～瓜

片 p'iɛn³⁵ 一～肥肉｜一～林子_树林_
节 tɕie²² 一～甘蔗
行 xaŋ³²² 一～字｜一～苞谷
路 ləu³⁵ 行：一～麦子
页 ie²² 一～书
段 tan³⁵ 一～路｜一～文章
滴 ti²² 一～水｜一～血
□□ti⁵⁵kər⁵⁵ 一点儿：一～药｜一～油
句 tɕy³⁵ 一～话

4. 容器量词

杯 pei⁵⁵ 一～水｜一～酒
瓶 p'in²² 一～油｜一～醋
篮 lan²² 一～菜
篓 ləu⁵¹ 一～柴｜一～碳
箱 ɕiaŋ⁵⁵ 一～衣裳
锅 kuo⁵⁵ 一～饭｜一～汤
碗 uan⁵¹ 一～饭
盘 p'an²² 一～菜
格 ke²² 一～包子（蒸笼的一层叫"一格"）
缸 kaŋ⁵⁵ 一～水｜一～米
罐 kuan³⁵ 一～茶叶｜一～盐
口袋 k'əu⁵¹tai³⁵ 一～粮食
壶 xu²² 一～酒｜一～茶
盆 p'ən²² 一～水
桶 t'oŋ⁵¹ 一～水｜一～油

5. 临时量词

肚子 təu⁵¹·tsɿ 一～酒｜一～气
地 ti³⁵ 一～灰
身 ʂən⁵⁵ 一～汗｜一～衣服
手 ʂəu⁵¹ 一～的泥巴｜一～好牌
抽屉 tʂ'əu⁵¹·t'i 一～书

6. 度量量词

里 li⁵¹ 一～路
米 mi⁵¹ 一～长
尺 tʂ'ʅ²² 一～布
丈 tsaŋ³⁵ 一～布
寸 ts'ən³⁵ 一～长
斤 tɕin⁵⁵ 一～粮食｜一～酒
两 liaŋ⁵¹ 二～油
斗 təu⁵¹ 一～粮食
升 ʂən⁵⁵ 一～苞谷
钟头 tʂoŋ⁵⁵·t'əu 小时：一个～
亩 mu⁵¹ 一～地
分 xuən⁵⁵ 一～田
方 xuaŋ⁵⁵ 一～土（计量土方的单位）
指 tʂʅ⁵¹ 一～厚｜一～长（指头的长度、宽度或厚度）
□p'ai⁵¹ 两手平伸、两手伸直的长度
拃 tʂa⁵¹ 手伸开，大拇指到中指的长度叫"一～"

7. 动量词

遍 piɛn³⁵ 看一～｜数一～
发 xua²² 次：这种花一年开两～
道 tau³⁵ 基本同"遍""次""趟"：说几～才听｜跑哒几～才搞好
趟 t'aŋ³⁵ 进一～城｜跑了两～学校
顿 tən³⁵ 吃一～饭｜挨哒一～打
下 xa⁵¹ 歇一～｜坐一～
回 xuei²² 一～生二～熟
盘 p'an²² 赢哒两～棋
场 tʂ'aŋ⁵¹ 闹一～｜下一～雨
仗 tsaŋ³⁵ 好大一～雨
掌 tsaŋ⁵¹ 推一～ _用手推一下_｜一～下去把手打断哒
圈 tɕ'yɛn⁵⁵ 打一～麻将｜跑～圈
水 ʂuei⁵¹ 衣服洗一～就缩哒

觉 kau³⁵ 睡一～｜瞌睡
口 k'əu⁵¹ 吃一～｜一～鄂西南方言
眼 iɛn⁵¹ 看一～｜瞄一～
脚 tɕio²² 踢一～｜踩一～

二十八　数字等

一号 i²²xau³⁵（指日期，下同）
二号 ər³⁵xau³⁵
九号 tɕiəu⁵¹xau³⁵
十号 ʂʅ²² xau³⁵
初一 ts'əu⁵⁵i²²
初二 ts'əu⁵⁵ər³⁵
初九 ts'əu⁵⁵tɕiəu⁵¹
初十 ts'əu⁵⁵ʂʅ²²
老大 lau⁵¹ta³⁵
老二 lau⁵¹ər³⁵
老九 lau⁵¹tɕiəu⁵¹
老幺 lau⁵¹iau⁵⁵
大哥 ta³⁵kuo⁵⁵
二哥 ər³⁵kuo⁵⁵
一个 i²²kuo³⁵
两个 liaŋ⁵¹kuo³⁵
九个 tɕiəu⁵¹kuo³⁵
十个 ʂʅ²² kuo³⁵
第一 ti³⁵i²²
第九 ti³⁵tɕiəu⁵¹
第十 ti³⁵ʂʅ²²
第一个 ti³⁵i²²kuo³⁵
第九个 ti³⁵tɕiəu⁵¹kuo³⁵
第十个 ti³⁵ʂʅ²²kuo³⁵
一 i²²
二 ər³⁵
三 san⁵⁵
四 sʅ³⁵
五 u⁵¹
六 ləu²²
七 tɕ'i²²
八 pa²²
九 tɕiəu⁵¹
十 ʂʅ²²
十一 ʂʅ²²i²²
二十 ər³⁵ʂʅ²²
二十一 ər³⁵ʂʅ²²i²²
三十 san⁵⁵ʂʅ²²
三十一 san⁵⁵ʂʅ²²i²²
四十 sʅ³⁵ʂʅ²²
四十一 sʅ³⁵ʂʅ²²i²²
五十 u⁵¹ʂʅ²²
五十一 u⁵¹ʂʅ²²i²²
六十 ləu²²ʂʅ²²
六十一 ləu²²ʂʅ²²i²²
七十 tɕ'i²²ʂʅ²²
七十一 tɕ'i²²ʂʅ²²i²²
八十 pa²²ʂʅ²²
八十一 pa²²ʂʅ²²i²²
九十 tɕiəu⁵¹ʂʅ²²
九十一　tɕiəu⁵¹ʂʅ²²i²²
一百 i²²pe²²
一百〇一 i²²pe²²lin²²i²²
一百一 i²²pe²²i²²
一百一十个 i²²pe²²i²²ʂʅ²²kuo³⁵
一百一十一 i²²pe²²i²²ʂʅ²²i²²
一百一十二 i²²pe²²i²²ʂʅ²²ər³⁵
一百二 i²²pe²²ər³⁵
一百三 i²²pe²²san⁵⁵
一百五 i²²pe²²u⁵¹
一百五十个 i²²pe²²u⁵¹ʂʅ²²kuo³⁵
二百五 ər³⁵pe²²u⁵¹

二百五十个 ər³⁵pe²²u⁵¹ʂʅ²²kuo³⁵　　几个 tɕi⁵¹kuo³⁵
三百一 san⁵⁵pe²²i²²　　好多个 xau⁵¹tuo⁵⁵kuo³⁵
三百三 san⁵⁵pe²²san⁵⁵　　好几个 xau⁵¹tɕi⁵¹kuo³⁵
三百六 san⁵⁵pe²²ləu²²　　一些 i²²ɕie⁵⁵
三百八 san⁵⁵pe²²pa²²　　好（一）些 xau⁵¹(i²²)ɕie⁵⁵
一千一 i²²tɕ'iɛn⁵⁵i²²　　大（一）些 ta³⁵(i²²)ɕie⁵⁵
一千一百个 i²²tɕ'iɛn⁵⁵i²²pe²²kuo³⁵　　一点儿 i²²tiər⁵¹
一千九 i²²tɕ'iɛn⁵⁵tɕiəu⁵¹　　一点点儿 i²²tiɛn⁵¹·tiər
一千九百 i²²tɕ'iɛn⁵⁵tɕiəu⁵¹pe²²kuo³⁵　　大点儿 ta³⁵tiər⁵¹
三千 san⁵⁵tɕ'iɛn⁵⁵　　十多个 ʂʅ²²tuo⁵⁵kuo³⁵
五千 u⁵¹tɕ'iɛn⁵⁵　　　十几个 ʂʅ²²tɕi⁵¹kuo³⁵
八千 pa²²tɕ'iɛn⁵⁵　　一百多个 i²²pe²²tuo⁵⁵kuo³⁵
一万 i²²uan³⁵　　差不多十个（不到十个）tʂ'a⁵⁵ putuo⁵⁵
一万二 i²²uan³⁵ər³⁵　　　　ʂʅ²² kuo³⁵
一万二千个 i²²uan³⁵ər³⁵tɕ'iɛn⁵⁵kuo³⁵　　千把个 tɕ'iɛn⁵⁵·pa⁵¹kuo³⁵
三万五 san⁵⁵uan³⁵u⁵¹　　百把个 pe²²·pa⁵¹kuo³⁵
三万五千个 san⁵⁵uan³⁵u⁵¹tɕ'iɛn⁵⁵kuo³⁵　　半个 pan³⁵kuo³⁵
零 lin²²　　一半 i²²pan³⁵
两斤 liaŋ⁵¹tɕin⁵⁵　　两半 liaŋ⁵¹pan³⁵
二两 ər³⁵liaŋ⁵¹　　 对半 tei³⁵pan³⁵
两钱 liaŋ⁵¹tɕ'iɛn²²　　多半 tuo⁵⁵pan³⁵
两分 liaŋ⁵¹xuən⁵⁵　　一大半 i²²ta³⁵pan³⁵
两厘 liaŋ⁵¹li²²　　一个半 i²²kuo³⁵pan³⁵
两丈 liaŋ⁵¹tʂaŋ³⁵　　……上下 ……ʂaŋ³⁵ɕia³⁵ 表概数
两尺 liaŋ⁵¹tʂ'ʅ²²　　……左右……tsuo⁵¹iəu³⁵
两寸 liaŋ⁵¹ts'ən³⁵　　　　　干支
两分 liaŋ⁵¹xuən⁵⁵　　甲 tɕia²²
两里 liaŋ⁵¹li⁵¹　　乙 i²²
两挑 liaŋ⁵¹t'iau⁵⁵ 两担　　丙 pin⁵¹
两斗 liaŋ⁵¹təu⁵¹　　丁 tin⁵⁵
两升 liaŋ⁵¹ʂən⁵⁵　　戊 u³⁵
两盒 liaŋ⁵¹xuo²²　　己 tɕi⁵¹
两项 liaŋ⁵¹xaŋ³⁵　　庚 kən⁵⁵
两亩 liaŋ⁵¹mu⁵¹　　辛 ɕin⁵⁵

壬 zən²²
癸 kʻuei²²
子 tsʅ⁵¹
丑 tṣʻəu⁵¹
寅 in²²
卯 mau⁵¹
辰 ṣən²²
巳 sʅ³⁵
午 u⁵¹
未 uei³⁵
申 ṣən⁵⁵
酉 iəu⁵¹
戌 ɕiəu²²
亥 xai³⁵

二十九　固定格式

1. 四字格

扯皮拉筋 tṣʻeʻ⁵¹pʻi²²la⁵⁵tɕin⁵⁵ ①彼此之间容易闹矛盾，起纠纷；②比喻拆东墙补西墙

重三遍四 tsʻoŋ²²san⁵⁵piɛn³⁵sʅ³⁵ 反反复复地说

颠三倒四 tiɛn⁵⁵san⁵⁵tau⁵¹sʅ³⁵

吊儿郎当 tiau³⁵ər²²laŋ²²taŋ⁵⁵ 做事情态度不严肃认真，自由散漫

正儿八经 tṣən³⁵ər²²pa²²tɕin⁵⁵

裹二连三 kuo⁵¹ər³⁵liɛn²²san⁵⁵ 说话啰嗦，做事牵牵绊绊，不利落

过细过老 kuo³⁵ɕi³⁵kuo³⁵lau⁵¹ 形容很细心，很仔细

区眉小眼儿 tɕy⁵⁵mei²²ɕiau⁵¹iər⁵¹ 小气

无章打野 u²²tṣaŋ⁵⁵ta⁵¹ie⁵¹ 不做正事，不认真

张使亡场 tṣaŋ⁵⁵sʅ⁵¹uaŋ²²tṣʻaŋ⁵⁵ 做事漫不经心

佯张不睬 iaŋ²²tṣaŋ⁵⁵puʻ²²tsʻai⁵¹ 对别人爱理不理的样子

恶颜狞色 uo²²iɛn²²lin³⁵se²² 说话的语气、样子等很凶狠

凶神恶煞 ɕioŋ⁵⁵ṣən²²uo²²ṣa²² 样子很凶狠的人

鬼迷日眼儿 kuei⁵¹mi²²zʅ²²iər⁵¹ 让人摸不着头脑

马而虎之 ma⁵¹ər²²xu⁵⁵tṣʅ⁵⁵ 马里马虎

古而怪之 ku⁵¹ər²²xu⁵⁵tṣʅ⁵⁵ 古里古怪

灰不溜秋 xuei⁵⁵pu²²liəu⁵⁵tɕʻiəu⁵⁵

见风使舵 tɕiɛn³⁵xoŋ⁵⁵sʅ⁵¹tuo³⁵

见钱眼开 tɕiɛn³⁵tɕʻiɛn²²iɛn⁵¹kʻai⁵⁵

爱口饰羞 ŋai³⁵kʻəu⁵¹sʅ²²ɕiəu⁵⁵ 腼腆，想说又不好意思说

乱七八糟 lan³⁵tɕʻi²²pa²²tsau⁵⁵ 杂乱无章

七扯八拉 tɕʻi²²tṣʻeʻ⁵⁵pa²²la⁵⁵ 东拉西扯

毛焦火辣 mau²²tɕiau⁵⁵xuo⁵¹la²² 心里着急，焦躁不安

七上八下 tɕʻi²²ṣaŋ³⁵pa²²ɕia³⁵ 心里不安稳，不踏实

七拼八凑 tɕʻi²²pʻin⁵⁵pa²²tsʻəu³⁵

七嘴八舌 tɕʻi²²tsei⁵¹pa²²ṣe²²

千辛万苦 tɕʻiɛn⁵⁵ɕin⁵⁵uan³⁵kʻu⁵¹

千真万确 tɕʻiɛn⁵⁵tṣən⁵⁵uan³⁵tɕʻio²²

千变万化 tɕʻiɛn⁵⁵piɛn³⁵uan³⁵xua³⁵

千家万户 tɕʻiɛn⁵⁵tɕia⁵⁵uan³⁵xu³⁵

千言万语 tɕʻiɛn⁵⁵iɛn²²uan³⁵y⁵¹

清醒白醒 tɕʻin⁵⁵ɕin⁵¹peʻ²²ɕin⁵¹ 头脑很清醒

青天白日 tɕʻin⁵⁵tʻiɛn⁵⁵peʻ²²zʅ²² 大白天

三天两头 san⁵⁵tʻiɛn⁵⁵liaŋ⁵¹ tʻəu²²

三天两夜 san⁵⁵tʻiɛn⁵⁵liaŋ⁵¹ie³⁵

三长两短 san⁵⁵tʂ'aŋ²²liaŋ⁵¹tan⁵¹
三言两语 san⁵⁵iɛn²²liaŋ⁵¹y⁵¹
三心二意 san⁵⁵ɕin⁵⁵ər³⁵i³⁵
四平八稳 sʅ³⁵p'in⁵⁵pa²²uən⁵¹
四通八达 sʅ³⁵t'oŋ⁵⁵pa²²ta²²
四面八方 sʅ³⁵miɛn³⁵pa²²xuaŋ⁵⁵
五零四散 u⁵¹lin²²sʅ³⁵san⁵¹ 散落到各处
五湖四海 u⁵¹xu²²sʅ³⁵xai⁵¹
五花八门 u⁵¹xua⁵⁵pa²²mən²²
乌七八糟 u⁵⁵tɕ'i²²pa²²tsau⁵⁵
乌漆抹黑 u⁵⁵tɕ'i²²ma⁵⁵xe²² 没有光，很暗
无事八事 u²²sʅ³⁵pa²²sʅ³⁵ 无缘无故地，有意无意地
格里逢外 ke²²li⁵¹xoŋ²²uai³⁵ 格外、故意
涎皮寡脸 ɕiɛn²² p'i²² kua⁵¹ liɛn⁵¹ 脸皮厚，不知羞耻
无皮无口 u²²p'i²²u²²lia²² 形容人厚颜无耻
无脸无血 u²²liɛn⁵¹u²²ɕye²²
屌经啰嗦 tiau⁵¹tɕin⁵⁵luo⁵⁵suo⁵⁵ 喜欢扯皮、找茬儿
像模像样 ɕiaŋ³⁵muo²²ɕiaŋ³⁵iaŋ³⁵
人模狗样 zən²²mo²²kəu³⁵iaŋ³⁵
心无二用 ɕin⁵⁵u²²ər³⁵ioŋ³⁵ 专心的样子
装神弄鬼 tʂuaŋ⁵⁵ʂən²²loŋ³⁵kuei⁵¹
装疯卖傻 tʂuaŋ⁵⁵xoŋ³⁵mai³⁵ʂa⁵¹
死殃搭气 sʅ⁵¹iaŋ⁵⁵ta²²tɕ'i³⁵ 人看着很没精神
一清二白 i²²tɕ'in⁵⁵ər³⁵pe²²
一清二楚 i²²tɕ'in⁵⁵ər³⁵ts'əu⁵¹
一干二净 i²²kan⁵⁵ər³⁵tɕin³⁵

一刀两断 i²²tau⁵⁵liaŋ⁵¹tan³⁵
一举两得 i²²tɕy⁵¹liaŋ⁵¹te²²
一痞二赖 i²²p'i⁵¹ər³⁵lai³⁵ 耍赖
倚老卖老 i⁵¹lau⁵¹mai⁵¹lau⁵¹
有红似白 iəu⁵¹xoŋ²²sʅ³⁵pe²²
游手好闲儿 iəu⁵¹ʂəu⁵¹xau³⁵ɕiər²²
日不笼怂 zʅ²²pu⁵¹loŋ⁵¹soŋ⁵¹ 邋里邋遢
落里垮怂 luo²²li⁵¹k'ua⁵¹soŋ
磨骨糙痒 mo²²ku²²ts'au³⁵iaŋ⁵¹ 形容坐立不安的样子
扬长舞到 iaŋ²²tʂ'aŋ²²u⁵¹tau³⁵ 形容人得意时张狂的样子
匍爬连天 p'u²²p'a²²liɛn²²t'iɛn⁵⁵ 跟着别人忙前跑后，形容巴结奉承的样子
日白煽经 zʅ²²pe²²ʂan³⁵tɕin⁵⁵ 说假话、大话、吹牛等
飞张野气 xuei⁵⁵tʂaŋ⁵⁵ie⁵¹tɕ'i³⁵ 形容人的样子或行为很张狂
披块搭片 p'ei⁵⁵k'uai⁵¹ta²²p'iɛn³⁵ 奇装异服，或指衣服穿戴不整齐
一招二鼓 i²²tɕ'ia⁵⁵ər³⁵ku⁵¹ 强迫或强行要求别人做
摘脚舞手 tʂ'ʅ⁵⁵tɕio²²u⁵¹ʂəu⁵¹ 挽起袖子和裤脚，比喻准备开始做某事
奸狡巨猾 tɕiɛn⁵⁵tɕiau⁵¹tɕy³⁵xua²² 形容人很狡猾阴险
二里二黄 ər³⁵·liər³⁵xuaŋ²² 不明事理、不讲道理
杵头杵脑 tʂ'u⁵¹t'əu²²tʂ'u⁵¹lau⁵¹ 说话不经思考，太直接而得罪人
杵里杵头 tʂ'u⁵¹·litʂ'u⁵¹t'əu²²
花猫儿撩嘴 xua⁵⁵mər⁵⁵liau²²tsei⁵¹ 形

容人油嘴滑舌

猴毛狗相 xəu²²mau²²kəu⁵¹ɕiaŋ³⁵ 形容小孩子不安分，打打闹闹

虚头巴脑 ɕy⁵⁵t'əu²²·palau⁵¹ 虚伪，不实在

皮不沾胯 p'i²²pu²²tʂan⁵⁵k'ua⁵¹ 形容没有丝毫的关系，非亲非故

屎糊尿骚 liau³⁵xu²²liau³⁵sau⁵⁵ 本指邋遢、不讲卫生，也形容办事不利索，拖泥带水

憨吃傻胀 xan⁵⁵tɕ'i²²xa⁵¹tʂaŋ³⁵ 贪吃，没有节制地吃

面面色色 miɛn³⁵·miɛnse²²·se 形容人腼腆、害羞，躲躲闪闪

怪物奇形 kuai³⁵u²²tɕ'i²²ɕin²² 个性怪异、举止乖张

水过八垱 ʂuei⁵¹kuo³⁵pa²²tɕ'iəu⁵⁵ 形容早已错过机会或好时机

麂皮口袋 tɕi⁵¹p'i²²k'əu⁵¹tai³⁵ 形容人贪婪

无盐淡岔 u²²iɛn²²tan³⁵tʂ'a⁵¹ 无关紧要或没有多大意义

勤扒苦挣 tɕ'in²²pa²²k'u⁵¹tsən³⁵ 为了生计或挣钱而辛苦劳作

出丑卖乖 tʂ'u²²tʂ'əu⁵¹mai³⁵kuai⁵⁵ 做了丟人的事还想博得他人的同情

二不烂干 ər³⁵pu²²lan³⁵kan⁵⁵ 形容人做事不靠谱、不踏实

一痞二癞 i²²p'i⁵¹ər³⁵lai³⁵ 既无赖又蛮横

五心不定 u⁵¹ɕin⁵⁵pu²²tin³⁵ 犹豫不决

三请四催 san⁵⁵tɕ'in⁵¹sɿ³⁵ts'ei⁵⁵ 多次请、催才出面，故意拿架子

狗屁不淡 kəu⁵¹p'i³⁵pu²²tan³⁵ 爱咋样咋样，无所谓

倒搭一耙 tau³⁵ta²²i²²p'a²² 明明是自己的问题、错误，反倒指责、怪罪他人

死皮赖脸 sɿ⁵¹p'i²²lai³⁵liɛn⁵¹ 脸皮厚，耍无赖

见子打子 tɕiɛn³⁵tsɿ⁵¹ta⁵¹tsɿ⁵¹ 随机应变

油盐不进 iəu²²iɛn²²pu²²tɕin³⁵ 软硬不吃

黄皮寡瘦 xuaŋ²²p'i²²kua⁵¹səu³⁵ 面黄肌瘦

冷火楸烟 lən⁵¹xuo⁵¹tɕ'iəu⁵⁵iɛn⁵⁵ 家里冷锅冷灶，没有生气

推三阻四 t'ei⁵⁵san⁵⁵tsəu⁵¹sɿ³⁵ 三番五次推脱、阻拦

死皮癞脸 sɿ⁵¹p'i²²lai³⁵liɛn⁵¹ 不顾礼仪廉耻去纠缠别人

看菜吃饭 k'an³⁵ts'ai³⁵tɕ'i²²xuan³⁵ 比喻根据实际情况酌情处理或随机应变

现炒热卖 ɕiɛn³⁵tʂ'au⁵¹ẓe²²mai³⁵ 比喻现学现用

螺丝转顶 luo²²sɿ⁵⁵tʂuan³⁵tin⁵¹ 比喻围绕某事或某点为中心展开活动

冷锅压油 lən⁵¹kuo⁵⁵ia³⁵iəu²² 办事时间长且不够顺利

歪锅瘪灶 uai⁵⁵kuo⁵⁵piɛ⁵¹tsau³⁵ 物以类聚

乌而亡之 u⁵⁵ər²²uaŋ²²tʂɿ⁵⁵ 不当回事，态度不认真

弯刀杀猪 uan⁵⁵tau⁵⁵ʂa²²tʂu⁵⁵ ①做不可能的事；②吹牛让人不可信

生头刻闹 sən⁵⁵t'əu²²k'e²²lau⁵¹ 说话生硬，态度蛮横

豌豆儿坛子 uan⁵⁵tər³⁵t'an²²·tsʅ 比喻言语不多但心中有数的人

柏木脑壳儿 tɕiəu⁵¹mu²²lau⁵¹k'uər²² 比喻爱认死理的人

屌筋啰嗦 tiau⁵¹tɕin⁵⁵luo⁵⁵suo⁵⁵ 扯皮拉筋或吊儿郎当的人（多指男性）

黄腔走板 xuaŋ²²tɕ'iaŋ⁵⁵tsəu⁵¹pan⁵¹ 说话偏题或不着边际

坑丁刻薄 k'ən⁵⁵tin⁵⁵k'e²²po²² 既尖酸刻薄又斤斤计较

花里胡哨 xua⁵⁵·lixu²²ʂau⁵⁵

下里下色 ɕia³⁵·liɕia³⁵se²² 不知廉耻、低声下气

卖米甩箩 mai³⁵mi⁵¹ʂuai⁵¹luo²² 事情没干完就撂挑子

半边把式 pan³⁵piɛn⁵⁵pa⁵¹ʂʅ³⁵ 技术不熟练

嘴尖长毛 tsei⁵¹tɕiɛn⁵⁵mau²²tʂ'aŋ²² 喜欢打小报告或传递小道消息

怕疼怕痒 p'a³⁵t'ən²²p'a³⁵iaŋ⁵¹ 做事生怕吃苦受累

张里张巴 tʂaŋ⁵⁵·litʂaŋ⁵⁵pa⁵⁵ 胆小怕事又沉不住气

好酒贪杯 xau³⁵tɕiəu⁵¹t'an⁵⁵pei⁵⁵ 贪吃贪喝

穷吵恶闹 tɕ'oŋ²²tʂ'au⁵¹uo²²lau³⁵ 家庭不和睦，经常吵架

武烈不孝 u⁵¹lie²²pu⁵⁵ɕiau³⁵ 没有孝心的人

上行下效 ʂaŋ³⁵ɕin²²ɕia³⁵ɕiau³⁵ 上级或长辈怎么做，下级或晚辈就跟着怎么做

挖肉补疮 ua⁵⁵zu²²pu⁵¹tʂ'uaŋ⁵⁵ 比喻得不偿失

问客杀鸡 uən³⁵k'e²²ʂa²²tɕi⁵⁵ 比喻没有主见，做事比较被动

2. 三字格

不见得 pu²²tɕiɛn³⁵te²²

炒现饭 tʂ'ao⁵¹ɕiɛn³⁵xuan³⁵ （指重复做过的事）

各是各 kuo²²ʂʅ³⁵kuo²² 各自是各自的

跟屁虫 kən⁵⁵p'i³⁵tʂ'oŋ²²

日古子 zʅ²²ku⁵¹·tsʅ 做事不靠谱的人、不正经的人

张花时 tʂaŋ⁵⁵xua⁵⁵ʂʅ²² 做事不认真、注意力容易分散的人

张巴佬儿 tʂaŋ⁵⁵pa⁵⁵lər⁵¹ 喜欢大惊小怪的人

日白佬儿 zʅ²²pe²²lər⁵¹ 喜欢撒谎的人

猪脑壳 tʂu⁵⁵kau⁵¹k'uo²²①傻瓜；②比喻不会变通、比较死板的人

搅屎棍 kau²²ʂʅ⁵¹kuən³⁵ 挑拨离间、惹是生非的人

万年宽 uan³⁵liɛn²²k'uan⁵⁵ 比喻不爱操心、凡事不管的人

皮拐棍 p'i²²kuai⁵¹kuən³⁵ 懒散、疲沓的人

恍老二 xuaŋ⁵¹lau⁵¹ər³⁵ 说话做事不稳重的人

迂夫子 y⁵⁵xu⁵⁵·tsʅ 迂腐的人

搞搞神 kau⁵¹kau⁵¹sən²² 喜欢折腾、闲不住的人

黑肚子 xe²²təu⁵¹·tsʅ 心肠狠毒的人

敲边鼓 k'au⁵⁵piɛn⁵⁵ku⁵¹ 帮着鼓劲儿、说话

人来疯 zən²²lai²²xoŋ⁵⁵
二杆子 ər³⁵kan⁵¹·tsʅ 二货
打屁撤 ta⁵¹p'i³⁵tʂ'e²² 事情弄砸了
抬轿子 t'ai²²tɕiau³⁵·tsʅ 奉承、吹捧
阴倒起 in⁵⁵tau⁵¹tɕ'i⁵¹ 暗地里
敲破锣 k'au⁵⁵p'o³⁵luo²² 本来做不成的事还怂恿他人去做，想看他人的笑话
吃多哒 tɕ'i²²tuo⁵⁵·ta 比喻爱管闲事
吃得开 tɕ'i²²tek'ai⁵⁵ 指人活络，在外关系多、办事顺
摇扇子 iau²²ʂan³⁵·tsʅ 帮别人出坏点子、馊主意
摇鹅毛扇 iau²²uo²²mau²²ʂan³⁵
毛三匠 mau²²san⁵⁵tɕiaŋ³⁵ 做事毛手毛脚、不细心的人
幺蛾子 iau⁵⁵uo²²·tsʅ 坏主意、不怀好意的事
无达靸 u²²ta²²sa²² 无所事事很无聊
顺毛驴 ʂuən³⁵mau²²ly²²
稀巴乱 ɕi⁵⁵pa⁵⁵lan³⁵ 乱七八糟
哈咯喳 xa⁵¹ke⁵⁵tsa²² 感叹词，相当于"哇、得了哇"
搞拐哒 kau⁵¹kuai⁵¹·ta 叹词，相当于"完了"

第四章　鄂西南地区方言语法

本章主要讨论词法和句法。其中词法包括：重叠；语缀；名词的小称构成形式；方所；趋向；数量；代词；程度；介引；关联；体貌；语气。句法部分包括："把"字句；被动句；比较句；疑问句；否定句；可能句；存现句；祈使句；感叹句；双宾句；述补结构；最后是语法例句。

本章使用的符号如下：句子前面加"*"表示没有这样的说法，加"？"表示这种说法的可接受度较差，加"/"表示两可。例句中方言说法的出注方式与词汇一章相同，见"分类词表·凡例"。

一　重叠

0. 引言

重叠是鄂西南地区方言中的一种重要的构词和语法表达手段。我们将对各类重叠现象的构成形式、语法功能和表义特征做比较全面的共时描写和分析。鄂西南地区方言的重叠可以从四个方面来考察。①从构成成分上看，有非词重叠（音节重叠），如：孃孃、架架、明明；词的重叠，如：看看儿、鼓鼓儿、敲敲打打。②从音节上看，有单音节重叠、双音节重叠。③从重叠形式上看，有完全重叠，如：个个、奶奶；不完全重叠，如：硬邦邦、黑黢黢；衬音重叠，如：稀里糊涂、跳啊跳、咚啊咚地。④从词类上看，能够重叠的有名词、量词、拟声词、动词、形容词，还有少量的副词，这里的词类是一个相对比较宽泛的概念，包括同类的构词语素和固定的结构，如"动词"实际上是指动词性成分，采用词类的名称是为了便于统一称说。

"重叠式""基式"采用朱德熙先生的提法，"棒棒"是由"棒"重叠而成，"棒"是"棒棒"的基式，"棒棒"是"棒"的重叠式。我们称说"名词重叠式"是指重叠后是名词的，其基式不一定是名词性的，如"尖尖儿"是名词，其基式"尖"却是形容词性的。其他词类与此同。

本节字母符号表示如下：A、B 分别表示实语素，X、Y 表示词缀、词尾或衬音成分如"爸爸"是 AA，"锯齿齿儿"是 ABB，"糊里糊涂"是 AXAB。

1. 名词的重叠式

鄂西南地区方言中的名词重叠式总体上与普通话比较接近，但也有自己的特色。一个重要的特点是绝大部分名词重叠式都要用儿化形式，不用儿化就会显得很别扭。重叠的音节可以读本调也可以读轻声，儿化后的音节以读阴平为常，也可读轻声。

1.1 重叠的功能

（1）用于构词

单音节语素通过重叠构成词语，这是双音节化的一种途径，词义上与单音节语素相同。这类重叠式构词主要以亲属称谓为主，例如：

爸爸，爷爷，奶奶，家家 ka55，指外婆，婆婆，祖祖 曾祖父、曾祖母，舅舅，哥哥，姐姐，弟弟，妹妹，叔叔，嬢嬢 阿姨，外外 外甥

还有少量是生活用词，例如：

粑粑 饼类食物，棒棒，叉叉 叉形符号，权权木棍或竹竿制成，一端有一个"Y"形岔口

竿竿 竹竿，筐筐，圈圈，架架 木架子

（2）明确词性

有些单音节的词属于兼类词，重叠后变成了名词，确定了其名词的属性和功能。例如：

形容词兼名词：　尖→尖尖儿　　憨→憨憨 傻子　　□xa51 傻→□□ 傻子

动词兼名词：　　垫→垫垫儿　　刷→刷刷儿　　　罩→罩罩儿 罩子

量词兼名词：　　片→片片儿　　本→本本儿　　　个→个个儿 个子

方位词兼名词：　边→边边儿　　角→角角儿 角落　头→头头儿 最顶端的地方

（3）明确词义

上面（2）中由不同类别的基式构成的名词重叠式在语义与基式会有所不同。即使有的基式是名词性的，但与重叠式在词义上也会有所不同，特别是一些重叠后产生的引申义。例如：

脚→脚脚儿 剩下的残渣　　　嘴→嘴嘴儿 形状和作用像嘴的东西

面→面面儿 粉末状的东西　　眼→眼眼儿 小孔

1.2 构成形式

重叠以后构成的名词有 AA 式、ABB 式、AAB 式、AABB 式等，其中 AA 式和 ABB 式的使用频率比较高。

1.2.1 AA 式：AA 式有三种类型。

（1）基式是名词性的，重叠式是名词，例如：

刀→刀刀儿　　碗→碗碗儿　　凳→凳凳儿
柜→柜柜儿　　叶→叶叶儿　　毯→毯毯儿
渣→渣渣儿　　虫→虫虫儿　　珠→珠珠儿
链→链链儿　　饼→饼饼儿　　皮→皮皮儿
绒→绒绒儿　　板→板板儿　　豆→豆豆儿
水→水水儿汁液等　胴→胴胴儿指上身赤裸着

（2）基式是动词性的，重叠式是名词

能够重叠构成名词的动词或动词性语素不多，形容词性的更少。重叠的同时都要伴随着儿化，用于表小称。例如：

垫→垫垫儿　　　　　盖→盖盖儿
剪→剪剪儿　　　　　刷→刷刷儿
扣→扣扣儿　　　　　滚→滚滚儿小轮儿
罩→罩罩儿　　　　　揪→揪揪儿扎的小马尾
顶→顶顶儿顶针　　　挑→挑挑儿眼睑上长出的疹子
掐k'a^{55}→掐掐儿夹缝　搭→搭搭儿搭在前上部的小帘子
箍→箍箍儿紧紧套在东西外面的圈儿

（3）基式是形容词性的，重叠式是名词，例如：

尖→尖尖儿　　　　空→空空儿
憨→憨憨傻子　　　□xa^{51}→□□傻子

（4）基式是量词性的，重叠式是名词，例如：

圈→圈圈儿　　　　条→条条儿条状物
本→本本儿　　　　个→个个儿个子、个头

1.2.2 ABB 式

ABB 式大多基式是 AB，一般为名词，能单用，但重叠更为常见。例如：

酒壶→酒壶壶儿　　　茶缸→茶缸缸儿
酒窝→酒窝窝儿　　　锯齿→锯齿齿儿
鞋帮→鞋帮帮儿　　　鞋底→鞋底底儿
门栓→门栓栓儿　　　纸条→纸条条儿
烟嘴→烟嘴嘴儿　　　书本→书本本儿
草棚→草棚棚儿　　　鱼泡→鱼泡泡儿鱼鳔

少部分没有基式：

麻点点儿斑点　　　树颠颠儿树梢　　　犟拐拐倔强的孩子

洋马马_{小孩儿骑坐的玩具马}　　　　碗□□儿 təu²²təu²² _{碗的底部}
梦虫虫_{儿不太懂事的小孩子}

1.2.3　AAB 式：

AAB 式从构成形式上看比较单纯，AA 作为修饰性或限制性的语素。AAB 式中的 A、B 均不能单独成词。例如：

衩衩裤_{开裆裤}　　　　　　摇摇车_{小孩儿的童车，能摇动}
豁豁儿嘴_{兔唇}　　　　　　毛毛儿菜_{葱蒜等小菜}
娃娃儿书_{小人儿书}　　　　婆婆儿嘴_{指喜欢唠叨、讲小话的人}
瓶瓶儿酒_{瓶装酒}　　　　　盒盒儿粉_{盒装的粉，与散粉相对}
毛毛儿雨　　　　　　　　烫烫饭_{用烫煮的饭}
格格儿纸_{格子纸}　　　　　分分儿钱_{硬币}

1.2.4　AABB 式

AABB 式从构成形式上看，是 A 和 B 两个语素各自重叠，AB 有的是一个词，有的不是一个词。即使 AB 是一个词的，重叠后语义也变化了。例如：

汤汤水水　　　　　　瓶瓶罐罐
坛坛罐罐　　　　　　老老少少
旮旮旯旯儿_{泛指所有的角落}

1.3　语法功能

1.3.1　名词重叠式具有名词的语法功能，AA 式可在句中充当主语、宾语、定语。例如：

桌桌儿摆好哒没得？（主语）
用垫垫儿垫起就不得烫坏。（宾语）
牌子挂到最边边儿上的那一行_{最靠边的那一行}（定语）

基式是名词性的 A 很多没有 AA 的功能，因为它们很多都是语素形式，不能独立运用。基式是单音节的动词、形容词的 AA 式，同样具有名词的全部功能，而不再具有动词、形容词的功能。基式是量词重叠而成的 AA 式名词的功能比较复杂，下面单独讨论。

一部分 AA 式能单独使用，例如：

把本本儿给我。
用这个圈圈儿扎个花环。

但是更多的情况下 AA 是粘着的，不能单独使用，前面必须带一个修饰性的单音节形容词，我们把它称作"黏着式的重叠形式"。单音节形容词表示名词所指对象的外形特征，如大小、长短、高低、粗细等，构成"形+AA"和"AA+形"的形式。例如：

苹果小个个~小个儿~的酸，不好吃，大个个~大个儿~的甜，好吃。

粗根根的（绳子）扎实~结实~，细根根的不扎实。

其中的量词只限于小部分名量词，重叠式"AA"是一个名词性成分，可以儿化，与形容词构成主谓结构或者偏正结构，基本语义相同。在功能上，它们可以做主语、宾语、定语，还可以单独回答问题。下面具体举例说明。

①"形+AA"和"AA+形"做定语

大颗颗儿~大颗粒~的花生不香

颗颗儿~颗粒~大的花生不香

高个个儿~高个儿~的人穿衣服就是好看

个个儿高~个儿高~的人穿衣服就是好看

②"形+AA"和"AA+形"做主语

如果所谈的对象前面已经提到过或者对象很明确，这时"形+AA"和"AA+形"就可以直接做主语，"形+AA"后面带不带"的"均可，"AA+形"后面则必须带"的"。例如：

肉莫切厚哒，厚块块（的）不容易炒熟｜块块厚的不容易炒熟

高个个儿~高个儿~穿衣服就是好看｜个个儿高~个儿高~穿衣服就是好看

（糯米）圆颗颗（的）糯一些｜（糯米）颗颗圆的糯一些

③"形+AA"和"AA+形"做宾语

做动词宾语时用"形+AA"式，一般不用"AA+形"式。例如：

选粗根根的，不要细根根。（指长条状的东西，如竹竿、棍子、甘蔗等）

把接好的面搓成长条条儿~长条形~。

把腊肉剁成小坨坨儿。

做介词"把"的宾语时，两者都行，但必须带上"的"，构成类似于"的"字结构的形式。例如：

把大捆捆的放到底下｜把捆捆大的放到底下（指成捆的东西，如柴草、秸秆等）

把细条条儿的都塞进去｜把条条儿细的都塞进去（指细条状的东西）

④"形+AA"和"AA+形"单独成句

单独成句用在两个地方，一是回答问题，例如：

你看哪种的好些？——大个个儿的｜个个儿大的。

你喜欢哪号的~哪样的~？——长节节儿的｜节节儿长的。

二是用于感叹句中，带有惊叹的意味。形容词前面一般要带上程度副词"好"。例如：

好大的朵朵！｜朵朵好大！（指花朵很大）

好厚的块块！｜块块好厚！（指块状的东西很厚）

好高的个个儿！｜个个儿好高！（指个儿高）

1.3.2　AAB 式、BBA 式和 AABB 式也具有名词的语法功能，主要是做主语、宾语，少部分能做定语。例如：

一点儿毛毛儿菜就花哒十几块钱。（主语）

他屋里_{家里}是卖咸菜的，坛坛罐罐摆得到处都是。（主语）

她有两个酒窝窝儿，笑起来好看得好看_{非常好看}。（宾语）

把分分儿钱都存起来，以后就值钱哒。（介词的宾语）

到杂货铺铺儿里买点儿盐回来。（宾语）

纸条条儿高头写的么子_{纸条上写的什么?}（定语）

1.4　表义特征

1.4.1　AA 式名词的表义特征主要是小称，特别是需要儿化的那些重叠式，小称特点尤为突出。在鄂西南地区方言中，由于名词性的 A 很多只是构词语素，表示事物的大与小，对事物的统称和专指分别是用"子尾词"和"重叠儿化"来表示的。重叠并儿化表示小，子尾表示统称、表示大。例如：

瓶子_{统称，较大}——瓶瓶儿_{小的}

铺子_{统称，较大}——铺铺儿_{小的}

绳子_{较粗，较长}——绳绳儿_{较细较短}

盘子_{统称，较大}——盘盘儿_{小的}

毯子_{统称，较大}——毯毯儿_{小的}

由动词或形容词性成分构成的 AA 式，其基式的意义与重叠式不同，但是两者有密切的关系，例如"锤"是动作，"锤锤儿"是这一动作使用的工具。"憨"是形容词，"憨憨"指性格憨厚的人；另外这种动词性的 A 也有相应的"子尾"形式，区别同上。例如：

盖_{动词}　　盖盖儿_{小的}　　盖子_{较大的，统称}

剪_{动词}　　剪剪儿_{小的}　　剪子_{较大的，统称}

刷_{动词}　　刷刷儿_{小的}　　刷子_{较大的，统称}

扣_{动词}　　扣扣儿_{小的}　　扣子_{较大的，统称}

钩_{动词}　　钩钩儿_{小的}　　钩子_{较大的，统称}

形容词性的 A 构成的 AA 式没有相对应的"子尾"形式，即使有"子尾"形式，其语义也不同。例如：

碎_{形容词}　　　碎碎儿_{细碎的东西}

尖_{形容词}　　　　尖尖儿_{小而尖的部位}　　　　尖子_{某方面拔尖的、突出的人}
空_{形容词}　　　　空空儿_{小的空着的地方}　　　　空子_{可乘的机会}

1.4.2　如果说 AA 式名词在鄂西南地区方言里用量丰富，且能产性很强的话，那么相比之下，ABB 式和 BBA 式就受到一定的限制。总体上看，ABB 式一般是名词 AB 的小称形式，如"烟嘴→烟嘴嘴儿"、"酒杯→酒杯杯儿"，而且数量不是很多；AAB 式的重叠在结构上已有一定的凝固性，有专门固定的意义，一般不能随意拆开，如"棒棒糖""衩衩裤"这类词，从每个音节或语素上看，都是选取某一个或某部分语义特征，中心词是类属词，修饰、补充成分表示的是相关、相似的语义特征。

1.4.3　AABB 式的语义相对明确，基本上就是 AA+BB 或 AB 一类物品的总称。例如：

汤汤水水　　瓶瓶罐罐　　头头脑脑　　花花草草

2. 量词的重叠式

鄂西南地区方言的量词重叠形式和用法都比较丰富。

2.1　构成形式及语义特征

量词的重叠式有：AA 式、一 A 一 A 式、一 AB 一 AB 式。

2.1.1　AA 式：又可分为两种。一种 AA 式单用，这与普通话相同。重叠之后具有"每一"的意义，表示周遍性。如"个个娃儿孩子都听话"，"个个"是"每一个"；"件件衣服都好看"，"件件"是"每一件"。

另一种 AA 不能单用，必须与数词"一、两、几"等结合起来。基式是单音节名量词，量词重叠并儿化，表示量少，不一定是实指，主观意味比较强。例如：

上街去买哒两把把儿菜。

一天才吃哒几口口儿饭。

大半天就割哒几行行儿麦子。

两个人一桶桶儿水都抬不起。

他喝一杯杯儿就醉哒。

2.1.2　一 A 一 A 式：这种格式既有名量词，又有动量词，表示"逐一"或"反复"的意思。例如：

他把东西一件一件地放进去。

把卷子一题一题地做完。

他一遍一遍地讲，最后每个人都听懂哒。

"一"也可以用其他的个位数替换，主要用于分组或包装等语境。如：

两斤两斤地装_{每两斤装在一起}

三个三个地包_{每三个包成一包}
这些桌子重，你们四个四个地抬_{每四个人抬一张桌子}

2.1.3 一 AB 一 AB 式：这种格式中的量词都是表工具的临时量词，量比较少，表示"逐一"的意思。例如：

一簸箕一簸箕地往外头端。

把水一瓢瓜一瓢瓜地舀干净。

2.2 语法功能

2.2.1 AA 式量词在句中可以做主语、定语、宾语、状语。例如：

站站都有人下车。（主语）

回回都要麻烦你。（主语）

条条大路通罗马。（定语）

两桶桶儿橄榄油就一百多块。（定语）

鸡蛋数个个卖还是论斤斤卖？（宾语）

随便拖几筐筐儿回来就行哒。（宾语）

回回来城里都要去看他。（状语）

2.2.2 一 A 一 A 式在句中主要是做状语，也可以做宾语、谓语。例如：

事情要一步一步地来，急不得。（状语）

我一趟一趟地帮你找人，说尽哒好话才搞成。（状语）

把西瓜切成一块一块的。（宾语）

他嘴巴会讲，讲起来一套一套的。（谓语）

2.2.3 一 AB 一 AB 式只能做状语。例如：

这一带都是梯田，只好一锄头一锄头地挖。

把收好的苞谷一麻袋一麻袋地往车子上搬。

3. 形容词的重叠

重叠是鄂西南地区方言中形容词构词的一种很重要的语法手段。首先，形式丰富多样，除了部分与普通话相同的重叠形式外，还具有明显的地域特色。如利用助词"得"（te^{55}）构成的特殊重叠形式"A 得 A"（单音节形容词）和"AB 得 AB/A 得 AB"（双音节形容词）；其次，重叠后成为状态形容词，表示程度加深，相当于"很 A/AB"。此外还有部分心理动词和部分表能性意义的动词性结构也有这种重叠形式，在表意和功能上与状态形容词相似，所以也放在这里一并讨论。

3.1 构成形式

鄂西南地区方言的重叠式形容词都是状态形容词，其基式都是性质形容词。根据基式和重叠式的关系，形容词重叠的构成形式可以分为以下几类。

3.1.1 基式是单音节 A，重叠式有几种表现形式。

3.1.1.1 "A 得 A"式，这是单音节形容词最主要的重叠形式，重叠后表示程度更深，主观色彩比较重。两个 A 都读本音，"得"音 te^{55}，例如：

矮→矮得矮　　　　好→好得好　　　　臭→臭得臭
肥→肥得肥　　　　轻→轻得轻　　　　绿→绿得绿
圆→圆得圆　　　　亮→亮得亮　　　　慢→慢得慢
闹→闹得闹很吵闹　　挤→挤得挤很拥挤

少部分心理动词也可以"A 得 A"式重叠，表示一种状态，相当于形容词。如：

怕→怕得怕很害怕　　　　　恨→恨得恨十分愤恨
怄→怄得怄怄气得很　　　　烦→烦得烦烦躁得很
气→气得气很生气

3.1.1.2 "AA 儿"式，只有少量形容词可以这样重叠，后一个音节 A 儿化后读阴平为常，也可以读本调。例如：

轻轻儿放。

慢慢儿走。

把萝卜切得细细儿里的。

把面擀得薄薄儿里的。

3.1.1.3 "AXX"式，在单音节后面加上叠音形式 XX，XX 不能单用，必须黏附在 A 后面，"AXX"式是 A 的生动形式。例如：

硬邦邦　　紧绷绷　　黑乎乎　　酸溜溜　　甜济济很甜
绿映映　　阴森森　　闹哄哄　　红通通　　污糟糟
亮晶晶　　黑压压　　冷冰冰　　气哄哄　　气鼓鼓
瘦巴巴　　干巴巴　　紧巴巴　　黏乎乎　　火辣辣
肥墩墩　　圆滚滚　　滑溜溜　　潮乎乎　　热噜噜

3.1.1.4 "A 不 XY"式：是在单音节后面加上三个衬音形式，"不"在这里不是表示否定的副词，只是一个附加的音节形式，XY 可以相同也可不同，"不 XY"没有具体意义，不能单用，必须黏附在 A 后面，"A 不 XY"式是 A 的生动形式。例如：

黑不隆冬　　软不拉蹋　　灰不溜秋
酸不拉几　　软不几几　　黑不区区

3.1.2 基式是 AB，重叠形式也分几个小类。

3.1.2.1 "AB 得 AB"式、"A 得 AB"式

鄂西南地区方言中几乎所有的双音节形容词都可以采用"AB 得 AB"这种重叠形式，其变式"A 得 AB"和原式的使用频率几乎是一样，使用哪种形式好像没有什么限制。重叠后语音上没有发生变化。例如：

大方	大方得大方	大得大方 _{很大方}
标致	标致得标致	标得标致 _{很标致}
能干	能干得能干	能得能干
干净	干净得干净	干得干净
斯文	斯文得斯文	斯得斯文
热闹	热闹得热闹	热得热闹
稳当	稳当得稳当	稳得稳当
扎实	扎实得扎实	扎得扎实 _{很结实}
啬巴	啬巴得啬巴	啬得啬巴 _{很小气}

其次部分双音节的心理动词也有此重叠形式，表示心理状态，属于形容词性的。例如：

恶心	恶心得恶心	恶得恶心
喜欢	喜欢得喜欢	喜得喜欢
讨厌	讨厌得讨厌	讨得讨厌
嫌人	嫌人得嫌人	嫌得嫌人 _{小孩子很淘气不听话，让人厌烦}
讨嫌	讨嫌得讨嫌	讨得讨嫌 _{很不令人喜欢，让人嫌弃}

最后，鄂西南地区方言中还有少量表示"在某方面能力强"的"动+得 te^{22}"双音节结构也能按此方式重叠，这种结构基本上已经凝固了，因为本身带有"得"字，所以一般只有"A 得 AB"式。例如：

吃得	吃得吃得 _{很能吃}
喝得	喝得喝得 _{很能喝（酒）}
做得	做得做得 _{很舍得下功夫、用力做事}
睡得	睡得睡得 _{很能睡觉}

3.1.2.2 "AABB"式

鄂西南地区方言中只有部分双音节形容词可以按照"AABB"式重叠，显得比较文气，同时这些词也都可以按照"AB 得 AB"式、"A 得 AB"式重叠，而且正宗地道些。例如：

干干净净	零零散散	利利索索
清清楚楚	随随便便	严严实实
窝窝囊囊	神神叨叨	老老实实

冷冷清清　　　规规矩矩　　　疯疯癫癫
大大方方　　　清清白白　　　马马虎虎

另外还有少数是由名词性的"AB"或者"A+B"重叠而成，也表示状态，属于形容词。例如：

四四方方　　筋筋绊绊_{线、藤等缠绕在一起的一种杂乱状态}
疙疙瘩瘩　　婆婆妈妈_{指说话办事啰里啰嗦、拖泥带水}

3.1.2.3 "ABB"式

AB 是一个词，后一音节重叠。例如：

稳当当　　顺当当　　冷清清
仔笨笨　　闹哄哄　　干净净（儿）
稳妥妥　　死板板　　热和和（儿）

3.1.2.4 "ABAB"式

矮矬矮矬_{矮墩墩}　　　　光居光居_{很光滑}
乌青乌青　　　　　　淡□淡□pia^{51}_{盐放少了，很淡}
蜡黄蜡黄　　　　　　酸胀酸胀
干瘦干瘦　　　　　　二洋二洋_{洋洋得意的样子}

3.1.2.5 "A里AB"式：一般来说采用这种重叠形式的都含有贬义的色彩。

啰里啰嗦　　糊里糊涂　　古里古怪　　马里马虎
慌里慌张　　流里流气　　小里小气　　土里土气
痞里痞气　　苕里苕气_{傻里傻气}

3.2　语法功能

3.2.1　由助词"得"te^{55}构成的重叠形式，包括单音节的"A 得 A"式和双音节的"AB 得 AB"式/"A 得 AB"式，其功能一致，在句中主要做谓语，其次是补语。例如：

我今天累得累　｜　炒的菜辣得辣｜熬的中药苦得苦
他的学习好得好｜　太阳大得大_{指是个大晴天，光照强}
屋里热和得热和/热得热和
这个姑娘勤快得勤快/勤得勤快
以上是做谓语。

起来得早得早　｜　衣服晒得干得干哒_{晒得很干了}
跑得快得快｜　捆得紧得紧｜吃得饱得饱
长得漂亮得漂亮/漂得漂亮｜收拾得利索得利索/ 利得利索
以上是做补语。

如果是动词性成分构成的重叠式，就只能做谓语。例如：

他听到这个事以后气得气。

街上人多，挤得挤。

这个玩意儿我喜欢得喜欢/喜得喜欢。

他饭量大，吃得吃得_{很能吃}。

老李比较踏实，做得做得_{很能做事}。

3.2.2 "AA（儿）"式，表示动作的伴随状态时做状语，表示结果状态时做补语，做补语时后面必须带上"里的"，量都比较少。例如：

轻轻儿放｜慢慢儿走｜跟他好好儿说，他得听的。

当时讲得好好里的，这时候儿他又变卦哒。

把面擀得薄薄儿里的。

3.2.3 "AXX"式和"A不XY"式，可以在句中做主语、谓语和补语。这两种格式本身不能独立使用，做主语时必须带上"里的/的"构成类似于"的"字结构的形式。例如：

硬邦邦里的咬不动｜干巴巴里的一点儿都不好吃。

黑不隆冬的么子都看不到。

这个鱼滑溜溜里的，捉不住。

这种颜色污糟糟里的，穿倒起脸色不好看。

凉菜醋放多哒，酸不拉几的。

馒头烤得热噜噜里的，香得香。

太阳毒得毒，脸上晒得红通通里的。

他被领导搞得灰不溜秋的，好没得面子。

3.2.4 "AABB"式、"ABAB"式、"ABB"式和"A里AB"式，这几种重叠形式一般做谓语、补语，后面必须接"的"才能足句。例如：

他有点儿疯疯癫癫的，没得个正形。

昨天打球打久哒，膀子酸胀酸胀的。

她身体不太好，又吃得少，一直都恁门干瘦干瘦的。

说话要干脆，不要啰里啰嗦的。

她不大和别个打交道，性格有点儿古里古怪的。

以上做谓语。

把屋里收拾得利利索索的，一看就晓得是个能干人。

你只要交代他一下，他就跟你把事情搞得稳妥妥的。

恁门穿倒起显得土里土气的，换一身试下看看儿。

以上做补语。

3.3 表义特征

3.3.1 所有的形容词重叠式都是状态形容词，表示程度的加深。不论充当何种句子成分都有描述性的作用，有的基式采用不同的重叠形式，重叠的形式越长，描述性就越强，程度也越深。例如：

黑→黑得黑→黑区区的→黑区吗拱的

圆→圆得圆→圆滚滚的→圆赳赳儿里的

3.3.2 大多数重叠式状态形容词都包含着说话人对事物的主观态度和感受，或者说都带有感情色彩，或褒或贬，或好或恶，中性的比较少。即使形容词本身不具有明显的感情色彩，但进入句中就有了。例如："把菜切得细细儿里的"，"细细儿里的"这一结果是说话人所希望达到的，因此就有了倾向性。总的来说，"ABAB"式和"A 里 AB"式主要表达厌恶、嫌弃或不如意等贬义色彩，其他的形式可以根据词义本身或具体的语言环境而定。

3.3.3 很多重叠式形容词都带有形象色彩，是基式的生动形式，具有很强的描述性，特别是"AXX"式形象意味最为明显。例如"绿茵茵、绿莹莹、绿油油、绿花花、绿格格、绿几几"等，同一个"绿"带上不同的叠音成分就能描述各种不同的绿色，同时也体现说话人的态度，"绿茵茵、绿莹莹、绿油油"表示这种绿的颜色让人很舒服，很喜欢，而"绿花花、绿格格、绿几几"则描述这种绿色太重，视觉冲击过于强烈，让人不太喜欢。可见形象色彩和感情色彩往往是交融的，或者说两种是一种正相关的关系，喜欢的就带有正面的形象色彩，厌弃的就往往带有负面的形象色彩。

4. 动词的重叠

普通话中动词用 AA（单音节动词）、ABAB（双音节动词）的重叠形式表示短时、少量或尝试等语义特点，在鄂西南地区方言中则主要用"A（一）下、AB（一）下"来表达，极少采用 AA、ABAB 的形式，目前只发现"看看儿、拉拉扯扯、打打闹闹"几个常用词有这样的形式，算是例外。

鄂西南地区方言中部分单音节动词有自己特有的重叠形式，表达特殊的语法意义。

4.1 "A 啊 A"式

鄂西南地区方言中部分单音节动作动词可以重叠构成"A 啊 A"的形式，表示行为的方式或伴随状态。这类动词都是自主性的可持续性动词，作为一种伴随状态修饰后面主要动词，在句中做状语，后面必须带上结构助词"地"。

表示行为方式的"A 啊 A"式相当于普通话中"A1 着 A2"（A1、A2

分别表示两个动作)。例如:

跳啊跳地走 _{跳着走}　　　　　扒啊扒地选 _{扒开了、翻来翻去地选}
旋啊旋地爬 _{绕着圈爬}　　　　　摸啊摸地做 _{默默地不声不响地做事情}
扯啊扯地喊 _{扯着嗓子喊}　　　　摆啊摆地玩 _{甩手甩脚地玩,指不做任何事情}

这时"A 啊 A 地"都可以说成"A 倒 A 倒",意思不变。上面的例子变成:

跳倒跳倒走　　　　　　　扒倒扒倒选
旋倒旋倒爬　　　　　　　摸倒摸倒做
扯倒扯倒喊　　　　　　　摆倒摆倒玩

表示伴随状态的"A 啊 A"式相当于普通话中"边 A1 边 A2"(A1、A2 分别表示两个动作)。例如:

接啊接地搓 _{边接边搓}　　　　　哭啊哭地说 _{边哭边说}
数啊数地诀 _{边数落边骂}　　　　想啊想地做 _{边想边做,尽可能地多做}

部分单音节行为动词重叠后构成的"A 啊 A"表示一种状态,相当于普通话中的"一 V 一 V",只能在句中做谓语,后面必须带上"的"完句。例如:

他的脚不好,走路晃啊晃的 _{腿脚不好,走起路来一晃一晃的。}
狗娃儿好听话,看到人尾巴就摇啊摇地的 _{尾巴一摇一摆的。}
架子没搭稳,崴啊崴的 _{架子一晃一晃的。}

4.2 "连 A 直 A"式:

A 是单音节动作动词,"连 A 直 A"式表示不停地、反复地做某个动作,在句子中充当谓语,而且后面不能再带补语或宾语等成分,但必须带上"的"足句。这是一个能产性很高的格式。例如:

他就是话多,坐到那里就连讲直讲的。
一到吃饭的时候儿,他们就在外头拿起碗筷连敲直敲的。

其他的例子如:

连说直说 | 连搞直搞 | 连爬直爬 | 连跳直跳 | 连打直打 | 连翻直翻 | 连眨直眨 | 连笑直笑 | 连抖直抖 | 连咳直咳 | 连呕直呕 | 连砍直砍 | 连甩直甩

5. 拟声词的重叠

鄂西南地区方言中单音节拟声词可以通过重叠来模拟声音,具有一定的实际意义,充当一定的句法成分。

单音节拟声词重叠形式为:"A 啊 A",基本意思仍然是拟声,只是程度更深一些,持续性和动态性更明显,相当于一个状态形容词。例如:

水流得哗啊哗的 水流得哗啊响
水哗啊哗地流 水哗哗地流
第一句"哗啊哗的"做补语，是表意重点，强调水流的声音大；第二句"哗啊哗地"做状语，修饰中心成分，强调水流的动态。

单音节的拟声词基本上都不是自由形式，生活中的一些主要拟声词大都可以重叠，重叠后可以做状语和补语。例如：

风鸣啊鸣地吹　　　　　风吹得鸣啊鸣地（响）
对到门咚啊咚地捶　　　门捶得咚啊咚地（响）
雨哗啊哗地下　　　　　雨下得哗啊哗地（响）
爆竹啪啊啪地炸　　　　爆竹炸得啪啊啪地（响）

这些声音主要来自于大自然或由某个动作行为导致的，因此做补语的时候后面都可以再加上一个"响"字表示声响。

但是如果是描摹人或动物本身发出的声音，重叠形式就只能做状语，而不能做补语。例如：

娃儿哇啊哇地哭　　　　*娃儿哭得哇啊哇地
狗子汪啊汪地叫　　　　*狗子叫得汪啊汪地
蚊子嗡啊嗡地叫　　　　*蚊子叫得嗡啊嗡地

6. 副词的重叠式

鄂西南地区方言中能重叠的副词只有7个：明明、将将（儿）、刚刚、偏偏、足足、的的确确、确确实实。其中"刚、偏、的确、确实"四个可以单独做副词，重叠后程度加深，所有的副词重叠式都只在句中做状语。下面分别举一个例子：

你明明说过这个话哒的，他们都听到哒，你还不承认。
一篮子鸡蛋将将儿三十个，不多不少。
我刚刚才拢到，你又喊我出去。
这个娃儿犟得很，你要他往左，他就偏偏要往右。
这一车子粮食硬是足足有四千斤。
东西我记得的的确确/确确实实就是放到柜子里哒的，哪门硬是找不到哒呢？

二　语缀

鄂西南地区方言的语缀有前缀、后缀和中缀。前缀有"第，初，老，小，经"，"匠，们，子，头，儿，场，巴，佬儿，实，人"等是后缀，"里"是中缀。

1. 前缀
1.1 第

第[ti³⁵]加在整数前表示次序，与普通话相同。如"第一、第八"。由"第"所构成的序数词后边通常要用量词，但在语意明确的情况下也可以省去不用。例如：

这个娃儿每次考试都是年级第一（名）。

1.2 初

"初"[tsʻəu⁵⁵]加在"一"至"十"的数字前面，表示每个月农历的前十天的具体时间，如"初二｜初六"等，与普通话相同。

1.3 老

"老"[lau⁵¹]作为前缀可以出现在下列几类用法中，和普通话的词缀"老"的使用范围相同：

（1）加在指人或动物的语素前，构成名词：老乡｜老师、｜老汉儿_{父亲、爸爸}｜老百姓｜老板儿｜老鹰｜老虎｜老鼠子_{老鼠}｜老哇子_{乌鸦}

（2）加在单音节姓氏前，用作称呼或指称：老张｜老李｜老刘｜老黄

（3）加在数字"二"到"十"之间，表示排行：老三｜老五｜老七"老大""老幺"分别表示排行最大和最小的。另外还有用在疑问句中的"老几"。例如：

你是屋里_{家里}老几？我是老三。

"老几"用于反问句，带有轻蔑意味。例如：

他算老几，也在这里指手画脚。

1.4 小

"小"[ɕiau⁵¹]加在单音姓氏前，用来称呼年轻人。例如：小袁｜小秦｜小周｜小汪

1.5 经

"经"[tɕin⁵⁵]加在及物动词前（"饿"是不及物，算例外），构成形容词，表示"经得起"或"耐用"等意。例如：经用｜经穿｜经看｜经煮｜经打｜经搞｜经冻｜经嚼｜经泡｜经晒｜经拉｜经饿

"经"的能产性较强，由它所构成的形容词在句中往往做谓语，前边常受"好、几多"等程度副词和否定副词"不"的修饰。例如：

这样个茶叶好经泡。

这种布不经晒，一晒就毁色_{褪色}哒。

2. 后缀
2.1 匠

"匠"[tɕiaŋ³⁵]放在表示职业的语素后面，表示从事这类职业（主要是传

统手工艺）的人：木匠｜铁匠｜泥瓦匠｜铜匠｜鞋匠｜瓦匠

2.2 们

"们"[·mən]用在人称代词（"别个、各人"除外）和部分指人名词的后面表示复数：我们｜你们｜他们｜同学们

2.3 子

"子"[·tsɿ]作为后缀在鄂西南地区方言中很普遍，可以从两个角度来分析。一是"子"尾组合的范围和功能，二是"子"尾构词之后的表意类别；

2.3.1 "子"尾组合的范围和功能

（1）"子"尾放在黏着性的名词性成分后面，用来构成双音节名词，例如：椅子｜裤子｜袜子｜谷子｜院子｜筷子

（2）"子"尾放在动词、形容词、量词性成分的后面构成名词，改变了词根的性质和意义。例如：

动词性成分+子：盖子｜夹子｜推子｜剪子｜钳子｜套子｜挑子_{专指送礼的担子}

形容词性成分+子：尖子｜胖子｜矮子｜聋子｜瞎子｜乱子｜癫子_{疯子}

量词性成分+子：个子｜份子｜片子｜口子｜方子｜单子

2.3.2 "子"尾构词表意大致可以分为以下几类：

（1）指人名词（主要用于有某种身体缺陷或疾病的人）

叫花子_{乞丐}｜算命子_{以算命为职业的人}｜贩子｜痞子｜病人子_{病人}｜癫子｜麻子｜聋子｜瞎子｜跛子｜瘸子｜瘫子｜驼子｜癫子_{疯子}｜左撇子｜□tṣua⁵¹子_{手瘸的人}

（2）肢体器官

鼻子｜嘴巴子｜眼皮子｜膀子_{胳膊}｜手腕子｜腿子_{小腿}｜胯子_{大腿}｜蹄子｜肚子｜肠子｜腰子_{动物的肾}

（3）动物

猪子｜狗子｜羊子｜骡子｜鸡子｜鸭子｜兔子｜狮子｜豹虎子_{豹子}｜猴子｜麂子｜老鼠子｜鹞子_{鹞鹰}｜老哇子_{乌鸦}｜丫雀子_{喜鹊}｜燕子｜麻雀子｜夜猫子_{猫头鹰}｜蚂蚁子｜蚊子｜虱子｜虮子_{虱子的卵}｜蜂子_{蜜蜂}｜蛾子_{灯蛾}

（4）植物

梨子｜桃子｜杏子｜枣子｜柿子｜柚子｜柑子｜麦子｜茄子｜梗子_{植物的杆}｜叶子｜藤子｜杌子_{植物的根茎}｜秧子_{植物的秧苗}｜耳子_{木耳}

（5）用品

盆子｜桶子｜盖子｜罩子｜剪子｜刀子｜筛子｜笼子｜格子｜甑子｜吊子_{鼎罐}｜瓶子｜杯子｜盘子｜缸子｜瓢子｜筷子｜桌子｜椅子｜绳子｜帘子｜席子｜镜子｜裤子｜褂子｜袄子｜帽子｜袜子｜鞋子｜本子｜章子_{印章}｜

碾子｜刨子｜锯子｜锤子｜钉子｜梯子｜钩子｜车子｜轮子｜铺子_{店铺}｜溜子_{漏斗}｜提子_{旧时用竹子或木头做的量酒、油等的量具}

（6）表时间

今年子｜明年子｜去年子｜前年子｜上前年子｜那年子

（7）其他

饺子｜包子｜条子｜烟子_{烟雾}｜坝脚子_{剩余的残渣等}｜面子｜里子｜口子｜印子_{印痕}｜样子｜比子_{实物的原型、模型、样板}

2.4 头

"头"[tˑəu]作为语缀可以加在名词、动词、形容词性的前面，用来直接构成词或者改变原来的词性、词义等。

（1）名词性成分（包括方位词）+头

木头｜砖头｜石头｜馒头

前头｜后头｜高头｜上头｜下头｜里头｜外头

（2）动词性成分+头

吃头｜说头｜看头｜想头｜搞头｜盼头

（3）形容词性成分+头

甜头｜苦头

2.5 儿

"儿"[ər^{22}]是唯一的不成音节的后缀，附着在前一个音节上，该音节韵母变成儿化韵。

鄂西南地区方言中"儿"尾的出现一般是有条件的，即要求前面的成分重叠（部分量词除外），不重叠就不能接"儿"。例如：

刀刀儿　*刀儿　　饼饼儿　*饼儿　　毯毯儿　*毯儿

单音节后附"儿"的非常有限：花儿。

"儿"可以附在多类成分后面，表示各种不同的语法意义。

2.5.1 附在重叠式的名词性成分以及部分动词性成分、形容词性成分、量词性成分的后面构成名词，表示小称。例如：

铃铃儿｜杯杯儿｜桌桌儿｜鞋鞋儿｜车车儿｜壶壶儿｜洞洞儿｜绳绳儿｜渣渣儿｜渣渣儿｜柜柜儿｜珠珠儿｜链链儿｜刷刷儿｜罩罩儿｜盖盖儿｜剪剪儿｜垫垫儿｜尖尖儿｜空空儿｜片片儿｜本本儿｜颗颗儿｜个个儿_{个子}

2.5.2 附着在少量 AA 式和 ABB 重叠形容词的后面，表示希望达到的某种状态，同时还含有程度的加深或者喜爱的色彩。例如：

轻轻儿｜慢慢儿｜薄薄儿｜细细儿｜干净净儿｜圆揪揪儿_{很圆}｜热和和

儿｜亮晶晶儿

2.5.3　附着在部分重叠式的量词后边，主要是表示量少，主观意味比较强，不一定是实指。例如：

两把把儿小菜就要八块钱。

一天才吃哒几口口儿饭。

大半天才砍哒几捆捆儿柴。

恁门一桶桶儿水哪里够用。

他喝一杯杯儿就醉哒。

2.6　场

"场"[·tṣʻaŋ]加在动词性成分的后面，构成名词：

说场｜搞场｜看场｜吃场｜想场

其意义和用法基本上与上面的"动词性成分+头"构成的名词相同，都表示发出某种动作行为的价值，主要用在否定句或者反问句中，表示没有多大价值或不值得去做。如："这个电影没得看头/看场"即指这电影不好看或不值得去看；也可以用在肯定句里，常出现在"还有个 V 头/场"中，是一种"还行、还可以"等较为轻微的肯定。如"这个事还有个搞头。"

2.7　巴

"巴"[·pa⁵⁵]主要用作名词后缀：

嘴巴｜下巴｜尾巴｜哑巴｜结巴｜节巴｜泥巴

还有几个后缀要儿化，表示某类身体缺陷或疾病，如：

聋巴儿 聋子｜齁巴儿 有气喘毛病的人｜□xa⁵¹巴儿 傻子

2.8　佬儿

"佬儿"[lər⁵¹]做后缀放在常表示某一类的人，略带贬义。如：

好吃佬儿 贪嘴、嘴馋的小孩子｜哭巴佬儿 喜欢哭的小孩子｜烧火佬儿 喜欢煽风点火的人｜乡巴佬儿｜日白佬儿 喜欢撒谎的人｜赌博佬儿 喜欢赌博的人｜杀猪佬儿 屠夫｜劁猪佬儿 泛指阉割动物的人

2.9　实

"实"[·ṣ]做后缀用来构成形容词，例如：

老实｜结实｜扎实｜踏实｜瓷实｜皮实｜厚实｜严实｜匀实｜肥实｜敦实

2.10　人

"人"[zən²²]做后缀主要放在表示心理、感官类动词性成分的后面，表示某种生理或心理感觉。例如："怄人"是指感觉到心理怄气，"急人"指心里着急；"痒人"指觉得发痒。这类动词主要有：

闹人｜闷人｜挤人｜烤人｜吹人｜胀人｜吵人｜晒人｜哽人｜累人｜

气人｜烦人｜怄人｜急人｜怕人_让人觉得害怕_｜嚇人_让人觉得害怕_｜痒人｜烫人_让人感觉发烫、温度太高_｜冰人_温度太低，让人觉得冰冷_｜腻人｜晃人_感觉光线等刺眼_｜挺人_指坐具或卧具硬，让人觉得有点儿硌_｜笑人｜藿人_东西让人皮肤发痒_

3. 中缀

鄂西南地区方言的中缀严格上说只有一个"里"[·li]，用在四字格"A 里 AB"中。AB 是一个双音形容词，构成的 A 里 AB 大多是表示消极意义的，程度比原式 AB 要深。这种格式能产性不高，例如：

啰里啰嗦｜糊里糊涂｜古里古怪｜流里流气｜小里小气｜马里马虎｜慌里慌张｜土里土气｜黄里黄昏_糊里糊涂_

三 小称

鄂西南地区方言小称名词的构成主要有三种方式：一是名词性成分重叠并儿化；二是在名词性成分后加"娃儿"，三是在女性人名后面直接儿化。

1. 重叠并儿化

名词性成分（包括名词或名词性语素）重叠并儿化以后表示小称，其中大部分不能独立成词，重叠后的第二个音节不论原来是什么声调，都变读阴平或弱化为轻声。分两类，一类重叠儿化式没有对应的"子"尾词，含有"小"的意思，这类相对比较少。例如：

眼眼儿　　　　　　　孔孔儿
顶顶儿_顶针_　　　　　把把儿_器物的柄，可以握、拿着_
窝窝儿　　　　　　　嘴嘴儿_器物的口部_
巷巷儿_细长狭小的巷道_　脚脚儿_剩余的残渣_

还有一类重叠式都有一个相应的泛称形式与之相配（大部分是带"子"尾的名词），主要是器物、服饰类名词。在鄂西南地区方言中，这种重叠儿化形式很常用，除了表小称外，也可以用于一般的泛指，如果要强调"小"，前面还可以直接加上"小"。前面"一·重叠"部分已有一些分析，下面再补充一部分例子：

板子—板板儿—小板板儿　　本子—本本儿—小本本儿
杯子—杯杯儿—小杯杯儿　　鞋子—鞋鞋儿—小鞋鞋儿
棒子—棒棒儿—小棒棒儿　　洞子—洞洞儿—小洞洞儿
豆子—豆豆儿—小豆豆儿　　须子—须须儿—小须须儿
盘子—盘盘儿—小盘盘儿　　口子—口口儿—小口口儿
瓢子—瓢瓢儿—小瓢瓢儿　　瓶子—瓶瓶儿—小瓶瓶儿
帽子—帽帽儿—小帽帽儿　　盒子—盒盒儿—小盒盒儿

链子—链链儿—小链链儿　　珠子—珠珠儿—小珠珠儿
褂子—褂褂儿—小褂褂儿　　叶子—叶叶儿—小叶叶儿
管子—管管儿—小管管儿　　罐子—罐罐儿—小罐罐儿
壳子—壳壳儿—小壳壳儿　　椅子—椅椅儿—小椅椅儿
桌子—桌桌儿—小桌桌儿　　筐子—筐筐儿—小筐筐儿

以上的例子都是由不成词语素构成的，下面几个是可以独立成词的，但是没有相应的"子"尾形式：

包—包包儿—小包包儿　　皮—皮皮儿—小皮皮儿
沟—沟沟儿—小沟沟儿　　泡—泡泡儿—小泡泡儿
碗—碗碗儿—小碗碗儿　　圈—圈圈儿—小圈圈儿

"包子""皮子"的意义已经不同了，不是相应的"子"尾形式。

2. 名词性成分+"娃儿"

名词性成分后面加上"娃儿"[uər^{22}]是构成小称名词的另一种方式，必须使用儿化形式。"娃儿"本身指小孩，作为语缀附着在表示人和家禽类动物名称的后面，有小称、喜欢的意味。例如：

（1）指人名词+娃儿

姑娘娃儿｜年轻娃儿｜学生娃儿｜徒弟娃儿｜女婿娃儿｜弟娃儿$_{弟弟}$

指人的名词还可以是姓名中的字。在鄂西南地区方言中，家里给孩子取小名习惯于在名字的最后一个字加上"娃儿"，也有小称、喜爱的作用，亲戚朋友都可以叫孩子的小名。例如：

李小华：华娃儿　　张秋红：红娃儿　　陈平：平娃儿　　刘正：正娃儿

（2）家禽类动物+娃儿

猪娃儿｜羊娃儿｜马娃儿｜牛娃儿｜狗娃儿｜兔娃儿｜鸡娃儿｜鸭娃儿｜猫娃儿

这类形式主要是表示动物的幼崽，但是像体型较小的动物如"猫娃儿"就一般不分大小。家禽类动物大部分还可以用"子"尾的形式，例如"猪子｜羊子｜狗子｜鸡子｜鸭子"等，带"子"尾的形式是泛指，不分大小，比较中性。

3. 姓名+儿

口语中直接在姓名后面加上"儿"尾，含有亲切、喜爱的色彩，主要用于称呼年轻女性或女孩子，最后一个音节直接儿化。例如：

王芳儿　　陈爱琴儿　　吴倩儿　　方琼儿　　宋燕儿

男性的名字后面一般不用，只有男孩儿的重叠式小名（或者尽管已经成了年轻人，但是长辈仍以小名称呼时）可以儿化，同时要语音比较容易儿化的才行①，例如：

军军儿　明明儿　斌斌儿

四　方所

本节主要讨论方位词。鄂西南地区方言的方位词有：

（1）单音节方位词：上，里

（2）双音节方位词：上头，下头，前头，后头，里头，外头，左边，右边，高头，皮头，顶上，底下，边上，旁边，中间，当中，背后，跟前，面前

1. 单音节方位词：上　里

鄂西南地区方言中单音节方位词只有"上[ʂaŋ]、里[·li]"两个②，而且都是黏着的，加在别的词后面表示方位。两个词的活动能力都比较强，意义比较泛化，可以加在很多名词的后面。例如：

天上｜桌子上｜地上｜黑板上｜窗子上｜刀子上｜书上｜身上｜街上｜屋里｜心里｜田里｜树林里｜河里｜洞里｜门里｜城里｜省里；

"里"还可以加在部分表示时间的词语后面，表示在这个时间段里。例如：

白天里｜半夜里｜假期里｜月子里_{坐月子期间}｜三月间里｜正月里｜腊月里｜冬天里｜热天里_{夏天里}｜伏天里

2. 双音节方位词

双音节方位词可以单独使用，也可以放在名词后面构成方位短语。

（1）上头、高头、皮头、下头、底下

"上头"[ʂaŋ³⁵·tʰəu]"高头"[kau⁵⁵·tʰəu]"皮头"[pʰi²²·tʰəu]都表示在上方的位置，与表示下方的"下头"[ɕia³⁵·tʰəu]、"底下"[ti⁵¹·ɕia]相对。例如：

上头/高头/皮头两层各人住，下头/底下两层租倒别个_{上面两层自己住，下面两层租给别人住}。

"高头""上头"还用来表示河流的上游（"皮头"没有这一用法），在下游的叫"下头""底下"。如：

洗菜的都往在上头/高头去，下头/底下有人洗澡，水不大干净。

---

① 鄂西南方言中男孩子的两种小称形式"小名+儿"与"小名+娃儿"处于互补状态，最后一个音节容易儿化的就用前者，不容易直接儿化的，就用后者。

② "下"只用在"地下（指地面）"这一个词里面，不算在内。

但是三者还是有区别：用在名词后面时，"上头"相对表示比较具体的位置，"高头"则相对比较虚。例如：

衣服高头_{衣服上}都是泥浆。

书高头是哪门讲的_{书上是怎么说的}?

这时一般不能用"上头""皮头"。

"皮头"只表示具体的位置，侧重指上方的表层，例如：

先用泥巴盖起，皮头再蒙一层塑料纸。

水皮头漂哒一层油。

有时候"皮头"还可以泛指表层，这时不能用"上头、高头"替换。例如：

这个苹果就是皮头有点儿坏哒，里头还是好的。

（2）里头、外头

"里头"[li^{51}·t'əu]与"外头"[uai^{35}·t'əu]基本上相对，例如：

外头热得热，里头就凉快多哒。

但是两者也存在不对称的情况，有些表器物或容器的名词后面只有"里头"的说法而没有与之相对应的"外头"，例如：

碗里头都是菜。

脑壳里头尽是些稀奇古怪的想法。

缸里头一颗儿米都没得哒。

而有一些只有"外头"的说法而没有"里头"的说法，例如：

去外头找点儿事情做。

怕外头的人说闲话。

（3）边上、旁边、左边、右边、前头、后头

"边上"[piɛn^{55}·ʂaŋ]、"旁边"[p'aŋ^{22}·piɛn]都是指在周围附近的意思，两者基本上可以互换。但是"边上"还可以指器物和物体的边沿部分，这个时候不能换成"旁边"。如"盆子边上""床边上"等。如果强调在物体的最外侧的边沿处，还可以重叠并儿化为"边边儿上"，如：

袖子边边儿上都磨破哒。

碗边边儿上有条口子。

鄂西南地区方言中没有"东南西北"这样的方位词，主要用"左边"[tsuo^{51}·piɛn]、"右边"[iəu^{35}·piɛn]、"前头"[tɕ'iɛn^{22}·t'əu]、"后头"[xəu^{35}·t'əu]来指示方位。当以人为参照物时，"左边""右边"更常用的是借用名词"左手、右手"来表示，"巴左手、巴右手"就是"在左边、朝右边"的意思。例如：

巴右手有一片林子在右边有一片树林。

前头有个岔口，你巴左手走朝左边走。

（4）中间、当中

"中间"[tʂoŋ⁵⁵kan⁵⁵]和"当中"[taŋ⁵⁵tʂoŋ⁵⁵]都指在一定范围内居中的位置，所指比较宽泛，只要不是在两端或外围，都可以用"中间、当中"表示，如：

当中/中间的太厚哒，往外头□xa⁵⁵一点儿往四周拨弄、铺一些。

两头是厢房，当中/中间是正屋。

如果要强调处于中心的位置，就说成"正中间"，没有"正当中"的说法。如：

小李最高，站到正中间去。

另外，"中间"只用于指具体的空间位置，如果表示时间范围等相对抽象的范围，就只能用"当中"而不能用"中间"。例如：

你们当中要抽几个过去帮忙。

当中休息的时候儿他跑出去打电话。

（5）前头、后头、背后、跟前

"前头[tɕ'iɛn²² ·t'əu]、后头[xəu³⁵ ·t'əu]"除了表空间以外，还可以表时间。例如：

前头几天事情多，来不成。

后头他跟我说哒我才晓得。

"背后"[pei³⁵xəu³⁵]即"后头"，但是它不能用来表时间。另外即使表空间，其参照物必须是一个立体的，比如可以说"屋背后、山背后、墙背后"；如果参照物是一个平面的，就不能用"背后"而只能用"后头"，如"场坝后头、园子后头"。

"面前"是指面对着的地方。例如：

屋面前就是一条河。

面前有个坑，小心点儿！

但是"胸面前"就是指"胸前"。

"跟前"[kən⁵⁵ tɕ'iɛn²²]是指身边、附近。

3. 鄂西南地区方言常用"顶"来修饰部分表示方位的双音节方位词，相当于北京话的"最"。例如：顶高头、顶皮头、顶上头、顶里头、顶前头、顶后头、顶边上。

其他的方位词如"当中、中间、旁边、左边、右边、背后、跟前、面前"就不能受"顶"的修饰。

五　趋向

鄂西南地区方言的趋向动词如下：
来　上来　下来　进来　出来　回来　过来　起来
去　上去　下去　进去　出去　回去　过去

鄂西南地区方言的趋向动词中部分用法与普通话相同，但还是有一些差异。一是鄂西南地区方言中能单用的趋向动词只有"来、去"两个；"上、下、进、出、回、过、起"任何时候都不能单用，必须和"来、去"组合成复合式趋向动词；二是趋向动词做补语或用在连动结构中，需要借用助词"起"（详见"语法·体貌"相关内容）来连接，构成"V+起+趋向补语"或连谓结构"V+起+趋向动词"式。下面具体说明。

1. V+（起）+趋向补语

（1）当趋向补语是单音节的"来、去"时，助词"起"必不可少，相当于普通话中的"V来/去"。例如：

听说奶奶病哒，他一清早就赶起来哒。
老刘把东西跟你送起来哒。
饭都端起来哒，你就吃一点儿再走嘛。
小王把车子开起来哒。
他东西掉倒这里哒，你赶快撵起去把倒他_{给他}。
一大早老张就把小李喊起去哒_{叫走了}。
恁门个小东西，你拿起去用就是的。

（2）当趋向补语是双音节时，如"上来、上去、下来、下去、进来、进去、出来、出去、回来、回去、过来、过去"，助词"起"可以省略。我们可以说：走（起）回来/去｜转（起）过来/去｜跑（起）出来/去｜拿（起）回来/去｜拉（起）过来/去｜搬（起）进来/去｜车（起）过来/去_{转过来/去}

有时候复合式趋向动词做补语不是表趋向，而是表示动作持续、动作的完成或结果的产生，"起"也可以省略。例如：

他不还你钱，你就一直在他屋里住（起）下去。（动作持续）
那道题目算（起）出来哒没得？（结果的产生）
你先把菜洗（起）出来，到时候儿他们来哒就直弄的。（动作完成，状态持续）
恁门算（起）下来，一年要花一两万。（动作的完成）

也就是说，鄂西南地区方言中由复合式趋向补语构成的述补结构，不论是黏合式还是组合式都相对比较自由。

双音节"起来"做趋向补语时动词比较特殊，需要单独说明。

①形式上：由于"起来"本身就有一个"起"，所以助词"起"就必须省略。

②动词语义：或者表示有一个从低到高的位移过程。例如：站起来｜抱起来｜提起来｜坐起来｜挖起来｜鼓起来

或者动词是一些表示心理或言语行为。例如：想起来｜听起来｜说起来｜问起来｜讲起来｜唱起来

③双音节"起来"做补语和单音节"来"做补语构成的结构从形式上看是一样的，都是"V起来"，但是它们本质上是不同的。

A：结构上，前者是"V+起来"；后者是"V+起+来"，其中"起"是结构助词；

B：语义上，前者基本等于普通话的"V起来"，不能换成普通话的"V来"；后者则相当于普通话的"V来"。

关于趋向动词做补语还可以参照后面"句法·述补结构"的相关内容。

2."V+起+趋向动词"

这是一种连谓格式，趋向动词充当第二个动词，前面的V表示一种方式或者伴随状态。在这个格式中，不论趋向动词是单音节还是双音节，助词"起"都不能省略，相当于普通话的"着"。例如：

等哒一个小时都没得车子，我们是走起来的。

我们找不倒路，一路上问起来的。

几个娃儿上学一路玩起去，到学校就迟到哒。

他脚骨折哒，只好抬起去。

石头太大哒，搬不动，我们慢慢儿把它磨起过去_{一点儿一点儿地往前挪}。

用个滑轮儿把板子吊起上去。

六 数量

这里只讨论序数和概数。量词参见"词汇"部分。

1. 序数

数词分基数和序数，基数表示数量多少，序数表示次序先后。

鄂西南地区方言中用"初、老、第"等成分表示序数。"初"用在表示农历每个月的前十天表顺序(初一……初十)；"老"表示排行，数字限于"二"到"十"之间。排行第一的说"老大"，排行最小的称"老幺"。这个排行不一定专指兄弟。例如：

他屋里有四个娃儿，老大老二都是姑娘_{他家里有四个孩子，老大老二都是女孩儿}。

但是按照排行来称呼长辈或同辈时却不能用"老",如"二爷、三伯、四婶儿、五弟、三姐"等。

"第"表示次第,用于表序数比较常用,如"第一名、第二部、第四年……"。但是受习惯影响,很多表示序数也不一定用"第"字。如日期、编号、分类、列举等都可以不用。例如:七月十二号｜市二医院｜民族一中｜三号袋子里是中药,四号袋子里是西药

2. 概数

概数表示大概的数量,鄂西南地区方言有三种方式表示概数。

(1) 接近的两个数词并列。例如:

差不多有七八个人。

最快也要三四个月才搞得完。

(2) 在数词"十、百、千、万"前头用"几、上"一类的字,或者后面带上"把、多"一类字。

"几"[tɕi⁵¹]:"几"的数字在二到九之间。如"几十/百/千/万/亿"。前面还可以加"好",构成"好几十/百/千/万/亿"强调数字比较大。如"好几百"一般所指至少超过五百。

"好几"可以用在"十"的后面,"十"后面有量词,表示数量上多于十。例如:十好几斤+多斤｜十好几米+多米

"好几"还可以用在二十到九十之间的十位整数后,表示年纪。例如:二十好几｜三十好几｜七十好几。

"上"[ṣaŋ³⁵]:"上"加在"十/百/千/万/亿"前面表示达到或超过"十/百/千/万/亿"这个数量,如"上十个"表示"十多个"的意思。

"把"[pa⁵¹]:"把"用在"百、千、万"后面,表示接近这个数字,可以略多也可以略少。"把"有轻声和本调两种读音,读本调时有强调甚至夸张的意味。例如:

这口袋米有百把[·pa]斤。

这口袋米有百把[pa⁵¹]斤。

前一句是一种客观陈述,后一句强调其重,甚至超出预估的重量。

"把"还可以用在度量衡计量单位词的后面,再接上表示维度的形容词,表示概数,相当于"一X左右"。例如:尺把长｜米把高｜斤把重｜寸把宽｜丈把深｜岁把大

这里的度量衡单位必须是单音节的,双音节如"公斤、平方"就不成立。

"把"后面还可以接度量的对象,这时量词不限于表度量衡,但必须是

单音节的。例如：里把路｜亩把地｜升把米｜间把屋｜块把钱｜尺把布｜张把纸

有时候前面的量词也可以是临时量词，如：桶把油｜挑把粮食一担粮食｜桌把人约一桌人

"把"用在个体量词后表示少量，例如：

顿把饭吃不穷。

张把纸写不下。

块把钱买不到么子东西。

这种表示"少量"的意义还可以用"量+把+两+量（+名）"格式，上面的例子可以重新表达为：

顿把两顿饭饭吃不穷。

张把两张纸写不下。

块把两块钱买不到么子东西。

"顿把两顿饭"相当于"一两顿饭"，形容少，其余可以类推。

最突出的就是"把"直接用在"点"的后面，构成"点把点儿"，强调其少，相当于"一点儿"，例如：

要修屋，点把点儿钱根本开不了工要建房子，一点儿钱根本没法动工。

"多"[tuo⁵⁵]："多"在鄂西南地区方言中作为数词，有如下用法：

①数+多+量（+名）

数词为十位以上的整数，"多"表示整位数以下的零数。例如：二千三百多斤（粮食）｜五万多块钱｜四十多平米｜一亿多人。

②数+量+多（+名）

数词为个位数或带个位数的多位数，量词主要的度量词、容器量词、时间量词等。"多"表示个位数以下的零数。例如：五丈多（布）｜三斤多（菜）｜两亩多（地）｜一个多月｜五十多块（钱）。

（3）"差不多、最多、最少、出头、好多"

"差不多、最多、最少"可以与任何数词或数量词连用，分别表示约数、上限、下限，例如：差不多七十（个）｜最多一百｜最少三千五百斤。

"出头"主要用于表示年龄，用在整数后面表示略微超出，数字一般介于二十到五十之间。例如：三十出头｜五十出头。

"好多"用于表示不定的数量，有两个意思：一是相当于普通话的"很多"，二是相当于普通话的"多少"。例如：

今天来哒好多人今天来了很多人。

好多东西我都是第一次才看到。

你身上带哒好多钱 你身上带了多少钱？

你有好多我要好多 你有多少我要多少。'

七 代词

1. 人称代词

鄂西南地区方言的人称代词有：我（们）、你（们）、他（们）；别个；各人

（1）我（们）、你（们）、他（们）

我[uo^{51}]、你[li^{51}]、他[t'a^{55}]（不分男女，一律记作"他"）都表示单数，复数形式在后面加上"们"[·mən]，构成"我们、你们、他们"。"你"和"他"有相应的尊称形式，"你"的尊称形式是[liər^{51}]，记作"你儿"，复数的尊称形式是"你儿们"[liər^{51} ·mən]，"他"的尊称形式是[t'a^{55}liər^{51} ·tɕia]，记作"他你儿家"，尊称只有单单形式。

（2）各人

"各人"[kuo^{22}zən^{22}]主要是用于复指，相当于普通话的"自己"。例如：

你各人不去想办法，还指望哪个么？

我各人的事情你们莫管。

都是大人哒，他们各人都晓得厉害关系。

有时候"各人"表示泛指。例如：

各人错哒，已经晓得哒，就要去改，各人对要各人的事负责。

"各人"也经常放在名词或别的代词后面表示跟"别人"相对。例如：

李师傅各人说的他明天来不成。

你各人把钱搞丢哒莫怪别个。

（3）别个

"别个"[pie^{22} ·kə]是和"各人"相对的，相当于普通话的"别人"。谈到某人的时候，说"别个"是指那个人以外的人。例如：

他不大爱说话，别个问哒他才讲。

别个都睡哒，他还没回来。

有时候为了避免指称在场的某个人，也用"别个"来暗指。例如：

你莫说哒，再说别个就要哭哒。

你把别个得罪哒还不晓得。

2. 指示代词

鄂西南地区方言中指示代词中最常用的是"这、那"。近指用"这"，音[lie^{35}/tʂe^{35}]，[lie^{35}]最普遍，最地道，下面只记做[lie^{35}]。远指用"那"

[la³⁵]。"这、那"常和量词或者数词连起来用，如"这个、那个、这两个、那三个"等等。另外还有些常用词是由"这、那"组合而成时间：

	这时儿 lie³⁵ʂər²²	那时儿 la³⁵ ʂər²²
处所：	这里 lie³⁵·li	那里 la³⁵·li
	这节儿 lie³⁵tɕiər²²	那节儿 la³⁵ tɕiər²²
	这哈儿_{这儿} lie³⁵xər⁵⁵	那哈儿_{那儿} la³⁵ xər⁵⁵
方式：	恁门 nən³⁵·mən	那门 la³⁵·mən
程度：	恁门 nən³⁵·mən	那门 la³⁵·mən

（1）这时儿、那时儿

是指示时间的词，功能和其他时间词相同。

"这时儿"通常指现在，有时候强调现在这个点，也可以说成"这个时候儿"。例如：

这（个）时候儿才起来，太懒哒。

"现在"是相对于说话时间而言，因此可以指过去或将来的某个点，例如：

去年子这（个）时候儿我正在参加高考。

明天这（个）时候我们就到武汉哒。

"那时儿"是指过去也可以说成"那个时候儿"，例如：

那时候儿我还才五岁。

那个时候儿莫讲别的，连饭都吃不饱。

另外"那时候儿"还可以指将来。例如：

到那时候儿你哭都来不及。

（2）这里、那里、这节儿、那节儿、这哈儿、那哈儿

指示处所，其中"这里、那里"与普通话中的用法基本相同。"这节儿、那节儿、这哈儿、那哈儿"所指的处所较小，更加生活化、口语化一些，基本意思相同，只是说法不同。它们都可以用"这里、那里"替换。

（3）恁门、那门

既可以表示方式，又可以表示程度。相当于普通话的"这么、那么、这样、那样"。尽管有近指和远指的不同，但是说话者大多是从自己的角度出发，所以近指的"恁门"在具体使用中频率要比"那门"高得多。例如：

恁门搞也不行，那门搞也不行，你到底要我们哪门搞？

你那门使力压肯定要把下头的压破。

你儿恁门一讲我就搞懂哒。

他格外那门犟，哪个的话都不听。

去哒恁门半天，在搞么子_{去了这么久，在干什么？}

就只得恁门一点儿哒，要慎到点儿用_{就这么一点儿了，要节约点儿用。}

雨恁门大，出不得门。

3. 疑问代词

鄂西南地区方言中疑问代词包括："哪个、啥个、哪些、么子、哪里、哪时儿、哪门、好多"等。要说明的是鄂西南地区方言中"哪"用于别择性询问，但是从不单独使用，只与别的成分组合起来使用，除了上面所列的以外，还有如"哪些、哪号、哪种、哪条"等。

（1）哪个、啥个

"哪个[la⁵¹/lai⁵¹·kə／·kuo]、啥个[ʂa⁵¹·kə／·kuo]"用于问人，相当于"谁"。"哪"有 la⁵¹、lai⁵¹ 两种读音，其中 lai⁵¹ 是"哪一"的合音；"啥"音 ʂa⁵¹，是"是哪"的合音；"啥个"就是"是哪个"；"个"有·kə、·kuo 两种读音。"啥个"可以做主语、定语，不能做宾语，"哪个"则不受限。例如：

（外面有人敲门）"啥个/哪个？"——"我。"

哪个/啥个把锁撬开的？

不管哪个/啥个的（东西）都不能乱动。

这是哪个的书？（*这是啥个的书？）

你跟哪个在讲话？（*你跟啥个在讲话？）

"哪个"询问人表示单数，复数用"哪些"。例如：

你请哒哪些人？

今天哪些没来开会？

"哪个（哪些）"除了问人之外，还可以表示择别。例如：

哪个花漂亮些？

你哪个姐姐在读大学？

哪些东西你要带走的？先找出来包好。

（2）么子

"么子"[muo⁵¹·tsɿ]相当于普通话的"什么"，主要做定语，询问事物的性质或种类。只要语义表达需要，可以放在任何名词性成分的前面。例如：～事｜～东西｜～样子｜～时候儿｜～办法｜～道理｜～价｜～味道｜～书｜～衣服｜～门｜～条件｜～想法｜～地方

"么子人"是问人的性质或类别，如：

他是你的么子人？——是我舅舅。

刚才来的是么子人？——做生意的。

"么子"还可以做宾语，能带的成分也相当多，只要语义能搭配就行。例如：想～｜吃～｜搞～｜修～｜挖～｜买～｜看～｜写～

"为么子"相当于普通话的"为什么、为了什么",主要是问原因、理由等,例如:

你为么子要恁门搞呢?_{你为什么要这么做呢?}

你恁门拼命找钱是为么子?_{你这么拼命赚钱是为了什么?}

（3）哪里

"哪里"[la⁵¹·li]询问处所,用法跟普通话相同。例如:

哪里的葡萄儿最好吃?

你在哪里?

"哪里"还可以用于反问:

我哪里晓得是恁门回事哦!

他哪里得听我的劝!

另外"哪节儿[la⁵¹tɕiər²²]、哪哈儿[la⁵¹xər⁵⁵]"也用来询问处所,只是这种处所在说话人看来是个小地方或者不重要的地方,它们不能用于反问句。

（4）哪时儿、么子时候儿、几时

"哪时儿[la⁵¹ʂər²²]、么子时候儿[muo⁵¹·tsʅʂʅ²²xər²²]、几时[tɕi⁵¹·ʂʅ]"都是用来询问时间的,表示"什么时候"。一般情况下"哪时儿、么子时候儿"是询问近期较短的时间,两者可以互换。例如:

你平时哪时儿/么子时候儿忙一些?

这是哪时儿/么子时候儿的事情?我哪门_{怎么}一点儿都不晓得。

"几时"主要是询问日期,日期可远可近。例如:

你们准备几时搬家? ——下个星期。

你几时回来的? ——昨天回来的。

他几时毕业的? ——毕业两三年哒。

今天是几时哒? ——十七号。

（5）哪门

"哪门"[la⁵¹·mən]用于询问方式,相当于普通话的"怎么":

这个东西哪门修才修得好?

我们打算坐船,你们哪门走?

榴莲我从来没吃过,哪门吃?

还可以询问原因,相当于"怎么、为什么",例如:

你哪门不跟他一起去?

这个东西哪门恁门贵?

今年子哪门一点儿都不顺?

你是哪门不愿意这门亲事？

询问原因的"是哪门"还可以合音为"啥门"：

恁门大的雨，出来啥门不带个伞？

啥门这些人都走哒？

"哪门个"[la⁵¹·mən kuo³⁵]，相当于"怎么样"，用于询问情状、状态：

你这几天哪门个_{你这几天怎么样？}

——比刚开始好多哒。

你娃儿上学的事搞得哪门个哒_{你孩子上学的事情办得怎么样了？}

——差不多搞好哒。

（6）好多、几、好

"好多[xau⁵¹tuo⁵⁵]、几[tɕi⁵¹]、好[xau⁵¹]"用于询问数量。

"好多"相当于普通话的"多少"，可以单独使用，也可以后面接名词或量词构成定中结构：

这一袋米有好多_{有多少斤/多重？}

布好多钱一尺？

你屋里有好多人_{你家里有几口人？}

这个屋有好多个平方？

"几"不单独使用，要和量词搭配构成数量结构使用，如：

～斤｜～条｜～丈｜～次｜～杯｜～门｜～遍｜～回｜～天

"好"在鄂西南地区方言中可以作为副词，构成"好+形容词"的格式，用在疑问句中询问数量，形容词主要是单音节的，相当于普通话的"多+形容词？"。做谓语时，"好"前面常用"有"。例如：

这口井有好深_{有多深？}

他的娃儿有好大哒_{他的孩子有多大了？}

你有好高_{你有多高？}

八 程度

在鄂西南地区方言里，表达"程度"的手段不仅用程度副词，还有状态形容词和一些句法格式。我们在本章"词法·重叠"里已经讨论了重叠后的状态形容词词法形式所表示程度的词汇形式和语法意义，一些句法所表示的程度见本章"动补结构·程度补语"。这里只介绍鄂西南地区方言的程度副词。

鄂西南地区方言的程度副词比较多，常见的有：好、太、很、几多、最、更、格外、死、稍微、有点儿。

1. 好

"好"[xau⁵¹]在鄂西南地区方言中有两个词性，一个是形容词，一个是副词，表示程度较高。做副词时功能比较单一，只做状语，以修饰性质形容词为主，还可以修饰部分心理动词，一般不修饰行为动词，带有一点儿夸张的语气，主观色彩比较明显，是鄂西南地区方言中较为常用的一个程度副词。例如：

这个娃儿好乖呀！｜头发好长｜今天街上好多人｜你好苕傻啊｜找哒好半天才找到｜好麻烦｜好讨厌！｜好烦人！｜好逗人喜欢惹人喜爱

另外，表示程度的"好"只用在肯定句中。能用于否定句的都是形容词性的"好"，而且不是表示程度。例如：

这个事情不好搞。

我不好说的，你帮我劝下他。

2. 太

"太"[tʻai³⁵]作为程度副词，表示程度深，在说话人看来程度超过了一定的范围，有点不符合预期的效果，带有主观评价的意味。句法上也只做状语，一般修饰性质形容词和部分心理动词。例如：

水太烫哒，等下再洗。

这件衣服你穿太长哒。

讲半天就那门几句话，太罗嗦哒！

太陡哒，放平一点儿！

恁门高的悬崖，太吓人哒！

你也太小看人哒！

太依赖别个不是好事。

"太"可以用"不"进行否定，有两种形式：一种是"不+太+A/V"，即前否定式。一种是"太+不+A/V"，即后否定式；

（1）前否定式"不+太+A/V"，减弱了否定的程度，一般带有委婉的语气。例如：

这个衣服跟裙子搭配倒起好像不太合适。

你可能还不太晓得他这个人的脾气。

他好像不太听他老汉儿父亲的话。

（2）后否定式"太+不+A/V"，增强了否定的程度，含有较为强烈的感情色彩，主要用于感叹句中。例如：

这个寿司做得也太不地道哒！

这个娃儿太不听话哒！

你们太不懂晓得体谅大人的难处哒!

3. 很

"很"[xən⁵¹]作为程度副词在鄂西南地区方言中使用频率不太高,用法也受限。只出现在两个位置:

一是做程度补语,主要表示不好或不如意的方面。例如:

这个年轻娃儿脾气坏得很。

他固执得很,再哪门说都说不听。

那时候儿日子苦得很。

一是放在"有点儿、有些"前面,构成"很有点儿、很有些"格式,表示程度的加强。例如:

汤很有点儿淡,再放点儿盐。

这个事情很有点儿麻烦。

老王还是很有些办法,比其他的人强多哒。

"很有点儿淡"就是"很淡";"很有些办法"就是"很有办法",但是鄂西南地区方言中没有后者的说法,因为鄂西南地区方言中"很"不能直接做状语,没有"很喜欢｜很好看｜很认真"等的说法,即使偶尔有人说也是因为受到了普通话的影响。

4. 几多

"几多"[tɕi⁵¹tuo⁵⁵]作为程度副词主要是用来修饰形容词和部分心理动词。例如:

他屋里房子几多宽。

外头几多大的雨,出去搞么子?

麦秆儿堆得几多高,像山一样。

几多好的衣服放到洗衣机里一洗就洗坏哒。

门口就是一条河,洗东西几多方便。

你找不到他有几多烦人。不知道他有多烦人。

5. 最

"最"[tsei³⁵]表示程度很高,或者相比较而言是所有对象中程度最高的。"最"与被修饰成分一起构成的偏正结构可以在句中做定语、谓语和主语等成分。例如:

这是我最拿手的一门菜。

你们要做好最坏的打算。

我最喜欢吃糯食。

我们班上,李璐的成绩最稳定。

最顶上放的是一床棉絮。
最好的早都卖完哒。

6. 更

"更"[kən^{35}]表示程度增高，多用于比较，含有原来也有一定程度的意思。可以修饰形容词和动词性短语。例如：

这种颜色更亮一些，好配衣服。
更惊险的情节还在后头部分。
我更喜欢陆川的电影。
你再恁门搞就更说不清楚哒。
他本来就在气头上，你就更不能火上浇油哒。

也可以用在否定句中，构成"更+不+动词/形容词"。例如：

更不容易｜更不对行哒好｜更不听话哒｜她比我姐姐更不爱说话

动词后用"得"引进补语。"更"可以移到补语里去。例如：

看起来小李的准备工作做得更扎实一些。
恁门搞问题就处理得更妥当哒。

7. 格外

"格外"[ke^{22}uai^{35}]表示程度超过一般。可以修饰动词和形容词，一般只用于肯定句。例如：

下达雨过后，天就格外蓝一些。
屋里条件不好，他读书格外使力_{努力}。
儿子要结婚哒，她心情好像格外地好。
小陈对机械类的东西格外感兴趣。

8. 死

"死"[sʅ^{51}]作程度副词主要修饰动词性成分，表示程度高，多用于不满、不如意的语境中，含强烈的贬斥语气，多用于否定句中。例如：

狗子一直叫，死讨嫌！
真的是死要面子活受罪。
两口子一天忙到黑，养的娃儿又死不听话。
这种人死不讲道理，跟他没的么子好说的。

"死"还可以做程度补语，一般和前面的动词构成黏合式的结构。例如：

后悔死哒！｜气死哒！｜把我累死哒｜这个药苦死哒！

如果要构成组合式的述补结构，往往要说成"要死"，这成了一种习惯性的表达方式。例如：

忙得要死｜急得要死｜恨得要死｜累得要死

9. 稍微、有点儿

"稍微"[ʂau⁵⁵uei²²]、"有点儿"[iəu⁵¹tiər⁵¹]这两个副词表示程度轻。例如：

再稍微往上抬一点儿。
三班的情况稍微好一些。
我还真的有点儿不好意思。
路有点儿远，你们最好找个车子。
这两个词还可以连用，程度就更轻一些。例如：
病情只是稍微有点儿好转，还不能大意。
味道稍微有点儿重。

九 介引

鄂西南地区方言的介词有：着，被，把，比，对，在，到，从，自从，往，朝，顺倒，照，按，靠，凭，和，跟，同，用，弄，过，替，除哒，连。其中"着，被，把，比"分别表被动、处置、比较，在后面句法相应的章节中介绍。介词都是从动词演变来的，大部分介词都还保留着动词的功能，兼属动词的介词作为动词时，有的可以重叠，可以带"着、了、过"等后缀；但是作为介词在句子里出现时就没有这些功能了。从语义上看，介词的作用在于引出与动作相关的对象（施事、受事、与事、工具）以及时间、处所等。

1. 在

"在"[tsai³⁵]作为介词有三个功能：

（1）表示动作行为发生的处所，这一点与普通话相同。例如：
在屋里睡瞌睡｜在北京读书｜在外头打工｜在黑板上写字

（2）"在"介引前往的目的地，相当于普通话的"往、到"，例如：
在哪里去到哪里去？——在上海去到上海去。
我在街上买点儿菜去。
在城里姑娘屋里去到城里女儿家去。

（3）放在动词的后面，介引事物到达的处所、位置，相当于普通话的"到"，语音形式弱化为[·te]。例如：
东西掉在桌子地下哒。
杯子跶在地下摔在地上摔破哒。
坐在车子高头去坐到车上去。

2. 到

"到"[tau³⁵]作为介词有三种功能：

（1）由"到"构成的介词结构作动词的补语。

a. 表示动作的趋向或位移的终点。例如：

搬到城里去住。

水放到池子里。

信寄到学校。

b. 介引出动作关涉的范围、对象。例如：

这个事牵扯到好几个部门。

考虑到你的身体情况，最后决定让你暂时在屋里_家里_休息一段时间。

c. 说明动作持续的时间。例如：

去年子那场大旱一直旱到九月间。

他们等到大半夜才回去。

（2）由"到"构成的介词结构做动词的状语，介引出动作的时间，表明动作到这时候为止的状况。例如：

到今年子上半年就基本上定下来哒。

合同到明年子为止。

（3）形成固定格式"从……到……"，表示空间、时间、动作、状态的起讫点。例如：

从福州到北京坐动车都只要几个小时。

她从小到大都没让大人操过心。

从长相、学历到工作、家庭情况都打听得一清二楚。

3. 从、自从

"从[tsʅ³⁵tsʻoŋ²²]、自从[tsʅ³⁵]"两个介词都表示起点。

"从"：

（1）表示空间、时间、状态或系列的起点。例如：

从这里到学校要二十分钟。

从明天开始就要收粮食哒。

从一个小娃儿到一个懂事的姑娘，就好像是一个晚上的事。

从吃饭穿衣到读书找工作，哪样不是他妈操心？

（2）"从"跟"以后"搭配表示时间，可以与"自从"互换。例如：

从/自从毕业以后我们就没联系过。

从/自从你上次说哒他以后他懂事多哒。

（3）表示事物（动作涉及的对象）的来源或由来，常与"上、里"等连用。例如：
　　我各人身上掉下来的肉我还不晓得他么。
　　从书上学来的道理派不上用场。
　　从血管里流出来的都是血。
　　（4）表示动作经由的处所，往往与趋向动词搭配使用。例如：
　　从我大门口走过去都不和我打招呼。
　　车子从洞子里钻出来，"呼"的一下就过去哒。
　　（5）表示动作行为的依据或凭借。例如：
　　从背影子看好像是他老汉儿父亲。
　　我从各人自己的亲身体会来说一下。
　　"自从"：只能用来引出时间的起点，而且这个起点往往以某一事件为准，所以"自从"后面不能只是一个简单的时间词，。例如：
　　自从生哒娃儿以后她就没搞事哒。
　　自从那以后就再也不敢偷懒哒。
　　自从买哒一辆车子，他一家的日子就越来越好过哒。
　　4. 往、朝、顺倒
　　这三个介词主要是引出行为的方向、路径。
　　"往[uaŋ⁵¹]、朝[tʂʻau²²]"都表示移动的方向，两者可以互换：
　　人往/朝高处走，水往/朝低处流。
　　莫往/朝人多的地方去挤。
　　把板子往/朝上头抬一点儿。
　　把东西往/朝我手里一塞，转身就走哒。
　　但是"朝"还可以引出行为的对象，这时不能换成"往"。例如：
　　他朝我使哒个眼色。
　　他朝那些人手招，要他们都过去。
　　"顺倒"[ʂuən³⁵tau⁵¹]表示经过某确定的方向、路径行进，相当于普通话的"沿着"。例如：
　　你顺倒这条大路走就行哒。
　　顺倒河一路找过去。
　　5. 对
　　"对"[tei³⁵]引出行为的对象，可以是人、事。例如：
　　对各人有好处｜对他媳妇儿不好｜对学生很好
　　我对这个事没得意见｜对新东西不感兴趣

6. 和、跟、同

"和[xuo²²]、跟[kən⁵⁵]、同[t'oŋ²²]"也是引出行为的对象，但是与上面的"对"不同。"对"常常是就单方面说，"和、跟、同"就不一定是单方面的，有时候也表示双方面的关系。如"我和/跟/同他说句话"，是单方面的，"我和/跟/同他商量个事"则是双方面的行为。

"和、跟、同"的用法大体相同，主要有：

（1）引出行为的共同参与者，例如：

和/跟/同他们比赛。

老师和/跟/同我们一起去春游。

（2）引出行为的与事，例如：

和/跟/同他们见个面。

和/跟/同你把手续交接一下。

"跟"还有一些特殊的用法，主要是引出行为关涉、承受的对象，相当于普通话的"给"，这时不能与"和、同"换用。例如：

跟你儿添麻烦哒！｜跟爹妈争气。

跟老师认错。｜把事情原委跟我讲清楚。

"跟我"经常连用，形成一个较为固定的搭配，没有什么具体的意义，起到加强语气的作用，相当于普通话的"给我"。例如：

你跟我把话讲清楚！

跟我滚出去！

跟我把屋里搞得乱七八糟的也不收拾一下。

7. 按、照、凭、靠

"按[an³⁵]、照[tʂau³⁵]、凭[p'in²²]、靠[k'au³⁵]"这几个介词都是引出行为的与事，即依照、凭借的对象，但内部还有区别。

"按"：

（1）引出行为、动作所遵循的准则或依据，这时"按"可以换成"照"。例如：

按规定办事。

按老师的意见去做。

（2）引出行为遵从的标准、顺序，这时不能换成"照"。例如：

你们按高矮次序排好队。

按各家的人数来分粮食。

打工的工钱都是按月来发。

"照"：

（1）有"比照"的意思，即甲事如何进行，可以比照乙，因为两者有相似之处。例如：

如果把东西搞丢哒，都要照原来的样子陪。

照葫芦画瓢。

照往常的情况，这个时候儿应该有个结果哒。

（2）形成固定搭配"照……（来）说"，都是先举出所根据的事理或着眼点，再由此作出结论。例如：

照理说，这次再哪门_{再怎么样}都应该轮到我哒。

照你恁门说，那天底下就没得哪个敢去做好事哒。

（3）"照"可以直接放在动词的前面，表示按照某种既定的方式进行，不做改动。例如：

你莫问原因，照做就行哒。

有的干部讲话就是拿起稿子照念。

"凭、靠"：

用来介引行为、动作所依据或所借助的事物、条件或理由，两者基本相同，可以互换。例如：

光凭经验做事有时候会出问题。

他靠各人的努力得到哒这个位子。

有时引出的人物是后面动作的主体，这时，"凭"有"单靠"的意思，前面常出现"就"。例如：

就凭你们几个没得么子经验的年轻娃儿，还想成大事？

就靠他一个人，根本撑不起这个场面。

8. 用、弄、过

"用[ioŋ³⁵]、弄[loŋ³⁵]、过[kuo³⁵]"都是引出工具，三者基本上可以互换，只是"过"的使用频率没有"用、弄"高。例如：

用/弄/过机器压｜用/弄/过漏子_{漏斗}装｜用/弄/过棉花塞｜用/弄/过油炸｜用/弄/过毛笔写｜用/弄/过搓板儿搓

另外"用"还可以是"精神、方法、态度"等抽象的对象，表示手段、方法、方式等，这时不能用"弄、过"替换。例如：

用别的办法可能好一些。

你哪门要用恁门一种口气跟他讲话？

做事不用脑筋就肯定做不好。

9. 替

"替"[tʻi³⁵]用来引出服务对象，相当于普通话的"为"、"给"。例如：

他替你把钱还哒。

莫让你妈老汉儿_{你父母}再替你操心哒。

他替别个做事那都是实心实意_{踏踏实实}地搞。

10. 除哒

"除哒"[tʂʻu²² ·ta]引出被排除的对象，相当于普通话的"除了"。主要有以下几种用法：

（1）从整体中排除一部分，整体论断指适用于保留的部分，不适用于被排除的部分。例如：

除哒有特殊情况的，今天的活动你们都要来。

我们这里除哒冬天，平时到处都是花。

除哒借钱，别的么子都好说。

（2）前后两项是一种递进关系，重点强调后一项。例如：

除哒他本身就聪明之外，主要是他肯舍得下功夫。

除哒叫他赔偿损失之外，还受到哒一个警告处分。

有时候前项是重点，后项其补充、追加是作用。例如：

老王除哒种田，有空的时候儿他还找点别的事做。

他除哒书读得好，乒乓球也打得几多好。

（3）"除哒甲，就是乙"，强调排除第三者。例如：

这里除哒蚊子就是蛇蚤。

这几天么子都没做，除哒吃饭就是睡瞌睡。

要说身体好，除哒老明，就是老张哒。

11. 连

"连"[lien²²]做介词有三种意思：

（1）有"甚至、就是"的意思。常与"也、都"等连用，组成"连……也（都）……"的格式，用以强调程度之深。用"连"引出的事情在说话人看来是不该如此或可以不如此的；这件事尚且如此，其他就更应该如此了。例如：

连老李恁门厉害的人都说他了不得。

连老师都不晓得。

也可以强调和突出动作的对象。例如：

连一点儿印子_{痕迹}都看不出来。

连屋都不归_{连家也不回}。

连一分钱都舍不得用。

（2）表示"包括、连同"的意思。例如：

连家长一起一共有一百多个人来开会。

连吃的用的一共用哒五百多块钱。

(3) 形成固定格式"连 x 带 x",在句中常充当状语,这种格式使用频率很高。例如:

他连走带跑,十多分钟就赶过去哒。

他们连推带拉把两个弄到屋里去哒。

昨天晚上下哒大雨,路不好走,连人带车都掉到河里去哒。

十 关联

鄂西南地区方言中起关联作用的有连词和关联副词。连词有:不管 不光 不过 不然 比如 除非 和 跟 同 还是 或者 既然要 要不 要不然 要是 哪怕 就算 那 宁愿 再说 只要;关联副词有:也 还 又 才。

1. 不管

"不管"[pu^{22}kuaŋ^{51}]表示某种情况或动作、行为的存在、发生,不受任何条件的限制。主要有两种格式:

(1) 后面有疑问词语,如"哪个、么子、哪门"等,这些疑问成分不表示疑问,而表示周遍性。后面常有"都、也"等呼应。例如:

不管是哪个来讲情,我都不得不会答应。

不管哪门都要想办法把钱凑齐。

不管么子,只要能填饱肚子就行哒。

以上"不管"都可以换成"管它"。

(2) "不管"后面跟一个正反式的并列结构,并列结构各项之间可以不用连词,也可以用"还是、和"等连接。例如:

不管他来不来,我们明天都要走。

不管认得到的认不到的他这个人都自来熟。

东西不管是公家的还是私人的都要保管好。

2. 不光

"不光"[pu^{22}kuaŋ^{55}]用在递进关系的前一分句中,跟某些副词、连词连用,表示在肯定已有事实的基础上,进一步肯定另一事实,相当于普通话的"不但、不仅"。例如:

(1) 在语义上后面的更进一层。例如:

现在的东西,不光是数量多,而且质量好。

这个姑娘不光长得好,主要是懂事、能干。

(2) 语义上后者类同前者或者与前者同时存在。例如:

这个师傅弄的饭，不光味道好，颜色也配得好。
她不光把屋里收拾干净，还把换下来的衣服都洗哒。
（3）"不光"后面带名词性成分，表示主体不同，但行为相同。例如：
不光是学生，连家长都舍不得这个老师。
不光是我们这个村儿，整个乡都要出钱出力。
不光是你，连我都没看到过。

3. 不过

"不过"[pu²²kuo³⁵]连接分句或句子。

（1）表示轻微的转折，相当于普通话的"只是"，在充分肯定前面事实的基础上，稍加补充、修正。例如：
质量和样式都好，不过颜色有点儿暗。
他这个人有能力，又聪明，不过性子有点儿急。
我去是可以去，不过你要答应我一件事。

（2）在肯定前面事实的同时，提出与其同样重要的相反的事实，相当于"但是"。例如：
东西是个好东西，不过太贵哒。
这里离城里有点儿远，不过环境好，空气又新鲜。

4. 不然

"不然"[pu²²zan²²]有两种功能：

（1）表示假设的否定，用于引出下文的结论，表示"如果不这样，否则……"。例如：
你答应别个的事就一定要做到，不然就没得哪个相信你哒。
在大雨来以前就要把麦子晒干，不然就长秧秧儿哒（发芽了）。
如果后面有"的话"，假设的意味更加明显。例如：
幸好你把粮食送过来哒，不然的话一家人就要挨饿哒。
你一定要去把这个事情跟他讲清楚，不然的话他会记恨你一辈子。

（2）用来引出可供选择的后项。
去那里方便得很，坐交通车（公交车）二十分钟就到哒，不然就打的去。
逛商城没得意思，不然我们去看场电影算哒。

5. 比如

"比如"[pi⁵¹zu²²]用在下文的开头，引出补充解释的内容，也可以说成"比如说"。

（1）用于举例，"比如"后是具体的例子：
还有好多问题没解决，比如招好多多少学生，分好多个多少班。

每个人都要有些看家本领，比如当老师就要把学生教好。

大城市，比如说北京、上海，生活压力就不是一般的大。

（2）用于举例或打比方，用于补充说明前面的道理。例如：

人的胆子有大有小，比如有的人怕老鼠子，有的人怕蛇，这都跟品行没得关系。

做事情都要把基础打牢实，比如说修屋建房子，基脚挖得不深，屋就不稳当。

6. 除非

"除非"[tʂ'u²²xuei⁵⁵]有两种作用：

（1）表示结果得以产生的唯一条件。用在前一分句，先说条件，后说结果。例如：

除非你把他灌醉，不然根本就套不到他的话。

除非提前一个小时出门，才有把握赶得上火车。

除非你另有打算，不然关键时候儿最好莫跟领导赌气。

（2）引出一个假设的情况，一旦情况出现就会产生异乎寻常的结果。例如：

除非他不开口，一开口就要讲上大半天。

化工厂除非不出事，一出事就不得了。

7. 和、跟、同

"和[xuo²²]跟[kən³⁵]同[t'oŋ²²]"都表示并列的联合关系。如果并列的对象都是人，三者可以互换。例如：

我和/跟/同他是老乡。

干部和/跟/同村民都在忙到收谷子。

"和、跟"还能连接其他的并列成分。例如：

做人和/跟做事，道理都是一样的。

猫的眼睛在白天和/跟晚上是不同的。

现在招聘人员都要看学历和/跟经验。

8. 还是

"还是"[xai²²ʂʅ³⁵]表示选择，可以连接词、短语和分句。可以单用，也可以与"是"搭配使用。例如：

你要白色还是黑色？

去还是不去你早点儿做决定。

是高兴还是不高兴他各人也说不清楚。

他是谦虚呢，还是不懂呢，还是不好意思说呢？

与"不管"搭配使用，用于表示无条件的前一分句。例如：

不管是在国内还是在国外，都要遵守公共道德。

以前不管是在农村还是在城里，生活都不容易。

9. 或者

"或者"[xue²²tʂe⁵¹]用于并列结构中。

（1）表示两种或两种以上的情况同时存在。例如：

根据法律规定的条件，对土地实行征用或者收归国有。

毕业后我们都各奔前程，或者开始工作，后者考研，或者出国。

（2）表示选择，几种情况下必须选择一个。例如：

同意或者不同意都要表态。

你们推选两个或者三个当代表。

10. 既然

"既然"[tɕi³⁵ʐan²²]用在表推论关系的复句中，提出原因，后面的主句推出相应的结果。例如：

既然你同意恁门做，那我就照办。

既然要分家，就应该把所有的东西都算清楚。

11. 要（不）是　要　要不然

这几个连词都表示假设。

"要是[iau³⁵ʂʅ³⁵]、要[iau³⁵]"：相当于"如果、假设"。例如：

明天要是不下雨，就开运动会，要是下雨就继续上课。

要是碰到熟人就麻烦哒。

上面的"要是"都可以换成"要"，但是"要"只能放在主语后面，不能放在主语前面。例如：

你要不答应，我绝对不去。

你要不许就都不许，不能偏心。

"要不[iau³⁵pu²²]、要不是[iau³⁵pu²²ʂʅ³⁵]"："如果不是"的意思，是对事物的条件提出假设性否定。例如：

要不经常浇水，两亩地早就干死哒。

要不是他帮忙，这个事明天还搞不完。

"要不然[iau³⁵pu²²ʐan²²]"：表示一种假设，只是用于结果。例如：

幸亏走得及时，要不然就要淋一场大雨。

好在话都说明白哒，要不然他们心里都有疙瘩。

12. 哪怕、就算

"哪怕[la⁵¹pʻa³⁵]、就算[tɕiəu³⁵san³⁵]"都表示表示假设或者让步，两种基本上可以互换。

（1）"哪怕/就算"后面跟假设的、可以实现的事：

哪怕/就算是打雷下雨，也要把剩下的事搞完。

用东西要爱惜，哪怕/就算是铁打的，也经不住你恁门瞎搞。

他基础太差哒，哪怕/就算再哪门怎么使力，也不一定考得上大学。

（2）表示让步。"哪怕/就算"举出实有情况，表明在这样的情况下，结果跟一般情况相同，例如：

哪怕/就算屋里家里再困难，也都要想办法让娃儿孩子读书。

她养成哒这个习惯，哪怕/就算是大晴天，出门都要带把伞。

13. 那

"那"[la³⁵]主要起承接作用。

（1）承接上文假设的事实或理由，引出下文的结果或推断。例如：

要是他来不成，那就只好再另外喊一个人来帮忙。

你恁门不听劝，那到时候儿你就莫后悔。

要是再接连下几天雨，那谷子就要长霉哒。

（2）在承接上文时，有明显的指代作用，并表示强调的语气，例如：

他跟别个打架的事情你晓不晓得？

——那哪门不晓得，闹得不可开交，街上哪个都晓得。

要说去年子到底收哒好多钱，那我真的还不大清楚，我又不管账。

14. 宁愿、情愿

"宁愿[lin²²yɐn³⁵]、情愿[tɕʻin²²yɐn³⁵]"用于选择，表示在比较权衡两件事情以后，选取相对较好的一件。这种事情总是假设的，并常含有夸张的意味，以衬托出对更不愿意另一事情发生。

我情愿/宁愿打针，也不愿意吃药。

他情愿/宁愿在别的地方节省点儿，也要想办法把老师的工资发下去。

有些年轻娃儿年轻人情愿/宁愿一个人在外头闯荡，也不想回老家过安逸清闲的日子。

15. 再说

"再说"[tsai³⁵ʂuo²²]表示在已有的理由之外，再追加一层理由。例如：

北京那门大，再说你又不晓得他到底住到哪里，你哪门找得到他。

你一个姑娘娃儿女孩子，再说又从来没出过远门，你妈老汉儿父母肯定不放心。

这几年收成不好,再说娃儿_{孩子}上学等到用钱,没得办法他只好出去打工。
16. 只要

"只要"[tʂʅ²²iau³⁵]表示产生某种结果的条件,一般情况下是指充分条件,有这个条件就会有相应的结果,多放在前面。例如:

现在形势恁门好,只要你肯搞,没得赚不到钱的。

只要你们几个愿意就行哒,我没得意见。

有时候也可以放在后面表示一种补充性的条件。例如:

你要跟他们去玩也可以,只要到时候把作业做完就行哒。

这里么子都买得到,只要你有钱。

17. 才、还、也、又

这几个副词都有多种语义和功能,起关联作用的时候是关联副词。

才:"才"[ts'ai²²]作为关联副词,表示只有在某种条件下,或由于某种原因、目的,然后怎么样。用于后一小句,前一小句常有"要、只有、除非"等配合。例如:

你要多练,才掌握得到窍门儿。

就是因为他们几个都搞不好,才请你儿_您去帮忙。

除非他开的价格比别个都高,才拿得到这个项目。

还:"还"[xai²²]作关联副词有三种用法:

①常与"就"连用,强调后一行为、动作、情况出现得早、快。前一分句多用否定形式,即构成"还没(不到)……就……"的格式。例如:

还不到五点,他就起来哒。

我话还没说完,他就说"晓得哒"。

小李回来还没到一年,就把屋里的加工厂搞得大变样哒。

②表示补充或递进,前面常有"不光、除哒"等与其配合使用。例如:

做事情不光是靠力气,还要动脑筋。

老师不光问哒他屋里_{家里}的情况,还叫同学帮他补课。

村里的干部除哒逢年过节去敬老院看那些老年人,平时有空还去帮忙挑水做事。

③与"比"连用,构成"比……还……"的格式,表示某两事物或两种行为互相比对,说明被比事物或行为的性状、程度的增强。例如:

这次比赛结果比我们预想的还要好。

这趟生意赚的钱比去年子一年的还多。

也:"也"[ie⁵¹]作关联副词主要是用在主从关系的复句里起承接作用,表示条件、原因、目的、假设等关系。可以单用,也可以和其他关联词配合使用。例如：

事情的性质不一样，解决的办法当然也不同。

只要你各人_自己_愿意，那我们也没得么子好说的。

你就是再没得钱，也不应该去偷嘛！

要是前头他有思想准备的话，这个事对他的打击也不得恁门大。

又："又"[iəu³⁵]作关联副词主要有两种功能：

①用在后一分句，表示追加、补充。例如：

屋里_家里_本来就穷，又好吃懒做，你说哪门_怎么_搞得好？

除哒各人屋里的一家人，又喊哒个人熟人来帮忙，一下午就把麦子割完哒。

②构成"又……又……"的格式，表示两种或两种以上的动作、性质、状态等同时存在。例如：

听到他说的这些话，我们又好气又好笑。

小李今天在台上表现得又自信又稳重。

动车坐倒起又平又稳，保证你不得_不会_晕车。

十一 体貌

鄂西南地区方言里的体貌有起始、进行、持续、经历、完成、尝试等，它们主要是借用助词来表示，我们将这些助词称为动态助词，共有六个，包括哒、倒起、起、倒、过、看看儿。下面分别介绍。

1. 哒

鄂西南地区方言中助词"哒"[·ta]相当于普通话的"了"。"了"有两个，"了₁"用在动词后，主要表示动作的完成；如果动词有宾语，"了₁"用在宾语的前面；"了₂"用在句末，主要肯定事态出现了变化或即将出现变化，有成句的作用，如果动词有宾语，"了₂"用在宾语的后面。相应地，鄂西南地区方言中的"哒"也一分为二，"哒₁"对应"了₁"，"哒₂"对应"了₂"。

（1）哒₁

a. 表示动作完成。例如：

我上哒一趟街。

一起_一共_买哒三斤肉。

收哒三千斤谷子。

一个月就长哒三斤。

如果带有时量宾语，则表示动作从开始到结束的时间。例如：

睡哒半天才起来。
她一共才读哒三年书。
这本书我看哒半个月才看完。

b. 用在连动句或紧缩复句中，表示前一动作完成后接连发生另一动作，或者前一种情况是后一种情况出现的假设条件。例如：

邀哒小王一路_{一块儿}去。
洗哒澡换件衣服再走人家_{走亲戚}。
你把作业做完哒我就带你去玩。
东西坏哒就要换，不然要出麻烦。
等你赚到钱哒再还倒_{还给}我。

或者表示前一动作经历了一段时间之后才开始后一动作或形成某一状态。例如：

等暑假放完哒她才得回来。
太阳大，衣服晾哒半天就干哒。

c. 用于存在句中，表示以某种存在、出现或消失，后面可以接行为的施事。例如：

外头围哒一大群人，找不到他们在搞么子_{不知道他们在干嘛}。
街上来哒一些耍把戏的。

后面也可以接受事，例如：

他搞丢哒一把伞
屋周围栽哒一些万年青。

d. 表示一种状态的持续，相当于"着"。例如：

场坝里晒哒好多苞谷。
他今天穿哒一身新衣服。
墙上挂哒一副对联。

（2）哒 $_2$

放在句末，表示出现新的变化或者产生新的结果。例如：

下雪哒。
苹果烂哒。
再过两天你就可以出院哒。
手续办下来哒，明天就可以开张哒。

也可以用在否定句中，例如：

雨没下哒，我们走嘛。
他不来哒。

（3）哒₁、哒₂连用

a. 动+哒₁+宾+哒₂

既表示动作已经完成，又表示事态有了变化。例如：

我已经跟他回哒信哒。

他已经吃哒饭哒。

有时候这个动作也可能会继续下去。例如：

这个电影我看哒两遍哒，真的好看。

雨下哒三天哒。

b. 动+哒₁₊₂

如果动词后不带宾语，句末的"哒"有可能是哒₁和哒₂的合并，表示动作完成并且事态已有改变。例如：

他已经走哒，你赶快跟他屋里（家里）打个电话。

这本书已经借出去哒。

鞋子才穿半年就磨破哒。

c. 形容词+哒₁₊₂

形容词后面的"哒"，多数表示一种变化已经完成，出现新的情况，应该是"哒₁₊₂"。例如：

人年纪大哒，身体也没的以前好哒。

这个地方比以前热闹多哒。

2. 倒起　起　倒

鄂西南地区方言中的动态助词"倒起[tau⁵¹·tɕ‘i]、起[·tɕ‘i]、倒[tau⁵¹]"在很多情况下与普通话的"着"相当，但是又有一些不同。其中"倒起"的使用频率最高，其次是"起"，"倒"用得比较少。下面的分析以"倒起"为主，同时将其与普通话的"着"进行比较。

"倒起"

（1）表示行为、性状造成的状态正在持续。例如：

肚子里还怀倒起的，下个月就要生哒。

他还在屋里睡倒起的。

大门锁倒起的。

灯还亮倒起的，没看到人。

脑壳耷倒起，背节（背）驼倒起，一点儿精神都没得。

饭在锅里热倒起的。

梯子恁门斜倒起怕是不稳当。

上面的例子中"倒起"与普通话的"着"相当，但是又有所不同。主要表现在两个方面：

　　a. 普通话中"动+着"有足句的功能，如"大门锁着｜灯亮着｜饭在锅里热着"，而鄂西南地区方言中后面必须带上语气词"的"才能足句，如上面的例子。

　　b. 鄂西南地区方言中表示状态的持续时主语一定要求是呈现某种状态的主体，而普通话中这类句子其主语除了可以是呈现某种状态的主体外，还可以是处所词或者其他成分，例如：

院子里栽着几棵葡萄树。

手里拿着一本书。

他驼着背、低着头。

这些例子中"着"在鄂西南地区方言中都不能用"倒起"来表示。若要换成鄂西南地区方言只能说成：

院子里栽哒几棵葡萄树。

手里拿哒一本书。

他背节驼倒起，脑壳低倒起。

（2）用于祈使句，要求保持某种状态。例如：

你好神点儿听倒起_{认真听着}！

坐倒起莫乱动！

去拿块布来蒙倒起。

中间可以插入"跟我"等字眼儿，祈使的语气就更加明显。例如：

你跟我记倒起，我们两个的事情还没完！

跟我关倒起，关他两天看他老不老实！

如果涉及到行为的对象，则更多的是用"把"字句的形式。例如：

把衣服（跟我）穿倒起！

把东西（跟我）收倒起！

把窗子关倒起！

跟我把门守倒起，哪个都不准跑！

（3）用在连动式的第一个成分，表示方式、伴随、情态等。例如：

趴倒起睡｜站倒起吃｜提倒起走

闻倒起好香｜想倒起心里就不好过｜听倒起就怕人_{害怕}

歪倒起_{赖着}不肯走｜忙倒起去收苞谷｜拉倒起不松手

上面的（2）（3）中"倒起"基本上与"着"相当。

（4）鄂西南地区方言中的"倒起"不能用于表示动作行为的正在进行，

这是它与普通话的"着"最大的不同。例如：

敲着锣，打着鼓。

他们大声唱着歌。

一个人在屋里看着书，听着音乐。

外面正下着雨。

上面例子中的"着"都不能说成鄂西南地区方言的"倒起"。鄂西南地区方言表示"正在进行"是用词汇形式如"在、正在"来表达，而不借用助词。上面的例子换成鄂西南地区方言如下：

（外头）正在/在敲锣打鼓。

他们正在/在大声唱歌儿。

一个人在屋里看书听歌儿。

外头在下雨。

"起"

（1）"起"加在谓词之后，表示一种持续或变化过程。

用在动词之后，表示动作的持续，也可以表示动作完成后形成的某种状态在持续。例如：

这些人都在门口站起，不晓得在搞么子。

眼镜儿你明明戴起的，还到处找！

下雨哒，衣服还在外头晾起的。

书就在桌子上摆起的，你一进去就看得倒。

用在形容词的后面，表示形容词呈现的状态持续着或正变得具有该性状。例如：

他黑起个脸，一句话也不讲。

晚上喝哒酒，这时候儿脸还红起的。

放倒水里冷起的，一哈儿（一会儿）就可以喝哒。

可以构成"N一V/A起"格式，表示某人的行为呈现出某种状态，一般来说只有说话人对此人呈现出这种状态表示不高兴或不满意时才用这种格式。例如：

鞋子一趿起，衣服一垮起，像个么子样子！

嘴巴一歪起，眼睛一斜起，一副看不起人的德性。

部分"N一V起"格式可以变换成"V起（一）个N"的格式，语义不变。例如：

鞋子一趿起→趿起个鞋子

脸一垮起→垮起（一）个脸

嘴巴一喳起→ 喳起个嘴巴_{嘴巴张着}
（2）用在连动式的第一个成分后，可以表示两种语义。
一是表示两个动作前后相继。例如：
他披起衣服就赶忙出去哒。
那个强盗抓起他旁边那个人的包包儿就跑哒。
莫讲哒，听起好吓人_{听着好吓人。}
二是表示后一动作的方式或伴随状态。例如：
东西还在滴水，你提起走。
位子不够，我们挤起坐。
他在楼底下扯起喉咙喊。
他气着哒，一路诀起走_{他很生气，边走边骂。}
这类连动式还可以充当主语。例如：
站起吃容易得胃病。
趴起睡对身体不好。
（3）后一动作由趋向动词承担，前一动词表示方式，相当于普通话的"着"。当趋向动词是单音节的"来、去"时，连接前后动词的"起"必不可少，如果是双音节的复合趋向动词如"过来、出来、回去"等，则"起"是可以省略的，但以不省略为常。例如：
等哒一个小时都没得车子，我们是走起来的。
几个娃儿上学一路玩起去，到学校就迟到哒。
他脚杆骨折哒，只好抬起去。
石头太大哒，搬不动，我们慢慢儿把它摩（起）过去一点儿一点儿地往前挪。
用个滑轮儿把板子吊（起）上去。
（4）"起"与"倒起"的比较
"起"的第一种用法跟"倒起"很相似，上面用"倒起"的地方很多都可以换用"起"，基本意思没有什么改变，但还是略有不同。
a. 表示状态持续时，用"倒起"时状态的主体必须在动词的前面做主语，用"起"则没有这个限制，但是必须带上"个"。比较：

脸垮倒起/起　　　垮起个脸_{马起个脸}　　　*垮倒起脸
脑壳□tṣua²² 倒起/起　□tṣua²² 起个脑壳_{低着头}　*□tṣua²² 倒起脑壳
嘴巴喳倒起/起　　喳起个嘴巴_{嘴巴张着}　　*喳倒起嘴巴

b. 用于祈使句时，用"起"比用"倒起"简洁有力，语气更强硬一些，有不容置疑的意味。例如：

你坐起!

你儿_您坐倒起就行哒。

前者含有命令的口气，一般用叹号，而后者基本上是一种建议性的话语。也就是说当用于上对下、强对弱、长辈对晚辈的命令、指示等祈使句中，"起"比"倒起"更强硬，但用于下对上、晚辈对长辈或平辈之间一种建设性的话语就不能用"起"，只能用"倒起"，否则就显得很不礼貌。

c. 用在连动式中，如果表示前后相继的两个动作，用"起"还是"倒起"有时受音节的制约：如果连动式的后部分较短，则多用"起"，如果后一部分较长，则多用"倒起"，主要是起到前后平衡的作用。比较：

披起衣服就走哒。　　　　　　　*披倒起衣服就走哒。

抓起包就跑哒。　　　　　　　　*抓倒起包就跑哒。

想倒起心里就不好过。　　　　　*想起心里就不好过。

听倒起就觉得有些怕人_{害怕}。　　*听起就觉得有些怕人_{害怕}。

如果第一个成分表示后一动作的方式或伴随状态，则只能用"起"而不能用"倒起"。例如：

我们找不倒路，一路上问起来的。

几个娃儿上学一路玩起去，到学校就迟到哒。

他气着哒，一路诀起走_{他很生气，边走边骂}。

螃蟹就是横起跑的。

恁门近，我们走起回去就行哒。

石头太大哒，搬不动，我们慢慢儿把它磨起过去_{一点儿一点儿地往前挪}。

d. "起"与"倒起"最大的不同在于"起"可以连接中心语和补语（主要是趋向补语），而"倒起"不行。例如：

请客的东西都买起来哒_{买来了}。

下午放学的时候把作业都交起来_{交来}。

又不关你的事，你跑起去搞么子_{你跑去做什么？}

一大早老张就把小李喊起去哒_{喊走了}。

材料我已经送起走哒_{送走了}。

在交通车上我的钱着扒佬二偷起跑哒_{在公交车上我的钱包被小偷偷走了}。

把箱子提（起）回去_{提回去}。

把老师请（起）进来_{请进来}。

如果后面的补语是单音节的，则"起"不能省略，如上面的前六例；如果补语是双音节的，则"起"可以省略，如上面的最后两例。

"倒"

(1)"倒"的用法

加在动词之后,表示动作正在进行,有时表示某种状态。例如:

肚子里还怀倒的,下个月就要生哒。

他还在屋里睡倒的。

快点儿!车子在外头等倒的。

大门锁倒的。

加在形容词的后面,表示形容词呈现的状态持续着。例如:

饭在锅里热倒起的。

梯子恁门斜倒怕是不稳当。

灯是亮倒的,没看到人在屋里。

用在连动结构中前一个动词之后,表示后一动作的方式或状态。例如:

睡倒看书对眼睛不好。

靠倒墙旮旯儿放起。

床不够,我们三个挤倒睡。

娃儿在外头受哒气,一路哭倒回来。

部分"V 倒"可以构成重叠式"V 倒 V 倒",仍然表示后一动作的方式。例如:

凳子挨倒挨倒摆。

她哭倒哭倒讲边哭边讲,伤心得伤心。

刚开始拿不准,慎倒慎倒搞,慢慢儿慢慢儿就会哒小心试着做,慢慢儿就会了。

"V 倒 V 倒"也可表示动作进行中出现了新的情况,相对于普通话"V 着 V 着就……"。例如:

街上人多,我们几个走倒走倒就走散哒。

几个脾气都燥,讲倒讲倒就闹起来哒。

要说明的是这里的"V 倒"用法必须采用重叠形式,否则句子不成立。上面的两个例子不能说成"我们几个走倒就走散哒""讲倒就闹起来哒"。

(2)"倒"与"起"的异同

作为动态助词的"倒"和"起"总起来说,大致相当于北京话的"着"[•tʂə]。两者有很多相似之处,例如,都可以用在动词之后表示动作的持续,或动作形成的状态持续,能放在形容词之后表示某种性状;带"倒"或"起"的动词、形容词都可以在连动式中表示动作的方式和状态;带"倒"或"起"的动词、形容词基本上都是单音节的,双音节的很少见。但是两者还有一些不同之处。在具体的用法上,两者之间也有明显的分工。

a."倒"着重表示正在进行的行为动作,"起"着重表示动作完成后呈现出的状态。因此,在鄂西南地区方言里,凡存现句只能用"起",而不能用"倒"。例如:

桌子都摆起哒,吃哒再走吵!　　*桌子都摆倒哒,吃哒再走吵!
衣服在柜子里挂起的。　　　　　*衣服在柜子里挂倒的。

"N－V/A起"格式表示人的肢体或表情等行为所呈现出某种状态,不能换成"倒",当然也没有相应的变换式。比较:

脸一马起　　*脸一马倒　　马起个脸　　*马倒个脸
肩膀一怂起　*肩膀一怂倒　怂起个肩膀　*怂倒个肩膀
二郎腿一翘起　*二郎腿一翘倒　翘起个二郎腿　*翘倒个二郎腿

b. 祈使句中,如果句中不出现受事成分,动词带"倒"和"起"均可,但是如果带有受事,则只能带"起"。受事在句法上可以做主语,也可以用做"把"的宾语。例如:

你坐起/倒!　　　　　　　你们都好神点儿听起/倒!
衣服拿到外头去晾起!　　　*衣服拿到外头去晾倒!
去拿块布把箱子盖起。　　　*去拿块布把箱子盖倒。

c. 用在连动结构中时两者的用法差异比较大。

如果第一个动词不带宾语,表示后一个动作的方式,则用"倒"和"起"均可,例如:"趴起/倒睡｜站起/倒吃｜提起/倒走"。其他方面存在一定差异:

如果第一动词带宾语,一般来说只能用"倒",不能用"起"。比较:

顺倒这条路走就行哒。　　*顺起这条路走就行哒。
一天都围倒娃儿_{孩子}转。　　*一天都围起娃儿转。

如果连动结构是表示两个动作的前后相继,则第一个动词后只能用"起",不能用"倒"。例如:

披起衣服就走哒。　　　　*披倒衣服就走哒。
抓起包包儿就跑哒。　　　*抓倒包包儿就跑哒。

如果连动结构中后一个是趋向动词,则第一个动词后就只能用"起",不能用"倒"。例如:

不远,走起回去就行哒。　　　*不远,走倒回去就行哒。
我们找不倒路,一路上问起来的。 *我们找不倒路,一路上问倒来的。

d. 部分表方式带"倒"动词的可以重叠,带"起"的不能重叠。例如:

我们挤倒挤倒坐。　　　　*我们挤起挤起坐。
她数倒数倒哭_{边数落边哭}。　　*她数起数起哭。

部分表示出现新情况带"倒"动词的必须重叠，带"起"的则不能重叠。例如：

娃儿哭倒哭倒就睡着哒。　　*娃儿哭起哭起就睡着哒。
她说倒说倒就哭起来哒。　　*她说起说起就哭起来哒。

3. "过"

"过"[kuo³⁵]用在动词后面表示曾经发生某事或曾经经历某事，与普通话的"过"相近。例如：

我搞过串联，去过北京，还下过乡。
这种衣服八十年代的时候儿都穿过。
这号的事情我想都没想过。
前几天他还跟我提起过这个事。

但是与普通话的"过"还有些不同，普通话中的"过"还能表动作的完成，鄂西南地区方言就没有这种用法。例如：

吃过饭再去。
等我问过他了再告诉你。
我们赶到那里时，第一场戏已经演过哒。

上述普通话的例子用鄂西南地区方言说就是：

吃哒饭再去。
等我问哒他再跟你讲。
我们赶到那里的时候儿，第一场戏都演完哒。

另外普通话中还可以用"形容词+过"的形式表示性质或状态成为过去，如：

他快乐过，也痛苦过。
讨论从来没有这么热烈过。

鄂西南地区方言则没有这种用法。

4. 看看儿

动态助词"**看看儿**"[kʻan³⁵·kʻər]表示试着做某事；尝试。

（1）放在"动+下"后面。

鄂西南地区方言中表示不用动词重叠来"短时少量"的语法意义，而是在动词后面带"下·xa"。例如：

你各人想下看看儿。你自己想想看。
我试下看看儿咸不咸。我试一下看咸不咸。
到处找下看看儿。

（2）"动词+动量宾语+看看儿"。

他没听倒，你再喊两声看看儿。
让他学一段时间看看儿，实在不行就算哒。

十二　语气

鄂西南地区方言中用于表达语气的手段主要是语气词，主要有啊、么、嘛、吵、哒、的、哦、呢；除此之外还可以借用语气助词"的话、着"来表示。

1. 啊

语气词"啊"[·a]是一个零声母音节，其读音往往会受到前面一个音节的影响，出现各种音变形式，除了本音"[·a]"之外，还可以读成"[·la]、[·ia]、[·ua]"等变体，例如：

你儿现在哪门个_{您现在怎么样}?

——还好啊。（·ua）

——还可以啊。（·ia）

——你各人啊_{你自己呢}?（·la）

——也还行啊。（·la）

为统一起见，下面一律写作"啊"。

（1）用在句末

①用在陈述句句末，表示解释、提醒或申明。例如：

到时候儿你真的要来啊。

我就在屋里_{家里}啊，这几天哪里都没去。

我刚才还看到哒的啊，哪门转眼就不在哒？

②用在疑问句末尾

a. 用于测度性的是非问句，带有一定的倾向性，询问的目的是向对方求证。例如：

你明天去上海啊？

你不会唱歌儿啊？

他不去啊？

b. 用于特指问句，有缓和语气的作用。例如：

他几时来啊？

我们在哪里等你啊？

找他有么子事啊？

c. 用于选择问句，最常见的格式是："是A啊还是B（啊）？"

是别个跟你把的啊还是你找别个要的（啊）_{是别人给你的还是你找别人要的}?

是明天走啊还是后天走（啊）？

需要说明的是，除了是非问句外，其他的问句形式中的语气词"啊"都不是必须的，去掉以后不影响基本意思的表达，只是用了以后语气显得更加和缓、亲切，容易让人接受。

③用在祈使句的末尾，表示一种劝告、提醒。例如：

你再莫恁门搞哒啊。

你一个人在外头，么子事各人都要注意点儿啊_{什么事情自己都要注意点儿}。

你们姊妹两个要互相照顾啊。

④用在感叹句的末尾，表示喜悦、赞叹、惊讶等感情色彩。例如：

这个娃儿读书好行啊_{这个孩子读书真厉害}！

将才好险啊！差点儿就撞倒前头的那个车子哒。

他屋里_{家里}儿子才争气啊，考取北京大学哒。

还用在呼告语中：

天啊！

我的妈啊！

你叫我哪门搞啊_{你叫我怎么办啊}！

（2）用在句中。

①用在分句中间，引起注意或使语气缓和。例如：

我是恁门想的啊，你先出一半的钱，等搞完哒再一起来清账。

你注意听倒起啊，他这个人讲话从来都只讲一遍。

这个姑娘娃儿啊，以后是做大事情的。

②用在并列关系的短语中间，表示列举。例如：

猪子啊、鸡子啊、狗子啊，都在场坝里到处乱跑。

陪嫁的那些东西，么子家具啊、铺盖_{被子}啊，二十几个人才抬完。

街上人多得多_{很多}，都是些背背篓的啊、挑箩筐的啊，挤死哒。

一天就是洗啊、抹啊，把屋里收拾得几多干净。

（3）用在固定格式中。

构成"X+啊+X 地"。X 是动词，该结构在句中做状语，表示以某种方式或伴随状态做某事。例如：

在锅里翻啊翻地炒_{在锅里翻来覆去地炒}。

数啊数地哭_{边说边哭}。

扯啊扯地疼_{一阵阵地扯着疼}。

猪子哼啊哼地吃_{猪边哼边吃（指吃得带劲儿）}。

2. 么

"么"[·mo]作为语气词有两种用法。

(1) 用于疑问句

①用于是非问句句末

a. 用于单纯的询问，需要对方做出肯定或否定的回答，相当于普通话的"吗"。例如：

恁门早就回来哒，下午没得事么？

这几天都没看到你，出门去哒么？

他同意把那个事让倒你搞_{让给你做}么？

b. 问话人心理本有一定的倾向性，想通过询问来求证或表示出乎意外，句中往往有"真的"配合使用。例如：

他真的不来么？

你一个人真的没得问题么？

你连乒乓球都不会打么？

到这个时候儿还么子消息都没得么？

前面两个例子是想确证"他不来"和"你一个人没有问题"；后面两个例子暗示在问话人看来对方是应该会打乒乓球的，不会打是出乎意外；或者这个时候应该有消息了，没有消息让问话人觉得意外。

c. 用于回声问

别人提出问题后，听话人提出疑问要求对方加以证实。回声问可以回问问题的全部，也可以回问部分。例如：

这是到哪里哒？

——到哪里哒么？好像是到巴东哒。

明天你们打算去哪里玩？

——去哪里么？就是还没商量好呢。

②"么"[·mo]用于反问句句末。大多含有责备、质问、辩白等意味。

a. 肯定形式表达否定的意思，例如：

你这是真的在替他说话么？

他是凭各人的本事找到这个工作的么？

我恁门辛苦外头去赚钱是为哒各人吃好的喝好的么？

b. 否定形式表达肯定的意思，例如：

你还不晓得他这个人么？

你恁门说那不是叫他对我有意见么？

也该享下福哒，你这辈子还没做够么？

(2) 用在句中，以引出话题，后面一般有停顿，例如：

他么，做事是一把好手，就是性子有点儿急。

这个事情么，我再和他们商量下再说。

这些小东西么，以后再慢慢儿添，先把家具买哒着。

3. 嘛

"嘛"[·ma]作为语气词主要有三种用法。

（1）加强肯定的语气，确认事实就是如此，或道理显而易见。例如：

我说来不及嘛，他硬是不相信_{偏不相信}。

事情不是明摆倒起的嘛。

这本来就是我的屋_家嘛，过年再哪门_{再怎样}也要回来嘛。

（2）表示同意、请求、建议等，用于舒缓语气。例如：

要得嘛，我明天就去。

好嘛，那就恁门个_{行啊，那就这样吧}。

看在老乡的面子上，你就帮他一次嘛。

他跟你关系恁门好，你去跟他说下嘛

你在这里等下儿嘛，我去喊他。

你们先把材料拿过来嘛，等正式文件下来哒再说。

（3）用于引出话题。例如：

姑娘娃儿_{女孩子}嘛，有时候儿胆子是小一些。

去嘛，又要送礼；不去嘛，又不好意思，真的是麻烦得很。

工资嘛，他各人用都不够，哪里还有存的。

4. 唦

"唦"[·ʂa]的基本作用有三个：

（1）确认、肯定事实，主要用来承接上文。例如：

今天哪门这时候儿还没出门呢？

——就是搞迟哒唦。

听他们说你今年子就要退休哒？

——是的嘛，年龄到哒唦。

（2）用在第一个分句的末尾，没有什么实际的意义，只是提请对方注意。例如：

我跟你说唦，老王住院哒，我们一起去看他，要不要得？

你听我说唦，昨天的事老李真的不晓得。

（3）用在句末，表示一种建议、劝告，有舒缓语气的作用。例如：

你没的事来我屋_{家里}玩唦。

这些东西都没得用哒，甩哒它唦扔了算了。

好不容易过两天清净日子，你们两个再莫闹哒唦。

5. 的

"的"[·ti]作为语气词放在句末（或分句末）有三种用法：

（1）加强肯定的语气。例如：
我跟他说好哒的。
你莫得急，他是要来的。
我问哒老张的，他说明天回来。
我这几天黄里稀昏_稀里糊涂_的。
天气闷热得很，身上巴嘎黏嘎_黏黏糊糊_的。
把屋里搞得乱七八糟的，也不收拾下。
走路不看倒起，一跟头跌得鼻青脸肿的。
但是如果是 ABB 式状态形容词做谓语或补语，这时语气词不能单用"的"，要用"里的"。例如：
这里的水清亮亮里的_水很清澈_。
汤热噜噜里的，几多好喝_很好喝_。
这个鱼滑溜溜里的。
一个热天_夏天_都在外头跑，晒得黑黢黢里的。
衣服洗得干净净儿里的。
（2）表示已然。例如：
你是坐么子车子去的？
——我各人_自己_骑车子去的。
姐姐几时回来的？
——我昨天下午回来的。
（3）用在特指疑问句的末尾，表示询问。例如：
这是哪门_怎么_搞的？
你几时把书借到_借给_他的？
东西是在哪里找到的？

6. 哒

"哒"[·ta]作为语气词相当于普通话中的"了$_3$"。
（1）用在陈述句的末尾，表示将然或已然。
主要是放在谓词性成分的后面，例如：
好哒，你们都坐下来，准备开会哒。
不行哒，再喝就要醉哒。
领导同意我去学习哒。
也可以放在数量词的后面，例如：
你都十六岁哒，也该懂事哒。
都两个娃儿哒，再生就要罚款哒！

（2）用在陈述句的末尾，表示一种变化。例如：

天气恁门热，桃子都烂哒。

年纪大哒，牙齿也松哒，头发也白哒。

他现在也学会玩电脑、用微信哒。

（3）用在感叹句的末尾，表示对事实的认可，带有喜悦、惊叹等感情色彩，前面常带有"太"等程度副词。

九寨沟太好玩哒，你们真的要去玩一下。

那个路太陡哒，车子根本开不上去。

前头就是悬崖，太吓人哒，我不敢过去。

7. 哦

"哦"[·uo]表示感叹的语气词，一般用在感叹句中。例如：

要恁门大笔钱，我一下在哪里去找哦！

这个事情都搞不好，你有么子用哦！

"哦"有时也会受前面音节的影响发生音变，有时可以写成"啰、哟"。例如：

今天十五，街上好多人啰！

外头的雨好大哟！

有时候也用在建议、催促等语气中，后面往往还有别的内容。

快点儿啰，别个等倒起（别人等着的）！

早点儿睡啰，莫讲哒。

你把借的东西还哒他啰，等别个来要就没得意思哒。

8. 呢

语气词"呢"[·le]有三种用法：

（1）用在比较性的问句中，即前面陈述了一种或几种情况，接着询问别的怎么样，相当于普通话的"NP呢"，例如：

李华考哒九十分，王霞考哒九十二分，你呢？

他们都走哒，你哪门搞（怎么办）呢？

当然如果双方有共同的交际背景，也可以直接提问。例如：

老王，上次我跟你说的事情呢？

（2）用在条件复句的前一分句句末，后一分句表示相应的结果。例如：

他要是把钱还倒你哒呢，你就把借条把倒他（给他）。

你要是考上哒一个好大学呢，我们就去外头玩一趟。

（3）用在话题之后，引起听话人的注意。例如：

他这个人呢，本事是大，脾气也不小。

你呢，先把昨天没搞完的事搞完，再到别的组去。
写作文呢，光注意形式还不行，要有真情实感。
（4）用于一些词语后，有舒缓语气的作用。例如：
后来呢，他就一个人走哒。
好呢，我就把东西收倒那个洞子里藏在洞里。
照理说呢，我不应该多嘴。

9. 的话

"的话"[·ti·xua]用在假设小句末尾一个语气助词，表示假设语气。
（1）跟连词"要是、要"等合用。例如：
要是明天下雨的话，活动就改在屋里搞在室内进行。
要来的话，就先打个电话来。
电费再收不上去的话，电力公司就要停电哒。
（2）承接上文，直接用在表示相反条件的连词"不然、要不然"等的后面，构成一个假设小句。例如：
最好是你去，不然的话那些人又要有意见。
这个事情一定要调查清楚，要不然的话不好跟当事人家属交代。

10. 着

"着"[·tʂuo]作为语气助词用在句末，是说话人主观意志的表达，有两种用法：
（1）表示一种对行为的打算、安排，相当于"等到……时候再……"一般用在问答式的对话当中。例如：
你哪时候儿什么时候回去？——放假着。
上街去不去？——今天不行，明天着。
房贷存哒没得？——还没有，等发工资哒着。
快点儿！他们都走哒。——莫急嘛，等我把东西收好哒着。
（2）就他人的要求提出条件或就某现状提出建议。例如：
我晚上要和同学去看电影——你先把作业做完哒着。
再跟我借三百块钱行不行？——你把上次借的还哒我着。
天气恁门热，先休息下儿着，凉快哒再搞。
刚出院，你先把身体养好哒着，其他的事情不要管。

十三 "把"字句

鄂西南地区方言中"把"[pa⁵¹]有三种词性：
一个是量词，指可用一只手抓起来的数量（包括捆起来的东西）：

一把菜｜两把米｜三把筷子｜抓哒一大把｜只摘哒一小把把儿

还可以引申为与手有关的某些事物，例如：

好不容易一把屎一把尿把娃儿拉扯大哒。

他做事是一把好手。

老张是单位的一把手。

一个是动词，"给、递"的意思，例如：

这件衣服你穿小哒，把（倒）我算哒_{给我算了}。

你边上那个篮篮儿把倒我_{递给我}。

你到哒以后就把东西把倒他们_{给他们}。

一个是介词，用在名词性成分的前面，一起构成介词结构，在句中做状语，构成的句式称为"把"字句。

鄂西南地区方言中的"把"字句最常用的格式是"S+把 O+VP"，其中 VP 不能是单个的动词，前面或后面一定要带上一些附加成分，最常见的是带补语。有三种用法。

1. 表示处置

名词是后面动词的受事或对象，VP 表示动作及其相应的结果，这种结果是行为者有主动发出的，所以一般来说是达到了一个自然的或者理想的结果。例如：

把钱存好哒｜把菜买回来哒｜把衣服换一下｜把本事学到手｜把椅子搬开｜把衣服脱哒｜把衣服改哒个样子｜把面接成一团｜把房子课倒_{租给}他们

2. 表示致使

致使是行为者在做某件事情时会产生一些意想不到的结果，因此结果多带有一种不如意的色彩，VP 多为动结式。例如：

把喉咙喊破哒｜把书都搞丢哒｜把鞋子磨破哒｜把刀子砍弯哒｜把肚子笑疼哒｜把他搞毛哒_{把他惹生气了}｜把你儿麻烦哒_{麻烦您了}｜把老李得罪哒

有时候动词后面带的是情态补语，例如：

把他累得满头大汗｜把小王吓得脸都白哒｜把屋里烧得焌妈_{黑黢黢的}黑｜把柜子翻得乱七八糟｜把他搞凉哒_{他感冒了}｜真的是把我气死哒｜年纪轻轻儿里的就把个男的_{丈夫}死哒

3. "把"字句的否定形式

"把"字句的否定形式是在"把"的前面加上"没""不""莫"等否定词。用"没"是对已然的否定，"不"是一种主观性的否定，"莫"是一种禁止性否定。例如：

又没把伞跟我带起来。

恁门大的太阳也没把衣服洗哒晾起来。
不把问题解决好我们就不走。
天都黑哒还不把他喊回来。
从来都不把我的事放倒心上。
莫把事情想得那门简单。
莫把东西搞丢哒。

十四　被动句

鄂西南地区方言表达被动有两种方式，一是采用无标记的受事主语句，二是采用带被动标记的"被动句"，这里只讨论后者。鄂西南地区方言中的被动标记有"着、尽、叫"三个，它们的功能是充当介词，引出动作行为的施事，构成"NP$_1$+着/尽/叫+NP$_2$+VP"的格式，其中"着"最常用，其次是"尽"，"叫"的使用频率很低，它们在具体用法上也略有不同。

1. 着

"着"[tʂuo^{22}]字被动句是鄂西南地区方言被动句的代表句式，在形式、使用范围和语用意义方面都有自己的特点。

形式上，"着"后面的施事必须出现，这是鄂西南地区方言"着"字被动句在语义结构和句法结构上的双重特点，这个条件限制是绝对严格的，没有例外。使用范围上，限于已经发生的事情，谓语后必须加上完成体标记"哒"。语用意义上，"着"字句只表达不如意的情况或消极的方面。例如：

杯子着我打破哒。
恁门好的屋房子着火烧哒，真的可惜哒。
一个大母鸡着鹞鹰叼起走哒。
小明逃课又着他老汉儿抓倒哒 被他爸爸抓住了。
李老汉儿昨天着骗子骗哒两千多块钱。
老秦的脚杆着滚下来的石头砸断哒。

鄂西南地区方言中的"着"字句和普通话的"被"字句相比较，其使用面要窄一些：普通话中的"被"字句后面的施事可以省略，语义上除了表不如意的事情外还可以用于中性甚至积极的方面。比较：

普通话	鄂西南地区方言
家里被小偷偷了。	屋里着强盗偷哒。
家里被偷了。	*屋里着偷哒。
老李被支部选为党代表。	*老李着支部选成党代表。

陈星被评为三好学生。　　　　*陈星着评作三好学生。

2. 尽/叫

鄂西南地区方言中的"尽/叫"常见的用法是做动词，表示"听任、容许、使让"等意义，用于连谓结构"NP$_1$+VP$_1$+NP$_2$+VP$_2$"中。例如：

你尽他们几个去搞，看搞得出个么子名堂。（听任）

学校里不尽学生下河洗澡_{游泳}。（容许）

老师叫你们几个明天把家长喊起来。（让）

这个娃儿一点儿都不听话，你叫他怎门搞_{这么做}，他偏要那门搞_{那么做}。（使让）

表被动的"尽"字句使用频率没有"着"字句高，但它有其特殊功能，与"着"字句处于互补的状态："着"字句用于消极的方面，"尽"字句虽然也可以用于消极的方面，但是接受度不如"着"字句那么高，它主要用于表示中性的情况（鄂西南地区方言中的被动句不能用于积极的方面）。例如：

上街的时候儿包包儿着/尽强盗偷哒_{钱包被小偷偷了。}

你来迟哒，好点儿的都尽别个选起走哒_{被别人选走了。}

我老汉儿一早就尽会计喊起走哒_{我爸爸一早就被会计叫走了。}

前一例"钱包被偷"属于不如意的事，用"着"更常见；后两例"好点儿的都尽别个选起走哒""老汉儿一早就尽会计喊起走哒"对说话人而言无所谓如意不如意，所以只能用"尽"。

"着"字句用于已经发生的事情，一般不用于否定句，而"尽"字句可以表示"防止什么事情发生"，有相应的否定形式。比较：

你把箱子看好，莫尽别个拿起走哒_{别被他人拿走了。}

*你把箱子看好，莫着别个拿起走哒。

你悄悄儿从后门走，莫尽娃儿看到哒，不然又走不脱哒。

*你悄悄儿从后门走，莫着娃儿看到哒，不然又走不脱哒。

鄂西南地区方言中"叫"字被动句大致与"着"字句功能相当，但是其使用频率很低。我们认为它能用做被动句，主要是受到"着"字句的感染和类推，因受到高频"着"字句的抑制，故其使用很有限。下面仅举两例：

钱掉哒_{丢了}不说，身份证也叫她搞丢哒。

电视机也叫他搞得没得图像哒。

3. 动标记"着"的来源

鄂西南地区方言中的"着"跟其他很多南方方言一样，有多种读音、意义和用法，与被动标记有关的主要是动词。

(1) 动词"着"

"着"做动词有两类主要意义，读音也不相同。一类表"遭受"义，读音为[tṣau²²]；一类表"使让"义，读音为[tṣuo²²]。

Ⅰ."遭受"义

鄂西南地区方言中表"遭受"义的动词"着"是一个典型的动词，在句中主要做谓语，后面可以带真宾语、准宾语，可以带助词"哒"；意义上进一步细化为表"惩处""遭受""损失""处于不利境地"等。

a. 表示"惩处"。多指用肢体或言语教训他人，相当于"打、揍、训斥"等，在句中做谓语，后面往往带一个真宾语和一个准宾语。例如：

你不听话招呼_{小心}我着你两下。

小李恁门做太过火哒，我当时实在忍不住就着哒他几句。

有时候可以将后面的真宾语用介词"把"提前，放在动词"着"的前面做状语。例如：

他这次考试没及格，他老汉儿把他好神着哒一顿_{他爸爸把他使劲儿揍了一顿}。

在中古汉语里，"著"由"附着"义发展出"使……附着""施加"的意义。我们认为鄂西南地区方言中的"惩处"义可以看做是"施加"义的进一步发展。

b. 表示"遭受"。相当于"挨、遭到"，构成"NP₁+着+哒+NP₂"的格式，其中NP₁是受事主语，NP₂主要是表示结果的真宾语或准宾语。例如：

脑壳上着哒两下。

身上着哒一刀，好深的口子。

他昨天迟到哒两个多钟头，着哒一个口头警告。

"遭受"义还可以具体指"在财务方面遭受损失"。例如：

昨天账算错哒，多着脱我两百多块钱。

这段日子炒股莫说赚，我还着哒几万块进去哒_{陪进去了几万块}。

"惩处"义和"遭受"义的联系是明显的，前者是从施事的角度来说，后者是从受事的角度来看。由于汉语缺乏严格意义上的形态变化，施受同辞的现象比较常见。所谓"施受同辞"是指汉语在词法上不区别施动和受动，施受可以用同一词形表示。如下面两个例子：

宋人伐郑，围长葛。（《左传·隐公五年》）

鲁酒薄而邯郸围。（《庄子·胠箧》）

同一个"围"字，一个表施动，一个表被动，没有词形上的区别，人们根据语境，通过逻辑思维来判断它是表示施动还是表示被动。

c. 表示"处于不利境地"。这是"遭受"义的进一步引申。最常见的是

"着"带上语气词"哒"构成"着哒",在句中做谓语,相当于普通话的"完了"。例如:

老秦着哒,检查结果出来说是胃癌。

你着哒,老师叫你请家长。

今年子着哒,几个月哒一颗儿雨都没下。几个月了一滴雨都没下。

"着哒"还可以单独放在一句话的开头,同样表示"处于不利境地",含有着急、担心、后悔等意味,相当于普通话中的"完了、完蛋了、哎呀"等,整个句子带上较强的主观色彩。例如:

着哒,后天的车票都卖完哒!

着哒,我的钥匙搞丢哒!

着哒!过两天就要开学哒,我的作业还只写哒一半。

"着哒"前面还可以加上泛义动词"搞",构成"搞着哒",意思不变。上面的三个例子都可以换成"搞着哒"。再如:

搞着哒!外头下恁门大的雨,我出来的时候儿铺盖还在外头晾倒起的。

搞着哒!走的时候儿车子忘记加油哒。

Ⅱ."使让"义

鄂西南地区方言中表示"使让"义的动词"着"其使用范围比较有限,不能单独做谓语,只用在连谓结构的前一部分,构成"NP$_1$+着+NP$_2$+VP$_2$"的格式,相当于普通话的"让/使/叫某人做某事",其中的"某人"是不定指或泛指,这时"着"也可以用"叫"替换,两者基本相同。例如:

恁门重,你一个人不行,等哈儿_{等会儿}我着/叫人帮你抬过去。

你儿您随便着/叫个娃儿拿起来就行哒吵,还要各人自己专门跑一趟。

你着/叫几个人去把粮食搬回来。

这些钢筋都是剩的,明天你着/叫些人拖起去。

如果对象是明确或具体的,则不能用"着",而只能用"叫"。例如:

我等哈儿叫小李来跟你帮忙。我等会儿叫小李来给你帮忙。

*我等哈儿着小李来跟你帮忙。

这个娃儿还是有点儿不牢靠靠不住,叫他去搞这个事我不大放心。

*这个娃儿还是有点儿不牢靠,着他去搞这个事我不大放心。

2.2 被动标记"着"源于"使让"义

汉语的被动标记来源大致有二:一是遭受义动词的虚化,如"被""遭""吃"等;二是使役义动词的虚化,如"教(交)""叫""让"等。鄂西南地区方言中的被动标记"着"来自于动词应该是没有疑问的,但具体是源于"遭受"义还是"使让"义?我们认为源于"使让"义。

Ⅰ. 句法条件

"任何语法标记的产生都不是单纯的词义内部引申问题,它们必须在特定的句法环境中进行。引发词汇语法化的句法环境的确立,是理解语法发展的一个关键。"鄂西南地区方言中表示"使让"义动词所构成的连谓结构是"NP_1+着+NP_2+VP"中,"着"字被动句也是"NP_1+着+NP_2+VP"。很明显,"使让"义动词句具备了向被动句转化的句法条件。再看由"遭受"义动词构成的句子,不论具体是表达"惩处、遭受、处于不利境地"中的哪个义项,"着"都是句中的唯一动词,因此它绝没有虚化为介词的可能性。

Ⅱ. 语义转化

"使让"义动词构成的连谓结构"NP_1+着+NP_2+VP"中,NP_1是施事,NP_2是动词"着"的受事,同时又是 VP 的施事;而在被动句"NP_1+着+NP_2+VP"中,NP_1是受事,NP_2是施事,这是两个句式在语义上的最主要的差别。而只有当句首的NP_1成为受事,语义上满足了被动句的要求,"使让"句才能最终转化为被动句。

鄂西南地区方言中是如何实现这种语义转化的呢?我们知道,连谓结构表达的基本语义是"让某人做某事",所以 VP 中的 V 一般都是及物动词,而且整个 VP 不能是一个简单形式,再看前面所举过的例子:

恁门重,你一个人不行,等哈儿我着人帮你抬过去。

你儿随便着个娃儿拿起来就行哒吵,还要各人专门跑一趟。

这两个例子中的"抬""拿"都是及物动词,由于具体交际语境的作用,动词所支配的对象都没有出现,但交际双方肯定都清楚是指什么。当说话人要将动作的支配对象明确地说出来,鄂西南地区方言中常见的办法是用"把"字引出放在动词的前面,构成"NP_1+着+NP_2+把 O+VP"的形式。例如:

你着几个人去把砍的树都拖回来。

老张你过两天着人把这条沟填起来。

我们看到在近代汉语中这种被支配的成分往往是直接放在动词的后面做宾语。例如:

当有太师教喜太监说:"皇帝着你去送使臣到边上去,你去不去?"(《正统临戎录》)

着人搬家伙过去。(《金瓶梅》第19回)

茶有了,着姐拿果仁儿来。(《金瓶梅》第23回)

鄂西南地区方言中如果说话人要强调这个被支配的成分,就将其作为话题放在句首,即变成"O+NP_1+着+NP_2+VP"的形式。例如:

材料你要着人送起去印好，到时候儿开会要用。

没用完的砖你着人捡到一堆，莫到处甩起_{别到处扔着}。

这种用法在现代汉语中是常见的，近代汉语中也有。例如：

是刚才两个老婆子得去的银纽，小人着人问他要回来了。（《醒世姻缘传》第97回）

上例中"刚才两个老婆子得去的银纽"就是作为话题成分放于句首，还用话题标记"是"加以强调。

正是由于O成为强调的重点，而NP1作为说话人指派的对象就显得不那么重要，因此可以省略不说，这时结构就成为"O+着+NP₂+VP"。如上面两个例子就可以变成：

材料要着人送起去印好，到时候儿开会要用。

没用完的砖着人捡到一堆，莫到处甩起_{别到处扔着}。

其实在这种面对面的交流中，采用"O+着+NP₂+VP"这一格式在鄂西南地区方言中很常见。下面再举几个例子：

东西都放在保管室里放起的，要着人看好。

那些石头挡到路上车子过不去，着些人去搬一哈_{一下}。

上述两例中，受事成分O（东西、那些石头）都承前一分句省略了，显得更加简洁。

这时可以说使让句"O+着+NP₂+VP"不仅在句法环境上为转化为被动句提供了条件，前面的O在语义上表示受事，也满足了被动句的要求。我们将这一形式上可以再次表达为"NP1+着+NP2+VP"（NP1即原来的O），深层结构重新分析为"NP₁+[（着+NP₂）+VP]"、"着"也就从动词变成了表被动的介词。

由于汉语中的主语既可以施事又可以是受事，因此"NP₁+着+NP₂+VP"格式既可以分析为使让句又可以分析为被动句。但是在具体的句子中还是能区分开来的：使让句是表示让某人做某事，"做某事"往往是未实现的，所以谓语后面不能用"哒"，上面所举的例子都是如此；而被动句（特别是肯定性的被动句）往往是对已实现的事情的陈述，后面都要加上"哒"。比较下面两组例子：

材料要着人送起去印好。（使让）

材料（已经）着人送起去印好哒。（被动）

等席开完哒，这些桌子椅子都着人还到村委会去。（使让）

那些桌子椅子都着人还到村委会去哒。（被动）

III. 语音形式

鄂西南地区方言中"使让"义动词和被动标记"着"都读[tʂuo²²]，而"遭受"义动词"着"读[tʂau²²]，因此语音形式也从一个侧面证明被动标记"着"与"使让"义动词的密切联系。如果说被动标记是从"遭受"义动词发展而来，音理上就不好解释两者的差异。由于"着"的语法地位不同引起的语音分工在其他方言中也存在，例如在成都话里"着"作为词素或单念时的文读音为[tso²²]，而作为被动标记词时则读为[tsau²²]。

IV. 句法表现

如果我们的假设成立，那么也能较好地解释鄂西南地区方言中"遭受"义动词和"使让"义动词在句法功能上呈现出的差异。一般来说，如果一个介词已经彻底语法化，那么作为源头的动词用法就基本消失了，最典型的例子就是现代汉语中的"把、被"。因此可以推知，如果一个词的语法化程度较深，那么它还会保留一些动词性特征，但是其表现不会太突出。鄂西南地区方言中的被动句主要由"着"字句来承担，源于"使让"义的被动标记"着"失去了大部分动词的功能，它只能出现在连谓结构的前一部分，用法上受到很多限制。而作为"遭受"义的动词"着"，还具备动词的主要功能：能单独做谓语、能带宾语、后面能带助词"哒"。

蒋绍愚曾在《"给"字句、"教"字句表被动的来源——兼谈语法化、类推和功能扩展》（2003）一文中指出："既然是使役句，从语义上说，总是表示'甲（施事）让乙（兼语）做某事（VP）'，VP可能是一个动宾结构（V+O），O是V的受事，所以，使役句的基本句式是'施事（主语）+教+兼语+动词+受事（宾语）'。但是，根据汉语的特点，主语往往可以隐去，而受事却可以作为话题出现在句首，这样，就成了'受事+（施事）+教+兼语+动词'的句式。"我们再回顾上面所分析的鄂西南地区方言中"着"的演变过程：

"NP₁+着+NP₂+VP"（使让动词句）→

"NP₁+着+NP₂+把 O+VP"（VP 的受事宾语 O 在句中出现）→

"O+NP₁+着+NP₂+VP"（O 被强调，移至句首做话题）→

"O+着+NP₂+VP"（因 O 被强调，NP1 居于次要地位而被省略）→

"NP₁+着+NP₂+VP"（形式上的重新表达，NP1 即原来的受事 O）→

"NP₁+[（着+NP₂）+VP]"（被动句的深层结构）

可以看出，鄂西南地区方言"着"字从使让句到被动句的形成过程与蒋先生所分析的"使役→被动"的演化路径基本一致。蒋绍愚指出："从唐代到明清有将近一千年，唐代'教'字句从使役句发展为被动句，将近一千年后的'给'字句也从使役句发展为被动句，这绝不是偶然的结果，应该说，在这种发展后面有一种共同的机制"。我们可以说鄂西南地区方言"着"字句的发展也是这一共同机制作用的结果。

十五　比较句

比较是辨别两种或两种以上同类事物的异同，是语言中一种重要的语义范畴。吕叔湘《中国文法要略》（1982：358）提到："我们常常就某一种属性来比较两件东西（或事情），因而分出高下，大小，长短，难易等等。就高者对下者说是'胜过'，就下者对高者说是'不及'；高下同则为'均齐'，一胜余则为'尤最'。"

鄂西南地区方言比较句可以分为"平比、差比、极比、递比"四大类。从结构形式上看，一个典型的比较句通常要具备比较主体、比较标记、比较结果几个要素。其中比较主体是说话者进行比较的对象A、被比较的对象B；A项和B项可以是体词性成分（如名词、代词等），也可以是谓词性成分；比较标记是所采用的比较词，鄂西南地区方言中，所用的比较词主要有"比、不敌、跟……一样、差不多、有/没得"等。比较结果是比较句中显示比较对象高下、优劣结果的部分，有时只是一种笼统值（或称基本值，W），有时则还带有具体的量化值。鄂西南地区方言比较句的典型格式是："A+比+B+W"。

1. 差比句

差比句用来比较事物的高下。鄂西南地区方言的差比句主要有七种形式，其中前三种表示"胜过"，即A胜过B；后四种表示"不及"，即A不及B。

（1）A+比+B+W

这是鄂西南地区方言中最常用的一种格式。例如：

我妹妹比我高，她有一米六五。

今年子比去年子热，去年子这个时候儿还要穿两件衣服。

他老汉儿_{父亲}是做生意的，条件比女方屋里_{家里}好。

伯伯在外头恁门多年，见的世面比你大，你多听他的肯定有好处。

这种比较式中W前面可以出现"还、更"之类的程度副词，"比"前面可以出现"只怕、好像、可能、不一定、不见得、肯定、确实"等表猜测、怀疑、肯定等语气的副词。例如：

他一个人搞的事比你们两个还多，你们哪门好意思。

今年子天势恁门好，收成肯定要比去年子好。

这个男娃儿脑壳灵活，到高中哒恐怕就要比一般的学生强些。

其否定形式主要是"A+没得+B+W"。即"A不及B"。

例如：

这个娃儿没得前头找的那个踏实，我不放心。

我没得你有钱，花钱从来都不敢大手大脚。

否定形式也可以是"A+不比+B+W"。这是一种格式可表示两种意义：①A等于B；②A超过B。例如：

我做的事情不比他少，哪门他有奖金我没得？

从能力上讲小张不比小陈差，这次哪门提拔的是小陈呢？

"不比"中间还可以插入"得"，构成"不得比"，相当于普通话的"不会比"。例如：

他年纪不得比老刘小，看到起要年轻好几岁。

（2）A+比+B+W+Z

"Z"表示一个量化值。例如：

他的总分比我多十三分。

电力公司的工资福利比一般的单位要高出好几倍。

一两年他个子就窜出来哒，现在比我高出一个头哒。

他长大哒，那比以前醒事_{懂事}多哒。

这种质量的比那种要贵好多。

Z的表现形式是多样的。从量值的性质看，可以是一种确定值，也可以是一种不定值。从成分的性质看，可以是数量词，也可以是形容词性成分，如上面的例子。如果Z是单音节形容词，就必须带上附加成分，否则句子就不成立，如上面第四例"多"带上语气词"哒"才能足句，第五例"贵"带上表程度的"好多"才足句。

如果Z是推测或估量的数量（通常是表不定值的数量词），那么W的前面一般要加"要"（即"可能"）后面带上"得倒"，构成"A+要比+B+W得倒+Z"的形式，表示可能或揣测。例如：

这间屋比那间要大得倒5个平方。

老二聪明些，读书要比老大很得倒一点点儿_{强一点儿}。

（3）A+W+B+Z

这种格式没有比较标记，直接将比较结果放在前面，主要用在年龄、身高、体重等方面的比较，后面的Z项是不可或缺的，Z只能是比较明确的数量成分，不能是"一点儿、一些"等模糊性表述，也不能是形容词性成分。例如：

晓玲高晨微一个头。

老林大老李四岁。

W 的前面也就可以出现"很、稍微、还"等副词。例如：

我很要重你几斤_{我比你重好几斤}。

这次补贴我还多你几十块钱。

（4）A+否定+B+（W）

这是差比句的否定式。否定词可以是"没得、不像、赶不到、不如"，根据否定词的不同以及后面的比较结果是否出现，内部还有些差异，可以分为四个小类。

①A+没得+B+W

这种格式表示"A 不及 B"，可以作为一般差比句和平比句的否定形式。如前面表差比的"A+比+B+W"式和后面表平比的"A+和/跟+B+一样/差不多+W"、"A+有+B+那门/恁+W"两式，都可以用"A+没得+B+W"来否定。

A 与 B 的差别可能是质方面的，也可能是量（程度）方面的。例如：

老大仔笨得很，没得老二机灵。（老大比较笨，老二聪明）

这个猪子没得那个猪子肯长_{长得快}。（这头猪长得慢，那头猪长得快）

你没得你哥哥那门舍得做_{肯做、肯下功夫}。（你比较懒，哥哥比较勤快）

老王的资历没得老黄高。

昨天没得今天热。

在别个屋里没得在各人屋里自在，做么子事都不方便。

前面的三例是质方面的差异，后两例是量方面的差异。如果要强调程度（量）的不同，前面还可以加上"恁门/那门"等词，如上面的后两例可以说成：

老王的资历没得老黄那门高。

昨天没得今天恁门热。

②A+不像+B+那门_{那么}+W

这种形式实际上用得不是特别多，在 W 的前面要加"那门"。例如：

老张老实些，（他）不像老陈那门圆滑。

事情搞起来不容易，不像你说的那门简单。

这个娃儿一看就老成_{成熟}一些，（他）不像那几个娃儿那门喳喳哇哇的。

①式与②式的区别在于，①式重在对 A 的否定，表明在某一性状上 A 不如 B；②式重在对 A 项特点的肯定，然后通过与其他对象比较的方式进一步说明这一特点，更多的是一种主观性的表达，前面往往有一个小句对其特点做铺垫。比较：

小丽没得文华能干老练。

小丽还不太成熟，不像文华那门能干老练。

前一例强调"小丽不怎么能干老练"，后一例强调"小丽还不太成熟"。

③A+赶不倒+B

这种句式往往用在某方面 A 与 B 有差异，A 比不上 B，前面往往有一个话题性成分。例如：

这件衣服是便宜一些，不过质量赶不倒那一件。

说话写文章我赶不倒你，做起事来就不一定哒。

"赶不倒"也可以说成"敌不倒"、"比不上"，基本上可以互换，只是没有"赶不倒"常用。

④A+不如+B

这种形式只是否定成分和③式不同，两式基本可以自由变换。当然，这主要是就表义而言，从使用倾向上看，人们选用③式的时候还是多些。例如：

你身体怎门差，还不如一个细娃儿_{小孩儿}有力气。

字要练一下，都大学生哒，写的字还不如中学生。

坐车还不如各人骑车舒服。

"不如"也可以换成"不敌"。但"不如"还可以表示将两件事进行比较后选择后者，这时不能与③式互换，也不能换成"不敌"。例如：

怎门近，等车还要等半天，还不如走起去_{这么近，还要等半天的车，不如走着去}。

路上堵得堵_{很堵}，开车起码要两个小时，还不如坐地铁。

做事情怎门马而虎之_{马虎}，那还不如不做。

2. 极比句

极比句表示某一事物在某种性状上胜过或不及同类的其他事物。其实，极比也是比较事物的高下，是一种特殊的差比。它跟一般差比的不同在于比较的范围：一般差比的求比或被比对象是特指的，而极比的求比或被比对象往往是任指（或遍指）的。鄂西南地区方言表示极比的句式有五种，其中前两种表示"胜过"，后三种表示"不及"。

（1）A+比+B（任指）+都+W

B 项表示任指/遍指。例如：

他读书比哪个都很_{他读书比谁都厉害}。

这个东西比么子都贵，爱惜点儿用。

那个小的比哪个都调皮。

（2）A+最+W

这种格式依赖于语境（前一分句），省略（或隐含）了被比较的对象。例如：

你要找能掐会算的，那老肖最合适。

这些人里头，要数小李最吃得苦。

周围这几家，他屋里_家里_最有钱。

上面的"最+W"都做谓语，还可以做补语。例如：

期末考试，他考得最好。

小李饭量大，每次都是他吃得最多。

（3）A（任指）+都+没得+B+W

这种格式的 A 项表示任指/遍指。A 的前面还常出现跟"都"对应的关系词"再是"，相当于普通话的"不论、无论"。例如：

哪个都没得他会赚钱。

再是哪个_不论是谁_都没得小陈演得好。

再是哪里_不论哪里_都没得在老家好。

W 前可以加上表示程度的"那门_那么_"。例如：

哪个都没得小李那张嘴巴子那门能说会道。

往常哪次出门都没得这次恁门辛苦。

（4）再+没得 A（任指）+比+B+更+W+的哒

这种格式把其他的所有对象都排除了，强调 B 是最 W 的。例如：

再没得哪个比他更心狠手辣的哒。

再没的么子比这个更好吃的哒。

这种格式中 A 也可以不出现。例如：

再没得比他更懒的哒。

再没得比她更过细_仔细_的哒。

（5）A（任指）+都+赶不倒+B

A 前有时出现话题，指出比较某方面，常出现和"都"呼应的关系词"再_不论_"，这时就只能用"都"。例如：

要说偷奸耍滑，哪个都赶不到他。

冬天里要说冷，再哪里都赶不到东北。

"赶不到"也可以说成"不如"。例如：

他体力好得好_非常好_，长跑哪个都不如他。

要说空气好，哪里都不如海南岛。

3. 递比句

所谓递比句，是表示程度逐次递加或递减的比较句。递比也是一种特殊的差比，表示多个事物的逐次比较，程度逐次加深或减轻；从形式上看，比较的 A 项和 B 项都是"一+量"结构。鄂西南地区方言里表示递比的句式主要有两种。

（1）一+量+比+一+量+W

这种格式的递比句表示"胜过"，其中作为 A 项和 B 项的两个"一+量"结构必须相同，前后呼应，表示一种事物的两个个体。它们形式上虽说一致，所指却不一样。前面往往有话题性成分，表示所比较的对象。例如：

他屋里几个娃儿_{家里几个孩子}读书一个比一个很_{厉害}。

在床上睡哒一两年，身体一年比一年差。

这个屋里的几个媳妇儿，一个比一个能干。

（2）一+量+赶不倒+一+量

这种格式的递比句表示"不及"，其中"赶不倒"也可以用"不如"。例如：

这几年经济不景气，馆子里的生意一年赶不倒/不如一年。

要说能吃苦耐劳，那肯定是一代赶不倒/不如一代。

4. 等比句

等比句表示相比的事物在某一方面一致。鄂西南地区方言里表示等比的句式主要有以下三种。

（1）A+和/跟+B+一样 /差不多

这种格式中"一样"既是比较标记，也是比较的结果。"一样"是形容词。例如：

这次期末考试我的语文成绩和/跟他的一样。

他屋里的沙发和/跟我屋里的一样。

其否定形式是"A+和/跟+B+不一样"。例如：

他和/跟他哥哥不一样，他更踏实一些。

我和你们不一样，我的基础不行。

（2）A+和/跟+B+一样/差不多+W

这一格式增加了结论项 W。W 可以是形容词性成分，也可以是动词性词语。但是对"一样、差不多"有选择性。当 W 是中性的形容词时，"一样、差不多"可以互换。例如：

我儿子和他一样/差不多大，都读初二哒。

再过两年他就和/跟他老汉儿_{父亲}一样/差不多高哒。

当 W 含有褒义或贬义时，就只能用"一样"，不能用"差不多"。比较：
老秦和/跟老林一样有魄力。
*老秦和/跟老林差不多有魄力。
他媳妇儿和/跟他一样好吃懒做。
*他媳妇儿和/跟他差不多好吃懒做。
当 W 是动词性成分，则只能用"差不多"而不能用"一样"。比较：
我和/跟小陈差不多同时找到工作。
*我和/跟小陈一样同时找到工作。
陈强和/跟李飞差不多都迟到哒一个小时。
*陈强和/跟李飞一样都迟到哒一个小时。
（3）A+有+B+那门/恁门 W
这种格式主要强调 A 达到了 B 的程度。例如：
那棵慈竹有碗口那门粗。
小儿子都有这个桌子恁门高哒。
这一格式也可以充当句法成分。例如：
要是你有小东那门使力读书就好哒 如果你有小东那么努力读书就好了。

十六　疑问句

鄂西南地区方言中可以利用语调、疑问词（代词、语气词）、句法（结构）等手段构成是非问句、特指问句、正反问句和选择问句。从功能上看，可以表达询问、推测和反问，分别构成询问句、推测问句和反问句。

1. 特指问句

特指问句就是利用"哪个、啥个、哪些、么子、哪里、哪时儿、几时、哪门、好多"一类的疑问词来表示疑问所在。"哪个、啥个"问人；"哪些、么子"问对象；"哪门"问原因、方式；"哪里"问处所；"哪时儿、几时"问时间；"好多"问数量。在日常对话中常常用简短的问句，通常只包含一个疑问词。例如："哪个？""么子？""几时？""好多钱？"等。这些疑问代词以及用它们构成的疑问句在前面"疑问代词"一节已有介绍，这里不再重复。另再举几个例子：
哪个把我的书拿起走哒？
哪些东西是不要哒的？
你找他有么子事？
他说的那种材料要到哪里去找？
明天哪时儿过来？

你几时回去过年？
哪门恁门久没看倒你？
肉要买好多斤？
还有两种利用语气词"啊"构成的特指问句，相当于普通话的"呢"。
一种是限于名词和代词。都是问"在哪儿"。例如：
你妈啊？｜小黄啊？｜我的包包儿啊？
二是承上文，并不限于名代词，是问"怎么样、怎么办"等。例如：
他们的钱都交哒，你啊？（你什么时候交？）
下午的大会都要来，不准请假。
——万一我有事来不成啊？（怎么办呢？）
明天学校开运动会。
——那要是下雨啊？

2. 是非问句

鄂西南地区方言的是非问句只能用于测度问，也就是说当问话人对人或事有了一定的推测或了解到了一些相关信息，只是还不能确定，这时用是非问句来求证，希望对方能给予肯定或否定的回答，形式上句末必须带上疑问语气词"么、啊"等。例如：

你姑娘都已经结婚哒么？（问话人听说对方女儿已经结婚了，询问确认，下同）
他明天不来么？
小芳三十几哒啊？那真的一点儿都看不出来。
你们几个暑假要到北京去玩啊？

总体上来讲语气词"啊、么"基本上可以互换，只是用"啊"带有一种惊讶、夸张的语气。

普通话中的是非问句可以用来表示单纯的询问，即对情况一无所知，通过询问来得到答案，这种情况在鄂西南地区方言里都是用正反问的形式来表达。比较：

　　普通话　　　　　　　鄂西南地区方言
　你来吗？　　　　　　你来不来？
　你会打羽毛球吗？　　你打不打得来羽毛球？
　他毕业了吗？　　　　他毕业哒没得？

另外普通话表示测度的是非问句可以仅利用语调而不用语气词来提问，鄂西南地区方言中则必须用语气词，不用语气词就是陈述句。比较：

　　普通话　　　　　　　　　　鄂西南地区方言
　就咱们俩去？　　　就我们两个去么/啊？　　就我们两个去。

你爸爸来了？　　　你老汉儿来哒么/啊？　　　你老汉儿来哒。
他们要进城去？　　他们要进城去么/啊？　　他们要进城去。

鄂西南地区方言中见面打招呼的时候往往借用是非问句的形式，实际上不是询问。例如：

（看见对方在耕田）你儿您在耕田么？
（看见对方在吃饭）你们在吃饭么？

这种招呼方式在鄂西南地区方言中很普遍，显得亲切、自然，为后面的进一步交谈做引子。

3. 选择问

选择问句就是并列几个项目，让回答的人选择一种。鄂西南地区方言中选择问句主要有两种格式：

（1）A [ma^{55}] B

"A [ma^{55}]B"是在谓语部分直接用两个谓词性成分供选择。如：

你吃饭[ma^{55}]吃面条儿？

他走路[ma^{55}]坐车坐车还是走路？

你将才吃[ma^{55}]等下儿吃啊你这会儿吃还是等会儿吃？

如果同一个动词带宾语和供选择，有时候可以省略前的动词。例如：

他找王老师[ma^{55}]李老师啊他找王老师还是李老师？

他在北京[ma^{55}]上海你在北京还是上海？

（2）"（是）……还是……"的格式。例如：

你们觉得（是）猪肉好吃还是羊肉好吃？

到时候儿是你回来还是她过去？

你是装糊涂啊还是真的不晓得？

你们想去动物园呢还是想去西湖？

选择的前项后面带上语气词语气更加缓和一些。

4. 反复问句

反复问句在形式上也是一种选择问句，不过选择的项目是一件事情的正反两个方面，一般不用"还是"连接。主要有两种格式：

（1）V 不 V

V 是谓词性成分，可以是形容词，也可以是动词。如果都是单音节的，就只有"V 不 V"式。例如你：

老刘去不去？

他肯不肯？

桃子甜不甜？

今天得不得下雨_{会不会下雨}？

如果 V 是双音节的，不论是形容词还是动词都要重复前一音节。例如：

漂不漂亮？｜聪不聪明？｜老不老实？｜可不可以？｜晓不晓得？｜洗不洗澡？｜东西经不经用？

如果 V 是带宾语的动词性结构，反复问构成"V 不 VO"的格式。例如：

吃不吃饭？｜进不进城？｜你买不买东西？｜两个人闹不闹矛盾？

如果 V 是带补语的动词性结构，当补语是"得"表示能性补语时，反复问构成"V 不 V 得"的格式。例如：

这种菇_{蘑菇}吃不吃得？

用开水烫不烫得？

如果是趋向补语，"得"是助词，反复问构成则构成"V 不 V 得 R"，如果是形容词做结果补语或状态补语，则构成"V 得 A 不 A"的形式。例如：

装不装得下？

挤不挤得进来？

考得好不好？

听不听得清楚？

长得标不标致？

（2）V 哒没得

这种反复问格式主要是询问"是否出现某种现象、完成某个行为或结果是否达成"，相当于普通话的"V 了没有"。V 也可以是形容词，表示变化。例如：

花红哒没得？

开春哒，你们那里热和些哒没得？

水热哒没得？

起来哒没得？

搞完哒没得？

如果 V 还有支配性成分（受事），这个成分一般都放在动词前面做话题而不是放在后面做宾语。例如：

毕业证领哒没得？

作业做完哒没得？

衣服晾干哒没得？

东西找到哒没得？

上面的例子只有第一例可以将受事放在后面，其他的例子都不行。

领哒毕业证没得？
*做完哒作业没得？
*晾干哒衣服没得？
*找到哒东西没得？

当V本身就是动词"有"时，后面会带宾语，就够成"有O没得"的格式。例如：

你有空没得？
他有娃儿孩子没得？
他有钱没得？

当然后面还可以在宾语的后面继续接动词，构成联动结构的反复问句。例如：

他们有屋住没得？
几个娃儿有饭吃没得？
你有时间看书没得？

十七 否定句

鄂西南地区方言所用的否定词有"不、没、没得、莫"。其中"不、没、莫"是否定副词，"没得"是表示否定的动词。

1."不"

鄂西南地区方言的"不"加在表示动作的动词或词组前面，表示对某种意愿的否定，"不"后面往往带有表意愿的助动词，构成"不愿意、不肯、不想"等。例如：

他不跟我们一起来。
老秦说脑壳有点儿疼，不想喝酒。
问哒他好几次，他都不肯说实话。

"不"后面带形容词性成分表示一种主观的否定。例如：

这种颜色的衣服你穿不大好看。
这个娃儿做事不踏实。

如果要用"不"表示客观的否定，一般情况下只能出现在补语的位置；或者在语义上表示一种常见的现象或习惯。例如：

东西太多哒，一车装不下。
河里水太深哒，过不去。
期末考试考得不好。
南方冬天一般都不下雪。

他从来都不吃烟_{抽烟}。

"不"还可以用于表示假设。例如：

再不下雨今年子粮食就要歉收。

不把事情经过讲清楚，别个_{别人}就不晓得到底哪个对哪个错。

东西不煮熟吃哒就会肚子疼。

在鄂西南地区方言中"不"不能在对话中单独使用，后面一点要带上被否定的成分，这是与普通话不同的地方。例如：

你明天进城去么？

——不去。

*——不，不去。

你们吃哒饭哒再走嘛！

——不吃哒。

*——不，不吃哒。

2."没""没得"

普通话里"没有"既是副词又是动词，在鄂西南地区方言中则分别用"没"和"没得"来表示。

（1）"没"

"没"是副词，否定动作或状态已经发生。例如：

小王去哒，我没去。

好久没出太阳，东西都长霉哒。

那时候儿的人大部分都没读过大学。

衣服还没干。

问句中若采用"没+动/形+么"的形式，表示怀疑或惊讶，要求证实。例如：

他还没来么？

事情没搞好么？

你也没听到别个说么？

在鄂西南地区方言中，副词"没"不能单独回答问题，后面一点要带上被否定的成分。这是与普通话不同的地方。如对上面几个问句的否定回答是：

还没来。

没搞好。

没听到啊。

(2)"没得"

"没得"是动词。

A. 是对"有"的否定。

a. 对领有、具有的否定。例如：

我没得多的衣服。

火车票早就没得哒。

他在音乐方面没得么子天分。（天赋）

b. 对存在的否定。例如：

一点儿风都没得。

柜子里么子都没得。

外头没得人。

c. 表示数量不足。例如：

这袋苹果肯定没得十斤。

河里的水还没得一米深。

没得两里路，走起去就行哒

d. 表示不及，多用于比较。例如：

我没得他那门能干。

问题没得你们说的那门严重。

B. 用于正反问句中，有两种提问形式。

a. 用采用"有N+没得？"形式，例如：

你有钱没得？｜屋里有人没得？｜有空没得？

这种问句的肯定回答用"有"，否定回答用"没得"。

你有钱没得？——没得（钱）。

b. 采用"动/形+没得"形式：

看到哒没得？｜来哒没得？｜好些哒没得？｜听懂哒没得？

值得注意的是对上述正反问句的否定回答有两种形式。

一种是用"没+动"：没看到｜没来｜还没大好（还没怎么好）｜没听懂

另一种是都直接用"没有"来回答。例如：

看倒哒没得？——没有。

我们怀疑这里的"没有"可能是一个受普通话影响新发展起来的一个动词。理由有三：一是"没有"基本上不用来否定动词或形容词（只用"没"来否定），但是在年轻一代中有这种说法；二是在鄂西南地区方言中所有的副词都不能单用，"没有"则可以单独回答问题；三是在鄂西南地区方言中"没有"出现的条件很受限，只用在单独回答问题的语境中，前面还可以受

"还"修饰，如"来哒没得？——还没有。"上面所有的例子中"没得"都不能用"没有"来替换。

3. "莫"

"莫"表示禁止性否定。

吃饭的时候儿莫讲话。

听你妈的话，莫恁门犟。

小心点儿，莫把钱搞丢哒。

他就是恁门个脾气，你莫跟他怄气。

"莫"在鄂西南地区方言中主要是用在劝告、提醒等语境中，语气相对比较温和，如果要表示较为强硬的禁止性否定，一般用"不准、不举_不允许_"。例如：

上课不准/不举迟到。

这次劳动都不准/不举请假。

十八　可能句

"可能句"就是表达一种可能性的句子。在鄂西南地区方言中可以利用两种形式来表达，一是词汇形式，一是语法结构形式。下面分别说明。

1. 通过词汇形式表达的可能句

（1）借用能愿动词表示可能性

能愿动词有："可以、要、得、可能、该、应该"。有以下几种情况：

①"可以"表示主观能力做得到或做不到。

我保证可以搞好。

他一步可以跳两米多远。

这次考试我至少可以拿前三名。

其否定形式是"V不+补语"。如上面三例的否定式为：

我搞不好。

他一步跳不倒两米多远。

这次考试我拿不倒前三名。

②"要、得、可能"表示客观可能性。例如：

看样子要下雨哒。

他明天才得回来。

我赶不上车子，上班可能要迟到。

其否定形式用"不得"，相当于"不会"，上面例子相应的否定式为：

不得下雨。

他明天不得回来。

上班不得迟到。

③"可以、该、应该"表示环境或情理上许可。例如：

你们可以在这里暂时住两天。

你昨天该把这个事根老李说一下。

应该先把情况搞清楚哒再说。

其否定形式是"不能""不该""不该应"，表示环境或情理上不允许。例如：

你们不能住倒这里。

你不该跟老李讲这个事。

做事情不应该恁门莽撞。

（2）借用副词表示可能性

鄂西南地区方言中表示可能性的副词有"一定、肯定、绝对、说不定、不一定、未必、不见得"等，其中"一定、肯定、绝对"表示可能性大，"说不定、不一定、未必、不见得"只表示有可能性，但不能确定。例如：

你一定是记错哒｜他肯定来不成｜我绝对敢打包票｜说不定到时候儿雨就停哒｜那他未必得听你的｜我不一定硬是要跟他一起搞｜莫小看他，过几年你就不见得比他强

2. 通过语法结构来表达可能性

鄂西南地区方言中主要是借用"V得""V得C"这两种语法结构来表达可能性。下面分别说明。

（1）"V得"

"V得"表示可能性有两种，一种是表示主观，一种是表示客观，其否定形式均为"V不得"。其中的"得"，根据朱德熙先生（2000:133）的说法是动词，"V得"本应该是"V得得"，只是因为两个"得"语音形式相同，将前一个助词"得"省略了。

"V得"表示主观，是指行为主体上能做什么，或者有能力做什么。其否定式表示主观上不能做或没有能力做。例如：

他个子大，又吃得又做得。

在屋里养哒几天，又动得哒。

我脚疼，跑不得。

"V得"表示客观，是指客体因具有某些特性致使行为主体能或不能实施某一行为。例如：

菌菌儿有的吃得，味道鲜得鲜；有的吃不得，有毒。

丝绸的面料烫不得，烫哒容易褪色、变形。

（2）"V得C"

"V得C"是一种带可能补语的组合式述补结构，表示可能性，其否定形式是"V不C"。例如：

他这个人说得出来，做得出来。

俗话说，放得下是福，放不下是苦。

想得到不如做得到。

还有些可能式结构已经发展成为了固定结构，如"合得来、合不来、谈得来、谈不来"等。关于借用语法结构表达可能性的可以参照后面"述补结构·可能补语"部分。

十九 存现句

汉语中有特定的表达方式来描述事物在空间中的状况，包括物体静态的所处位置和物体动态的位置改变（即出现或消失），前者称为存在句，后者称为隐现句，二者有很大的一致性，统称为存现句[①]。

1. 存在句

鄂西南地区方言中存在句的基本句式为"NP_{空间}+VP+NP_{存在物}"，用于表达空间中存在人或事物。其中VP是表达存在或存在方式的动词性结构。根据连接空间NP和存在物NP的谓语动词VP的不同，可以分成几个小类。

（1）"有/是"字句

这里的动词本身就是"有/是"，直接表示存在。例如：

门外头有两个人。

涨水哒，河里有好多鱼。

桌子上有三本书。

屋旁边就是一大块麦田。

山上是一个庙。

院子里到处都是蚊子。

（2）"V+哒"

主要动词V表示对象存在的方式或状态，如"漂、坐、跪、睡、摆、贴、站、挤、围、守、骑"等。这些动词可以是持续性动词，也可以是非持续性动词。如果V是持续性的，主要表示存在的方式，"哒"相当于普通话的"着"，如果V是非持续性动词，则表示动作完成后呈现出的状态，"哒"

[①] 参见沈阳主编《现代汉语》，高等教育出版社2014年版，第87页。

相当于普通话的"了"。例如：
上头还漂哒一层油。
大门口围哒一堆人。
缸里养哒几条鱼。
一个床上挤哒四个娃儿。
阳台上晾哒几件衣服。
墙上贴哒一张全家福的照片。
路上倒哒一根好大的树。
（3）"（NP$_{空间}$+）NP$_{存在物}$"
存在句中的 VP 有时候还可以脱落，形成"NP$_{空间}$+NP$_{存在物}$"的形式，即是一个名词谓语句，主要用于表达一种强烈的语气。例如：
外头好大的太阳！
地上一大摊血！
屋里头四个人，外头三个人。
有时候连前面表示空间的处所词也可以省略，只有表示存在物的 NP，这种情况从结构上看就是无主句，主要是表示惊讶、感叹等语气。例如：
好多灰！
恁门多花！
（4）"一+NP$_{空间}$+的+NP$_{存在物}$"
这一格式表示多，存在物布满整个空间，略带夸张的意味。例如：
一屋的人｜一身的泥巴｜一柜子的衣服｜一肚子的火｜一地的苞谷
这里的"一"都可以换成"满"，上面的例子即为：
满屋的人｜满身的泥巴｜满柜子的衣服｜满肚子的火｜满地的苞谷

2. 隐现句

隐现句主要用于表达事物在空间中的出现或消失，或是表达事物数量的增减。基本格式是"NP$_{空间}$+VP+NP$_{隐现物}$"。其中 VP 是表达事物出现或消失方式的动词性结构，多数 V 是表示出现或消失的动词，如"掉$_{丢}$、走、跑"，特别是表示位移的趋向动词如"进、出、起、来"等，这些趋向动词或独立用在隐现中，或者附着在其他动词的后面构成趋向补语，还有部分动词是表示事物数量的增减的，如"多、少、添、加"等。由于传递的信息是属于一种新情况的出现，因此 V 后面都要带上表示变化义的时态助词"哒"，相当于普通话的"了"。例如：
我们屋里来哒几个客。
教室里飞进来哒一只麻雀。

村里走哒几个年青娃儿。
从对面飘过来一股汽油的味道。
单位上最近调起走哒好几个人。
树上结哒好多苹果。
柜子里少哒两件衣服。

二十　祈使句

0. 祈使句是说话人用祈使语气要听话人做或不做某事的句子。这种句子的语调有两个特点：一是句末用降调；二是整个句子的语音强度一般都比陈述句要强，口语中句末常有较大的停顿。例如：

行哒嘛！
快点儿吵！
闹么子闹_{吵什么吵}！
你们都少说两句！

从句法形式上看，祈使句主要是由表示动作、行为的谓词性词语构成，主语往往是第二人称代词如"你、你儿_您、你们、你儿_{您们}"或第一人称代词的复数形式"我们"等。由于祈使句主要用于表示命令、希望或请求听话人做某事或不做某事，交际对象是明确的，因而其主语也通常可以不出现。我们从语义或语用上将鄂西南地区方言的祈使句分成 8 种。

1. 表示命令

命令句的作用是命令听话人做某事，言辞肯定急促，语气比较直率，一般不用语气词。常使用的格式是："你跟我……"。例如：

你跟我把东西退回去！
你跟我滚出去！
你跟我把话说清楚！

2. 表示禁止

即禁止听话人做某事，语气比较坚决。经常用否定词"不准""不**举**_{不允许}""莫"，不用语气词。

明天早点儿来，不准迟到！
每个人都有任务，都不举推三阻四都不准找借口不做！
公共场所，不准吃烟抽烟！
一直往前头走，眼睛莫到处望！

3. 表示请求

表示请求的祈使句一般语气比较委婉，常用语气词"吵""嘛"。例如：

他们现在恁门困难，你帮他们一下嘛。

你帮我想个办法吵！

4. 表示劝说

即劝说听话人做某事或不做某事，语气比较温和，可以用于肯定和否定。表否定时用"莫"，后面可以用语气词的话"啊"相配；表示肯定时后常用语气词"嘛、吵"。

你也长大哒，这号的事莫再搞哒啊！

你各人也要注意身体，莫怄气哒。

你再哪门也要跟屋里争口气吵 再怎么样也要给家里争口气呀。

你就听你妈这一回嘛。

5. 表示催促

表示催促的祈使句是说话人要求听话人赶快做某事，句子常有"快点、赶快"等词语。一般不带语气词。例如：

快点儿，车子要走哒。

大雨就要来哒，赶快跑！

6. 表示意见或建议

这种情况主要是对话双方比较熟悉，或者是上对下，说话人直接提出自己的意见或建议，希望对方做什么事，语气比较直率，常用的格式是"V+哒+它"，相当于"把……V了"。例如：

不要哒的东西都甩哒它 扔了它。

把衣服换哒它。

明天太阳大的话我们就把麦子割哒它。

7. 表示提醒

提醒听话人注意，免得发生不好的结果。最常用的是"招呼 小心、当心"一词。例如

慢点儿跑，招呼跶哒 小心摔跤！

你要留个心眼儿，招呼他告你！

天黑哒，路上招呼狗子 路上要小心狗。

8. 表示警告的

向听话人发出警告，语气比较强硬。例如：

你再恁门搞，到时候儿莫怪我不客气！

你跟我等倒起！看我回去哒哪门收拾你 你给我等着，看我回去了怎么收拾你。

二十一　感叹句

感叹句是说话人抒发强烈感情的句子，表达说话人喜悦、赞赏、愤怒、悲伤、惊讶等主观感情。从结构形式上来看，这类句子既有主谓句，又有非主谓句。鄂西南地区方言表示感叹主要通过语调、语气词、叹词等形式来体现。

1. 利用语调表达感叹

鄂西南地区方言中感叹句可以与陈述句、疑问句采用相同的结构形式，在具体的语境中，可以凭借其语气的不同作出区分。在口语中通过语调显示出来，在书面上可以用标点符号显示，即句末用叹号。句中一般都有表示程度的副词"好、太、几多、简直、真的"以及代词"恁门$_{这么}$、那门$_{那么}$"等字眼儿。例如：

她弄的饭几多好吃！
胆子恁门大！简直是没得王法哒！
太好哒！我正要去找你呢！
外头是么子在叫？好吓人！
恁门大的石头一下就砸下来哒！

有时候表示程度的述补结构也可以形成感叹句。例如：

娃儿一点儿都不听话，气死我哒！
一个猴子从后头扑过来，把我吓死哒！

2. 利用语气词表达感叹

鄂西南地区方言中感叹句可以不用语气词，但是使用语气词"啊"可以强化感叹的语气，前面往往有"好、几多"等修饰谓语成分。例如：

她的心好狠啊①！各人的娃儿$_{自己的孩子}$都不要就跟倒别个跑哒。
这个屋地势高，好敞亮啊！
刚才好险啊！车子差点儿就滑下去哒。
现在的形势几多好啊！那时候儿做点儿生意都要偷偷摸摸的。

3. 利用叹词表达感叹

鄂西南地区方言可以在一句话的开头加上表语气的叹词，使整个句子带上较强的语气色彩。叹词主要有"拐哒、着哒（tʂau²²）、天哪"，"拐哒、着哒"相当于普通话中的"完了、完蛋了、哎呀"，它们还可以分别说成"搞拐哒、搞着哒"，主要用于不如意的事情前面，表达着急、担心、后悔等语

---

① "啊"有各种音变形式，在这里都统一写作"啊"。

气。例如：

拐哒！我把包包儿掉倒车子上哒！

搞拐哒！我钥匙没带出来，炉子上还烧的开水！

着哒！明天的车票卖完哒！

搞着哒！外头下恁门大的雨，我的铺盖_{被子}还在外头晾倒起的！

天哪！他昨天一晚上输哒三万多块钱！

我的天哪！这是哪门搞的！

二十二　双宾句

双宾语句是指一个动词后面接连出现两个宾语。最靠近动词的那个宾语叫近宾语，用 O_1 表示，离动词较远的那个宾语叫远宾语，用 O_2 表示，前者多指人，后者多指物。形成的基本格式为："动词+O_1+O_2"。

1. 双宾语动词的类型

根据动词语义类型的不同分成6种类型：

（1）"把"型：

动词：把

鄂西南地区方言中表示"给予"的动词主要是"把"。双宾语的不少类型都和"给予"义有关，而"把"型是体现"给予"义的单纯形式。需要说明的是，鄂西南地区方言中"把"型句只能用在已经发生的事情上，所以都采用"动词+哒+O_1+O_2"的形式，其中的"哒"是助词，相当于普通话中的"了"。例如：

老林把哒他一包烟。

他当时把哒我五百块钱，我没要。

"把"型双宾语中，O_1 和 O_2 有时都是指人的，这时的"把"是一个比较宽泛给予的意义。但是指人的 O_2 不用"谁"提问，只能用"么子、么子人、好多人"提问。例如：

老大后来就把哒老二一个姑娘。（老大后来将一个女儿过继给了老二）

我把哒你们十个人，比别的组都多，你还有意见么？（分派）

如果要表示未发生的事情或用在否定句中，就不能用双宾语形式，得用介词结构的形式将 O_1 在前面。例如：

等他来哒我就把东西把倒他。

你不把粮食把倒我我就不走。

我真的没跟他把钱。

上面两个例子中前一个"把"是介词，后一个"把"是动词。

(2)"送"型：

动词：送、还、交、分、找、递、退、借、课_租、赔、卖、发、寄、输、补、摊、派。

要书，我送你们几本。

等我赚哒钱，连本带利还你一万。

单位借哒他们两个一套房子

这一类型的动词也主要是表示"给予"意义，其语义关系是：O_2 所指事物原为前面的施事所有，通过谓语动词的动作，使 O_2 为 O_1 所有。如上面最后一例，"房子"原为单位所有，通过"借"这一动作，则为"他们两个"所有（临时性的）。但是谓语动词是"摊、派"等时，则稍微有所不同，是将 O_1 作为任务分配、摊派给 O_2，从广义上来讲也是 O_2 承担了 O_1。例如：

钱要我们几个一起凑，摊到每个人十块。

今天要栽三百棵树，分哒三队一百棵。

上面的例子中，"十块钱"不能为"每个人"所有，而是每人有"交出十块钱"的义务；后一例是有完成"一百棵"的任务。

(3)"拿"型：

动词：拿、发、偷、抢、骗、赚、赢、买、收、扣、借、课_租、学、抓……

你课_租他们一个门面儿，一个月好多钱？

交警罚哒他们五十块钱。

强盗偷哒他屋里两个猪子_{偷了他家两头猪。}

这一类型的谓语动词都含有"取得"义，前面的施事通过某一行为动作从 O_1 那里获取 O_2，也就是说 O_1 和 O_2 从语义上看有领属关系。

"送"型的 O_1 或 O_2 都可以单独和谓语动词搭配，"拿"型的 O_1 不能。比较：

"送"型：

我卖哒他十斤酒：我卖倒他哒/我卖哒十斤酒

"拿"型：

我买哒他十斤酒：*我买倒他哒/我买哒十斤酒

(4)"吐"、"吓_{吓晓}"型：

"吐"型动词有：吐、濆、泼、扬、撒、淋等；"吓"型动词有：吓、累、踩、擦等。例如：

我泼哒他一盆冷水。

他把衣服往盆里一摔，濆哒我一脸的水。

昨天晚上酒喝得太多哒，吐哒我一屋_{满屋子都吐的是。}

你嚇哒我一身老汗。

踩哒我一脚的泥巴。

走过去的时候儿挨倒机油桶哒，擦哒我一身油。

这一类型的动词没有共同的语义特征，但是都能构成双宾句格式。其中 O_2 都有"一身、一脸"等表示周遍性的数量词，所发生的事情对 O_1 来说都是不愉快的、突然的，都可以变换成被动句。例如：

潲哒我一脸的水　　→　我着他潲哒我一脸的水

你嚇哒我一身老汗　→　我着你嚇哒我一身老汗

"吐"型和"嚇"型的区别在于，前者的 O_2 是动词的直接受事（泼水、潲水），而后者的 O_2 表示一种结果。如"你嚇哒我一身老汗"是"你嚇我，致使我出了一身老汗"。

（5）"叫"型：

动词有：叫、喊、诀等，都是称呼类动词，表示一种等同关系，即 O_1 和 O_2 的所指在某一方面有同一性。例如：

我们都喊他老大哥。

他诀那个人神经病。

山上有座塔，这里的人都叫它莲花塔。

（6）"问""打"型：

这类动词都是具体的单音节行为动词，如"搬、包、抄、扯、称、打、带、丢、搞、换、捡、接、拉、牵、塞、提、挑、拖、挖、抓、捉"等，语义上没有什么共性，只是都能构成双宾语格式。例如：

我问你个事情。

我从来没有瞒过你么子事。

队里牵哒他屋里一条牛。

2. 宾语的位移及隐现

鄂西南地区方言里，双宾句动词的不同类型制约着 O_1 和 O_2 的能否位移。换句话说，不同类型动词的双宾句具有不同的变换关系。

（1）宾语的位移

①表示"给予"义动词双宾句（包括"把"型和"送"型）O_1 和 O_2 一般都可以前移。前移有两个位置。其一，用介词把 O_1 或 O_2 提到 V 的前面，前移的对象不同，所用的介词也不一样，构成"S+跟+O_1+V+O_2""S+把+O_2+V+O_1"两种格式。例如：

姐姐把哒她一个包包儿　→　姐姐跟她把哒一个包包儿

　　　　　　　　　　　→　姐姐把一个包包儿把倒她哒

林老师送哒图书馆一百本书→林老师跟图书馆送哒一百本书
　　　　　　　　→林老师把一百本书送倒图书馆哒

当然，在双宾句和在"把"字句中，O_2 的性质有所不同，在双宾句中 O_2 往往是无定的，而在"把"句中一般要求是有定的。

其二，O_1 可以前移到句首。这时可以有两种变换形式。一是将 O_1 提到句首做话题成分，后面仍然是一个双宾语结构，只是用代词复指 O_1；另一种就是将话题后面的部分变成"S + 跟 + 第三人称代词 + V + O_2"形式，因此这种变化要求原双宾格式中 O_1 不能是代词。例如：

老秦昨天把哒小李一个红包儿→小李老秦昨天把哒他一个红包儿
　　　　　　　　→小李老秦昨天跟他把哒一个红包儿
我上学期交哒学校里两千多块钱→学校里我上学期交哒他们两千多块钱
　　　　　　　　→学校里我上学期跟他们交哒两千多块钱
这门亲事没搞成，女方后来退哒男方三万块钱的彩礼
　　　　　　→男方（那边）女方后来退哒他三万块钱的彩礼
　　　　　　→男方（那边）女方后来跟他退哒三万块钱的彩礼

② "吐""吓唬"型动词构成的双宾句可以用介词将 O_1 前移。例如：

我泼哒他一盆冷水→我跟/把他泼哒一盆冷水
小陈不声不响地走过来，吓哒我一身老汗→小陈跟/把我吓哒一身老汗

③ "问""打"型动词构成的双宾语格式，可以将 O_2 提到句首作为话题成分。例如：

我问下你儿子上学的事情　→儿子上学的事情我问下你
我从来没有瞒过你么子事　→么子事我从来没有瞒过你

④ "拿"型、"叫"型动词构成的双宾语格式不论是 O_1 还是 O_2 都不能前移。比较：

"送"型：
我卖哒他十斤酒→我把十斤酒卖倒他哒/十斤酒我卖倒他哒
"拿"型：
我买哒他十斤酒→*我把十斤酒买倒他哒/*十斤酒我买他哒
"叫"型：
诀那个人神经病→*他把那个人诀神经病/*神经病他诀那个人

（2）宾语的隐现

不同类型动词的双宾格式，宾语的隐现情况也不一样。有 4 种表现形式。

① 可以只出现 O_1 或 O_2。这有"把"型、"送"型、和部分"问"型、

"拿"型动词构成的双宾句。例如：

大哥把哒我一架自行车→把哒我｜大哥把哒一架自行车
厂里退哒老李一批货→退哒老李｜退哒一批货
我问你个事情→我问你｜我问个事情
骗子骗哒那个老年人五百块→骗子骗哒那个老年人｜骗子骗哒五百块

② 可以只出现 O_1，但不能只出现 O_2。这主要是"叫"型动词"诀"构成的双宾句。

他诀那个人神经病 → 他诀那个人｜*他诀神经病

③ 可以只出现 O_2，但不能只出现 O_1。这有"拿"型、"吐"型和大部分"问"型动词够成的双宾句。例如：

强盗偷哒队里几百斤粮食 → 偷哒几百斤粮食｜*偷队里
他擦哒我一身机油 → 擦哒一身机油｜*擦哒我
拖哒厂里一顿煤 → 拖哒一顿煤｜*拖哒厂里

④ O_1 和 O_2 一个也能省略。主要是"叫"型动词"喊、叫"构成的双宾句。

都结婚哒，他妈还喊他明娃儿 → *他妈喊他｜*他妈喊明娃儿
他们都叫她二黄腔 → *他们叫她｜*他们都叫二黄腔

二十三 述补结构

朱德熙先生《语法讲义》（1982/2000）中对补语的分类，将述补结构分为五类：（1）结果补语结构；（2）趋向补语结构；（3）状态补语结构；（4）程度补语结构；（5）可能补语结构。鄂西南地区方言中除了上述五种形式外，还有一种特殊的补语，我们称为"动相补语"，下面分别介绍。

1. 结果补语结构

由结果补语组成的述补结构是一种黏合式述补结构。结果补语可以是形容词，也可以是动词，例如：

动+形：长大　变软　染黑　压碎　晒干　吃饱　装满　擦干净　说清楚
　　　　急糊涂　好利索　摆稳当　收拾整齐
动+动：急哭　来迟　喝醉　走累　补完　摔破　打赢　看懂　煮熟　抓紧
　　　　杀死　吵醒　吹开　弄丢　拿走　压倒

带结果补语的述补结构在语法功能上相当于一个动词，后面可以带动词后缀"哒"或"过"，例如：

娃儿没得几年就长大哒｜把他急糊涂哒｜衣服晒干哒｜
从来没喝醉过｜西洋画我就没看懂过

从这一角度看，它们与述补式复合词基本上是一样的，只是述补结构可以扩展，而复合式动词不能扩展。例如"装满→装得满/装不满　看懂→看得懂/看不懂"（扩展后就变成了可能补语）。

结果补语组成的述补结构尽管在结构上相当于一个动词，但是一般情况不能带宾语，在鄂西南地区方言中，述补结构语义上的支配性成分一般有两种位置，一是在句首做受事主语，一是充当介词"把"的宾语，例如：

衣服染红哒｜鸡蛋压破哒｜房屋已经收拾干净哒｜东西拿走哒

把他气死哒｜把盘子打碎哒｜把钱弄丢哒｜把他喝醉哒｜把娃儿吵醒哒

2. 趋向补语结构

趋向补语结构是由趋向动词充当补语的结构。可以构成黏合式和组合式两类，下面所讨论的（1）、（2）属于黏合式，（3）、（4）属于组合式。

（1）在鄂西南地区方言中只有"来、去"与趋向动词"进、出、上、下、回、过、起"等构成黏合式的述补结构，"来、去"都读轻声。例如：

进来｜出来｜上来｜下来｜回来｜过来｜起来

进去｜出去｜上去｜下去｜回去｜过去｜起去

（2）上述结构又可以放在行为动词的后面充当复合趋向补语，构成黏合式的述补结构，复合补语的两个音节都读轻声。例如：

送进来｜跑出来｜提上来｜放下来｜走回来｜拉过来｜站起来

搬进来｜流出去｜递上去｜甩下去｜拿回去｜车过去 转过去｜游过去

（3）由单音节趋向动词"来、去"构成的组合式述补结构，这时的动词都含有"位移"义，①语义与黏合式基本相同。动词和趋向补语之间用"起"连接，"起"读轻声，补语"来、去"读本调。例如：

拿起来｜送起来｜寄起来｜调起来｜带起来

拿起去｜送起去｜寄起去｜调起去｜带起去

动词"走、跑"②也可以与含有"位移"义的动词构成组合式述补结构，"起"读轻声，补语"走、跑"读本调。例如：

拿起走｜送起走｜寄起走｜送起走｜提起走

拿起跑｜偷起跑｜赶起跑｜放起跑｜提起跑

鄂西南地区方言里能在组合式中做补语的单音节只有"来、去、走、跑"四个，它们没有相应的黏合式，即使有一小部分能说成黏合式，如"拿

---

① 有一个动词"喊"例外，"喊起来"相当于"喊来"，但是它只有组合式而没有黏合式，而具有"位移"义的动词都有相应的黏合式。

② 这里"跑、走"尽管不是严格意义上的趋向动词，但是趋向意味明显，有典型的位移义，因此我们也将其当做趋向补语看待。

来、送去、调来、带去、拿走、送走、寄走、提走、赶跑、放跑"等也是受到普通话的影响，不是地道的鄂西南地区方言的说法。另外鄂西南地区方言中"拿起跑｜偷起跑｜提起跑｜"基本意思相当于"拿走、偷走、提走"，只是表达一种主观上不希望发生的事。

关于连接动词和补语的"起"，我们把它看作是一个结构助词，只起连接作用。"拿起来"和"拿起去"相对应，分别相当于普通话的"拿来、拿去"，其余可类推。

（4）由复合式趋向补语构成的组合式述补结构，用"起"连接动词和补语，语义与黏合式基本相同，"起"读轻声，补语读本调。例如：

走起回来｜转起过来｜跑起出来｜拿起回来｜拉起过来｜搬起进来｜车起过来 转过来

走起回去｜转起回去｜跑起回去｜拿起回去｜流起出去｜搬起出去｜车起过去

一般来说，鄂西南地区方言中由复合式趋向补语构成的述补结构，不论是黏合式还是组合式都相对比较自由，但是如果要强调动词，则偏向于用组合式。例如：

到时候儿把茶叶跟你寄起去。

东西你拿起去，我这里用不完。

恁门近，我们走起回去就行哒。

脑壳车起过去跟后头的人讲话。

3. 状态补语结构

鄂西南地区方言的状态补语主要由各种谓词性成分来承担，述语和补语之间用"得"te^{22}连接，构成组合式述补结构。

（1）形容词做补语：

收拾得干净、整齐｜长得人高马大｜事情搞得一塌糊涂｜东西卖得一干二净

（2）补语是重叠形式的状态形容词，即"A得A"、"AB得AB"、"A得AB"（读音为"te^{55}"）等形式，相当于"很/非常A、AB"。例如：

站得高得高｜长得漂得漂亮｜ 事情弄得气人得气人

详见"一 重叠"部分，此处略。

（3）谓词性成分、小句做补语：

急得跳起来｜疼得大喊大叫｜热得满头大汗｜说得他都不好意思哒

4. 程度补语

鄂西南地区方言里带程度补语的述语以形容词为主（包括部分表示心

理和生理感觉的动词），有黏合式和组合式两种。

（1）黏合式

即述语和补语直接结合。常见的充当补语的成分有：死、着（tṣau22）、不过、完、多。"死、着、不过"都表示程度深，用"死"一般带有"不如意"或"不喜欢"等意味，"着"既可以用于表示主观也可以表示客观，凡是能用"死"的都可以用"着"替换；"不过"主要用于客观，也可以用"着"替换；"完"用于主观性的评价；"多"主要用于比较，说明对象之间在某方面差别大。"死、着、完、多"后面都必须带上语气词"哒"。例如：

臭死哒｜忙死哒｜累死哒｜痒死哒｜烦死哒｜恼死哒

热着哒｜着他老汉儿一顿打着哒_{被他父亲狠狠地揍了一顿}｜伤心着哒

脾气急不过｜身上疼不过｜气不过

屋里干净完哒｜这个娃儿老实完哒

比前段时间好多哒｜比他高多哒｜便宜多哒

（2）组合式

由结构助词"得"述语和补语构成组合式。

（1）补语是程度副词。例如：

雨大得很｜累得要死｜小气得不得了｜把他气得不行哒

肚子疼得要命/要死/不得了/背不住_{受不了}

菜咸得要命/要死/不得了

几个人怕得要命/要死/不得了

相对而言，"要命、要死、不得了"用得更多，适用面更广，"背不住"主要用于生理感受类方面。

（2）补语是一些形容词、成语、惯用语或小句，表示程度深。例如：

醉得不省人事｜懒得烧蛇吃｜砸得稀巴烂

把他得 te51 得找不到各人姓么子哒_{把他得意得都不知道自己姓什么了}

5. 可能补语

鄂西南地区方言有两种可能式述补结构，一种是"V 得"式，一种是"V 得 V/A"式。

（1）"V 得"式

a. 晓得　要得　舍得　怪得

b. 饿得　吃得　做得　走得

c. 晒得　用得　栽得　打得

"V 得"式原本是"V 得得"，只因为两个"得"重复，所以省略一个成为"V得"(见朱德熙 1982/2000)。其中 a 组已经语法化为一个词。根据语法化程度的不同,具体表现有所不同,"晓得"已经演变成为一个纯粹的动词,因此它的否定形式是"不晓得","要得_{行、可以}、舍得、怪得"还没有充分的语法化,因为其否定形式仍然是一个结构"要不得、舍不得、怪不得"。

　　a 组后面除了"要得"外都能带宾语:
　　晓得这个人│舍得下功夫│这个事只怪得各人怪不得别个_{只能怪自己不能怪别人}
　　b 组中"V 得"既可以指行为的主体,也可以指动作的对象。例如:
　　没弄熟的茎豆儿_{四季豆}吃不得。
　　吃得才做得_{能吃才能做}。
　　平板儿脚_{扁平足}走不得远路。
　　这笔钱是爹妈养老的,哪个都动不得_{谁都不准动、不能动}。
　　医生说明天就动得哒,可以稍微走一下。
　　c 组中"V 得"只能就行为的对象来说。例如:
　　布的面料晒得,丝的麻的一般晒不得。
　　再过两天谷子就打得哒。
　　再下场雨秧子_{秧苗}就栽得哒

(2) "V 得 V/A"式

①构成"动词+得+形容词/动词"形式,这种可能补语的述补结构是一种组合式结构,补语可以是动词或形容词,表示一种可能性,有成对的肯定形式和否定形式,其否定形式表示不能达成某种结果。例如:

肯定形式　　　否定形式
听得懂　　　　听不懂
搞得完　　　　搞不完
拿得出来　　　拿不出来
洗得干净　　　洗不干净

上例中"听得懂"是指能听懂,"听不懂"是指不能听懂。

②补语表示情理上能否进行某行为[甲],或者条件能否允许实现某种动作[乙]。其肯定形式是"动词+得",其否定形式是"动词 + 不得",如果前面是形容词,则只有否定形式。例如:

　　甲:葡萄儿熟哒的吃得,酸的吃不得。
　　　　这个样子简直让人看不得。
　　　　你身体好,饿得;他有胃病,饿不得。
　　　　对他这种人,你客气不得。

乙：那个地方塌方哒，去不得。
　　遇到一个麻烦事，脱不得身
　　他脚崴哒，走不得，要等半个月以后才走得。
③补语表示主客观条件能否实现某行为[甲]；或用于估计情况[乙]，构成"动词+得+补语"，否定形式是把"得"换成"不"。例如：
甲：这一碗太多哒，吃不完。
　　小李来得成，他老汉儿_{父亲}今天有事情来不成。
　　在乡里住惯哒，到城里搞不惯。
乙：这种刀子钢火不好，用不到两年就砍不动哒。
　　你们要有心理准备，他这个病拖不到好久。
部分黏合式结果补语和趋向补语可以转换成可能补语。例如：

看倒_{看见}：　看得倒　　　看不倒
进来：　　　进得来　　　进不来
翻过去：　　翻得过去　　翻不过去

当补语是形容词时形式与状态补语相同，但是它们的否定形式不同，状态补语的否定形式是"V得不A"（如"洗得不干净"），可能式的否定形式是"V不A"（如"洗不干净"），另外做状态补语的形容词可以重叠，而可能式补语不能重叠。

另外还有几个可能式述补结构有词汇化的倾向，或者说带有熟语性质：

找得倒_{知道、晓得}　——找不倒_{不晓得}
奈得何_{有能力做}　——奈不何_{没能力做}
划得来_{合算}　　——划不来_{不合算}

6. 动相补语

上面所讨论的"得"都是作为助词起到联系述语和补语的作用，鄂西南地区方言中"得"还有一个较为特殊的用法，用在否定句中直接做补语，可以称为"动相补语"（参见吴福祥1998：6）。又分两种情况：

（1）构成"没+动词+得"的述补结构，表示没有进行某种行为或未达到目的。例如：

开始价钱便宜的时候儿没买得，现在恁门贵哒。
开春没种得，这时候儿才种就搞不赢_{来不及}哒。
钱没借得_{没借到}，还把人搞得罪哒。
如果强调行为进行得不彻底，后面往往带上"好"。
娃儿不听话，那是小时候儿老汉儿_{父亲}没打得好。
班上学生娃儿纪律差，那就是老师没管得好。

这两个例子不是说"父亲没有打、老师没有管",而是没有彻底、尽心地去管教。

（2）构成"不好/不消/不要+动词+得"来表示,表示在说话人看来不便、不值得或者不必做某种事。

用"不好"时表示不知道、不方便去做某事。动词用得最多的是"说、讲、做、搞"等相对宽泛的行为动词。例如:

这个事情不好讲得_{不知道怎么说好、或者不方便说。}

我是外人,不好去说得_{不方便去说。}

用"不消/不要"表示不必做某事,两者可以互换,只是"不消"更常用一些。后面的动词可以是具体的行为,也可以是相当概括的。例如:

我们吃哒饭哒,你不消/不要弄得_{不必做饭了。}

一下儿就走哒,不消/不要坐得 _{不坐了。}

你说都不消/不要说得,我晓得他讲的么子_{你不说我都知道他讲什么。}

你不消/不要来得,我过去跟你带起去就行哒_{你不用来,我给你带过去就行了。}

二十四 语法例句

这里所列的"语法例句"来源于张振兴先生提供的《汉语方言语法调查例句》,共有 248 条,序号一仍其旧。序号后面是《汉语方言语法调查例句》,下一行是鄂西南地区方言的相应说法,然后用音标标注鄂西南地区方言的音。

001 这句话用××话怎么说?

  这句（个）话用××话哪们说?

  lie^{35} tɕy^{35}（·kə）xua^{35} ioŋ^{35} ×× xua^{35} la^{51}·mən ʂuo^{22} ?

002 你还会说别的地方的话吗?

  你说不说得来别个地方的话?

  li^{51} ʂuo^{22} ·pu ʂuo^{22} ·te ·lai pie^{22} ·kə ti^{35} xuan^{55} ·ti xua^{35} ?

003 不会了,我从小就没出过门,只会说××话。

  说不来,我从小就没出过门,只说得来××话

  ʂuo^{22} ·pu ·lai^{22}, uo^{51} ts'oŋ^{22} ɕiau^{51} tɕiəu^{35} mei^{55} tʂ'u^{22} kuo^{35} mən^{22}, tsɿ^{22} ʂuo^{22} ·te ·lai^{22} ×× xua^{35}。

004 会,还会说××话、××话,不过说得不怎么好。

  说得来,像××话、××话我也说得来,就是说得不当好/不大像。

  ʂuo^{22} ·te ·lai^{22}, tɕ'iaŋ^{35} ×× xua^{35}、×× xua^{35} uo^{51}ie^{51} ʂuo^{22} ·te ·lai^{22}, tɕiəu³⁵ ʂʅ⁵⁵ ʂuo²² ·te pu²² ta³⁵ xau⁵¹/pu²² ta³⁵ tɕ'iaŋ³⁵。

005 会说普通话吗？

你说不说得来普通话？

li⁵¹ ʂuo²² ·pu ʂuo²² ·te ·lai²² p'u⁵¹ t'oŋ⁵⁵ xua³⁵？

006 不会说，没有学过。

说不来，没学过。

ʂuo²² ·pu ·lai²², mei⁵⁵ ɕio²² kuo³⁵。

007 会说一点儿，不标准就是了。

说得来点点儿，就是说得不大像。

ʂuo²² ·te ·lai²² tien⁵¹ ·tiər, tɕiəu³⁵ʂʅ⁵⁵ʂuo²² ·te pu²² ta³⁵ tɕ'iaŋ³⁵。

008 在什么地方学的普通话？

在哪节儿学的普通话？

tsai³⁵ la⁵¹ ·tɕiər ɕio²² ·ti p'u⁵¹ t'oŋ⁵⁵ xua³⁵？

009 上小学中学都学普通话。

读小学读中学都学过普通话。

təu²² ɕiau⁵¹ ɕio²² təu²² tʂoŋ⁵⁵ ɕio²² təu⁵⁵ ɕio²² kuo³⁵ p'u⁵¹ t'oŋ⁵⁵ xua³⁵。

010 谁呀？我是老王。

哪个？我是老王。

la⁵¹ kuo³⁵？ uo⁵¹ ʂʅ³⁵ lau⁵¹ uaŋ²²。

011 您贵姓？我姓王，您呢？

你儿姓么子？我姓王，你儿啊？（您儿姓么子？）

liər⁵¹ ɕin³⁵ muo⁵¹ ·tsʅ？ uo⁵¹ ɕin³⁵ uaŋ²², liər⁵¹ ŋa⁵⁵？ / liər⁵¹ ɕin³⁵ muo⁵¹ ·tsʅ？

012 我也姓王，咱俩都姓王。

我也姓王，我们两个都姓王。/我跟您儿一个姓，也姓王

uo⁵¹ ie⁵¹ ɕin³⁵ uaŋ²², uo⁵¹ ·mən liaŋ⁵¹ ·kə təu⁵⁵ ɕin³⁵ uaŋ²² / uo⁵¹ kən⁵⁵ liər⁵¹ i²² kuo³⁵ ɕin³⁵, ie⁵⁵ ɕin³⁵ uaŋ²²

013 巧了，他也姓王，本来是一家嘛。

巧哒，他也姓王，那我们还是家门儿呃。

tɕ'iau⁵¹ ·ta, t'a⁵⁵ ie⁵¹ ɕin³⁵ uaŋ²², la³⁵ uo⁵¹ ·mən xai²² ʂʅ³⁵ tɕia⁵⁵ ·mər ·ŋe。

014 老张来了吗？说好他也来的！

老张来哒没得？说好哒他也要来的。

lau⁵¹ tʂaŋ⁵⁵ lai²² ·ta mei⁵⁵ ·te？ ʂuo²² xau⁵¹ ·ta ti t'a⁵⁵ ie⁵¹ iau³⁵ lai²² ·ti。

015 他没来，还没到吧。

他（还）没来，还没拢嘛。
t'a⁵⁵（xai²²）mei⁵⁵ lai²², xai²² mei⁵⁵ loŋ⁵¹ ·ma。

016 他上哪儿了？还在家里呢。
他到哪节儿/哪里哒？还在屋里没出门。
t'a⁵⁵ tau³⁵ la⁵¹ tɕiər²² / la⁵¹ ·li ·ta？xai²² tsai³⁵u²² ·li mei⁵⁵ tʂ'u²² mən²²。

017 在家做什么？在家吃饭呢。
在屋里搞么子？在屋里吃饭啰。
tsai³⁵ u²² ·li kau⁵¹ muo⁵¹ ·tsʅ？ tsai³⁵ u²² ·li tɕ'i²² xuan³⁵ ·luo。

018 都几点了，怎么还没吃完？
都几点哒嘛，哪们还没吃完啰？
təu⁵⁵ tɕi⁵¹ tiɛn⁵¹ ·ta ·ma，la⁵¹ ·mən xai²² mei⁵⁵ tɕ'i²² uan²² ·luo？

019 还没有呢，再有一会儿就吃完了。
那还没有，还要一下下儿才吃得完。
la³⁵ xai³³ mei⁵⁵ iəu⁵⁵，xai²² iau³⁵ i²² xa⁵¹ ·xər ts'ai²² tɕ'i²² ·te uan²²。

020 他在哪儿吃的饭？
他在哪节儿/哪里吃的饭？
t'a⁵⁵ tsai³⁵ la⁵¹ tɕiər²² / la⁵¹ ·li tɕ'i²² ·ti xuan³⁵？

021 他是在我家吃的饭。
他是在我屋里吃的饭。
t'a⁵⁵ ʂʅ³⁵ tsai³⁵ uo⁵¹ u²² ·li tɕ'i²² ·ti xuan³⁵。

022 真的吗？真的，他是在我家吃的饭。
真的么？真的，他是在我屋里吃的饭。
tʂən⁵⁵ ·ti muo⁵¹？tʂən⁵⁵ ·ti，t'a⁵⁵ ʂʅ³⁵ tsai³⁵ uo⁵¹ u²² ·li tɕ'i²² ·ti xuan³⁵。

023 先喝一杯茶再说吧！
先喝口茶哒再说（嘛）！
ɕiɛn⁵⁵ xuo⁵⁵ k'əu⁵¹ tʂ'a²² ·ta tsai³⁵ ʂuo²²（·ma）！

024 说好了就走的，怎么半天了还不走？
说好哒就走的，哪门半天哒还不走哦？
ʂuo²² xau⁵¹ ·ta tɕiəu³⁵ tsəu⁵¹ ·ti，la⁵¹ ·mən pan³⁵ t'iɛn⁵⁵ xai²² pu²² tsəu⁵¹ ·uo？

025 他磨磨蹭蹭的，做什么呢？
他才摸啊，在搞么子（哦）？
t'a⁵⁵ ts'ai²² muo⁵⁵ ·ŋa，tsai³⁵ kau⁵¹ muo⁵¹ ·tsʅ（·uo）？

026 他正在那儿跟一个朋友说话呢。
他在那节儿跟一个伙计说么子。
t'a⁵⁵ tsai³⁵ la³⁵ tɕiər²² kən⁵⁵ i²² ·kə xuo⁵¹ tɕi ʂuo²² muo⁵¹ ·tsʅ。

027 还没说完啊？催他快点儿！
还没说完么？喊他快点儿！
xai²² mei⁵⁵ ʂuo²² uan²² ·muo? xan⁵¹ tʻa⁵⁵ kʻuai³⁵ tiər⁵¹！

028 好，好，他就来了。
要的，要的，他要来哒。
iau³⁵ ·te，iau³⁵ ·te，tʻa⁵⁵ iau³⁵ lai²² ·ta。

029 你上哪儿去？我上街去。
你咋（"在哪"的合音）去？（我）上街去。
li⁵¹ tsa⁵¹ tɕʻie³⁵？（uo⁵¹）ʂaŋ³⁵ kai⁵⁵ tɕʻie³⁵。

030 你多会儿去？我马上就去。
你哪时儿去？我将才就去。
li⁵¹ la⁵¹ ʂʅər²² tɕʻie³⁵？ uo⁵¹ tɕiaŋ⁵⁵ tsʻai²² tɕiəu³⁵ tɕʻie³⁵。

031 做什么去呀？家里来客人了，买点儿菜去。
搞么子去？屋里来客哒，去买点儿菜/买点儿菜去。
kau⁵¹ muo⁵¹ ·tsʅtɕʻie³⁵？ u²² ·li lai²² ke²² ·ta，tɕʻie³⁵ mai⁵¹ ·tiər⁵¹ tsʻai³⁵/ mai⁵¹ ·tiər⁵¹ tsʻai³⁵ tɕʻie³⁵。

032 你先去吧，我们一会儿再去。
你先去嘛，我们晏下儿/捱下儿再去。
li⁵¹ ɕiɛn⁵⁵ tɕʻie³⁵ ·ma，uo⁵¹ ·mən ŋan³⁵ xər⁵⁵ / ŋai²² xər⁵⁵ tsai³⁵ tɕʻie³⁵。

033 好好儿走，别跑！小心摔交了。
好神点儿走，莫跑！招乎打跟头。
xau⁵¹ ʂən²² ·tiər⁵¹ tsəu⁵¹，muo²² pau⁵¹！ tsau⁵⁵ xu⁵⁵ ta²² kən⁵⁵ ·tʻəu。

034 小心点儿，不然的话摔下去爬都爬不起来。
好神点儿，跩下去就□不起来哒/爬不起来哒
xau⁵¹ ʂən²² ·tiər⁵¹，ta²² ɕia³⁵ ·tɕʻie tɕiəu³⁵ pa⁵⁵ pu²² tɕʻi⁵¹ lai²² ·ta/ pʻa²² pu²² tɕʻi⁵¹ lai²² ·ta。

035 不早了，快去吧！
不早哒，快点儿去！
pu²² tsau⁵¹ ·ta，kuai³⁵ ·tiər⁵¹ tɕʻie³⁵。

036 这会儿还早呢，过一会儿再去吧。
这时儿还早，过下儿/晏下儿/捱下儿再去。
lie³⁵ ʂər²² xai²² tsau⁵¹，kuo³⁵ xər⁵⁵ / ŋan³⁵ xər⁵⁵ / ŋai²² xər⁵⁵ tsai³⁵ tɕʻie³⁵。

037 吃了饭再去好不好？
吃哒饭哒再去要不要得？

tɕ'i²² ·ta xuan³⁵ ·ta tsai³⁵ tɕ'ie³⁵ iau³⁵ ·pu²² iau³⁵ ·te ?

038 不行，那可就来不及了。

那不行，到时儿就搞不赢哒。

la³⁵ pu²² ɕin²², tau³⁵ ʂər²² tɕiəu³⁵ kau⁵¹ ·pu²² in²² ·ta。

039 不管你去不去，反正我是要去的。

管得你去不去，我横直是要去的/横直我是要去的。

kuan⁵¹ ·te li⁵¹ tɕ'ie³⁵ ·pu²² tɕ'ie³⁵, uo⁵¹ xuən²² tʂʅ²² ʂʅ³⁵ iau³⁵ tɕ'ie³⁵ ·ti / xuən²² tʂʅ²² uo⁵¹ ʂʅ³⁵ iau³⁵ tɕ'ie³⁵ ·ti。

040 你爱去不去。你爱去就去，不爱去就不去。

你想去就去，不去就算哒。

li⁵¹ ɕiaŋ⁵¹ tɕ'ie³⁵ tɕiəu³⁵ tɕ'ie³⁵, pu²² tɕ'ie³⁵ tɕiəu³⁵ san³⁵ ·ta。

041 那我非去不可！

那我是肯定要去的！/那我硬是要去。

la³⁵ uo⁵¹ ʂʅ³⁵ k'ən⁵¹ tin³⁵ iau³⁵ tɕ'ie³⁵ ·ti！/ la³⁵ uo⁵¹ ŋən³⁵ ʂʅ³⁵ iau³⁵ tɕ'ie³⁵。

042 那个东西不在那儿，也不在这儿。

那个东西不在那哈儿，也不在这哈儿。

la³⁵ ·kə toŋ⁵⁵ ·ɕi pu²² tsai³⁵ la³⁵ xər⁵⁵, ie⁵¹ pu²² tsai³⁵ lie³⁵ xər⁵⁵。

043 那到底在哪儿？

那到底在哪哈儿哦？

la³⁵ tau³⁵ ti⁵¹ tsai³⁵ la³⁵ xər⁵⁵ ·ŋə？

044 我也说不清楚，你问他去！

我也说不清白/清楚，你去问他！

uo⁵¹ ie⁵¹ ʂuo²² ·pu²² tɕ'in²² pe²²/tɕ'in⁵⁵ ts'əu⁵¹, li⁵¹ tɕ'ie³⁵ uən³⁵ t'a⁵⁵！

045 怎么办呢？不是那么办，要这么办才对。

哪们搞（呃）？不是那们搞的，要恁们搞才行。

la⁵¹ ·mən kau⁵¹ ·ŋe？ pu²² ʂʅ³⁵ la³⁵ ·mən kau⁵¹ ·ti, iau³⁵ lən³⁵ ·mən kau⁵¹ ts'ai²² ɕin²²。

046 要多少才够呢？

要好多才够？

iau³⁵ xau⁵¹ tuo⁵⁵ ts'ai²² kəu³⁵？

047 太多了，要不了那么多，只要这么多就够了。

太多哒，要不倒那么多，只要恁们多就行哒。

t'ai³⁵ tuo⁵⁵ ·ta, iau³⁵ ·pu²² tau⁵¹ la³⁵ ·mən tuo⁵⁵, tʂʅ²² iau³⁵ lən³⁵ ·mən tuo⁵⁵ tɕiəu³⁵ ɕin²² ·ta。

048 不管怎么忙，也得好好儿学习。
不管哪们忙，学习还是要好神搞／也要好神学习
pu²² kuan⁵¹ la⁵¹ ·mən maŋ²²，ɕio²² ɕi²² xai²² ʂʅ³⁵ iau³⁵ xau⁵¹ ʂən²² kau⁵¹ ／ ie⁵¹ iau³⁵ xau⁵¹ ʂən²² ɕio²² ɕi²²。

049 你闻闻这朵花香不香？
你闻下看看儿这朵花香不香？
li⁵¹ uən²² ·xa kan³⁵ ·kər lie³⁵ tuo⁵¹ xua⁵⁵ ɕiaŋ⁵⁵ ·pu ɕiaŋ⁵⁵。

050 好香呀，是不是？
好香啊，是不是的？
xau⁵¹ ɕiaŋ⁵⁵ ·ŋa，ʂʅ³⁵ pu ʂʅ³⁵ ·ti ？

051 你是抽烟呢，还是喝茶？
你喝烟还是喝茶？
li⁵¹ xuo⁵⁵ iɛn⁵⁵ xai²² ʂʅ³⁵ xuo⁵⁵ tʂ'a²² ？

052 烟也好，茶也好，我都不会。
烟、茶我都不喝/不要。
iɛn⁵⁵、tʂ'a²² uo⁵¹ təu⁵⁵ pu²² xuo⁵⁵/ pu²²iau³⁵。

053 医生叫你多睡一睡，抽烟喝茶都不行。
医生叫你多睡下儿，莫喝烟喝茶。
i⁵⁵ sən⁵⁵ tɕiau³⁵ li⁵¹ tuo⁵⁵ ʂuei³⁵ xər⁵⁵，muo²² xuo⁵⁵ iɛn⁵⁵ xuo⁵⁵ tʂ'a²²。

054 咱们一边走一边说。
我们边走边说。
uo⁵¹ ·mən piɛn⁵⁵ tsəu⁵¹ piɛn⁵⁵ ʂuo²²。

055 这个东西好是好，就是太贵了。
东西是个好东西，就是太贵哒。
toŋ⁵⁵ ·ɕi ʂʅ³⁵ ·kə xau⁵¹ toŋ⁵⁵ ·ɕi，tɕiəu³⁵ ʂʅ³⁵ t'ai³⁵ kuei³⁵ ·ta。

056 这个东西虽说贵了点儿，不过挺结实的。
这个东西贵是贵哒点儿，那扎还是扎实。
lie³⁵ ·kə toŋ⁵⁵ ·ɕi kuei³⁵ ʂʅ³⁵ kuei³⁵ ·ta tiər⁵¹，la³⁵ tʂa²² xai²² ʂʅ³⁵ tʂa²² ʂʅ²²。

057 他今年多大了？
他今年子好大哒？
t'a⁵⁵ tɕin⁵⁵ liɛn²² ·tsʅ xau⁵¹ ta³⁵ ·ta？

058 也就是三十来岁吧。
差不多三十左右的样子。
tʂ'a⁵ ·pu tuo⁵⁵ san⁵⁵ ʂʅ²² tsuo⁵¹iəu³⁵ ·ti iaŋ³⁵ ·tsʅ。

059 看上去不过三十多岁的样子。
看起来差不多三十达点儿的样子。
k'an^{35} tɕ'i^{51} ·lai tʂ'a^{55} ·pu tuo^{55} san^{55} ʂʅ^{22} ta^{22} tiɚ^{51} ·ti iaŋ^{35} ·tsʅ。

060 这个东西有多重呢？
这个东西有好重？
lie^{35} ·kə toŋ^{55} ·ɕi iəu^{51} xau^{51} tʂoŋ^{35}？

061 怕有五十多斤吧。
怕是有五十多斤啰。
p'a^{35} ʂʅ^{35} iəu^{51} u^{51} ʂʅ^{22} tuo^{55} tɕin^{55} ·luo。

062 我五点半就起来了，你怎么七点了还不起来？
我五点半就起来哒，你哪门七点哒还不起来哟？
uo^{51} u^{51} tiɛn^{51} pan^{35} tɕiəu^{35} tɕ'i ·lai ·ta, li^{51} la^{51} ·mən tɕ'i^{22} tiɛn^{51} ·ta xai^{22} pu^{22} tɕ'i^{51} ·lai ·io？

063 三四个人盖一床被。一床被盖三四个人。
三四个人盖一床铺盖。一床铺盖盖三四个人。
san^{55}sʅ^{35} ·kə zən^{22} kai^{35} i^{22} tʂ'uaŋ^{22} p'u^{55} kai^{35}。i^{22} tʂ'uaŋ^{22} p'u^{55} kai^{35} kai^{35} san^{55} sʅ^{35} ·kə zən^{22}。

064 一个大饼夹一根油条。一根油条外加一个大饼。
一个大饼夹根儿油条。一根儿油条和一个大饼。
i^{22} ·kə ta^{35} pin^{51} tɕia^{22} kɚ^{55} iəu^{22} t'iau^{22}。i^{22} kɚ^{55} iəu^{22} t'iau^{22} xuo^{22} i^{22} ·kə ta^{35} pin^{51}。

065 两个人坐一张凳子。一张凳子坐了两个人。
两个人坐一张凳子。一张凳子坐哒两个人。
liaŋ^{51} ·kə zən^{22} tsuo^{35} i^{22} tʂaŋ^{55} tən^{35} ·tʅ。i^{22} tʂaŋ^{55} tən^{35} ·tʅ tsuo^{35} ·ta liaŋ^{51} ·kə zən^{22}。

066 一辆车装三千斤麦子。三千斤麦子刚好够装一辆车。
一架车子装三千斤麦子。三千斤麦子刚好装满一架车子。
i^{22} tɕia^{35} tʂ'e^{55}·tʅ tʂuan^{55} san^{55} tɕ'iɛn^{55} tɕin^{55} me^{22}·tʅ。san^{55} tɕ'iɛn^{55} tɕin^{55} me^{22}·tʅ kaŋ^{55} xau^{51} tʂuaŋ^{55} man^{51} i^{22} tɕia^{35} tʂ'e^{55}·tʅ 。

067 十个人吃一锅饭。一锅饭够吃十个人。
十个人吃一锅饭。一锅饭够十个人吃/一锅饭十个人吃够哒
ʂʅ^{22} ·kə zən^{22} tɕ'i^{22} i^{22} kuo^{55} xuan^{35}。i^{22} kuo^{55} xuan^{35} kəu^{35} ʂʅ^{22} ·kəzən^{22} tɕ'i^{22}/ i^{22} kuo^{55} xuan^{35} ʂʅ^{22} ·kə zən^{22} tɕ'i^{22} kəu^{35} ·ta。

068 十个人吃不了这锅饭。这锅饭吃不了十个人。

十个人吃不完这锅饭。这锅饭不够十个人吃。

ʂʅ²² ·kə zən²² tɕ'i²² ·pu uan²² lie³⁵ kuo⁵⁵ xuan³⁵。lie³⁵ kuo⁵⁵ xuan³⁵ pu²² kəu³⁵ ʂʅ²² ·kə zən²² tɕ'i²² 。

069 这个屋子住不下十个人。

这个屋住不下十个人。

lie³⁵ ·kə u²² tʂu³⁵ ·pu ɕia³⁵ ʂʅ²² ·kə zən²²。

070 小屋堆东西，大屋住人。

小屋里堆东西，大屋里住人。

ɕiau⁵¹ u²² ·li tei⁵⁵ toŋ⁵⁵ ·tɕi, ta³⁵ u²² ·li tʂu³⁵ zən²²。

071 他们几个人正说着话呢。

他们几个正在讲话。

t'a⁵⁵ ·mən tɕi⁵¹ kuo tʂən³⁵ tsai³⁵ tɕiaŋ⁵¹ xua³⁵。

072 桌上放着一碗水，小心别碰倒了。

桌子高头凳哒一碗水，招乎搞泼哒。

tʂuo²² ·tsɿ kau⁵⁵ ·t'əu tən³⁵ ·ta i²² uan²² ʂuei⁵¹，tʂau⁵⁵ xu⁵⁵ kau⁵¹ p'uo²² ·ta。

073 门口站着一帮人，在说着什么。

一伙人站倒门口在讲么子。

i²² xuo⁵¹ zən²² tʂan³⁵ tau⁵¹ mən²² k'əu⁵¹ tsai³⁵ tɕiaŋ⁵¹ muo⁵¹ ·tsɿ。

074 坐着吃好，还是站着吃好？

坐倒起吃好还是站倒起吃好？

tsuo³⁵ tau⁵¹ ·tɕ'i tɕ'i²² xau⁵¹ xai²² ʂʅ³⁵ tʂan³⁵ tau⁵¹ ·tɕ'i tɕ'i²² xau⁵¹？

075 想着说，不要抢着说。

想倒起说，莫抢倒起说。

ɕiaŋ⁵¹ tau⁵¹ ·tɕi ʂuo²²，muo²² tɕ'iaŋ⁵¹ tau⁵¹ ·tɕi ʂuo²²。

076 说着说着就笑起来了。

说倒说倒就笑起来哒。

ʂuo²² ·tau ʂuo²² ·tau tɕiəu³⁵ ɕiau³⁵ tɕ'i⁵¹ ·lai ·ta。

077 别怕！你大着胆子说吧。

莫怕！你大起胆子说就是的。

muo²² p'a³⁵！li⁵¹ ta³⁵ tɕ'i⁵¹ tan⁵¹ ·tsɿ ʂuo²² tɕiəu³⁵ ʂʅ³⁵ ·ti。

078 这个东西重着呢，足有一百来斤。

这个东西重得重，起码有百把多斤。

lie³⁵ ·kə toŋ⁵⁵ ·ɕi tʂoŋ³⁵ te⁵⁵ tʂoŋ³⁵，tɕ'i⁵¹ ma⁵¹ iəu⁵¹ pe²² pa⁵¹ tuo⁵⁵ tɕin⁵⁵。

079 他对人可好着呢。

他对人几多好/好得好。

t'a⁵⁵ tei³⁵ zən²² tɕi⁵¹ tuo⁵⁵ xau⁵¹ / xau⁵¹ te⁵⁵ xau⁵¹。

080 这小伙子可有劲着呢。

这个年轻娃儿力气大得很 /好有力气哟。

lie³⁵ ·kə liɛn²² tɕ'in⁵⁵ uər²² li²² tɕ'i³⁵ta³⁵ te²² xən⁵¹ /xau⁵¹ iəu⁵¹ li²² tɕ'i³⁵ ·io。

081 别跑，你给我站着！

莫跑，你跟我站倒起！

muo²² p'au⁵¹，li⁵¹ kən⁵⁵ uo⁵¹ tʂan³⁵ tau⁵¹ ·tɕ'i！

082 下雨了，路上小心着！

下雨哒，路上好神点儿！

ɕia³⁵ y⁵¹ ·ta，ləu³⁵ ʂaŋ⁵⁵ xau⁵¹ ʂən²² ·tiər⁵¹！

083 点着火了。着凉了。

火点燃哒。搞凉哒。

xuo⁵¹ tiɛn⁵¹ zan²² ·ta。kau⁵¹ liaŋ²² ·ta。

084 甭着急，慢慢儿来。

莫得急，慢慢儿来。

muo²² te²² tɕi²²，man³⁵ mər⁵⁵ lai²²。

085 我正在这儿找着你，还没找着。

我正在这节儿找你没找倒。

uo⁵¹ tʂən³⁵ tsai³⁵ lie³⁵ tɕiər²² tʂau⁵¹ li⁵¹mei⁵⁵ tʂau⁵¹ tau⁵¹。

086 她呀，可厉害着呢！

她呀，好火色哟！

t'a⁵⁵ ·ia，xau⁵¹ xuo⁵¹ se²² ·io！

087 这本书好看着呢。

这本儿（个）书好得好看/好看得好看。

lie³⁵ pər⁵¹ / ·kəʂu⁵⁵ xau⁵¹ te⁵⁵ xau⁵¹ k'an³⁵/ xau⁵¹ k'an³⁵ te⁵⁵ xau⁵¹ k'an³⁵。

088 饭好了，快来吃吧。

饭熟哒，快点儿来吃。

xuan³⁵ ʂu²² ·ta，k'uai³⁵ tiər⁵¹ lai²² tɕ'i²²。

089 锅里还有饭没有？你去看一看。

锅里还有饭没得？你去看看儿。

kuo⁵⁵ ·li xai²² iəu⁵¹ xuan³⁵ mei⁵⁵ te²² ？li⁵¹ tɕ'ie³⁵ k'an³⁵ ·k'ər。

090 我去看了，没有饭了。

我看哒，没得饭哒/ 饭没得哒

uo⁵¹ kʻan³⁵ ·ta, mei⁵⁵ te²² xuan³⁵ ·ta / xuan³⁵ mei⁵⁵ te²² ·ta。

091 就剩一点儿了，吃了得了。
就剩点点儿哒，吃哒算哒。
tɕiəu³⁵ ʂən³⁵ tien⁵¹ tiər ·ta, tɕʻi²² ·ta san³⁵ ·ta。

092 吃了饭要慢慢儿的走，别跑，小心肚子疼。
吃哒饭哒要慢慢儿走，莫跑，招乎肚子疼。
tɕʻi²² ·ta xuan³⁵ ·ta iau³⁵ man³⁵ ·mər tsəu⁵¹，muo²² pʻau⁵¹, tʂau⁵⁵ xu⁵⁵ təu⁵¹ ·tsʅ tʻən²²。

093 他吃了饭了，你吃了饭没有呢？
他吃哒饭哒，你吃哒没得？
tʻa⁵⁵ tɕʻi²² ·ta xuan³⁵ ·ta, li⁵¹ tɕʻi²² ·ta mei⁵⁵ ·te？

094 我喝了茶还是渴。
我喝哒茶哒嘴巴还是干。
uo⁵¹ xuo⁵⁵ ·ta tʂʻa²² ·ta tsei⁵¹ ·pa xai²² ·sʅ³⁵ kan⁵⁵。

095 我吃了晚饭，出去溜达了一会儿，回来就睡下了，还做了个梦。
我吃哒夜饭之后，出去转哒下儿，回来就睡哒，还做哒个梦。
uo⁵¹ tɕʻi²² ·taie³⁵ xuan³⁵ tʂʅ⁵⁵ xəu³⁵，tʂʻu²² tɕʻie³⁵ tʂuan³⁵ ·tai²² xər⁵⁵，xuei²² lai²² tɕiəu³⁵ ʂuei³⁵ ·ta, xai²² tsəu³⁵ ·ta· kə moŋ³⁵。

096 吃了这碗饭再说。
吃哒这碗饭再说。
tɕʻi²² ·ta lie³⁵ uan⁵¹ xuan³⁵ tsai³⁵ ʂuo²²。

097 我昨天照了像了。
我昨天照哒个像。
uo⁵¹ tsuo²² tʻiɛn⁵⁵ tʂau³⁵ ·ta ·kə ɕiaŋ³⁵。

098 有了人，什么事都好办。
只要有人，么子事都好搞。
tʂʅ²² iau³⁵ iəu⁵¹ zən²²，muo⁵¹ ·tsʅ sʅ³⁵ təu⁵⁵ xau⁵¹ kau⁵¹。

099 不要把茶杯打碎了。
莫把茶杯子打破哒。
muo²² pa⁵¹ tʂʻa²² pei⁵⁵ ·tsʅ ta²² pʻuo³⁵ ·ta。

100 你快把这碗饭吃了，饭都凉了。
你快点儿把这碗饭吃哒它，都冷哒。
li⁵¹ kʻuai³⁵ tiər⁵¹ pa⁵¹ lie³⁵ uan⁵¹ xuan³⁵ tɕʻi²² ·ta ·tʻa⁵⁵，təu⁵⁵ lən⁵¹ ·ta。

101 下雨了。雨不下了，天晴开了。

下雨哒。雨住哒，天晴哒。

çia³⁵ y⁵¹ ·ta。y⁵¹ tʂu³⁵ ·ta，tʻiɛn⁵⁵ tɕʻin²² ·ta。

102 打了一下。去了一趟。

打哒一下。去哒一趟。

ta⁵¹ ·ta i²² xa⁵¹。tɕʻie³⁵ ·ta i²² tʻaŋ³⁵。

103 晚了就不好了，咱们快点儿走吧！

去迟哒不好，我们快点儿走！

tɕʻie³⁵ tʂʻʅ²² ·ta pu²² xau⁵¹，uo⁵¹ ·mən kʻuai³⁵ tiər⁵¹ tsəu⁵¹！

104 给你三天时间做得了做不了？

跟你把三天时间搞不搞得完？

kən⁵⁵ li⁵¹ pa⁵¹ san⁵⁵ tʻiɛn⁵⁵ ʂʅ²² tɕiɛn⁵⁵ kau⁵¹ ·pu²² kau⁵¹ ·te uan²²？

105 你做得了，我做不了。

你搞得好，我搞不好。

li⁵¹ kau⁵¹ ·te xau⁵¹，uo⁵¹ kau⁵¹ ·pu²² xau⁵¹。

106 你骗不了我。

你乎不倒我。

li⁵¹ xu⁵⁵ ·pu²² tau⁵¹ uo⁵¹。

107 了了这桩事情再说。

把这个事搞清白/完哒再说。

pa⁵¹ lie³⁵ ·kə sʅ³⁵ kau⁵¹ tɕʻin⁵⁵ pe²² /uan²² ·ta tsai³⁵ ʂuo²²。

108 这间房没住过人。

这间儿屋没住过人。

lie³⁵ kər⁵⁵ u²² mei⁵⁵ tʂu³⁵ ·kuo zən²²。

109 这牛拉过车，没骑过人。

这个牛拉过车子，没骑过人。

lie³⁵ ·kə liəu²² la⁵⁵ ·kuo tʂʻe⁵⁵ ·tsʅ，mei⁵⁵ tɕʻi²² ·kuo zən²²。

110 这小马还没骑过人，你小心点儿。

这个马娃儿还没骑过人，你要好神点儿。

lie³⁵ ·kə ma⁵¹ uər²² xai²² mei⁵⁵ tɕʻi²² ·kuo zən²²，li⁵¹ iau³⁵ xau⁵¹ ʂən²² tiər⁵¹。

111 以前我坐过船，可从来没骑过马。

往常我坐过船，还从来没骑过马。

uaŋ⁵¹ tʂʻaŋ²² uo⁵¹ tsuo³⁵ ·kuo tʂʻuan²²，xai²² tsʻoŋ²² lai²² mei⁵⁵ tɕʻi²² ·kuo ma⁵¹。

112 丢在街上了。搁在桌上了。

掉倒街上哒。□倒桌子高头哒。

tiau³⁵ tau⁵¹ kai⁵⁵ ·ṣaŋ³⁵ ·ta。ka³⁵ tau⁵¹ tṣuo²² ·tsʅ kau⁵⁵ t'əu ·ta。

113 掉到地上了，怎么都没找着。

掉倒地下哒，哪们找都没找倒/找不倒

tiau³⁵ tau⁵¹ ti³⁵ ɕia⁵⁵ ·ta，la⁵¹ ·mən tṣau⁵¹ təu⁵⁵ mei⁵⁵ tṣau⁵¹ tau⁵¹ /tṣau⁵¹ ·pu tau⁵¹。

114 今晚别走了，就在我家住下吧！

今天晚上莫走哒，就在我屋里歇

tɕin⁵⁵ t'iɛn⁵⁵ uan⁵¹ ·saŋ muo²² tsəu⁵¹ ·ta，tɕiəu³⁵ tsai³⁵ uo⁵¹ u²² ·li ɕie²²。

115 这些果子吃得吃不得？

这些果果儿吃不吃得？

lie³⁵ ɕie⁵⁵ kuo⁵¹ ·kuər tɕ'i²² ·pu tɕ'i²² ·te？

116 这是熟的，吃得。那是生的，吃不得。

这个是熟的，吃得。那个是生的，吃不得。

lie³⁵ ·kə ʂʅ³⁵ ʂu²² ·ti，tɕ'i²² ·te。la³⁵ ·kə ʂʅ³⁵ sən⁵⁵ ·ti，tɕ'i²² ·pu·te。

117 你们来得了来不了？

你们来不来得成？

li⁵¹ ·mən lai²² ·pu lai²² ·te tʂ'ən³⁵？

118 我没事，来得了，他太忙，来不了。

我没得么子事，来得成，他忙得忙，来不成。

uo⁵¹ mei⁵⁵ ·te muo⁵¹·tsʅ sʅ³⁵，lai²² ·te tʂ'ən³⁵，t'a⁵⁵ maŋ²² te⁵⁵ maŋ²²，lai²² ·pu tʂ'ən³⁵。

119 这个东西很重，拿得动拿不动？

这个东西重得很，拿不拿得起？

lie³⁵ ·kə toŋ⁵⁵ ɕi tṣoŋ³⁵ ·te xən⁵¹，la²² ·pu la²² ·te tɕ'i⁵¹？

120 我拿得动，他拿不动。

我拿得起，他拿不起。

uo⁵¹ la²² ·te tɕ'i⁵¹，t'a⁵⁵ la²² ·pu tɕ'i⁵¹。

121 真不轻，重得连我都拿不动了。

真的还有点儿重，连我都拿不起。

tṣən⁵⁵ ·ti xai²² iəu⁵¹ tiər⁵¹ tṣoŋ³⁵，liɛn²² uo⁵¹ təu⁵⁵ la²² ·pu tɕ'i⁵¹。

122 他手巧，画得很好看。

他的手好巧哦，画的画儿好得好看

t'a⁵⁵ ·ti ṣəu⁵¹ xau⁵¹ tɕ'iau⁵¹ ·uo，xua³⁵ ·ti xuər³⁵ xau⁵¹ te⁵⁵ xau⁵¹ k'an³⁵。

123 他忙得很，忙得连吃过饭没有都忘了。

他忙得忙，忙得连吃哒饭没得都搞忘记哒。

t'a⁵⁵ maŋ²² te⁵⁵ maŋ²²，maŋ²² ·te liɛn²² tɕ'i²² ta xuan³⁵ mei⁵⁵ ·te təu⁵⁵ kau⁵¹ uaŋ³⁵ tɕi⁵⁵ ·ta。

124 你看他急得，急得脸都红了。

你看他急得急，脸都急红哒。

li⁵¹ k'an³⁵ t'a⁵⁵ tɕi²² te⁵⁵ tɕi²²，liɛn⁵¹ təu⁵⁵ tɕi²² xoŋ²² ·ta。

125 你说得很好，你还会说些什么呢？

你说得好得好，你还会说些么子？

li⁵¹ ʂuo²² ·te xau⁵¹ te⁵⁵ xau⁵¹，li⁵¹ xai²² xuei³⁵ ʂuo²² ɕie²² muo⁵¹ ·ŋ?

126 说得到，做得了，真棒！

说得到，做得到，好行啰！

ʂuo²² ·te tau³⁵，tsəu³⁵ ·te tau³⁵，xau⁵¹ ɕin²² ·luo！

127 这个事情说得说不得呀？

这个事说不说得？

lie³⁵ ·kə sʅ³⁵ ʂuo²² ·pu ʂuo²² ·te?

128 他说得快不快？听清楚了吗？

他说得快不快？听清楚哒没得？

t'a⁵⁵ʂuo²² ·te k'uai³⁵ ·pu k'uai³⁵？t'in⁵⁵ tɕ'in⁵⁵ ts'əu⁵¹ ·ta mei⁵⁵ ·te?

129 他说得快不快？只有五分钟时间了。

他说得快不快？只得五分钟哒。

t'a⁵⁵ ʂuo²² ·te k'uai³⁵ ·pu k'uai³⁵？tʂʅ²² ·te u⁵¹xuən⁵⁵ tʂoŋ⁵⁵ ·ta。

130 这是他的书。

这是他的书。

lie³⁵ ʂʅ³⁵ t'a⁵⁵ ·ti ʂu⁵⁵。

131 那本书是他哥哥的。

那本（个）书是他哥哥的。

la³⁵ pən⁵¹ / ·kə ʂu⁵⁵ ʂʅ³⁵ t'a⁵⁵ kuo⁵⁵ kuo⁵⁵ ·ti。

132 桌子上的书是谁的？是老王的。

桌子高头的书是哪个的？是老王的。

tʂuo²² ·tsʅ kau⁵⁵ ·t'əu ti⁵⁵ ʂu⁵⁵ ʂʅ³⁵ la⁵¹ ·kə ·ti？ ʂʅ³⁵ lau⁵¹ uaŋ²² ·ti。

133 屋子里坐着很多人，看书的看书，看报的看报，写字的写字。

屋里坐哒好多人，看书的看书，看报纸的看报纸，写字的写字。

u²² ·li tsuo³⁵ ·ta xau⁵¹ tuo⁵⁵ zən²²，k'an³⁵ ʂu⁵⁵ ·ti k'an³⁵ ʂu⁵⁵，k'an³⁵ pau³⁵ tsʅ⁵¹ ·ti k'an³⁵ pau³⁵ tsʅ⁵¹，ɕie⁵¹ tsʅ³⁵ ·ti ɕie⁵¹ tsʅ³⁵。

134 要说他的好话，不要说他的坏话。

要说他的好话，莫说他的坏话。

iau³⁵ ʂuo²² tʻa⁵⁵·ti xau⁵¹ xua³⁵，muo²² ʂuo²² tʻa⁵⁵·ti xuai³⁵ xua³⁵。

135 上次是谁请的客？是我请的。

上回是哪个请的客？是我请的。

ʂaŋ³⁵ xuei²² ʂʅ³⁵ la⁵¹·kə tɕʻin⁵¹·tikʻe²²？ʂʅ³⁵ uo⁵¹ tɕʻin⁵¹·ti。

136 你是哪年来的？

你是哪年子来的？

li⁵¹ ʂʅ³⁵ la⁵¹ liɛn²² tsʅ lai²²·ti？

137 我是前年到的北京。

我是前年子到北京来的。

uo⁵¹ ʂʅ³⁵ tɕʻiɛn²² liɛn²² tsʅ tau³⁵ pe²² tɕin⁵⁵lai²²·ti。

138 你说的是谁？

你说的是哪个？

li⁵¹ ʂuo²²·ti ʂʅ³⁵ la⁵¹·kə？

139 我反正不是说的你。

我横直说的不是你/我说的横直不是你

uo⁵¹ xuən²² tsʅ²² ʂuo²²·ti pu²² ʂʅ³⁵ li⁵¹/ uo⁵¹ʂuo²²·ti xuən²² tsʅ²² pu²² ʂʅ³⁵ li⁵¹。

140 他那天是见的老张，不是见的老王。

他那天是看的老张，不是看的老王。

tʻa⁵⁵ la³⁵ tʻiɛn⁵⁵ ʂʅ³⁵ kʻan³⁵·ti lau⁵¹ tʂaŋ⁵⁵，pu²² ʂʅ³⁵ kʻan³⁵·ti lau⁵¹ uaŋ²²。

141 只要他肯来，我就没的说了。

只要他肯来，我就不说么子哒/我就没得么子说的哒。

tsʅ²² iau³⁵ tʻa⁵⁵ kʻən⁵¹ lai²²，uo⁵¹tɕiəu³⁵pu²²ʂuo²²muo⁵¹·tsʅ·ta /uo⁵¹ tɕiəu³⁵ mei⁵⁵ te²² muo⁵¹·tsʅ ʂuo²²·ti·ta。

142 以前是有的做，没的吃。

往常是有你有做的，没的你吃的。

uaŋ⁵¹ tʂʻaŋ²² ʂʅ³⁵ iəu⁵¹ li⁵¹ tsəu³⁵·ti，mei⁵⁵te²²li⁵¹tɕʻi²²·ti。

143 现在是有的做，也有的吃。

现在是有你做的，也有你吃的。

ɕiɛn³⁵ tsai⁵⁵ ʂʅ³⁵ iəu⁵¹ li⁵¹ tsəu³⁵·ti，ie⁵¹ iəu⁵¹ li⁵¹ tɕʻi²²·ti。

144 上街买个蒜啊葱的，也方便。

上街买个蒜啊葱啊么子的，也方便。

ʂaŋ³⁵ kai⁵⁵ mai⁵¹·kə san³⁵ la⁵⁵ tsʻoŋ⁵⁵ ŋa⁵⁵ muo⁵¹·tsʅ·ti，ie⁵¹ xuaŋ⁵⁵ piɛn³⁵。

145 柴米油盐什么的，都有的是。
　　像柴米油盐这些子，都有的是。
　　tɕ'ian³⁵ tʂ'ai²² mi⁵¹ iəu²² iɛn²² lie³⁵ ɕie⁵⁵ ·tsʅ，təu⁵⁵ iəu⁵¹ ·ti ʂʅ³⁵。

146 写字算账什么的，他都能行。
　　像写字算账这些子，他都搞得。
　　tɕ'ian³⁵ ɕie⁵¹ tsʅ³⁵ san³⁵ tʂan³⁵ lie³⁵ ɕie⁵⁵ ·tsʅ，t'a⁵⁵ təu⁵⁵ kau⁵¹ ·te

147 把那个东西递给我。
　　把那个东西把倒我。
　　pa⁵¹ la³⁵ ·kə toŋ⁵⁵ ɕi⁵⁵ pa⁵¹ tau uo⁵¹。

148 是他把那个杯子打碎了。
　　是他把那个杯杯儿打破的。
　　ʂʅ³⁵ t'a⁵⁵ pa⁵¹ la³⁵ ·kə pei⁵⁵ pər⁵⁵ ta⁵¹ p'uo³⁵ ·ti。

149 把人家脑袋都打出血了，你还笑！
　　把别个脑壳都打流血哒，你还笑！
　　pa⁵¹ pie²² ·kə lau⁵¹ k'uo²² təu⁵⁵ ta⁵¹ liəu²² ɕye²² ·ta，li⁵¹xai²²ɕiau³⁵！

150 快去把书还给他。
　　快点儿去把书还倒他。
　　k'uai³⁵ tiər⁵¹ tɕ'ie³⁵ pa⁵¹ ʂu⁵⁵ xuan²² tau⁵¹ t'a⁵⁵。

151 我真后悔当时没把他留住。
　　我失悔着哒那时儿没把他留下来。
　　uo⁵¹ ʂʅ²² xuei⁵¹ tʂau²² ·ta la³⁵ ʂər²² mei⁵⁵ pa⁵¹ t'a⁵⁵ liəu²² ɕia³⁵ lai²²。

152 你怎么能不把人当人呢？
　　你哪门不把人当人呢？
　　li⁵¹ la⁵¹ ·mən pu²² pa⁵¹ zən²² taŋ³⁵ zən²² le⁵⁵？

153 有的地方管太阳叫日头。
　　有的地方把太阳说成日头。
　　iəu⁵¹ ·ti ti³⁵ xuaŋ⁵⁵ pa⁵¹ t'ai³⁵ iaŋ²² ʂuo²² tʂ'ən²² zʅ²² ·t'əu。

154 什么？她管你叫爸爸！
　　么子啊？她跟你喊爸爸呀？
　　muo⁵¹ tsa⁵⁵？t'a⁵⁵ kən⁵⁵ li⁵¹ xan⁵¹ pa²² ·pa ia⁵¹？

155 你拿什么都当真的，我看没必要。
　　你把么子都真，我看没得那个必要。
　　li⁵¹ pa⁵¹ muo⁵¹ ·tsʅ təu⁵⁵ taŋ⁵⁵ tʂən⁵⁵，uo⁵¹ k'an³⁵ mei⁵⁵ ·te la³⁵ ·kə pi²² iau³⁵。

156 真拿他没办法，烦死我了。

拿他没得整，我烦死哒。

la²² t'a⁵⁵ mei⁵⁵ ·te tʂən⁵¹, uo⁵¹ xuan²² sɿ⁵¹ ·ta。

157 看你现在拿什么还人家。

看你这时儿拿么子还倒别个。

k'an³⁵ li⁵¹ lie³⁵ʂər²² la²²muo⁵¹ ·tsɿ xuan²² ·tau pie²² ·kə。

158 他被妈妈说哭了。

他着他妈说哭哒。

t'a⁵⁵ tʂuo²² t'a⁵⁵ ma⁵⁵ suo²² k'u²² ·ta

159 所有的书信都被火烧了，一点儿剩的都没有。

所有的信都着火烧哒，一点儿都没剩。

suo⁵¹ iəu⁵¹ ·ti ɕin³⁵ təu⁵⁵ tʂuo²² xuo⁵¹ sau⁵⁵ ·ta，i²² tiər⁵¹ təu⁵⁵ mei⁵⁵ ʂən³⁵。

160 被他缠了一下午，什么都没做成。

着他缠哒一下午，么子都没搞成。

tʂuo²² t'a⁵⁵ tʂ'an²² ·ta i²² ɕia³⁵ u⁵¹，muo⁵¹ ·tsɿ təu⁵⁵ mei⁵⁵ kau⁵¹ tʂ'ən²²。

161 让人给打懵了，一下子没明白过来。

着别个打哈哒，一下没回过神过来

tʂuo²² pie²² ·kə ta⁵¹ xa⁵¹ ·ta，i²² xa⁵¹ mei⁵⁵ xuei³⁵ kuo³⁵ ʂən²² ·lai。

162 给雨淋了个浑身湿透。

浑身打得口湿。

xuən²² ʂən⁵⁵ ta⁵¹ ·te tɕ'ye⁵⁵ sɿ²²。

163 给我一本书。给他三本书。

跟我把一本书。跟他把三本书。

kən⁵⁵ uo⁵¹ pa⁵¹ i²² pən⁵¹ ʂu⁵⁵，kən⁵⁵ t'a⁵⁵ pa⁵¹ san⁵⁵ pən⁵¹ ʂu⁵⁵。

164 这里没有书，书在那里。

这里没得书，书在那里。

lie³⁵ ·li⁵¹mei⁵⁵ te²² ʂu⁵⁵，ʂu⁵⁵ tsai³⁵ la³⁵ ·li⁵¹。

165 叫他快来找我。

喊他快点儿来找我。

xan⁵¹ t'a⁵⁵ k'uai³⁵ tiər⁵¹ lai²² tʂau⁵¹ uo⁵¹。

166 赶快把他请来。

赶忙把他请起来。

kan⁵¹ maŋ²² pa⁵¹ t'a⁵⁵tɕ'in⁵¹ tɕ'i⁵¹ ·lai。

167 我写了条子请病假。

我写哒个条子请个病假。

uo⁵¹ ɕie⁵¹ ·ta ·kə t'iau²² ·tsɿ tɕ'in⁵¹ ·kə pin³⁵ tɕia⁵¹。

168 我上街买了份报纸看。

我上街买哒张报纸看。

uo⁵¹ ʂaŋ³⁵ kai⁵⁵ mai⁵¹ ·ta tʂaŋ⁵⁵ pau³⁵ tʂɿ⁵¹ k'an³⁵。

169 我笑着躲开了他。

我笑倒起把他躲过哒。

uo⁵¹ ɕiau³⁵ tau⁵¹ ·tɕ'i pa⁵¹ t'a⁵⁵ tuo⁵¹ kuo³⁵ ·ta。

170 我抬起头笑了一下。

我把脑壳抬起来笑哒一下。

uo⁵¹ pa⁵¹ lau⁵¹ k'uo²² t'ai²² tɕ'i⁵¹ ·lai ɕiau³⁵ ·ta i²² ·xa。

171 我就是坐着不动，看你能把我怎么着。

我就是坐倒起不动，看你把我哪们搞。

uo⁵¹ tɕiəu³⁵ ʂɿ³⁵ tsuo³⁵tau⁵¹ ·tɕ'i pu²² toŋ³⁵，k'an³⁵li⁵¹ pa⁵¹uo⁵¹ la⁵¹ ·mən kau⁵¹。

172 她照顾病人很细心。

她招乎病人过得过细。

t'a⁵⁵ tʂau⁵⁵ xu⁵⁵ pin³⁵ zən²² kuo³⁵ te⁵⁵ kuo³⁵ ɕi³⁵。

173 他接过苹果就咬了一口。

他把苹果接过来就咬哒一口。

t'a⁵⁵ pa⁵¹ p'in²² kuo⁵¹ tɕie²² kuo³⁵ ·lai tɕiəu³⁵ ŋau⁵¹ ·ta i²² k'əu⁵¹。

174 他的一番话使在场的所有人都流了眼泪。

他的这些话在场的人听哒都哭哒/眼流水儿都流出来哒

t'a⁵⁵ ti⁵⁵ lie³⁵ ɕie⁵⁵ xua³⁵ tsai³⁵ tʂ'aŋ⁵¹ ·ti zən²² t'in⁵⁵ ·ta təu⁵⁵ k'u²² ·ta / iɛn⁵¹ liəu²² ʂuər⁵¹ təu⁵⁵ liəu²² tʂ'u²² ·lai ·ta。

175 我们请他唱了一首歌。

我们请他唱哒个歌儿。

uo⁵¹ ·məntɕ'in⁵¹ t'a⁵⁵ tʂ'aŋ³⁵ ·ta ·kə kuər⁵⁵。

176 我有几个亲戚在外地做工。

我有几个亲戚在外头打工。

uo⁵¹ iəu⁵¹ tɕi⁵¹ ·kə tɕ'in⁵⁵ tɕ'i²² tsai³⁵ uai³⁵ ·t'əu ta⁵¹ koŋ⁵⁵。

177 他整天都陪着我说话。

他一亘天都在陪倒我说话。

t'a⁵⁵ i²² kən⁵¹ t'iɛn⁵⁵ təu⁵⁵ tsai³⁵ p'ei²² tau⁵¹ uo⁵¹ ʂuo²² xua³⁵。

178 我骂他是个大笨蛋，他居然不恼火。

我诀他是个哈脓包，他也不恼火。

uo⁵¹ tɕye²² t'a⁵⁵ ʂʅ³⁵ ·kə xa⁵¹ loŋ²² pau⁵⁵, t'a⁵⁵ ie⁵¹ pu²² lau⁵¹ xuo⁵¹。

179 他把钱一扔，二话不说，转身就走。

他把钱一摔，二话不说，车过来就走哒。

t'a⁵⁵ pa⁵¹ tɕ'iɛn⁵¹ i²² ʂuai⁵¹, ər³⁵ xua³⁵ pu²² ʂuo²², tʂ'e⁵⁵ kuo³⁵ ʂən⁵⁵ tɕiəu³⁵ tsəu⁵¹ ·ta。

180 我该不该来呢？

我该不该来呢？

uo⁵¹ kai⁵⁵ ·pu kai⁵⁵ lai²² le⁵⁵？

181 你来也行，不来也行。

你想来就来，不来也行。

li⁵¹ ɕiaŋ⁵¹ lai²² tɕiəu³⁵ lai²², pu²² lai²² ie⁵¹ ɕin²²。

182 要我说，你就不应该来。

要我说，你就不该来。

iau³⁵ uo⁵¹ ʂuo²², li⁵¹tɕiəu³⁵ pu²² kai⁵⁵lai²²。

183 你能不能来？

你来不来得成？

li⁵¹ lai²² ·pu lai²² ·te tʂ'ən²²？

184 看看吧，现在说不准。

看下儿着，这时儿还说不倒。

k'aŋ³⁵ xər⁵⁵ ·tʂuo, lie³⁵ ʂər²² xai²² ʂuo²² ·pu tau⁵¹。

185 能来就来，不能来就不来。

来得成就来，来不成就不来。

lai²² ·te tʂ'ən²² tɕiəu³⁵ lai²², lai²² ·pu tʂ'ən²² tɕiəu³⁵ pu²² lai²²。

186 你打算不打算去？

你准不准备去？

li⁵¹ tʂuən⁵¹ ·pu tʂuən⁵¹ pei³⁵ tɕ'ie³⁵？

187 去呀！谁说我不打算去？

去！哪个说我不准备去？

tɕ'ie³⁵！ la⁵¹ ·kə ʂuo²² uo⁵¹ pu²² tʂuən⁵¹ pei³⁵ tɕ'ie³⁵？

189 敢！那有什么不敢的？

敢！那有么子不敢的哟？

kan⁵¹！ la³⁵ iəu⁵¹ muo⁵¹ ·tsʅ pu²² kan⁵¹ ·ti ·io？

190 他到底愿不愿意说？

他到底想不想说？

t'a⁵⁵ tau³⁵ ti⁵¹ ɕiaŋ⁵¹ ·pu ɕiaŋ⁵¹ ʂuo²²？

191 谁知道他愿意不愿意说？

哪个晓得他想不想说哟？

la⁵¹ ·kə ɕiau⁵¹ ·te t'a⁵⁵ ɕiaŋ⁵¹ ·pu ɕiaŋ⁵¹ ʂuo²² ·io？

192 愿意说得说，不愿意说也得说。

想说也要说，不想说也要说。

ɕiaŋ⁵¹ ʂuo²² ie⁵¹ iau³⁵ ʂuo²²，pu²² ɕiaŋ⁵¹ ʂuo²² ie⁵¹ iau³⁵ ʂuo²²。

193 反正我得让他说，不说不行。

横直我要他说，不说不行。

xuən²² tʂʅ²² uo⁵¹ iau³⁵ t'a⁵⁵ ʂuo²²，pu²² ʂuo²² pu²² ɕin²²。

194 还有没有饭吃？

还有饭吃没得？

xai²² iəu⁵¹ xuan³⁵ tɕ'i²² mei⁵⁵ ·te²²？

195 （有，刚吃呢。）

有，我们才开始吃

iəu⁵¹，uo⁵¹ ·mən ts'ai²² k'ai⁵⁵ ʂʅ⁵¹ tɕ'i²²。

196 没有了，谁叫你不早来！

没得哒，哪个叫你不早点儿来的？

mei⁵⁵ te²² ·ta，la⁵¹ ·kə tɕiau³⁵ li⁵¹ pu²² tsau⁵¹ tiər⁵¹ lai²² ·ti？

197 你去过北京吗？我没去过。

你到北京去过哒没得？我没去过。

li⁵¹ tau³⁵ pe²² tɕin⁵⁵ tɕ'ie³⁵ kuo³⁵ ·ta mei⁵⁵ ·te？ uo⁵¹ mei⁵⁵ tɕ'ie³⁵ kuo³⁵。

198 我十几年前去过，可没怎么玩，都没印象了。

我十几年以前去过哒的，没哪们玩，都没得么子印象哒。

uo⁵¹ ʂʅ²² tɕi⁵¹ liɛn²² i⁵¹ tɕ'iɛn²² tɕ'ie³⁵ kuo³⁵ ·ta ·ti，mei⁵⁵ la⁵¹ ·mən uan²²，təu⁵⁵ mei⁵⁵ te²² muo⁵¹ ·tsʅ in³⁵ ɕiaŋ³⁵ ·ta。

199 这件事他知道不知道？

这个事他晓不晓得？

lie³⁵ ·kə sʅ³⁵ t'a⁵⁵ ɕiau⁵¹ ·pu ɕiau⁵¹ te²²？

200 这件事他肯定知道。

这个事他肯定晓得。

lie³⁵ ·kə sʅ³⁵ t'a⁵⁵ k'ən⁵¹ tin³⁵ ɕiau⁵¹ te²²。

201 据我了解，他好像不知道。

我听说他好像找不倒。

uo⁵¹ t'in⁵⁵ṣuo²² t'a⁵⁵ xau⁵¹ tɕ'iaŋ³⁵ tʂau⁵¹ ·pu tau⁵¹。

202 这些字你认得不认得？

这些字你认不认得倒？

lie³⁵ ɕie⁵⁵ tsʅ³⁵ li⁵¹ zən³⁵ ·pu zən³⁵ ·te tau⁵¹？

203 我一个大字也不认得。

我大字认不倒一个。

uo⁵¹ ta³⁵ tsʅ³⁵ zən³⁵ ·pu tau⁵¹ i²² kuo³⁵。

204 只有这个字我不认得，其他字都认得。

只有这个字我认不倒，别的字都认得倒

tʂʅ²² iəu⁵¹ lie³⁵ ·kə tsʅ³⁵ uo⁵¹ zən³⁵ ·pu tau⁵¹，pie²² ti tsʅ³⁵ təu⁵⁵ zən³⁵ ·te tau⁵¹。

205 你还记得不记得我了？

你还认不认得倒我？

li⁵¹ xai²² zən³⁵ ·pu zən³⁵ ·te tau⁵¹ uo⁵¹？

206 记得，怎么能不记得！

认得倒，哪们认不倒呃！

zən³⁵ ·te tau⁵¹，la⁵¹ ·mən zən³⁵ ·pu tau⁵¹ ·ue！

207 我忘了，一点都不记得了。

我搞忘记哒，一点儿都认不倒哒。

uo⁵¹ kau⁵¹ uaŋ³⁵ tɕi⁵⁵ ·ta，i²² tiər⁵¹ təu⁵⁵ zən³⁵ ·pu tau⁵¹ ·ta。

208 你在前边走，我在后边走。

你在前头走，我在后头走。

li⁵¹ tsai³⁵ tɕ'iɛn²² ·t'əu tsəu⁵¹，uo⁵¹ tsai³⁵ xəu³⁵ ·t'əu tsəu⁵¹。

209 我告诉他了，你不用再说了。

我跟他说哒，你就莫再讲哒。

uo⁵¹ kən⁵⁵ t'a⁵⁵ ṣuo²² ·ta，li⁵¹ tɕiəu³⁵ muo²² tsai³⁵ tɕiaŋ⁵¹ ·ta。

210 这个大，那个小，你看哪个好？

这个大，那个小，你看哪个好些？

lie³⁵ kuo³⁵ ta³⁵，la³⁵ kuo³⁵ ɕiau⁵¹，li⁵¹ k'an³⁵ la⁵¹ kuo³⁵ xau⁵¹ ɕie⁵⁵？

211 这个比那个好。

这个比那个好些。

lie³⁵ kuo³⁵ pi⁵¹ la³⁵ kuo³⁵ xau⁵¹ ɕie⁵⁵。

212 那个没有这个好，差多了。

那个没得这个好，那个□多哒。

la³⁵ kuo³⁵ mei⁵⁵·te　lie³⁵ kuo³⁵ xau⁵¹，la³⁵ kuo³⁵ p'ie⁵⁵ tuo⁵⁵·ta。

213 要我说这两个都好。

要我说这两个都好。

iau³⁵ uo⁵¹ ʂuo²² liaŋ⁵¹ kuo³⁵ təu⁵⁵ xau⁵¹。

214 其实这个比那个好多了。

其实这个比那个好多哒。

tɕ'i²² ʂʅ²² lie³⁵ kuo³⁵ pi⁵¹ la³⁵ kuo³⁵ xau⁵¹ tuo⁵⁵·ta。

215 今天的天气没有昨天好。

今天的天气没得昨天好。

tɕin⁵⁵ t'iɛn⁵⁵·ti　t'iɛn⁵⁵ tɕ'i³⁵ mei⁵⁵·te tsuo²² t'iɛn⁵⁵xau⁵¹。

216 昨天的天气比今天好多了。

昨天的天气比今天好多哒。

tsuo²² t'iɛn⁵⁵·ti　t'iɛn⁵⁵ tɕ'i³⁵ pi⁵¹ tɕin⁵⁵ t'iɛn⁵⁵ xau⁵¹ tuo⁵⁵·ta。

217 明天的天气肯定比今天好。

明天的天气肯定比今天好。

mən²² t'iɛn⁵⁵·ti t'iɛn⁵⁵ tɕ'i³⁵ k'ən⁵¹ tin³⁵ pi⁵¹ tɕin⁵⁵ t'iɛn⁵⁵ xau⁵¹。

218 那个房子没有这个房子好。

那个屋没得这屋好。

la³⁵·kə u²² mei⁵⁵·te　lie³⁵·kəu²² xau⁵¹。

219 这些房子不如那些房子好。

这些屋没得那些屋好。

lie³⁵ ɕie⁵⁵ u²² mei⁵⁵·te　la³⁵ ɕie⁵⁵ u²² xau⁵¹。

220 这个有那个大没有？

这个有没得那个大？/ 这个有那个大没得？

lie³⁵ kuo³⁵ iəu⁵¹ mei⁵⁵·te la³⁵ kuo³⁵ ta³⁵？/ lie³⁵ kuo³⁵ iəu⁵¹ la³⁵ kuo³⁵ ta³⁵ mei⁵⁵·te？

221 这个跟那个一般大。

这个跟那个般般儿/一样大。

lie³⁵ kuo³⁵ kən⁵⁵ la³⁵ kuo³⁵ pan⁵⁵ pər⁵⁵ ta³⁵ / i²² iaŋ³⁵ ta³⁵。

222 这个比那个小了一点点儿，不怎么看得出来。

这个比那个小滴滴儿，不大看得出来。

lie³⁵ kuo³⁵ pi⁵¹ la³⁵ kuo³⁵ ɕiau⁵¹ ti⁵⁵ tiər⁵⁵，pu²² ta³⁵ k'an³⁵·te tʂ'u²² lai²²。

223 这个大，那个小，两个不一般大。

这个大，那个小，两个不一样大。

lie³⁵ kuo³⁵ ta³⁵，la³⁵ kuo³⁵ ɕiau⁵¹，liaŋ⁵¹ kuo³⁵ pu²² i²² iaŋ³⁵ ta³⁵。

224 这个跟那个大小一样，分不出来。

这个跟那个大小差不多/般般儿大，分不出来。

lie³⁵ kuo³⁵ kən⁵⁵ la³⁵ kuo³⁵ ta³⁵ ɕiau⁵¹ tʂʻa⁵⁵·pu tuo⁵⁵/ pan⁵⁵ pər⁵⁵ ta³⁵，xuən⁵⁵·pu tʂʻu²²·lai。

225 这个人比那个人高。

这个人比那个人高

lie³⁵·kə zən²² pi⁵¹ la³⁵·kə zən²² kau⁵⁵。

226 是高一点儿，可是没有那个人胖。

是高得倒一点儿，就是没得那个人胖。

ʂʅ³⁵ kau⁵⁵·te tau⁵¹ i²² tiər⁵¹，tɕiəu³⁵ ʂʅ⁵⁵ mei⁵⁵·te la³⁵·kə zən²² pʻaŋ³⁵。

227 他们一般高，我看不出谁高谁矮。

他们一般般儿高，我看不出哪个高哪个矮。

tʻa⁵⁵·mən i²² pan⁵⁵ pər⁵⁵ kau⁵⁵，uo⁵¹ kʻan³⁵·pu tʂʻu²²·lai la⁵¹·kə kau⁵⁵ la⁵¹·kə ŋai⁵¹。

228 胖的好还是瘦的好？

是胖好些还是瘦好些？

ʂʅ³⁵ pʻaŋ³⁵ xau⁵¹ ɕie⁵⁵ xai²² ʂʅ³⁵ səu³⁵ xau⁵¹ ɕie⁵⁵？

229 瘦的比胖的好。

瘦的比胖的好。

səu³⁵·ti pi⁵¹pʻaŋ³⁵·ti xau⁵¹。

230 瘦的胖的都不好，不瘦不胖最好。

瘦的胖的都不好，不瘦不胖最好。

səu³⁵·ti pʻaŋ³⁵·ti təu⁵⁵ pu²² xau⁵¹，pu²²səu³⁵ pu²² pʻaŋ³⁵ tsei³⁵ xau⁵¹。

231 这个东西没有那个东西好用。

这个东西没得那个东西好用。

lie³⁵·kə toŋ⁵⁵·ɕi mei⁵⁵·te la³⁵·kə toŋ⁵⁵·ɕi xau⁵¹ ioŋ³⁵。

232 这两种颜色一样吗？

这两种颜色是不是一样的？

lie³⁵ liaŋ⁵¹ tʂoŋ⁵¹ iɛn²² se²² ʂʅ³⁵·pu ʂʅ³⁵ i²² iaŋ³⁵·ti？

233 不一样，一种色淡，一种色浓。

不一样，一种颜色浅，一种颜色深。

pu²² i²² iaŋ³⁵，i²² tʂoŋ⁵¹ iɛn²² se²² tɕʻiɛn⁵¹，i²²tʂoŋ⁵¹iɛn²² se²² ʂən⁵⁵。

234 这种颜色比那种颜色淡多了，你都看不出来？

这种颜色比那种颜色浅多哒，你都看不出来么？
lie³⁵ tʂoŋ⁵¹ iɛn²² se²² pi⁵¹ la³⁵ tʂoŋ⁵¹ iɛn²² se²² tɕʻiɛn⁵¹ tuo⁵⁵·ta, li⁵¹ təu⁵⁵ kʻan³⁵·pu tʂʻu²²·lai·muo？

235 你看看现在，现在的日子比过去强多了。
你看看儿现在，现在的日子比往常强多哒。
li⁵¹ kʻan³⁵·kʻər ɕiɛn³⁵ tsai³⁵，ɕiɛn³⁵ tsai³⁵·ti zɿ²²·tsɿ pi⁵¹ uaŋ⁵¹ tʂʻaŋ²² tɕʻiaŋ²² tuo⁵⁵·ta。

236 以后的日子比现在更好。
以后的日子比现在还要好。
i⁵¹ xəu³⁵·ti zɿ²²·tsɿ pi⁵¹ ɕiɛn³⁵ tsai³⁵ xai²² iau³⁵ xau⁵¹。

237 好好干吧，这日子一天比一天好。
好神搞，日子一天比一天好。
xau⁵¹ ʂən²² kau⁵¹, zɿ²²·tsɿ i²² tʻiɛn⁵⁵ pi⁵¹ i²² tʻiɛn⁵⁵ xau⁵¹。

238 这些年的生活一年比一年好，越来越好。
这些年的生活一年比一年好，越来越好哒。
lie³⁵ ɕie⁵⁵ liɛn²²·ti sən⁵⁵ xuo²² i²² liɛn²² pi⁵¹ i²² liɛn²² xau⁵¹，ye²² lai²² ye2² xau⁵¹·ta。

239 咱兄弟俩比一比谁跑得快。
我们兄弟两个比一下，看哪个跑得快些。
uo⁵¹·mən ɕioŋ⁵⁵ ti³⁵ liaŋ³⁵ kuo³⁵ pi⁵¹ i²² xa³⁵，kʻan³⁵ la⁵¹ kuo³⁵ pʻau⁵¹·te kʻuai³⁵ ɕie⁵⁵。

240 我比不上你，你跑得比我快。
我跑不赢你，你跑得比我快。
uo⁵¹ pʻau⁵¹·pu in²² li⁵¹，li⁵¹ pʻau⁵¹·te pi⁵¹ uo⁵¹ kʻuai³⁵。

241 他跑得比我还快，一个比一个跑得快。
他跑得比我还要快，一个比一个跑得快。
tʻa⁵⁵ pʻau⁵¹·te pi⁵¹ uo⁵¹ xai²² iau³⁵ kʻuai³⁵，i²² kuo³⁵ pi⁵¹ i²² kuo³⁵ pʻau⁵¹·te kʻuai³⁵。

242 他比我吃得多，干得也多。
他比我吃得多，做得也多。
tʻa⁵⁵ pi⁵¹ uo⁵¹ tɕʻi²²·te tuo⁵⁵，tsəu³⁵·te ie⁵¹ tuo⁵⁵。

243 他干起活来，比谁都快。
他搞起事来比哪个都快。
tʻa⁵⁵ kau⁵¹ tɕʻi⁵¹ sɿ³⁵·lai pi⁵¹ la⁵¹·kə təu⁵⁵ kʻuai³⁵。

244 说了一遍，又说一遍，不知说了多少遍。

说哒一遍又一遍，不晓得说哒好多遍。

ʂuo²² ·tai²² piɛn³⁵ iəu³⁵ i²² piɛn³⁵， pu²² ɕiau⁵¹ ·te ʂuo²² ·ta xau⁵¹ tuo⁵⁵ piɛn³⁵。

245 我嘴笨，可是怎么也说不过他。

我嘴巴不会说，不管哪们都说不赢他。

uo⁵¹ tsei⁵¹ ·pa pu²² xuei³⁵ ʂuo²²， pu²² kuan⁵¹ la⁵¹ ·məntəu⁵⁵ ʂuo²² ·pu in²² tʻa⁵⁵。

246 他走得越来越快，我都跟不上了。

他越走越快，我都撵不赢他。

tʻa⁵⁵ ye²² tsəu⁵¹ ye²² kʻuai³⁵， uo⁵¹ təu⁵⁵ lian⁵¹ ·pu in²² tʻa⁵⁵。

247 越走越快，越说越快。

越走越快，越说越快。

ye²² tsəu⁵¹ ye²² kʻuai³⁵， ye²² ʂuo²² ye²² kʻuai³⁵。

248 慢慢说，一句一句地说。

慢慢儿说，句呀句地说。

man³⁵ mər⁵⁵ ʂuo²²， tɕy³⁵ ·ia tɕy³⁵ ·ti ʂuo²²。

第五章　鄂西南地区方言文化

罗常培先生在《中国人与中国文化》中说："语言文字是一个民族的文化结晶。这个民族的过去的文化靠它来流传，未来的文化也仗着它来推进。"[①]每一个民族的语言都是自己民族文化的一面镜子，能反映出与之对应的文化；语言根植于文化之中，一个民族文化对该民族语言的形成、发展和演变有着深刻的影响。方言是民族共同语的地域分支，具有鲜明的地域性，方言是地域文化的载体，它所反映的地方文化也有着鲜明的地方性，凝聚了特定地域的历史文化内涵，我们通过方言可以了解特定地域的种种文化现象。

地域文化中与方言关系最为密切的文化现象包括该地域的生产生活习俗、礼仪习俗、称谓习俗、思想观念、审美习惯、思维方式、区域自然地理环境与人文历史背景，这些文化因素渗透在方言的语音、词汇、语法和修辞等各个方面，当然不同的方言在表现上侧重点可能有所不同；反过来说，方言本身也就是一种很重要的地域文化现象，因此，我们可以从方言入手来探讨分析它与地域文化的关系。鄂西南地区是一个以土家族和苗族为主的少数民族聚居区，在与汉族和其他少数民族长期杂居的历史过程中形成了以土、苗传统文化为主，同时又吸收融合了汉文化和其他民族文化的营养，呈现出具有鲜明地域色彩的地方文化。我们在这里选取其中最有代表性的方面，探讨鄂西南方言词汇中所反映的岁时礼仪民俗、地名系统所体现的地域文化、鄂西南方言所记录的熟语、民间歌谣中所折射出的民间文化内涵，不仅展示出该地区丰富而灿烂的地域文化，更通过大量鲜活的方言语汇和口语表达形式，生动地印证方言与地域文化之间的紧密关系。

一　鄂西南地区方言词汇与岁时礼仪民俗

鄂西南地区民俗词非常丰富，展现了当地独特的民俗风情。这里我们

---

① 转引自常敬宇《汉语词汇与文化·绪论》，北京大学出版社1995年版。

选择最有代表性的岁时民俗词和礼仪民俗词作为主要对象，剖析民俗词的方言特色及民俗文化内涵。

（一）鄂西南方言词与岁时节日民俗

1. 春节

春节是一年中最隆重的节日，在鄂西南地区，春节分忙年和过年两个大的阶段，一般从腊月十五直至正月十五真正才算过完年，前后差不多一个月。

（1）**忙年**　从腊月十五开始做各种准备工作为团年、过年做准备，吃的、用的、敬的（敬祖敬神）、玩的等都要预筹齐备，这一段时间俗称"忙年"。俗话说"忙到腊月二十八，又打粑粑又烧蜡，还把年猪杀"。这就是说，从腊月十五要一直忙到二十八，把一切准备工作都做好了，以便二十九或三十好团年。主要准备工作包括：

杀年猪：农户最迟在除夕到来的前二十天要"杀年猪"，为过年准备好腊肉。这一地区的主要肉类产品就是猪肉，冬腊月间天气寒冷，猪肉不易变质，是腌制、熏烤制做腊肉的最佳时期，腊肉也是当地的传统美食。"杀年猪"就意味着进入腊月，要开始为过年做准备了。杀年猪是一个家庭非常重要的事情，因为大部分人家通常情况下一年只杀一次猪，所以要"看日子"，选择一个吉日，尤其要避开与户主属相相同的日子。杀年猪那天要请邻居乡亲或亲朋好友来"吃杀猪饭"（又称"吃刨糖"），庆祝当年"年成"好，感谢邻居乡亲一年来的帮扶并预祝来年好运头。同时将猪头、猪尾巴收拾好，保持原形，留着团年的那天吃，寓意着一年"有头有尾"。

打年货：从腊月中旬开始，人们就已经开始筹备年货，到乡集镇或县城里"赶场（赶集）"，将自家的农产品卖出，同时忙着"打年货"。乡集镇上多数按日期设立"集日"，以日期的"三、六、九"或"二、五、八"为期，集日这一天叫"逢场"，乡民们前来"赶场"，特别是腊月间，街上人头攒动，熙熙攘攘，一派热闹景象。

打糍粑：糍粑是鄂西南地区传统的待客美食，逢年过节都要用红糖拌糍粑招待客人，给亲戚拜年时一般都要带一对大糍粑，象征着喜庆、团圆。糍粑以糯米为原料，适当搭配一些粳米，先将米泡一天，再蒸熟，然后放到特制的石槽里冲打至绵软柔韧，然后手粘蜂蜡或茶油，从槽里取出压扁，反复揉搓，做成圆形，用模板压上图案，圆润光滑，如同满月，大的直径大约5尺，平常的4至6寸，厚度约3至8分。为了能保存较长时间，将晾干的糍粑用清水泡在水缸里，几天换一次水，可以存放两三个月。

过小年：腊月二十四是"小年"，一切农活、工务、雇佣关系都于此时结束，称为"长工短工，二十四满工"。家有雇佣关系的，东家给结算工钱后还要请受雇人吃餐团聚饭。平常人家这天也要准备一些酒肴，庆小团圆，或盼游子早归，同时开始"打扬尘"（除去房顶或墙壁上一年积下的灰尘，泛指大扫除），准备除旧迎新，过去人们还要敬灶王菩萨。从这天开始，到腊月三十日，每户便开始向有关人"打年节"。早年打年节一般只是向恩师、恩医送礼物，以示不忘恩情，礼物多是糍粑、豆皮、腊火腿、红公鸡等一类自产品，现在多是亲朋间友好往来的表示。

（2）**过年** 大年三十是一年中最隆重的日子，特别讲究，几乎是家家张灯结彩，户户张贴对联。当天由家中理事的男孩一早清洗家神菩萨，给家神菩萨披红挂绫，再由家长用托盘或筛子托出煮熟的猪头、猪尾、礼酒，依次摆在神龛前、土地庙前、泰山庙前、水井前等祭祀，然后再在中堂设宴。

吃团年饭：统称为"团年"。团年时红烛高照，闭门鸣炮，将所有的菜端上桌摆好后，全家老少肃立桌旁先"叫饭"（有的地方称"叫老饭"），这是当地人在过年时缅怀祖先的一种传统习俗，体现对祖先的尊重。由当家人主持，请死去的先人们入席团年，意为"做人不忘本，饮水当思源"，大约十分钟后，由当家人手持茶壶，往桌子四周各倒一点茶水，再过片刻便撤走先人用过的酒杯和碗筷。然后另摆碗筷，全家按先长后幼的顺序入席，彼此送上诚心的祝福话语。团年饭是一年中最丰盛的一顿佳肴，桌上必须要有一道鱼，而且每餐都只是象征性地吃一点，要接连端出来好几天，表示天天有鱼（余），年年有鱼（余）；要有猪头和猪尾巴，象征一年"有头有尾"；土家人性格豪爽，喜大块吃肉，大碗喝酒，因此还有一盘"年肉"，即将腊肉切成很厚很大的块状，拌上浸泡好的糯米或糯小米一起蒸熟，因为腊肉味道已经很足，蒸熟了就是一道美味。团年的饭菜不能吃完，表示一年到头吃不完。吃完饭后，长辈一般都会给晚辈"红包儿"（即"压岁钱"），一是表示一年到头有余钱剩米；二是给晚辈以安抚、奖励，此举可以使得全家老少和睦，晚辈接过压岁钱的时候，要给长辈说感激和祝福的话，如果是祖辈，有的地方还要磕头行礼。这一天的禁忌和忌讳也很多：吃饭的时候，不能把汤泡在饭里（避讳"泡汤"），不能把筷子插在饭上面或搁在碗上（祭奠先人才这样），孩子们说话做事都要格外注意，不能说不吉利的话语。若是不小心打碎了东西，则周围的人都马上说"碎（岁）碎（岁）平安"。土家族有一种"抢"着团年的习俗，也就是比着看谁家的鞭炮放得早、放得多、放得响、放的时间长，农历大年三十这天有很多人家在下午两三点钟就开始团年，鞭炮声一直不停歇，年味儿十足。

送亮、烧纸： 团年结束后要"送亮"，这是祭奠去世的祖宗和亲人的又一种形式。如果墓地不太远，带上蜡烛、香、纸钱到坟前祭奠，点上蜡烛和香之后，磕三个响头，放一挂鞭炮，这样亡人也就过年了。"送亮"一般只送四代以内的直亲，所有的亲戚要给新亡的人"拜新年"（到坟前祭拜），所以活人之间是忌说拜新年的。三十晚上全家老小在家门口或附近择选一处干净、安静之地，按照祖先坟地所对的大致方位，给亡人"烧纸"（即烧纸钱，有的地方叫"烧包"、"烧包鞭"），让他们在那边也过个丰盛年。"纸"（或"包纸"）用草纸制成，上面打上铜钱印或拿现钞"印"（比）一下，表示能充当阴间的冥币，用白纸封好，在白纸右上边写上"除夕寄钱"，左下写"虔备冥鞭"，中间写"故恩（显）考（妣）ＸＸ老大人（老孺人）几位收"等字样，在左下方还需写上封包人的姓名、称谓、时间等，表明是过年时给祖先寄钱，供他们在阴间使用。

守岁： 大年三十晚上是不睡觉的，要"守岁"。以前没有电视的时候，一家人围坐在火塘（或火盆）边摆龙门阵，称之为"摆场"或"摆古"，主角一般都是年长的老人。火塘中的火也有讲究，要放一根主柴，这是又大又粗的木柴，往往能烧几天，再围着它放小柴。俗话说，"三十晚上的火，十五晚上的灯"，年三十的火要烧得越旺越好，火势旺来年的运头才旺，在新的一年日子越红火、好运不断。到了半夜要吃宵夜，人们将做好的"醪糟"（类似于米酒，但比米酒浓）端出来，放进"炉锅"中煮沸，将汤圆或糍粑投进去，等到汤圆或糍粑浮起的时候就可以吃了，有"甜蜜和团圆"的意思。在守岁的过程中，全家老少都要依次洗澡、换衣，以示准备迎新。即便不洗澡，也要把一对膝盖洗一下，这叫作"洗客膝佬"，预示来年的"口福"好。

出天行： 从头年腊月三十夜"守岁"到第二年正月初一早上叫"出天行"。"出天行"的时间是按农历书上推算出来的辞旧岁、迎新春的交替时间而定。到时，由当家人把大门轻轻打开，边开边说："财门大大开，圆宝滚进来，滚进不滚出，滚满一堂屋。"随后用香纸、蜡烛敬祖人、祭天地，遥望东方，燃放鞭炮。只要一家放响鞭炮，家家户户便都放起来，特别是盛世年间，迎春鞭炮达旦不绝。"出天行"这一习俗，以示开门大吉，招财进宝，城乡都很盛行。"出天行"完毕，各家便都把大门关上，请长辈至中堂正坐，由晚辈一一拜年。正月初一这天，各家各户都不出门。

拜年/走人家： 拜年从正月初二开始，称"走人家"、又称"走人户、走亲戚"。按传统的说法是"初一不出门，初二拜丈人，初三初四拜家门（指同姓的本家），初五初六拜亲朋"。走人家拜年时，晚辈要给长辈行礼，长辈要给孙辈发压岁钱，平辈之间互道"恭喜、发财"，拜贺新春。农村拜年时兴送"粑粑"（主要是糍粑），俗话说："拜年拜年，粑粑上前。"农村拜年比城里拜年更为讲究，要送礼、备饭、留宿、还礼，城里则更加简单，只图亲友团聚，彼此问候一番后便可去下一家继续拜年，城里亲朋之间也在家轮流请吃饭，称为"吃转转儿席"。

（3）上九日　正月初九这天称为"天日"，俗称"天公生"，传说是玉皇大帝的生日。民间自古就有"七不出，八不归，上九办事一大堆"的说法。七不出，是指初七不要出门做生意、办事情，做也做不好，办也办不成；八不归，是说初八不要从外面回家，"归"有完成之意，"八"与"发"谐音，应该"出发"，而不是"完成"，所以叫"八不归"；"上九办事一大堆"，是说初九这一天办事不仅能办成，而且办得又多，效果最好。上九日这一天，各家各户都得准备丰盛的酒宴，愉愉快快庆贺一下。从这一天起，村里、乡镇开始组织玩龙灯、狮子灯、车车灯、鼓儿灯、采莲船、巧壳灯等节目，敲锣打鼓，到各家各户和各机关单位演出拜年，称之"玩灯"。所到之处皆是鞭炮迎送，并封赠"红包"。《施南府志》记载："上九夜：龙灯狮灯，索室驱疫，灯火花爆相竞，至元宵止。"过去一般是正月初九出灯，十五晚上收灯。

（4）元宵　又称"上元节、正灯节、花灯节"，也是春节的最后一天。家家户户吃汤圆，有的吃"马打滚儿"（一种无馅儿的汤圆，外面裹一层黄豆粉和白糖），寓意"团圆、圆满"。这天晚上必须燃灯、玩灯，常说"三十晚上的火，十五晚上的灯"，"十五晚上的灯"，既指各家各户这天晚上室内室外灯火通明，又指地方上组织的各种玩灯的娱乐活动，街上玩花灯、打灯笼、猜灯谜的活动丰富多彩。玩灯由远向近，俗语说"正月十五玩龙灯，越玩越转去"，玩灯到当天晚上亥时结束，称为"圆灯"。玩灯是鄂西南土家族地区流传已久的习俗，《恩施县志》记载："初九日，龙灯、狮灯驱疫，至十五日乃止。"《来凤县志》记载："上九至元宵，城乡有龙灯之戏，杂以狮、象、鳞、鱼诸灯，或扮童子，联袂欢歌，箫鼓争喧，爆花竞放，观者喧阗达旦。"[①]而在建始景阳、官店等地，元宵节这天有"烧毛狗棚"（或称"赶毛九"，"毛狗"即狐狸）的习俗。当天在山上采来枯枝、白蜡树枝（学名叫"女贞"）、竹子和茅草，搭起一座小茅棚或拢成一堆，傍晚点上火，在燃烧声中大喊"烧毛狗"或"赶毛九"，有驱邪恶、求平安之意。

---

① 廖德根、冉红芳：《恩施民俗》，湖北人民出版社2013年版，第15页。

2. 社节 立春后第五个戊日为春社。社节，是鄂西南土家族的传统节日之一，当地人称为"过社"。土家族传说"社"是土地菩萨的生日，因而当天禁止动土，若戊日动土，全年农事都不顺利。《来凤县志》载："社日，作米祭社神。值戊日，禁细挈，否则云妨农事。切腊肠和糯米，葛菜为饭，曰社饭，彼此馈赠。凡祭扫新坟，不过社。"《施南府志》亦载："新葬之坟，则社前祭之，本家男妇及内戚皆往。祭毕，即于坟间饮食。"后来"过社"主要是指在社日前的一段时间祭奠新亡人（新坟），祈祷新亡人早日托胎人世，食人间烟火，主要有"拦社"和"吃社饭"两大内容。

拦社：即在春社日前祭扫三年内的新坟，第三年最隆重，称"圆坟"，主家请内戚人家送一"泼"和多"泼"花锣鼓班子，准备酒食及纸扎的旗、伞、宝盖等祭品，敲敲打打到坟前祭奠，举行安魂仪式，给坟挂红色的祭帐，在坟前表演狮子、耍耍儿、莲响等文娱活动。此俗源自古人灵魂不灭的思想，认为死去的人三年内灵魂仍游离于人世间，三年后要举行一定仪式将其送走，才真正进入鬼魂世界。因仪式与死人下葬所行仪式相似，民间有"重埋一道人"之说，这与更早时期的二次葬俗有关。

吃社饭：即采摘野生香蒿，经切碎、搓揉去苦水、焙干成社菜，与腊肉丁、豆干丁、野葱、大蒜苗、糯米、籼米等混合蒸熟成社饭，请亲朋好友合聚品食，并相互馈赠。此俗源自古人社祭，社饭原是敬祀土地神的饭。由于社蒿（青蒿）具有很好的药理作用，能治疗和预防"伤、肿、痛、痨、疟、痢、痔"等多种疾病，鄂西南地区在过去属于"穷山恶水"之地，瘴气严重，香蒿有驱邪之功，食之有益，所以社饭是土家人的传统药膳。"吃社饭"现演变成具有民族特色的饮食习俗，"社饭"被评为鄂西南十大名吃之一。

3. 清明节 鄂西南地区的人历来重视清明节期间的祭祖扫墓活动。从春分起就开始上坟扫墓，一直延续到清明后，其中清明前后几天是高潮期。现在称清明上坟扫墓为"插青"或"飘坟"，古称"标墓"。清同治版《恩施县志》载："清明扫墓，以竹悬纸钱，用各色花纸做成宝盖、旗锣鼓伞，插于坟上，叫做标墓。"竹悬纸钱是将白纸剪成铜钱状，扎成束，悬挂在竹竿或木棍上，插在坟头，现在称"清明吊儿"，是因为古代的铜钱以"吊"记数，当然也有悼念亡人的意思。称"清明飘"，是因为纸钱插在坟上随风飘摇。将清明吊儿插在长满青草的坟上，故谓之"插青"。"用各色花纸做成宝盖、旗锣鼓伞"之语，是佛教文化融入中国民间祭祀与丧葬习俗的反映。插清明吊儿与烧纸钱同义，表示后人孝敬亡人钱财，让他们在阴间日子过得好一点。送"宝盖"，则是对亡人功德的感怀，希望亡人保佑后人如"八宝"

那样象征事事圆满。"标墓"则是标识的意思,以宝盖与清明吊儿作标记,标明坟墓主人有亲人祭扫,不是无主之坟,昭示墓葬主人后代相传,外人莫毁损坟墓。插清明吊儿与送宝盖是有一定讲究的,三年以内的坟墓为新坟,春社日前举行拦社仪式,送宝盖,不举行拦社仪式则于清明节祭扫,也送宝盖。三年以上的坟墓称老坟,一般只插清明吊儿,清明吊儿中间的束带用红纸。给新坟不送宝盖而插清明吊儿,中间的束带则用白纸,以示区别。清明时节,走进鄂西南地区的山野,极目所见,新坟老墓,无不插着雪白的清明吊儿和五颜六色的宝盖与旗锣鼓伞,山风吹得这些纸质的祭品不断地飘摇,形成独特的祭祖扫墓风景,鄂西南民歌唱道:"三月里来是清明,家家户户去上坟。有人坟上纸飘飘,无人坟上草森森。"

4. 过端阳 鄂西南地区称端午节为"过端阳",分为初端阳(五月初五)、大端阳(五月十五)、末端阳(五月二十五)三个阶段,其中大端阳最为隆重。过端阳每家每户必做三件事:在门上挂艾蒿、菖蒲,制雄黄酒,包粽子。鄂西南的人相信艾蒿、菖蒲有驱疫避邪作用,端午日挂门上,日后收藏,到暑热之时熬水防治痱子疮疖。有新出生孩子的家里,将鸡蛋用艾蒿等熬水,在婴儿身上滚动,可去胎毒。雄黄酒由雄黄加大蒜,用高度白酒浸泡而成,大端阳这天,大人用手指沾雄黄酒为小儿涂额,认为可避邪,另将酒在室内墙脚与室外屋边洒一些,可驱虫蛇。端午节是鄂西南农村准女婿最喜欢的节日,这一天,他们必定到准媳妇家去看望准岳父母。回家时,准岳父母在打发的众多礼物中,必定有一顶草帽,因五月太阳大,准女婿回家的路上和以后出门好遮太阳,其实更主要的寓意是表示准岳父母已经同意了婚事。这种习俗称之为"讨草帽",因此鄂西南的未婚男青年过"讨草帽"的端午节,比谁都过得有意义。鄂西南人过端午还有一种叫"打端午"的习俗,即两亲家之间,男方一家要在这一天看望女方一家,用一只条盘摆上粽子、发糕,插上鲜红的石榴花,恭恭敬敬地呈送到女方长者面前。在过去那种男尊女卑的社会,"打端午"这种习俗体现了男方对女方的尊重,难能可贵。当然,过端午的习俗中,最有社会影响力、最激动人心的,莫过于划龙船了。

5. 女儿会 也叫"土家女儿会",每年的农历7月7日至12日是传统的"女儿会"节日。被誉为"东方情人节"的"土家女儿会",保存着古代巴人原始婚俗的遗风,是偏僻的土家山寨中与封建包办婚姻相对立的一种恋爱方式,是鄂西南土家族青年在追求自由婚姻的过程中,自发形成的以集体择偶为主要目的的节日盛会。其主要特征是以歌为媒,自主择偶。届时,以年轻姑娘为主,也有已婚妇女前往参加,通过对歌的形式寻找意中人，或与旧情人约会，畅诉衷情。这天，姑娘们穿上自己最漂亮的衣服，习惯上是把长的穿在里面，短的穿在外面，一件比一件短，层层都能被人看见，谓之"亮折子"（当地人把衣服叫"折子"）或俗称"三滴水"，并佩戴上自己最好的金银首饰，把用背篓背来的土产山货摆在街道两旁，自己则稳稳当当地坐在倒放的背篓上，等待意中人来买东西。小伙子则在肩上斜挎一只背篓，形如漫不经心的游子，在姑娘面前搭讪，如果双方话语融洽，机缘相投，就到街外的丛林中去赶"女儿会"，通过女问男答的对歌形式，互通心曲，以定终身。20世纪80年代后，恩施州年年都要举办展示民族风情的盛大女儿会，使其成为了鄂西南地区民族文化的象征和令山外人心动目眩的艺术奇葩。

6. 月半节 农历七月初十到十五为月半节，俗称"过月半"，又称"鬼节"、"中元节"，一般十五日为正节。鄂西南对月半节极为重视，需全家团聚，出嫁的女儿也要回娘家，但不过夜。过月半的主要活动是备酒食、祭祖，迎接祖宗回家过节。当地有"年小月半大"的说法，意思是：过年是指活人过节，故小；月半是给死人过节，故大。也有"月半胜清明"的说法，意思是：清明，后人到墓前去祭奠祖先，给祖先放青、化钱；月半，后人要把祖先"请"回家，供饭、化钱。晚上要烧包（又称"烧包袱"），即将纸钱封装好后，在封皮正面上写上祖宗名讳，于屋外祭毕焚化，并默默念叨让祖宗收钱（称中元寄钱），敬请先祖保佑全家健康平安等。隆重的还在这天做斋、念经、演戏，进行祭奠。有史书记载："中元祭扫，尤胜清明，街巷搭高台，看演经文。"有的地方还有到坟头背祖先（作背负人的样子）回家过节的风俗；还有的则于十五日夜放河灯，即扎一荷花形的灯，内点清油，置于河中，任其漂流，当夜，呼朋引伴，游于岸边，更深方归。月半期间，常有一种青蚂蚱从外飞进屋，若家中来了这类东西，是不能打的，被认为是祖先的化身，是回来讨香火的，只能点香烛、烧纸钱把它送走。

7. 中秋节 八月十五中秋节，鄂西南有祭月、拜月、赏月、吃月饼、摸秋等习俗，其中"摸秋"是鄂西南一带特有的。传说元朝为了强化帝王官府的统治，给鄂西南一带每五户人家派一官兵监督，该官兵由五户人家供养。这些官兵倚权仗势，无恶不作，让这一带山民深恶痛绝。山民们便决心除掉他们，称之为杀"家鞑子"，约定八月十五这天晚上统一行动，行动暗号叫"摸秋"，最后除掉了这批无恶不作的官兵。为纪念这个有意义的日子，当地人便把"摸秋"作为一种娱乐活动传演下来。农历八月正值各种瓜果成熟飘香之时，八月十五的晚上，农村青年们都到外面去"偷人家的瓜果吃",当然这种"偷"是善意的,不在偷得多,只在偷到手。偷到手吃了就表示胜利了、有收获。有瓜果的人家一方面要防范自家被偷,同时还要想方设法去偷别人家的,被偷的人家即使被偷了也不能埋怨,只能说明对方"摸秋"的技巧很高明。第二天,各家见面了,都会告诉对方昨晚"摸秋"的情节,若能得到对方说"你们的手段真高明,我那么防都没有防住"的赞语,是最令人开心的。"摸秋"这一习俗以娱乐开心为主,风趣不减当年,因此在农村仍然深受欢迎。

8. 重阳节 九月初九为重阳节,又称"老人节"。这天围绕老人的活动较多,对老人有祝愿、敬举之意,有登高、赏菊、饮菊花酒、吃重阳糕等习俗。农历九月菊花盛开,鄂西南一带常用菊花治病、酿酒、做饮料。每到这一天,各家各户都要常把盛开的菊花采下来,把它掺和在准备酿酒的粮食中用来酿酒,这样酿的酒一直要放到第二年九月九日才算是真正的好酒。当天老人多半都要喝这种酒,可以延年益寿。在农村,重阳节这天还有将米粉染色,做五色米粉糕(称为"重阳糕")吃的习惯。

(二)鄂西南方言词汇与人生礼俗

礼仪是大家共同遵守的仪式,由社会生活中的风俗习惯长期形成的。鄂西南地区非常重视礼仪礼节,在社交活动中讲究礼尚往来和文明礼行,在家庭生活中特别重情尚义。这些礼仪在时间长河中不断流传,发扬光大,影响了一代又一代人,其多样性与丰富性具有丰富的人文价值。在鄂西南地区尤其是土家人在其一生的生活和社交活动中所涉及的礼仪非常多,其中最重要的是四大礼,即诞生礼、婚礼、寿礼、葬礼。在鄂西南地区,凡是家户人家经办生子、结婚、祝寿或丧事等红白喜事,当地都将其统称为"过事",这四大礼是当地礼仪之风的集中体现,既有社会特征,又有信仰特征,它们把土家族的人生观、价值观和吉凶祸福观念交织在一起,形成复杂多样的民俗样态,长期地支配着土家人的社会生活和精神生活。

1. 生育礼俗

诞生礼是人生的开端礼。鄂西南土家人相当重视为婴儿举行诞生礼,它既含有为新生命祝福,祈祷长命富贵之意,也有为产妇驱邪避祸之意,在礼仪中带有一定的神秘色彩。当初接亲时(娶亲那天),男方送一坛子酒到女方家,等生小孩后,娘家就用这个坛子装上糯米酿成的甜酒送回,叫做"今天吃火酒,明年吃甜酒(当地称为'醪糟')"。包括以下礼俗:

(1)**报喜** 婴儿出生后,父亲怀抱"报喜鸡"到外婆家报喜,生男孩抱一只公鸡,生女孩抱一只母鸡。与岳父家约定"做家家(音 ka^{55},合指外祖父母）"的日期，一般是在孩子满月的那天，到时岳母家以及其亲友们挑着礼品前来贺喜。

（2）**踩生** 婴儿出生后，第一个无意中来产妇家的人，俗称"踩生"，又称"逢生"，俗话有"女踩男，福寿全；男踩女，要中举"的说法，即生了男孩最好是女性踩生，生了女孩最好是男性踩生。民间还有"女踩男，龙出潭；男踩女，凤起飞"之说，因此产妇家要格外热情地招待踩生人，使之多说些吉利话。踩生后，主人家还要择吉日请"踩生人"来吃饭，称为"喝踩生酒"。

（3）**洗三** 孩子出生的第三天，婴儿的外婆或接生婆给新生儿洗澡，谓之"洗三"或"洗三朝ʳ"。洗三的水要用艾蒿加水熬制，里面放入整鸡蛋。先将熬制好的艾蒿水倒入盆中冷却，到一定温度后再将婴儿放入水中，再将鸡蛋去壳后在婴儿全身轻径滚动。艾蒿水本身就有消炎的作用，用鸡蛋的说法是："滚去婴儿前世的污迹；滚去婴儿身中的风湿；滚去婴儿在世的病魔；滚来婴儿一生的平安。"洗完后，用小棉被把婴儿裹紧，避风抱到堂屋来，焚香化纸敬家神、祖先，保佑婴儿能够健康成长。现在农村里还保留这一仪式。

（4）**整祝米** 又称"整祝米酒""打喜"。过去有句俗语说"打喜打家家（外婆）"，表明参加打喜仪式的主要是新生儿的的外婆家，而且给新生儿洗澡的任务也主要由外婆来做。到了约定好的"做家家"的日子，外婆家所有重要亲戚都各自备好礼物，先到外婆家中集中，然后一同前往"做家家"。亲戚们所送的礼物主要有猪蹄、膠糟、小米、红糖、鸡、蛋、糯米、婴儿的衣帽鞋袜及玩具等，一律用担子挑去，因此有的地方又叫"送挑子"。届时男方的亲朋好友也带着礼物前来祝贺，一般整祝米酒都要两天的时间。

"打喜"是"整祝米"期间带有娱乐性质的庆祝活动，主要是为了祝福新生儿的出生，标志着家族的兴旺，有了传宗接代的继承人。"打喜"也是送"祝米"的亲友和村寨的乡亲们聚在一起取乐来混夜的方式（晚上客人多没有地方睡觉），在主家的堂屋里边唱边桃，称为"喜花鼓"，有的地方叫"打花鼓子"。舞蹈人在脸上抹锅灰，男的戴破草帽，手执烂扫帚、破扇子之类，边舞边唱边笑，主人放鞭炮助兴，异常活跃。

（5）**出窝窝ʳ** 新生儿满月之后，由母亲带着回外婆家，当地称为"出窝窝ʳ"，这也是出嫁的女儿第一次带着自己的孩子拜访娘家的亲人，主要拜见外公外婆、舅舅、姨妈等。在"出窝窝ʳ"之前，家里人会请一个特定的人来给新生儿"烧灯火"，以避免新生儿首次外出遇到不洁的东西，其实就是为了防止新生儿接触到外界环境身体出现不适反应。

2. 寿礼

（1）**满岁** 小孩子满周岁时要办"满岁酒"，也称"做周岁"。一般情况下来祝贺的亲戚都不需要请而自发前来的，因为一个孩子出生对家庭来说很重要，"满岁"是孩子的第一次过生日，这个日子是至亲好友都必须记在心里的，显示对孩子及其家人的重视，同时预示着自满岁以后孩子就能健健康康地成长了。"抓周"是鄂西南地区仍然保留的一个传统习俗，孩子在满周岁那天，父母会摆上各种物件儿，如书、笔墨、算盘、尺子、珍珠、各种小玩具等让孩子随意抓取，以预测孩子长大后的志向或者会从事什么职业等，有的家长会把希望孩子抓取的物件放在他最容易抓到的地方，无论抓到什么，在场的人都要喝彩，说些吉利的话表示祝贺。

（2）**长尾巴** 周岁以后孩子每年过生日，当地称为"长尾巴"，一般只是家里人做一顿丰盛的饭菜来表示，不会请客。

（3）**做生**儿 给成年人过生日叫"做生"儿，一般从50岁开始做生，逢十为大寿，叫"整生"，其中满60花甲的寿礼最为隆重。在农村"做生"儿一般为两天，头天为"寿"，第二天为"生"。男做虚岁，女做实岁。鄂西南为老人祝寿要献鱼、上长寿面、敬寿桃等。但若父母健在，即使年龄再高也不能称"祝寿"，表示"尊亲在不敢言老"的意思。

（4）**扎红** 在鄂西南地区本命年有"扎红"的习俗，无论大人小孩，本命年特别是生日那天都要"扎红"，小孩子一般穿红背心、红裤头，成人则多扎红腰带、穿红色内衣内裤和红色袜子，以此祛除邪恶，求得一年里吉祥平安，能顺利闯关。

3. 婚嫁习俗

结婚可以说是人生中最重要的事情，意味着青年男女将组建自己的家庭，开启新的生活。鄂西南地区以土家族为主，在改土归流之前，土家族的婚姻是比较自由的，和其他少数民族一样，多是以情歌为媒，唱山歌恋爱。正如当地民谚所说的"山歌搭桥，兄妹成家"。该地区更早时期曾一度流行"姑舅表通婚"，有"姑家女，伸手取；舅家要，隔河叫"的说法，称为"还骨种"。这种"肥水不流外人田"的婚姻，客观上是当地土家人长期生活在山大人稀、交通闭塞的环境中所造成的，主观上认为这种"亲上加亲"易于处理亲戚、夫妻、婆媳之间的关系。此外还有两种婚姻形式：一是"填房婚"，即兄死娶嫂、弟亡收媳；二是"坐堂招夫"，即丈夫死后媳妇不改嫁而作为女儿就地再婚，男方则作为上门女婿，这也是特殊的地理及生活环境中形成的。改土归流之后，受汉族文化的影响，也曾强力推行封建包办制婚姻。解放后男女婚姻大事基本上是遵照"父母之命、媒妁之言",讲究门当户对。鄂西南地区的婚俗长期以来经历了很多变化,还有不少传统习俗得到了延续,尤其是在农村或土家族聚居的区域。有些习俗虽然随着时代的变迁已经逐渐消失,但在方言中得到了保存。下面着重记录经媒人介绍结婚的程序和仪式,有着一套完整的方言表达系统,可分为婚前仪式、正婚仪式、婚后仪式三个大的阶段。

（1）**婚前仪式**：主要包括从请媒人、探口风、合八字、认亲、订亲（婚）及报期等阶段。

请媒人 通常情况下,男子快到婚龄了,父母就会开始为他筹划婚事。若是男方父母看中了某家女孩,便会央求媒人直接去说媒,若是还没有合适的对象,便会请求媒人做介绍,因此媒人又叫"介绍人"。媒人在婚姻中扮演着重要的角色,"买田置地要个中,讲亲结缘要个媒"、"天上无云不下雨,地上无媒不成婚"等本地谚语都说明其重要性。男方家准备一些礼品送到媒人家里,或者是男方家准备一桌酒菜,恭恭敬敬地下请帖把媒人请来,向媒人说明来意。媒人收了男方家里的礼品或吃了请媒酒,就会去女方家"探口风",即说媒。

探口风与看人家 "探口风"指媒人三番五次到女方家里去套话、打探情况、察看女方父母是否有心答应这门亲事。"看人家"是女方父母、舅舅、舅母等在媒人的引领下,一同前往男方家去了解情况,主要是考察男方家的家境和未来女婿的相貌品行,这时男家要给女方一些见面礼,叫做"打发",如果女方收了"打发",则表示满意,男方即准备到女家去行"认亲礼"正式提亲。若不中意,女方则不会收礼,双方关系到此为止。

讨红庚与合八字 女方家同意提亲后,男女双方就该合八字了。男方家会事先请风水先生挑一个有利于双方的吉日,带着"讨庚礼"前去女方家,请女方父母将女儿的生辰八字写在事先准备好的红纸上。通常情况下,男女双方的八字都是合的,因为男方在请媒人来提亲前,都会大致了解女方的属相,万一有不合的则请算命先生支招另求化解的方法。

认亲 媒人带着求亲男子第一次到女方家登门拜访女方父母及伯叔婶娘,自此可以称呼女方父母为"亲爷"（"爷"阴平）"亲妈"。男方在去女方认亲之前,要为女方准备衣服、鞋子、酒肉等礼品,女方则要准备酒饭招待媒人及求亲男子。宴请之后,其他人员需当天返回,求亲男子则可以当天返回,也可以在女方家里玩几天,但是男女双方不能直接见面。

订婚 订婚是向亲朋好友宣布"下聘"的喜讯,其重要性仅次于婚礼。订婚酒多由男方家操办,同时男方还要给女方家送去双方商定好的聘金和礼物。通常情况下,男女双方只能在订婚当天才能见面,当地土家人谓之

"女不面男"。订婚后若是男子前去拜访女方家,女子需事先回避。订婚的当年是不可成婚的,否则女方家会被邻里耻笑,因此,从订婚到成婚,通常要等两到三年。在正式成婚以前,每逢过年,男子都需给女方及其直系亲属拜年,这叫打年节,男子打年节的日子必须挑在双日,以表示其求双的诚意。每逢重大节日,男方还需送女方家打节礼。

报期 报期是指男方家向女方报告结婚日期。男方在征得女方家的同意后,请算命先生选定结婚的黄道吉日,再由媒人带上备办的酒、肉、糖等礼品送到女方家并告知选定好的日子。婚期确定后双方开始做准备,女方家里为女儿出嫁而准备嫁妆,男方家里为儿子婚事而请人打制牙床(即男方结婚前准备的喜床,一般在结婚前数月就要请木匠打好)。

(2)婚礼仪式:主要包括过礼、哭嫁、娶亲、拦门、发亲、进门拜堂、闹新房等环节。

过礼 男方家在迎亲前几天,请二至四位能人准备迎亲,商量各项事宜。迎亲的前一天,由"路督管"(即总管)带队,媒人、新郎、陪郎及男方家部分亲友备办好各样花红彩礼、米、肉、酒、茶、红包及新娘结婚穿的新衣服、鞋子、袜子、银饰以及新娘开脸和上头所需的五色丝线、簪子、撇子、梳子等送到女方家,这叫做"过礼",同时给女方家所有直系长辈及已经成家的兄弟姊妹人一人一份礼品或红包,并接洽第二天娶亲的一切事宜。过礼人员返回时,女方家里也要给新郎打发结婚当天穿的新衣服、鞋子、袜子等作为回礼。

娶亲与拦门 娶亲当天男方在"路都管"的带领下,带着娶亲队伍抬着花轿(现在城里多用车队),伴着乐鼓队的吹奏,一路吹吹打打前往女家迎亲。女方一般都会提前在大门前设置障碍,称为"拦门",由一位经验丰富的成年人(拦门先生)带着一群年轻人把守门栏,表示新娘不会让对方轻易娶走。当迎亲队伍走到新娘家的大门前时,女方拦门先生先唱道:"喜盈盈来笑盈盈,主东请我来拦门。请问先生名和姓,来到此地做哪门?"男方管都先生答唱道:"尊声先生听分明,小名某某本姓某,我来贵府来接亲,请问高姓和大名。"双方经过几个来回的盘问和对答甚至要男方都管说好话、给红包后才肯开门让接亲队伍进门,当然这些都是带有娱乐性质,为的是使结亲的气氛更加喜庆热闹。

发亲 女方在结婚日的前一天办"嫁女酒",次日上午等男方迎亲队伍到来之后再择吉时宣布正式发亲。女方家长(一般是父亲)在家神前燃烛焚香后,向男方路督管交代"陪嫁"(嫁妆),接着引新娘出闺房,由路督管、迎亲娘子等陪同,新郎新娘先后向家神、女方父母、向众位亲朋好友行礼，这叫"谢恩礼"。然后新娘在"高亲客"（又称"送亲客"，主要是新娘的哥哥、嫂嫂、舅母、伯娘等）的陪同下随娶亲队伍前往男方家中。

跨七星灯与拜堂　在新娘进婆家大门之前，由事先指定的负责给新房铺床的两位"铺床娘子"（必须是父母健在、儿女双全、家庭和睦的中年妇女）搀扶着，从大门口门槛内侧一放置的米筛上面跨过，在该米筛的下放着一钵青油，青油里面点着由七根灯草组成的灯，俗称"七星灯"。传说这七星灯是是天上的七姐妹，是来伴送新娘的。新娘跨过之后的七星灯，将被放置在新娘新郎的床下，据说只有这样，新婚夫妇日后才能和睦相处、相互恩爱、齐心协力、白头到老，故"七星灯"又有"齐心灯"之说。进入堂屋里后，新郎新娘在众位亲朋好友的见证下拜天地、叫双亲（首次对男方的父母改口称爹妈）、拜长辈，双手奉上亲手做的一双鞋，然后新娘依次敬茶，男方父母喝完后将红包放入茶盘中。两位"铺床娘子"为新人铺好床铺，并撒上红枣、花生、瓜子等，寓意新人"早生贵子"。

闹新房　指在新婚之夜，参加婚礼的亲朋好友与新郎新娘一起开展的嬉戏仪式。来闹房的人越多，主人就越高兴，因为当地土家人有"闹房闹房，越闹越旺"的习俗；闹新房时，没有年龄大小、辈分高低的限制，男女老少均可闹房，有"三天无大小"之说；闹新房仪式的内容，主要是同新郎新娘打趣开玩笑，要新郎、新娘装烟、沏茶或发喜糖，所有向新郎新娘提要求、要礼物的人，则都必须把理由用韵文讲出来或者唱出来。

（3）**婚后仪式**：主要包括新婚次日的敬茶、宴高亲、回门及谢媒等程序。

敬茶　婚后第二天早上，新娘要给男方家的长辈磕头、敬茶、送喜鞋；白天在新郎的陪同下向前来道喜贺礼的亲族敬茶、端洗脸水；凡是喝了新娘所敬茶水或者用新娘端的水洗了脸的人，都得给新娘送"茶钱礼"，放在新娘端的茶盘之中。

宴高亲　指男女婚后次日，男方家里要专门为宴请高亲而摆酒，名为高亲酒。一日三餐开席之前，都要用放爆竹的方式请高亲客坐席吃饭，而且要把高亲客安排在堂屋正中央的最上席的位置上。等高亲客坐好后，才能够开始上酒菜和开始吃饭，以表示对送新娘来男方家的高亲客的敬重。

送高亲及回门　新婚的第三天，前来送亲的女方亲戚就该离开男方家了，"高亲高亲，三天打转身。"在这三天里，她们主要是考察男方家的家庭环境，帮助新娘适应在婆家的新生活。按照惯例，女方家的高亲离开时，只能由新郎送行，新娘是不能出来相送的，表示自己不再留恋过去的生活。新郎送高亲一般要送三次，高亲则要打发新郎三次红包，如此往返之后，高亲就正式离开男方家了。高亲离开后，新郎新娘也要收拾东西、带着礼物准备回门，拜见女方父母。在回门的路上，新娘走在前面，新郎则跟在后面，这也是向外人告知他们已经是夫妻。新郎新娘一一拜见娘家各位长辈，并送上礼物。回门的新婚夫妻是绝对不能住在娘家的，吃过一顿饭后，新郎新娘就该起程回自己家了，当地俗话说："三朝回门看爹娘，早去晚归不空房"，表示今后男女双方亲戚之间要常来常往，不要过门不入。

谢媒　办完结婚仪式后，新婚夫妇要选择吉日带上一个猪头、一条猪尾巴及糖、酒、面条之类的谢礼去感谢媒人，表示媒人做媒有头有尾——即这桩婚事圆满成功，可以划一个完整的句号了。

在喜期中，还有三个最能体现土家族婚俗特色的方面，即"哭嫁"、"陪十姊妹"和"陪+弟兄"，其中"哭嫁"和"陪+姊妹"在女方家举行，"陪十弟兄"在男方家举行，这也是鄂西南地区最有代表性的民俗文现象。下面一一介绍。

哭嫁　传统土家女子出嫁前必须要哭嫁，俗话说："姑娘出闺房，好事也要哭一场。"因此哭嫁是每个土家女出嫁前必须要学会的一项本领，叫做"女大学哭嫁，男大学撵祀"。土家人把哭嫁作为衡量女孩是否贤惠的重要标准，新娘若是哭得声嘶力竭，就被人认为是聪明能干的人。

哭嫁的时间长短不一，大户人家可能从婚前一个月开始哭，平常人家的女孩大都从婚前半个月开始哭，也有在出嫁前两三天或前一天开始哭的。娘家人边为她置办嫁妆，边倾诉离别之情。刚开头基本上是隔夜哭，到后来就变成了夜夜哭，有哭得厉害的，到婚礼那天嗓子已经发不出声了。

哭嫁所涉及的内容范围非常广泛，有"哭姊妹""哭爹娘""哭祖宗""哭兄嫂""哭自己""哭媒人"等。以哭爹妈的养育之恩，兄嫂、姊妹别离之情为主；亲人、乡邻则以劝嫁来回应，内容以贺新婚、夸新郎、互祝愿、道吉祥为主，因此有一人哭、二人对哭、多人一起哭。哭的形式是以歌代哭，以哭伴歌。"哭，犹歌也。"与其说是哭，倒不如说是唱，其哭腔多为传统音调，既伤感又抒情，充满了土家民族风情。哭嫁歌的格调新颖，哭词长短成句，贬褒分明，有历代相传的，也有即兴之作，大都富有诗韵和乐感，其文词巧妙，寓意深刻。有对媒人的揶揄，有对旧情的抒发，有对家乡的怀念，有对妇女的赞颂，有对未来的憧憬，随着社会的进步和文明程度的提高，哭嫁的内容也在不断翻新。

通常情况下，哭嫁是从哭姐妹开始的。在婚前半月余，新娘就开始在家里待嫁，每逢傍晚时分，从小一起长大的未婚姐妹们就相邀来到新娘家，哭嫁的内容主要是对童年时期的美好回忆，对新娘即将远嫁他乡的不舍之情，也有想到好姐妹要远嫁他乡，联想到自己以后的终身大事等。婚礼的前一天，哭嫁进入高潮，待嫁新娘需与前来吃喜酒的亲朋好友哭整整一夜。首先是"哭上"头。所谓"上头"，就是请族中父母皆在、婚姻美满有儿有女的妇女为新娘将姑娘标志的辫子挽成粑粑髻（即发髻），修眉和绞汗毛，这是希望能沾点这种富贵双全之人的喜气，以期女孩婚姻也能圆满幸福。粑粑髻是妇人的标志，从此以后，女子就再也不能扎辫子了，新娘哭上头，表示不愿完成从少女到妇女的形象转换。其次是哭离娘席。梳妆打扮后，新娘就要由姐妹们陪着吃离娘席，意即吃了这顿饭，新娘就要离开父母了。新娘会边吃边哭，先哭父母，这是整个哭嫁中最感人的部分。女儿感谢父母的生养之恩，表示离别不舍之情，这种离别父母去开始新生活，又使新嫁娘感到惶恐，忧虑重重，因此感情十分复杂。下面这段"哭爹娘"如泣如诉地叙述着父母的养育艰难：

……
  在娘怀中三年滚，头发操白许多根。
  青布裙来白围腰，背过几多山和坳。
  布裙从长背到短，这山背到那山转。
  又怕女儿吃不饱，又怕女儿受风寒。
  为置嫁妆操碎心，只因女儿生错命。
  哭声爹来刀割胆，哭声妈来箭穿心。
  只道父母团圆坐，谁知今日要分身。

  女儿的泣诉，自然牵动了母女的骨肉之情，引起了母亲的悲伤，但女儿出嫁毕竟是喜事，也了却父母养育成人之愿。因此母亲除了表示对女儿远嫁他乡的不舍之情，还会教育女儿以后要孝敬公婆、遵从夫君、爱护幼小、妯娌和睦，更要勤俭持家，不可骄纵跋扈：

  莫流泪啊莫寒心，女儿伤心痛娘亲。
  娘家不是久留地，迟早都是要出门。
  天下做女都一样，世上不是你一人。
  皇帝养女招附马，官家小姐配成婚。
  成家立业做世界，皇朝古礼这样兴，
  为娘走了这条路，女儿要踩脚后跟，
  有些没顺女儿心，心宽怀大量要容情。
  公婆面前行孝道，高声喊来低声应。
  哥嫂姊妹要和顺，左邻右舍多亲近。
  娘的话儿牢记住，千放心来万放心。

"哭嫁歌"歌词在土家族各地大同小异,里面的一些方言词也体现了不同地方的生活风貌,上面所举的歌词中就有很多。例如"哭爹娘"一节"青布裙来白围腰,背过几多山和坳。布裙从长背到短,这山背到那山转"几句,"围腰"是指妇女在做家务时围在腰上的一块布,在背后系带儿,主要是避免弄脏衣服,特别是在农村,主妇常年都围着她,几乎成为她们日常衣着的一部分,说明她们辛苦劳作,一年到头不得歇息。"几多"是"好多,好多"的意思。鄂西南是一个山区,开门就见"山和坳",父亲是一家之主,一年四季在山里找生活,这短短几句朴实的话语就将父母一生的辛劳形象而深情地表达出来。"母劝女"一节中"莫"是当地最常用的否定副词,当地有的地方称"母亲"为"娘亲";"迟早都是要出门","迟早"是早晚的意思;"出门"是专指女儿出嫁;"皇朝古礼这样兴"中"兴"是单音节动词,指"(大家都这样)做","和顺"指"脾气好,能与他人和睦相处"。

有的婚姻可能只是"父母之命",并不顺女儿的心意,所以"哭媒人"中表达自己对媒人的不满也是很常见的一个哭嫁内容(特别是较早的时期):

媒人婆啊媒人婆,天天都到我家坐。
坐窄了我家的堂屋,坐低了我家的门槛。
⋯⋯⋯⋯⋯
媒人是个狗,好吃两头走。
媒人是个猪,这头吃哒那头敷。
⋯⋯⋯⋯⋯
你到他家吃顿饭,说他屋里有几万;
你到他家喝口茶,说他屋里正在发;
⋯⋯⋯⋯⋯
你到他家吃袋烟,说他儿子要做官;
媒人尽念多多经,不怕二天烂舌根。

这是"哭媒人"中对媒人的斥责,言辞直率而尖刻:媒人为撮合婚事,花言巧语,四处游说,将其唯利是图、贪得无厌的丑态刻画得淋漓尽致。这一节中也有不少具有特色的方言词:"媒人婆"是对"媒人"的蔑称,在鄂西南,由"婆"作为词根所构成的词往往含有对妇女的贬称,类似的还有"恶鸡婆(凶狠、占强、不讲道理的妇女)、好吃婆(贪嘴的女人)、懒人婆"等;"堂屋"是指正房居中的那间,也就是一所房子大门所在的屋子;"好吃"是指"嘴馋、贪嘴"的意思;"哒"是西南官话中最常用的时态助词;"敷",是动词,"哄骗、欺骗"的意思;"屋里"指"家里";在鄂西南

"抽烟"叫做"吃烟",以前很少有纸烟,人们一般都抽自家种植的草烟,用长柄的烟杆,头上系有一个布做的小袋子,里面装着烟叶,叫做"烟锅袋子","吃袋烟"就相当于普通话的"抽支烟";"念多多经"本来是指和尚念经,一直反复念也没有人听他的,常比喻"说话啰里啰嗦、重三遍四";"二天"泛指"以后的某一天"。

陪十姊妹 出嫁的前一天晚上女方父母、哥嫂要遍请所有的亲朋好友,庆贺姑娘成家立业,其中最重要的邀请对象是新娘的九位平辈未婚女伴。到时将两张八仙桌拼在一起,摆在堂屋的中央,她们围坐于新娘两旁,通宵歌唱,称为"陪十姊妹"。《花间集》中收录的竹枝词描述到:"传说邻家嫁姑娘,邀呼同伴暗商量,五五团团坐,姐一场来妹一场。"等大家都入座后,先推选一位姑娘唱开台歌如:"石榴开花叶叶翠,当堂坐的十姊妹,十姊十妹当堂坐,听我唱个开台歌。要我唱来我就唱,莫说人小不出趟,得罪老的犹似可,得罪小的陪小情。一杯酒请,九杯令请,再请隔壁的老先生,请!请!请!"唱完后,握着令杯念开令辞,念完后,把令杯逐一传递,歌声不断,一直唱到天明。到最后快结束时,再由开令人唱圆台歌:"一对凤凰飞出林,一对喜鹊随后跟,凤凰喊叫花结果,喜雀喊叫果团圆,花结果、果团圆,花果团圆万万年。恭喜恭喜恭喜你,夫妻恩爱到百年。"这样陪十姊妹活动即告结束,新娘由伴娘陪伴回到闺房中,等待吉时入轿。

在陪十姊妹中,最令人难忘的是新娘的哭嫁歌,新娘哭诉得泪流满面,泣不成声,周围陪座的、围观的客人也为之动容。如陪十姊妹中的必唱曲《闹五更》:

梳子开花叶叶青,听我喝个闹五更。
一更里来好寒心,劳慰_{感谢}爹妈费心情;
小来忧愁长不大,长大忧愁放人家。
二更里来好寒心,劳慰哥哥费心情;
小来发愁钱和米,长大忧愁酒和席。
三更里来好寒心,劳慰嫂嫂费心情:
锅头灶脑要嫂教,长大和嫂两离分。
四更里来好寒心,劳慰姐姐费心情:
针织麻线要姐教,长大又是两姓人。
五更里来好寒心,婆家大轿来娶亲:
红布衣裳穿身上,红布鞋子扯满跟。
双手抓住娘衣襟,问娘伤心不伤心。
娘说怎么不伤心,五行八字命生成。

上前三步辞香火，退后三步辞母亲。

清代土家诗人彭潭秋记载说："十姊妹歌，恋亲恩，伤别离，歌为曼声，甚哀，泪随声下，是'竹枝'遗意也。"陪十姊妹，既是用"哭"和唱歌的形式表达了对姑娘出嫁的不舍和担忧，当然更重要的是一种庆贺的形式，因此其主要内容还是祝愿、贺喜、唱父母之恩、姊妹之情等，如十绣、十杯酒、劝新姐、教女歌等都是最常见的曲目，也唱生活小调助兴，其唱腔优美婉转，是优美的抒情曲。下面以《十枝梅》为例加以说明：

隔年梅花对雪开，梅香请出姑娘来，
梅香来把姑娘劝，劝你姑娘记心怀。
一枝梅花雪中托，一劝姑娘孝公婆，
端茶送水莫懒惰，油盐菜蔬要温和。
公婆打骂莫顶嘴，将来媳妇也做婆。
…… ……
八枝梅花雪中香，八劝姑娘巧梳妆。
梳头裹脚莫急慢，洗脸穿衣要快当。
衣服穿得周周正，手儿麻利比人强。
九枝梅花衬雪梅，九劝姑娘要巴家。
清早开门七件事，油盐柴米酱醋茶。
早起打扫堂前地，喂猪纺棉养鸡鸭。
十枝梅花雪中挂，十劝姑娘心莫花。
红梅不怕霜雪打，数九寒天开鲜花。
要与红梅红到底，枝头喜鹊闹梅花。

这首歌在"陪十姊妹"中是必唱曲目，几乎是代代相传的。前面四句是引子，有起兴的作用，接下去的"十枝梅"实质就是"十劝"，从不同的角度对新娘进行劝勉，如要做到孝敬公婆、和弟兄、亲妯娌、待宾客、敬乡亲等，这是姊妹们根据家传教诲劝姑娘出嫁后尽到为人媳妇的妇德，形式整齐，曲调优美。歌词中有些是当地典型的方言词。例如"姑娘"一词中"娘"的读音一定是阴平的 55 调，在"新姑娘儿"（即新娘）中"娘"还必须儿化，说的时候不仅调子高平，而且还会拉长。除此之外，"娘"在其他环境中都读阳平，22 调。"莫"是西南官话中最通行的否定副词；"顶嘴"是指顶撞、争辩（主要是对尊长）的意思；"快当"就是"快、迅速"；"周正"可以指容貌端正（多指男性），也可以指穿戴整齐；"巴家"是指"顾念家庭，什么东西都往自己家里挣"。

鄂西南地区山大人稀，缺少娱乐活动，哪家有喜事大家都要去贺喜凑热闹，以这种特殊的方式陪伴新娘度过出嫁前的最后一晚，既抒发了新娘对娘家的依依不舍，又展示了土家姑娘的才艺和智慧，同时也起到了一定的教化作用。

陪十弟兄　男方家在迎亲的前一个晚上举行"命字"的成年礼，请亲戚或邻居中未婚男青年九人，加上新郎共十人，围坐在一起唱歌、行酒令等，叫"陪十弟兄"，陪新郎度过他最后一天的单身生活。十弟兄其实只是一个概数，陪伴新郎左右的两个男性是有讲究的，要年纪和新郎相仿，长相比较体面的未婚男青年，多为新郎的好朋友，其作用类似于伴郎。一到晚上，先在堂屋将两张桌子拼起来成为香台，铺上红桌布，再将葵花、瓜子、橘子、核桃、板栗、糖果、饼干等小吃一一摆上来。香火台上点上大红的蜡烛，香台上也点上两根红蜡烛。新郎倌在两个伴郎的簇拥下坐在中间，其他弟兄前前后后也"请"上香台。陪十弟兄是必得唱歌说酒令，先由一位有经验的能说会唱的人唱开台令："石榴开花一口钟，今晚陪个十弟兄。各位兄弟都请坐，听我唱个开台歌。说开台，就开台，开台歌儿唱起来。新打剪子才开口，剪起牡丹对石榴。东剪日头西剪月，当中剪起梁山伯。梁山伯与祝英台，二人同学读书来。男读三年做文章，女读三年考秀才。张秀才来李秀才，接我文章做起来。"然后其他的人就接着往下说或者唱。酒令其实就是顺口溜，不过一定要和新郎倌结合起来，拣最好的说就行了。和女方家的"陪十姊妹"悲伤的氛围不同，男方家陪十弟兄往往是欢天喜地、喜气洋洋的。十弟兄所唱的内容多为劝诫性的，如劝告新郎要勤于农事、孝顺父母、疼爱媳妇，当然还要送上美好的祝愿等，歌词往往非常生动有趣。例如《十字》歌：

一字下来一条枪，张飞站在古城上。云长要在古城区，擂鼓三声斩蔡阳。
二字下面两条龙，二郎老爷显神通。哪个神通才叫大，水帘洞大战孙悟空。
三字下来三条街，红罗公主女裙钗，再过三天就出战，救出月龙太子来。
四字下来紧关门，黑脸包爷不徇情，他在陈州去放粮，杀了皇帝伯丈人。
五字下来安五香，花官二人保三娘。花官二人我不怕，保守三娘手段强。
六字下来绿茵茵，杨家有个六总兵。六郎儿子杨宗保，说的媳妇穆桂英。
七字下来两脚趄，张飞勒马自回头。拍一巴掌桥上过，大喊三声水倒流。
八字下来右脚翘，仁贵东征扶唐朝。一刀杀起番哥庙，才说仁贵有功劳。
九字下来一弯曲，昭君娘娘去和番。出去遇到毛延寿，手拿琵琶马上弹。
十字下来满天星，皇帝老爷把位登，真命天子登龙位，十八罗汉两边分。

"陪十弟兄"所唱歌曲，较之"陪十姊妹"歌曲更具有阳刚之气，曲调起伏不大，节奏性较强，在演唱形式上，按不同曲牌与歌词的需要，或独唱或对唱或一人领唱众人帮腔。除了相互奉承贺喜之类的吉利话外，一般故事、古人、盘歌（猜调）之类的歌均可唱，有的还用唢呐或丝弦伴奏，十分热闹喜庆。例如《一对凤凰飞出林》：

一对凤凰飞出林，一对喜鹊随后跟。
凤凰含花花结果，喜鹊含花果团圆。
花结果来果团圆，花果团圆万万年。
恭喜你来贺喜你，五子登科穿朝衣。

这首歌是对新郎的喜庆之事给予良好的祝愿，把新郎新娘分别比作"凤凰""喜鹊"，祝福二人"花果团圆万万年"，幸福永远。

到天快亮的时候前面开台的人又来唱圆台令："四川下来三个庄，不种谷子种苞谷。喝酒要喝苞谷酒，酒令要从高起手。你一首，我一首，说到月落鸡开口。"陪十弟兄便在一串爆竹声中，落下帷幕。

鄂西南土家族聚居区位于湘鄂川交界处的高山大川之中，地僻民贫，历史的节拍比外围地区慢很多。古代的许多文化事象，在其他地方已经绝迹或濒临绝迹了，在这个地方却尚有遗踪可寻。哭嫁便是其中有代表性的例子，八十年代在该地许多地方仍然流行"陪十姊妹"、"陪十弟兄"的风俗。直至今天，在偏远的山村，也还有姑娘在出嫁时哭嫁。

4. 丧葬习俗

鄂西南地区土家人十分重视丧葬的礼俗，丧葬的程序比较繁琐，充分体现了当地的民风民俗，下面介绍主要的丧葬程序。

断风祭天 老人弥留之际，子女等直系亲属守护在其身边，听取遗言，直到亲人去世，这叫"送终"。"断风"即咽气，又叫"掉气"。刚停止呼吸，子孙就跪于床前烧几张纸钱，这叫做"烧落气纸"，这是对"地神"的叩拜；也是为了使亡魂一进入阴间手头就有钱用，少受折腾。而后在外面放一串鞭炮，这是"祭天"。祭天的鞭炮声还有一个作用，即告诉左邻右舍老人已"仙逝"，这样乡邻们都会自发前去帮忙，比如准备丧饭，安排丧礼等等，不管平时关系亲疏都会一心一意替丧家考虑，因此当地始终流传着"生不计死仇"及"人死众人哀，不请自就来"的说法。

上榻入殓 孝子要为亡人洗身整容，用毛巾给亡人擦洗"五心"，即顶命心（头顶）、太阳心（太阳穴）、心口窝（前胸）、手心、脚板心（脚心），然后再用棉线给死者缠上腰线和脚线。然后给死者穿上老衣（即寿衣），穿戴前由死者的长子将衣服先穿在自己身上一会儿，再穿到死者身上，叫"热衣"。帮忙的人来了之后，大家一起把亡人放在堂屋正中的一块门板或者是棺盖上，脸上盖上蒙面纸，这叫"上榻"。"上榻"是为了"入殓"更为方便，但又是一个必需的过程。亡人置于榻上可以有很长的时间，但放在床上的时间不宜过久，亡人睡在床上在土家人的眼里叫"睡铁床"，那是后世子孙不孝的表现。入棺之前，要请道师选择时辰，诵经，谓之为"开路"，也叫"冥路"，道师站在灵堂内给死者念开路经文，有"开通冥路，送亡登程"之说，其目的是洗去死者生前的罪孽以至不会在阴间受苦难，同时指引通向地府的道路，以免成为幽魂野鬼，时间约为一小时。这时会在死者棺底铺上一层自家灶堂里的火灰，用小酒杯在灰上印上死者的岁龄，再移尸入棺。棺材下点一盏桐油灯（俗称长明灯，直至亡人上山之前不能熄灭），棺材后放"灵屋子"，棺前放"大灵"，大灵正中供死者灵牌，两边插"岁签"（一岁一根），灵位前面，用升子装半升玉米、高粱或大米，内插灵牌，并插三注香供放灵位，灵位下面放一个瓷盆准备孝子烧纸。入棺之后，由道士为死人开咽喉，称为"叫饭"或"叫茶"，俗有"莫饮阴间忘魂汤，只饮阳间一杯茶"之说，意在叫饭之后，亡人不会因喝阴间的忘魂汤而忘却在世之事。

吊唁守灵 这是整个丧礼过程中最重要的仪式之一。孝子一方面要派人及时将死讯告知亲友，称为"放信"或"把信"，另一方面要和来帮忙的人安排丧葬事宜。死者棺材放置于灵堂正中，棺材前下方放置一张高四方桌，上面摆放死者的遗像、插上香烛和贡品，"大灵"左右置"哭丧棒"，孝子男左女右侍候。接到"报丧"后，亲友须在"大夜"前赶来吊唁，远处的直系子孙赶回来"奔丧"，孝家则要请专门的班子来"打丧鼓"。土家人的吊唁一般是在晚上进行的，一到晚上，亲朋好友、左邻右舍纷纷带着鞭炮或一人或几人、几十人前来吊唁，献上花圈，到灵堂对着棺材遗像三拜九叩，孝子手持哭丧棒下跪叩首回礼。治丧期间，凡与死者有血缘关系的或族人中的晚辈都披麻戴孝。出殡的前夜称为"大夜"，这是对死者进行集中悼念的一个时间，也是葬礼中最浓重的环节。这一夜死者的全部姻亲宗戚、亲朋好友和乡里邻居都齐聚孝家，与死者做最后的告别。这一晚至亲（包括女儿女婿、死者的姐夫妹夫、内侄外侄、姻亲等）都要送一泼花锣鼓，花锣鼓越多，说明孝家宗族或家族的力量越大，也越有面子。前来参加"大夜"的人要守灵，称为"坐夜"或"守大夜"。坐大夜沿习了当地做白喜事的风习，即视老人去世是"顺脚路"，是"喜事"，因此要做得热热闹闹，让老人的灵魂能够安安心心地上路。这天晚上主要有道士或僧人做道场、歌师唱孝歌、锣鼓班子敲锣打鼓和跳丧舞。"跳丧"在土家语中叫

"跳撒尔嗬",因跳丧时所用唱词多用衬词"撒尔嗬"而得名。从入夜一直跳到次日清晨,以增强热烈的气氛,为亡人解寂,慰亲属节哀。跳丧的特点是手脚同边,舞姿古朴豪放,动作平稳舒缓,舞步飘逸痴迷,略呈醉态,很是吸引眼球。唱词以歌颂死者生平事迹、其对子女的抚育以及死者生产劳动方面的内容为主。"绕棺"(又称"穿花")跳丧的一种形式,由巫师领头,其他人(一般是五人或七人)拿铙、锥等响器随后,孝子端着灵牌也跟在后面,围绕棺材穿行(故称"绕棺")。刚开始是慢步行走,舞到高潮,巫师按太极图示("穿花"由此得名)互相穿梭,边唱边敲打手中响器边模拟各种动物姿态或生产、生活动作跳跃。《咸丰县志》载:"……晚上打丧鼓唱孝歌,绕棺穿花,通宵达旦。"[①] 其间孝子头系白布,身穿孝衣,手里抱着死者的灵牌跟随道师围绕棺材祭拜。现在更多是作为跳丧时的一种舞蹈动作。绕棺、"跳丧舞"("撒尔嗬")是鄂西南土家族的主要丧祭形式,现在该地区的巴东、建始、鹤峰、恩施的清江沿线仍然比较流行。土家人"跳丧"讲求的是"欢欢喜喜办丧事,高高兴兴送亡人",歌乃高亢欢快之曲,舞系豪迈雄健之风,无悲痛哀伤之感,表明土家族对"死"积淀着古老独特的生命意识和人生观。

开棺出殡 出殡的这天大清早,在风水先生的引导下开棺,主要目的是让亲朋好友最后一次瞻仰遗容,这也是一个比较盛大的辞灵仪式,至亲、好友往往嚎啕大哭,甚是凄切。辞灵仪式结束后,用石灰桐油、生漆将棺盖封好,死者亲属披麻戴孝跪在灵前,道师将提前备好的大米、白糯米、黑糯米、玉米、芝麻、小米等六种米混在一起,然后抛洒出来,亲属用孝衣接住,叫做"接六米"(因方言中"六"与"禄"音同,就有继承祖先衣禄之意。)然后在法师挑定的吉时宣布"发丧起灵",将棺材从灵堂移到外面场坝里,放在两条高脚板凳上。然后,一名丧夫用雄鸡血和烧纸"祭龙杠"(抬棺材的杉木杠),接着孝家放一挂鞭炮以示"起杠",表示出殡。孝子抱着灵牌及死者遗像走在最前面,跟着是抬着"灵屋子"的孝子走在棺材的前面,举着花圈、挽帐的送灵亲友跟在棺材后面,沿途有人撒"买路钱"(即纸钱)。送葬的路上敲锣打鼓,主要负责的丧夫还要一路喊号子以协调抬棺人的步伐。途中棺材不能着地,若要途中休息,必须将棺材放在两条高长凳上。

下逝砌坟 到了墓地(墓地是请风水先生提前测算并挖好了的),将棺材放入事先打好的井中(安放棺材的长方体土坑)叫"下逝"。在"下逝"

[①] 田发刚、谭笑.《鄂西土家族传统文化概观》,长江文艺出版社1998年版,第149页。

前，风水先生先在井中做一场法事，既是向阴间买地，又是替活着的人为死者祈福。仪式结束后，帮忙的人将棺材置于井中掩埋。砌坟即是用石头、泥土砌一个半椎体的土堆。迷信的说法就是为死者造一座房子。

润七回煞 下葬后，孝子前三天每天都要到坟地给亡人"送亮"（即送灯），到第三日，丧家男女老少，均着孝服，至墓地叩拜，给坟上添土，俗称"复山"，由孝子为死者再次垒坟。根据当地习俗，死者死后三年内不得在坟上动土，所以这次垒坟尤其重要。同时将孝帕、孝布以及死者生前穿过的衣物、使用过的生活用品在死者坟前焚烧，使死者在阴间也能丰衣足食。"润七"是从死去的那一天算起每过一个七天就到新的坟地去为死者点灯，烧纸钱，放鞭炮。"润七"一共有四十九天，也就是要润七个七。"回煞"是说死者魂魄去地府报道后要回家来看一看，回家的那一天就是"回煞"。具体日期是风水先生根据死者的生辰和忌日推算出来的。到时其家人先备好酒菜、瓜果，待时辰快到时全家人都出去，或到邻居家去坐一坐，约半个小时左右再回来，期间将门虚掩着，静候亡魂最后一次回家。

鄂西南地区向来重视丧葬仪式，俗话说"生养死葬"，特别是对去世的老人，葬礼格外浓重，现在城里葬仪在不断简化，但在广大农村地区，丧葬的风俗仍然保持得比较完整。

二 鄂西南地区方言地名与地域文化

地名是历史形成过程中人们对于相关地域的称谓或命名，是对该地的自然形貌或社会人文环境的认知和反映，因此从某种意义上讲，地名是历史的产物，也是人为的作品。"地名作为一种文化现象，不仅是注记地理实体或地域空间的一种符号，而且是一种既可视又可悟的文化景观"（李如龙1996）。首先，地名的形成源于生活在当地的民众，是他们在特殊的生活环境中给地名烙下独特的印记；其次，地名的形成也与生活在这片土地上的人们所使用的语言有密切的关系。鄂西南地区是一个多民族杂居之地，该地区的地名经过长期的历史积累而沿用至今，呈现出浓郁的地方特色，具有重要的研究价值。我们在这里着重讨论地名系统及其与当地语言文化的密切关系。

（一）鄂西南方言区的地名系统

地名有其固定的结构形式，一般都是由通名和专名组成，其中通名是指"类"，是某一类现象或概念的名称；专名是指"位"，是对一个特定的个体或现象的命名，这种"专名+通名"的结构形式是地名发展成熟的标准，能清晰地反映地名所属的实体类别。

1. 通名

通名标志着人们对于自然地理环境的认识和反映，同时也记录了人们对自然的改造。我们参照郭锦桴先生（1991）对地理通名的分类，将鄂西南地名的通名归纳为五类：

（1）与行政区划相关的：市、县、乡、镇、社区、街道、组等。

（2）与地形地势和水系相关的：其中反映地势地形的，如山、岩、坡、槽、洞、台、坳、垭、岭、坪、坝（坝子）、洞等；有反映水体特征的，如河、湾、溪、沟、塘、池、潭、泉、湾、井等。

（3）与人工建筑、人口聚落相关的：如桥、园、寨、台、道、路、街、口、屋场等。

（4）与军事及生产、商业相关的：如营、寨、店、铺子、厂、坊等。

（5）与宗教建筑相关的：如堂、庙、寺、观、祠堂、阁等。

从上述分类中可以看出，鄂西南地名的通名既有西南官话方言的一般特征，同时又有本土的特点。

2. 专名

专名的形成和人们对该地域的最初理解和认识有关，体现了地名的命名理据，即"得名之由"。选择哪些词作为专名，一般受当地人生活的自然环境和人文环境的影响。

鄂西南地名的专名主要可以分为下面15类：

（1）姓氏类：廖家坝、苏家坪、马家沟、刘家垭、唐家渡、唐家铺、高家坡、毛家垭口、刘家园、陈家湾等。

（2）植物类：杉木塘、芭蕉溪、枣木垭、核桃湾、黄连坪、韭菜坝、百合园、杨柳池、核桃湾、楠木河、木耳山、等。

（3）动物类：老虎洞、狮子梁、犀牛坪、白鹿、猫儿坪、黑鱼泉、麂子渡、蛇口山、熊母槽、凤凰岭等。

（4）自然现象类：龙潭坪、两河口、白水泉、大河坝、红沙田、大岩板、石门、浑水河、风吹坝、凉水沟、岩风洞、云雾等。

（5）人工建筑类：花园堡、新拱桥、庙湾、碉堡、祠堂、云台观、校场坝、老屋庄、古桥坡、板桥子等。

（6）历史遗迹类：桂林书院、施南坡、旗鼓寨、旧司、古城、官仓、北镇、官扎营、官屋、官渡河、读书坪等。

（7）性状描摹类：岩蜂窝、贵帽山、曲溪、坛子洞、新寨、指凤头、浮萍滩、长槽、红岩寺、黄土坎、等。

(8)事件类：社里坝、走马坪、望月淌、放马场、官坝、烧城、祖坟坝、马饮水、剩家湾、招凤台等。

(9)寓意类：兴隆、安子堡、安乐井、咸盈、天生桥、落业坝、福场坪、双喜坪、清平街等。

(10)数（量）类：一碗水、二台子、两凤、三岔口、五里坪、七里坪、九根树、千户等。六石坪、八石坪等。

(11)方位类：后坪、下六峰、西面坡、北风槽、东乡、后山沟、上构坪、北面山、下塘坝、上台、上坝、下坝等。

(12)生产生活资料类：铁炉、铁匠坪、锅厂湾、高岩子林场、金银店、大店子、金塘、窑场、瓦场坝、等。

(13)神话传说类：观音坡、仙人桥、腾龙洞、三龙坝、大鱼龙、龙王硝、围龙坝、仙女洞等。

(14)矿产类：磺厂坪、煤炭沟、石膏场、金银山等。

(15)人物类：小梅庄、姊妹山、黄仙姑、思阳桥、耀英坪、将军岭、状元屋等。

上述分类顺序基本按照数量的多少来排列，从类型上看，地名的专名涉及面广，不仅展现了地名的丰富性，也显示出地名命名理据的多样性。

(二) 鄂西南地名的语言印记

地名除了能从内容上反映一个地方的自然环境特色，透露所蕴含的人文历史外，还能从语言本身的形式上体现当地的方言和民族语言的特色。

1. 鄂西南地名中的方言成分

地名中有些含有方言词包括两个方面，一是包含地方特色的口语词，二是构词法体现地方特色。

(1) 包含地方特色的口语词。例如：慢牯牛（"牯牛"即母牛）、阳鹊坝（"阳雀"即喜鹊）、鸦鹊水（"鸦鹊"即乌鸦）、红鹞（"鹞鹰"指老鹰）、鹞子溪（"鹞子"也指老鹰）、螺蛳塘（"螺蛳"即蜗牛）、人脑壳岩（"脑壳"即"头"，"岩"在当地读 ai^{22}，即悬崖）、碓窝子（"碓窝"是石制的舂米工具）、麸子洞（"麸子"即麦麸）、谷子坦（"谷子"即水稻）、大天坑（"天坑"指由于自然地陷形成的幽深坑洞）、薄刀梁子（"薄刀"指切菜的刀）、大转拐（"转拐"即转弯，"大转拐"即一个有很大弯度的地方）、勾腰坝（"勾腰"即弯腰）、夯口岩（"夯口"即"裂口"，形容口子开得很大）、牛屙蛋（"屙"指解大小便蛋或者禽类动物生蛋）、码纸峡（"码"，即堆砌、摆放）、扯直坡（"扯直"即"一直朝前"）、溜沙坡（"溜"即滑、滑动）、赶场坝（"赶场"即赶集）、倒仆龙（"倒仆"即反过来趴着）、螺丝转顶（"螺丝"指蜗牛，"转顶"形容蜗牛壳上的螺旋纹路）、倒钱坑（"倒"是"铸"的方言读音，即"铸造"）。

（2）体现方言构词法的地名，主要体现为在名词性成分后面加"子"尾。例如：柑子坪、猫子山、鸭子塘、店子槽、马子峡、鹿子水、猫子洞、桶子塘、鹿子水、羊子岩、濑子沟、猫子湾、瓦子院、堆子场、鹞子坪、车子口、峁子山、柏子坳、羊子岭、鹿子坪、梅子树、懒人子山、人影子山、高岩子林场 穿洞子林场、土坎子、瓦店子、团坛子、岔口子、桥亭子、二壤子、九拐子、岩坝子、石梁子、团坛子、梨园子、龙门子、石梯子、石垭子、塘坝子、双寨子、独树子、邱家台子、槐子坦、小垭子、瓦庙子、桅子岭、石桥子、山帽子、红岩子、茶店子、何罗子、等。其次是在名词性成分后加"儿"尾，变成儿化形式。例如：船儿岛、雀儿笼、鱼儿寨、猫儿堡、猫儿岭、猫儿坪、猫儿槽、梯儿岩、雀儿笼、班儿头等。还有少量逆序词，如鸡公岭、鸡公洞、鹅公砲等。

2. 鄂西南地名中的土家语成分

地名的形成有世代居住在这块土地上的民族使用的语言有关。相关文献记载表明，历史上鄂西南土家族曾广泛使用土家语，现在只有在来凤、宣恩、鹤峰三县的南部偏远山区还有少量土家语的残存，但是在地名中却保留了不少土家语的痕迹，这些地名也是以反映当地地理实体的原貌特征为主要特征。从结构上看，也主要是以"专名+通名"的形式，从语源上看，有的是专名和通名都是土家语，有的专名是土家语，通名则是汉语，还有些专名是汉语，通名则是土家语等，因为土家语没有自己的文字，所以还有些地名是借用同音或近音的汉字记录，具体意义不太清楚。

（1）专名和通名都是土家语

"车"、"湖"是土家语中最常用的通名，"车"是土家语"河溪"之意，故凡以"车"为通名的地方，大多在溪河边。例如：革勒车、讨火车、西北车、烂车、洗车、腊壁车等。"湖"在土家语中是"山坡上的一块平地"之意，例如比里湖、托塔湖、钻天湖、踏巴湖、所里湖、力士湖、板车湖、巴皮湖、燕巴湖、舍米糊、河堂湖、车卢湖、麦大湖、班大湖、车大湖、腊耳湖、十耳湖、乍车湖、巴交湖、巴叶湖等。

（2）专名是土家语，通名是汉语

"黑"在土家语是"漏水"之意。例如：黑山、黑湾、黑槽、墨槽、黑石垭、黑石槽、黑沟头、黑岩洞、黑洞塘等。"李"是土家语的"虎"之意，指虎多或藏虎的地方。土司时期，鄂西南山区的虎特别多，故有不少含有"李"的地名，例如：李虎坡、李桥、李巴沟、上李坪、李桥、李爸洞、申李坝等，鹤峰县有个地方叫"李虎坡"，清初顾采在《容美纪游》中对李虎坡多虎的故事有详细的记载。而有些地方如宣恩，当地人忌讳"虎"字而改称为汉语中的"猫"，所以也有不少带"猫"的地名，例如猫子村、猫子庄、猫子山、猫山坝、猫儿坪、猫儿槽、猫子洞、猫儿堡。"墨"是指天，如：墨把山、墨墨山，宣恩县城之北有墨达山，《大清一统志》记载："墨达山在治北，土人谓天为墨，云山高接天地。"咸丰还有个"墨池寺"，即"天池寺"。还有些拟音的专名，如埃山、甲落山、米施洞、卡那坪、列西坪、巴山坪、每月溪、米沙界、冉巴沟、马拉河、卡达河、梭步垭、浪坝、合光、满店、社里坝、觅鸭溪、古架山、葩坪。

（3）专名是汉语，通名是土家语

这种类型相对较少，如杉木洛、木匠胎，其中"洛""胎"都是土家语的拟音形式。

（4）通名叠用

是指有些地名本身已经有了土家语的专名或通名，而人们习惯上还是在后面再加一个汉语通名，形成通名叠用。例如：

涅车坪、车洞河、车坝、车路坝、车落洞、木车坝、车营、马湖坝、毛湖塪、小都寨、车大湾、车心沟、偏袋溪、补溪。

（5）没有通名

这些地名是土家语的直接拟音形式。例如：摇把、歌罗、畲道、波罗、玛脑、那甫、朵科、者兰、他克、诺西、苦溪、格扎、溜溜巴、将科、浇巴湿、富基都、耳磐龙、跛里黑、海司塞、黑克李、麦李、墨池乌、苏麻胎、选柱、沐抚、荞云等。

以上这些土家地名大部分都反映了当地的地理原貌，可以为历史地理的研究提供材料。如上述土家地名"革勒车"，"革"土家语是"危险、可怕"的意思，"勒"相当于助词"的"，"车"是"水、河流"之意，这个词汉语的意思就是"凶险的河流"。"革勒车"在来凤县的革勒乡，地处两条河流交汇之处，起初是从西部的尖山和西北的滴水关倾泻而来的两条溪流，在枫香坪汇合后，蜿蜒五公里，在革勒车又与从北部黑山飞流而下的另一条河流交汇。这两条河流沿岸山势险峻，水流湍急，特别是山洪暴发时，汇成的大河水急浪险，吼声震天，更显得形势险恶。解放后在这里修筑大坝建起了电站，水势变得平缓，再无凶险之感了，但是"革勒车"这个名称保留了下来，为该地早期的地貌提供了信息。

（三）鄂西南地名的文化意蕴

地名的形成和变化真实地记录了一个地方的生产生活状况，我们通过地名，可以了解特定区域的地形地貌特征、动植物的生长繁衍、人口分布、风俗民情、历史文化等，可以说地名包含了丰富的文化内涵。

1. 鄂西南地名与地形地貌

地名最早就是用爱给自然地理实体命名的，因此，地名与自然地理风貌的关系作为密切。鄂西南地处湘鄂渝交界的武陵山区，崇山峻岭，地形复杂，河流众多，地名中的通名以反映自然地形和水系为主要特色，不仅分布范围广，而且数量众多，这些地名充分反映出该地区地貌的基本情况。通名主要有坪、坝、岩、坡、槽、山、洞、台、坳、垭、岭、河、湾、溪、沟、塘、池、潭、泉、湾、井等，下面选取最有代表性的加以讨论。

【坪】《说文解字·土部》："坪，平地也。""坪"因平地儿得名，泛指山区或丘陵地区局部的平地。由于鄂西南是多山地区，小块平地对农业生产来说特别重要，坪坝少，视同宝，叫"坪"的门槛低，小的几十亩，大的过千亩。该地区两市六县村一级单位以"坪"命名的多达500余处，特别是鹤峰县，9个乡镇所在地，有7个带"坪"字，即太平（坪）、下坪、中营坪、燕子坪、五里坪、走马坪、铁炉坪。再如来凤县，仅翔凤镇就有三光坪、小河坪、老寨坪、冯家坪、黄茅坪、河坪、师立坪、车大坪等。

【坝】"坝（坝子）"也是指小块平地，是仅次于"坪"的通名，处于坝的地方往往是当地地理条件相对优越、生活相对富裕的地方。全州村一级单位以"坝"为通名的近300余个，如恩施市龙凤坝镇就有三龙坝、杉木坝、古长坝、佐家坝、衣角坝、杜家坝、煤泥坝、舞阳坝、崔家坝、盛家坝等；建始县就有建阳坝、罗家坝、风吹坝、奇羊坝、闵仕坝、黄口坝、塘坝子、青里坝、赶场坝、龙家坝、大坝、革坦坝、粟谷坝等。

【山】鄂西南地区多高山大川，直接以"山"为通名的很常见，约有150多个。例如、木耳山、姊妹山、马鞍山、广木山、马鬃山、关口山、薛家山、青果山、金龙山、五峰山、石羊山、火炮山等。

【槽】指两座山丘、山梁之间的槽形区域。多为耕地，也是人们居家建房的首选之地，当地著名的吊脚楼便是根据送个地形而建造的，所以以"槽"为通名的地名也很普遍，比如：后坡槽、板场槽、三岔槽、火田槽、龙洞槽、水槽、头隆槽、椿木槽、下后槽、吊楼子槽、竹园槽、鼓矮槽、难窝槽等。

【洞】鄂西南地区属于喀斯特地貌，所以溶洞很多，以"洞"命名的地名不少见，如老虎洞、高洞、锁洞、鸡公洞、九洞、石龙洞、出水洞、猫子洞、仙女洞、落水洞、消水洞、龙洞、醒狮洞等。

【台】"台"是指高而较平的一片区域，这样的地方，往往是族群聚居的好去处，如祥台、朱家台、花鹿台、邱家台子、叶家台、龙家台、板凳台、祝家台、花鹿台、张家台子、天台、招凤台等。

【坡】"坡"是指地形倾斜的地方。在山势比较平缓的的地方，侧面都可以称为"坡"，使用很广泛，如白杨坡、茶园坡、上阳坡、枞阳坡、大面坡、寨坡、官坡、太阳坡、下庄坡、高家坡、鄢家坡、张家坡、白虎坡、铁厂坡、马蹄坡、茅坡等。

【岩】"岩"是指比较高俊的大山，鄂西南地区的山多陡峭险峻，以"岩"为通名的地方不少见。如红岩、磨子岩、青岩、高岩、观音岩、穿心岩、罗川岩、岩狮、观音岩、手板岩、二等岩、主张岩、白岩子等。

【坳、垭】"坳"是指山间很小的平地；"垭"是山间可通行的狭窄地方。以"坳、垭"命名的也很多。如朱家坳、油坊坳、大坳、柏子坳、长坳、山尖坳、柑树垭、青龙垭、凉风垭、天池垭、大树垭、木龙垭等。

【岭、梁子】"岭、梁子"主要是指比较高大的山脉。如豹子岭、红花岭、将军岭、天池岭、青岗岭、杉木岭、界直岭、大幕岭、长岭、魏家梁子、石梁子、宋家梁子、田家梁子等。

【河】"河"在鄂西南一般是指天然的稍大的水道，以此为通名的达170多个，如梅河、怯道河、体河、大兴河、青岩河、青龙河、东龙河、子母河、小溪河、龙潭河、白水河、苦溪河等。

【湾、溪、沟】"湾"既指水流弯曲的地方，这种地方水流平缓，常常是族群、村落聚居之地；"溪""沟"则是更细小的河流，是山区当地人生活的主要水源，每个县市都有大量以"湾、溪、沟"命名的地名，如杉树湾、松树湾、大湾、深湾、水井湾、陈家湾、董家湾、申家湾、响板溪、腰带溪、山羊溪、黄连溪、洗爵溪、石板溪、白甲沟、后山沟、茶园沟、七里沟、三岔沟、洋湖沟、煤炭沟等。

【塘】"塘"原是指堤岸、堤防，在山区常用来积蓄雨水或泉水的塘坝，也常做通名。如杉木塘、独石塘、落鼓塘、磨角塘、钟塘、金塘、鸭子塘、长堰塘、新塘、双河、蒲塘、白马塘、堰塘、河塘、龙王塘等。

【潭】"潭"主要指深而且比较大的池。在鄂西南地区，这种"潭"相对来说不是太多，共40余处，当地人认为"潭"是神物龙出没的地方，所以往往是"龙潭"连用，这样的有31处，如九龙潭、大龙潭、小龙潭，其中直接用"龙潭"为地名的就有23处，还有以"龙潭"用作专名的，如龙潭坝、龙潭沟、龙潭坪、龙潭坡、龙潭溪、长潭河、龙潭司等。

鄂西南地区处于武陵山区余脉，由于山区大山阻隔，交通闭塞，祖祖辈辈生活在这里的人们对大自然有着天然的情感、认识，反映了对大自然的尊重,对自然环境的依赖。从上述以自然地形命名的地名中可以充分显示这一点,这些词的词根准确形象,充分体现当地的自然特征,又能映衬人文背景,常用地名常在通名前缀以形态、性状、颜色、方向、动物、植物等,以示同类地名之间的区别。例如恩施市的新塘乡,全乡 50 个村的村名(地名)中以各种自然特征命名的就有 38 个:双河、蒲塘、船舱、山花嘴、挖断山、八石坪、上房、下塘坝、衙门、麻柳洞、杉木辽、红花淌、小古龙、三角桩、大古龙、青龙垭、椿木槽、横背山、茶盘、迎宾、干沟、岽山、北界、果梨淌、天生桥、中岭、白岩、下坝、甘坪、桂花、大坪、小河、村坊、上台、六石坪、河溪、保水溪、上坝。

2. 鄂西南地名与物产

鄂西南地处高山大川,有着丰富的自然资源,特别是植物、动物资源,这些在地名中也能得到充分的体现。

(1)以植物为地名

其中大部分植物是用作专名,例如:桂花树、黄茅坪、杉木塘、桐子园、楠木坪、牡丹坪、芭蕉溪、梅子树、枣木垭、苦竹溪、核桃湾、梅子垭、柏杨坪、板栗坪、桑树坪、杨柳湾、核桃湾、麻旺、梅坪、栗山、金竹园、梅果湾、枞阳坡、槐树桩、杨柳池、柳树坦、茶园沟、芷药坪、马栏溪、野韭池、漆树垭等。还有不少地名则直接用植物名来称代。例如:杉木、枫木、竹山、黄柏、白果、桐麻、楠木、芭蕉、细杉、紫荆、金钟、杨柳、柏榔、茶店、楠木、桃山、杉树、班竹、栗子、黍子、冷竹等;还有干脆以"林场"为地名或通名的,例如:林场、农林场、穿洞子林场、高岩子林场、麻扎坪林场、肖家坪林场、雪落寨林场等。

(2)以动物为专名

作为地名的动物都是大山中有名的野兽,如狮老虎、豹子、熊、老鹰等,其中老虎是最常见的,在当地老虎又被称为"猫"。例如:老虎洞、白虎山、猫儿坪、猫儿堡、猫村子、猫子庄、狮子关、狮子桥、狮子梁、凤凰山、熊洞、豹子沟、犀牛坪、龟塘、黑鱼泉、老鹰岩、花鹿台、天鹅池、绵羊洞、羊头山、土鱼河、雀儿笼、鸡公岭、鱼塘、鱼泉、白鹤井、白鹿、红鹨、百鸟等。

3. 鄂西南地名与居民生活

(1)地名反映了居住条件和居住方式

土家人"所居必择高岭",往往同姓数十户或上百户集聚而成为一寨。土家人多聚居山内,客家人多居山外。土司时期,只有土司、舍把、族长等土官以木架屋,雕梁画柱。而一般土民,多编竹为墙,茅草盖屋(若盖瓦房，则犯僭越之罪）。堂屋正面设有祖先神位，两旁侧室住人。侧房内靠前处设火坑，置三脚架，用来架锅做饭。侧房近屋顶处，编竹为楼；楼底悬一木架。竹楼及木架利用火坑中烧火的热气来烘干粮食、肉、木柴等。现土家房舍，多建"吊脚楼"式木板瓦房，楼上住人，楼下养牲畜或堆放肥料柴草等。

　　生活在鄂西南高山大川地区的居民，其居住条件简陋，房子主要利用树木竹子柴草等依山搭建而成，用茅草盖屋，而且周围动物出没，为安全起见，大家群聚而居，因此以"寨/寨子"为通名的村名很多，例如：老寨、上寨、新寨、石龙寨、响水寨、五花寨、大洪寨、野果寨、中寨、马寨、鱼儿寨、高阳寨、木笼寨、麻阳寨、二虎寨、双寨子等；还有些是用作专名，后面再加上地形类通名的。例如中寨坝、老寨坪、老寨溪、三寨坪、寨沟等；因为当地是土家族苗族聚居区，还有以民族为专名的寨子，例如苗寨、苗寨沟、土家寨等。更有同姓数十户或上百户集聚而成为一寨的，如汪家寨、苏家寨、马家寨等。有些寨子至今仍然很有名气，例如鹤峰县中营乡八字山村北天泉山的天星寨。据清道光《鹤峰州志》载：天泉在同乐门外，天泉，小于屏山，而险峻过之，容美土司筑平山之先，设寨于此。此寨现改名为天星寨，左有女性寨，右峙高木寨，三寨鼎立，互为犄角，为容美土司时期的天然屏障，古称之为"天泉保障"。

　　而宣恩县的彭家寨则是最负盛名、最有代表性的建筑群，是武陵山区土家聚落典型代表之一，位于宣恩县沙道沟镇两河口村。彭家寨古建筑群现被为全国重点文物保护单位。龙潭河自东北向西南流过寨前，与寨两边的山间小溪将村寨环抱。众多单体建筑组合成村寨时，以公共用地的院坝、风雨桥为中心展开。吊脚楼群依托观音山，建于山脚斜坡上，寨前是一排稻田，面向龙潭河，河上架有铁索桥。左是召大沟，右为叉几沟，沟上架有一座百年历史的凉亭桥。寨前是公共用地院坝，寨后竹林间有一横排苕窖，东边为彭氏墓地。彭家寨历史建筑规模约8000平方米，全部为吊脚楼，有房屋22栋及风雨桥一座，房屋主要包括：彭继文老屋、彭武元老屋、彭武阶老屋、彭继元与杨祖祥老屋、彭继检老屋、彭南祥老屋、彭继权老屋、周品老屋、彭继亮老屋、彭文勇老屋、彭继双老屋、彭继树老屋、彭启孟老屋、彭继山老屋、彭继松老屋、彭继艮老屋、彭继书老屋、彭继富老屋、彭继贵与彭继青老屋，彭武生老屋、彭武顺老屋、彭义老屋。彭家寨对于研究土家族聚落营造具有较高的价值，从聚落的选址布局、植被配置到单体吊脚楼的建造，都体现了土家族的文化及生活方式和建筑与环境的和谐关系。

宗族是我国传统社会中一个非常重要的构成支柱，有宗族或血缘关系的人择第而居，繁衍生息，天长日久形成一个个相对独立的社会群体，形成了以宗族为标志的地名，在鄂西南地区更是如此，以姓氏、家族命名的地方大量存在，从统计到的六县市所有村一级地名中，就有291个以姓氏为专名的。仅以建始县花坪乡为例，全乡就有15个村的村名就以姓氏命名，如陶家荒、蔡家、周塘、田家坝、杨家槽、沈家荒、易家荒、张家槽、唐坪、汤家槽、李家荒、崔家河、徐家坦、李家坪、田家坪等。而巴东县共有87个以姓氏为地名，其中溪丘湾乡的38个村委会就有10个以姓氏为专名，即：谭家湾、甘家坪、高家坡、鄢家坡、张家坡、曾家岭、魏家梁子、徐家湾、宋家垭、黄家包。该地区除了姓氏做专名，直接做整个地名的也不少见，如：柳家、江家、许家、史家、肖家、袁家、蔡家、王家等。鄂西南地区自古就以农耕和渔猎为主，单家独户在大山里往往难以生存，为了在大山中讨生活，这种以宗族血缘关系为基础的聚居方式，充分体现了重宗族血缘、重社会群体等传统观念。

（2）地名反映当地的生产、生活

当地居民以农、渔业为主要生产活动和生活来源，随着时间的推移和社会的进步，手工业、商业等开始逐步得到发展，这些新事物作为一种标志也成为命名的一个依据。例如瓦厂坪、瓦岳坡、矿厂、磺厂坪、铁厂坪、油榨屋场、榨屋坪、榨茨河、磨谷坝、铁场坝、窑湾、铜锣坪、锣鼓圈等是以手工作坊或厂矿为专名；商业相对不够发达，多以小店铺为主，如螺马店、客坊、高店子、店子槽、张家面铺、新铺子、毛家铺等，还有与买卖相关的少量地名，如赶场坝（赶场即赶集）、铺子、元宝、铜钱坝、洋伞坝、卖铧沟等。

4. 鄂西南地名所反映的历史文化

地名是历史学的第二语言。历史地名分为"历史自然地名"和"历史人文地名"两类，这"既是人类认识周围环境的静态凝结，又是人类改造自然界的动态轨迹"[①]。地名是人类文化的活化石，许多老地名背后都有一段历史故事，特别是历史上重大政治制度的变迁。

鄂西南地区在历史上经历了羁縻制度（秦—宋代）、土司制度（元—清雍正十二年）、流管制度（清雍正十三年起实施改土归流）、民族区域自治制度（新中国成立至今）。该区域所辖的县市中有几个名称就是在实行土司制度和改土归流的初期定下来的。比如"恩施"，元代在此实行土司制度，

---

① 华林元：《插图本中国地名史话》，齐鲁书社2006年版，第2页。

土司驻今宣恩县城，因土司驻地在施州南面，故名施南土司。明代在施州设施州卫。清雍正六年（1728年）裁施州卫，设施县，次年改称恩施县，意即皇帝赐名于施县，取"皇帝恩泽施地"之意。"咸丰"则原为土司统治地区，清雍正十三年（1735年）实行改土归流，废除土司制度，在该地设县，经湖广总督迈柱奏请，雍正皇帝钦定为咸丰县，取"咸丰庆年"之意。"宣恩"也是原为土司辖地，清乾隆元年（1736年），在原施南宣抚司治所设县，命名宣恩县，寓含"传布皇帝恩德"之意。"来凤"原为土司辖地，清乾隆元年，正值乾隆皇帝登基之日，在散毛司（原当地土司）辖地半边城上出现"凤凰翔集，声鸣九天"现象，时在当地推行改土归流的于执中立即上书乾隆，乾隆皇帝龙心大悦，以为新君登基，有凤来仪，表明皇恩浩荡，化及"蛮夷"，于是御赐当时散毛、大旺、东流、腊壁、卯洞、漫水、百户七土司所居住之地为"来凤"。与此类似的还有"鹤峰"，鹤峰古称拓溪、容米，又称容美，两千多年前土家族的先民容米部落在此繁衍生息，后为容美土司领地。1735年改土归流后，容美土司辖地被分设为一州一县，即鹤峰州和长乐县（今五峰县）。"鹤峰"一名，为清廷所定。

鄂西南地区以土家族为主要代表民族，所以土司时期的历史在该区域的地名中留下了深刻的印记。地名中有部分直接以"土司"或者"司"作为通名或专名的，例如：老司、百福司、安抚司、旧司、腊壁司、龙潭司、都司界、司城、老司沟等。土司制度是一种军政合一的制度，因此在土司管辖境内，各地大小土官不仅是地方上最高行政长官，也是最高军事长官，他们都拥有一支数量不等的军队，俗称为"土兵"，其编制单位主要有营和旗两种。这在地名中留下痕迹，特别是以"营"为地名的，都是土司时期的驻军之地。例如鹤峰县有中营、官扎营，建始县有杨扎营，恩施有车营、安营、营上、齐家营、营盘、营沱等，宣恩有客家营、千师营、七将营、木营、桐子营、火烧营、大茅坡营、小茅坡营，咸丰有坪坝营、荀家营，利川有汪营、中部营等。另外如"旗鼓寨、红旗坪、旗峰坝、插旗、旗杆"也是土司时期的驻军地。而"官店坡、官店镇、官店、官仓、官坪、官屋、张官、官田坝、官坝、官厂坝、留驾"等地名则是典型的改土归流之后实行流官制度的产物。

5. 鄂西南地名与移民

汉族现在是鄂西南地区的主体民族之一，据第五次全国人口普查统计，汉族人口占全州总人口的47.24%。该地区的汉族人是不同历史时期从不同地区移民而来的，在历史上曾出现过五次大的迁徙浪潮。这些迁徙都和历史上几次大的移民有密切关系，其原因包括战争、朝廷政策、自然灾害、政治避难等，多次的移民也在地名中留下痕迹。

（1）与军事活动密切相关的民族迁徙与地名

朝廷对鄂西南地区的武力征服和对土家族首领反叛的武力镇压，以及对土司的军事威慑，曾调派大批汉族军队进驻鄂西南地区。早在元代，就有部分部队戍守施州，从明朝初年开始设立了施州卫和大田司，派驻大量军队长期驻守鄂西南地区。据《恩施土家族苗族自治州民族志》载：明王朝在元末明初征服土家族地区的过程中，看到鄂西南土家族土司所拥有的实力及其在本地区所起的举足轻重的作用，于是在该地区设立了卫所，削弱土司的发展，防范和镇压土司的反叛。《明史·湖广土司传》载："（洪武）十四年（公元1381年），置施州卫军民指挥使司。"洪武二十三年（1390年），在平息了当时鄂西南诸土司的叛乱后，对施州卫进行了调整，即并施州入卫，使施州卫军政合一。此时的施州卫除领左、中、右三千户所及大田军民千户所外，鄂西南众多土司也均隶属于它。所以在鄂西南地区有不少以"堡"和"寨"命名的地方仍透露了当时驻军的痕迹，例如来凤的上寨、精神堡、安家堡、安子堡，鹤峰的新寨、磡堡、石堡，恩施的军寨、二官寨、屯堡、青堡，巴东的中寨、马寨、知雄寨，宣恩的金陵寨、万寨等。

下面着重介绍元朝初年朝廷派遣蒙古族军队长期驻留鄂西南地区并不断发展的情况。在距离现咸丰县城30公里的玄武山下，保存着一座占地1500余亩的土司王城——塘崖土司王城。它始建于元代初期，距今已470余年。鼎盛时期的唐崖"帅府"，规模宏大，气势恢弘，占地57.75万平方米，拥有3街、18巷、36院，建有衙署、官言堂、大小衙门、存钱库、牢房、书院、靶场、左右营房、御花园、万兽园等设施。塘崖土司是鄂西南土家族地区以军事著称的覃氏土司。而建立塘崖土司的覃氏是由元代的一支蒙古族驻军与当地土著覃氏融合而成的。

元朝建立后，鄂西南土家族首领相继附元，但不久又伺机反叛，于是元王朝便派大批军队前来镇压。其中部分军队平叛后长期驻守于此，加强对土家族土司的监视威慑。由于他们长期受土家族的包围，不断与土家族通婚，最终融合于土家族之中。建立唐崖土司的覃氏，就是这部分土家族之一。据文献记载，元初至元二十一年七月，叉巴、散毛洞土家族举行大规模的反抗。据《元史》载：元世祖"赦荆湖、四川两省合兵讨叉巴、散毛洞蛮。""塔海贴木儿，答答里带人，宣武将军、管军总管、五溪蛮散毛、大盘蛮向木得什用等叛。从行省曲里吉思师师往讨，皆擒之，杀其酋长头等。"这两则记载与唐崖《覃氏族谱》和《祖先的来历》传说可以相互佐证。据《覃氏族谱》载："启祖元朝宗籍，始祖铁木乃耳，是授平肩之职，生颜伯占儿,生文殊海牙……脱音贴儿生福寿不花,生覃启处送,后因边夷南蛮累叛,奉旨征剿,招安蛮民,镇守于斯,分茅设土,安营于宣武山,因斩寇有功于朝,世受皇恩,承职以来,隶属施州卫。"在唐崖覃氏土家族中流行着这样一个传说:唐崖覃氏的祖先是铁木耳、铁木真、铁木依三兄弟,原先居住在蒙古草原,后因从军镇压南蛮叛乱,驻守于唐崖一带,建立了唐崖土司,世代居住于此。从有关方志记载看,这支蒙古族军队平叛之后先建立唐崖军民千户所,后建立唐崖土司。清道光《施南府志·沿革》载:"唐崖长官司,元唐崖军民千户所,明玉珍改安抚司,洪武七年四月改长官司,后废。"《湖北省舆地志记》卷十七载:"元末明玉珍据有其地,……改唐崖军民千户所为唐崖宣抚司。"《明史·地理志》也有唐崖军民千户所的记载。唐崖覃氏也保留了蒙古族的部分显著特征。一是在民族服饰上曾保留了穿长袍、系腰带、挂小刀的习俗,直到解放后才逐步消失。二是宗教信仰上曾保存了崇拜蒙古族祖先的习俗,如解放前他们在堂屋的神龛上除供奉"天地君亲师"位外,还特地供奉木雕"贴木耳"神像。三是在民族体育上曾保存了骑马、射箭和摔跤等传统体育项目,直到现在仍有遗存。四是在军事上曾保留了蒙古族能征善战的传统作风,多次参加朝廷的征调,并得到朝廷的嘉奖和赏赐,因此唐崖土司皇城遗址牌坊上镌刻的"荆南雄镇,楚蜀屏翰"八字彰显了当年唐崖土司的显赫战功;张王庙矗立的石人石马不仅表明他们能骑善战,而且其军队服饰与元代蒙古族军队服饰相近。

　　帕默尔说:"地名的考察实在是令人神往的语言学研究工作之一。因为地名往往能够提供出重要证据来补充并证实历史学家和考古学家的论点。"[①]我们也可从部分地名的痕迹上来补充上述这种观点。例如"走马坪、千户、战场坝、箭楼、校场坝、石马、辽箭坪、金鞍坝、放马场、马水、桅杆堡、大集场、拦马山、将军山、穿心岩、箭杆山、鼓楼山、将军岭、卸甲坝、把界、骡马洞"等地名都从某些侧面体现了蒙古族骑马、射箭、打仗的痕迹。

　　(2)与朝廷移民政策密切相关的民族迁徙与地名

　　明、清两朝相继实行了大规模的移民,以平衡各地区的人口分布,使汉族在元末至清初出现了两次大的移民迁徙。第一次是朱元璋时期实行的史称"江西填湖广、湖广填四川",一部分来自湖广、江西的移民迁入鄂西南清江以北地区。第二次是清康熙年间将湖北的荆州、湖南洞庭湖地区的

---

① 转引自李如龙《汉语地名学论稿》,上海教育出版社1992年版,第80页。

大批移民迁入鄂西南,也主要是到清江以北地区。据道光《施南府志》载:"建始自明季寇乱,邑无居人十数年,迨康熙初年始就荡平,逃亡复业者十之一二,嗣是荆州、湖南、江西等处流民竞集……户口较前奚啻十倍。"改土归流后,清政府废除了"蛮不出峒、汉不入境"的民族隔离政策,加速了鄂西南和周边地区的民族迁徙,从而使大批汉族陆续迁入鄂西南地区,形成了大规模的族群流动[①]。

大量移民的迁入在鄂西南的地名中打下了烙印。移民到了迁入地后为了生存,大多集中安置或自发聚族而居,他们到无人居住的地方开荒拓土,挽草为记,指手为界,占荒地为己有,并用自己的姓氏来命名,其中以"姓氏+家+荒"构成的地名如实记录了"筚路蓝缕,以启山林"的拓荒事实,如陶家荒、蔡家荒、沈家荒、沈家荒、易家荒、李家荒、袁家荒、刘家荒等。另外还有直接描述荒地的,如:柳林荒、南荒岭、背林荒、高荒坪、二台荒、北古荒等。

鄂西南本地人用于指称方位时用"上、下、前、后、左、右"等,而不会使用"东西南北"这样的方位词。但我们发现有些地名却带有这样的字眼,应该能肯定是移民带来的。例如:镇南、偏南、南坪、东南峡、南潭、南浦、北古荒、北镇、北界、北山面、东山坪、东流坝、东乡、东洲、东桩、东门溪、东岳宫、东向坪、东瀼口、西瀼口、东圩口、东向山、东坡、东门山、西面坡、小西湖、西山、西流水、西壤坡、西岭、西溪坝、西平、西坡、西沟等。其中以"圩口、庄、瀼口"为通名在当地地名中也是很罕见的,这些地名都反映了一些移民的信息。

而最为突出的则是会馆名称。恩施地近川边,历史上本属四川,明代才划归湖北。清乾隆、嘉庆两朝,贵州、湖南、江西等地人民,在朝廷"定各省贫民携带妻子入蜀并开垦者,准其入籍例"、"凡流寓情愿垦荒居住者,将地亩永给为业"等政策鼓励下,纷纷移民四川与其交界地带,清施南府恩施县(今恩施市)在这一时期接纳了大量贵州、湖南、江西移民,并建设了大集场。各省移民来到后,需要以省籍为范围成立自行管理和互相帮助的机构,同乡会与办事机构——会馆,而早期的会馆又是以宫庙的形式存在的,于是作为贵州会馆的忠烈宫、湖南会馆的禹王宫、江西会馆的万寿宫便相继建立起来。

江西迁入鄂西南地区的人特别多,该地区有很多冠以江西之名的街道、庙宇、坟地。宣恩县城原有江西古街(今因城市改造原貌不再)。著名学者

---

① 《恩施土家族苗族自治州民族志》(重修本),民族出版社2003年版,第50-51页。

张良皋先生在所著《武陵土家》一书中说:"江西人到武陵地区经商的人大概为数不少,所以宣恩县城有一条老街就名江西街。"而恩施市芭蕉侗族乡黄泥塘村的江西街,街道有 100 余米长,十几栋木结构房屋分两边一字排开,离街不远江西庙,街上住户说他们祖籍江西,后移居湖南,融入侗民,清乾隆年间转迁黄泥塘,先四处搭棚为居,后来在这里相连着修屋,形成街道,又在街侧修江西庙,这条街就喊成了江西街。江西地、江西坟皆为坟地,恩施市龙凤镇龙马村有江西地,遗有"江西义冢"石碑。据当地老人介绍,很早以前,龙马人烟稀少,湖广填四川时,从湖南、四川、湖北枝江等地迁来的人在这里挽草为界,分占了所有的土地,江西人最后到来,没有土地,只好租种别人的土地,生活十分贫穷。后来有个姓幸的江西人考中举人在外地做了官,回到龙马后,见江西人家穷得连死了人都没有地方埋,于是就捐钱买了一块地,辟为义冢,立碑为界,规定凡是江西来的人死了,都可以免费埋在这里,久而久之,人们就把这块地叫成了江西地。恩施市盛家坝乡桅杆堡村有江西坟,当地老百姓都知道,坟里埋的都是江西人。更多的则是江西庙,江西庙又称万寿宫。据清道光版《施南府志》载,恩施县"万寿宫在城北门外";利川县"万寿宫在县南门外",另有"万寿宫在县南南坪";建始县"万寿宫在县西门外",未见志书的还有宣恩县晓关、恩施市白杨坪、崔坝、芭蕉、大集等处的江西庙。这些庙宇的修建都与江西来恩施的移民及其后裔有关,同庙设江西会馆,兼有江西同乡会与江西商帮会馆两重作用。

三 鄂西南地区方言熟语与民间文化

(一)熟语的种类及其与文化的关系

1. 熟语的种类及其特征

语言学中把含义丰富、短小而相对定型的固定短语叫做熟语。熟语是经过加工提炼过的语言单位,多采用比喻、谐音等手段构成,它形式上具有整体性,不论是一个词还是一句话都当做一个整体来使用,是"现成的话"。但是它比一般的词语来得更加生动形象,表意丰富,具有特殊的表达效果。熟语的范围比较广泛,一般包括成语、谚语、歇后语、惯用语、俗语、格言警句等。其中成语和格言警句主要来自于书面语,具有全民性和书面色彩,在相对正式的场合使用。而谚语、歇后语、惯用语、俗语等则主要来自于人民群众的口头创造,具有明显的口语色彩,每个地方方言都又大量带有浓厚地域色彩的熟语。这里讨论的鄂西南地区的熟语主要是谚语、惯用语、歇后语、俗语,另外我们也将顺口溜纳入熟语的范围。

谚语大多数是用一些浅显通俗的话语来说明比较深刻的道理，含义深刻，带有一定的哲理性，是人民生产经营和生活经验的总结以及对人生的看法。形式上都由两句构成，前后押韵，声音和谐，节奏匀称，朗朗上口。例如：

要想洋芋长得大，高山种子栽下坝。（"高山"是指海拔高的山区，土豆品质优良，多用来做种，产量高，"下坝"与"高山"相对）

木匠铺里无板凳，不顾各人为他人（"各人"是代词，指自己）

好儿不要押田地，好女不穿嫁时衣。（"不穿嫁时衣"暗指不会重新嫁人）

做事硬要有定一，一根竹竿插到底。（"硬"是副词，必须的意思）

遇到秀才就摆书，遇到屠夫就摆猪。（比喻说话要看对象。摆：谈论）

各人做事无主见，艄公多哒要翻船。（自己没有主见，很多人都来发表看法，最后也没结果，办不成事）

歇后语包括类似于谜面和谜底的两个部分，前一部分是引子，用于引出后一部分，后一部分是注解，明确说明前一部分蕴含的意思。例如：

叫花子背不起三斗米——自讨的。

和尚打伞——无法无天。

屠夫杀肥猪——有血有肉。

猫儿抓二胡——乱弹琴。

瞎子戴眼镜——配相（本意是指瞎子戴眼镜的目的是为了好看，比喻男女对象之间两人相貌般配）。

惯用语以三字格为主，一般采用比喻手法构成，有字面和字里两层意思。例如：

开洋荤：第一次吃到或见到、用到好东西。

讲淡话：说挑拨离间的话。

日古子：指不靠谱的人，或质量差的东西。

万年宽：比喻很少操心，想得开的人。

懂天神：比喻不懂事，说话做事不知天高地厚。

谚语、歇后语、惯用语都有相对较为固定的格式，俗语则不然，它长短不拘，结构灵活多样，可以是一个词，也可以是一个短语或句子，多用比喻的方式构成，一般也都有字面和字里两层意思。例如：

二不呆性：比喻说话粗鲁，做事蛮干，不考虑后果。

打肚皮官司：闷在心里，做激烈的思想斗争。

打哒卦才上庙：有言在先。

隔天远离地近：暗指年老的人在生的时间不会太长（死后会埋葬，故离地近）。

黄瓜还没起蒂蒂儿：比喻时期还处于萌芽阶段，或者小孩子还没长大。

顺口溜则是一种口头韵文，句子长短不等，纯用口语，其主要特点就是押韵，说起来听起来都很顺口。顺口溜不同于谚语、惯用语、歇后语、俗语的地方在于它是一个复句甚至句群的形式出现，表达一个丰富而完整的内容。例如：

抽草烟：一要裹得紧，二要烟杆通，三要明火烧，四咬叭得凶。

这是说当地人抽的一种自制草烟——白勒烟时要注意的几方面：里面的细烟草要用大而完整的一片将其裹紧成为一只烟的形状；再装进带柄的烟筒，称为"烟杆"；自制烟叶不太容易点燃，所以要大一些的火；而且要使劲儿吸，即"叭得凶"，否则容易灭掉，"凶"是表示程度高的形容词。

不走运：七凑八凑，凑升黄豆，推作豆腐，遇到锅漏。

这四句话借用一件事来形容一个人不走运，"作"是量词，一整版豆腐称为"（一）作"。

2. 熟语与文化的关系

语言是一种社会现象，它是文化的载体，记录并反映一个社会的物质文化和精神文化，反过来又对一个社会的文化产生深刻的影响。而同时，语言本身也文化的重要组成部分，作为其中一个组成部分的熟语源于生活，人们在数千年的劳作、奋斗、繁衍生息过程中认识了自然，认识了社会，也认识了自己，积累了丰富的生活、生产和社会经验，从而形成了自己独特的人生观和价值观，并把它们提炼称为一个个经典的词条、一句句精辟的话语，使其蕴含了深刻的处世道理和对人生的体验。因此，比起一般的词语，熟语中凝聚了更多的历史的、社会的、地域文化内容，通过熟语，人们能够透视一个名族、一个地方的历史传统、风土人情、处世哲学、生产生活经验等文化全景，它是生长并流传在民间的教科书。另外，由于熟语具有表达上的生动形象、幽默诙谐，富于生活情趣，是全体大众生活的结晶，所以人们乐于使用，乐于传播，一代一代得到传承和发扬。方言中的熟语能反映某一地域的文化全景，它既与共同语所反映的内容息息相通，又有自己的独有地域文化特色。例如："白猫黑猫，抓到老鼠就是好猫"这一经典的"猫论"曾一度传遍大江南北，"一个篱笆三个桩，一个好汉三个帮""不怕不识货，就怕货比货""平时不烧香，临时抱佛脚"等也都是全民常用的熟语。而"借别人的烟袋莫啄，穿别人的鞋子莫蹩""热肉好吃，冷账难还""苞谷粉子搅麵糊——有几搞"则是典型的鄂西南地区的特殊表达。

（二）鄂西南地区方言熟语的源流

鄂西南地区的熟语大部分是当地民众口头创造的，有的来自于地方戏曲，还有部分是从共同语中吸收来的，在吸收过程中有的保留了原貌，有的则在形式或内容上有所变化。

1. 本地民众创造的熟语

每个地方都有一些本地民众创造的独特熟语，这些熟语是他们智慧的结晶，具有鲜明的地方特色。鄂西南这样的熟语很多，他们不仅反映了当地独有的事物现象和民众对人事的独特思考，也体现了地方方言的特色。其中一部分是内容上很多地方都有的，但表达形式具有地方特色，这显示了人们认识和思维的共性。例如：

掉底子：跌份儿、丢面子。

做摆式：本指摆着做样品，比喻无使用价值的东西或者指做个样子给别人看，不真心去做，即"摆样子、做样子"。

孔老二搬家——尽书（输）（即孔夫子）

歪嘴巴照镜子——当面见效（笑）

你有千变，我有万化：兵来将挡，水来土掩

大哥莫说二哥，螺丝莫说蚌壳：半斤八两

还有一些是内容和语言形式都是源自当地人的创造，最具地方特色的。例如：

打野食：指不正经的男女关系。

日白佬：喜欢撒谎的人。（当地称"撒谎"为"日白"，"佬"是对某类人的总称）

狗子长角——装洋（羊）。

菩萨戴耳环——配神哒。（指男女对象般配或夫妻之间很相似，带有讽刺、戏谑意味。"神"相当于普通话的"很"，如两人长得很相像就说"像神哒"。）

后颈窝里一攥毛，摸得到看不到。（"后颈窝"指脖子后面的凹陷处，"一攥"即"一撮"）

端起簸箕去比天：缺乏对自身的正确认识和评估，自不量力等。

横草不抬直草不拿：比喻人非常懒，在家里什么都不做。

2. 从共同语中吸收来的熟语

这里有两种情况，一是直接来自共同语，形式和内容是全民皆用皆知的。例如：

吹牛皮、穿小鞋、磨洋工、马后炮、芝麻官　　（惯用语）
飞蛾扑火——自取灭亡；快刀切豆腐——两面光　（歇后语）
坐山吃山，靠水吃水；吃得苦中苦，方为人上人　（谚语）
脱哒裤子放屁；打破砂锅问到底；一个巴掌拍不响　（俗语）
第二种情况是内容与共同语基本相同但说法有所不同。例如：
脚板底下抹猪油——溜得快（脚底抹油——开溜）
屋脊上的冬瓜——二面滚　（两面滚）
死马当做活马医，烂船把做烂船划。（"把做"即当做，指即使是破烂的船也要物尽其用）
好汉难过美人关，贞节女子怕涎皮汉。（"涎皮汉"指寡廉鲜耻的男人）
上面最后的两个俗语中，前半部分都是共同语中常见的，但后半部分则是当地民众的在前面的基础上作了进一步创造。

3. 来自地方戏曲的熟语

鄂西南有很多地方戏曲，其中以南戏为主，其他还有傩戏、堂戏、柳子戏、灯戏等十多种地方戏曲，为当地人民喜闻乐见。其中关于戏曲的语言、唱腔、手势等也成为熟语的一个来源。例如：

二黄腔：不太明事理，说话也说不到点子上的妇女。
板样儿：办法，点子。称人有点子、有办法为"有板样儿"、"板样儿足"。
包打包唱：一个人包干负责做到底。
唱憋憋腔：故意跟人作对、唱反调。
唱戏戴脸壳——改头换面。
戏楼散架——垮台。

（三）鄂西南地区方言中的熟语

1. 惯用语

惯用语是口语中短小定型的习惯用语。形式上以三字格为主，但也有一些四音节的，如"五马六猴"（不规不矩的人）、"耍笔杆子"（会写文章的人）、"倒搭一耙"（不接受对方的批评，反倒指责对方）等。惯用语在内容上有语表和语里两层意义，在运用中一般都当做一个词来用，表达上生动形象、幽默风趣。

（1）语法结构

惯用语最常见的是动宾结构和偏正结构。例如：
打总成：居中说合别人的事。

打平伙：几个人一起凑几样菜或者凑钱吃饭。
争硬气：为了面子或志气努力去做。
打牙祭：早期生活比较艰苦，将偶尔吃上荤菜、改善生活为"打牙祭"。
以上是动宾结构，偏正结构主要是名词性的。例如：
接话瓢：别人讲话时喜欢在旁接话的人。
烟袋话：含沙射影的刺激话。
命甘心：心肝宝贝。
（2）语义构成方式
惯用语都有语表和语里两层意义，重点是后者，主要通过比喻或引申的方式形成。比喻方式构成的惯用语，是指表层语义和里层语义是通过比喻的手法形成。例如：
敲破锣：明知做不成的事还鼓动怂恿人去做，想看别人的笑话。"破锣"本身发出的声音就是噪音，让人听了不舒服，比喻做不成的事，"敲"比喻鼓动怂恿。
出豁子：出现了问题。"豁子"就是豁口，比喻事物的漏洞或事情遇到了问题。
叫公鸡：有能力、精干的人。"公鸡"会打鸣，特别是一群鸡中会大声叫唤的就是领头的，用来比喻有能力的人。
戳漏眼儿：抓别人的小辫子。"漏眼儿"本指物体表面出现的小眼儿、小孔，比喻人的小缺点小失误，"戳"形象地比喻人为地去将"眼儿"放大。
恶鸡婆：指称泼妇。母鸡护着小鸡或自己下的蛋时往往样子很凶，用来比喻泼妇，"婆"是对妇女的贬称。
有的惯用语语表和语里的两层意思是通过引申方式形成的，两者之间具有一定的相关性。例如：
皮拐棍：懒散、不着急的人。"皮"指皮实、疲沓，"拐棍"即"拐杖"，行动不便的人走路拄着走路行动缓慢，引申为做事拖沓、不着急的人。
抬轿子：奉承、吹捧。
五香嘴儿：爱吃、会吃的人，吃货。
毛三匠：做事毛手毛脚，不细心的人。
老母子：本指事物最根本的东西，源头，多指做生意的本钱、粮食等。
张花时：做事不认真、不负责、不用心的人。
活甩甩：本指东西松散不结实，引申为说话没有结论或做事没有结果。
（3）形式上的灵活性
惯用语一般是比较定型的，但有时也根据表达的需要变动一下，显得更加灵活多样，例如：

捡炕和：捡便宜。可以说成"捡炕和、捡哒一个炕和"。
走过场：虚假应付，做做样子而已。也说成"走个过场、走哈过场"。
开黄腔：说外行话，也说成"开二黄腔"。
搅屎棒：喜欢掺和、搅和别人的事的人，也说成"搅屎棍"。
无脸无血：形容人脸皮很厚，无耻到了极点，也说成"无脸无皮"。
杵里杵头：说话不经思考，因太直白而容易得罪人，也说成"杵头杵脑"。
諞嘴皮子：发生争执，斗嘴，也说成"諞嘴巴皮子"。

2. 歇后语

歇后语是由近似谜面和谜底两部分组成的带有隐语性质的口头用语。前一部分是引子，目的是引出后面要说的主要意思，两者之间有一个短暂的语音停顿，为的是引起听者的兴趣和思考。歇后语是人民群众的口头创作，具有浓厚的口语色彩。普通话中的歇后语在鄂西南方言中也比较常见，但是还有很多是利用本地方言的表达形式和手段构成的。例如："瘫子赶强盗——坐起喊"，"瘫子"是指瘫痪不能行走的人，"强盗"是指贼或小偷，"起"是助动词，相当于普通话的"着"。"灶孔里烧白炭——一肚子的火"，"灶孔"是指灶的内部，"白炭"是当地一种青冈树烧制的质量很好的炭，烧起来火力很旺而且持久。"抱起旧絮找弹匠——欢心（翻新）"，"起"是助动词，"絮"指棉絮，在当地方言中可以单独使用，在普通话中就只是一个语素了，读音为 sui^{35}，"弹匠"是专指弹棉花制作棉被的人，属于该地手艺人中"九佬十八匠"中的一行，鄂西南方言中"f、h"不分（体现西南官话的共性），因此"欢心"和"翻新"同音。

利用谐音是歇后语最常见的一种方式，有的歇后语就是利用鄂西南地区的方音构成的。例如："矮子蹦秧筐——难过（篮）"，鄂西南方言中鼻音、边音"n、l"不分（绝大部分西南官话都是如此），因此"难"和"篮"是同音的；

"屁股后头挂灯笼——前途无量（前头无亮）"，鄂西南方言中端系合口一三等字读开口呼，"u"就读成"əu"，如赌 təu^{51}、路 ləu^{35}、粗 ts'əu^{55}、突 t'əu^{22}、速 səu^{22} 等，这里的"头"和"途"的读音也一样。

歇后语前面部分表达的是表层意义，后部分使用的是里层意义，两者的意义关联是多种多样的，分为以下几类。

（1）利用比喻构成

其中前一部分是喻体，后一部分是对比喻意义的说明，两者构成"譬"和"解"的关系。例如：

茶壶里煮饺子——有货倒不出。
茅厕里的石头——又臭又硬。
哑巴吃汤圆——心中有数。
狗子吃屎——本性难改。
水上的鸭子——呱呱叫。

以上比喻中，注解部分表面上是顺着引子说，对引子做字面的注解，但同时又从中产生比喻义。如"有货倒不出"指因饺子大、茶壶口小而倒不出来，比喻心中有话却表达不出来；"又臭又硬"是直接描写厕所里的石头，比喻人的性格、态度不好且不愿意改正。"呱呱叫"描摹水上鸭子的叫声，实际是形容人很棒很突出。

有的歇后语虽然也是由比喻构成，但只有后面的注解才是喻体，前面部分只是用来引出喻体。例如："杀猪杀屁股——各有各的刀法"，"各有各的刀法"比喻每个人做事都根据具体情况采取不同的办法，与"杀猪"这一行为本身没有直接的相似性。再如"猫儿搬翻甑子——替狗子赶一仗"，"替狗子赶一仗"比喻替别人带来了好处，与"猫儿搬翻甑子"也没有相似性。下面也是这类的例子：

棺材里的死人——翻不了身。
庙里的菩萨——木头人。
猴子掰苞谷——掰一个甩一个。
拉板车上坡——走弯路。

（2）利用词的同音现象构成

也就是在后面的注解部分利用同音字或词构成谐音双关。例如：

跛子的屁股——俏得很（翘）。
外甥打灯笼——照旧（舅）。
碓窝撞磨子——实打实（石）。
麻雀看到狗吃肉——了不得（鸟）。
和尚打伞——无法无天（发）。
瓦匠的妇人——疑心重（泥腥）

上述这些同音字有的是和普通话一致的，有的在普通话读音不同但在鄂西南方言中是相同的，如"了—鸟、法—发、疑—泥、心—腥"。

还有一些歇后语的前半部分是自由短语，可以逐字解释，后部分里层意义主要是通过语音双关的形式构成一个词、成语、惯用语或一个俗语，具有整体性。例如：

裤子着火——当然（裆）。

五十两银子——一定（锭）。
游泳池里谈恋爱——实话实说（湿）。
腊肉咸得要命——言过其实（盐）。
大葱拌豆腐——一清二白（青）。
郑家幺妹放到何家——正合适（郑何氏）。
强盗退赃物——不要脸（撵）。
裁缝量身体——说一套做一套。
猎人打枪——睁只眼闭只眼。

（3）利用词的多义现象构成

有些歇后语是利用后面注解部分中的词或语素的多义性而构成双关。例如：

吹火筒下地——横直一样。
（"横直"既表示"横着、竖着"，又表示"反正、不论……都"。）
菜花蛇换衣——脱皮。
（"脱皮"既表示"表皮脱落"，又表示"脱不了干系或摆脱不了"。）
九月的菊花——黄哒。
（"黄哒"既表示"颜色变黄"，又表示"事情未成功、夭折了"。）

3. 谚语

谚语是一种简练生动、含义深刻的固定语句，揭示客观事理或总结实践经验，它凝聚着劳动人民的人生经验和人生智慧，富有教育意义。例如"只要功夫深，铁杵磨成针"。谚语常以对偶的形式出现，简洁凝练。结构上相对固定，往往作为一个完整的现成句子被直接引用。

（1）谚语的思想内容

鄂西南地区的谚语作为民间语言文化，内涵十分丰富，题材广泛，涉及到人们生产、生活等方方面面，可以说是人生的百科全书。谚语的重要作用在于它的教育价值，不论是生产经验还是为人处世、修身养性，都能给人以深刻的启发教育，人们代代相传，既用于规劝别人，也用来告诫自己。这些经验的积累和对生活的认识都是用当地最生活化的口语表达出来的，因此也体现了很强的地域性。

有对农业和畜牧业生产方面的经验总结，例如：

农以田为本，民以食为天。
扁沙挂坡怕天干，平坝窝坨就怕淹。
头伏萝卜，二伏菜，三伏有雨种荞麦。
牲畜配种有讲究，主要不能同血统。

猪子朝前拱，鸡子往后刨。
猪四狗三，猫儿一担担。
黄牛喝人尿，必死路一条。
有关于气象气候方面的经验总结，例如：
春寒有雨夏寒晴，屁股冷要缴油光凌。
十冬腊月不修塘，五黄六月喊龙王。
燕儿高飞太阳照，燕儿低飞雨天到。
东虹日头西虹雨，虹在南方涨大水。
一场秋雨一场寒，十场秋雨就穿棉。
雷打冬，十个牛栏九个空。
有关于为人处世之道的，例如：
为人处世体谅人，骑马才知步行人。
说人前来落人后，轮到各人不好受。
水有源头树有根，吃水不忘挖井人。
该掺水时要掺水，该着盐时要着盐。
一张嘴巴生得乖，树上八哥呼下来。
你对别人不真诚，别人给你冷板凳。
解锯没得镣锯快，藕断丝连不自在。
上半夜思他人，下半夜想各人。
吃哒别人的口软，拿哒别人的手软。
平时交往难识人，患难之时见真情。
只准君子动口说，不准牛马动蹄角。
跟别个帮忙就是跟各人帮忙。
说人短来道人长，品德不正心不良。
有关于个人修养的，例如：
穷要穷得干净，饿要饿得新鲜。
父母只养身，儿女要自尊。
宽宏大量真君子，心胸狭隘是小人。
人怕缺德，碗怕缺口。
人穷志不短，马瘦毛不长。
宽宏大量把事办，宰相肚里好划船。
撵人莫上一百步，谅解还要加宽容。
活到八十八，莫笑别个的跛和瞎。
为人若把脸不要，样样丑事办得到。

做人就是要正派，不要九精十八怪。
有告诫人要诚实守信的，例如：
说话不兑现，等于把人骗。
站得住脚，稳得住根。
人要衷心，火要空心。
笑面虎人你莫学，忠心耿耿自安乐。
光明正大，走遍天下。
有注重礼仪社交的，例如：
进门有个恭喜，出门有个多谢。
出门观天，进门观色。
男人的头女人的腰，只准看不准捞[摸]。
前人不讲古，后人失了谱。
在家不答人，出外无人答。
有关于孩子后辈教育的，例如：
细娃看从小，马娃看蹄爪。
养儿不读书，不如养头猪。
正长根，竖长苗，歪歪斜斜长大苕。
培育后代有远见，养儿莫算饭食钱。
跟好人学好人，跟到端公跳假神。
上梁不正下梁歪，中梁不正倒下来。
后辈不要理解错，养子不教父之过。
人不学要落后，刀不磨要生锈。
教育有良方，师高弟子强。
有倡导勤俭治家、家庭和睦的，例如：
勤劳持家人人夸，丢哒洋叉拿扫把。
吃不穷穿不穷，没得划算一世穷。
早睡迟起，拖棍讨米。
死起来不怕人多，败起来不怕家大。
学不完的知识，做不完的活路。
婆媳同心，黄土成金。
爹一条心妈一条心，这样的家庭人不兴[兴旺]。
有关于饮食健康的，例如：
一饱知足，十饱伤心。
热不贪凉，冷不贪衣。

人是铁，饭是钢，吃哒还有半天殃没精神。
清明酒醉，腊骨头有味。
生苕甜，熟苕粉，夹生苕儿没得整。
还有其他各方面的生活经验之谈，例如：
穿不过草鞋家机布，吃不过面饭懒豆腐。
黄泥巴掉在裤裆里，不是屎也是屎。
人怕搬，火怕翻。
三年学个种田佬，十年难学买卖人。
百艺好藏身，怕是不专心。
好心讨不到好报，黄泥巴打不到好灶。
好儿不要多，一个顶十个。
鸡多在下蛋，人多也闲饭。
（2）谚语的语法结构

从语法结构上看，谚语可以分成单句和复句两类，其中复句占绝大多数，不论是哪一种，谚语都能表达一个完整的意思，所以在使用时一般都是独立成句。

①单句形式的谚语

单句形式的谚语有主谓句也有非主谓句，例如：
泥巴萝卜吃一节揩一节。
小媳妇儿只煮得出有米的饭。
死猪不怕开水烫。
好多羊子赶不上山。
树叶子掉下来怕打破脑壳。
乌龟有肉在肚里。
一把钥匙开一把锁
二四八月乱穿衣。
摊手不打笑脸人。
喊破嗓子不如甩开膀子。
憨吃哈傻睡横长膘。
是么子窑窑出么子罐罐。
单句形式的谚语也有的分成两半，中间有语音停顿。例如：
赶猪三年，必成皮汉。
金窝银窝，不如各人的狗窝。
一颗老鼠屎，坏哒一锅汤。

三穷三富，不得到老。

懒牛懒马，屎尿多。

天垮下来哒，有长子抵倒起_{高个儿的人顶着}。

② 复句形式的谚语

复句结构的谚语一般由两个分句构成，只有少量是有三个以上的分句构成。如：

长木匠，短铁匠，不长不短是石匠。

正月雷打雪，二月雨不歇，三月少秧水，四月秧起结。

烘锅ル炉子架起，吃得肚儿饱；兜儿柴火架起，烤得二面黄。

有，不怕你顿顿吃肉；没得，不怕你天天喝粥。

月亮打伞，晒破岩板；月亮长毛，雨落明朝。

早上烧霞，等水烧茶；晚上烧霞，干死客蚂_{青蛙}。

土地公公晒出汗，一升荞麦打一石；土地公公一把伞，一升麦子收一碗。

三天不吃酸和辣，心里就像猫儿抓，走路脚软眼发花。

上面第一二句是三四个分句构成的并列关系，中间几例是由两层构成，第一层是并列关系，各自内部的第二层则是假设或条件关系；最后一例第一分句与后面是第一层，构成假设关系，第二三分句之间为第二层，是并列关系。

复句的分句之间有各种语义关系，但是分句之间一般都不用关联词语连接，读者完全可以根据其间的语义来体会。主要有并列、承接、转折、条件（假设）、递进等语义关系。

并列关系的有三类情况，一是其中一个分句作为引子，用于引出正句，另一个分句是要表达的重点所在，例如：

树老心空，人老癫懂_{只精神恍惚，不清醒}。

田埂堵得住水，道理堵得住嘴。

二是两个句子在表意方面地位完全是平等的，不分主次。例如：

路是一步一步走出来的，饭是一口一口吃下去的。

人多好种田，人少好过年。

穷有穷的快乐，富有富的苦恼。

三是两个分句语意形成对比，有相辅相成的关系，例如：

有钱能使鬼推磨，贫穷无人放燕窝。

聪明人办蠢事，愚蠢人办实事。

三天吹不燃，五天打不熄。

转折关系，例如：

千张豆腐压断脚，抵不到鱼刺嗦一嗦。

弟兄血统亲，人亲财不亲。

莫怕做不来，只怕口不开。

条件（假设）关系的如：

有借有还，再借不难。

见钱不抓，不是行家。

有心拜年，端午都不迟。

勤扒苦挣，吃穿稳定。

处事不周，远近都臭。

承接关系，例如：

一个有情，二个有义。

五月端阳到，门上挂艾蒿。

人到黑处，必有歇处。

人到矮檐下，不得不低头。

从小偷针，长大偷金。

年轻时候不爱学，老哒没得后悔药。

选择关系，例如：

宁穿朋友衣，莫沾朋友妻。

宁可吃钱亏，不愿吃话亏。

宁吃鲜桃一个，莫食烂梨一筐。

递进关系，例如：

吃哒五谷想六谷，吃哒排骨想碎骨。

不愁不长，只愁不养。

做事硬要见得天，真金不怕火来炼。

因果关系，例如：

豆腐掉到灰里头，吹也吹不得拍也拍不得。

老乡见老乡，两眼泪汪汪。

同船过渡，五百年所修。

（3）谚语的修辞手法

谚语常常是生活经验和人生处世道理等的总结，其内涵丰富，具有哲理性，但这些抽象概括道理只有借助形象的生活语言才能为普通人接受也运用，所以谚语常采用各种修辞手段使其生动活泼，通俗易懂。下面列举一些例子说明谚语常用的修辞方式。

①对偶

对偶是谚语中很常见的一种修辞方式，和一般的对偶相比，谚语中所使用的对偶在要求上没有那么严格，只要前后两部分字数相等，音节上对称就行。例如：

父子和睦石成玉，婆媳同心土生金。

天天待客不穷，夜夜做贼难富。

车到山前必有路，水到檐下便开沟。

吃不完在锅里，做不完在坡里。

②比喻

有的谚语是整体做比喻。例如：

龙生龙凤生凤，老鼠子生的打地洞。

东扯葫芦西扯瓜，扯来扯去丝不巴。

鱼找鱼，虾找虾，乌龟王八结亲家。

人穷赖屋脊，饭炉赖筲箕。

"龙生龙凤生凤，老鼠子生的打地洞"比喻什么样的父母就生养出什么样的子女。"东扯葫芦西扯瓜，扯来扯去丝不巴"比喻说话话题不集中，抓不住重点，东拉西扯。"鱼找鱼，虾找虾，乌龟王八结亲家"比喻物以类聚，人以群分。"人穷赖屋脊，饭炉赖筲箕"比喻任何事情失败了都不从自身主观上找原因，都推到别人或客观条件上。

有的比喻本体和喻体都出现，其中一分句是本体，一分句是喻体。例如：

身居林中不识宝，沉香当做烂柴烧。

小苗扶直易，大人矫正难。

大哥莫说二哥，螺蛳莫说蚌壳。

好酒不怕巷子深，富在深山有远亲。

有的则是直接用比喻词"如、似"等。例如：

胆大的如龙如虎，胆小的如抱鸡母。

读书诚似燕含泥，治学好比蜂酿蜜。

隔行如隔山，外行须把内行攀。

心有天高，命如纸薄。

③对比

谚语常把两种差异较大的人、事物或行为放在一起进行比较，更清楚显示其间的对立或不同。例如：

有志不在年高，无志空长百岁。

当面是人，背后是鬼。

兵熊熊一个，将熊熊一窝。

你走你的阳关道，我过我的独木桥。

一碗米养恩人，一担米养仇人。

④顶针

这种形式是后一分句的开头直承前面一分句的结尾，结构相同，使得两句之间在叙述的范围、程度上等方面有变化。例如：

大鱼吃小鱼，小鱼吃虾米。

为人不做官，做官都一般。

还有的前后相接，互相照应，体现彼此之间互相依存的关系，例如：

真的说不假，假的说不真。

家宽不要屋宽，屋宽不等于家宽。

开水不响，响水不开。

4. 俗语

俗语是流行与民间的通俗语句。俗语有很多不同的界定，我们把除惯用语、歇后语、谚语意外的其他表意生动、含义隽永且长短不拘的固定形式统称为俗语。俗语和谚语的主要区别在于：形式上俗语一般是一个单句，而谚语则主要是复句；内容上谚语往往说明一个事理或者一种生产生活经验，而俗语多只是描述一种情况或现象。

俗语没有固定的结构形式，长短不拘，形象精炼，多使用字面上的比喻或引申意义。下面分别按字数的多少列举一些俗语，需要时后面注明所要表达的真正意义。

四字句：

五马六猴：指不规不矩的人，多指小孩好动、不听招呼。

磨骨糙痒：多指孩子坐着不安分，比喻坐立不安。

半边把式：不太懂某行技术的人，又称"半吊子"。

出丑卖乖：有意无意出丑，引起别人的注意和反感，也说成"出丑败相"。

打锅巴撒：做了不该做的事或者没有达到预期的效果。

赊些话讲：说不着边际或不能兑现的话。

包（疱）穿祸散：比喻隐藏的问题暴露出来，得到彻底解决了。

五字句：

摸头不知脑：完全不知道不了解。

穷骨头发烧：惹事生非。

肥肉上添膘：好上加好，锦上添花。

破罐罐经熬：比喻久病之人一直拖着未死。
米在箩里转：指做不赚钱的买卖，也比喻一种解决问题的办法。
叫他/你莫不得：任凭、听凭他/你去做，不管束。
屙屎不生蛆：土地贫瘠，不容易生长农作物，常用来形容边远贫穷的地方。
坐弯弯板凳：板凳本来是平直的，才能坐得稳。却坐了一条弯的，比喻处事不公。
经经挂纽纽：穿着十分破烂，衣服破成一片一片、一条一条挂在身上。

六字句：
听到风就是雨：随声附和，或者听到一件事马上就要去做或者想到相关的事。
打柱头惊碌墩：旁敲侧击。
独打鼓自划船：一个人把事情应承下来单独做完。
多种花少栽刺：以和为贵。
豆腐多哒是水：比喻东西多了质量反倒不好了，或者人多意见杂不好办事。
挑柴卖买柴烧：做事无效益。
晓得锅底灶门：比喻很了解别人的底细。
骗人不要本本儿：没有任何根据地哄骗人。
一竹竿扫一槽：比喻说话不讲策略，打击面宽。
上回当学回乖：从失败中吸取经验教训，吃一堑长一智。
没学爬就学跑：没有掌握基本技能就要去做要求更高的事，往往达不到效果。

七字句：
马屎果果皮面光：金玉其外。
人心不足蛇吞象：比喻人贪心不足。
响锣不用重锤敲：聪明人一点就通。
三个石头架口锅：三个臭皮匠。
稀泥巴糊不上墙：没能力的人怎么帮也没有成效。
遇到贵人吃饱饭：有贵人帮助运道好。
羊毛出在羊身上。
好哒伤疤忘哒痛。
嫩姜没得老姜辣。

八字及以上：

黄鼠狼想吃天鹅肉。

心急吃不得热豆腐。

冷灰里蹦出热黄豆：寒门中出了有才学有能力的人。

吃哒木耳忘记哒树桩：忘恩负义。

偷鸡不到倒折一把米。

才晓得锅儿是铁打的：经历过才懂得其中的艰难辛苦。

量他屙不起三尺高的尿：量他没有多大的本事，含有瞧不起对方的意思。

离哒胡萝卜整不成酒：表示某人很重要，缺了他就办不成事。

生娃儿的不急抱腰的急：皇帝不急太监急。

羊子在山上就把皮剝哒：还没等条件成熟就要结果。

运气来哒门板都挡不住。

生就的眉毛配就的相：指无法改变的事。

要等到石头开花马长角：根本不可能发生的事。

饱老哇在喊饿老哇也在喊：老哇（子）是指乌鸦，"喊"表示"鸟叫唤"，吃饱了叫唤表示高兴，饿着的也跟着叫唤，掩饰自己的失败、怯懦等。

5. 顺口溜

"顺口溜"是民间流行的一种口头韵文，鄂西南将称为"歌乐句"，就是用几个句子甚至一段话来描写或说明一件事，句子长短不等，但一定是押韵的，说起来很顺口。表达上采用当地纯口语的话语方式，内容就是描述常见的日常生活现象、一个事件或一个活动等。

下面的例子中冒号前面是所要描写说明的事情，后面是顺口溜。

抽草烟：（当地的白勒烟）一要裹得紧_{把烟卷得很紧}，二要烟杆通，三要明火烧，四要叭得凶_{用力吸}。

不走运：七凑八凑，凑升黄豆，推作_{量词}豆腐，遇到锅漏。

钓鱼：七上八下九归塘（指月份），漂坨_{鱼饵}不动你莫忙，漂坨动哒轻轻扯，大鱼必须舀帮忙_{用网兜舀起来}。

打架：牛打架角对角，马打架脚对脚，狗子打架咬起_着扯，两口子打架为生活。

钱紧（手头紧）：长不过于路，短不过于年，松不过于冒儿头，紧不过于钱。

讲"子"：凳子松哒使楔子，狗子咬你撅条子，叫花坐起掐虱子，马娃_儿发怒打蹶子。（鄂西南地区很多词都带"子"尾，所以称讲"子"）

下面这段顺口溜是描述早期猎人"狩猎"的全过程以及对狩猎经验的

精辟总结：
　　獐扎岭麂扎湾，山羊扎的明岩山。
　　查脚印找粪便，从中判断定时间。
　　肯定动物扎哪山，坐经定要把好关；
　　准备工作全做好，赶脚带狗才进山。
　　赶好第一仗，打好第一枪；
　　沉着加冷静，心里莫要慌。
　　獐子死于驼腰树，麂子死于回头路；
　　兔儿尽管满山跑，最后还是归原处。
　　三点对一线，闭左睁右眼；
　　双手不能抖，枪响定中弹。
　　下面这段文字先讲农村一些老人儿女孝顺，另一些则儿女不孝，晚景凄凉：
　　姑娘女婿是一样，不把钱_{给钱}就买衣裳。
　　年轻只把儿女养，老哒还是有指望。
　　有些老的和长年_{长工}样，老哒腰驼背也扛_{弯腰驼背}。
　　老家伙说话开不得腔，开腔就把顶棒扛_{被怼回去}。
　　儿子不去眼睛望_{巴望儿子去看望}，媳妇说你们只有丧_{骂你们去死}。
　　老的找他们来供养，姊妹闹得不下场。
　　组长说哒不买账，村长推说工作忙。
　　老家伙想到无指望，喝哒农药见阎王。
　　在生就和孤老样，死哒闹夜_{办丧事坐大夜}讲排场；
　　埋哒还把碑立上，都是后人图名望。
　　生不养来死重葬，光搞那些干过场。
　　下面一段顺口溜是描写现在新农村的新生活：
　　城市套路深，我要回农村。
　　过去是开玩笑，现在已成真。
　　你看这些安置房，结构合理款式新。
　　上有防水来保护，下有圈梁来支撑；
　　白墙绿瓦真好看，四平方正有造型；
　　青山绿水空气好，座座新居似楼亭。

四　鄂西南地区方言与民间歌谣

"各地的民歌都是用当地方言传唱的，民歌和方言之间存在着天然的联系，这种联系不但体现在歌词上，而且体现在音调上。"①正因为民间歌谣的记录和研究跟方言学关系极为密切，所以在中国语言学史上，现代的汉语方言研究是由歌谣研究揭开序幕的。沈兼士在《段砚斋杂文·今后研究方言新趋势》一文中说："歌谣是一种方言的文学，歌谣里所用词语，多少是带地域性的，倘使研究歌谣而忽略了方言，歌谣中的意思、情趣、音调，至少有一部分的损失，所以研究方言可以说是研究歌谣的第一步基础。"清人黄遵宪在《山歌题记》中说："然山歌每以方言设喻，或以所韵，苟不暗土俗，即不知其妙。笔之于书，殊不易耳。"鄂西南地区是以土家族和苗族为代表的少数民族聚居地，素有"歌舞之乡"的美誉，民间歌谣极其丰富，种类繁多，绚丽多彩，具有独特的民族风格和地方特色。从形式上来分，包括号子、山歌、田歌、小调、灯歌、礼俗歌、念诵辞、摆手歌、儿歌、盘歌等；从内容上可以分为劳动歌、生活歌、情歌、梯玛神歌、历史传说歌、时政歌、仪式歌、杂歌等，我们按照内容分类选择其中最有代表性的一些类别，借以进一步考察民间歌谣与方言地域文化之间的紧密联系。

（一）民歌的主要内容

1. 劳动歌

鄂西南地区劳动（生产）歌谣很丰富，包括打渔狩猎、劳动号子、生产种植等方方面面。如渔歌多采用问答的方式，形象地描绘鱼虾的特征，联想丰富。如《捉鱼捕蟹歌》：

那是什么哟，背起簸箩下水了？
那是什么哟，搬起火钳钻岩了？
那是团鱼哟，背起簸箩下水了。
那是螃蟹哟，搬起火钳钻岩了。

那是什么哟，深脚伸手过来了？
那是什么哟，勾起腰杆过来了？
那是青蛙哟，深脚伸手过来了。
那是虾米哟，勾起腰杆过来了。

什么出来一把刀？什么跳起三丈高？
什么吓得打倒退？什么吓得吐涎膏？

---

① 周振鹤、游汝杰：《方言与中国文化》（第2版），上海人民出版社2006年版，第173页。

鳜鱼出来一把刀，鲤鱼跳起三丈高。
虾米吓得打倒退，鲇鱼吓得吐涎膏。

以上渔歌最开始本是用土家语歌唱的，后改为用当地的方言来唱，形式较为工整。

伴随着劳动过程而呐喊呼唤，最有特色的是劳动号子。鄂西南地处山区，生产条件十分艰苦，尤其是交通运输，如行船拉纤、运木放排或者肩挑背扛地运货，这些繁重的体力劳动通过号子来协调节奏、鼓舞情绪、缓解疲劳。当地的劳动号子主要有船工号子、放排号子、石工号子、背脚号子、打夯号子、打油号子等，各种号子歌词简短、句式工整、连贯易记。喊号子通劳动动作的起始、快慢紧密配合，一领众和，两者交替，领词带有号令性质，和词多为劳动的呼喊，节奏鲜明强烈，顿挫有力有至。例如下面的《抬工号子》：

六月的太阳嘛，喂呀作啊；
当头晒哪嘛，哪喂作啊；
喊起那个号子儿喂，哟哟，
依山走哇，哟哟，
抬起岩哟，哟哟，
哟而啷啊，舍不得冤家不得我的郎啊；
哎哟也，依山走哇。

巾带杠子嘛，喂呀作啊；
两边摆哪嘛，哪喂作啊；
打杆那个成行嘛，哟哟；
依山走哇，哟哟；
往前抬哟，哟哟；
哟而啷啊，舍不得冤家不得我的郎啊；
哎哟也，依山走哇；

抬排筑起嘛，喂呀作啊；
通天路哪嘛，哪喂作啊；
财源那个滚滚哟，哟哟；
依山走哇，哟哟；
跟路来哟，哟哟；
哟而啷啊，舍不得冤家不得我的郎啊；

哎哟也，依山走哇。

抬排修起嘛，喂呀作啊；

连心桥哪嘛，哪喂作啊；

子孙那个万代哟，哟哟；

依山走哇，哟哟；

乐开怀哟，哟哟；

哟而嘟啊，舍不得冤家不得我的郎啊；

哎哟也，依山走哇；

喂呀作啊，哪喂作啊。

抬工号子具有独特的唱腔，高亢嘹亮，幽默诙谐，句式整齐，音韵和谐，粗犷豪放，节奏强烈，旋律变化不大，此起彼伏，穿山越岭，十分悦耳。这些号子充满了抬工的喜怒哀乐，唱出了传统的伦理道德，反映了勤劳的劳动人民对生活的热爱、向往和追求。

"背脚号子"和"背佬二歌"也是土家族地区最独特的农耕歌谣。在过去很长一段时期里，山区土家族主要的运输方式是背，背篓、打杵（"打杵"是在用背篓背重物时，手持一木制丁字形的"杵"上坎下坡，起到拐杖的作用，中途休息时将"杵"支撑在背篓底部，但背篓还是背在背上，只是重量沉在"杵"上，叫做"打杵"）是最重要的运输工具，在运输过程中喊的号子，可以解除疲劳，打起精神。如鹤峰的《背脚号子》：

早晨三杵慢慢悠，

黑哒三杵赶笕口；

宁走三里多，

不爬一里坡，

前头望路，

后头望杵，

前头开，后头挨。

……

当地人把从事这项劳动的人叫做"背佬二"、"脚夫子"或者"背脚佬"。这些成群结队的"背佬二"天天来回奔波往返，常年在同一条山间小道上行走，创造了很多反映他们背脚生活的歌谣。如《背佬二歌》：

九十九道拐不算多，皮头有个欢喜坡；

欢喜坡你莫笑，皮头有个鹿子坳；

鹿子坳你莫想，皮头有个猴儿涧；

猴儿涧你莫愁，皮头有个马咬牛；
马咬牛你莫叫，皮头有个三步跳；
三步跳你莫怕，前面就是三角坝。

"皮头"是方位词，即"上面"。"背佬二"们每天都要翻山越岭、过溪跨涧才能到达目的地，表面上只是罗列了一些经过的地方，实际上反映了他们劳动的艰辛，这首歌谣中的"拐、坡、坳、涧、坝"等都是当地地名中最常见的通名。

薅草锣鼓，俗称"打闹歌"，是土家人在结群薅草、栽秧等集体劳动时所唱的一种土家族民歌，一种伴随劳动生产与音乐相结合的民间艺术形式。鄂西南人称在水稻中耕作为"薅秧"，在玉米地中耕作为"薅草"，这两项农事均值盛夏，难免疲劳困倦，为振作精神，调节身心，便在劳作时伴以锣鼓助兴，故谓"薅草锣鼓"。薅草锣鼓一般是一锣一鼓，自敲自唱，唱词多为祝愿风调雨顺、五谷丰登之类，也有说唱历史故事的。此外，说唱人还时常即兴发挥，开玩笑逗趣，起鼓劲加油的作用。

薅草锣鼓采用敲打和演唱相结合形式，一般由四人组成，这四人不仅要会打锣鼓，而且还要会曲调和现编唱词。其唱词是根据一天的不同时段，即上午、中午、下午和薅草、歇气喝烟、开饭、收工等环节而变化，有时也根据不同对象和薅草的进度以及劳动者的情绪而变化。

早上出工时，锣鼓师们一路敲敲打打来到田间地头，敲打一阵过后，锣鼓声暂停，开口便唱：

"火红太阳刚出山，劳动乡亲到田间，
锣鼓响彻半边天，使劲薅草莫偷懒……"

有时是一人唱三人合，有时是四人齐唱。一段词、一首歌唱完以后，再敲打一阵锣鼓。

在众乡亲薅草的过程中，鼓师们站在数十人前面，大约五至十米之内，打一阵锣鼓，唱一阵山歌，这时的山歌唱词多以鼓动为主：

张家大妈年纪大，埋头薅草不说话，
汗水如雨脸上挂，斩草除根在锄下……
王家姑娘年纪轻，薅起草来很认真，
手起锄落有干劲，挥舞锄头草除根……
薅草要薅散子花，十人见哒十人夸。
切莫薅些吊喉草，白雨一过往起爬。
早点来，快点来，莫在后面紧到捱。
老的捱起黄肿病，小的捱起瞌睡来。

有时也有批评的内容：

有位小伙本姓攀，薅草比人不一般，

猫儿盖屎草还现（即用土将草盖住，没斩草除根），检查验收难过关……

歇劳动过程中的间歇休息当地人称为"歇气喝烟（即抽烟）"时，薅草锣鼓的唱词又不一样，这时主要以开心取乐为主：

乡亲们薅草有点累，歇气喝烟把歌对，

唱首情歌解疲惫，来点荤菜开开胃……

对门对户对竹林，眼看情妹长成人，

还等三年不提亲，一台花轿抬出门，看你悝人不悝人；

对门对户对面坡，想看情妹下小河。

河中有水无桥过，眼巴巴的望情哥……

清早起来就上梁，梁上有个好堰塘。

好个堰塘又无水，好个妹儿又无郎……

太阳落坡四山黄，妹儿出来收衣裳。

衣裳搭在肩膀上，瞟眼瞟眼望小郎……

到了中午十分，热火朝天的薅草场面和薅草锣鼓将告一段落，这时的薅草锣鼓又成了招呼大家放下活计、回家吃饭的信号：

太阳就要当顶过，薅草人儿有点饿，

有请各位把酒喝，酒足饭饱再上坡。

下午收工时，鼓师们要向劳作了一天的人们发出收工的信号：

日头下了岩，锣鼓幺了台，

今天放工早，明日早些来……

这些现编现唱的山歌，曲调高亢浑厚，歌词质朴意明，是劳动中的歌，是鼓舞劳动的歌，是薅草人心中的歌。

鄂西南地区盛产茶叶，采茶也是当地一项重要的生产活动，因此采茶歌也是很盛行的民歌。有的采茶歌以长篇组歌的结构形式，概括采茶人一年中的生产活动，辛勤劳苦、欢乐忧愁，使得日常平淡的生活散发出一种农家烟火气息。如《顺采茶》：

正月采茶是新年，手拿金簪点茶园，

一点茶园十二卯，采茶姑娘笑开颜。

二月采茶茶发芽，手扳茶枝摘细茶，

左手摘茶茶四两，右手摘茶茶半斤，

三手四手不过秤，四十八两共三斤。

三月采茶茶叶青，姐在房中绣手巾，
两边绣起茶花朵，中间绣起采茶人。

四月采茶茶叶长，姐在家中两头忙，
忙得屋里茶叶老，忙得坡里麦又黄。

五月采茶是端阳，茶树脚下歇荫凉，
一把黄伞无人打，手端清茶一人尝。

六月采茶热难当，多栽柳树少栽桑，
多栽桑树无人采，多栽柳树好歇凉。

七月采茶茶叶细，姐在家中织槁机，
长织衣来短织旗，巧手织起采茶衣。

八月采茶秋风凉，风吹茶花满园香，
一杯清茶一番心，杯杯敬奉二爹娘。

九月采茶是重阳，姐卖茶叶造酒浆，
大姐打酒二姐尝，姐妹双双过重阳。
十月采茶正立冬，十担茶篓九担空，
我把茶篓高挂起，来年发芽又相逢。

冬月采茶下寒霜，挑起茶篓过大江，
南京城里麦骡马，北京城里置田庄。

腊月采茶是一年，背起包袱收茶钱，
你把茶钱交给我，双双过个热闹年。

而下面这首《采茶歌》则描写一段动人的场景：茶客准备外出贩茶前与心爱的情妹告别，情妹深知茶叶买卖辛苦还赚不到钱，希望情哥留下来以种田为生，但还是通情达理，尊重情哥自己的选择，将万分不舍与种种的担心深埋心底，备好饭菜和银两送走情郎，心里盼望他能早日回来，情郎在外奔忙大半年，买卖结束后归心似箭。

正月里来新年完，无事拣个黄历看，看个日子上茶山。
看个日子远又远，一看看到三月间，三月十三上茶园。
慢慢走哩慢慢去，慢慢走到姐屋里，口喊姐儿送恭喜。
金交椅儿拖两拖，口叫茶客你请坐，奴去绣房倒茶喝。
你上哪山采啥茶？不如在屋种庄稼，生意买卖眼前花。
隔壁有个魏老大，一年就在种庄稼，苞谷黄豆无仓架(放置)。
隔壁屋里魏老幺，一年就在茶山跑，一份家产跑完哒。
隔壁有个魏老九，一年都在茶山走，他的银钱空的有。
你要去勒各人去，奴家也不深留你，好意留你成恶意。
叫声梅香下厨房，做给茶客神仙饭，吃完饭后好上山。
四个盘子摆四方，五个盘子梅花状，六个盘子摆成行。
叫声情哥你喝酒，操心劳累多喝口，喝完壶里装的有。
叫声茶客你吃饭，我来与你收拾担，杉木扁担换三转。
楼上腊肉取三块，楼下白米撮三斗，银子蘿在米里头。
把郎送到大门外，眼泪汪汪口难开，茶客去哒几时来！
把郎送到蓼叶弯，风吹蓼叶往上翻，好比快刀割心肝。
十月里来下寒霜，过了大江过小江，收拾茶担转回乡。

2. 生活歌

鄂西南地区的生活民歌从各个不同的侧面反映当地人的生活习俗、生活环境，体现生活中的艰辛与欢乐。早期的生活歌主要是反映百姓的艰难生活，类似苦情歌。例如当地不出产作为生活必须品的盐，吃盐全靠盐商、盐贩子组织农民从四川或湖南等产盐区去背来贩运，从中谋取暴利。下面这首《为人莫当盐贩子》的歌就把开盐行的财主、盐贩子、背盐的背脚子等人的不同生活处境生动地刻画出来：

代溪河里开盐行（啊），河里来只（幺姨妹哎）打鱼（呀）船（啊 啊）。
盐行本是财主开（啊），买盐贩子（幺姨妹哎）划船（呀）来（啊 啊）。
赚钱发财是老板（啊），背力打杵（幺姨妹哎）是穷（呀）汉（啊 啊）。
为人莫当盐贩子（啊），乱箭穿胸（幺姨妹哎）无下（呀）场（啊 啊）。

下面这首《长年歌》则是通过描写一年中十二个月长工为地主不停歇的辛苦劳作，受尽剥削和虐待，将长工和地主的生活放在一起进行鲜明的对比，如血泪般的控诉和反抗。

正月采茶正月中，背起包包喊长工，上街喊得下街转，老板屋里帮三年。
二月里来二月中，拗起犁头上长工，草鞋脱在田坎上，跟着犁头到田中。

三月里来三月中，山中阳雀闹哄哄，阳雀催得阳春早，老板催我上长工。
四月里来四月中，家家栽的洋合葱，老板吃的葱炒肉，骨头骨脑待长工。
五月里来五月中，豌豆麦子黄蓬蓬，老板吃的白大米，豌豆麦子待长工。
六月里来六月中，太阳出来红彤彤，老板打把新阳伞，跟着田坎骂长工。
七月里来七月中，家家屋里闹哄哄，老板吃的白肉片，萝卜白菜待长工。
八月里来八月中，家家屋里闹哄哄，老板吃的白大米，红苕合渣待长工。
九月里来九月中，家家造酒闹哄哄，老板喝的头花酒，无锅尾水待长工。
十月里来十月中，外头打霜白蓬蓬，老板睡在牙床上，没得水哒喊长工。
冬月里来冬月中，外头下雪白蓬蓬，老板睡在炕头上，没得柴烧喊长工。
腊月里来腊月中，家家过年闹哄哄。
尽起你吃，尽起你塞，二年长工早些来。
叫声老板莫放屁，哪个龟儿再帮你！

下面这首《单身汉》则反映了因家境贫寒而娶不上妻的单身汉苦恼，面对喜欢的人儿委婉倾诉，而聪明的姑娘也暗地里回应了他：

清早起来闷恢恢，有句话儿不好言；
姐姐是你自家人，有话只管照直言。
姐姐叫我把话说，十八九岁耍单身；
哪个叫你耍单身，不会各人找门亲。
姐姐叫我找门亲，腰里没有半分文；
要想定亲无分文，不会找人借几分。
姐姐要我去借钱，借钱容易还债难；
借债难还把牛卖，卖牛胜过耍单身。
姐姐叫我把牛卖，卖了耕牛误春耕；
东对东来西对西，你的心事我晓得。

确实还有许多因生活困窘终身不能娶妻，成为形单影只的单身汉，过着孤独而又牛马不如的生活，其中的痛苦非一般人能体会。如《单身汉儿好不苦》：

石榴叶叶儿青，听我唱单身，单身汉儿好伤心。
出门三五月，回来没人接，想起单身好造孽（可怜）。
出门三五天，屋里断炊烟，想起单身好凄惨。
开开门来看，屋里长青苔，房前屋后像牛栏。
火坑里刨两刨，跑出青竹标（一种蛇），把郎吓得双脚跳。
灶里扒两扒，跳出青蛤蟆，把郎吓得蹍扑趴。
揭开锅盖看，一碗馊臭饭，老鼠拖哒一大半。
揭开水缸盖，蛤蟆叫青天，小郎听得好凄惨。

开开碗柜看，一个破油罐，黄丝蚂蚁周围转。

走进又走出，屋里灰直扑，单身汉儿好不苦。

但是如果贫富过于悬殊，处于不同阶层，则告诫不要去攀龙附凤，否则是自找气受。如《有钱莫买江边地》：

有钱莫买江边地，有儿莫讨富人妻，

江边田地遭水洗，富人妻子空淘力。

有钱莫买江边地，有女莫做富人妻，

烟茶酒饭送上手，一天光受冤枉气。

下面这则《苦媳妇》歌中的媳妇完全是一个家奴的形象，既无劳动中的愉快，也无感情上的慰藉，更无夫妻间的幸福，唱歌当哭，表现出浓重的伤感情怀：

正月里正月中，口含黄连苦连连；

人人都说他家好，不要工钱帮一年。

公婆要吃饭，办菜十二碗，少哒一碗把脸板。

丈夫来吃饭，还要奴来端，吃哒还要奴收捡。

门前一坝田，丈夫不照闲，百样事儿奴上前。

五马并六羊，也要奴来放，睡半夜来起早床。

腊月二十三，丈夫要新鞋，奴打夜工做起来。

腊月二十四，鞋子已做起，还怕丈夫不如意。

腊月二十五，要奴推豆腐，灶前灶后忙得苦。

腊月二十六，要奴晒年谷，盘进盘出灰直扑。

腊月二十七，要奴整年米，架起礳子就推起。

米儿整一半，外来金货担，幺姑偷米买花线。

米儿偷三升，买线五十根，躲在一边不做声。

米儿整完成，公婆架斗印_{用斗量}，印来印去差三升。

公婆脸一板，顺手拿篾片，把奴打得团团转。

腊月二十八，要奴打粑粑，把奴累得蹉扑爬。

腊月二十九，要奴烤年酒，柴无一根水无一口。

下面一首《红苕歌》是借当地的一种主要粮食作物红苕串起一年的辛苦劳作和清贫的生活：

正月是新年，郎给姐拜年，双脚跪在姐面前，拜个啥子年。

二月是新春，打开红苕坑，没得么子好点心，煮点红苕啃。

三月是清明，红苕挑出门，种苕下了要粪淋，我郎搞不赢。

四月是立夏，红苕发青芽，一根藤子折三截，天晴栽不得。

五月是端阳，红苕叶叶黄，锄头扛在肩膀上，二人下地忙。
六月绿荫荫，红苕遍地青，再不薅草老成林，红苕得不成。
七月是月半，红苕藤要翻，轻轻松松翻苕藤，红苕长成串。
八月是中秋，红苕长得凶，今年红苕未尝新，全是一包根。
九月是重阳，红苕挖进房，没得么子把它装，地下打个仓。
十月小雪降，没得麻糖尝，挖出红苕熬麻糖，这才有吃场。
冬月落大雪，我郎走不得，人不留客天留客，就在我家歇。
腊月要过年，没得油盐钱，卖哒红苕称油盐，过个热闹年。

下面这首《唱十二月》既叙述了当地土家人农忙时节要犁田、插秧、打谷等农事生产活动，又反映了在农闲或节日期间人们有着很多丰富的民俗活动，如耍龙灯、扎风筝、赛龙船等，使得生活显得不再那么沉重。

正月要把龙灯耍，二月要把风筝儿扎；
三月犁田又打耙，四月秧子田中插；
五月龙船把水下，六月扇子手中拿；
七月姑娘回娘家，八月就把谷子打；
九月重阳造美酒，十月霜打草不发；
冬月又把大雪下，腊月又把年猪杀。

除了劳作和娱乐，人们还有美食可享，一首《好吃歌》则呈现了鄂西南地区丰富多样的美食佳肴：

一想麦李黄，麦李在树上，又想瓜子米生姜，想得血灌肠。
二想蒸腊肉，黄焖煎豆腐，又想仔鸡多着醋，高笋炒葫芦。
三想荷包蛋，牛肉炖得烂，又想红心盐鸭蛋，粘米绿豆饭。
四想塘里鱼，金鱼和银鱼，又想泥鳅和鳝鱼，海带和虾米。
五想塘里藕，实在想得丑，又想后院红石榴，干锅炒黄豆。
六想樱桃黄，正是热忙忙，又想杏子几时酸，又想白砂糖。
七想大蔸菜，丈夫也不买，又想核桃自炸开，冰糖口中来。
八想胡椒茶，茶里着芝麻，又想子鸡过油炸，又想嫩丝瓜。
九想杆子酸，肥肉炒大蒜，又想肚子炒猪肝，醪糟打鸡蛋。
十样都想尽，丈夫也不信，又想板栗和柿饼，葛粉和肉炖。

3. 情歌

"无粮无曲不成酒，无郎无姐不成歌"，爱情，是民歌中最古老最普遍的主题。鄂西南地区土家族在"改土归流"前以自由婚配为主，尤其妇女在婚配中享有一定的自主权。"鄂西土家族地处万山之中，凡耕作出入，男女同行，无拘亲疏，道途相遇，不分男女，以歌为奸淫之媒，虽亲夫当前，无所畏避。"①男女青年以歌相识,以歌为媒,更是以歌传情。正如土家情歌唱到的"郎唱山歌要姐听,莫学装聋做哑人,唱歌如说知心话,山歌好似做媒人。"②情歌是鄂西南土家族民歌中的主体部分,在数以万计的民歌中,大部分是情歌。从男女长大春心萌动到恋爱结婚,在无数的民歌中得到充分表现。

有情窦初开,表现对爱情的渴望,例如:
姐儿生得像蒁菜,青枝绿叶逗人爱。
买菜哥哥你早些买,莫等花谢起了苔,
青春去了再不来。

翻山越岭过木桥,到姐门前卖鲜桃,
十月哪有鲜桃卖?借故寻由把姐瞧,
瞧姐人才好不好。

有对爱情的试探,例如:
雨后初晴河水浑,心想过河怕水深。
丢个石头试深浅,唱首山歌试郎心。

唱支歌儿把姐逗,姐儿抬头不抬头?
是我姻缘抬头望,不是姻缘莫抬头,
鱼儿再往上水游。

下面这首《六口茶》更具代表性,男子直接到女子家以找茶喝为借口,转弯抹角多方探寻女子的态度:
喝你一口茶(呀),问你一句话,你的(那个)爹妈(哟)在家不在家?
你喝茶就喝茶(呀),哪来这多话,我的(那个)爹妈(哟)已经八十八。
喝你二口茶(呀),问你两句话,你的(那个)哥嫂(哟)在家不在家?
你喝茶就喝茶(呀),哪来这多话,我的(那个)哥嫂(哟)已经分了家。
喝你三口茶(呀),问你三句话,你的(那个)姐姐(哟)在家不在家?
你喝茶就喝茶(呀),哪来这多话,我的(那个)姐姐(哟)已经出了嫁。
喝你四口茶(呀),问你四句话,你的(那个)妹妹(哟)在家不在家?

---

① 田发刚、谭笑:《鄂西土家族传统文化概观》,转引自《鄂西少数民族史料辑录》,长江文艺出版社1998年版,第126页。
② 郭祖铭、刘吉清主编:《恩施州民族研究丛书—宣恩民歌精选》,湖北长江出版集团、湖北人民出版社2006年版,第82页。

你喝茶就喝茶（呀），哪来这多话，我的（那个）妹妹（吵）已经上学哒。
喝你五口茶（呀），问你五句话，你的（那个）弟弟（吵）在家不在家？
你喝茶就喝茶（呀），哪那来这多话，我的（那个）弟弟（吵）还是个奶娃娃。
喝你六口茶（呀），问你六句话，眼前这个妹子（吵）今年有多大？
你喝茶就喝茶（呀），哪来这多话，眼前这个妹子（吵）今年一十八。
喝哒六口茶（呀），问哒六句话，眼前这个妹子（吵），愿嫁不愿嫁？
喝哒六口茶（呀），问哒六句话，你想娶我这个妹子（吵），脑壳想偏哒。

不仅男方可以试探女方，在这种以歌传情的自由民风中，女方也可以大胆地试探男方，《龙船调》就是土家族民歌中最著名的一首爱情试探歌：

女:正月里是新年(哪咿哟喂)，妹娃（儿）去拜年(哪喂)，
金哪银儿梭，银哪银儿梭，阳雀叫(哇)八（呀）鹦(en)(哪哥)
（女白）妹娃儿要过河哇，哪个来推我嘛?
（男白）我就来推你嘛!
艄公你把舵扳哪!妹娃（儿）请上(呵)船!
哪个喂呀左哪个喂呀左!将妹娃儿推过河(哟 喂)!
三月里是清明(哪咿哟喂)，妹娃（儿）去探亲(哪 喂)，
金哪银儿梭，银哪银儿梭，阳雀叫(哇)八（呀）鹦(en)(哪)哥。
（女白:）妹娃（儿）要过河，哪个来推我嘛?
（男白:）还是我来推你嘛!
艄公你把舵扳哪!妹娃（儿）请上(呵)船!
哪个喂呀左哪个喂呀左!将妹娃儿推过河(哟 喂)!

这首歌生动地描绘了一个泼俏丽的土家妹娃儿回家时途经渡口，请艄公摆渡过河的生动画面，"过河坐船"都带有隐喻性质，而"妹娃（儿）要过河，哪个来推我嘛"一句则充分表现了土家女儿开朗活泼、妩媚娇羞而又大胆的天性，给人留下十分深刻的印象。《龙船调》现为世界25首优秀民歌之一。

与中意对象之间交流思想、彼此爱慕和夸奖的赞美歌比比皆是。有对男方诚实憨厚的赞美：

园中蝴蝶采花忙，妹妹唱歌赞情郎；
油嘴滑舌妹不爱，爱郎诚实人在行。

有对男方勤劳勇敢的赞美：

六月天气热又热，情哥晒得象乌梢蛇；

别人骂他煤炭客，我看哥哥好角色。

有对女方健康大方、勤劳能干的赞美：

郎爱姐的头，手拿榆木梳，梳起辫子二面丢，爱姐爱姐好美头；

郎爱姐的手，茧子厚又厚，手拿锄头去开田，爱姐爱姐劳动手；

郎爱姐的脚，不用布来裹，金丝草鞋穿上去，爱姐爱姐好大脚。

在多次的试探来往交流中双方彼此满意，就能确定恋爱关系，这在有名的《黄四姐》中得到充分的表现：

(男：)黄啊四姐儿（哎)！

(女：)你喊啥子（哎）？

(男：)我给你送一根丝帕子儿（唉)！

(女：)我要你一根丝帕子干啥子儿（唉）？

(男：)戴在妹儿头上（哪），行路又好看（哪），

坐到有人瞧（吵）我的（个）娇娇儿。

(男：)黄啊四姐儿（哎)！

(女：)你喊啥子（哎）？

(男：)我给你送一根金簪子唉！

(女：)我要你一根金簪子干啥子（唉）？

(男：)戴在妹头上（哪），行路又好看（哪）

坐到有人瞧（吵）我的（个）娇娇儿。

(男：)黄啊四姐儿（哎)！

(女：)你喊啥子（哎）？

(男：)我给你送一件绸衫子唉！

(女：)我要你一件绸衫子干啥子（唉）？

(男：)穿在妹身上（哪），行路又好看（哪）

坐到有人瞧（吵）我的（个）娇娇儿。

(男：)黄啊四姐儿（哎)！

(女：)你喊啥子（哎）？

(男：)我给你送一根金簪子（唉)！

(女：)我要你一根金簪子干啥子（唉）？

(男：)戴在妹头上（哪），行路又好看（哪）

坐到有人瞧（吵）我的（个）娇娇儿。

(男：)黄啊四姐儿（哎)！

(女：)你喊啥子（哎）？

(男：)我给你送一个金圈子（唉）！
(女：)我要你一个金圈子干啥子（唉）？
(男：)穿在妹手上（哪），行路又好看（哪）
　　　坐到有人瞧（吵）我的（个）娇娇儿。
(男：)黄啊四姐儿（哎）！
(女：)你喊啥子（哎）？
(男：)我给你送一双丝袜子（唉）！
(女：)我要你一双丝袜子干啥子（唉）？
(男：)穿在妹脚上（哪），行路又好看（哪）
　　　坐到有人瞧（吵）我的（个）娇娇儿。
(女：)哎哟我的哥（呀），你送上这么多（呀）！
(男：)东西（的个）少些（吵），你不要这样说。

黄四姐和货郎之间的爱情来源于二者之间的多次交往，在对唱中交流情感，谈情说爱并最终定下婚约。

恋爱过程是幸福甜蜜的，有约会时的激动，下面这首《郎在外面长山歌》生动描绘了女子在得到约会暗号时机智地应对母亲的询问：

郎在外面唱山歌，妹在房中蹬一脚；
爹妈问我什么响？新穿鞋子不合脚。
郎在外面打一岩_{石头}，一飘飘到妹房来；
娘问女儿什么响？屋后的枯树掉干柴。
打个哨子应过沟，姐儿站在灶背后；
姐儿听见哨子叫，锅铲刷把一起丢。
娘问女儿生么气？灶里湿柴烟子秋_{浓烟熏眼睛}。
郎在高坡打飘飘_{扔石子}，姐在坪里把手招；
娘问女儿招什么？我看太阳有好高_{多高}。

下面这首《十月交情歌》则是情哥情妹之间的山盟海誓：

正月与姐去交情，姐在房中画情人，画龙画虎难画骨，知人知面难知心。
二月与姐去交情，郎打金簪送上门，姐说金簪如粪土，郎说仁义值千金。
三月与姐去交情，阳雀后院打勾声，有心留郎三更过，决不留郎到五更。
四月与姐去交情，姐在河边插柳荫，有心栽花花不发，无心插柳柳成荫。
五月与姐去交情，龙船花鼓闹沉沉，龙船下水波浪起，一船新人换旧人。
六月与姐去交情，风又大来雨又淋，风大之时撑不得伞，雨大之时交不得情。
七月与姐去交情，七月十五七个人，天上有个张七姐，七姐下凡配董永。

八月与姐去交情，八月十五月不明，情姐好比天上月，昏不昏来明不明。
九月与姐去交情，二人砍柴进山林，山中难找千年树，世上难找百岁人。
十月与姐去交情，十月是个小阳春，收了大春种小春，二人双双转回程。

在鄂西南土家族传统中，女子绣的荷包、香袋、鞋底等绣品被看为男女之间的感情信物，是女子向对方表达爱意的方式。女子将自己的心意和感情一针一线的缝进绣品中，借此传达给心仪的男子，以表达自己的真情。如《绣荷包》：

正月荷包绣起头，哥哥晓得要来偷，口喊哥哥莫来偷，妹妹荷包有根由；
二月荷包绣成了，井边挑水会情哥，你要荷包拿了去，切记莫给外人说；
三月荷包上郎身，日解相思夜解闷。

下面的《绣香袋》表达了对情哥的相思之情：

一绣香袋开头绣，绣个狮子滚秀球，绣球滚在花园里，只见狮子没见球。
二绣香袋丝线长，绣棵板栗岩边长，板栗掉在岩脚里，只见板栗不见郎。
三绣香袋绣桃红，桃红包在绿叶中，叶儿包着桃花红，哥妹几时才相逢。
四绣香袋绣四角，四角香袋绣梭罗，哥是牛郎妹织女，牛郎织女过天河。
五绣香袋绣过头，怀藏香袋门外溜，手帕装进香袋里，香袋送给我的哥。

忠贞是人们对婚姻爱情的道德要求，土家族青年男女一旦情定终生或结婚，彼此都要求一心一意，下面几首情歌就是很好的体现。

《万年不准姐丢郎》：

白布帕儿五尺长，挽个绣球甩过墙，千年不准绣球散，万年不准姐丢郎。
白布帕儿三尺长，拿给情姐遮太阳，情姐莫嫌帕子短，帕子虽短情义长。
白布帕儿四个角，四个角上绣雁鹅，帕子烂了雁鹅在，不看人才看手脚。
大河涨水小河浑，一边浑来一边清，河里都有两样水，情姐没有两样心。

《要学松柏永长青》：

石榴开花叶叶青，知心情哥你细听：
往日你来心欢喜，今日你来不高兴；
你若家里有情人，今天对我说分明。

石榴开花叶叶青，知心情妹你细听：
你说我家有情人，我今并无两样心；
原是你们离得远，来往带信不方便。

知心情哥你细听：你我相好要长情，

男不长情短命死，女不长情死本身。
知心情妹你细听：要学松柏永长青，
莫学灯笼千个眼，莫学杨柳半年青。

表达相思之苦也是情歌的一个重要方面，男性因承担家庭生活的重任等多种原因要外出，送别、相思、担心、孤独等成为爱情生活中的一个普遍现象。如下面的《送夫》描写丈夫被抓兵，妻子送行时的不舍、对丈夫命运的担忧以及难再相逢的痛苦等得到充分的体现：

送夫一里日出东，眼泪落在郎的胸，口问郎君几时回，奴家落得一场空。
送夫二里燕子湾，双双燕子飞南方，燕子逢春有回转，我郎一去几时还。
送夫三里南竹山，风吹竹叶哗哗响，竹叶被风来吹散，郎被抓兵奴孤单。
送夫四里四条溪，一对鸳鸯起翅飞，鸳鸯起翅飞了去，郎走东来奴走西。
送夫五里五家坡，再送五里也不多，要想今生再相逢，铁树开花岩结果。

下面这首《望郎十二月》描写了丈夫外出做买卖，妻子在家辛苦劳作，心中饱含对丈夫的思念，以及没有音信时的各种忧心、猜测和痛苦：

正月过了年，郎要上四川，双手拉住郎衣衫，早去早回还。
你要上四川，要把钱来攒，有钱就是男子汉，无钱汉子难。
二月姐在家，郎要去长沙，几多到哒没归家，劝郎莫去哒。
长沙好留客，一去三五月，处处乌鸦一般黑，你去做么子。
三月天气和，四山花儿落，搬起板凳跐起脚，时时望情哥。
四月不望郎，秧青麦又黄，割了小麦插黄秧，各自忙田庄。
五月是端阳，筷子摆两双，只见筷子不见郎，想起哭一场。
六月三伏热，房中无人歇，情郎一去几个月，难丢又难舍。
七月秋风凉，风吹五谷香，只见五谷不见郎，两眼泪汪汪。
八月白露来，桂花花儿开，花开花谢无人采，奴也无心戴。
九月重阳来，后园菊花开，花开花谢郎不来，把奴是欠坏^{想念得很}。
十月小阳春，雪花乱纷纷，风吹雪花小脚冷，孤单奴一身。
冬月落大雪，漫山一片白，不知情郎在哪节^{哪里}，音信都没得。

4. 仪式歌

仪式歌是民间举行的各种仪式礼俗活动中吟诵或歌唱的歌谣，依附于一定祀典、礼仪和习俗，其中有些活动随时间的推移和社会的发展已经消失了，但还在歌谣中保留着，这也为我们了解当地的社会风情和民俗的演变提供了可靠的材料。鄂西南地区的风俗、礼仪歌谣，除了规模比较大的如《哭嫁》之类，还有不少短章散篇，其中最有代表性的就是《陪十弟兄歌》《陪十姊妹歌》《丧鼓歌》等。前面第二部分"鄂西南方言词汇与人生礼俗"已经有所涉及，下面再分别选取其中一些最有代表性的歌谣。

《哭嫁》中的"哭爹娘"：

女哭娘：

我的爹，我的娘，我是你的一个儿，父母养我万苦辛，我难报父母半点恩。

我的爹，我的娘，咸腌萝卜淡操心；我娘操的空头心，我娘盘的空头人；母鸡错抱鸭儿蛋，画眉错抱阳雀生，盘得长大各自飞，娘在东来儿在西；堂屋打伞二重天，亲生父母丢一边。

我的爹，我的娘，你的冤家从今后，我要头顶别人天，我要脚踩别人地；冤家脚踩是生地，冤家眼看是生人；人生要被别人欺，马善要被别人骑；十字街前杀独猪，三沟两岔欺独人；别人母子坐一排，冤家一个当奴才，服侍别人不到边，冷言冷语骂几天。

娘哭女：

我的崽，三根芭茅不能容得虎藏身。

娘这阴沟的岩板，不是你这龙行地。

人家的娘才是你的娘，别人的家才是你的家。

要顺人家老的心，要顺人家小的意。

你莫给苦娘来加气，你莫给苦娘来加愁。

为人要争一口气，为佛要争一炉香。

女哭娘：

我争得气来气又短，冤家怎么得心甘！

生就蓝衫洗不白，生就的脾气改不得。

娘哭女：

铜盆打水透根清，十分性子改九分。

你离了我这苦命的娘，脱了蓝衫换紫袍。

你离了我这苦命的娘，拆了银桥换金桥，

你这苦命的娘没给你置哪一宗。

你勤耕苦做样样有，你好吃懒做样样无。

我的儿，我的崽，你不要人家的好穿戴。

女哭娘：

我的爹，我的娘，你这冤家出世来，除了托肩无二层，除了耳环无二银；有穿有戴高处坐，无穿无戴黑处立。爹娘看我千斤重，人家看我四两轻。十字街前一把秤，一样毫绳几样认。他只认他亲生子，媳妇是他外来人。

人家老的不开口，冤家有脚不敢走；人家老的不做声，冤家有翅不敢飞；

人家小的不出言，冤家不敢走上前。

娘哭女：

我的崽，我的儿！你要听苦娘的话，到了逢年过节时，叫你妹妹来接你。

《陪十姊妹歌》中的"十姐妹"：

一张桌子四角方，八把椅子圆又亮，四盘果九盘酱，上席坐的新姑娘。
二边坐的是陪客，各位陪客劝新姐，一劝新姐你莫怄，二劝新姐想开些。
官家小姐都改姓，皇帝男儿也娶亲，早娶亲来十把伞，晚娶亲来晚点灯。

"十绣"：

一绣天上星，星多放光明，绣了南京绣北京，才绣吕洞宾。
二绣明月梭，明月照山河，绣个美女配情哥，才绣蓝采和。
三绣一炷香，插在龙头上，绣个龙身滚乌江，才绣诸葛亮。
四绣校场坝，红旗二面插，文物官员两坐下，再绣姜子牙。
五绣一只船，船儿下河滩，绣个艄公把舵扳，才绣薛丁山。
六绣杨六郎，把手三关上，绣个焦赞和孟良，才绣楚霸王。
七绣洛阳桥，桥儿万丈高，船儿下河水飘飘，才绣张果老。
八绣八角楼，八角对九州，绣个苏州和杭州，才绣曹国舅。
九绣九条街，铺台对铺台，绣个生意对买卖，才绣蔡伯喈。
十样都绣起，绣在花园里，又绣荷包纳鞋底，才绣铁拐李。

《陪十弟兄歌》中的"开台歌"：

石榴花开一口钟，今晚唱个十弟兄；各位老少都请坐，听我唱个开台歌；
今晚开台就开台，从大到小唱起来。

开台：

说开台就开台，开台歌儿唱起来；新打剪子才开口，剪起牡丹对石榴。
东剪日头西剪月，当中剪起梁山伯，梁山伯来祝英台，二人同学读书来。
男读三年做文章，女读三年考秀才，张秀才来李秀才，接我文章做起来。
大树蓬蓬丫枝多，千年凤凰来做窝，凤凰窝里开粮巢，弟兄口里好搬歌。
你在唱，我在想，一下想在孟子上，孟子见了梁惠王，文武出在诗书上；
讲得文来孔夫子，讲的武来杨家将，兼文搭武诸葛亮。

问：三根杉树尖对尖，阳雀生蛋在天边，
　　哪个捡到阳雀蛋，人人叫他活神仙。
答：唱得高来还得高，半天云里耍双刀，
　　谁人接到双刀耍，文武官员都是他。
问：说天星，道天星，天上雷公几千斤？
　　谁人弄到提起走？谁人弄到过秤称？

答：说天星，道天星，天上雷公九千斤，
　　张郎弄到提起走，李郎弄到过秤称。
问：说天洲，道天洲，天上银河几条沟？
　　几条沟里出海马？几条沟里出犀牛？
　　谁人放？谁人收？谁人制下铁笼头？
答：说天洲，道天洲，天上银河九条沟，
　　四条沟里出海马，五条沟里出犀牛，
　　张郎放，李郎收，老君制下铁笼头。
问：说天话，讲天话，天上梭罗几百丫？
　　几百丫枝解得板？几百丫枝雕得花？
答：说天话，讲天话，天上梭罗九百丫，
　　四百丫枝解得板，五百丫枝雕得花。
问：说天边，道天边，银河边上几丘田？
　　几丘田里出甘草？几丘田里出黄连？
答：说天边，道天边，银河边上九丘田，
　　四丘田里出甘草，五丘田里出黄连。
提示：有位先生穿身青，坐在席上不做声，
　　　不会唱歌你莫来，莫占场口莫占台。
答：唱歌先生你且听，我今下河去扳罾，
　　扳个螃蟹有四两，扳个鲤鱼有半斤。
　　扳个乌龟有话讲，扳个猴儿不做声。
　　四川下来扁竹根，扁竹根上栽林檎，
　　林檎好吃树难栽，歌儿好唱口难开。
提示：唱歌大哥你且听，坐到席上不做声，
　　　一不是姜辣了口，二不是蒜辣了心，莫非是花椒胡椒辣到心？
答：唱歌大哥你莫骂，住在天边雷脚下，犀牛背上打得滚，
　　老虎口里耍得叉，唱歌娃娃在脚底下。
提示：一张桌子四只角，两张桌子八只角；
　　　方对方来角对角，不唱歌的是猪脑壳。
答：久不唱歌忘记歌，久不开口脸皮薄；
　　秀才提笔忘记字，野鸡葩儿忘记窝。
祝贺新郎：一朵鲜花鲜又鲜，插到新郎帽檐边；
　　　　　插到左边生贵子，插到右边点状元。
逗新郎：白铜烟杆嘴又长，装袋烟来敬新郎；

　　　　　　　新郎不吃这袋烟，一心只想新姑娘。
新郎：岩上滴水响叮当，贵脚走在贱地方；
　　　粗茶淡饭怠慢你，回去传好莫传歹。
宾客：岩上滴水响叮当，贱脚走在贵地方；
　　　满盘盛席多谢你，阳雀过海把名扬。

　　跳丧是鄂西南一带的风俗，长辈去逝后，第一天晚上就要请歌师傅打丧鼓。丧鼓分文丧鼓（坐唱，现在比较少见了）与跳丧鼓两种。跳丧鼓是歌师傅一人击鼓领唱，另有两人帮和，他们在棺木前边唱边跳，借以给死者家属减轻悲痛，解除忧闷，故丧鼓伤而不悲，惨而不痛。跳丧时的歌词统称为丧鼓歌，各地的表演程式大体相同，也较为固定，其中"开场"和"收场"是固定程式。丧鼓歌内容极为丰富，有祭奠死者、唱颂古人；有叙述历史、演唱故事；有风俗民情、解字猜谜；有闲言趣事、插科打诨等。丧鼓歌带有很强的娱乐性和随意性，这种通宵达旦彻夜歌唱的盛况，清代土家诗人彭秋潭在竹枝词中描述为"谁家开路添新鬼，一夜丧鼓到天明"。

《丧鼓歌》中的"叫歌"：
　　走进门来借鼓打，要打三六一十八；
　　左打三槌龙现爪，右打三槌虎现身；
　　龙现爪来虎现身，打一对鲤鱼跳龙门。

　　走进门来抬头望，门上挂的弯弓弹；
　　好个弯弓无弹打，好个马儿无鞍配；
　　无弹打来无鞍配，好个歌师无对头。

　　走进门来把脚跌，门神对子两边贴；
　　作别贴的秦叔宝，右边贴的徐敬德；
　　秦宝叔来徐敬德，子禽问于子贡曰。

　　走进门来一声喊，手拿羊毛笔一杆；
　　一画秦来二画楚，三画龙来四画虎；
　　五画亡人好衣服，六画亡人好棺木，
　　七画红纸写灵牌，八画道士把路开，
　　九画阴阳看好地，十画葬在龙窝里。

　　丢了它来丢了它，丢了扫把使扬叉；

丢了你来丢了你，丢了筛子使簸箕；
这个号儿不要哒，再把摇丧拿来打。

《丧鼓歌》中的"询问"：
阳世阴间样样可治，不该要那拿命的阎王。
有了阎王，又不该有那瞎眼的无常。
无常无常，手拿链子叮叮当当，你在阳间乱拿一场。
应该要拿七十岁的公公，八十岁的婆婆，这才理所应当。
请问孝官，亡者在世你不请医生？不开药方？
孝官答曰，医生请了几十个，药方开了几十张。
只怪阎王要命，叫我孝官怎样？
又问孝官，几十起病？几十倒床？
孝官答曰，初一起病，初二倒床，
初三初四睡在床，初五初六茶水不沾，
吃起初八辞了阳，初九初十设下孝堂。

《丧鼓歌》中的"孝歌"：
天上日月起祥云，雷公并闪电，风雷并雨神，早早蒙天佑，无路包天恩。
地下沃土养生灵，辛勤苦耕耘，五谷得丰登，早早蒙地佑，无路报地恩。
亲生父母养教恩，十月怀胎苦，三年母殷勤，早早蒙亲佑，无路报亲恩。

此外，修房盖屋也是鄂西南地区家族四大红喜吉庆之一，土家族有着自己独特的一套习俗，修建房屋对于一个家庭来说是非常重大的一件事，因此修建过程中的每个阶段都有相应的仪式，同时也配有相应的歌谣，如发扇、赞梁、开梁口、升梁、上梯、踏步等。例如：

《赞梁树》
此木此梁，生得排场。
你生在何处，长在何方？
生在高高山岗上，长在悬岩悬坎上。
张郎到此不敢砍，李郎到此不敢放。
鲁班到此用法术，砍下此木做栋梁。
栋梁栋梁，听我赞扬：
你倒在何处，滚在何方？
倒在黄龙背上，滚在青龙山上。

手拿锯子走忙忙，师傅命我裁栋梁
尖尖菀菀都不要，裁得不短又不长，
两头裁得最相当，恰恰黄龙腰身上。

（二）鄂西南地区民歌的语言艺术

鄂西南地区的民歌是劳动人民创造出来的，在表现手法上自己的地域性，比如用叠音、衬词、押韵来调节音律，用大量的方言词和本地话来展现民歌的特色。

1. 音韵的配置

（1）叠音

叠音或称为重字叠音，它是指在民歌的表达中，将相同的字、相同的音节重叠。鄂西南民歌中大量使用这种手法。例如《大月亮》：

大月亮，小月亮，哥哥早起上学堂，
嫂嫂起来扎鞋底，婆婆起来蒸糯米，
糯米蒸得喷喷香，娃娃儿吃哒有力量。

这里的"哥哥、嫂嫂、婆婆、喷喷、娃娃"都是采用叠音的方式，基本上是属于构词重叠。更多情况下是为了说唱的方便重复其中的某些词甚至短语。例如：

"正月里来正月中，背起包袱当长。"
"玩花灯呐玩花灯，玩起花灯贺新春。"
"桂桂儿阳来桂桂儿阳，有钱莫讨后来娘。"
"五句子歌儿五句子对，只准上前不准退。"
"艄公艄公，为啥子一下子为啥子一下子，出来那么多呀那么多呀？"

（2）衬词

衬词又称衬字、垫音，是不表示实际意义、起补充和调节音律作用的字。鄂西南的民歌中常在歌词中加入衬词，使得旋律更加丰富。在前面所有举例中为了不影响内容的表达，都没有将歌谣中的衬词加进去，实际上几乎所有的民歌不论长短都有各种衬词，下面摘录三首完整的民歌，其中括号里的都是衬词。

《彩莲船》：采莲（的个）船来（呀）采莲船（勒），来给（的个）大家（呀）拜个（哟）年（勒）。哥（呀）哥（嗬 嗨呀）妹（呀）妹子（嗨）呀，来给（的个）大家（呀）拜个（哟）年（勒）。

《邀邀约约去赶场》：好（呀）比牛郎（嘛）遇（呀）织女（呀），好（呀）比张生（嘛）戏红（的）娘（呀）。瓜子落花生，银屏配马灯，四季（的）

花儿开（呀），四季（的）花儿香（啊），邀邀约约（嘛 哩哩啦啦 唷哦喂）去（呀）赶场（啊 哥哇唷儿唷）。　　小（呀）小情郎，杨（呀）杨柳青，小小情郎（呀），杨（呀）杨柳青。瓜子落花生，银屏配马灯，四季（的）花儿开（呀），四季（的）花儿香（啊），邀邀约约（嘛 哩哩啦啦 唷哦喂）去（呀）赶场（啊 哥哇唷儿唷）。

《拉纤》（一）：（唷嗬也嗬嗬）（嗬）（也唷嗬唷嗬里嗬）（嗬）（外嗨唷唷啊嗬）抽一下（唷）（哦嗬）要得夫妻（唷）。（哎呀嗨）不离伴（啰 连是儿 哎），除非嫁一个打鱼（唷）汉（啰）（哦嗬）（吆外唷唷啊嗬）。　　抽一下（唷）要得夫妻（唷）同相会，（唷哎呀嗨连是儿）（喂呀喂呀喂呀）（哦嗬）（哎），除非王爷来助威（唷）。（哦嗬）（嗨呀嗨呀嗨呀嗬）。

鄂西南民歌衬词主要有以下几类：

①一般用来表示感叹的，如"啊、哎、耶、喂、嘿、咯、啰、也嘿、哎呀、哟、哟嗬、喂呀佐、哎酶哟"等等；

②重复词，如"哟呵哟呵、嘿哟嘿哟、哟喂哟喂"等等；

③称谓词，如"妹娃儿、姐姐呀、干妹子、我的哥哥呀、我的娘哟、娇娇儿、伙计"等等。

（3）押韵

民歌是用于演唱的，一般来说都是讲究句式整齐、音韵和谐、朗朗上口，便于记忆和传唱。民歌具有较强的地域性，所以在押韵上也能反映当地的语音特色。前面所列举的民歌都是押韵的，而且大多是一韵到底。再如下面这个五句子歌《想郎想得没有法》：

想郎想得没得法，走路都在跌扑爬；

跌倒跌倒叉爬起，爬起又蹓仰翻叉；日日夜夜想冤家。

这里押的韵是"法、爬、叉、家"，句式整齐，唱起来铿锵有韵。

下面这首《对门对户对条街》也是一韵到底的形式，但这种押韵就有方言色彩：

对门对户对条街，郎门对到姐门开。

早晨对到郎洗脸，晚上对到姐脱鞋，

郎洗脸来姐脱鞋，何不搬在一屋来。

这里的"街、鞋"在当地方言中分别读作"kai^{55}、xai^{22}"，所以和"开、来"也是押韵的。

除了一韵到底这种典型的押韵形式，也有中间换韵的，例如：

《山歌不唱不开怀》：

山歌不唱不开怀，磨子不推不转来；

磨子不推它不转，花不逢春不乱开。
山歌好唱难起头，木匠难修转阁楼；
石匠难打石狮子，铁匠难打铁绣球。
山歌好唱难转弯，白马好骑难配鞍；
金马还要银马配，栀子花儿配牡丹。

这里"怀、来、开"押"ai"韵；"头、楼、球"押"ou"韵；"弯、鞍、丹"押"an"韵。

下面这首《桐子开花一树白》也有换韵，而且有的是在方言中押韵：
桐子开花一树白，茶子开花隔年结；
为人要学茶子树，秋冬四季不落叶。
桐子结果打桐油，你问结果要登头；
要学大河长流水，莫学溪沟水断流。

这里前半部分的"白、结、叶"押"e"韵，因为在当地方言中"白"读作"pe^{22}"；后面部分转韵，"油、头、流"押"iu"韵。

2. 词语的运用

（1）方言词的运用是民歌地域色彩重要表现。鄂西南民歌中大量运用当地方言词，包括各类实词（名词、动词、形容词）和部分虚词（如副词、助词、语气词等），下面举一首完整的例子加以说明。

《贫富莫交》：
穷人莫与富人交，穷富相交**硬**无聊。
岳父发财身荣耀，见了穷人就**长毛**。
岳父昨日寿诞到，夫妻二人**拜年**高。
论讲礼物也不少，萝卜白菜一大挑，
又抬一坛甜**醪糟**，**外搭**两提**殃**红苕。
走拢岳父家中到，喊声岳父拜年高，
烟不装来茶不倒，**瓮**起鼻子叫**莫消**！
我**殃殃殃殃**就坐倒，夫妻二人燃眉毛。
默倒席面当真好，几碗白菜豆腐条，
一碗豆子没炒好，两碗肥肉光是毛。
我在席上没吃饱，又添半碗**过茶**泡，
岳父见我吃多了，鼓起眼睛像尿包。
夫妻一见事不好，**梭**下席来就开跑，
槽门外头一声叫，永世不认老**杂毛**。

上面这首民歌出现的方言词依次包括：莫：否定副词，不要；硬：语气副词，真的；长毛：心理动词，表示不高兴、烦躁；拜年高：生日祝福语，类似于"寿比南山"；论讲：句首话题标记，相当于"要说、说起"；醪糟：当地一种美味小吃，类似"米酒"；外搭：外加；殃：植物失去水分后的样子，蔫儿了；瓮起鼻子：说话时瓮声瓮气，表示不屑；莫消：否定副词，不用，别；殃妥殃妥：表示一种很疲劳、没精神的状态；默倒：动词，心想，以为；光：范围副词，全，全部；过：表方式的介词，用；起：助词，着；梭：动词，悄悄离开；槽门：房子院坝的大门；杂毛：骂人的话，杂种。

下面是一些鄂西南民歌中常见的方言词。

名词：妹娃儿（妹妹）、姐儿（姐姐）、脑壳（脑袋、头）、帕子（泛指毛巾、头巾）、新姑娘（新娘）、二回/天（下一回、下次）、后来（以后）、岩头（石头）、细娃儿（小孩儿）、麻麻儿雨（毛毛雨）、手杆（手臂）、各人（自己）、岩板（大石板）

动词：耽搁（耽误）、答白（搭话、回应）、敹（泛指缝、补等针线活）、拢堆（在一起）、默倒（以为）、转来（回来）、没得（没有）、梭（滑、溜走等）、巴不得（惟愿、很愿意）、蹽趴扑（摔跟头、跌倒）、岔起（尽情做/搞）、晓得（知道）、要的（可以、行、好）、歇（住）、做活路（做事、干活）、招呼（当心、小心）、巴望（渴望）、惟愿（只愿、只希望）、扯白（撒谎）、秋（烟熏）

形容词：生得乖（长得漂亮、听话等）、不得空（没有空闲）、耐烦（有耐心）、撒脱（容易、方便）、耐不活（不舒服、没办法等）、搞拐哒（糟糕、完蛋了）、背时（不走运）、啬巴（吝啬）

代词：各人（自己）、恁门（这么）、哪门（怎么）、么子（什么）

副词：硬（真的、偏偏等）、莫（不要、不用）、光（全、全部）、尽到（一直）、不过（非常、很）

语气词：吵、舍、哒、嘛、哟、拐哒（完了）、着哒（完了）

助词：起（着）、到/倒（着）

（2）土家语成分

尽管土家语在当地已经消失了，但还有少量一些常用词语保留了下来，民歌中也有所表现。例如：

《直尕思得》：

直尕思得咯要得，

直尕思得咯咦哟直尕思得咯咦哟，

直尕思得咯咦哟直尕思得咯咦哟,
直尕直尕思得咯要得要得,
直尕思得直尕思得要得要得,
直尕直尕思得咯要得要得,
直尕思得直尕思得要得要得。
土家人的情歌啥那么多呀,
今儿个不唱明儿个就不快活。
唱得那个巴山滋儿滋儿的痒呵,
唱得那个清江也弯儿弯儿乐呵。
哭嫁的妹娃儿唱情歌,
唱醉了花轿跌破了脚。
女儿会上唱情歌,
唱醉了花背篓把头挤破。
喊一声喊一声黄四姐上了坡,
丝帕子缠住了情哥哥。
唱一声那个龙船调妹娃就过了河哟,
艄公艄公,
为啥子一下子为啥子一下子,
出来那么多呀那么多呀?
直尕直尕思得咯要得要得,
直尕直尕思得咯要得要得,
直尕直尕思得咯要得要得,
直尕直尕思得咯呀嘿。
土家人的情歌歌连歌,
就象背篓打杵扯不脱分不开,
到了那个土家就唱情歌,
这一辈子你就算没白活。
摆手堂里唱情歌,
唱醉了妹娃的小酒窝。
吊脚楼上唱情歌,
唱醉了月亮她舍不得落。
喊一声喊一声黄四姐上了坡,
丝帕子缠住了情哥哥。
唱一声那个龙船调妹娃就过了河哟,

艄公艄公，
为啥子一下子为啥子一下子，
出来那么多呀那么多呀？
直尕直尕思得咯要得要得，
直尕直尕思得咯要得要得，
直尕直尕思得咯要得要得，
直尕直尕思得咯要得要得，
直尕思得咯要得。

这首民歌中"直尕思得"就是土家语的拟音形式，相当于方言中的"要得"，即"行、好、好得很"等表示肯定性的词；整首民歌中体现了大量具有土家传统民俗的内容，如"巴山、清江、吊脚楼"等土家人的所在地和居所；"唱情歌、跳摆手舞、女儿会"是土家歌舞民族的反映，而"龙船调、黄四姐"就是女儿会中最流行的情歌；"丝帕子"是土家男女所戴的头巾，"哭嫁"是土家族最有代表性的风俗。再如：

《哈格砸》：
哈格砸，哈格哑，好一座雄起的山，
哈格哑，好一个闹热的湾。
好一股清甜的泉，好一坡五彩的伞。
哈格砸，哈格哑，好一座雄起的山，
哈格哑，好一个闹热的湾。
好一股清甜的泉，好一坡五彩的伞
地是开阔的地，天是自由的天。
荒山野岭把身安，哥儿活得像神仙。
皇帝老儿他管得宽，管得老子想发颠。
今儿个岔起耍尽情玩一天，
哈格哑，哥儿死了也心甘。

好一群漂亮的姐儿，
哈格哑，好一帮豪爽的汉。
好一排透气的篷，
哈格哑，好一帮豪爽的汉。
好一堆暖心的炭，好一群漂亮的姐儿，
好一排透气的篷，好一堆暖心的炭。
地是开阔的地，天是自由的天。

荒山野岭把身安，哥儿活得像神仙。
皇帝老儿他管的宽，管得老子想发颠发疯。
今儿个岔起耍一天，
哈格哑，哥儿死了也心甘。

"哈格哑"也是土家语的拟音形式，表示一种很强烈的惊叹、感叹语气，相当于"天哪、嗨呀、哇"，但语气要更为强烈，可以说找不到一个恰当的词来对译，整首民歌充分体现了当地高山大川的雄奇和土家汉子豪迈爽朗的性格。

3. 口语化的表达方式

鄂西南土家族的民歌大多为口头传唱，采用了很多当地口语化的表达方式，尤其是那些即兴演唱的民歌口语化特色更明显，前面所举的例子都显示了这点，这也是鄂西南土家族民歌区别于其他民歌的地方。例如：

"劝你莫吃烟，劝你莫赌博。你把良心摸一哈，知心朋友有几个"。

当地话"抽烟"叫"吃烟"，"摸一哈"即"摸一下"，"下"在当地发音同"哈"，语法上动词一般不采用重叠形式如"摸一摸、摸摸"，而是用"动词+一哈（下）"的格式。再如：

"六月太阳大不过，情妹打个光脑壳。
只要情妹仁义好，给你买个寮叶壳。"

"大不过"表示"太阳很大很毒"（本地话中不用"很"这个程度副词），是一种述补结构，"打个光脑壳"是指"顶着烈日，没戴帽子或打遮阳伞"。"寮叶壳"就是用一种大的竹叶编制的"斗笠"，大的是遮雨的，较小的是遮阳的。

下面再举一首完整的民歌：

《哪门搞起》

太阳和月亮哪门搞起？
一个东来一个西，总是很神秘；
太阳和月亮搞到起，大地就有无限生机，就恁门搞起！

青山和绿水哪门搞起？
一个高来一个低，总是很亲密；
青山和绿水搞到起，妹妹和我眉来眼去，就恁门搞起！

背篓和打杵哪门搞起？
一个顶来一个立，总是很默契；

背篓和打杵搞到起，天和地我都背得起，就恁门搞起！

男人和女人哪门搞起？
一个粗来一个细，总是很甜蜜。
男人和女人搞到起，生活就有无穷的乐趣，就恁门搞起！
咧哪门搞起吔？就恁门搞起！

"哪门"是疑问代词，相当于"怎么、怎样"；"搞"在当地是一个意义非常宽泛的动词，根据上下文来确定所表达的具体行为；"起"是助词，相当于"着"。"哪门搞起"合在一起用来询问"处于一种什么状态、采用什么方式、是个什么关系、是个什么样子"等等；"搞到起"在文中表示一种很自然、很和谐、很圆满的状态，"恁门"就是"这么"。"背篓"是当地山区最重要的运输工具之一，"打杵"是一种木制丁字形的"杵"，在背负重物上坎下坡时能起到拐杖的作用，中途休息时将"打杵"支撑在背篓底部，起到支撑重量的作用，人可以得到休息，但背篓还是背着的。在最后一句"咧哪门搞起吔？就恁门搞起！"即"这是怎样的一种状态啊，就是这样一种状态！"整首歌谣都采用一种自问自答的口语化方式，充分展现了宇宙间天、地、人和谐统一的美妙与幸福。

4. 修辞手法的运用

民歌传递更加深厚的情感或思想，或者为了表达得更加生动形象，还往往采用多种修辞手段，"赋比兴"是最常见的手段，还有夸张、排比、反倒等手法。

（1）"赋比兴"手法的运用

"赋比兴"是中国古代文人根据《诗经》的创作经验总结而来的诗歌表现手法，最早见于《周礼·春宫》，历代文人对其均有论述，其中最有影响力的当属朱熹。他说："赋者，敷陈其事而直言之者也；比者，以彼物比此物也；兴者，先言他物以引起所咏之词也。""赋比兴"表现手法在众多民族的民歌创作中都有广泛运用，鄂西南地区的民歌也不例外，同时将本民族独特的观察视角、审美情趣融入其中，从而使好歌歌词充溢着浓郁的民俗风情与地方特色。

① "赋"的运用

"赋"的表现手法在鄂西南民歌运用较为广泛，简单的说"赋"就是大量的铺陈，多见于篇幅较长的篇章，例如《十二月逢春》《十二月鸟名》《唱十二月》《十把扇子》《十月探郎》《十爱姐》《望郎十二月》等。这些民歌多数字以为序，或是从一唱到十，或是从一月唱到十二月，亦或是从春唱到冬，既便于记忆，又能表现丰富的内容，传递深沉的思想感情。例如：
《十爱姐》：
一爱姐的头，头发黑黝黝，梳子梳来滚绣球，盘龙对凤头。
三爱姐的环，金打银丝缠，姐儿戴在颈项上，实在是好看。
四爱姐的口，口唱歌万首，清脆悦耳真好听，总是听不够。
五爱姐的手，茧子寸把厚，屋里坡上日夜做，世上哪里有。
六爱姐的衣，红的套绿的，四只角角一般齐，穿起多美丽。
七爱姐的裤，一丈二尺布，恰恰打起螺丝骨，各人织的布。
八爱姐的裙，褶儿打得匀，腰间绸带二面分，茶花上面印。
九爱姐的脚，站起稳跺跺很稳，走路只听拍板响，一双好大脚。
十爱姐的心，心肠好得很，不嫌贫来不爱富，实在受人敬。
（注："二爱"内容被编者删除了）

这首歌中尽情赞美了土家姑娘漂亮大方、勤劳朴实、心地善良，把土家男子对心上人的爱慕之情表现得淋漓尽致。再如《十二月鸟名》（一）：
正月喜鹊到树林，口含沉香木一根，窝中一根沉香木，太阳不晒雨不淋。
二月燕子在山坡，它在山坡岩板脚，只有燕子情义好，新含黄泥起旧窝。
三月阳雀到林芭，它到林芭树上行，阳雀一年叫一道，惊动凡间世上人。
四月金鸡在路旁，它在路旁绣牡丹，牡丹绣在鞋尖上，看花容易绣花难。
…………
十月乌鸦一般黑，乌鸦头上一块墨，人人说它不识字，天下有事它晓得。
冬月白鹤到松林，一翅飞去水中间，它到塘中拍一翅，鱼儿吓得往里钻。

这首歌根据物候选取正月到十二月的代表性鸟名进行铺陈直叙，对当地山林中喜鹊、燕子、阳雀、金鸡、茅鸡、鹭鸶、画眉、鹦鹉、乌鸦、白鹤等鸟类的生活习性进行细致而生动的刻画。

② "比"的运用

"比"简单理解就是"比喻"。鄂西南民歌中的比喻不仅多而且用得巧，宇宙万物皆可借用作为比喻对象。有的是直接打比喻，即明喻，如：
阳雀叫桂桂阳，东枝跳到西枝上，喊一声叫一声，好比情妹喊情郎。
吃的吃来看的看，心里就像钻子钻。
八想奴的房，好比一庙堂，自己打鼓自烧香，折如女和尚。
好比牛郎遇织女，好比张生戏红娘。

有的是采用暗喻，如：
姐是鲜花种在园，郎是连藕在塘间。
几时开花园里香，几时塘开并蒂莲。

花也香来藕也甜。

这首五句子歌谣将年轻女子比喻成"鲜花",将青年男子比喻成"藕",通过提问的方式用短短的几句活灵活现的展现了土家男女的爱恋之情。

还有的只出现本体不出现喻体,但其中隐含的意思还是显而易见的,例如:

二月燕子在山坡,它在山坡岩板脚,
只有燕子情义好,新含黄泥起旧窝。

隔河望见牡丹开,许多鲜花不过来,
千花万花我不爱,专爱牡丹笑颜开。

太阳过了河,扯住太阳脚,
太阳你转来,有句话儿说。

③"兴"的运用

"兴"就是起兴,从说别的开始,起到铺垫的作用,然后才引出真正想要表达的内容,"兴"的表现手法多用于篇章的开头,以引起听者的联想和想象。如《唱起山歌送情郎》:

太阳出来四山黄,唱个山歌送情郎。
一把红扇子,送给我情郎,
拉住郎腰带,问郎几时来。

第一句"太阳出来四山黄"的景物描写就是起兴,烘托出女子姑娘送情郎离别时的依依不舍之情,而初升的太阳照耀群山,使姑娘心生再次见到情郎的希望,因而歌中就有了"拉住郎腰带,问郎几时来"的问话,显得非常自然。再如:

《白岩坡上桂花开》:

太阳出来照白岩,白岩坡上桂花开;
风不吹来枝不摆,妹不招手郎不来。

歌的前三句都是在描绘场景,太阳出来,桂花盛开,让人联想到女子正值美好的青春年华,"风不吹来枝不摆",让人想象到女子的自尊自爱,尽管美好但不招摇;虽然男女相恋比较自由,但要彼此情投意合,特别是要尊重女性,因此才有最后一句"妹不招手郎不来"。整首民歌形式简短,但内涵丰富、韵味醇厚。

(2)夸张手法的运用。

夸张这一修辞格,在鄂西南土家歌谣中的运用也非常广泛的。例如:

要问歌师几多歌,歌儿硬比牛毛多,

唱了三年六个月，歌师喉咙已唱破，
还只唱了个牛耳朵。
这首歌通过夸张的手法充分体现了这个地方是"歌的海洋"。再如：
《女儿十八春》：
女儿十八春，爹妈不放心，高搭院墙紧关门。
墙儿八般高，门儿锁九道，你是神仙也难叼。
墙儿八般厚，门儿九道扣，你是神仙也难偷。
墙儿八般宽，门儿九道闩，你是神仙也难翻。
墙儿像座城，门儿关得紧，关奴关身难关心。
…………
这首民歌的前半部分用夸张的手法描写了父母为了阻止女儿去与情郎相会，修起了高高的院墙，关上门还加把锁，但还是关不住一颗正在恋爱的心。

（3）排比手法的运用

排比就是将结构相同或相似、语气一致、意思密切关联的句子或句法成分排列起来，使内容和语势得到增强，因此排比有突出的表达力。鄂西南民歌中也经常运用排比来多方描绘事物、表达强烈的情感。例如：

《一心想看我的娘》：
正月我说去看我的娘，婆子一声说是来客忙，眼泪汪汪滴在砧板上。
二月我说去看我的娘，婆子一声说是种荞忙，眼泪汪汪滴在荞子上。
三月我说去看我的娘，婆子一声说是种田忙，眼泪汪汪滴在篮子上。
四月我说去看我的娘，婆子一声说是栽秧忙，眼泪汪汪滴在秧子上。
五月我说去看我的娘，婆子一声说是薅草忙，眼泪汪汪滴在锄把上。
六月我说去看我的娘，婆子一声说是七月去看娘，眼泪汪汪哭一场。
等到七月去看我的娘，只见一块灵牌子，
未见我的娘，眼泪汪汪滴在灵牌上。
走进火坑去看我的娘，只见一个药罐罐，
未见我的娘，眼泪汪汪滴在药罐上。
走进房屋去看我的娘，只见一对空枕头，
未见我的娘，眼泪汪汪滴在床头上。
走进后门去看我的娘，只见一对黄土包，
未见我的娘，眼泪汪汪滴在坟头上。
这首歌前面排比部分反映儿媳妇想回娘家看母亲，婆婆却寻找各种借口百般阻挠，只能忍气吞声眼泪汪汪；后面一组排比描写回到娘家母亲已不再人世，女儿到母亲最常呆的那些地方如火坑旁、房屋里、后门上等寻觅母亲留下的印记，看到的却是母亲留下的药罐、枕头、灵牌和坟头，忍不住悲从中来、潸然泪下。整首歌感情强烈深沉，引起听者的深深同情。

盘歌是山歌中的一种类型，就是赛歌或对歌的形式（即一问一答或先问后答的形式），多采用排比的手法。例如：

《十二月花》：

唱在一随在一，什么开花在水里？唱在二随在二，什么开花起苔苔？
唱在三随在三，什么开花红半山？唱在四随在四，什么开花一包刺？
唱在五随在五，什么开花赶端午？唱在六随在六，什么开花乌嘟嘟？
唱在七随在七，什么开花一般齐？唱在八随在八，什么开花败人家？
唱在九随在九，什么开花造美酒？唱在十随在十，什么开花霜打死？
唱在冬随在冬，什么开花一口钟？唱在腊随在腊，什么开花光刷刷？
唱在腊解在腊，枇杷开花光刷刷。唱在冬解在冬，泡桐开花一口钟。
唱在十解在十，烂草开花霜打死。唱在九解在九，菊花开花造美酒。
唱在八解在八，竹子开花败人家。唱在七解在七，谷子开花一般齐。
唱在六解在六，茄子开花乌嘟嘟。唱在五解在五，蒿芝开花赶端午。
唱在四解在四，黄瓜开花一包刺。唱在三解在三，桃子开花红半山。
唱在二解在二，油菜开花起苔苔。唱在一解在一，睡莲开花在水里。

（4）"倒反"手法的运用

所谓"倒反"手法，就是故意把事物的特性或事物之间的关系颠倒过来，让听者先是不明就里，然后又会心一笑，达到风趣幽默、活跃气氛的效果。例如：

《颠倒歌》：

清早起来头不对，鞋子穿在袜子头，
里屋有人喊赶狗，拖起狗子打岩头。
唱歌莫唱颠倒歌，三岁娃娃会梭镖，
煮熟的鸡子飞上树，山下石头滚上坡。
拿个漏瓢捞干河，热锅里捞出大冰坨，
公鸡白天才打鸣，夜哒太阳晒脱皮。
后天我从你家过，看见外孙抱外婆，
屋顶看见牛生蛋，睡着的母猪游过河。

门口踩到大月亮,老何趴到床底脚,

今天我家锅煮火,娘胎里就会打哦嗬。

这首歌里通篇运用倒反的手法,把"头不对"(不对头)、"鞋子穿在袜子头"、"拖起狗子打岩头"(捡起石头来打狗)、"煮熟的鸡子飞上树"、"屋顶看见牛生蛋"、"山下的石头滚上坡"、"今天我家锅煮火"等生活现象和常识都反过来说,在荒诞可笑的叙述中传达出主家人日常生活中乐观、幽默的生活情趣等。再如:

《强盗进来偷水缸》:

强盗进屋偷水缸,聋子听见瓢瓜响,

瞎子看见翻院墙,哑巴赶忙喊捉到。

正常情况下聋子听不到、瞎子看不见不能看、哑巴不说话,但是到了歌里面就变得能听、会看也能喊了,这种与常识相违背的描述起到了诙谐幽默的效果,把贼来偷东西的紧张场面给消解了。

主要参考文献

[1] 鲍厚星. 长沙方言研究[M]. 湖南教育出版社, 1999.
[2] 常敬宇. 汉语词汇与文化[M]. 北京大学出版社, 1995.
[3] 陈泽平. 福州方言的结构与演变研究[M]. 人民出版社, 2014.
[4] 陈　原. 语言和人（改订版）[M]. 商务印书馆.
[5] 陈忠敏. 语言的底层理论与底层分析方法[J]. 语言科学, 2007(6).
[6] 陈忠敏. 音变研究的回顾与前瞻[J]. 民族语文, 2008(1).
[7] 丁声树编录, 李荣参订. 古今字音对照手册[M]. 中华书局, 1981.
[8] 丁声树等著. 现代汉语语法讲话[M]. 商务印书馆, 1999.
[9] 丁声树撰文, 李荣制表. 汉语音韵讲义[M]. 上海教育出版社, 2010.
[10] 恩施州民族宗教事务委员会编. 恩施土家族苗族自治州民族志[M]. 民族出版社, 2003.
[11] 何大安. 规律与方向：变迁中的音韵结构[M]. 北京大学出版社, 2004.
[12] 鹤峰县史志编纂委员会编. 鹤峰县志[M]. 湖北人民出版社, 1990.
[13] 黄群建. 阳新方言研究[M]. 华中师范大学出版社, 2015.
[14] 黄伯荣主编. 汉语方言语法类编[M]. 青岛出版社, 1996.
[15] 侯精一. 现代汉语方言概论[M]. 上海教育出版社, 2002.
[16] 侯学超编. 现代汉语虚词词典[M]. 北京大学出版社, 1998.
[17] 湖北省地方志编纂委员会编. 湖北省志民俗方言[M]. 湖北人民出版社, 1996.
[18] 李如龙. 汉语方言的比较研究[M]. 商务印书馆, 2001.
[19] 李新魁. 中古音[M]. 商务印书馆, 2003.
[20] 李崇兴. 宜都方言研究[M]. 华中师范大学出版社, 2014.
[21] 李临定. 现代汉语句型（增订本）[M]. 商务印书馆, 2011.
[22] 李　蓝. 六十年来西南官话的调查与研究[J]. 方言, 1997(4).
[23] 李　蓝. 西南官话的分区（稿）[J]. 方言, 2009(1).
[24] 李　蓝. 贵州大方话中的"到"和"起"[J]. 中国语文, 1998(2).

[25]刘兴策. 再论近二十年的湖北方言研究[J]. 沙洋师范高等专科学校学报，2001(1).
[26]刘兴策. 近百年来湖北省汉语方言研究综述[J]. 方言，1998(3).
[27]刘勋宁. 文白异读与语音层次[J]. 语言教学与研究，2003(4).
[28]吕叔湘主编. 现代汉语八百词[M]. 商务印书馆，1984.
[29]罗常培. 语言与文化（注释本）[M]. 北京大学出版社，2009.
[30]屈哨兵. 湖北宣恩话"V下V下的"动词重叠及相关问题[J]. 方言，2001(2).
[31]唐作藩. 音韵学教程[M].（第三版）北京大学出版社，2002.
[32]田发刚，谭笑. 鄂西土家族传统文化概观[M]. 长江文艺出版社，1998.
[33]汪国胜. 大冶方言语法研究[M]. 湖北教育出版社，1994.
[34]汪国胜. 大冶话的"倒"字及其相关句式[J]. 华中师范大学学报，1992(5).
[35]汪国胜. 谈谈方言语法研究[J]. 华中师范大学学报，2014（5）.
[36]王福堂. 汉语方言语音的演变和层次[M]（修订本）语文出版社，2005.
[37]熊正辉. 官话方言分 ts tṣ 的类型[J]. 方言 1990(1).
[38]徐通锵. 历史语言学[M]. 商务印书馆，1991.
[39]徐开芳主编. 恩施土家族苗族自治州民间歌曲集[M]. 湖北人民出版社，2006.
[40]姚小平. 语言文化[M]. 外语教学与研究出版社，2006.
[41]游汝杰. 汉语方言学导论[M]. 上海教育出版社，
[42]喻遂生. 重庆方言的"倒"和"起"[J]. 方言，1990(3).
[43]张光宇. 汉语方言合口介音消失的阶段性[J]. 中国语文，2006(4).
[43]张清源. 论程度话的"在"的趋向、位移用法——兼论普通话动词后"在"与"到"的性质[J]. 中国语文，1997(6).
[44]张振兴. 漳平方言研究[M]. 中国社会科学出版社，1992.
[45]张维佳主编. 地域文化与中国语言[M]. 商务印书馆，2014.
[46]赵元任，丁声树，杨时逢，吴宗济，董同龢. 湖北方言调查报告[M]. 商务印书馆，1948.
[47]赵元任等. 湖北方言调查报告·特字表（节录）[J]. 方言，1991(3).
[48]中国社会科学院语言研究所. 汉语方言词语调查条目表[J]. 方言，2003(1).
[49]中国社会科学院语言研究所编. 方言调查字表[M]. 商务印书馆，2007.

[50]周振鹤,游汝杰. 方言与中国文化[M]. 上海教育出版社,1986.
[51]朱德熙. 语法讲义[M]. 商务印书馆,2000.
[52]朱晓农. 方法:语言学的灵魂[M]. 北京大学出版社,2008.
[53]朱晓农. 入声演化三途[J]. 中国语文 2008(4).
[53]朱　芸. 建始方言词汇研究[D]. 华中师范大学博士学位论文,2015.
[53]郭　丽. 湖北西南官话音韵研究[D]. 复旦大学博士学位论文,2009.
[53]李　霞. 西南官话语音研究[D]. 上海师范大学硕士学位论,2004.
[53]杨雪梅. 湖北鹤峰方言语音研究[D]. 湖南大学硕士学位论文,2011.

后　记

　　本书是国家社科基金后期资助项目的结项成果。从 2015 年起我参加了以华中师范大学汪国胜教授为首席专家的湖北省语言保护工程项目，和同仁们一起调查恩施州土家族苗族自治州的方言。恩施州位于湖北省的西南角，地处湖南、湖北和重庆市的交界地带，包括两市六县。该地区属于西南官话，还保留一些土家族语言的底层，同时又受到湘语的一些影响，内部情况比较复杂，但一直未得到学界的关注，相关研究成果还比较少。恩施市长期以来是鄂西南地区的政治经济文化中心，是恩施土家族苗族自治州的政府所在地。我是恩施人，熟悉自己的方言母语，因此我以此次调查为契机，开始搜集相关资料、整理调查的材料，并撰写了调查报告，对恩施方言的语音、词汇、语法系统进行了全面系统的分析描写。在对其他县市调查的过程中发现该区域内语言还是有不少的差异，有必要展开全面系统的调查研究，因此申报了国家社科基金后期资助项目并获准立项。

　　虽然前期做过一些准备，但具体研究还需要深入充分的田野调查，难度比预期的要大，调查时间长，范围大，满意的调查对象不容易找到，有的材料还需要回原地复核等等。中途因入选国家语委"语言文字中青年学者出国研修项目"赴英国访学，有半年时间研究处于暂停状态，从立项到全部完成并申请结项共用了三年时间。这期间得到了很多的帮助和关心。首先要感谢母校华中师范大学的汪国胜老师和硕士导师李向农老师给我提供学习的机会，让我在参加湖北省语保工程期间几次回母校参加学习和培训，使我再次感受到了老师的关心和母校的温暖；感谢鄂西南语保调查团队的同仁们，华中师范大学的朱芸和张磊、中南民族大学的熊英三位老师，他们都很年轻，富有朝气，有着良好的专业素养和敬业精神，我们一起工作，相处融洽，合作愉快，我总是被他们的青春活力所感染，他们为本项目的研究提供了许多相关资料和有益建议。

　　2019 年底我随军调往广州，离开了工作整整 20 年的福建师范大学。我自硕士毕业就到师大文学院工作，一生中最重要的时间在这里度过，是文学院培养了我，这里有我尊敬的领导和老师，有我相处多年的朋友、同事和熟悉的一切。感谢文学院李小荣、李建华、林志强、叶祖淼等领导，特别要感谢郑家建副校长，不论是任文学院院长还是学校领导都给予了我许多的关照和帮助。我所在的汉语教研室是一个温暖的大家庭，语言学学科带头人马重奇老师一直是我的引路人，在各方面给予我指导、关心和帮助；陈泽平、林志强、祝敏青、谭学纯、朱玲等各位老师都是学界很有影响力的学者，他们不论是在我读博期间还是平时工作中都给了我学术上极大的滋养和训练；周少青、王进安、陈鸿、陈芳、李春晓、郑敏惠、欧洁琼、吴金花、陈瑶、黄涛等老师既是我的同事更是我的朋友，我们在工作中结下了深厚的情谊。

感谢我的博士导师林玉山老师，先生不仅学问做得好，而且有着强烈的社会责任感，他在家乡创办福建省首家经政府批准的公益民办图书管杏山书馆、创办经政府批准的公益国学班，免费为学生提供教科书并亲自授课，耄耋之年仍然为家乡的发展积极建言献策。老师用自己的言行引导我，使我对责任和感恩有了更深的理解。虽然我已毕业多年，但老师对我的关爱从未减少，不论是工作、个人发展，还是生活方面，只要遇到困难，都能得到老师的指点、帮助，这也是我前进的最大动力。

福州是"有福之州"，它一直庇佑着我，带给了我很多的福气，我在那里工作生活20年，一路走来都平稳顺遂，它是我的第二故乡。"七溜八溜，不离虎纠（福州）"，不论我走到哪里，我的心都会一直和它在一起，因为那里有太多的东西值得我眷念。

华南农业大学是一所拥有百年历史的著名高等学府，以它的开放包容热情接纳了我，人文与法学学院的领导对我的亲切关怀，院系老师们对我的热心帮助，都让我倍感温暖，使我很快融入了这个温暖的大家庭，衷心感谢各级领导和各位同事对我的接纳与厚爱。

王树瑛
2020年10月16日于广州白云山麓寓所